上城年鉴

（2015）

杭州市上城区地方志编纂委员会办公室 编

方志出版社

图书在版编目(C I P)数据

上城年鉴.2015/杭州市上城区地方志编纂委员会办公室编.
—北京:方志出版社,2015.11
ISBN 978-7-5144-1847-7

I.①上… II.①杭… III.①区(城市)—杭州市—2015—年鉴
IV.①Z525.51

中国版本图书馆 CIP 数据核字(2015)第 302577 号

上城年鉴(2015)

编　　者:杭州市上城区地方志编纂委员会办公室
责任编辑:杨正宏
出 版 人:冀祥德
出 版 者:方志出版社
地址 北京市朝阳区潘家园东里 9 号(国家方志馆 4 层)
邮编 100021
网址 http://www.fzph.org
发　　行:方志出版社发行中心
电话(010)67110500
经　　销:各地新华书店
印　　刷:杭州余杭人民印刷有限公司
开　　本:889X1194　1/16
印　　张:24.25
字　　数:661 千字
版　　次:2015 年 12 月第 1 版　2015 年 12 月第 1 次印刷
印　　数:0001~1000 册

ISBN 978-7-5144-1847-7　　定价:198.00 元

编辑说明

一、《上城年鉴》是中共上城区委、上城区人民政府主办，中共上城区委党史研究室（上城区地方志编纂委员会办公室）承编的年度资料性文献。本年鉴力求全面、系统地记载上城区政治、经济、文化、社会、生态等方面的基本情况，为社会各界了解和研究上城区提供丰富、翔实的信息资料。

二、《上城年鉴》创刊于2006年，每年编辑出版一卷。《上城年鉴（2015）》为第10卷。本卷年鉴以中共十八大精神为指导，全面反映2014年上城区围绕建设现代化美丽城区的目标，努力提升发展、文化、生态、健康、平安五大品质，推动区域经济社会稳步健康发展的基本情况及重大事件。

三、本卷年鉴依据事物的发展变化，对以往的类目和分目设置进行适当调整。编排采用分类法，由类目、分目、条目3个层次构成。以条目作为记述的主要形式，条目标题统一用黑体加【】表示。全书基本内容分为综合情况、动态信息、辅助资料三大部分。综合情况部分设特载、总述、专记3个专栏。动态信息部分设上城区委、上城区人大、上城区政府、上城区政协、纪检监察、民主党派与工商联、人民团体、政法、国防建设、经济综合管理、工业、城区建设管理、环境保护、社会民生、街道等部类。辅助资料有大事记、统计资料和附录。本卷年鉴设类目32个、分目162个，收入条目1065条、随文照片112幅、表格36张、图片5张、附属资料40篇。卷首刊有各级领导在上城视察、上城荣誉、上城新貌等照片。

四、本卷年鉴具有双重检索系统，卷首刊有详细目录，同时设英文要目；卷末有主题分析索引。

五、本卷年鉴机构名称第一次出现时用全称，加括注后用简称。省、市、区组织机构使用规范化简称。“缩略语”随文注释，有的在文中括注，有的在条目末尾注释。

六、本卷年鉴的统计资料均使用法定计量单位。数字用法、标点符号用法均执行国家新颁布的标准。

七、本卷年鉴中涉及上城区国民经济和社会发展的数据以区统计局的统计公报为准。区统计局未统计的数据由各业务部门提供。由于统计口径不同，一些单位提供的数据会与区统计部门提供的数据不尽相同，引用时请注意。

八、本卷年鉴载录的内容分别由上城区各有关部门和单位提供并署名，并经各供稿单位审核。未署名的内容由上城年鉴编辑部提供。借本卷年鉴出版之际，感谢各编撰人员所付出的辛勤劳动。书中如有疏漏或不足之处，恳请广大读者批评指正。

毛主席视察小营巷纪念馆

钱学森故居

中共杭州小组纪念馆

红巷生活广场

红巷梦剧场

“小营·江南红巷”国家 AAA 级红色旅游景区（小营街道　供稿）

上城年鉴

2015

湖滨商圈

①湖边村夜景(湖滨街道　供稿)
②湖滨四期龙翔里(湖滨指挥部　供稿)
③延安南路(区风景旅游局　供稿)

上城年鑑

2015

基金小镇

①基金小镇俯瞰图(区委宣传部 供稿)
②基金小镇一角(南星街道 供稿)
③基金小镇樱桃山区块(玉皇山南指挥部 供稿)
④白塔公园(熊靖华 摄)

中豪·望江国际　　(望江街道　供稿)

上城区电子机械功能区全貌　　(区电子机械功能区　供稿)

中山南路美食街　　（汤耀亮　摄）

五柳巷风貌　　（区住房和城建局　供稿）

整治后的东河新貌　　（区风景旅游局　供稿）

杭州市清洁城市示范点——春江社区春江花月小区　　（紫阳街道　供稿）

整治后的湖滨路步行街　　（湖滨街道　供稿）

城站广场绿化　　（区绿化办　供稿）

2014年3月2日，党的群众路线教育实践活动中央第七巡回督导组副组长许云昭（右一）考察中国社区建设展示中心　　（中国社区建设展示中心　供稿）

5月6日，民政部副部长姜力（右二）到清波街道调研双拥工作

（清波街道　供稿）

4月17日，国家标准化管理委员会主任田世宏（右二）考察中国社区建设展示中心　　　　（中国社区建设展示中心　供稿）

4月30日，中共浙江省委书记夏宝龙（右二）到小营巷社区调研基层人大工作，杭州市人大常委会主任王金财（右四）、区委书记缪承潮（右三）、区人大常委会主任丁晓芳（右一）陪同调研　　　　（区人大常委会办公室　供稿）

12 月 11 日，中共浙江省委常委、宣传部部长葛慧君（左四）考察西湖国学馆，市委常委、宣传部部长翁卫军（左二）和区委书记缪承潮（右一）陪同考察

（清波街道　供稿）

8 月 6 日，中共浙江省委常委、杭州市委书记龚正（右二）在湖滨街道调研人大代表进网格及代表接待站活动情况，市人大常委会主任王金财（右一）、区委书记缪承潮（左一）陪同调研

（区人大常委会办公室　供稿）

11 月 20 日，浙江省政协副主席陈加元（右四）到小营街道调研养老服务业发展及社区建设工作，区委书记缪承潮（左二）陪同调研　　（区民政局　供稿）

12 月 31 日，中共杭州市委副书记、市长张鸿铭(右三)调研杭州海兴电力科技股份有限公司，区委书记缪承潮（右二）陪同调研　　（区电子机械功能区　供稿）

12 月 27 日，浙江省民政厅厅长尚清（右）和区委副书记、区长陈瑾（左）为杭州市上城社会组织发展基金会揭牌 （区民政局　供稿）

2 月 27 日，浙江省国税局局长周广仁(左三)到区国税局调研，区委副书记、区长陈瑾（左一）陪同调研 （区国税局　供稿）

5月23日，中共杭州市委常委佟桂莉（右三）到上城区调研家庭生活垃圾分类工作　　（区妇联　供稿）

2月11日，杭州市副市长陈红英（左二）到上城区检查元宵灯会筹备工作，区委副书记袁建祥（左三）陪同检查　　（区安全监管局　供稿）

上城区

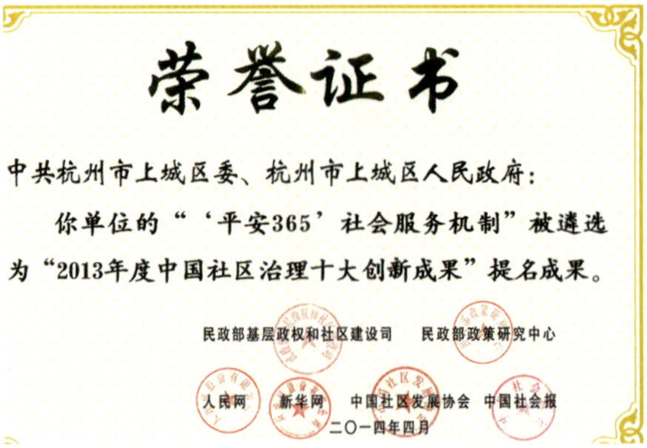

上城区

清波街道

区检察院

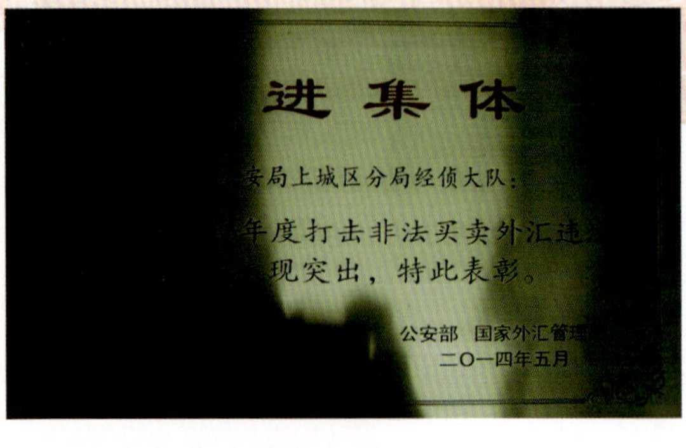

区公安分局经侦大队

湖滨街道东平巷社区

区委组织部

清波街道、南星街道、紫阳街道

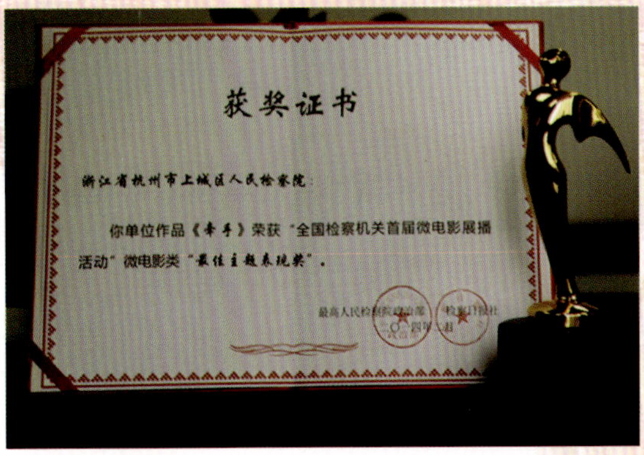

区检察院

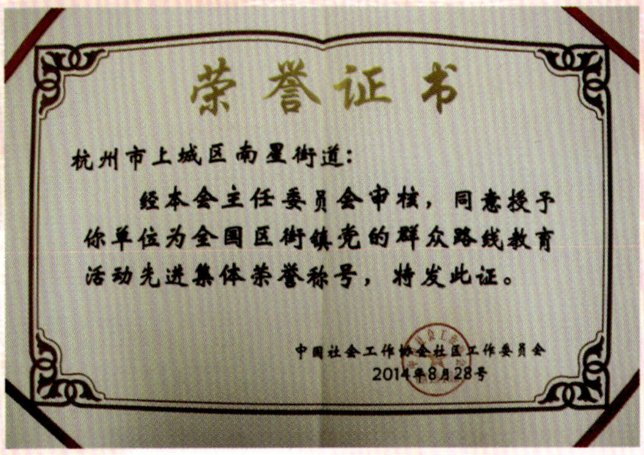

南星街道

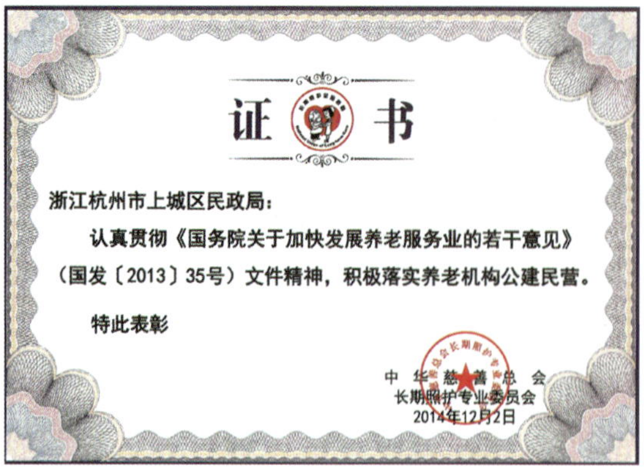

区民政局

小营街道社区卫生服务中心

区委宣传部

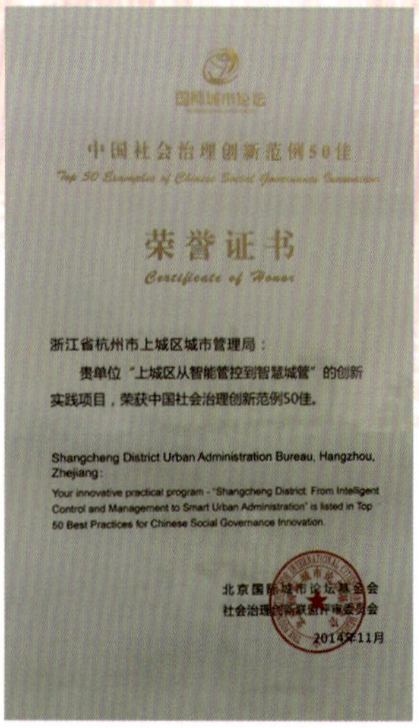

区城管局

区城管局

杭州娃哈哈集团有限公司

杭州娃哈哈集团有限公司

杭州娃哈哈集团有限公司

杭州娃哈哈集团有限公司

杭州华日电冰箱股份有限公司

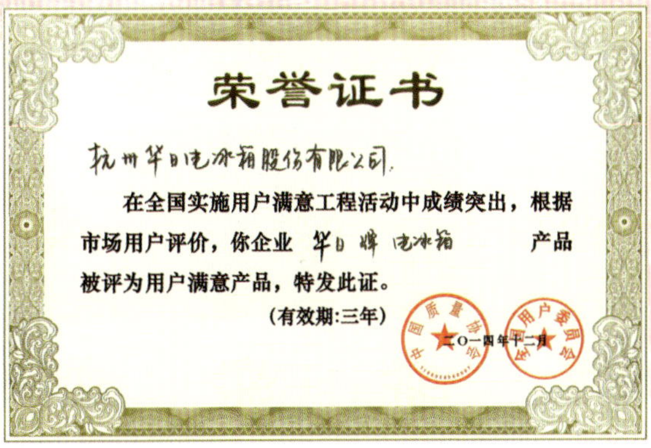

杭州华日电冰箱股份有限公司

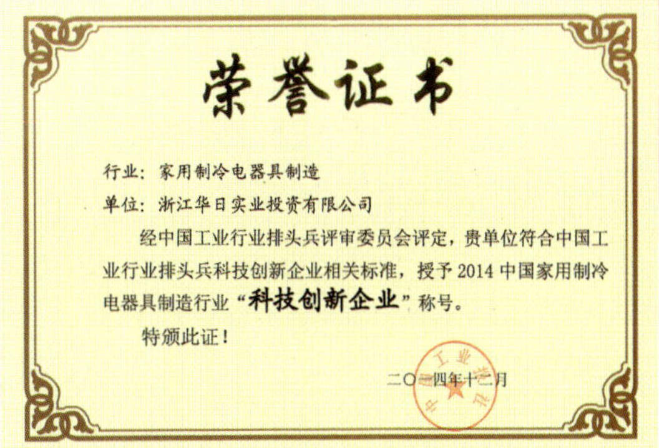

杭州华日电冰箱股份有限公司

广宇集团股份有限公司

浙江宇天科技股份有限公司

杭州捷尔思阻燃化工有限公司

浙江汉帛服饰营销管理有限公司

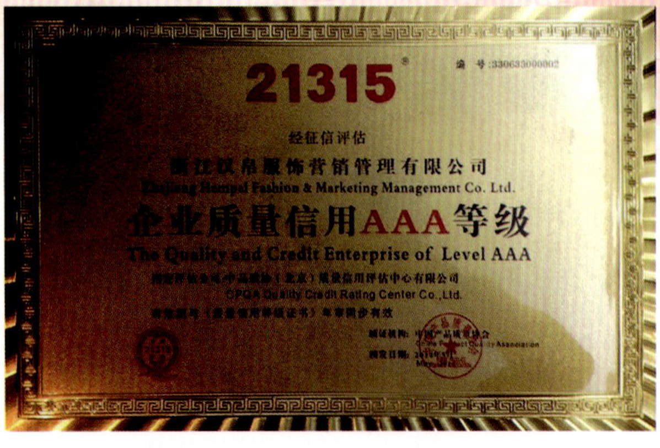

浙江汉帛服饰营销管理有限公司

浙江汉帛服饰营销管理有限公司

1月21～24日，上城区第十四届人民代表大会第三次会议召开

（陈建荣　摄）

1月20～23日，中国人民政治协商会议第四届杭州市上城区委员会第三次会议召开

（区委宣传部　供稿）

3月24日，上城区社区治理能力建设示范培训班开班　（中国社区建设展示中心　供稿）

3月18日，思科公司（中国）总部落户杭州暨思科公司参与智慧城市建设发布会召开

（陈建荣　摄）

2月18日，上城区委召开党的群众路线教育实践活动动员大会　（区委组织部　供稿）

8月6日，上城区举办“2014·美丽上城五水共治”高峰论坛

（区科协　供稿）

11月17日，区国土分局举办全区集体土地房屋征收补偿工作业务培训会

（区国土分局　供稿）

1月9日，上城区举行“科学生活，美丽上城——‘新杭州人’迎新春”活动

（区总工会　供稿）

7月24日，广宇集团股份有限公司组织党员在南京开展党员活动

（广宇集团股份有限公司　供稿）

2月1日，“福禄寿喜”四星仙带领市民在清河坊历史街区举行祈福仪式

（区委宣传部　供稿）

9月5日，杭州娃哈哈集团有限公司举行“娃哈哈·春风助学”2014年首批援助金发放暨牵手结对仪式

（杭州娃哈哈集团有限公司　供稿）

12月14日，杭州华日电冰箱股份有限公司举行“做新常态下企业发展转型中的创新者和执行者”年会活动

（杭州华日电冰箱股份有限公司　供稿）

9 月 18 日，拉美、加勒比及南太地区女官员领导能力建设研修班学员到上城区妇女就业基地考察

（区妇联　供稿）

10 月 14 日，美国德克萨斯州警察研修团到区公安分局参观交流

（区公安分局　供稿）

10 月 23 日，香港警察研修团到区公安分局参观交流

（区公安分局　供稿）

12 月 30 日，全国城乡社区建设专家委员会第一次全体会议暨理论研讨会在上城区召开

（中国社区建设展示中心　供稿）

6月6日，杭州首届文玩博览会开幕

（区委宣传部　供稿）

10月1日，2014年杭州美术节——书画惠民活动在五柳巷4号馆举行

（区委宣传部　供稿）

10月22日，2014年杭州国际体验日活动暨第二届南宋斗茶会举行

（区档案局　供稿）

4月25日,“美丽上城·放飞梦想”——上城区庆“五一”职工文艺演出（区总工会　供稿）

5月3日,上城区举办“青春是首歌”五四青年节文艺演出活动（区文广新局　供稿）

5月24日,上城区举办“梦想天堂”2014年迎“六一”少儿文艺演出（区文广新局　供稿）

9月20日，上城区举办教师节文艺演出活动（区教育局　供稿）

11 月 15 日，上城区举办教育系统师生运动会

（区教育局　供稿）

5 月 21 日，举办上城·富阳·建德三地书画家交流会　（区文广新局　供稿）

7 月 9 日，紫阳街道组织青少年开展“我心目中的家”绘画大赛　（紫阳街道　供稿）

10 月 24 日，上城区举办“非遗”文艺专场演出

（区文广新局　供稿）

9 月 24 日，上城区举办“杭商·中国梦”民营企业文艺演出
（区工商联　供稿）

6 月 17 日，杭州夜休闲主题嘉年华活动在吴山广场举行
（区风景旅游局　供稿）

12 月 31 日，“2014 任性到底·复古电音派对” 活动在湖滨银泰 in77B 区举行
（湖滨管委会　供稿）

特　载

总　述

专　记

中共上城区委员会

上城区人民代表大会常务委员会

上城区人民政府

政协上城区委员会

纪检监察

民主党派与工商联

侨务·台湾事务

群众团体

法治

工业

经济合作交流

特色产业

风景旅游

财政·税务

城区建设与管理

环境保护

科学技术

教　育

文　化

卫 生

体　育

社会·生活

街道

大事记

统计资料

附录

索引

Contents

Features

General Survey

Special Account

Shangcheng District Committee of Hangzhou Committee of the CPC

Shangcheng District People's Congress Standing Committee

Shangcheng District People's Government

Shangcheng District Committee of the CPPCC

Disciplinary Inspection & Supervision

Democratic Parties & Association of Industry Commerce

Overseas Chinese Affairs and Taiwan Affairs

Mass Organizations

Rule of Law

Construction of National Defense

Comprehensive Economic Management

Industries

Economic Cooperation and Exchange

Characteristic Industry

Scenery Tour

Finance ·Taxation

Urban Construction and Management

Environmental Protection

Science and Technology

Education

Culture

Public Health

Sports

Society & Livelihood

Streets

Chronicles of Events

Statistical Material

Appendix

Index

《上城年鉴》部分组织机构全称简称对照

全　称	简　称
中共上城区纪律检查委员会	区纪委
中共上城区委办公室	区委办公室
上城区人民代表大会常务委员会办公室	区人大常委会办公室
上城区人民政府办公室	区政府办公室
政协上城区委员会办公室	区政协办公室
中共上城区委组织部	区委组织部
中共上城区委老干部局	区委老干部局
中共上城区委宣传部	区委宣传部
中共上城区委统一战线工作部	区委统战部
中共上城区委政法委员会	区委政法委
上城区机构编制委员会办公室	区编委办
中共上城区直属机关工作委员会	区直机关工委
中共上城区委、上城区人民政府信访局	区信访局
上城区档案局	区档案局
上城区发展改革和经济信息化局	区发改经信局
上城区教育局	区教育局
上城区科学技术局	区科技局
上城区民族宗教事务局	区民族宗教局
上城区人民政府侨务办公室	区侨办
上城区监察局	区监察局
上城区民政局	区民政局
上城区司法局	区司法局
上城区财政局	区财政局
上城区人力资源和社会保障局	区人力社保局
上城区住房和城市建设局	区住房和城建局
上城区商务局	区商务局
上城区风景旅游局	区风景旅游局
上城区文化广电新闻出版局	区文广新局
上城区卫生和计划生育局	区卫计局
上城区审计局	区审计局
上城区统计局	区统计局

全　　称	简　　称
上城区市场监督管理局	区市场监管局
上城区城市管理局(城区城市管理行政执法局)	区城管局(区城管执法局)
上城区安全生产监督管理局	区安全监管局
上城区人民政府法制办公室	区法制办
杭州市公安局上城区分局	区公安分局
上城区电子机械功能区管理委员会	区电子机械功能区管委会
上城区行政审批服务管理办公室	区行政审批办
杭州市城站广场管理委员会	城站广场管委会
上城区总工会	区总工会
中国共产主义青年团上城区委员会	团区委
上城区妇女联合会	区妇联
上城区科学技术协会	区科协
上城区残疾人联合会	区残联
上城区工商业联合会	区工商联
上城区红十字会	区红十字会
中国人民解放军杭州市上城区人民武装部	区人武部
上城区人民法院	区法院
上城区人民检察院	区检察院
杭州市国土资源局上城分局	区国土分局
杭州市望江地区改造建设指挥部	望江指挥部
杭州市吴山地区开发建设指挥部	吴山指挥部
杭州市玉皇山南综合整治工程指挥部	玉皇山南指挥部
杭州市湖滨地区商贸旅游特色街居建设整治指挥部	湖滨指挥部
杭州市上城区国家税务局	区国税局
杭州市地方税务局上城税务分局	上城地税分局
杭州市公安局交通警察支队上城大队	上城交警大队
杭州市规划局上城规划分局	上城规划分局
杭州市环境保护局上城环保分局	上城环保分局
杭州市公安消防支队上城区大队	上城消防大队
湖滨街道办事处	湖滨街道
清波街道办事处	清波街道
小营街道办事处	小营街道
望江街道办事处	望江街道
南星街道办事处	南星街道
紫阳街道办事处	紫阳街道

推进法治建设 提升平安品质 为加快建设“现代化美丽上城”而努力奋斗

——在区委九届十二次全体(扩大)会议上的报告

(2014 年 12 月 30 日)

中共上城区委书记　缪承潮

同志们：

这次区委全会的任务是：认真贯彻党的十八大，十八届三中、四中全会，中央经济工作会议和省委十三届六次、市委十一届八次全会精神，回顾总结今年工作，部署明年重点任务，落实中央和省市委关于全面深化法治建设的重大决定和工作要求，着力提升平安品质，加快建设“现代化美丽上城”。

下面，我代表区委常委会向全会作工作报告。

2014 年工作回顾与总结

(一)坚决贯彻中央和省市重大决策部署

区委紧紧围绕中央和省市委作出的各项重大决策部署，认真谋划、精心组织、从严要求、精准发力，不断强化政治定力和执行能力，在保持先进性、提振精气神、推动大发展等方面迈出了新步伐，取得了新成效。

1. 认真学习贯彻习近平总书记系列重要讲话精神。区委把学习贯彻习近平总书记系列重要讲话精神作为一项重大的政治任务，坚持领导带头、层层跟进，不断把学习贯彻工作引向深入。

一年来，区委常委(扩大)会议和区委理论中心

组学习传达习近平总书记重要讲话和重要批示 23 次，并通过领导干部会议专题学习、区委常委带头宣讲和在线访谈、“吴山大讲堂”、“深化改革、创新发展”主题大讨论等形式，在全区形成了学习贯彻热潮。

我们把学习贯彻习近平总书记系列重要讲话精神作为党的群众路线教育实践活动的重要内容，与活动同部署、同要求、同开展、同深化。

我们把学习贯彻习近平总书记系列重要讲话精神与推动上城发展实践有机结合，不断深化对建设

“现代化美丽上城”的认识，区委九届十次、十一次全会分别对全面深化重点领域改革和提升健康品质、推动智慧发展进行了专题研究部署，此次全会还将对深化法治建设进行部署。通过真学真用，进一步提升了发展理念，明确了发展方向，坚定了发展信心。

2.深入开展党的群众路线教育实践活动。区委把教育实践活动作为贯穿全年的一项中心工作，始终按照示范点、排头兵的要求，高起点谋划、高标准推进、高质量落实。区委常委会以身作则、带头示范，各级党组织精心组织、有序实施，广大党员干部坚决贯彻、积极参与，督导组严格督导、认真把关，确保了“规定动作”做到位，“自选动作”抓扎实。

我们从加强理想信念教育入手，积极开展“三学三思三问”理论普学、“三沉四进”基层走学、“美丽的梦·我们的路”主题论学和“向身边的先进典型学习”活动，大力弘扬焦裕禄精神，自觉践行“三严三实”，进一步净化了思想，增强了责任意识和奉献意识。

我们着重在密切联系群众、解决服务群众“最后一公里”上下功夫，认真落实联系点、挂包走访、“民情半月谈”、认领“微心愿”、“平安365”等制度机制，深入开展“十大专项行动”和“三领”活动，党员干部走访工作全部完成，累计征集各类意见建议1.4万条次，解决民生问题8942个，切实拉近了干群距离，提升了群众的信任度。

我们聚焦“四风”问题，多渠道征求意见，严格按照要求，召开了高质量的民主生活会，区委常委会带头开展检查剖析和问题整改，针对征求到的1308条次“四风”方面的意见，认真制定整改方案，目前已完成整改任务的95%以上，15项长效机制已全部制定出台；并根据中央和省委要求，继续深化整改工作，切实抓好21项专项整治，活动成果得到了有效巩固和拓展。

3.全面深化重点领域改革。区委坚持问题导向，研究出台“上改六条”，细化改革任务和责任分工，明确年度13项重点改革项目，建立改革领导机制和工作机制，召开各类专题研究改革会议20余次，有力推动了六大领域体制机制问题的破解，形成了全面深化改革的良好开局。

着眼于突破焦点，强力推进国有资产管理体制和建设体制改革。完善国有资产监管体制和国有企业运营模式，健全国有资产管理制度；开展建设主体的管理体制调整，完善征收补偿工作实施机制，继续规范指挥部的用人管理和考核办法，促进人、财、物等资源的优化配置和效益最大化。

着眼于服务重点，大力完善互联网管理体系，建立网络宣传和网络舆情应对工作机制；制定“平安365”平台完善提升方案，落实17项具体措施，“平安365”智慧治理模式被评为2014年全国创新社会治理十佳案例，社会治理能力有新提高。

着眼于化解难点，推进行政机构和管理体制改革，完成区市场监管局、区卫生和计划生育局的组建及职能调整，开展权力清单和责任清单全面梳理，行政权力事项清减率达57.6%；实施“社区减负”，探索社区服务社会化运作新模式，政府职能加快转变。

4.积极打好转型升级“组合拳”。大力贯彻落实省委“五水共治”“三改一拆”、浙商回归、“四换三名”等“两美浙江”建设的一系列重要部署，多措并举，加快转型。

以治水带民生，建立“五水共治”长效管理机制，完成24个防汛排涝重点治理项目，妥善解决馒头山、大学路等重点区域防汛排涝问题，河道水环境持续改善，节水型社区发挥示范效应，群众满意度进一步提升。

以拆改换空间，克难攻坚，强势推进“三改一拆”，积极开展“无违建区”创建，全年累计拆除各类违法建筑10.48万平方米，通过改造加快湖滨、山南、望江等重点产业区块的“腾笼换鸟”，新成立凤凰公社、越界·锦绣工坊2个文创园区，实现了发展空间扩容提质。

以创新促转型，全面落实创新驱动发展战略，扎实推进科创中心、研发中心等创新平台建设，主动开展与临安、建德、淳安的城乡统筹发展合作，积极做好“机器换人”和“个转企”“股上市”等工作，浙商回归创业累计到位资金68.91亿元，创新效应逐步显现。

5.全力打造“智慧城市先导区”。立足现有良好基础，主动对接市委市政府“一号工程”，制定实施智慧城区建设规划(2014~2020)，以加快信息和智慧产业集聚、打造都市中心“智慧硅谷”为核心，以新一代信息技术为支撑，以扩大智慧应用和信息消费为导向，着力推动智慧发展，被评为2014年度国家“智慧城市先导区”。

注重产业发展，以望江新城和科技工业基地建设为依托，明确望江智慧产业园打造定位，谋划科技工业基地“二次创业”，全力发展信息技术、物联网、移动互联网、新媒体、电子商务等信息产业和智慧产业。

注重统筹协调，深化智慧城管、智慧消费、智慧政务建设，研究开展现有信息化平台及数据资源的初步整合，大力推进“统一云计算平台”等五个一期信息化项目，开展智慧社区建设前期调研，努力拓展智慧应用的广度和深度。

(二)全面推进五大品质提升

今年以来，面对复杂多变的国际环境和改革大背景下的国内经济发展新常态，区委坚持转型发展、内涵发展、无限发展，对照国内一流城市中心城区，转观念、转方式、找差距、学特色，坚持不懈提升发展、文化、生态、健康、平安五大品质，努力争先进位、走在前列。

1.发展品质不断优化。区委深刻认识和辩证看待当前我区经济运行中存在的突出问题和风险，积极克服宏观调控、政策调整、消费低迷等诸多因素影响，努力挖掘存量、扩大增量，扎实做好监测、分析、服务等各项工作，全年主要经济指标和任务可望较好完成。

我们牢牢把握产业结构调整大方向，全力推动金融服务、文化创意、高新技术、休闲旅游、现代商贸五大主导产业发展，加快信息产业和健康服务业集聚，着力推动传统商贸向现代商贸转型。今年1~11月，“五主”产业地方财政贡献占比同比增长5%；其中，金融服务业发展成效尤为显著，新增企业72个，累计已有606个，地方财政贡献增幅达24.5%，服务小微企业的泰隆银行受到了李克强总理关注并亲临考察。

我们坚持产城融合、产业融合的转型路径，着力打造湖滨商圈、玉皇山南基金小镇、望江智慧产业园“123”产业大平台，大力提升科技工业基地服务功能，以小营地区为核心规划构建健康服务业集聚区，积极搭建金融资本促进企业发展的服务平台，大力引进具有数据时代特征的新媒体、动漫、医疗、电子商务等行业，产业依托平台集聚和融合发展的态势进一步形成。

2.文化品质日益彰显。始终坚定不移实施文化振兴战略，以历史文化传承、先进文化引领、公共文化服务为着力点，创新推进文化强区、文化育人、文化惠民，促进文化与时俱进和文化软实力提升。

坚持深化文化品牌打造，围绕国家级品牌消费集聚区创建，结合产业发展加强文化旅游资源整合，增强文化体验、智慧旅游功能，通过举办西博会项目、国际日、国际设计周、美术节、各类艺术节等文化活动，加大宣传推广力度，培养和提高居民文化消费理念，文化品牌影响力得到显著提升。

大力加强社会主义核心价值观“三个倡导”12个关键词、当代浙江人共同价值观和上城“邻里价值观”的“三融合”宣传教育，涌现了“7·5”公交车灭火见义勇为群体等一批老百姓认可和可学的家门口的“最美”榜样，“微美在邻里”项目荣获第二届浙江省宣传思想文化工作创新奖，价值观实践呈现常态化和长效化。

从满足群众文化需求出发，继续开展以公共文化免费培训、“百团百场”公益演出等为主要内容的“七送”工程，进一步完善“15分钟文化圈”和“10分钟健身圈”，积极组织开展文艺作品创作和群众性文化体育活动，居民文化生活日益丰富。

3.生态品质持续改善。不断深化对追求人与自然和谐相处、走向生态文明新时代、实现中华民族永续发展等重要思想的认识，深刻领会“绿水青山就是金山银山”的发展内涵，扎实推进生态文明建设三年行动计划，“现代化美丽上城”新画卷逐步呈现。

坚持打造天蓝地净的健康环境。加大治水、治气等重点工作的力度，强化水质异常和大气污染的长效监控及应急联动机制；全面推进节能减排，前三季度单位GDP电耗下降14.75%。深入普及生活垃圾分类，实施生态文明建设示范工程，持续开展“联街结社”共建，举办丰富多样的环保宣传，环境保护意识更加深入人心。

坚持打造可持续的发展环境。编制低效用地再开发专项规划，推进土地节约集约利用。完成沿山空间发展概念规划，完善延安南路地下交通综合体概念规划和望江核心区块城市设计，进一步优化空间开发和布局。以玉皇山南、清河坊、南宋御街、五柳巷、小营巷等为代表的“最美”园区、“最美”街区和

"最美"社区越来越焕发出独特魅力,南宋御街的品质得到张高丽副总理的高度评价。

坚持打造宜居舒适的功能环境。开展城站广场环境综合整治提升,推进湖滨地区城市综合管理;着力解决黑车、野导、群租房、户外广告、露天市场、渣土乱倒等管理"顽症"。依托城市管理智能管控平台,进一步拓展精细化管理功能,提高"四化"水平,"智慧城管"项目荣获2014中国城市管理进步奖并入选中国社会治理创新案例五十佳。

4.健康品质更加凸显。区委顺应时代发展新要求,把提升健康品质、促进人的全面发展摆在更加重要的位置,加快构建均等化、多元化的民生保障和公共服务体系,更好满足人民群众对美好生活的新期待。

按照"社会政策要托底"和"精准发力"的总要求,进一步完善社会保障体系,推行医养护一体化;在对困难群体帮扶救助基本实现全覆盖的基础上,积极向低收入群众延伸,开展16个项目的"救急难"试点工作,确保"托底"对象的基本需求得到有效保障。

针对上城"有限空间"的制约,强力推进社会事业项目建设,北师大附中、居民健康管理中心、新起点康复中心等一批公共服务设施投入使用;大力整合辖区医疗资源,打造"健康医疗城";鼓励社会力量举办养老机构、医疗机构、国际化学校和开展公益活动;以智慧城区打造为契机,积极构建智慧医疗、智慧校园、智慧养老等信息技术支撑的公共服务新模式。

致力于"再创体制机制新优势"的改革导向,制定推进社区发展的若干意见,规范居民参保和居家就业政策实施,完善劳动保障监察,强化居家养老服务和社会组织培育社会化运作的监管机制,深入开展中小学教育质量监测,健全全科医生和双向转诊制度,民生保障能力和水平进一步提高。

5.平安品质群众满意。区委始终强调,平安是执政的基础、发展的根本、百姓的福祉,牢固树立"底线"思维,把安全稳定和谐作为"第一责任"、头等大事来抓,常抓不懈,力争向群众交出一份满意的"平安报表"。

按照"党政同责、一岗双责"要求,大力宣传贯彻新《安全生产法》,认真开展危险化学品、建筑施工、消防等重点领域的"六打六治"专项行动和日常隐患排查治理,全区安全生产总体形势持续稳定。加强市场秩序监管,积极开展食品安全"百日严打"等整治行动,"阳光厨房"工程获得省委夏宝龙书记肯定。

围绕矛盾纠纷源头治理、疑难问题综合治理两大工作重心,深化重大决策社会稳定风险评估和专业调委会建设,完善司法、行政、人民调解联动格局,"五味和"大调解工作经验被全省推广。坚持区领导接访和包案机制,全区信访秩序逐步好转,一批社会矛盾、难点问题有效化解。

继续深化社会治安保障体系建设,严密防范、坚决打击暴力恐怖和邪教违法犯罪活动,开展"夏安行动"、旅游目的地整治等系列专项行动,全区治安秩序良好,群众安全感满意度达97%,有望获得浙江省平安区十连创。

(三)不断提升执政能力

区委充分发挥总揽全局、协调各方的领导核心作用,坚持依法执政、民主决策,坚持党要管党、从严治党,着力提高领导水平和执政水平。

1.法治上城建设取得新进展。坚持"663"区委重大决策工作机制,出台关于加强和改进调查研究工作的意见,构建"17654"民主民生互动平台,实施党委文件发文预审和规范性文件备案制度,不断提高决策科学化、民主化、规范化水平。

围绕法治政府建设,加强行政机关合同管理,健全法律顾问、行政调解和行政复议等工作机制,优化"五证一章"联办流程,强化执法人员业务培训。持续深化标准化建设,被评为全国政府管理和公共服务标准化示范区。

充分尊重和保障司法机关独立行使检察、审判职能,不断深化"阳光司法",积极开展诉调对接、未成年人观护等司法创新工作,助推司法公正高效。

扎实开展基层民主法治建设,通过百家能人社区工作室等各类载体,积极引导和支持群众参与社区自治,深入开展民主法治街道和民主法治社区创建活动,营造了群众有序参与、与政府良性互动的浓厚氛围。

深入开展普法宣传教育活动,不断创新普法学法载体,面向重点对象开展有针对性的普法,着力提高全社会的法治意识,被评为年度浙江省创建法治区工作先进单位。

2.党委领导方式有了新改善。落实省市委人大、政协工作会议精神，全面调研总结加强人大、政协工作意见的落实情况，持续改进对人大和政协工作的领导，支持人大开展参与式预算等重点工作的监督，召开区委政协工作会议并出台关于加强和改进政治协商及民主监督的意见，支持和保证人大、政协履行职能，基层人大工作受到了张德江委员长的充分肯定，基层协商民主经验在《人民日报》上刊登宣传。

进一步拓宽有序政治参与渠道，健全落实区领导和政府部门与民主党派、无党派结对联系制度，认真贯彻党的民族、宗教、侨务、对台政策，民主党派、各界人士参政议政积极性不断提高。

加强对工青妇、工商联、残联、科协等群众团体的领导，支持各团体围绕区委中心工作开展活动，在促进企业发展、履行社会责任、做好民生保障、化解社会矛盾、提升公民素质等方面积极探索创新，群团组织服务大局意识进一步增强、桥梁纽带作用进一步发挥。

3.基层党组织建设开创新局面。落实基层党组织建设的主体责任，实行党群14个部门对基层党建目标责任制联动考核，完成区直党(工)委书记年度党建工作述职，评选区“十佳”领办党建项目，开展社区党委书记“双向述职”，有力促进党建工作抓主体尽职责。

深化街道党员代表会议制度，进一步扩大基层民主。开展党员干部“民情比武、服务争星”活动，依托“平安365”“民情E点通”“红淘服务站”等信息化手段和党群服务微平台，进一步推进服务型基层党组织建设。

坚持从严治党要求，出台严肃处置不合格党员的实施意见，细化基层组织生活会、民主评议党员工作流程，落实党员学习培训和在职党员量化积分管理、入党答辩和“三色”预警制度，全年完成2个软弱涣散基层党组织整顿，处置不合格党员54人。

努力推进“两新”组织党建品牌打造，探索党、政、社、民“四位一体”的“红色基因库”社会组织孵化器运行模式，开展“青春党建”行动，推进“湖滨·利星爱心广场”“红巷梦工厂”等一批“两新”党建示范点建设，“两新”党组织活力得到有效激发。

4.干部人才工作得到新加强。落实《党政领导干部选拔任用条例》和《干部监督条例》新要求，出台《关于完善干部能上能下制度的意见》，深入开展机关干部下基层活动，实施“上城青干线”青年人才培养计划，全年共提拔区管领导干部28人、交流31人、选派150人挂职锻炼，对部分干部进行了谈话提醒、岗位调整、改任非领导职务、降职等处理。

建立干部队伍日常分析研判机制，完善领导班子成长分析体系，开展51个领导班子届中任期目标绩效考核和街道42名区管干部同类岗位实绩考核，对超职数配备、违规党政分设和公务员企业兼职进行认真清理，严格执行区管干部个人重大事项报告和因私出国出境管理制度，干部队伍管理进一步规范。

制定区领导联系高层次人才制度，通过“进企访才”等主题活动密切与辖区人才的沟通交流，整合人才政策，全面优化引才体系，引入2名诺贝尔奖获奖得主，1名人才成功入选省“千人计划”。

5.党风廉政建设呈现新气象。深入落实党风廉政建设党委主体责任、纪委监督责任，建立区直单位党委(党组)落实主体责任情况年度报告制度，区委在全市落实党风廉政建设责任制考核中位列区(县、市)第一。

深入开展整治“文山会海”等8个正风肃纪专项行动，区级会议数量同比下降15.6%，发文数量同比下降32.6%，评比表彰项目同比减少60.9%，“三公”经费同比减少30%。组织开展“公述民评”活动84次，建立每周明查暗访工作机制，机关干部作风和效能监督力度进一步加大。

深入抓好反腐倡廉宣传教育，深化廉政文化“5+X”建设，开通“上城清风”官方微博、微信，建立每周向区管干部发送廉政短信机制，领导干部廉洁从政意识进一步强化。坚持抓早抓小，制定出台党员干部谈话提醒教育实施办法，开展谈话提醒257人次。坚持有案必查，保持惩治腐败高压态势，全年共立案15件，其中结案15件、处分15人、移送司法机关1人。

同志们，2014年我区经济社会各项成绩的取得，来自省市委的正确领导，更离不开全区上下的共同努力。在这里，我代表中共上城区委对一年来付出辛勤劳动的全区广大党员干部和关心支持上城发展的社会各界表示衷心的感谢！

同时,我们也清醒地认识到,当前区域发展仍面临许多困难和工作中的不足,主要表现在:经济增长受宏观政策影响较大,人才、技术等高端资源要素集聚不足;各项改革刚刚破题,一些关键领域改革尚不到位;基本公共服务体系还存在一些薄弱环节,服务水平与群众需求还有一定差距;一些党员干部的政治意识、宗旨意识、责任意识有待进一步加强,抓落实不力、"不愿、不敢、不能"担当的问题还一定程度存在。

党的十八届四中全会提出了依法治国的执政理念,将社会主义法治建设提上了重要议事日程,全面深化法治建设,推进依法治区,成为摆在我们面前的又一重大课题。在依法治国的新阶段,我们的治理能力也面临新的挑战:一是在法律的框架内,如何维护公平有序的市场竞争环境,为发展提速;二是在法治的理念下,如何妥善处理和化解发展中的问题,促进社会公平正义,为发展减负;三是在依法的前提下,如何提升能力、消除懒政怠政,为发展增效等等。对于上述问题和挑战,我们必须高度重视,深入研究,科学应对,有效解决。

2015 年工作思路与重点任务

2015 年是全面深化改革的关键之年,是全面推进依法治国的开局之年,也是全面完成"十二五"规划的收官之年,做好各项工作意义重大。全年工作指导思想是:认真贯彻落实党的十八大,十八届三中、四中全会和中央经济工作会议精神,以邓小平理论、"三个代表"重要思想、科学发展观为指导,深入学习贯彻习近平总书记系列重要讲话精神,主动适应经济新常态,集中力量抓好改革、转型、攻坚重点任务,全面推进法治建设,进一步提升平安品质,坚持精准发力,切实做好民生保障,加强党的建设,更好地发挥核心引领作用,积极谋划"十三五"规划,大力推动观念转变、优势集聚、创新驱动、智慧发展,加快建设"现代化美丽上城"。

(一)适应新常态,做好"经济报表"

深入理解和正确认识经济发展新常态,把思想和行动统一到中央认识和判断上来,以国内一流城市中心城区为标杆,切实增强发展的紧迫性和责任感,科学分析、高点定位,抓住关键、抓好落实。2015 年建议地区生产总值增长 7.5%左右,一般公共预算收入增长 7.5%左右,服务业增加值增长 8%左右,新增就业岗位 23 400 个。

1.突出重点深化改革

切实增强推进改革的信心和勇气,围绕解决发展中的体制机制突出问题,确定年度重点改革项目,加强统筹,加快推进。

巩固已取得的改革成果,强化成果运用。继续抓好国资、建设体制、"最美"长效机制、互联网宣传管理、教育评价、医养护一体化、社会组织培育、社区工作运行体制等各项改革方案的落实,确保各个项目善做善成,取得实效。

围绕信息化资源整合、智慧社区建设、城管"大综合管理"、环境保护统筹协调机制等项目,研究制定既具有年度特点、又有利于长远制度安排的改革方案,力争取得突破性进展。

加快楼宇经济、招商、政府购买服务等领域的改革,建立政务数据分析研判、群众满意度调查、"大督查"工作机制,使改革举措有效转化为发展动力。

积极探索试点,从实践中寻找改革实施方案。强化责任,加大组织协调力度,建立改革评价机制,保证改革措施落地。以深化法治领域的改革为新的着力点,规范和带动其他领域的改革实施。

2.稳中求进加快转型

密切关注宏观形势,加强分析,认真防范和化解区域经济发展各类风险,努力保持经济运行稳定、合理增长,力争圆满完成全年和"十二五"规划各项目标任务。

坚定不移推动五大主导产业发展,进一步集聚壮大金融服务和文化创意产业,加快培育信息产业、健康服务业等新的经济增长点和文化旅游、休闲娱乐、体育健身、养老服务等消费新热点,突出金融带动、创新驱动、消费拉动"三位一体"引领转型,大力构建具有上城特色的现代产业体系。

树立跨界思维,认真研究主导产业的行业构成和发展特点,确定重点引进和扶持的行业,特别是具有产业融合特征的行业,明确招商和服务方向。突出引资与引智、招商与招才并重,坚持选外资外税、招央企国企、引浙商杭商"三措并举",探索专业化、市场化运作模式,努力引进一批技术领先、人才领先、行业领先、融合性好、带动性强的大项目、好项目。

深化产城融合的转型思路，坚持规划引领，完善管理运营体制机制，全力做优做精湖滨商圈、玉皇山南基金小镇、望江智慧产业园和科技工业基地“123+1”大平台，以小营地区为核心在全区串珠成链带动健康服务业集聚，加快吴山商圈金融服务与现代商贸业发展，注重平台建设与文化、品牌资源的整合，打造优质经济生态，努力形成产业覆盖全区、区域差异发展的新格局。

深入贯彻“市场在资源配置中起决定作用”的改革思路，加快政府职能转变，进一步把工作着力点放到维护市场公平、搭建服务平台、强化激励机制、集聚优秀人才上来，下大力气，主动作为，积极营造有利于培育和壮大新经济增长点、有利于创业创新的政策环境和制度环境。

继续做好“四换三名”“个转企”“股上市”以及低效用地再开发、楼宇有机更新、节能降耗等工作，努力推动产业结构变“轻”、发展模式变“绿”、经济质量变“优”。

3.紧盯难点克难攻坚

敢于直面问题，敢于啃硬骨头，把明年作为“项目攻坚年”，按照“一个项目、一个团队、一抓到底”的要求，全力以赴打好环境提升硬仗。

主动开展“大对接”工作，紧密结合省市重点项目安排，确定我区2015年重点建设工程计划，提前谋划沿山、沿江规划项目的落地。加强沟通协调，明确时间节点，尽早启动吴山广场地下综合体、思鑫坊、劝业里等一批重点项目。集中力量推进湖滨、山南、望江等重点区块建设，加快实施在建和改造项目，确保2015年底相关征迁工作基本完成。

创新思路和方法，加强对历史建筑、旧厂房等修缮改造的规划研究，努力保护、传承、利用和发展好各类历史文化遗产，做好传统与现代、文化与产业的有机结合。进一步树立“大建设”理念，推行产业布局和项目建设一体规划设计，完善建设与招商有机协调的工作机制，促进资源效益最大化。充分发挥国有资产融资平台作用，积极争取各类金融机构支持，广泛吸引社会力量参与重点项目建设，为推进项目攻坚提供更好的资金保障。

制定实施新一轮生态文明建设三年行动计划，坚定不移继续推进“五水共治”“三改一拆”和治气、治堵、垃圾分类等环境治理重点工作，加快重心下移，做好洁化、绿化、亮化、序化等城市管理工作，坚持源头严防、过程严管、后果严惩、治标治本多管齐下，朝着蓝天净水的目标不断前进。

(二)深化法治建设，做好“平安报表”

把治理体系和治理能力现代化作为建设现代化美丽上城的一项重要内容和政治任务，全面深化“法治上城”建设，进一步夯实平安基础，为改革发展提供有力保障。

1.全面提高依法执政能力

坚持总揽全局，完善党的领导方式，善于使区委的重大决策经过法定程序成为全区人民的意志，善于通过法定政权机关实施党委对经济社会发展各项事业的领导，善于运用民主集中制原则维护中央权威，推动中央和省市决策部署贯彻落实。

坚持党的领导、人民当家作主、依法治国有机统一，以宪法为根本活动准则，把加强党的领导同人大、政府、政协、法院、检察院依法依章程履行职能、开展工作统一起来，充分发挥其党组的领导核心作用，统筹推进法治建设各领域工作。

积极推动人民代表大会制度与时俱进，召开区委人大工作会议，出台关于加强人大工作的意见，进一步完善党委领导人大工作制度，支持和保障人大及其常委会依法行使监督、决定、任免等职权，支持向上级人大提出立法意见，保障代表依法开展工作。

坚持和完善中国共产党领导的多党合作和政治协商制度，建立民主党派直接向区委提出建议制度，健全各类协商机制，充分发挥政协在发展协商民主中的重要渠道作用，创新协商途径，丰富协商方式，增强协商实效。

加强和改进党对政法工作的领导，强化区委政法委员会在统筹政法工作、建设政法队伍、督促依法履职、创造公正司法环境等方面的职能；健全区委定期听取政法部门工作汇报制度和政法部门党组织重大事项向区委报告制度，切实加强政法机关党的建设。

支持法院、检察院依法独立公正行使职权，认真执行领导干部干预司法活动、插手具体案件处理的记录、通报和责任追究制度，按照上级要求，积极开展各项司法改革，全面提升司法公信力。

加强对工会、共青团、妇联等人民团体和社会组织的领导，进一步凝聚各方智慧，合力推动法治上城建设，更好发挥群众团体和社会力量在服务改革发展稳定中的积极作用。坚持党管武装，深化双拥共建，推进军民融合深度发展。

坚持执行区委工作规则，落实依法决策程序和机制。严格遵行党章，加强党内制度和工作体系建设，认真执行党内规范性文件备案审查制度，探索党内法规执行情况和实施效果评估，健全党内规范性文件定期清理制度。

2.加快建设法治政府

坚持法无授权不可为、法定职责必须为的原则，正确处理政府与市场的关系，进一步深化行政审批制度改革，深入推进“两单一改”，做好省市行政审批下放事项的承接，加快区行政审批服务管理相关职能转变，以强制性地方标准的制定实施带动标准化建设继续深化，促进政府依法依规依标准全面履行职能。

严格执行重大行政决策法定程序，落实重大行政决策出台前向人大报告制度，全面推行法律顾问制度，完善行政机关内部重大决策合法性审查和涉及民生重大事项社会稳定风险评估机制，建立决策后评估制度，全面提高政府决策的合法性和规范性。

进一步理顺城市管理、市场监管、安全生产等执法监管工作机制，完善执法协作配合机制，探索多种形式的部门综合执法和联合执法，处理好规范执法和人性化执法的关系。

加大涉及群众切身利益重点领域的执法力度，依法惩处各类违法行为。建立执法依据定期梳理和公布制度，严格执行重大执法决定法制审核制度。建立执法全过程记录制度。落实行政机关首长出庭应诉制度，健全行政机关对司法建议的反馈制度。

完善政府管理和服务方式，不断健全政府购买服务标准、招投标和监督评估制度，进一步规范行政机关合同管理工作。深化政务公开，进一步提高政府工作透明度，保障群众的知情权、参与权和监督权。

3.积极构筑法治社会

牢固树立法治理念，坚持围绕中心工作全面深化“法治上城”建设，把改革、转型、攻坚、民生等重点工作作为大平台、试验田和活教材，充分发挥法治建设对中心工作的保障和推动作用。

研究制定第七个普法依法治区五年规划，健全多层次多形式、“接地气”的普法宣传教育机制，广泛宣传以宪法为核心的中国特色社会主义法律体系，加强公民道德和社会诚信建设，大力弘扬法治精神。建立区委常委会学法制度，健全干部学法机制，营造领导干部带头学法守法的良好风气。充分发挥宣传、司法、文化、教育等部门和人民团体在普法教育中的职能作用，推动落实“谁执法谁普法”的普法责任制，加强法治人才、法律服务队伍、专家队伍和普法讲师团、志愿者队伍建设，建立社会“大普法”工作格局。

加强对征迁安置、市场经营和物业管理等矛盾纠纷易发多发领域问题的关注和研究，完善矛盾预警、利益表达、协商沟通、救济救助等机制。坚持区领导定期接访，严格落实信访事项终结制度，切实推动群众信访向信“法”转变，把信访纳入法治化轨道。坚持系统治理、依法治理、综合治理、源头治理，健全“大调解”工作体系，推进行业性、专业性调委会建设，建立健全社会组织化解矛盾纠纷、帮教特殊人群、预防违法犯罪的机制和制度化渠道，积极发挥社会力量调解矛盾纠纷的作用。

善于运用法治思维和法治方式破解“大平安”建设中的难题，以法治建设保障和带动平安建设的不断深化。继续优化“平安365”平台，完善立体化社会治安防控体系，有效防范化解管控影响社会安定的问题，严厉打击暴力恐怖、涉黑犯罪、邪教和“黄赌毒”等违法犯罪活动，保障人民生命财产安全。依法深入开展社会治安综合治理，强化对危害食品药品安全、消防安全、生产安全、生态安全和网络安全等问题的专项治理。维护民族团结大局，依法妥善处置涉及民族、宗教等因素的社会问题，促进民族关系、宗教关系和谐。

4.切实加强权力监督

坚持有权必有责、用权受监督，在法治建设中不断健全完善权力运行制约和监督体系。加大问责力度，确保按照法定权限和程序行使权力，让权力在阳光下运行。

切实加强党内监督，完善集体领导与个人分工负责相结合的民主集中制，把法治建设成效作为衡量领导班子和领导干部工作实绩的重要内容，纳入政绩考核体系。

支持人大及其常委会对“一府两院”的行政和司法权力监督，加大对法律法规实施情况的监督力度，继续深化对政府全口径预算和国有资产的监督，健全专题询问、质询、特定问题调查等制度。

加强行政监督，探索实行递进式、智能化等监督方式，进一步规范强化执法监察、廉政监察、效能监察和审计监督，加强对政府行政权力运行的监督和制约。

完善党委政法委执法监督机制，强化检察机关法律监督职能，加强对司法活动的监督。

健全民主监督的组织领导、权益保障、知情反馈、沟通协调机制，充分发挥好政协和民主党派、无党派人士的监督作用。

支持媒体依法履行舆论监督职能，建立公众参与监督的激励机制，健全对群众和媒体反映问题的处理和反馈机制。

(三)坚持精准发力，着力改善民生

按照守住底线、优化服务的基本思路，以群众满意为工作目标，聚焦养老、帮扶、便民等服务重点，聚焦就学、就医、就业等民生热点，聚焦社区治理基点，精准发力，努力解决群众最期盼最直接最现实的问题。

1.完善“三大体系”

结合老城区区情，坚持“保基本、补不足、强监管、全覆盖”的工作思路，持续深化养老服务、帮扶救助、便民服务“三大体系”建设，积极探索政府主导与市场化运作有机衔接的新模式，着力解民之忧。

围绕加大老龄群体服务保障力度，鼓励和吸引社会力量参与，推进医养护一体化养老机构建设；充分整合区内外资源，加强日托照料机构、老年食堂、老年活动场地设施完善和功能提升，打造“15 分钟养老服务生活圈”；完善智慧养老服务体系，拓展服务内容，加强服务监管，不断提高养老服务质量和水平。

围绕加大困难和弱势群体救助保障力度，扎实推进“救急难”工作，健全完善救助政策与工作机制，建立儿童福利保障兜底机制，加强外来务工群体的帮扶救助，进一步扩大帮扶救助的覆盖面。

围绕加大居民群众生活服务保障力度，进一步加强街道、社区便民服务中心标准化、智慧化建设，完善“网上便民服务大厅”，积极发展社区服务业，努力提供精细化服务，使居民群众日常生活更加舒适、方便。

2.优化“三就”服务

根据群众需要，更好提供就业、就学、就医“三就”服务，让百姓享有更高质量的就业、更优质的教育、更贴心的健康守护。

树立以创新促进创业、创业带动就业的理念，完善创业创新培训和大学生创业服务体系，积极营造创业创新的有利环境；拓展完善就业服务平台，鼓励多种形式的就业模式，着力解决结构性就业难题。

以提升教育教学品质为重点，积极推进教育均衡化发展，科学规划标准化学校布局，稳步推进国际化学校建设，探索深化民办教育机构改革，满足不同层次的就学需求。

充分利用信息化手段建立省、市、区三级医疗服务网络，与阿里健康平台开展医养护一体化合作，加快打造“健康医疗城”；完善全科医生制度，探索健康管理，提高基层医疗卫生机构的服务水平，做好上城居民的健康“守门人”。

3.打造“两型”社区

以被评为和谐社区建设、社会组织建设和社会工作服务三个国家级示范区为动力和新起点，积极学习借鉴国内外城市发展的先进经验，创新社区治理模式，深入打造和谐社区和智慧社区。

继续完善和谐社区建设体制机制，研究制定推进社区社会工作的发展规划，总结推广社区服务机制改革经验做法，完善社区物业管理，引导和鼓励社区居委会、业主委员会更好地发挥居民自治功能。推动社区社会组织培育由重数量向量质并重转变，大力发展民办社会工作服务机构，逐步扩大政府购买服务规模。调整优化上羊市街“第一居委会”功能布局，打造社区治理创新园。

依托新一代信息技术，有效整合社区事务管理、居民互动、公共服务信息、社会志愿服务等资源，积极搭建和完善“网上社区”平台，通过“线上”办事、学习、交流等智慧服务跟上信息时代居民生活方式的新改变，促进社区建设迈上新台阶。

(四)加强党的自身建设，更好发挥核心引领作用

牢固树立“不抓党建是失职、抓不好党建是不称

职”的意识,把抓好党建作为最大政绩,全面落实党要管党、从严治党的重大政治责任,扎实推进新时期党的建设各项工作,保障党的凝聚力创造力战斗力的充分发挥。

1.坚持思想建党

进一步坚定理想信念,抓好科学理论武装,全面、系统、深入地学习十八届三中、四中全会和习近平总书记系列重要讲话精神。以区委理论中心组为龙头,推动全区各级党组织的理论学习,以宣讲教育为抓手,推进理论学习在基层的全覆盖。

进一步强化战略定力,认真贯彻执行中央和省市党委的重大决策部署,坚定不移走具有上城特色的转型发展之路,科学谋划提出关于制定“十三五”经济社会发展规划的建议,切实担当起上城全面深化改革、创新驱动发展的历史使命和责任。

进一步加强对意识形态工作的领导,深化社会主义核心价值观教育,以“邻里价值观”实践活动为抓手,全面推进“最美”由“盆景”向“风景”转变,弘扬社会正能量。深化文明城市创建,推进公民思想道德建设。创新文化载体,积极开展城市文化广场及社区居民文化家园的建设,大力提升群众精神文化生活品质。全面深化网络宣传和网络舆情应对机制及能力建设,加强网络信息安全管理。

2.规范基层党组织建设

认真贯彻党章要求,强化基层党建主体责任落实,构建季度例会专题研究、重点项目专人领办、党群联动专项考核、党委书记专场述职“四专”工作体系,细化量化党内政治生活准则,设立每月党员固定活动日,全面实施党员积分管理,从严管理党员队伍。

巩固和提升群众路线教育实践活动整改成果,全面开展“上门看、当面谈、马上干”居民走访服务,建立健全“民情E点通”“两新”组织党建“快生活”、基层民主协商“三事分流”等机制;提高社区党员活动经费,落实服务群众专项经费,深入推行基层党组织“领头雁”工程,完善岗位准入、资质认证标准,进一步夯实基层党建工作基础。

3.加强领导班子和干部队伍建设

重视领导班子综合素质提升,继续推行领导班子成长分析、同类岗位领导干部实绩对比等评价机制,探索建立领导干部日常考核管理系统,加强对领导班子能力建设的常态化分析。健全领导干部监督联席会议制度,完善“8小时外”等监督管理机制,加强对领导干部“工作圈”“生活圈”“社交圈”的全面监督,着力培养和打造一支敢于担当、能够担当的“狮子型”领导干部队伍。

重视党员干部的执行力提升和依法办事能力培养,完善理论学习和业务学习培训制度,创新学习教育形式,促进干部思想观念和工作能力与时俱进。着眼于优化干部队伍结构,通过重点提拔使用、区内区外定向选拔、机关干部下基层、“上城青干线”青年人才培养等手段,健全干部队伍的梯次配备,为可持续发展提供有力的人才支撑。

4.加大反腐倡廉力度

认真落实党风廉政建设党委主体责任和纪委监督责任,制定出台具体制度规定,建立健全区委常委会定期会商、区纪委专题听取报告及年度考核等制度,探索实施项目式管理、节点式督查、倒查式问责三级工作机制,形成一级抓一级、层层抓落实的工作格局。支持纪委落实转职能、转方式、转作风要求,推进反腐败体制机制创新和基层纪检监察组织建设,为纪委履行监督职责提供源动力。

深化重点领域、重要环节、重大时节正风肃纪工作,建立作风效能评价和问责两大体系,探索整治党员干部“不作为、不担当、效能低下”的有效途径,努力形成作风建设新常态。着力完善上城特色惩防体系,建立健全常态化廉政教育和廉政风险防控、规范“三重一大”民主决策、防止利益冲突等制度,探索试行办案信息定期报备制度,逐步形成“不敢腐、不能腐、不想腐”的有效机制。

同志们,适应经济新常态,迈上改革新征程,进入法治新时代,2015年上城的发展蓝图已经展现在眼前,让我们更加紧密地团结在以习近平同志为总书记的党中央周围,在省市委的坚强领导下,切实增强信心、振奋精神、鼓足干劲、勇于担当,用我们的智慧和汗水绘就“现代化美丽上城”的壮美篇章!

政府工作报告

——在上城区第十四届人民代表大会第四次会议上

(2015年1月27日)

上城区人民政府区长　陈　瑾

各位代表：

现在，我代表上城区人民政府向大会报告工作，请予审议，并请区政协各位委员和其他列席人员提出意见。

2014年工作回顾

2014年，在市委、市政府和区委的正确领导下，在区人大、区政协的监督支持下，区政府深入贯彻落实党的十八届三中、四中全会精神，紧紧围绕区委九届九次全会提出的目标任务，团结和依靠全区人民，积极应对复杂严峻的经济形势，主动适应日趋激烈的竞争环境，推进重点改革新突破，加快生态治理新攻坚，提升转型升级新水平，推动社会事业与自身建设新进步，较好地完成了全年经济社会发展任务。

全区实现地区生产总值807.62亿元，同比增长8.1%，其中服务业增加值445.25亿元，同比增长8.1%；规模以上工业销售产值702.98亿元，同比增长3.3%；社会消费品零售总额303.57亿元，同比增长7.7%；财政总收入93.57亿元，同比增长3.3%，地方财政收入58.03亿元，同比增长1.04%；固定资产投资77.64亿元，同比增长21.6%；万元工业增加值综合能耗下降7.3%；新增就业岗位30 899个；计划生育符合率97.9%。荣获全国智慧城市先导区、全国和谐社区建设示范区等国家和省级荣誉11项。

一年来，我们主要做了以下五方面工作：

(一)以改革创新为动力推动持续发展

重点改革取得突破。深化国资管理体制改革，制定国有资产管理实施意见、国有企业重大事项报告制度、行政事业单位国有资产管理办法，实现国资监管全覆盖。优化国有企业运营模式，组建清河坊资产管理有限公司，增资望海潮建设有限公司，实施区属国企人事制度改革，逐步完善现代企业制度。开展南宋御街、清河坊二期资产清理，加快国有资产盘活。推进建设主体机构转型，理顺指挥部管理体制，明确职能配置、机构设置和人员规模，清理10家指挥部事业机构。完善征收补偿机制，建立现场征迁指挥部，加快征迁进度。启动社区服务机制改革，逐步减轻社区工作负担，推动更多社会力量共同参与社区治理。

市场活力有效激发。鼓励社会资本参与基础设施建设，推动境外浙商参与吴山广场地下综合体开发。支持社会力量办医、办学，引进康复护理、生殖医学等专科医院，以BOT形式建设双语学校。出台新建养老机构扶持政策，撬动社会力量参与养老设施建设。充分利用国内外资金参与区域经济发展，全区实际利用外资2亿美元，引进市外内资107.1亿元，引进浙商回归项目36个，累计到位资金71.1亿元。实施与临安青山湖科技城为期十年的战略协作，开展与淳安的区县协作，积极拓展发展空间。坚持市场与行政手段相结合，建立能耗倒逼机制，全区单位GDP

电耗和电力消费总量分别下降13.2%和6.24%,位列全市第一。“个转企”工作四年任务两年完成。顺利完成第三次全国经济普查。

科技创新持续推进。加强科技创新公共服务平台建设,实施科技发展计划70项,获得国家创新基金项目1项、国家火炬计划3项。新增国家重点支持高新技术企业6家,省、市级高新技术研发中心8家。新建亿恒科技等2个院士专家工作站。加强人才招引,2位诺贝尔奖获得者及其项目入驻我区,引进海外留学人员60余人,引进4个外国专家项目共50人次。1人入选省千人计划,1人参加国家千人计划评审。出台政策支持企业利用资本市场加快发展,思美传媒登陆中小板,熙浪信息技术在新三板挂牌。

(二)以高端集聚为引领加快转型升级

智慧经济提质发展。以信息经济、智慧经济为引领,出台智慧城区建设总体规划纲要。发挥思科(中国)总部的示范带动作用,引进铁塔浙江公司等信息企业,加快打造望江智慧产业园。加快发展智慧制造业,科技工业园实现工业销售产值34.1亿元,同比增长5.3%。全区软件和信息产业实现主营业务收入6.3亿元,同比增长24%。大力发展文创产业,凤凰公社文化创意园开园,国家级数字出版产业基地落户越界·锦绣工坊产业园,全区文创产业实现主营业务收入156.6亿元,同比增长6.4%。

产业集聚提速发展。抓住省市大力发展私募金融的有利时机,编制玉皇山南基金小镇业态功能规划,出台扶持政策,深入推进基金小镇建设。基金小镇实现税收2.4亿元,同比增长19%,管理资产规模超过300亿元,入围省级现代服务业集聚区20强。全区引进金融投资企业108个,到位资金80亿元,金融业实现地方财政收入6.8亿元,同比增长25.6%。推进健康医疗城建设,编制健康服务业示范区建设发展规划,推动五柳巷中医一条街、红巷生活广场等健康产业项目落地,成功创建市级健康服务业集聚区。完善楼宇信息管理服务系统,完成航天通信大厦等6幢楼宇提升改造,楼宇经济实现税收51.4亿元,亿元楼宇达11幢。

品牌优势提升发展。大力推进湖滨商圈、吴山商圈融合发展,湖滨路恢复休闲步行街,湖滨四期、二期C座精彩亮相,西湖银泰城全新开业。加快品牌消费与电商资源整合,界内、佐卡伊等一批优秀电商发展迅猛。加强文化旅游资源整合,举办杭州美术节、国际设计周等时尚节展活动,开展吴山庙会、国际体验日等民俗文化活动,组织湖滨购物节、夜休闲嘉年华等商贸休闲活动。清河坊·南宋御街等三大特色街区共接待游客2800万人次,同比增长5.7%。五柳巷成功入选杭州市历史街区保护创新项目,“小营·江南红巷”成功创建国家AAA级旅游景区。

(三)以有机更新为抓手提升城区品质

重点项目全力推进。深化“三改一拆”行动,完成旧住宅区、旧厂区、城中村改造30.9万平方米,拆除违法建筑10.5万平方米,顺利完成4个市重点项目征迁清零任务。全力推进无违建区创建,清波等4个街道达到无违建街道标准,东平巷等45个社区达到无违建社区标准。城市建设有序推进,全年开工建设56万平方米,竣工62万平方米,拆迁1027户,安置1160户,均超额完成年度目标任务。湖滨三期、勾山里B地块等项目进展顺利。安家塘、甘水巷、樱桃山组团完成工程总量的85%,启动复兴商务广场地下空间项目建设。省旅游展示中心项目主体结顶。城站广场环境综合整治提升工程顺利实施。望江地区控规逐步优化,区行政服务中心结顶。保障性住房加快建设,竣工交付3个安置房项目共19万平方米。

环境整治强力推进。大力开展“五水共治”,总投入4400余万元,全面推进水环境综合治理。顺利完成馒头山、大学路新村等24个防汛排涝项目治理。清除河道排污口20个,完成33个截污纳管项目,新增截污量2500余吨/日。完成贴沙河等4条河道清淤疏浚及中河南段生态示范创建项目,推进河道视频监控系统建设,河道监测断面水质保持稳定。积极创建合格规范饮用水源,饮用水源地水质达标率100%。改造家庭节水器具3800余套,位列全市第一。以餐饮业油烟污染防治、工地扬尘防治为重点,开展大气污染复合整治。启动解放路194号等10处历保建筑修缮。全面开展危房排查,抢险维修12处。加强公共停车场(库)建设,新增2408个停车泊位,完成东平巷、大学路2个老旧小区交通综合治理。

城市管理有力推进。坚持长效管理,洁化、序化、亮化、绿化管理水平继续保持全市领先。推进生活垃圾“四分三化”工作,全区379个小区、14.7万户家庭实施生活垃圾分类。完成560条道路(街巷)“门前新三包”。探索市场化清运模式,路面固体废物偷倒治理取得明显成效。推行城市管理力量下沉,加强湖滨等窗口地区和重点地段综合管理。加大户外广告整治力度,拆除各类违法广告493块。改扩建绿地5.4万平方米,樱桃山生态公园绿化工程被评为杭州市优秀园林绿化工程金奖。完成吴山夜市整治提升,3家农贸市场成功创建省放心市场。智慧城管项目获得2014中国城市管理进步奖和中国社会治理创新范例50佳。

(四)以改善民生为根本增强民心合力

社会保障日趋完善。加强就业和再就业工作,城镇新增就业3.09万人,失业人员再就业1.58万人次,帮助近4000名就业困难人员实现再就业。全面完成社会保险扩面任务,养老、工伤、生育保险分别完成任务数的283%、193%和532%。开展第五次企业退休人员体检。加大困难群体帮扶力度,发放低保金、残保金和各类补助1208万元,募集“春风行动”慰问金445万元。近江东园残疾人社区康复站被评为全省首批残疾人社区康复示范站。加快智慧养老信息平台建设,新建3家老年食堂、27家日间照料中心,新增283张机构养老床位,居家养老政府购买服务4.9万人次。

社会事业稳步发展。全面推进学校标准化建设,完成北师大附中、天地实验小学、娃哈哈幼儿园新城园区建设,全区标准化学校比例达96.4%。推动教育人才培养,6名教师被评为省特级教师,位居全市前列。推进学校教育质量优质均衡发展,加大校长、教师交流轮岗力度,骨干教师交流至普通学校比例位列全市前茅。启用区精神卫生服务中心和区居民健康管理中心,完成6家社区卫生服务站提升改造。深化与省市医院合作,构建分级诊疗体系,积极探索上城特色医养护一体化服务,签约6.4万人。成功举办上城区第八届运动会和残疾人运动会,深入实施“七送”文体惠民工程,惠及群众10万余人次。建立全市首个社区科普大学,社区科普教学点实现全覆盖。推进文化遗产保护,与联合国教科文组织共同发起成立中国历史文化名街保护研究中心。挖掘市级非遗项目4个,1个项目被列入国家非物质文化遗产代表性名录。

社会治理不断强化。深化基层社会服务管理工作,推出“民情E点通”社区服务平台,“平安365”智慧治理机制被评为全国社会治理十佳案例。推动社会组织参与社会治理和公共服务,募集资金445万元,实施101个公益创投项目。完善社区考评机制,加强社区工作人才培养,推进社区服务中心提升改造。深入推进平安上城建设,加大安全生产、消防安全、食品药品安全监管力度,有效应对“7·5”公交纵火案等突发事件,完善重点区域反恐安防联勤机制,及时化解不稳定因素,非访治理取得明显成效。全区安全生产形势保持平稳,治安秩序良好、社会稳定,群众安全感满意度达97%,有望实现浙江省平安区十连创。

为民办实事工程共十件56个项目,已完成54项,另2个项目正在积极推进中。

(五)以法治政府为目标加强自身建设

依法行政更加深入。自觉接受人大依法监督和政协民主监督,定期向人大、政协通报工作,主动接受人大专项工作报告审议、专项视察和执法检查等监督,积极就政府机构改革等重点工作与政协开展政治协商。办理区十四届人大三次会议代表建议123件,区政协四届三次会议提案116件,建议、提案解决率为75.2%,代表、委员满意率100%。加强行政规范性文件管理。新增政府公开信息4000余条。探索政府购买法律服务工作机制,加强行政机关合同管理。建立行政复议案件专家咨询制度,规范行政复议案件办理。

权力运行更加规范。统筹推进工商质监体制调整、食品药品监管体制改革和卫生计生机构改革,设立区市场监督管理局、区卫生和计划生育局,进一步理顺职责,转变政府职能。加快行政审批制度改革,开展部门权力清单和责任清单编制工作,清减权力事项3306项,清减率达57.6%,全面承接省市下放行政审批事项231项,在主城区率先实现“五证一章”联办和投资建设项目审批权承接。完善公共资源交易工作机制,打造阳光招投标平台。继续推进城市管理与公共服务标准化工作,入围全国服务业标准化示范项目。积极推进预算管理体制改革,完善全口径政府预算体系,实现财政预决算、部门预决算和“三公”经费预决算信息全面公开。严控行政运行支出,严格会议费、培训费、差旅费等管理,“三公”经费同比下降30%。

自身建设更加扎实。全面开展党的群众路线教育实践活动，联系群众更加密切，机关作风有效改进。认真贯彻落实中央八项规定,大力开展精简会议文件、厉行节约反对浪费等专项行动。区级会议同比减少15.6%,各类文件同比减少32.6%,评比表彰项目同比减少60.9%。开展行政事业单位办公用房清理,加强公车使用管理。加大效能督查,实施重点建设工程立项监察，组织政风行风监督员开展212次明查暗访。加强审计监督,实施审计项目22个,组织完成审价结算项目139个,净核减5200万元。

同时,我们扎实推进人民武装、国防教育、拥军优属、人民防空、民族宗教、慈善救助等工作,积极支持工会、共青团、妇联、侨联、残联、科协等开展工作。

各位代表,过去一年,全区上下团结协作、奋力拼搏,取得了来之不易的成绩。在此,我谨代表区政府,向在各个领域和岗位上无私奉献的建设者们,向给予政府工作支持和监督的人大代表、政协委员,向各民主党派、工商联和无党派人士、各人民团体以及社会各界人士，向积极参加上城建设发展的中央省市属单位和驻军部队、武警官兵、民兵预备役人员表示崇高的敬意和衷心的感谢!

在肯定成绩的同时,我们也清醒地看到,当前我区经济社会发展仍然存在不少问题,主要有:社会消费品零售总额、地方财政收入低于年度预期目标,服务业增加值等个别经济指标完成“十二五”规划任务仍有压力，经济结构调整与转型升级有待进一步推进;公共服务基础设施仍未能满足群众需求,社会保障和民生改善的力度有待进一步加强;食品安全、公共安全领域还有不少薄弱环节，维护社会和谐稳定的合力有待进一步增强。同时,少数机关干部担当意识不强、执行力不够等问题依然存在,队伍作风建设有待进一步深化。我们将直面这些问题,坚持改革思维、法治思维、发展思维和底线思维,采取切实有效措施认真加以解决。

2015年重点工作

2015年是全面深化改革的关键之年，是全面推进法治上城建设的开局之年,是全面完成“十二五”规划的收官之年,也是启动“十三五”规划的谋划之年。区委召开的九届十二次全会,作出了推进法治建设,提升平安品质,加快建设“现代化美丽上城”的重要部署,这是区委审时度势,统筹把握宏观形势与上城实际作出的重要决定。在当前经济发展从高速增长转向中高速增长的新常态下，作为经济社会发展多年在高位运行的中心城区，上城必然率先经历增速换档期和结构调整阵痛期,我们必须把握大势、发挥优势、争创一流，推动上城在高起点上实现新发展,在新常态中实现新跨越。区政府将在2015年的工作中坚持以下四个方面:

一是坚定不移建设一张蓝图。坚持把区委关于建设现代化美丽上城的战略部署，作为区政府全部工作的指向标、路线图和责任表,锁定目标不动摇,狠抓落实不松劲,保持激情不懈怠,坚持一张蓝图绘到底。

二是坚定不移强化一个转变。坚持把推进治理体系和治理能力现代化以及更好发挥法治的引领和规范作用，作为转变政府执政思维和工作方式的总要求,加快建设法治政府,积极构筑法治社会,为现代化美丽上城提供坚实的法治保障。

三是坚定不移聚焦两大主题。深刻认识上城的新一轮发展,出路在转型升级,关键在改革创新。我们要直面挑战和问题，勇于在危机和困境中寻找突破,深化重点领域改革,加快经济转型,推进克难攻坚，坚持不懈向改革创新要动力，以转型升级谋发展。

四是坚定不移抓好两项规划。坚持把全面完成“十二五”规划和科学谋划“十三五”规划作为今年区政府重点工作,聚各方之力,守好民生、生态、稳定三条底线,交好经济、平安两张报表;集各方之智,做好“十三五”经济社会发展战略规划和谋篇布局,确保承先启后,持续推进。

2015年工作的总体要求是:坚持以邓小平理论、“三个代表”重要思想和科学发展观为指导,全面贯彻党的十八大和十八届三中、四中全会精神,深入学习贯彻习近平总书记系列重要讲话精神，认真落实市委、市政府和区委的决策部署,坚持改革引领、法治保障、创新驱动、智慧发展,着力提升发展、文化、生态、健康和平安五大品质，持之以恒抓好转型升级,努力在经济实力、发展质效、社会和谐、民生幸福、法治建设等方面攻坚克难，不断开创现代化美丽上城建设新局面。

综合当前经济社会发展趋势，建议2015年全区经济社会发展的预期目标为：地区生产总值增长7.5%；服务业增加值增长8%；社会消费品零售总额增长11%；固定资产投资50亿元；一般公共预算收入增长7.5%；新增就业岗位23 400个；计划生育符合率96%以上；电力消费总量控制和单位GDP电耗下降指标完成上级下达任务。

根据上述总体要求和主要目标，重点抓好以下五方面工作：

(一)适应经济发展新常态，推动实力上城再攻坚

坚持目标引领，紧紧抓住市委、市政府推进“一号工程”和创建中国(杭州)跨境电子商务综合试验区、国家自主创新示范区的重要机遇，推进我区智慧经济和跨境贸易电子商务发展，加快主导产业集聚和体制机制创新，持续提升经济实力。

发展“一镇两园”智慧经济。以智慧产业化和产业智慧化为导向，重点打造玉皇山南基金小镇、望江智慧产业园、科技工业园“一镇两园”。充分发挥环境、政策、服务等优势，做大做强玉皇山南基金小镇，集约引进各类投资基金，实现资金管理规模超过500亿元。加强金融生态圈建设，积极打造山南“车库咖啡”、金融家俱乐部和私募基金研究院，启动国际会议中心建设，举办全球投资基金峰会等有影响力的论坛和峰会。深入推进望江智慧产业园建设，充分发挥思科(中国)总部的龙头作用，依托行业辐射影响，有效整合社会资源，加快发展以电子商务、智慧文创、物联网为核心的清江、之江、婺江三大区块。推进科技工业园提质扩容，加大空间换地力度，促进产业平台新提升。继续推进科技服务平台建设，加大物联网产业整合，重点培育研发、销售型总部。加快海兴电力、奥普电器等标准厂房建设，有效改善园区基础设施和整体环境。

提升“一城两圈”优势产业。依托区域优质医疗和商业资源，推进健康医疗城、湖滨商圈、吴山商圈“一城两圈”发展。加快建设健康医疗城，优化办医格局，重点引进护理、康复、养老等机构，积极打造公共医疗服务平台，争创省级健康服务业示范区。大力发展河坊街、五柳巷中医药产业，积极培育中山中路妇幼及老年人健康产业。主动适应消费新趋势，培育消费新亮点，促进湖滨、吴山两大商圈繁荣发展。全力打造国家级品牌消费集聚区，支持老字号企业开展O2O业务，着力提升南宋御街、五柳巷、中山南路等历史风情街区品质，加快建设尚城1157综合体。充分发掘“南宋古都·经典上城”的历史文化资源，实施文商旅大融合战略，创新旅游宣传营销方式，加快清河坊智慧旅游等项目建设，发展精品民宿酒店，提升文化旅游竞争力。协助办好首届南宋文化艺术节，组织清河坊历史文化名街在联合国教科文组织巴黎总部展览。

强化高端引领品牌提升。发挥招商引资主引擎作用，紧盯高端化、高质化、高新化项目，加大产业招商力度。加强与重点企业和行业龙头企业对接，引进区域性企业总部8~10个，千万元以上大项目100个。大力发展楼宇总部经济，积极推进楼宇“腾笼换鸟”和老旧厂房改造，加快实施金峰大厦等6幢楼宇提升改造，推进长城178等文创园区建设。鼓励出口企业开展技术创新和商业模式创新，积极培育跨境电子商务经营主体，鼓励和引导企业建立“海外仓”。深化为企服务，优化企业发展环境，做好安商稳商工作。继续加强与淳安、临安的区域协作，开展联动招商，实现互利共赢。加强与贵州雷山、四川阿坝的对口支援工作。

深化改革释放经济活力。完善国有资产监管体系，建立国资运营管理平台，加强对上投集团、清河坊、望海潮三家国有企业的监管与考核，提升国资运营效益。盘活存量资产，加快清河坊、中山中路、中山南路等房屋产权处置。完善安置房管理平台，全面统筹安置房调配。深化建设体制改革，调整优化建设指挥部考核体系。坚持市场化导向，鼓励社会资本参与商业街区整体谋划和管理运营。继续推进国家可持续发展实验区和省创新型城区建设，积极与浙江大学合作搭建科技交流平台，强化国有和民营科技孵化器建设。组织实施科技发展计划70项，新增市级研发中心3家，培育孵化成果7个。加快吸引各类高层次、高技能人才和团队，促进人才与产业协同发展。抓住资本市场繁荣发展的有利时机，支持海兴电力等科技型企业上市，鼓励企业在新三板等场外市场挂牌融资，做大做强实体经济。

(二)把握产城融合大趋势,推动品质上城再攻坚

突出问题导向,紧紧抓住全省深入推进“五水共治”“三改一拆”倒逼转型升级的重要机遇,围绕“有限空间、无限发展”的目标,集聚高端产业,加快项目攻坚,完善基础配套,巩固提升城区品质。

推进三大平台,做强高端产业集聚区。着力推进1平方公里的大湖滨商圈后续工程,完成勾山里B地块项目,推进湖滨三期建设,完成西湖电影院等3个地块出让,积极打造国际化商贸旅游中心。有效提升2平方公里的玉皇山南配套工程,推进莫言文化村和基金小镇建设,加快推进复兴商务广场和塘南、塘北组团建设,启动凤凰山东路啤酒厂仓库提升改造,全力打造全国最美丽产业园区。加快推进3平方公里的望江新城建设,以思科(中国)总部入驻为契机,推进日信、久光等商业公建项目,力争完成牙膏厂等5个地块出让,努力打造信息产业发展高地。

推进重点项目,做优集约发展新空间。狠抓规划、建设与管理,深化“三改一拆”和无违建区创建,推进低效用地再开发,促进土地集约利用。继续发挥区领导联系重点项目和副区长包干联系街道的机制优势,大力推进城市建设,全年开工建设40万平方米,竣工60万平方米,拆迁1000户,安置400户。全面打响望江地区征迁攻坚战,进一步整合建设指挥部、街道和部门力量,加快望南、望北地区征迁工作,完成近江片和望南中策橡胶厂及周边地块征迁扫尾,实施大通桥河下、利民食品厂、五丰冷食等地块征迁,启动婺江路、凯旋路和甬江路建设。

完善基础配套,做精品质生活功能区。全力推进保障性住房建设,完成印铁制罐厂、华东家具市场地块安置房主体施工,启动徐家埠、味精厂等地块安置房建设。继续推进危旧房改善,完成大、小塔儿巷危改重建,逐步实施劝业里、三元坊、思鑫坊等地块老旧房屋改造。加快推进区行政服务中心、区体育中心建设,完成省旅游展示中心建设。加快城市地下空间利用,开展吴山广场地下城市综合体项目前期工作。支持社会资本采取BOT、PPP等形式参与城市基础设施开发和建设。

(三)突出社会环境大治理,推动和谐上城再攻坚

强化整体协同,紧紧围绕环境治理,以“治堵、治水、治气、治废”为重点,加强信息技术在社会管理领域的应用,着力提升城市管理、环境保护和社会治理能力,不断优化发展环境,持续增进社会和谐。

深化智慧应用,提升城市管理水平。推进城市智能管控平台建设,运行“一平台两系统”,确保智慧城管水平继续保持全市领先。完善“重心下移、力量下沉、互助执法”的城市综合管理机制,推动湖滨路步行街优化提升,加强城站、南站等窗口区域综合管理,提升吴山夜市、中山南路美食街管理水平。深入开展“贴心城管”专项行动,积极探索城市“顽症”社会化治理,加强户外广告整治力度。加快停车场(库)建设,实施智慧停车监管,提高停车泊位使用效率。加强“两非”车辆集中整治,推进老旧小区交通综合治理,着力缓解交通“两难”。

加强综合整治,提升生态环境质量。继续推进“五水共治”攻坚行动,开展新一批截污纳管工程,实施河道清淤疏浚,对南复路、环城东路等10处低洼积水进行重点治理。扎实开展“清水治污”行动,依托科技手段对5条河道和100余个排污口进行智能监控。严厉打击各类违法排污行为,确保饮用水源地安全。统筹生态环境建设,深化沿江、沿山规划方案,启动新一轮生态文明建设三年行动计划。继续开展大气复合污染整治,严格施工场地管理,推进施工工地扬尘综合控制区建设。加强能源双控,大力发展循环经济,扎实推进节能减排。

优化社会治理,提升安全防控体系。坚持“大平安”理念,创新治理方式,不断深化平安上城创建。继续优化“平安365”平台运行机制,深化“民情E点通”社区服务管理工作,创新“三社联动”,推进社会治理方式转变。拓展律师进社区、进网格服务内涵,加强法律援助和社区矫正品牌建设。完善流动人口社区网格化服务管理,探索社会化服务管理新举措。加快食品企业诚信管理体系建设,实施食品安全“黑名单”制度,严厉查处食品药品安全违法案件。加强安全生产责任落实,严格开展执法检查,落实安全宣传教育,确保安全生产形势持续平稳。完善矛盾纠纷多元调解机制,深化社会稳定风险评估,推动社会矛盾化解法治化。加强社会治安防控体系建设,健全应急联防联动机制,坚决打击各类违法犯罪和涉恐涉暴活动,持续提高群众安全感和满意率。进一步做好国防动员、民兵预备役和人民防空工作。

(四)坚持民生优先大目标,推动幸福上城再攻坚

始终把保障和改善民生作为最大追求和最终目的,大力推进教育、卫生、文体等民生保障工程,不断完善基本公共服务体系,努力繁荣各项社会事业,持续增进民生幸福。

突出均衡优质,推进教育惠民工程。积极创建省教育现代化区,扩大优质教育覆盖面,深化教育评价改革,全面提高教育质量。加快标准化学校建设,完成行知幼儿园新城园区、双语学校和杭六中体艺楼建设,开工建设胜利小学新城校区及附属幼儿园项目。推进教育国际化,深化教育国际交流与合作。完善教育信息化平台,加大信息技术应用,提升智慧教育水平。深化民办教育改革,促进公办学校和民办学校协调发展。

突出优势整合,推进卫生利民工程。深化与省市医院合作,完善全科医师培养机制。推进慢病联合诊疗中心建设,完善社区首诊、双向转诊,进一步健全分级诊疗体系。整合基层医疗和计生资源,有机更新社区卫生服务网点,加快完善望江地区医疗站点设置。深入推进智慧医疗,加快区域卫生信息平台建设,推广应用市预约转诊平台二期项目,实现健康档案信息互通共享。加强人口计生公共服务体系建设,实施单独两孩全程代办制,深化"幸福·家"服务品牌。开展1%人口抽样调查工作。

突出广泛参与,推进文体乐民工程。坚持需求导向,广泛开展基层群众文化活动和全民健身运动。举办第五届上城区文艺团队艺术节、"百团百场"等品牌文化活动。深入推进"七送"文体惠民工程,继续开展面向外来民工、残疾人等特殊群体的特色文化服务。启动区体育公共服务平台建设,加快转变体育业务管理模式,提升现代公共体育服务能力。继续做好非物质文化遗产保护和利用工作,开展第二轮非遗项目普查,推动非遗保护与旅游、文创产业协同发展。推进社区科普大学市级示范点建设,深入开展群众性科普宣传教育活动,提高公民科学素质。

突出全面共享,推进保障安民工程。继续加大对民生事业投入,确保新增财力2/3用于民生领域。探索社会保险服务标准化、企业退休人员管理购买社会化服务等新举措,推进社会保险提质扩面。继续抓好创业扶持和就业援助,促进多途径就业。加快智慧社区建设,开展工信部"面向家庭的社区综合宽带应用示范"项目试点工作。完善智慧养老服务平台,推进机构养老建设。实现居家养老日间照料中心全覆盖,打造15分钟养老服务生活圈。完善社会救助体系,重点解决困难家庭和人员的突发性临时困难。深化社区服务体制改革,推进社会工作人才队伍培养和社会组织培育,打造全国社区治理样板工程。继续加强民族宗教、对台、老龄、妇女儿童、残疾人、慈善救助等工作,努力建设安居乐业、幸福和谐社会。

继续办好十件民生实事。

1.建设保障性住房22万平方米,竣工2.9万平方米。

2.完成铺设排水管道3000米,治理积水面积3万平方米,更新雨污管网2万米,实施4600米河道水生态治理。

3. 实施3000户居家养老水电设施统筹保修,建设完成湖滨街道崔家巷日间照料中心、清波街道劳动路社区老年食堂、小营街道陈娟英敬老院、望江街道阳光老人天地、南星街道乾宁敬老院。

4.建设停车场(库)4处、泊位800个,竣工2处、泊位500个,支小路整治5条。

5.实施望江地区60幢高层建筑的消防管道改建工程。

6.推进医养护一体化智慧医疗服务,7万人享受医养护一体化签约服务。

7.完成城站广场提升改造。

8.完成改扩绿地3万平方米。

9.完成社区治理创新园建设。建成望江街道清泰门社区便民服务中心、南星街道"红色墙门"便民服务中心、紫阳街道甬江社区居民活动中心。创办清波街道老年大学,打造小营街道"温馨家园"。

10.加强困难人群就业服务,帮助3800名就业困难人员实现再就业。

(五)紧扣法治政府新要求,推动法治上城再攻坚

牢固树立法治理念,深化依法行政,深入打造职能科学、权责法定、执法严明、公开公正、廉洁高效、守法诚信的法治政府。

加快自身改革,推进政府职能转变。坚持法定职责必须为、法无授权不可为,推进机构、职能、权限、程序、责任法定化,依法全面履行政府职责。深化政

府自身改革,根据省市统一部署,继续推进“四张清单一张网”建设。建立权力清单、责任清单、财政专项资金管理清单动态调整机制,推进企业投资负面清单管理。加快建设集阳光政务、行政审批、便民服务等功能于一体的网上政务服务体系,推动政府权力事项集中进驻、网上服务集中提供、数据资源集中共享。推进智慧电子政务数据平台建设,逐步形成政务数据归集、共享和应用机制。

严格依法行政,推进政府法治建设。完善行政决策机制,推进重大决策合法性审查和集体讨论决定,加强公众参与、专家论证和风险评估。全面推行政府及部门法律顾问制度,探索法律顾问直接参与重点项目和重大行政决策。加大政府信息公开力度。严格执行行政规范性文件合法性审查,推进行政首长出庭应诉工作,健全预防和化解行政争议机制。全面落实行政执法责任制,强化行政执法监督。合理配置执法力量,探索综合执法队伍建设,完善公安、市场监管、城管、环保、安监等跨部门联合执法协作配合机制。加大法治宣传教育,积极营造建设法治政府、法治社会的浓厚氛围,确保“六五”普法顺利总结验收。自觉接受人大法律监督、政协民主监督和社会舆论监督,认真办理人大代表意见、建议和政协委员提案。

规范权力运行,提升政府治理水平。规范公共资源交易工作,推动公共资源市场化配置。加快编制政府职能部门购买服务实施办法及目录,积极推进政府向社会力量购买服务。深化预算管理改革,完善预算执行动态监控机制,推进预决算信息公开工作。加强地方政府性债务预算管理,严格控制地方政府性债务规模。压缩行政成本,打造节约型政府。加大对重点资金和重点项目的审计力度,强化审计监督作用,完善制度设计。提高行政服务效能,进一步承接省市审批服务项目下放工作,推进行政审批服务标准化建设。规范街道(社区)行政(便民)服务体系,为辖区居民提供“一站式”便利服务。

强化整改落实,提振队伍作风精神。巩固和发展群众路线教育实践活动成果,持之以恒落实中央八项规定,抓好“四风”问题整改。切实增强法治意识、责任意识和担当意识,以重点工程建设、大项目推进和难点热点问题破解为突破,狠抓落实、强化执行、加大督查,全面推进政府工作迈上新台阶。严格执行党风廉政建设责任制,加大党风廉政建设和反腐败斗争力度,推动作风建设长效化,努力营造干部清正、政府清廉、政治清明的发展氛围。

各位代表,时代赋予重托,奋斗铸就辉煌。上城正处在加快转型、提升发展的关键时期。让我们在区委的坚强领导下,在区人大和区政协的监督支持下,以干事创业的激情、实干苦干的精神、爬坡过坎的勇气,在加快建设“现代化美丽上城”的新征程中创造新的业绩!

上城概貌

【历史沿革】 上城区东南临钱塘江，西北连接西湖，西南沿凤凰山脊毗连玉皇山，东北与下城区、江干区为邻，是杭州市的老城区。南宋时建皇城于杭城南部，习惯称南边为上，区名由此而得。

上城区境域远古系湖海相连之海湾。东汉光武年间，会稽郡议曹华信筑堤挡海潮，堤西成湖，堤东泥沙淤积，遂成陆地。隋文帝开皇九年（公元 589 年），置杭州；隋开皇十一年（公元 591 年），移州治于柳浦西凤凰山麓，依凤凰山筑城。唐建中年间，杭州刺史李泌在涌金门至钱塘门之间，开井 6 口，均在上城区境内，导西湖水入城，原负山而居依山泉为生的居民逐渐北展，生齿日繁，民居日众。后梁龙德三年（公元 923 年），封钱镠为吴越国王，建都杭州，钱镠两次扩展罗城范围，今上城区境域皆是都城中心。自北宋至清末，今上城区境域分属钱塘县和仁和县。民国 3 年（公元 1914 年）属钱塘道之杭县。民国 16 年（公元 1927 年）5 月，始建杭州市，属杭州市之城区。民国 19 年（公元 1930 年），杭州编为 13 个区，一至四区为今上城区范围。民国 23 年（公元 1934 年），合并为 8 个区；民国 26 年（公元 1937 年），日军侵占杭州后，改为 7 个区；民国 34 年（公元 1945 年），抗战胜利，恢复为 8 个区，一、二区为今上城区境域。1949 年 5 月，杭州解放，当月建 8 个区，一区更名为上城区，二区更名为中城区。1957 年 5 月 30 日，杭州市人民委员会决定，撤销中城区建制，其大部分区域划归上城区。

自隋唐以来，辖区内一直是商贾辐辏、官衙毗邻、名贤辈出的繁华地区。境内的凤凰山东麓是隋唐时期州治及五代吴越国王宫和南宋皇宫所在地，留有众多的古迹遗址和人文景观，具有较高的历史价值，通过近几年的遗址考古发掘，累计有 5 项考古被评为年度全国十大考古新发现。南宋时的三省六部，德寿宫，龙翔宫，安抚司；元时的江浙行省；明清时期的织造署，南巡行宫；清代的旗营将军署，以及宋至清的杭州府署；元至清的仁和、钱塘县署；民国时期的浙江省政府等省、市官衙、名宅、重要机关；新中国成立至 1995 年 12 月，中共杭州市委、市人大常委会、市人民政府、政协杭州市委员会等机构均设在上城区域内。

上城区道路纵横，交通发达。省、市、区的大批商业、旅游业、服务行业，省、市各大银行，省、市著名医院和文化设施皆云集于此，是杭州市的商贸“黄金”地段。上城区在保留和开发历史街区、加快旧城改造、打造精品街区等方面取得明显成效，城区面貌日新月异，全区旅游、购物、休闲环境日益优化。

杭州悠久的历史为上城区留下极其丰富的文化遗产，上城区拥有秀丽的自然风光，国家、省、市有关部门公布的上城区境域内的重点文物保护单位（点）90 处，其中国家级文物保护单位 12 处、省级文物保护单位 13 处、市级文物保护单位 52 处，市级文保点 13 处。

【地理位置与面积】 上城区地处杭州城区中部偏南，东以贴沙河、清江路至西兴大桥与江干区为界；西自钱塘江大桥经虎跑路、铁路涵洞桥、玉皇山脚、万松岭路、西湖东岸、庆春路西延伸段与西湖区接壤；南以钱塘江主航道为界与滨江区相望，北以庆春路与下城区毗连。区域面积18.3平方千米，2006年，国土资源局上城分局组织专家对上城区区域面积重新测定(含山体、水域面积)为25.4平方千米。地形以平原、丘陵为主，地势西南高、东北低。

【气候】 上城区地处亚热带季风气候区，冬季受蒙古高压控制，盛行西北风，以晴冷、干燥天气为主，是低温少雨的季节。夏季受太平洋副热带高压控制，以东南风为主，海洋带来充沛的水气，空气湿润，是高温、强光照的季节。春秋两季为过渡期，气旋流动频繁，锋面雨甚多。全区年平均气温16摄氏度左右，无霜期达230天~270天，年平均降水量在1480毫米左右。夏季多台风，有些年份曾出现旱、涝等灾害性气候。暖热的气温，充沛的降水，为亚热带植被提供良好的生长条件。山区林木覆盖、郁郁葱葱，平地以“柳浪闻莺”为代表的各大公园分布辖区。全区绿地面积552.87万平方米，覆盖率33.53%，人均公园绿地面积7.65平方米，人均绿地面积17平方米。

(年鉴编辑部)

【行政区划】 1997年1月，杭州行政区划调整，将江干区的望江、南星、紫阳、闸口4个街道和四季青镇的近江村、望江村、玉皇村3个村划入上城区，上城区区域面积增至18.3平方千米(不含山体、水域面积)。1999年4月撤村建居，撤销3个行政村，全区整合成湖滨、小营、城站、清波、近江、望江、南星、紫阳、闸口9个街道，设67个社区。2003年7月，全区调整为湖滨、清波、小营、望江、南星、紫阳6个街道，设51个社区。2008年9月后，又先后增设春江、甬江、婺江3个社区。2014年，全区有6个街道、54个社区。上城区人民政府驻地惠民路3号。

(沈　洁)

【人口】 2014年末，上城区有户籍家庭114 398户，总人口329 653人，比上年(指2013年，下同)减少325户、369人，平均每户2.8人。其中，男性165 185人，占总人口的50.11%；女性164 468人，占总人口的49.89%；男女性别比101:100。总人口按年龄段分，18岁以下35 796人，18岁~34岁77 314人，35岁~59岁125 829人，60岁以上90 714人，分别占总人口的10.86%、23.45%、38.17%、27.52%。出生人口3549人，出生率10.77‰，上升1.82个千分点；死亡人口2227人，死亡率6.76‰，上升1.68个千分点；人口自然增长率4.01‰，上升0.13个千分点。非农业人口迁入4376人，迁出1333人。全区全年登记出租房屋20 794间，上升19.61%。

【少数民族】 2014年末，上城区有少数民族人口2666人，分属36个少数民族。其中蒙古族68人、回族479人、藏族16人、维吾尔族人64人、苗族305人、彝族142人、壮族206人、布依族147人、朝鲜族38人、满族239人、侗族121人、瑶族55人、白族28人、土家族268人、畲族178人、其他少数民族312人。

(缪兆丰)

表1　2014年上城区行政区划概况

街道名称	区域面积(平方千米)	所辖社区
湖滨	1.6	东坡路、岳王路、吴山路、涌金门、青年路、东平巷(6个)
清波	2.2	清波门、劳动路、定安路、清河坊、柳翠井巷(5个)
小营	2.7	紫金、马市街、小营巷、葵巷、老浙大、大学路、茅廊巷、金钱巷、长明寺巷、梅花碑、姚园寺巷、西牌楼(12个)
望江	4.1	大通桥、兴隆、始版桥、莫邪塘、清泰门、徐家埠、耀华、近江东园、近江西园、在水一方、婺江(11个)
南星	4.21	馒头山、紫花埠、美政桥、复兴街、海月桥、水澄桥、玉皇山、白塔岭(8个)
紫阳	3.49	十五奎巷、太庙、木场巷、彩霞岭、上羊市街、新工、凤凰、海潮、候潮门、北落马营、春江、甬江(12个)

政治建设

【概况】 2014年,上城区学习贯彻中共十八大,十八届三中全会、四中全会和习近平总书记系列重要讲话精神,贯彻落实省委十三届五次、市委十一届七次全会战略部署,以全面深化改革为主线,持续推进政治文明建设,着力提升上城区发展、文化、生态、健康、平安五大品质,加快建设"现代化美丽上城"。

【贯彻中央和省市重大决策部署】 上城区围绕中央和省、市委作出的各项重大决策部署努力实现高起点上的新发展。全年区委常委(扩大)会议和区委理论中心组学习习近平总书记系列重要讲话和重要批示23次。区委把党的群众路线教育实践活动作为贯穿全年工作的主线,确保"规定动作"做到位,"自选动作"抓扎实。全年征集各类意见建议1.40万条次,解决民生问题8942个。坚持问题导向,全面深化重点领域改革,研究出台"上改六条",明确年度13项重点改革项目。贯彻落实省委"五水共治"、"三改一拆"、浙商回归、"四换三名"等一系列重要部署,打好转型升级"组合拳"。建立"五水共治"长效管理机制,完成24个防汛排涝重点治理项目。开展"无违建城区"创建,全年拆除各类违法建筑10.48万平方米。主动对接市委、市政府"一号工程",以望江智慧产业园和科技工业基地建设为依托,制定实施"智慧城区"建设规划(2014~2020),上城区被评为2014年度国家"智慧城市先导区"。

资料 **"四换三名":**"四换"为腾笼换鸟、机器换人、空间换地、电商换市;"三名"是培育名企、名品、名家。

【执政能力提升】 上城区坚持"663"区委重大决策工作机制,优化"17654"民主民生互动平台。围绕法治政府建设,健全法律顾问、行政调解和行政复议等工作机制。持续深化城市管理与公共服务标准化工作,上城区被评为全国政府管理和公共服务标准化示范区。深化"阳光司法",推进基层民主法治建设。改善党委领导方式,改进对人大和政协工作的领导,健全落实区领导和政府部门与民主党派、无党派结对联系制度,加强对群众团体的领导,基层协商民主经验在《人民日报》上刊登。加强基层党组织建设,开展权力清单和责任清单全面梳理。实施"社区减负",探索社区服务社会化运作新模式。开展党员干部"民情比武、服务争星"活动,依托"平安365""民情E点通""红淘服务站" 等信息化手段和党群服务微平台,进一步推进服务型基层党组织建设。坚持从严治党,全年完成2个软弱涣散基层党组织调整,处理不合格党员54人。探索党、政、社、民"四位一体"的"红色基因库"社会组织孵化器运行模式,不断推进"两新"组织党建品牌打造。深化干部人才工作,全年提拔区管领导干部28人,交流31人,选派150人挂职锻炼。建立干部队伍日常分析研判机制,完善领导班子成长分析体系,开展51个领导班子届中任期目标绩效考核和街道42名区管干部同类岗位实绩考核。

【发展品质提升】 上城区围绕提升发展品质,增强"现代化美丽上城"建设的经济实力,加快结构调整和产业升级,进一步激发市场活力。深化国家级品牌消费集聚区和"智慧城区"建设,扩大信息消费、环保消费、文化消费、健康消费等新型消费领域,带动相关产业发展。加快1平方千米的大湖滨商圈、2平方千米的玉皇山南国际创意(金融)产业园和3平方千米的望江新城整治提升,坚持品质至上、建设与产业布局统筹规划同步实施,全力打造具有国际水准的产业发展大平台。

【文化品质提升】 上城区为提升文化品质,增强"美丽上城"建设的精神自信,加快推进具有上城特色的文化品牌建设。及时总结提炼"邻里价值观"主题实践活动的成功做法并形成制度规范,完善"最美盆景变风景变风尚" 的有效机制,推动价值观实践常态化、长效化,增强人民群众对建设"现代化美丽上城"的认知认同。促进清河坊·南宋御街、五柳巷等街区繁荣,通过制作文化大戏、拍摄文化主题微电影和组织国际日、市民体验日、杭州美术节、国际设计周、"原点心愿"等文化交流体验活动,积极打造上城文化的"金名片"。

【生态品质提升】 上城区着力提升生态品质，进一步展示“现代化美丽上城”建设的魅力特质。贯彻落实省委“五水共治”的重大战略部署，全面实施“河长制”，重点开展“清水治污”专项行动。加强土地资源的节约集约利用，认真研究制定区域沿山、沿河、沿江空间发展规划，整体保护、开发和利用土地空间资源。强化“绿水青山就是金山银山”的发展理念，构建科学合理的生产空间、生活空间和生态空间，不断提高上城的“美丽指数”。

【健康品质提升】 上城区大力提升市民健康品质，为实现全面建成小康社会、建设高品质“现代化美丽上城”夯实民生基础。树立“大健康”工作理念，启用区精神卫生服务中心和区居民健康管理中心，深化与辖区内省、市医院合作，构建分级诊疗体系，积极探索上城特色医养护一体化服务，全年签约6.40万人。完善居民群众的医疗卫生、教育和社会保障体系，提高人民的身体健康、心理健康和生活健康水平，积极打造“健康医疗城”。

【平安品质提升】 上城区全面提升平安品质，积极营造“美丽上城”建设的稳定环境。改进和创新社会治理方式，加强和创新群众工作，扎实推进街道社区社会管理服务中心规范化建设，优化“平安365”社会服务管理平台运行机制，该机制被评为全国社会治理十佳案例。加大安全生产、消防安全、食品药品安全监管力度，有效应对“7·5”公交纵火案。深化“湖滨晴雨”工作室、“邻里值班室”等社区自治载体打造，完善人民调解、行政调解、司法调解联动工作体系，创新流动人口管理服务机制，推动社会治理向精细化、优质化发展。 （沈 琪）

经济建设

【经济总量增长】 2014年，上城区实现地区生产总值807.62亿元，比上年（指2013年，下同）增长8.1%。服务业增加值445.25亿元，增长8.1%。规模以上工业企业销售产值702.98亿元，增长3.3%。社会消费品零售总额303.57亿元，增长7.7%。财政总收入93.57亿元，增长3.3%，其中地方财政收入58.03亿元，增长1.0%。全社会固定资产投资完成77.64亿元，增长21.6%。万元工业增加值综合能耗下降7.1%。

【产业结构调整】 上城区以提高经济发展质量和效益为中心，加快经济结构调整和转型升级。思美传媒股份有限公司登陆中小企业板，杭州熙浪信息技术股份有限公司在新三板挂牌。出台《推动企业利用资本市场加快发展的实施意见》，编制《玉皇山南基金小镇业态及功能规划》。凤凰公社开园，广电大楼、越界·锦绣工坊被授予“杭州市文化创意产业特色楼宇”称号。引进甲壳虫动漫集团、大江南北影视文化股份有限公司等企业。文创产业结构优化，文创、金融两大产业地方财政收入12.92亿元，占全区地方财政收入的22.2%。“智慧产业”引领转型，出台《上城区“智慧城区”建设总体规划纲要》，印发《关于进一步加强政府投资信息化建设项目管理的意见》，上城区创建成为全国“智慧城市先导区”。制订“智慧经济”发展三年行动计划，完成《望江智慧产业园区发展规划》初稿，建设燃气物联网专网应用门户软件平台等项目，浙江威星智能仪表股份有限公司等信息技术企业发展迅速。全区软件和信息产业主营业务收入6.30亿元，比上年增长24%。健康产业启动，举办健康服务业论坛，上城区高端医疗服务集聚区被认定为杭州市第三批现代服务业培育类集聚区，基本完成《上城区健康服务业示范区建设发展规划》，推进安邦眼科医院、杭州彩虹鱼康复护理院在上城区落户。楼宇经济蓬勃发展，航天通信大厦等6幢楼宇完成改造提升，新城大厦等6幢楼宇被评为杭州市50佳重点楼宇。全区楼宇经济实现地方财政收入29.35亿元，占全区地方财政收入的50.7%，实现税收超1000万元楼宇57幢，其中税收超1亿元楼宇11幢。集聚区建设推进，杭州市山南国际创意(金融)产业园扩容提质，塘南旅游公建项目完成施工招投标，甘水巷地下停车库项目有序推进，“莫言文化村”基本完成装修。与杭州银行文创支行签订战略合作协议，为园区企业搭建快速发展的金融服务平台。全年集聚区实现税收2.40亿元，增长19%。湖滨南山路综合体完成玉麒麟饭店拆违、中华饭店地块拆平，湖滨四期(龙翔里商业项目)开业，湖滨路恢复步行街。清河坊历史街区引进浙江蓝海文化发展有限公司、杭州品味堂文化创意有限公司等企业。举办清河坊民间茶会，与知名地产、营销策划公司洽谈，提升街区发展品质。电子机械功能区建设稳步推进，完成余杭二期两宗工业用地出让前期选址论证，10万平方米标准厂房及集体宿舍土建（安装）工程基本完工，全年实现地方财政收入1.40亿元，增长21.8%。生态环境优化。制定节能工作实施方案，走访浙二医院等重点用能单位，指导企业开展节能技术改造。完成杭州文广集团等12个企业电平衡测试，市一医院合同能源管理节能技术改造完工，调整淘汰井藤汉方保健饮品生产线，完成杭州烟厂、杭州市水业集团万吨千家用能数据平台接入。全区单位GDP电耗和电力消费总量分别下降13.2%和6.24%。

【投资需求结构改善】 上城区积极改善投资需求结构，以提升经济发展内涵。全年完成固定资产投资77.64亿元，比上年增长21.6%，完成年度目标的1.73倍，其中工业技改投入占工业投资比重的57.9%，增长3.72倍。全年新开工面积56万平方米、竣工62万平方米，完成拆迁1027户、安置1160户。建立区领导重点项目联系制度，梳理25个重点难点项目，由区领导挂帅，领衔破难。杭州天地实验小学（新校区）、北师大附中完工并投入使用。浙江稠州商业银行大楼、近江单元华东家具市场地块安置房、复兴商务广场地下空间项目开工建设，西湖电影院地块项目桩基施工开工。近江单元原孔凤春地块安置房、陆家圩人才公寓、复兴单元15-3地块安置房建设竣工。浙江旅游展示中心、大小塔儿巷危房改造重建项目实现结顶。列入年度考核的141个重点项目，按计划推进的131个，占93%。加快旧厂区改造，浙江中交通路建设有限公司生产厂房、近江经济联合社商业综合用房等6个结转项目完工，杭州奥普电器有限公司生产厂房等2个新增项目按计划推进。培育消费市场。2014年湖滨购物节开启，“美丽上城”网络摄影大赛受关注，“小营·江南红巷”AAA国家级旅游景区授牌，南山路艺术节、杭州美术节举办，HOMESTAY国际居家体验品牌提升，《品游·尚城》APP上线，推动上城旅游业健康发展。三大特色街区全年接待游客2795.02万人次，增长5.7%。新申报三慎泰等9家杭州老字号，鼓励老字号借力电商平台开设旗舰店。五柳巷中医一条街开街。以创建国家级品牌消费集聚区为目标，加快品牌集聚，湖滨银泰新引进28个国内外知名婴童品牌、65个潮流品牌和人气餐饮，万泰城引进约30个时尚餐饮品牌。发展夜间经济，突出“美食”主题，培育和打造湖滨异国风味区等三大美食集聚群。西湖银泰在保留百货零售优势的前提下，增加体验式消费，转型成具备百货和购物中心双优势的商业综合体。开展电商行业摸底调研，加快推进工联、龙翔等专业市场向线上、线下融合发展模式的转变。旅游业和现代商贸业分别实现地方财政收入2.90亿元和11.60亿元，分别增长7.7%、13.8%。

【经济体制改革推进】 上城区深化经济体制改革，积极释放市场活力。全面推行权力清单制度，22个部门保留行政权力事项2432项，清减率57.6%。构建与权力清单相配套的职责定位清晰合理、履职程序便捷高效的部门职责体系。推进国有资产管理体制改革，出台《上城区深化国有资产管理实施意见》。推动区属国有企业人事制度改革。完善上城投资集团公司治理模式，望海潮建设有限公司增资至7.30亿元，组建清河坊资产管理有限公司，促进国有资产优化配置，实现国有资产保值增值。深化城市建设体制改革，完善指挥部管理体制、机构设置和人员管理制度。制定《征收补偿工作经费管理使用办法》《征收补偿工作考核与专项奖励办法》，提高政府投资项目建设管理水平和投资效益。出台《上城区建设指挥部房屋征收补偿工作人员用工调整实施办法》，实施征迁人员分流。外向型经济保持平稳。浙江名特优新农产品美国展示中心在洛杉矶揭牌，该中心升格为中国农产品美国展示中心。培育和支持跨境电子商务重点企业，8个企业被认定为浙江省首批电子商务企业。组织企业到东欧参展和考察，引导企业参加省、市推荐的境外重点展会，拓展新兴市场。有73个企业参加59个境内外展会，设展位359个。组织企业申报外贸扶持资金超过1000万元，下拨各级各项外贸扶持资金923万元。招商引资推进，全年引进市外500万元以上内资项目81个，实际到位资金107.13亿元；新批外资项目27个，实际利用外资2亿美元。引进浙商回归项目36个，累计到位资金71.10亿元。与临安市青山湖科技城战略合作，向淳安县落实区域协作资金2250万元。投资内资企业12个,投资额5.50亿元;投资外资企业1个,投资额1800万美元;联动招商项目13个,投资额35.44亿元。做好联乡结村工作,完成富阳市湖源乡帮扶项目9个。协办2014年贵州·雷山旅游推荐会。落实四川省甘孜州新龙县帮扶专项资金300万元,“双对口”工作有序推进。

(魏建军)

文化建设

【文化设施】 2014年,上城区有区文化馆(含龚自珍纪念馆)和大华书场、6个街道文化站、52个社区文化室。全区创建全国示范文化社区1个,省级“东海文化明珠”工程建设街道3个,市级“东海文化明珠”工程建设和示范文化街道在全市城区中率先全覆盖;同时创建一级文化站4个、二级文化站2个、省级示范文化社区5个;创建“全国文化信息资源共享工程”基层点26个、服务点14个,市级综合示范文化站4个、市级示范文化街道6个、市级示范文化社区38个、示范文化户125户。截至2014年年底,累计创作剧目(歌曲)68个,获国家级奖28个、省级奖88个、市级奖188个。全区有群众文化系列专业技术职称21人,其中中级职称10人、助高职称1人、高级职称1人。有群众文化业余团队438支,队员12 860余人。上城区在省、市率先建立首个区级群众文化业余团队联合会组织。

【文化活动】 2014年,上城区举办元宵灯会、第二届上城区合唱节·第十四届上城区歌手大赛、第四届文艺团队联合会艺术节暨第十一届“城市一家人”艺术节等特色品牌活动。从满足群众文化需求出发,继续开展以居家文化服务、“百团百场”公益演出、送戏送电影进社区、公共文化免费培训、向文体团队赠送器材、发放文体惠民消费券、国民体质免费监测为主要内容的“七送”文体惠民工程,进一步完善“15分钟文化圈”和“10分钟健身圈”,积极组织开展文艺作品创作和群众性文化体育活动,居民文化生活日益丰富。

(张雪梅)

社会建设

【劳动就业】 2014年,上城区户籍人口就业率为97%以上、失业率低于3%。全年促进失业人员再就业15 751人,其中就业困难人员3960人,全区无“零就业”家庭。全年为失业人员提供各种免费培训1816人次,登记失业人员的就业指导率100%。协助141名创业者成功实现创业。接收高校应届毕业生993人。为361个次企业的3395人次异地务工人员办理就业登记手续,为692个企业的596人次异地务工人员提供免费公益性职业介绍服务,协助异地务工人员成功实现就业301人次。

【社会保险】 2014年,上城区参加社会保险单位9693个。养老保险参保120 119人,医疗保险参保120 119人,工伤保险参保131 594人,失业保险参保120 119人,生育保险参保116 024人。个体工商户参保481户,个人参保1527人。 (肖 波)

【社会救助】 2014年,上城区以贯彻落实《社会救助暂行办法》和《浙江省社会救助条例》、开展“救急难”试点工作为两轮驱动,深入开展“人情保”“错保”专项整治行动,进一步规范社会救助管理。落实和完善救助政策,印发《关于进一步做好城镇“三无”人员供养工作的通知》《关于做好孤儿福利保障工作的通知》等文件,全力织密基本民生保障安全网。全年为1650户各类困难家庭发放低保金575.33万元、残保金484.91万元,发放困难家庭物价补贴及各类补助252.46万元,涉及受救助人员2262人。深入实施“零贫困家庭”工程和困难群众“安居”工程,全年救助78户,发放救助款43.04万元。完成921户低收入家庭认定。其中,申请保障性住房475户,申请社会救助446户。全年劝阻劝离流浪乞讨人员6241人次,其中护送救助站813人次。

【社会组织建设】 2014年,上城区从能力建设、服务管理、品牌打造等方面推出举措,实现社会组织发展数量和服务质量同步提高。通过开发多维度课程培训形式,培养同时具备社会组织专业管理知识和本土实践性人文素养的“两型”人才。根据辖区社会组织的培育和发展需求，与明德公益事业发展中心合作，邀请社会组织实务建设领域的专家，在全区6个街道54个社区开展各种社会组织能力建设培训20余次，直接和间接受益群体近1000人。在社会组织培育和发展中，逐步形成规范化辅助、引导、管理、激励的程序与方法，形成“程序化”的培育和专业性的发展工作流程。把社会组织的品牌塑造工作作为核心考量因素，根据辖区社会组织的绩效评估与运行状况，确定30个重点打造的社会组织，作为组织运行与项目推进的示范性工程。12月15日，成立上城区社会组织发展基金会，组织和动员社会力量参与上城区社区建设。截至年底，上城区登记注册的社会组织383个(社会团体102个、民办非企业281个)，社区社会组织899个（登记注册34个、备案865个)，引进社会组织33个。与上年(指2013年，下同)相比，上城区登记注册的社会组织增加44个，增长13.0%；社区社会组织增加71个，增长8.6%。

【市民生活】 2014年，全区城镇最低生活保障户数704户（月均），人数999人（月均），保障金支出623.80万元，比上年下降2.2%，月人均480元，增长7.6%。全区现有养老机构15个，床位1185张。其中，社会办养老机构11个，养老床位727张。有社区服务设施200个。其中，街道居家养老服务中心6个，社区居家养老服务站53个，星光老年之家67个，居家养老服务照料中心39个，老年食堂35个。社区日间照料床位数376张。 （沈 洁）

【社会治安】 2014年，上城区围绕建设“现代化美丽上城”的总体目标，结合党的群众路线教育实践活动，着力构建“品质治安、法治公安、满意民安”，确保全区社会政治稳定和治安秩序良好。全年实现“三降一升”：有效警情下降23.4%，刑事警情下降13.7%，治安警情下降19.6%，打击效能上升9%。全年刑事立案3816起，下降2.5%；破案1585起，破案率41.54%，上升0.84%。命案发2破2，五类案件发7破7，破案率均为100%。侵财性案件发案9553起，下降9.8%。其中，“两抢”发案47起，下降29.9%；扒窃发案1430起，下降18.5%。盗窃电动自行车、入室盗窃、网络诈骗案件分别下降6.7%、2.0%和9.1%，电信诈骗案件上升12.3%。全年抓获各类违法犯罪嫌疑人4000余人，移送起诉689人，上升9%，其中侵财移诉382人，上升17%。查处涉黄、涉赌案件52起，行政处罚151人次，移送起诉53人。依托“平安365”平台，全年接收求助类警情21306起，化解各类矛盾纠纷4566起，提供民生服务9785人次，群众满意率95%。

（缪兆丰）

生态文明建设

【生态文明建设目标考核】 2014年，上城环保分局履行区生态办职责，以生态文明建设目标责任制为龙头，抓好生态文明建设目标任务的分解落实、责任书的制定签订、生态建设的指导监督、完成目标任务的考核评价等工作，加强部门之间的综合协调。定期向区四套班子领导及相关部门报送《上城区大气质量状况季报》和《上城区河道水质监测月报》。加强对生态文明建设情况督促检查，总结3年来生态文明建设成效、存在问题，提出下一步意见，形成专题报告向区人大常委会主任会议汇报。

【“三江两岸”生态景观保护与建设】 上城区根据“三年卓见成效、五年基本成型”的目标，全力推进“三江两岸”生态景观保护与建设。先后完成钱塘江北岸上城段绿道标识标牌设置，以及绿道路面边线和Logo图形的喷绘，同时在绿道全线进行江堤彩绘。在复兴路与之江路、南复路与之江路、洋泮路与之江路、婺江路与之江路的交汇口及望江公园等重要节点和主要出入口设置各级别信息标识，增设标识标牌。对原有指路标识根据绿道周边建筑设施情况予以修改调整。全年修改增设钱塘江北岸上城段标识标牌103块，完成“三江两岸”绿道上城段标识标牌更新任务。

【“四边三化”工作】 上城环保分局对“四边三化”工作查缺补漏，召开全区“四边三化”联络员会议，研究部署工作任务。联合上海铁路局杭州办事处、南星街道重点抓好铁路边“三化”工作，全年完成铁路边绿

东平巷社区绿色生态角——废旧衣物回收箱　　　　（上城环保分局　供稿）

化29 000平方米，拆除铁路边违建1800平方米。建立“四边三化”工作台账和长效管理制度。年内，“四边三化”工作通过省、市相关部门组织的考核验收。

资料　**“四边三化”**：指在公路边、铁路边、山边、河边区域开展洁化、绿化、美化行动。

【建成社区“生态角”5个】　2014年，上城区建成社区“生态角”5个，“生态角”成为居民了解环境保护法规、学习环境科普知识、参与水环境监督管理、举报污染水环境行为、投诉身边环境问题的重要场所。年内，上城环保分局完成全区2013年生态环保资金使用情况及绩效分析，以及2013年“江堤彩绘”“生态魔厨”两项“1250”工程台账收集及资金补助工作。

（陈　曦）

【生态环境品质提升】　2014年，区人大常委会坚持把“五水共治”“三改一拆”“四治攻坚”作为常委会监督的主要内容，严督实察，善始善终。上半年，通过调研、暗访，掌握梳理问题20个。开展“五水共治”审议和专题询问，提出的问题得到政府部门回应、整改，贴沙河、始版桥沿线35个排污口实现外挂式全灭口。汛期前，重点视察馒头山路、大学路、二商场等地防汛排涝工程实施情况。下半年，跟踪督查审议意见落实，促成重点“涝疾”地块治愈。持续监督“三改一拆”工作，多次察看美政花苑、始版桥段等违建现场，督促政府攻坚克难，加快拆违进度。年内全区54个社区中有45个社区建成“无违建社区”。实地督查垃圾分类、工地扬尘防治、东平巷等老小区交通综合治理，助力“四治攻坚”行动。视察区生态文明建设三年行动计划收官情况，督促政府科学谋划新一轮规划，提升生态环境品质。

（王　先）

精神文明建设

【群众性精神文明创建活动】　上城区以全国文明城市复评和省、市文明办对上城区文明指数测评为契机，深入开展群众性精神文明创建活动。根据文明指数，对照测评标准，组织自查自纠、整改提高。利用工地围挡、广告牌、宣传橱窗、江堤墙面等载体，开展“讲文明、树新风”公益广告宣传，引导市民提升文明素质。开展窗口企业和公共场所等领域突出问题专项教育和治理。在各种媒体连续展示上城区精神文明建设成果。全年上城区创建全国文明单位2个、省级文明单位（社区）2个、市级文明单位（街道、社区）6个，“国内最清洁城市”示范点1个。

【“最美”机制建设】　上城区按照“上改六条”工作要求制订工作方案，通过发现、宣传、践行、关爱四大机制，推进“最美”现象长效机制建设，确保价值观实践常态化。深化“最美”典型发现，结合岗位工作挖掘“最美基层干部”“最美教师”等行业性“最美”人物，采取区、街道、社区三级联评制度挖掘群众性“最美”现象。建设区级层面“最美”现象资料库，湖滨街道居民孙新宝获“最美杭州人”提名奖，小营街道居民高水娟获杭州市第十届道德模范提名奖。深化“最美”现象主题宣传，通过颁奖大会、“最美上城人”座谈会、“最美”事迹展板巡回展出、“最美”现象公益广告、媒体集中宣传报道等方式扩大“最美”现象影响力。深化“最美”现象实践活动，邻里价值观建设品牌深入人心，湖滨街道“旮旯秀”、小营街道“红巷生活广场”、望江街道“睦邻驿站”成为居民践行邻里价值观的平台。深化“最美”人物关爱帮扶工作，开展走访、慰问“最美”人物活动，探索“最美”现象激励机制。

【公民道德建设】 上城区以吴山雷锋广场为主阵地，以“学习雷锋好榜样，争做最美上城人”为主题，开展学雷锋志愿服务活动。依托“在职党员进社区”志愿服务平台，在全区开展“微心愿”活动。开展“烈士纪念日”系列活动，举办烈士英雄事迹图片展，开设网上纪念栏目，走访慰问烈士家属。举办第十二届上城区邻居节，评选表彰30名上城区“最美邻里”，其中3人获杭州市“好邻居”称号。推进市民教育工作，举办道德模范巡讲活动，发布上城“凉茶地图”及节俭养德倡议书，发放各类宣传资料1.60万份。

【未成年人思想道德建设】 上城区完善校外阵地建设，实现社区青少年俱乐部全覆盖。通过打造“都DO”城、开办“四点半课堂”、建立图书漂流站等形式，丰富青少年课余生活和社会实践活动。结合中心工作，开展“五水共治”主题宣传等活动，号召未成年人共同参与。举办暑期“温暖向日葵”公益夏令营活动，为外来务工人员子女提供学业辅导、暑期安全教育、社会实践教育等志愿服务活动。开展“公民爱心日”活动，关爱特殊青少年群体，活动筹集善款26万余元、图书4971册。 (王 潞)

领导调研

1月22日，国务院侨办副主任何亚非一行在省侨办副主任计时华、市侨办主任林国蛟和副主任龚勤芳等陪同下，到上城区十五奎巷社区慰问马来西亚归侨苏本贵、姜秀音夫妇，并送去慰问礼品和新春祝福，副区长段法雷，区委统战部副部长、区侨办副主任毛健儿陪同慰问。

3月4日，住房和城乡建设部部长姜伟新一行在市城管委副主任丁景元陪同下到清波街道劳动路社区调研“二维码”垃圾房打造工作。实地考察后，住房和城乡建设部领导充分肯定该社区“二维码”垃圾房试点工作。

4月17日，国家质检总局党组成员、国家标准委主任田世宏一行到上城区调研“政府管理和公共服务”标准化工作。副市长陈红英、副区长叶榕及省市质监局主要负责人陪同调研，并参加现场研讨会。田世宏表示上城区“政府管理与公共服务”标准化工作起步早、定位高、工作实、效果好，下一步要深化试点，扩大成果，打造品牌，不断创新，主动参与国际标准化工作。

5月4~11日，中国社科院社会心理学研究中心主任、中国社会心理学会会长杨宜音与两名中国社科院博士在湖滨街道进行“养老与孝道”专题调研，以推进“全国社会心态观测点”的实践。

5月6日，民政部党组副书记、副部长姜力，民政部党组成员、优抚安置局局长周铭一行70余人到上城区考察双拥工作。考察组一行与区相关领导在清波街道召开座谈会。会后观看清波街道双拥工作纪实短片，并实地考察清波街道一条街、社区双拥陈列室，详细了解区双拥工作开展情况。姜力指出，清波街道双拥工作特色明显，双拥陈列室作为爱国主义教育基地，完好地保存军人的立功喜报、牺牲证明书，双拥宣传墙以漫画形式刻录军人和群众之间的点滴感动，双拥共建小广场更是拉进军民之间的距离，双拥工作为军政军民团结奠定较好的基础。

5月10日，中共中央政治局常委、全国人大常委会委员长张德江在省委书记夏宝龙等领导陪同下，到小营巷56号毛主席视察小营巷纪念馆，在该馆东厢房的“小营街道人大代表接待站”，与在场的人大代表深入交流，详细询问代表联系选民和服务群众等情况。小营街道的人大工作得到张德江的肯定。随后，张德江参观“小营·江南红巷”内的红巷生活广场、中共杭州小组纪念馆、钱学森故居等场馆。当日，张德江走进南星街道白塔岭社区人大代表接待站，与基层人大代表深入交流。

5月15日，国务院台办主任张志军一行考察小营街道，先后走访毛主席视察小营巷纪念馆、红巷生活广场和小营公园，对小营巷的社区建设和环境整治工作给予充分肯定，同时就“杭台邻里节”工作情况进行深入调研。在小营公园，张志军浇灌2011年“杭台邻里节”小营巷居民与台湾同胞共同栽种的“亲情树”。他希望两岸民众的情谊能够像这棵树一样茁壮成长，枝繁叶茂。同时，对小营巷社区开展对台基层交流工作的成果给予高度评价，赞赏“看看当年亲情树,比比两岸大厨艺,分分垃圾促生态”等两岸民众的交流活动形式多样,贴近人心。随后,举行座谈会。在听取汇报后,张志军充分肯定上城区社会经济发展取得的成绩,并对上城区进一步开展两岸基层交流工作提出要求。

6月17日,民政部政策研究中心主任、民政部社会福利和社会进步研究所所长王杰秀等领导参观中国社区建设展示中心并进行指导。王杰秀认为,上城区社区建设一直走在全国的前列,作为“全国社会组织建设创新示范区”,上城区要继续突破创新。王秀杰一行还考察了小营街道红巷生活广场,先后实地察看红巷生活广场1号楼的综合服务中心、2号楼的仁爱家园和3号楼的长青颐养园。对于社会组织的参与,王杰秀给予高度评价。

7月21日,浙江农林大学教授徐秋芳和浙江电视台首席女主播许婷等全国人大代表在区人大常委会副主任朱荷芳陪同下到东平巷社区,考察垃圾分类实名制工作。代表们详细查看垃圾房、实名制公示榜,并走访中山中路279弄4幢的居民家庭,了解垃圾分类实名制运作规则,对东平巷社区的垃圾分类实名制工作表示赞赏,希望街道和社区进一步把垃圾分类工作做好。

8月11日,国家智慧社区联盟专家组一行5人到清波街道考察智慧社区建设情况。专家组介绍国家发展智慧城市和智慧社区的相关政策、评价体系、总体目标等情况,详细了解该街道智慧社区建设工作,对街道工作予以肯定,并从理念、规划等方面提出下一步智慧社区建设指导意见。

8月13日,中央编译局调研组一行实地调研紫阳街道上羊市街“民间食安办”和“邻里值班室”办公情况,观看社区食品安全信息化互动平台的演示和食品安全的快速检测,与”民间食安办”义务监督员现场交流,询问日常监督工作开展情况。中央编译局研究组对上城区”民间食安办”工作表示肯定,认为其对问题的发现和执法力量不足的弥补均有很大帮助,是一个很好的社会参与食品安全监管的案例和典范,值得其他地区参考和借鉴。

9月10日,中国社会科学院循环经济与环境预测评估研究中心副主任、长三角循环经济技术研究院院长、中国废塑料协会会长杜欢政等一行到清波街道调研垃圾分类工作。清波街道办事处副主任罗立中介绍街道垃圾分类工作情况、特色做法、存在问题等。调研组听取介绍后提出“政府出政策、企业来经营、服务领补贴”的思路,并表示对改进现有垃圾分类工作模式、发动社会力量处置大量低附加值垃圾等问题进行系统调研。

10月20日,中宣部专题调研组到小营街道,就新形势下社区思想政治工作进行调研。小营街道以培育和弘扬社会主义核心价值观为主要内容,不断提升社区居民思想素质,通过持续深化“最美”品牌,凸显“最美”的草根性、实践性、自觉性,将社区思想政治工作融入对“最美”的发现、学习和感悟当中。至2014年,小营街道连续开展两届“最美小营人”评选活动,评选出“美在奉献”“美在瞬间”等各类最美人物20余人。中宣部调研组对小营街道的做法给予充分肯定。

10月31日,司法部党组成员、副部长赵大程到上城区司法行政法律服务中心调研,并在区政府会议中心二楼召开由律师、法律援助工作者等基层代表参加的座谈会。会上,赵大程就学习贯彻中共十八届四中全会精神,推进司法行政工作改革发展话题发表讲话。省司法厅厅长赵光君,副厅长俞世裕、吉永根,市司法局局长吴声华等领导陪同调研。

11月6日,中国肢残人协会主席徐凤建在中肢协脊髓损伤者委员会主任、杭州市残疾人福利基金会副会长金六民等人陪同下,到上城区调研脊髓损伤者“中途之家”工作情况。徐凤建在听取工作汇报后,对上城区残疾人服务工作表示赞许,他指出,成立“中途之家”是对残疾人康复工作的又一探索,对帮助脊髓损伤者康复并参与社会生活,具有非常重要的意义。“中途之家”要组织伤友参加更丰富的活动,通过伤友之间的交流沟通,重新树立乐观的生活态度。

11月11日,全国人大常委会委员、省人大常委会副主任姒健敏,省人大常委会法制工作委员会副主任任亦秋和市人大常委会党组副书记、副主任朱金坤一行到湖滨街道吴山路人大代表接待站,实地考察湖滨街道公建民营养老模式、湖滨街道民情中心，并在“红色港湾”会议室就《浙江省社会养老服务促进条例(修改稿)》听取选民的意见建议。

11月21日，中共中央政治局常委、国务院总理李克强到上城区泰隆银行杭州分行调研降低融资成本政策落实情况。在泰隆银行杭州分行二楼营业厅，李克强特地询问前来办理网银业务的企业主季某某日常贷款情况，并与泰隆银行董事长王钧交谈。李克强对泰隆银行长期致力于小微企业金融服务给予肯定。

12月8日，公安部禁毒情报技术中心总工程师白燕平、禁毒局三处处长孙少斌一行在省公安厅副厅长华远平、省禁毒总队总队长缪敏红、市委副秘书长谢国建、市公安局副局长汪劲浩、市禁毒支队支队长李敏等陪同下，到上城区清波街道检查督导中央6号文件贯彻情况。督导组一行观看清波街道开展社区禁毒工作的纪录片，听取区和街道两个层面关于贯彻落实中央6号文件工作情况的汇报，并给予充分肯定。其间，督导组就进一步加强禁毒宣传、推进社区戒毒人员帮扶等工作与清波街道进行座谈。

12月30日，民政部基层政权和社区建设司司长蒋昆生一行在市民政局局长邵胜等陪同下，到中国社区建设展示中心指导“左邻右舍——社区治理创新园”的建设工作。蒋昆生一行查看“左邻右舍——社区治理创新园”的区域分布说明、结构图和效果图，对未来计划筹建的邻里服务、邻里舞台、邻里天地、邻里学苑、邻里食堂等设想给予肯定和支持。蒋昆生希望经过市、区、街道的力量整合，新中国第一个居民委员会——上羊市街社区和中国社区建设展示中心不负历史使命，充分发挥好示范作用，把中心打造成引领全国的社区综合服务平台，成为“活”的教育样板、真正的精神乐土、老百姓的“左邻右舍”。

(年鉴编辑部)

2014年区级主要机构及负责人名单

中国共产党杭州市上城区第九届委员会

书　记：缪承潮

副书记：陈　瑾(女)

袁建祥

常　委：缪承潮

陈　瑾(女)

袁建祥

王越剑

黄爱芳(女)

刘一明(2014年4月止)

麻承荣(2014年11月止)

沈　民(2014年11月止)

金承涛(2014年11月起)

金晓东(2014年11月起)

陈秋芳(女)

叶　素(2014年11月止)

楼复进(2014年4月止)

陈益伟

管光尧

秦　文(女)(2014年4月起)

张淦华(2014年4月起)

斯　力(2014年6月起)

来剑波(2014年11月起)

委　员：(按姓氏笔画为序)

丁晓芳(女)

王越剑

毛素云(女)

叶　素(2014年11月止)

叶　榕

朱黎明

任　平

刘一明(2014年4月止)

李一青(女)

李森红(女)

来剑波(2014年11月起)

余　勇

沈　民(2014年11月止)

张淦华(2014年4月起)

陈　勇

陈　瑾(女)

陈秋芳(女)

陈益伟

周　莹(女)
周忠诚
金承涛(2014 年 11 月起)
金晓东(2014 年 11 月起)
施金良
宣　寅(女)
秦　文(女)(2014 年 4 月起)
袁巧玲(女)
袁建祥
陶晓亮
黄爱芳(女)
麻承荣(2014 年 11 月止)
章　琪(女)
斯　力(2014 年 6 月起)
蒋　莉(女)
韩丽华(女)
鲁　军
楼复进(2014 年 4 月止)
管光尧
缪承潮

候补委员:(按得票数为序)
林国平
季黄辉
方本成
卢　江
傅莉萍(女)
黄涌泉

区委工作部门

中国共产党上城区纪律检查委员会

书　记:沈　民(2014 年 11 月止)
金晓东(2014 年 11 月起)
副书记:谢　宁
吴电荣
常　委:沈　民(2014 年 11 月止)
金晓东(2014 年 11 月起)
谢　宁
吴电荣
孙丽敏(女)
胡建宏(女)
沙莉萍(女)
何　靖(2014 年 3 月起)

区委办公室

主　任:周忠诚

组织部

部　长:陈秋芳(女)

老干部局:

局　长:杨　敏(女)

宣传部

部　长:麻承荣(2014 年 12 月止)
金承涛(2014 年 12 月起)

统战部

部　长:袁巧玲(女)

政法委

书　记:袁建祥

编委办

主　任:林文杰

区直机关工委

书　记:黄涌泉

区信访局

局　长:陈　钢

上城区第十四届人民代表大会常务委员会

主　任:丁晓芳(女)
副主任:顾文友
李　静(女)
王国民
韦　云(女)
顾敏达
朱荷芳(女)
党组书记:丁晓芳(女)

区人大常委会工作部门

人大办公室

主　任:陈忠明(2014 年 9 月止)
邬晓华(2014 年 9 月起)

法制和内务司法工作委员会

主　任:谢根福

财政经济工作委员会

主　任:许　强

城乡建设环境保护工作委员会

主　任:陈　伟(2014年9月止)
　　　　邬晓华(2014年9月起)

教育科学文化卫生和民族宗教华侨工作委员会

主　任:戈海光

代表工作委员会

主　任:余晓川(2014年9月止)
　　　　李光勋(2014年9月起)

上城区人民政府

区　　长:陈　瑾(女)
副 区 长:王越剑
　　　　　黄爱芳(女)
　　　　　陈益伟
　　　　　管光尧
　　　　　来剑波
　　　　　宣　寅(女)
　　　　　马　彦
　　　　　段法雷(2014年7月止)
　　　　　斯　力(2014年7月起)
　　　　　叶　榕
　　　　　周国如(2014年12月起)
党组书记:陈　瑾(女)

区政府工作部门

政府办公室

主　　任:陶晓亮(2014年1月止)
　　　　　柴闻乐(2014年1月起)

发改经信局

局　　长:叶　榕(2014年1月止)
　　　　　陶晓亮(2014年1月起)
党委书记:陶晓亮(兼)

教育局

局　　长:蒋　莉(女)
党委书记:蒋　莉(女)(兼)(2014年12月止)
　　　　　项海刚(2014年12月起)

科技局

局　　长:卢　江
党委书记:卢　江(兼)

民族宗教局

局　长:薛迓冰(女)

监察局

局　长:谢　宁

民政局

局　　长:金水根
党组书记:金水根(兼)

司法局

局　　长:杨盛强(2014年9月止)
　　　　　郑　平(2014年9月起)
党组书记:杨盛强(兼)(2014年9月止)
　　　　　郑　平(兼)(2014年9月起)

财政局

局　　长:季黄辉
党委书记:季黄辉(兼)

人力社保局

局　　长:方本成
党委书记:方本成(兼)

住房和城建局

局　　长:沈武洪
党委书记:沈武洪(兼)

商务局

局　　长:孙　锦
党委书记:孙　锦(兼)

风景旅游局

局　　长:钟　黎(女)
党组书记:钟　黎(女)(兼)

文广新局

局　　长:丁建华
党组书记:丁建华(兼)

卫生局

局　　长:杜秀芬(女)(2014年5月止)
党委书记:杜秀芬(女)(兼)(2014年5月止)

人口计生局

局　　长:夏　勤(女)(2014年5月止)

党组书记:夏　勤(女)(兼)(2014年5月止)

卫生和计划生育局

局　　长:杜秀芬(女)(2014年5月起)

党委书记:杜秀芬(女)(兼)(2014年5月起)

审计局

局　　长:胡建宏(女)

党组书记:胡建宏(女)(兼)

统计局

局　　长:周建康

党组书记:周建康(兼)

食品药品监管局

局　　长:章　琪(女)(2014年5月止)

党组书记:章　琪(女)(兼)(2014年5月止)

市场监督管理局

局　　长:毛学庆(2014年5月起)

党组书记:毛学庆(兼)(2014年5月起)

城管局(城管执法局)

局　　长:林国平

党委书记:林国平(兼)

安全监管局

局　　长:王汝雷(2014年9月止)

　　　　　楼复进(2014年9月起)

党组书记:王汝雷(兼)(2014年9月止)

　　　　　楼复进(兼)(2014年9月起)

区法制办

主　　任:吴电荣(2014年1月止)

　　　　　惠海涛(2014年1月起)

党组书记:惠海涛(兼)

公安分局

局　　长:刘一明(2014年5月止)

　　　　　秦　文(女)(2014年5月起)

党委书记:刘一明(兼)(2014年4月止)

　　　　　秦　文(女)(兼)(2014年4月起)

政协上城区第四届委员会

主　　席:余　勇

副 主 席:刘志安

　　　　　陈小玲(女)

　　　　　方　莉(女)

　　　　　袁巧玲(女)

　　　　　陈少华

秘 书 长:吴诗兵

党组书记:余　勇

区政协工作部门

政协办公室

主　任:吴诗兵

提案委员会

主　任:胡　勇

经济科技委员会

主　任:伍天舒

城建和人口资源环境委员会

主　任:王健伍(2014年9月止)

　　　　徐志忠(2014年9月起)

社会法制和港澳台侨委员会

主　任:吴　坚

文史和教文卫体委员会

主　任:瞿旭平(女)

学习和工作联络委员会

主　任:张　璐(女)

区人民法院

院　　长:施金良

党组书记:施金良(兼)

区人民检察院

检 察 长:李森红(女)

党组书记:李森红(女)(兼)

部分群众团体

总工会

主　　席:韩丽华(女)

党组书记:韩丽华(女)(兼)

团区委

书　　记: 洪梦君(女)

妇　联

主　　席:周　莹(女)

党组书记:周　莹(女)(兼)

科　协

主　　席:金燮彪

党组书记:金燮彪(兼)

残　联

理 事 长:金水根

党组书记:金水根(兼)

工商联

主　　席:薛鸿翔

党组书记:陈砚菁(女)

红十字会

会　长:马　彦

街　道

湖滨街道

党工委书记:毛素云(女)

人大工委主任:毛素云(女)(兼)

办事处主任:孔兴桥(2014年10月止)

杨盛强(2014年10月起)

清波街道

党工委书记:陈　勇

人大工委主任:陈　勇(兼)

办事处主任:倪受南

小营街道

党工委书记:任　平

人大工委主任:任　平(兼)

办事处主任:丛培龙(2014年10月止)

章　琪(女)(2014年10月起)

望江街道

党工委书记:朱黎明

人大工委主任:朱黎明(兼)

办事处主任:裘华君

南星街道

党工委书记:鲁　军

人大工委主任:鲁　军(兼)

办事处主任:杨　东

紫阳街道

党工委书记:李一青(女)(2014年12月止)

谢　宁(2014年12月起)

人大工委主任:李一青(女)(兼)

办事处主任:柴闻乐(2014年1月止)

王斌达(2014年1月起)

(毛静波)

特色街区

【参加杭州旅游(温州)推介会】 1月15日,清河坊·南宋御街历史街区参加杭州旅游(温州)推介会,展示清河坊·南宋御街历史街区的魅力和皇城遗风。此次推介会以"乐游杭州·共享品质——冬季养生休闲游"为主题,推广杭州西湖、运河、南宋皇城遗址、西溪和市区河道等综合保护工程的成果,宣传西湖跻身世界文化遗产、杭州打造"美食之都·购物天堂"的有益实践,宣传杭州的"杭帮菜""茶文化"及十大特色潜力行业,推广杭州冬季最新旅游产品和各区、县(市)旅游资源及春节期间推出的民俗文化活动。

9月18日,清河坊民间艺人到韩国参加仁寺传统文化节

(清河坊历史街区管委会 供稿)

【清河坊年俗活动】 1月31日~2月5日,清河坊历史街区举办新春年俗活动。此次活动由"万马奔腾""百姓祈福""马年百家宴""开市迎财神""快马加鞭闹新春"五大板块组成,让市民、游客感受街区浓浓的马年新春气氛。其中"一马当'鲜'百家宴"有街区内10余家餐饮名店同桌亮出各自以"马"命题的拿手菜,由现场市民、游客品尝并评选出"马年南宋御宴"的最佳组合。

【清河坊茶会】 4月11~17日,第九届清河坊民间茶会在清河坊历史街区举行。茶会由上城区人民政府、杭州市旅游委员会、杭州市贸易局主办,清河坊历史街区管委会、区风景旅游局、吴山景区管理处承办。此届茶会除保留原有群众参与度较高、影响较大的项目外,以"简单"为主题,走惠民、亲民路线,为市民提供可看性、保健性、知识性、时尚性的茶文化活动。茶会设开幕式、大碗茶品鉴、老街问茶、品茶、微博忆茶、猜茶谜、游老街和茶叶茶具展销会7个项目,吸引市民和中外游客1万余人次参与。茶叶茶具展销期间,全国各地名茶企业在吴山广场设展位80个,集中展卖各种茶叶、茶点和茶具。

【清河坊民间艺人参加韩国仁寺传统文化节】 9月18日,受韩国仁寺传统文化保存委员会邀请,清河坊民间艺人在街区管委会组织下,参加为期

3天的第二十七届韩国仁寺传统文化节，在活动现场展示扇面艺术、剪纸、草编、蓝印花布等中国传统技艺，开展中韩两国之间的文化交流。

【联合国教科文组织杭州项目事务处落户上城】 5月19日，联合国教科文组织杭州项目事务处在南宋御街揭牌成立。联合国教科文组织文化助理总干事弗朗西斯科·班德林出席揭牌仪式并致辞。当日，由联合国教科文组织、中国历史文化名街保护同盟、杭州市上城区品牌工作指导委员会共同签署发起设立中国历史文化名街保护研究中心的合作意向书。

【台湾士林夜市嘉年华亮相河坊街】 10月1日，由台北市士林观光发展协会发起的士林夜市嘉年华在河坊街打铜巷开幕。市民在士林夜市吃到蚵仔煎、铜锣烧、炸花枝丸等正宗台湾小吃。台湾士林夜市云集台湾各地3000多个品牌商家，经过数十年发展，成为全球游客到台湾必去的美食夜市。

【第十五届中国(杭州)美食节】 10月9日，“食全酒美，乐动杭州”美食嘉年华在吴山广场拉开第十五届中国(杭州)美食节帷幕。该届美食节分烘培展示区、名菜展示区、咖啡西餐区等六大区块。杭州和周边区、县(市)100余个知名餐饮企业带着近1万种特色佳肴、风味小吃参加美食节。为期3天的美食节吸引80余万人次参与，实现销售额210余万元。

【吴山庙会】 10月16~26日，由上城区人民政府、杭州市旅游委员会、杭州市商务委员会、杭州市文广新闻出版局、西湖风景名胜区管委会等单位主办，清河坊历史街区管委会、上城区风景旅游局、上城区商务局、吴山景区管理处等单位承办的吴山庙会暨第五届南宋御街国际旅游文化艺术节在清河坊和吴山景区两地举行。庙会推出祭祀巡游、文艺展演、金秋养生季、互动活动、商贸购物五大板块内容，举办伍子胥祭祀大典、“非遗”技艺展演、魔术和越剧表演、斗鸟大赛、集市购物等15项活动，吸引64万人次市民、游客前往体验老街的市井民俗，重温儿时记忆，感受节日气氛。

【杭州国际设计周】 12月28日，2014年杭州国际设计周在南宋御街中山中路6号开展。该届设计周以“都有一颗设计的心”为口号，将设计创新与人文关怀作为策划展出核心，吸引社会公众广泛参与。设计周设大画笔行动、与世界失联十分钟、冥想馆、单向空间、“原创设计师馆”、“小小策展人” 等13个展馆及摇滚乐、“国家礼仪空间”、“生活方式觉醒地图”等6个主题讲座，近20个以“治愈”为主题的展览持续7天，从每天早上10时至晚上8时面向市民免费开放。来自海内外的设计师及跨界艺术家共同参与设计周活动。

(陈　斌)

【第三届 “湖滨美食·舌尖艺术” 美食节】 10月28日，第三届“湖滨美食·舌尖艺术”美食节在湖滨商圈举行。该活动是第十五届中国(杭州)美食节的分馆和2014年“中国杭州市民休闲节”的子项目。美食节以“我们聚惠湖滨欢乐GO、购、购”活动为平台，以“品美食、逛名街、欢购物”为主线。湖滨商圈内的杭州酒家、知味观、西堤牛肉、新蕉叶、玲珑小镇、弄堂里等13家餐馆携25道菜肴参与活动。经过专家点评和大众投票，杭州酒家成为最受欢迎餐馆。湖滨商贸美食节自2012年起，于每年10月举办一次。

10月1日，台湾士林夜市嘉年华亮相河坊街打铜巷

(清河坊历史街区管委会　供稿)

【湖滨购物节】 8月30日~9月30日，湖滨商圈举办湖滨购物节。购物节由区品牌办、区商务局、区风景旅游局、湖滨街道办事处、湖滨指挥部共同主办，杭州湖滨in77、杭州解百购物广场、杭州利星名品百货广场有限公司、杭州时代依家美越百货有限公司、杭州龙翔服饰城、兴合服饰城、工联精品服饰城、杭州知味观、杭州酒家、杭州新蕉叶餐饮有限公司、玲珑小镇、越餐厅、菲芘国际娱乐、PARAMOUNT(百乐门)、WOE娱乐大世界、G+(极佳酒吧) 等10余个湖滨商圈大型购物、餐饮、休闲、娱乐企业共同参与。9月30日，贾静雯、陈燃、毕夏等明星名流、时尚达人现身杭州湖滨银泰in77，与市民进行互动。

【南山路艺术节】 5月27日~6月11日，南山路艺术休闲特色街举办2014年南山路艺术节。艺术节期间，推出中国美院毕业作品展，展出作品3000件，展出面积1.50万平方米。南山路沿街艺术机构的各类艺术品同时参与展出。西湖博物馆推出“故乡有此好湖山——西湖博物馆馆藏杭州名仕书画展”，恒庐美术馆推出“生活在别处——小幅油画精品展”和“画家问园——名家作品邀请展”，西湖当代美术馆推出“共生：四种隐喻”“New Form国际平面设计探索展(杭州站)”“绘的方式第九回”“挪威艺术家惑空油画作品展”4个展览，唐云艺术馆推出“来楚生画展”。

【参加浙江省(山东)旅游交易会】 3月28日，2014年浙江(山东)旅游交易会在济南舜根国际会展中心开幕。湖滨(南山路)特色街区管委会围绕旅游交易会“诗画浙江携手好客山东，齐鲁大地喜迎江南风情”的主题，结合街区旅游特色，携带湖滨、南山路两条特色街及辖区内商贸企业的700多份旅游宣传品参展，宣传品包括《行走在湖滨里》《行走在南山路》等宣传手册。宣传手册涵盖湖滨、南山路特色街区内的景区景点、宾馆饭店、旅行社、交通线路等旅游服务信息。旅游交易会期间，街区管委会接受郑州、济南两地旅行商咨询100余次，向华北市场展示湖滨、南山路特色街区的旅游形象。

【浪琴表杭州湖滨银泰in77直营店开张】 10月24日，浪琴表杭州湖滨银泰in77直营店开张，浪琴表杭州利星名品百货旗舰店同时开业。浪琴表中国区副总裁李力与浪琴表形象大使郭富城出席开幕式。开幕式后，中国钟表专家周凯旋主办腕表鉴赏沙龙。浪琴表杭州湖滨银泰in77直营店地处湖滨商圈，店内设计秉承浪琴表简洁优雅的装饰风格，营造126平方米的时计空间，店内展示优雅、传统、运动、复刻等风格各异的精美时计。店内设有VIP专属服务区和浪琴表维修服务中心，旨在为顾客提供优质的服务与贴心的消费体验。

【湖滨银泰B区和C3区开张营业】 10月1日，湖滨银泰in77的B区和C3区开张营业。国庆期间，两区实现销售额62亿元、税收2.70亿元，吸引游客981.80万人次。in77B区在建筑风格上保留江南骑楼、青砖等设计元素，中式围合式院子里，11幢小楼将古老记忆若隐若现于众多时尚品牌旗舰店之间，营造出一种中西方文化碰撞的奇妙氛围。地铁1号线与B区地下一层、二层及C区无缝联通，形成地上、地下立体式交通互通。65家流行品牌及人气餐饮店入驻湖滨银泰in77B区。主要品牌有美国洛杉矶的快时尚Forever21，演绎年轻时装文化的i.t及旗下潮流品牌CHOCOOLATE、Aape，五月天主唱阿信与知名艺术家不二良所创立的创意潮牌STAYREAL及Stayreal Café，黄晓明投资的世界知名奶昔品牌“百万奶昔”Millions of Milkshakes，集潮流风尚、前沿艺术、个性设计于一体的时装设计师集合店D2C，高街潮流品牌集合店inxx等。in77C3区吸引28家人气品牌入驻，其中有英国母婴用品品牌Mothercare，人气童装Mini Choc、RUBI YOYO、GXG、New Balance Kids，美国的室内儿童软体游乐场“奇乐儿儿童主题公园”、哈你运动馆，全国首家猪卡通主题餐厅“小猪猪”，韩国动物园文化咖啡店“ZOO COFFEE”，韩国本土炸鸡巨头“Thank u mom”等。 (洪斯斯)

表2 2014年湖滨银泰in77活动

主题活动	活动时间
情人节，我们一起热恋湖滨	2月14日
FNO摩登不夜城	8月30日
寻“猪”探宝大行动	10月
第六届杭州市咖啡西餐节	12月12日
冰炫潮流夜，圣诞酷行in77	12月24日
任性到底·复古电音派对	12月31日

(周 杰)

【五柳巷历史文化街区打造】 五柳巷历史文化街区经过综合整治与保护，在实现外部历史风貌提升与内部设施完善的基础上，形成一条体现杭州特有休闲文化氛围的历史文化街区。年内，五柳巷历史文化街区的建国南路中医文化街初具规模，西冷印社、杭州书画社、赵平加扇艺工作室等文化创意机构进驻开业。全年街区接待国内外参观考察团 70 个、200 人次。（金志伟）

五柳巷中医文化一条街　（区住房和城建局　供稿）

【五柳巷历史文化街区入选杭州市历史街区保护创新项目】 12 月 11 日，杭州市住保房管局联合新华社、《文物报》、浙江媒体从“民生改善”“项目创新”“保护利用”3 个角度对全市近 10 年历史建筑修缮项目开展评选，五柳巷是上城区唯一入选的全市历史文化街区创新保护项目。根据创新保护规划，五柳巷将主打“滨水”和“市井”文章，陆续开辟滨水生活区、市井商贸区、中医养生区、商业休闲区、艺术体验区、五柳园观光区六大功能区，汇集老杭州当地民俗民风，进一步呈现江南水乡独有的韵味，让市民、游客走近“滨水市井”生活，怀旧老杭州。（章　舒）

【“红色风情街区”打造】 南星街道打造可看、可听、可说、可量化、可推广的“红色风情街区”，实现基层党群系统优势互补、相互融合、协调发展。创办“组织联建、队伍共抓、成员共管、发展共谋、和谐共促、先锋共创”党群先锋联合体——红色群英会，发挥党组织先锋带头作用。成立“星火创意轩”，以凤凰御元艺术基地、杭州 LOMO 创意谷等为主要服务对象，通过开设微型论坛、微型书站、“创意领头雁”、“创业排头兵”等，推进“两新”组织党建工作。设立“和谐共建楼”，以杭州宝力中医门诊部为中心，组织党团员医疗巡诊队，方便馒头山地区居民和企业员工就医。组织“朝阳青春队”，以杭州五四职业高级中学为核心力量，开展青少年爱国主义教育活动，发挥先进文化的育人作用。建立“和风服务室”，集党建知识宣传、党员发展培养、民生配套服务、法律政策咨询、社情民意收集、政府工作监督于一体，并开展网络服务。设置“先锋流动岗”，以婺源流动党支部为工作中心，顺应流动党员教育管理的应变性、灵活性特点，形成“两地支持、双重管理、互助联动、资源共享”机制，让流动党员更好地融入南星地区。（裘梦洁）

党的群众路线教育实践活动

【概况】 1~10 月，上城区按照中央和省、市委统一部署，开展第二批党的群众路线教育实践活动。区四套班子领导、62 个区直单位、368 名处级以上领导干部、1413 个基层党组织、25 597 名党员参加第二批教育实践活动。在省、市联合督导组指导下，区委联系上城实际，以建设“现代化美丽上城”为主要载体，聚焦作风建设，坚决反对“四风”，教育实践活动取得较好成效。《中国组织人事报》《浙江日报》《杭州日报》等媒体多次报道上城区教育实践活动情况，省、市委活动简报多次刊发上城区教育实践活动的经验做法。区委书记缪承潮在全市教育实践活动推进会上做交流发言。

【精心统筹谋划】 2 月 18 日，区委召开党的群众路线教育实践活动动员会，对全区的教育实践活动进行部署。随后，62 个区直单位相继完成动员部署。活动期间，区委常委会召开专题会议 18 次，组织专题学习，讨论研究相关工作，听取阶段性工作汇报。印发《区委关于深入开展党的群众路线教育实践活动的实施意见》《区委党的群众路线教育实践活动“十大行动”责任分工表》《2014年上城区深化作风建设工作要点》等文件21个，精心指导全区各单位落实规定动作，扎扎实实开展教育实践活动。

【加强组织领导】 区四套班子领导注重以上率下、靠前指挥，带头开展领导把关、领衔破难和基层走访，并在各自联系点深入蹲点3天，开展“六个一”行动，即宣讲一次党课、召开座谈会听取一次民情观察员意见建议、组织一次信访案件协调会、走访一组(不少于10户)困难党员群众、指导帮扶一个一般或后进(软弱涣散)基层党组织晋位升级、帮助协调解决一个民生实事难题。各单位一把手履行第一责任人职责，直接负责各个环节的组织领导、审核把关和后续推进工作，确保自始至终走好联系群众、服务群众的“最后一公里”。

【指导督导工作】 区委挑选政治素质好、作风过硬的32名干部组成8个督导组，做好对活动的指导督导工作。各督导组全程参与各单位的动员会、推进会、民主生活会、情况通报会，审核各单位条目式“四风”问题、对照检查材料和评估报告，与区管干部和基层单位负责人谈话谈心，并全程参加部分单位专题民主生活会。在督导过程中敢于“唱黑脸、当包公”，及时纠偏纠错，将上级要求和群众诉求的压力传递到位，切实扣好“最后一粒扣子”，确保教育实践活动不虚不空不偏、不走过场，取得群众满意的实效。

4月16日，上城区举办党的群众路线教育实践活动理论学习培训会——“草根民师”讲堂 (区委组织部 供稿)

【坚持思想理论武装】 区委注重党员干部思想理论武装，先后召开常委会、中心组学习会、报告会等学习习近平总书记系列重要讲话精神和省、市委文件。举办理论培训6期，内容包括学习《之江新语》《干在实处，走在前列》《坚持和贯彻党的群众路线》《做好意识形态工作、加强网络舆情应对》等文章，举办“红巷精神”辅导报告会、观看《苏共亡党亡国20年祭》警示片等。召开区委理论学习中心组(扩大)专题学习会4次，传达学习习近平总书记在兰考调研时的重要讲话精神、新华社长篇通讯《面向未来的赶考——习近平总书记指导河北省党的群众路线教育实践活动回访记》及2014年3月参加全国人大安徽代表团讨论时提出的党员干部作风建设“三严三实”要求等。区委常委会集中学习18次，计12天，其中利用双休日连续学习2天。全区各直属单位采取多种形式，组织安排党员干部集中学习。

【坚持先进典型引路】 上城区在教育实践活动期间，开展“重读焦裕禄、学习焦裕禄”活动。组织党员干部观看《焦裕禄》《杨善洲》等8个专题教育片，以焦裕禄为榜样，引导党员干部查摆自己在思想境界、素质能力、作风形象等方面存在的问题，自觉做到深学细照笃行。开展“向身边的先进典型学习”活动，通过组织红色经典体验、“红巷精神”报告会、“草根民师讲堂”、“亲情党课”、“最美上城人”座谈会，以及“最美家庭”“最美妈妈”“最美婆媳”等“最美系列”评选活动，以角色换位、现场授课、实践体验等形式，引导党员干部自觉以典型为镜，向先进看齐，营造学习先进、争当先进、赶超先进的良好氛围。

【开展讨论反思】 上城区通过采取读书会、研讨会、微访谈、微课堂、论坛等方式，把思考“如何增进与百姓的感情”“如何拉近与百姓的距离”“如何增强心中百姓的分量”，扪心自

6月20日，区委常委、组织部部长陈秋芳（右一）走进上城区演播室与网友开展在线访谈
（区委组织部 供稿）

问“为了谁、依靠谁、我是谁”，与牢固树立人民创造历史的唯物史观，以人为本、人民至上的价值观，立党为公、执政为民的执政观结合起来，组织党员干部人人撰写“我的群众观”体会文章，从深化认识、改进作风入手，强化宗旨意识，牢固树立“三观”。活动中，区委书记缪承潮走进杭州网演播厅，接受“美丽的梦·我们的路”在线访谈，与网友对话交流。其他区委常委先后接受在线访谈，围绕建设“现代化美丽上城”主题，在线听取网友、群众的意见建议，回应社会和群众关注的问题，访谈专题网页点击量70万次，网友提问、建议超过3000条次。

【“基层走亲”活动】 上城区在教育实践活动中建立健全“上门看、当面谈、马上干”走访机制，采用“2+3”走访时间、“1+1”走访形式、“十个一”行为标准，深入社区、学校、企业、医院等单位，做好“基层走亲”、连心解忧工作。区委常委带头走访挂包信访户、拆迁户等重点服务对象，每名机关党员干部划片走访10个重点户，街道党员干部挂包走访居民群众，实现“干部全出动、走访全覆盖”，推动全区党员干部“三沉四进”“三认三熟”。持续深化“下基层、破难题、转作风”“点亮微心愿·共筑中国梦”和“微美在邻里·服务在社区”等主题活动，健全完善在职党员进社区报到服务长效机制，做深做实联系服务群众工作。全年党员干部认领“微心愿”10 034个，解决各类民生问题8942个。

资料 **“三沉四进”**：机关党员、在职党员、年轻党员下沉进社区、进网格、进企业、进家门。

“三认三熟”：认人、认情、认事，熟人头、熟民情、熟政策。

【意见建议征集】 上城区在学习教育阶段，重点抓好意见建议征集工作。通过深入基层和服务对象听取意见、征集建议。举办“美丽的梦·我们的路”在线访谈，开展“民情半月谈”活动，设置意见箱和网上邮箱，开通征求意见电话，发放征求意见表和“四风”调查问卷等，多渠道征集意见建议。经汇总梳理，征集各类意见建议1.40万条次，其中区委常委会征求到工作方面的意见建议1413条次，“四风”方面的意见1308条次。

【党员干部谈心交心活动】 教育实践活动期间，上城区开展党员干部谈心交心活动。区级党员领导干部条目式列出问题，进行2轮以上谈心交心，每人每次时间不少于半小时，并将听取的意见建议吸收到个人对照检查材料中，提出切实可行的整改措施。区直各单位在专题民主生活会前，主要负责人员与每名班子成员之间、班子成员与班子成员之间、班子成员与每个分管科室（基层站所）负责人之间开展谈心活动。对准备在专题民主生活会上提出的批评意见，坚持在会前充分沟通，解除顾虑，为召开专题民主生活会做好思想准备。

【专题民主生活会】 7月2~3日，区委常委会召开专题民主生活会，每人对区委书记、区长、区委副书记的批评意见均在3条以上，区委书记、副书记对其他班子成员的批评意见一般3条左右，其他班子成员相互之间提出批评意见一般为2条，常委相互之间提出批评意见244条。区人大、政府、政协党组班子分别召开为期一天的专题民主生活会。会后,区四套班子领导对专题民主生活会情况进行通报。区直各单位、各街道以区委常委会为标杆,确保专题民主生活会开出好氛围、好作风、高质量,达到“团结—批评—团结”的目的。民主生活会前,区四套班子领导和区级党员领导干部、区直各单位、各街道领导班子和党员领导干部、区管干部对照要求均撰写对照检查材料。全区各级基层党组织立足自身实际,组织专题党组织生活会和民主评议党员活动,落实“自我评价、相互评议、组织评定、结果公示”四步法则,按照区委制定的党员评议评分要点和8个共性指标、3类个性指标开展量化评议。经梳理汇总,全区党员中被评议为“好”的7325人,“差”的44人,其中被警示处理36人,除名和劝退8人;3名信教党员中,劝退1人,除名2人。

【整改落实见效】 区委坚持以问题整改开局,聚焦“四风”问题,边学边改、边查边改。区四套班子领导带头深入社区、企业、学校、医院和居民群众听取意见建议,从民生热点难点问题入手,解决群众最关心、最直接、最现实的利益问题。活动中,区委坚持敞开大门,面向群众,以群众满意为检验标准,自觉接受群众监督,从具体问题改起,着力攻克疑难顽症,以具体行动回应群众关切。区四套领导班子整改方案、整改清单在《上城报》公示,全区各级党组织和党员干部个人的整改清单通过通报会、宣传栏、公示窗等途径公开,并邀请群众代表、党员代表、人大代表、政协委员等参与重点整改工作的监督和评价。湖滨街道成立由党员代表、行风监督员、群众代表等组成的民间监督员队伍,全程督导整改工作。

开展以区领导“领衔破难”、区管干部“领办项目”、普通党员“引领岗位”为主题的“三领”活动。区领导带头整治完成社区“牌子多”、办公用房超标等21个“四风”突出问题,化解13个信访积案,推进“智慧城市先导区”建设等13项改革具体项目、望江新城等25个重点建设项目、20多个“五水共治”专题项目和“无违建社区”创建工作。落实“工作项目化、项目责任化、责任具体化”工作机制,梳理立项前期查摆的290个问题,区行政服务中心窗口标准化建设等237个区管干部领办项目基本完成。组织“民情比武·服务争星”和“亮身份、践承诺、比贡献、赛业绩”等评比活动,激发党员干部接地气、抓服务、争先进、创佳绩的精气神。

落实中央部署和“7+4”专项整治任务,深入开展克难攻坚行动。针对“三公”经费开支过大问题,完善“三公”经费管理制度和公开制度,严控“三公”经费开支,落实《完善惩防体系、打造“廉洁上城”2014~2017年实施意见》。全年全区“三公”经费支出比上年下降30.1%。针对干部队伍中存在的“激励考核机制不完善”和“老好人”问题,持续深化干部人事制度改革,完善综合考评实施办法和奖罚联动机制,加大好班长、好班子、好梯队的建设力度,清理整治“裸官”、干部“吃空饷”、收“红包”及购物卡、党员干部参赌涉赌、党政领导干部企业兼职等群众反映强烈的问题。

区委常委领衔提出加强和改进调查研究工作意见、深化“平安365”社会服务管理平台建设实施意见、重点工作考核的综合考评实施办法、社区减负增效工作实施意见、党员干部谈话提醒教育实施办法、不合格党员处置机制、“民情半月谈”工作制度、推进“五水共治”等15项长效机制,做好制度的“废、改、立”工作。区直各单位明确制度建设重点,制定制度建设计划,确保制度可执行、可监督、可检查、可问责。同时加大制度执行力度,建立健全制度执行情况的监督检查机制,通过自查、抽查、督查等方式,对违反制度规定的,做到发现一起查处一起。

资料 **“三公”经费:**指因公出国经费、公务车购置及运行费、公务招待费。

(毛静波)

“五水共治”

【概况】 2014年,上城区贯彻省、市“五水共治”的决策部署,通过防洪排涝、清水治污、抓节水、保供水,水环境质量得到进一步改善。年内完成包括馒头山流域治理在内的24个防汛排涝重点项目,清淤排水管网340千米,超额完成年度计划任务的62%。全年实施水污染治理项目61个,其中截污纳管项目55

个、清水治污项目6个,总投资1.40亿元。水污染治理项目中,完成截污纳管项目22个。完成贴沙河、中河南段、新开河、新塘河4条河道清淤疏浚及中河南段生态示范项目创建,以及截污纳管3批34个项目,日增截污量2000余立方米,消除河道排污口20余个。淘汰落后产能企业杭州井腾汉方保健食品有限公司饮料生产线。推进河道视频监控系统建设,利用井盖管理无线覆盖网格及RFID物联网技术,在管辖区域排污口安装电子标签,先后完成4140个窨井盖、20个排污口溢流井电子标签和140个基站的施工安装,第一时间监测污水满溢、管道堵塞问题。在辖区5条河道135个排水口设立公示牌,接受公众监督;对全区符合条件的45个社区2278户居民家庭免费更换节水器具3703套。全年完成湖滨街道东平巷社区羊血弄小区、清波街道劳动路社区清波商厦2处省级节水型示范小区创建工作。对饮用水源保护区污染源实施清理,改善饮用水水源地水质,达标率100%。编写完成《上城区河道水质异常应急联动机制预案》,组织开展应急演练。从4月起,委托监测单位对5条内河的15个监测断面开展月度监测,并根据《地表水环境质量标准》进行水质类别达标状况评价,编写《上城水环境质量月报》,年末监测数据全部符合或优于Ⅲ类水质标准。出台《上城区水井长效养护管理实施意见》,建立古井日常巡查机制,健全水井档案管理,并委托专业资质机构进行水质检测。通过古井修缮保护,提升居民饮用水质。(金志伟　陈　曦)

【"五水共治"前期保障】 上城区为确保"五水共治"工作持之以恒开展,强化组织、资金、制度、分工保障。年初,成立由区委书记缪承潮,区委副书记、区长陈瑾任组长的区"五水共治"工作领导小组,专题协调、研究治水工作。领导小组下设办公室(简称区治水办),组建清水治污、防洪排涝、综合督查3个专项组,抽调5名专职骨干集中办公。区政府计划3年内投资2.80亿元,压缩"三公"经费的30%全部用于"五水共治",领导干部带头开展治水捐款,同时拓宽融资渠道,鼓励民间资本参与"五水共治"。区委、区政府制定《关于全面实施"河长制"进一步加强"五水共治"工作的实施意见》《上城区"清水治污"专项行动方案》《上城区防洪排涝三年行动(2014~2016年)工作实施方案》,按照"一点一方案"原则制定重点区域整治方案。区治水办建立例会、月报等工作制度,负责全区治水工作的组织、协调、监督和考核。开展基础数据摸底调查,摸清管网底数、污染点源、水利设施和低洼积水点,进行城市排涝风险评估。完成全区"防洪排涝""清水治污""抓节水""保饮水"工作项目三年行动任务(2014~2016年)的科学规划和"一图两表"(区域作战图、任务分解表、倒排计划表)编制,将43个防洪排涝项目、61个清水治污项目分解给各职能部门、各街道,并逐一签订目标责任书,层层落实责任,确保工作有序、合力推进。

【"五水共治"监管宣传】 上城区以监管和宣传相结合,促进"五水共治"长效治理。实施"河长制"。区委、区政府联合出台《关于全面实施"河长制"进一步加强"五水共治"工作的实施意见》,明确区委书记缪承潮担任全区"总河长",区四套班子主要领导担任全区"副总河长",相关区领导分别担任一级"河长",属地街道党工委书记担任辖区二级"河长"。"河长"名单通过媒体向社会公布,在5条河道显要位置设立47块"河长"公示牌,公布年度治理目标、重点项目、"河长"职责和监督电话等内容,接受公众监督。各街

工作人员正在中河水面进行清淤作业　(区治水办　供稿)

道、社区落实属地河段"分河长"职责,加强对沿河排污、违建、洗衣、垂钓等情况的日常巡查和柔性劝导。建立日常保洁巡查机制、偷排偷倒监控机制,跟踪处理辖区50家汽车维修店的排污情况,监督维修店的洗车水、废机油等不漏排、偷排、超标排放。加大对各类排涝设施损毁行为的处罚力度,杜绝施工泥浆、砂浆废水等排入城市河道、排水管网。深化公安、环保、城管等多部门联动执法机制,探索创新交叉检查、联合检查、夜间蹲守、节假日突击检查和市民参与环保执法等监管方式;结合"无违建城区"创建活动,加大涉水涉河控违拆违力度,实现辖区河道沿线"无违建"。加强宣传教育。通过"民情半月谈"等节目,开展治水专题讨论;对接《浙江日报》、"浙江在线"、《杭州日报》等省、市主流媒体,制定宣传主题为"问渠哪得清如许·上城治水全民参与"的活动方案,《杭州日报》予以头版头条刊登。截至2014年年底,全区"五水共治"工作在《杭州日报》刊登文章120余篇,其中头版24篇;在《浙江日报》刊登文章8篇,其他网络、电视等大众媒体累计报道300余篇。成立上城区"民间治水办"、区妇联"巾帼文明护水队"、团区委"'吾水'共治青年联盟"等环境公益性组织,开展"五水共治"主题宣传活动10余次,发放宣传资料1万余份,悬挂宣传横幅200余条。

【"五水共治"责任考核】 区委、区政府重视"五水共治"工作,发挥考核"指挥棒"作用,细化评分标准,制定奖惩机制,严肃执纪问责,强化领导小组成员单位责任。建立考核体系。把水环境治理工作纳入年度综合考核和生态文明建设考核,以及领导班子年终述职、党风廉政建设责任制考核的重要内容。签订目标考核责任书,采用定期考核、日常抽查和社会监督相结合的方式,将考核结果与"以奖代补"资金和干部实绩挂钩。细化考核标准。制定印发《上城区"五水共治"长效管理实施细则》,根据长效管理考核评分标准,以日常考核、月度通报和年度汇总的形式,对各部门、各街道进行综合评分,公布排名结果。倒查追究责任。建立督查通报和暗访制度,对发现各类违法排污、水环境整治不到位等现象,第一时间在《上城报》、"五水共治"微信平台集中曝光,并印发《上城区"五水共治"督查整改通知(反馈)单》,进行跟踪回访。由区纪委对整改不力、整改拖延滞后,发生举报投诉件和典型案件的单位和个人进行严肃查处,确保责任追究到底。 (区治水办)

【"你我共护母亲河"系列活动】 7月起,区妇联开展"结对联岗,千人连万家"巾帼志愿护河行动。以各级妇工委与街道、"巾帼文明岗"与社区结对共建形式,成立巾帼志愿护河队,通过发放"护河倡议书"、组织沿河宣传和巡查等途径,在新开河(凤山桥直街)、中河南段(海月桥)、贴沙河(望江段、小营段)、东河(斗富三桥)等重点河段开展文明劝导和现场宣传教育,以减少河道污染。开展"清河治水·美丽上城"巾帼环境保护行动,动员全区妇女通过"每天一次清扫、每周一次走访、每月一次整治"的"三个一"行动,杜绝乱排生活污水、浪费水资源等不良现象发生。

(冯 怡)

7月16日,区妇联启动"你我共护母亲河"主题活动 (区妇联 供稿)

【"青春建功·五水共治"活动】 3月5日,团区委结合"学雷锋日"活动,成立由6个部门、6个街道、15个社区、5个企业、3所高校、2支专业治水志愿者队伍组成的上城区"草根"治水联盟,将志愿服务与治水项目有效结合,提升治水服务专业能力。发布《"五水共治"欢乐颂》原创歌曲,开启"河道日记”,及时记录并公布“五水共治”工程及志愿服务进程。全年开展治水活动40余次，参与人数3000人次,发放宣传资料近2500份,《杭州日报》、杭州网等媒体予以连续报道。 （陈彩萍）

【“五水共治”金点子评选】 2014年,《上城工运》开辟专栏,开展“五水共治”十佳金点子评选活动。湖滨环卫所的“环卫洒水车喷嘴改装”建议获评浙江省职工“五水共治”合理化建议“金点子”二等奖。区总工会引导区劳模参与全市“民间河道长”活动,杭州娃哈哈集团有限公司劳模志愿者服务队被评为浙江省“五水共治”志愿者服务队,成为全市10支省级志愿者服务队之一。 （金 晨）

【小营街道“清水治污”专项行动】 4月,小营街道建立由街道、社区二级领导分别担任河道“片长”和“段长”,各部门全面参与的“片长制”管理机制,做好辖区东河、中河、贴沙河3条河道的水环境治理工作。联合城管、环保等部门,建立联席会议等制度,形成“整体一盘棋,齐心抓治水”的工作局面。发动志愿者队伍,对河道开展巡查督查,制止河道内洗衣、排污等行为,利用电视、网络等媒体开展治水宣传，制作并发放“河道新三包”“五水共治”倡议书。根据河道排污调查摸底情况,联合职能部门对擅自排污的商家和个人进行查处,落实长效管理机制,确保河道水质清洁。

【南星街道中河南段整治】 南星街道以“杭州市生态示范河道”为样板,通过截污清淤、引水配水、生态治理、综合养护等手段,对中河南段进行整治。整治项目包括绿化美化沿河坡岸，修缮休闲凉亭和具有悠久历史的古桥、古泉,增加运动器械,增设景点指示牌和古桥传说及相关故事的介绍牌，建设中河游步道等。由南星街道城管科环保工作人员、社区工作人员、居民志愿者等组成护河小分队,开展“全天候”巡查。建立治水、护水、爱水长效工作机制及舆情监控和应对机制,加大水环境行政处罚力度。协调相关部门各司其责,齐心协力抓好治水工作。

【南星街道“五水共治”志愿服务集结号活动】 3月5日,南星街道配合团区委在白塔岭公园开展“五水共治”志愿服务集结号活动。活动以“‘吾’水共治·马上有你”为主题,由区机关有关部门和街道、杭州市水务集团有限公司、博世华环保科技有限公司、区慈济慈善公益基金会、杭州艾绿环境发展中心等单位和志愿组织组成“草根”治水联盟,并开启“河道日记”，记录下各个主体参与治水的一系列行动和成效。该联盟联合区青联组织、“两新”组织深化“随手护水”行动,同时开展河段保养认领活动,扩大治水行动覆盖面。邀请浙江在线环保专栏记者传授各地治水经验,提升志愿者服务专业水平。南星街道还利用微信,开展“五水共治,法治先行”普法宣传教育活动。 （裘梦洁）

【河道排水口“挂牌”公示】 7月,小营街道在前期调查摸底基础上,全面启动河道排水口“挂牌”公示工作。通过在辖区每一个排水口设立公示牌,公布公示河段名称、方位、排水口编号、管径、责任人及监督举报电话等信息,鼓励市民争当“监督员”随时监督排污情况,督促责任单位落实治理任务。至年末,中河、东河2条河道的73个排污口完成“挂牌”。同时,街道统一制作辖区排水口地形图,使排水口信息一目了然,方便监督和管理。 （章 舒）

整治后的中河水面 （区治水办 供稿）

【甬江社区河道生态实验区打造】 2014年，甬江社区联合区城管局和辖区内胜利实验学校，共同打造河道生态实验区。河道生态实验区设“护河小卫士水质监测站”“邻里河道绿化办”“河道清道夫”。胜利实验学校将学生科学实验课搬到河边，组织学生开展水质酸碱度监测，并将监测记录提供给相关部门参考。同时，定期在新塘河投放泥鳅、鲫鱼、螺蛳等生物，以及放养鸢尾、芦竹、蘑菇草等水生植物，以改善、提升新塘河水质。 （盛昕炜）

【“微普法”服务“五水共治”】 6月4日起，区依普办开展“‘五水共治’法治同行”宣传活动，利用“微普法”平台做好相关法律法规宣传。邀请环保专家为领导干部开设法制讲座。在“上城普法”微信公众平台、官方微博上推出“五水共治你问我答”知识竞答活动，并每日推送一条“五水共治”相关法律知识。制作《天眼说法》系列动画片之“五水共治”专题。将“五水共治”纳入民主法治街道、民主法治社区、诚信守法企业考核。7月3日，举办“爱尚法·五水共治ing法制文艺会演”。该活动由区委法治办、区司法局、区依普办主办，区文广新局协办。各街道和部门报送的10个节目参加演出，以快板、小品、歌舞等多种形式，宣传上城区“五水共治”法律服务工作。 （叶 啸）

【清波街道“红色家书”助力“五水共治”】 3月26日，清波街道向辖区党员发放“五水共治·治水护水”红色家书，营造全民治水护水的良好氛围。红色家书发放给在职党员、离退休党员、各支部书记、居民骨干等3700余人，号召广大党员在“五水共治·治水护水”行动中担当先锋，从自己做起，做治水护水的先行者、呼吁者、监管者和思考者。红色家书还通过“红E随行”手机信息平台、“吴山先锋”QQ群、微博平台发送至吴山商圈“两新”组织党员，在辖区内掀起一股“五水共治”宣传热潮。

【湖滨街道雨水收集桶定制安装】 5月和11月，湖滨街道推行“五水共治”节水新招，为辖区居民定制安装容量为2立方米的雨水收集桶。该街道辖区有300多幢上世纪建造的楼房，其中200多幢是6~7层高的民房。根据杭州市区年平均降水量，200幢屋顶每年排放的雨水达10.40万立方米。在屋顶安装定制的雨水收集桶后，桶内积蓄的雨水用来冲洗附近公厕和团子巷口的居民生态垃圾房内的垃圾桶，以及浇灌附近300多平方米绿化带。

【杭州市学术年会分会场“五水共治”报告会】 6月27日，区科协、市科技工作者服务中心、市老科技工作者协会在市科技工作者服务中心联合承办杭州市学术年会分会场“五水共治”报告会。报告会邀请浙江大学高分子科学研究所副所长、教育部膜与水处理技术工程研究中心常务副主任朱宝库及市科协原主席、高级工程师洪芳柏，围绕“五水共治”主题做专题讲座。区科协组织区属企业、街道相关负责人300余人参加报告会。 （年鉴编辑部）

“三转一争”活动

【“争先进位、比学赶超”大讨论活动】 自11月14日起，根据全市开展“转理念、转作风、转方式，争先进位、走在前列”（简称“三转一争”）专题活动的统一部署，上城区委专门召开“三转一争”专题活动暨岁末冲刺动员会，召集经济、建设、城市管理及所有街道、建设指挥部等单位，部署开展“争先进位、比学赶超”大讨论活动，为“三转一争”专题活动和实现区委、区政府提出的“冲刺两个月、实现全年红”工作目标打下扎实思想基础。为开展好大讨论活动，找准与兄弟单位的差距，区委、区政府通过理论中心组专题学习会、吴山大讲堂等形式，组织全区各级领导干部学习省委常委会专题研究杭州工作会议精神，特别是省委书记夏宝龙讲话及全市领导干部大会精神，并邀请中共中央文献研究室研究员曹应旺为全区300余名领导干部做题为“中华民族伟大复兴中的创新与法治”的讲座，帮助领导干部认真领会中央、省委和市委重大决策部署。学习中，围绕贯彻落实中共十八届四中全会精神、贯彻落实习近平总书记系列重要讲话精神、巩固党的群众路线教育实践活动成果、推进重点领域关键环节改革、完成全区全年各项经济社会发展任务五大重点，以“跳出上城看上城、树立标杆找不足”的视角，采取横向对比、纵向分析和定向考察等方式，边学习、边讨论、边找差距，各单位“一把手”当好大讨论活动的组织者、推动者和实践者。通过“比学赶超”，找准与形势发展的差距、与中央和省市委要求的差距、与兄弟单位的差距，进一步统一思想，凝聚共识，增强忧患意识、责任意识、机遇意识和担当意识。

【专题调研活动】 上城区在“争先进位、比学赶超”大讨论的基础上，组织开展大调研活动。由区委政研室牵头，区委办公室、区人大常委会办公室、区政府办公室、区政协办公室抽调人员组成调研组，并邀请区委政法委、区司法局、区法制办等单位参加，形成信息互通、资源共享、协同研究的大调研格局。根据调研主题，调研侧重于听问题、纳建议，精准定位各单位在发展过程中面临的疑难困惑。调研组先后走访区发改经信局、区财政局等直属部门，公检法等政法机关，区人大常委会及部分街道等单位18个，结合确定2015年工作思路和制定“十三五”发展规划，广泛听取各方面意见建议。调研报告汇总整理问题50余个、建议意见60余条。

【“大走访、大服务、大提升”活动】 上城区根据全市“三转一争”专题活动要求，组织全区各机关单位开展“大走访、大服务、大提升”活动。“三大”活动突出“一个重点，三个主动”，即重点走访省直、市直机关单位，主动走访基层单位、主动走访辖区企业、主动走访基层群众。大走访中，做到向省市对口部门汇报工作情况、听取意见建议、争取工作支持；听取下属单位及辖区企业困难问题、意见建议，了解辖区群众诉求，研究制定帮扶措施，提出解决问题办法。并从大服务、大提升两个角度深化大对接工作。为做好服务省直、市直机关工作，上城区将第一阶段收集到的意见建议统一汇总至区“平安365”联动中心，由联动中心派单并抓好督办工作。针对企业生产经营中遇到的困难和项目建设中碰到的难题，开展为基层、企业专项服务活动，帮助想办法、出实招。通过“民情E点通”认领“微心愿”，做好机关党员志愿服务、在职党员服务社区群众和结对帮扶等工作，切实打通联系群众、服务群众“最后一公里”。“三大”活动期间收集意见建议32条，解决实际困难12个。通过大走访、大服务活动，促进区直机关工作作风大转变、公共服务水平新提升。区直机关工委、区考评办结合党的群众路线教育实践活动和综合考评中征求到的意见，加大对相关单位整改工作的考核力度，对个别消极应付、不敢直面矛盾和整改不到位的单位建立通报制度和综合考评倒扣制度，确保整改不走过场，取得让群众满意的实效。

【“大对标”活动】 在“三转一争”专题活动中，上城区以北京、上海、广州、深圳等一流城市的中心城区为标杆，进行高起点定位。为进一步找准差距，明确方向，11月17~19日，区委书记缪承潮率区四套班子领导及各街道党工委书记、相关部门负责人先后到宁波北仑区、嘉兴桐乡市乌镇、上海虹口区进行为期3天的考察。在考察结束后召开的区委九届十二次全体（扩大）会议上，缪承潮向全区领导干部传达学习考察心得，提出要在深化改革创新、加快转型升级、加强城市治理、推进美丽城区建设、保障改善民生等方面认真学习兄弟城区的做法，积极适应经济新常态，谋划好“十三五”经济社会发展规划，做好“经济报表”和“平安报表”两张报表，推动观念转变、优势集聚、创新驱动，加快高水平建设“现代化美丽上城”的新征程。（沈　琪）

杭州方言语音建档工程

【概况】 上城区是杭州方言最典型的代表区域。为记录、保护和传承杭州方言，上城区档案局（馆）自2011年开始实施“语言文化工程”，开展杭州方言语音建档工作。《方言建档：借力借势借平台——杭州市上城区档案局创新档案文化建设推进机制》被列入浙江省档案局（馆）“比作风、树形象，强效能、创一流”主题实践活动创新破难十佳案例，并得到时任区委书记陈红英的批示肯定。中国新闻社、《中国档案报》、浙江电视台、《杭州日报》等10余个媒体对上城区档案局（馆）的方言建档工作进行专题报道。2014

年，杭州方言语音建档工作推出新举措，利用建档成果组织方言语音公益培训，包括西湖之声“闯关杭州话”走进杭州方言普及公益培训班活动等，吸引1000多人次参加。“杭州发布”、“上城发布”和《杭州日报》、《钱江晚报》、《青年时报》、《上城报》、《浙江档案》、《杭州档案》及明珠新闻、西湖之声、浙江档案网等对此进行宣传报道。

【语音档案收集入库】 自2012年起，区档案局(馆)陆续邀请党政干部、行业代表、专家学者、媒体记者、普通市民及社会各界人士参与杭州方言建档活动；开展方言录音人选以及地方曲艺项目的选拔，完成语音档案资料的收集、整理及录音；邀请相关领域专家、学者召开座谈会，制定杭州话语音入库标准，推动杭州方言建档工作的规范化；收集富有杭州方言特色的常用词汇、句子、短文、西湖民间故事和杭州特色的地方曲艺“小热昏”等语音、视频资料，以及反映有关杭州文化和语言的文献书籍。由杭州方言语音候选人参与配音的《南宋古都，经典上城》作为杭州方言宣传片成为第二届世界浙商大会的赠礼。杭州方言语音库累计收存76人的方言语音和539分钟的杭州方言语音资料。

【方言建档群众活动】 区档案局（馆）开展各类活动，让市民参与。以真人影音配以文本记录杭州方言的活动，创意独特，生动鲜活，引起社会公众关注。区档案局(馆)与小营巷社区在上城红色走廊——小营巷共同举办“记录杭州方言，展示和谐生活”文艺晚会。区档案局(馆)并发起组织“体验东方品质·聆听杭话音韵——杭州方言主题文艺演出”，浙江省非物质文化遗产传承人、杭州方言语音建档的发音候选人俞康发演绎的“小热昏”《没有拆迁的拆迁户》《敬老敬孝歌》，“学国学达人秀”十大达人称号获得者朱仲康、胡月琴夫妇用杭州方言演唱的“江南说唱”《西湖颂》《清河坊》，杭州方言语音建档的发音候选人章仁富用杭州方言演绎的金陵塔说唱《社区创建靠大家》等富有杭州本土气息的节目，吸引数百名居民到场观赏互动。

【口述档案采录】 区档案局(馆)不断充实方言语音库，开展“百行百业话说杭州”口述档案采录工作。先后征集到《清河坊》《西湖颂》《中东河》《家和万事兴》4首“江南说唱”，采访、录制张小泉剪刀传承人施金水、天堂伞传承人张金华、王星记扇艺传承人杜娟、风筝传承人程迪申、牙雕大师叶声华5名非物质文化遗产传承人，以及南下老干部吕建恩，全国劳动模范、杭州公共交通集团有限公司司机孔胜东，“江南说唱达人”朱仲康、胡月琴夫妇等人的口述档案。收存12名“最美小营人”、58名杭商人物的音频视频资料。通过他们的口述，见证杭州日新月异的发展。在“6·9”世界档案日，区档案馆在吴山广场举办图板展示、“小热昏”现场表演等展示方言文化活动。《青年时报》以“录存杭州话：记录声音的历史”为题介绍杭州方言语音建档工作。

5月15日，上城区举办杭州方言普及培训活动　　（区档案局　供稿）

【杭州方言普及培训】 7月3日，“杭州方言语音建档工程”被列入浙江省重点档案抢救和保护项目。上城区档案局(馆)积极做好杭州方言语音抢救和保护工作，举办“留住乡音——杭州方言公益普及培训班”，将杭州方言从展示转为教学，将建档成果转化为实践指导，为抢救、保护、发展、传承杭州方言打好基础。培训班由区档案局提供方言档案标准文本，以钟毓龙、钟肇恒的《说杭州》为蓝本，加入杭州人文景观、历史典故、传说民谣及“最美杭州人”故事等，引入“西湖说唱”“小热昏”“小锣书”等传统方言曲艺，传承地域文化，弘扬社会主义核心价值观。方言培训班由望江红港·睦邻驿站、清河坊社区协办。区教育局帮助招募培训教师，聘请10名土生土长的杭州教师组建志愿者团队。杭州方言发音人担任顾问，“疯狂杭州话”12强选手及方言爱好者担任公益使者。春季班培训面向小学生，以杭州胜利小学和杭州崇文实验学校的小学生为主要授课对象；秋季班培训面向成年人，以区机关和企事业单位工作人员为授课对象，并吸纳“新杭州人”参与。方言大讲堂依托暑期第二课堂和文化讲堂，开展“方言培训进校园、进社区”活动。全年2个杭州方言公益培训点在9个社区开展方言培训，并开设方言大讲堂4期，收存杭州方言语音视频1417分钟。

（温泮婧）

中共上城区委员会

Shangcheng District Committee of Hangzhou Committee of the CPC

综 述

【区委全委会】 2014年，中共杭州市上城区委召开3次全委会。

4月9日，区委召开九届十次全体(扩大)会议。会议贯彻落实中共十八届三中全会、省委十三届四次全会和市委十一届六次全会精神，专题研究并审议通过《中共杭州市上城区委关于认真贯彻落实党的十八届三中全会精神全面深化重点领域改革的决定》，全面部署全区的改革任务，动员全区干部群众敢于克难攻坚，投身于全面深化改革、建设现代化“美丽上城”的具体实践。区委书记缪承潮代表区委常委会向全会做报告，并在全会结束时做总结讲话。

8月4日，区委召开九届十一次全体(扩大)会议。会议学习贯彻中共十八大、十八届三中全会和习近平总书记系列重要讲话及省委十三届五次、市委十一届七次全会精神，落实建设“现代化美丽上城”奋斗目标和提升发展、文化、生态、健康、平安“五大品质”的要求，专题研究部署全面提升健康品质工作，结合深入推进党的群众路线教育实践活动和全面深化重点领域改革，认清时代特征，明确转型重点，凝聚思想和动力，为推动智慧发展、创造美好生活而努力奋斗。会议由区委常委会主持。区委书记缪承潮代表区委常委会向全会做题为“提升健康品质，推动智慧发展，创造美好生活”的报告。

12月30日，区委召开九届十二次全体(扩大)会议。会议贯彻中共十八大、十八届三中和四中全会、中央经济工作会议及省委十三届六次、市委十一届八次全会精神，回顾总结2014年工作，部署2015年重点任务，落实中央和省、市委关于全面深化法治建设的重大决定和工作要求，着力提升平安品质，加快建设“现代化美丽上城”。区委常委会主持会议。区委书记缪承潮代表区委常委向全会做报告，并在全会结束时做总结讲话。

【区委常委会议】 2014年，区委常委会召开会议18次。区委常委会以学习实践科学发展观为统领，认真贯彻中共十八大、十八届三中和四中全会，省委十三届四次、五次、六次全会和市委十一届六次、七次、八次全会精神，按照党委“总揽全局、协调各方”原则，围绕建设“现代化美丽上城”奋斗目标和提升发展、文化、生态、健康、平安“五大品质”要求，谋全局、把方向、管大事、用干部，充分发挥在同级组织中的领导核心作用，就事关上城经济社会发展的重大问题进行研究。

【“17654”民主民生互动平台建设】 上城区将碎片化的民主协商载体整合在一起，发挥党组织引领、党员带头参与的作用，在全区打造“17654”民主民生互动平台，构建一个“民主广泛参与、民意畅通表达、民情有效传递、民生有力解决、民怨及时化解、民智充分集聚”的民主沟通与民生解决新机制。在区级层面建立1个民情信息中心和7个民情信息处置平台，下辖6个街道分别成立“最美小营”“紫阳邻里”“南星e家”等6个民主沟通工作室，54个社区设立“民情气象站”。通过调研、座谈、问卷、网络搜集等形式，对散落于民间、滞留于基层的社情民意及时、系统、有效地收集和梳理，为各级党委、政府科学民主决策提供服务。通过民主协商解决民生难题，让民众享受更好服务。“17654”民主民生互动平台的建设，有利于提高全区的民主参与度，顺畅群众的民意表达，提升党委决策的民主性、科学性，促使社会民生保障贴近日常生活和百姓需求。

2014年中共上城区委重要文件题录

表3

发文字号	发文日期	标　　题
上委〔2014〕1号	2014-01-14	中共杭州市上城区委关于开展以“深化改革、创新发展”为主题的解放思想大讨论活动的通知
上委〔2014〕7号	2014-02-17	中共杭州市上城区委关于2013年落实党风廉政建设责任制主体责任情况的报告
上委〔2014〕8号	2014-02-20	中共杭州市上城区委关于建立区党的群众路线教育实践活动领导小组的通知
上委〔2014〕9号	2014-02-20	中共杭州市上城区委关于深入开展党的群众路线教育活动的实施意见
上委〔2014〕11号	2014-02-21	中共杭州市上城区委关于印发《区委常委会深入开展党的群众路线教育实践活动实施方案》的通知
上委〔2014〕13号	2014-03-08	中共杭州市上城区委、上城区人民政府关于成立上城区“五水共治”工作领导小组的通知
上委〔2014〕14号	2014-03-08	中共杭州市上城区委、上城区人民政府关于全面实施“河长制” 进一步加强“五水共治”工作的意见
上委〔2014〕15号	2014-03-17	关于对《浙江省审计厅审计报告》所涉问题整改落实情况的通报
上委〔2014〕18号	2014-04-04	中共杭州市上城区委关于建立区委全面深化改革领导小组的通知
上委〔2014〕19号	2014-04-16	中共杭州市上城区委关于认真贯彻落实中共十八届三中全会精神 全面深化重点领域改革的决定
上委〔2014〕20号	2014-04-17	关于建立区领导与区各民主党派结对联席制度的通知
上委〔2014〕22号	2014-04-22	中共杭州市上城区委、上城区人民政府关于2013年度综合考评结果的通报
上委〔2014〕23号	2014-04-23	中共杭州市上城区委、上城区人民政府关于给予余飞占等214名公务员嘉奖，崔文清等36名公务员记三等功的通报
上委〔2014〕24号	2014-04-23	中共杭州市上城区委关于印发《完善惩防体系打造“廉政上城”2014年实施意见》的通知
上委〔2014〕26号	2014-05-07	关于上城区市管以上干部2013年度考核等次评定建议的报告
上委〔2014〕27号	2014-05-12	关于同意上城区侨联三届一次全委会选举结果的批复
上委〔2014〕28号	2014-05-14	关于选拔产生3名区属国有企业正职领导干部的通知
上委〔2014〕29号	2014-05-28	关于建立中共杭州市上城区卫生和计划生育局等单位委员会及撤消中共杭州市上城区卫生局单位委员会（党组）的通知
上委〔2014〕32号	2014-07-23	关于建立中共杭州清河坊街区联合委员会及撤消中共杭州市吴山地区开发建设指挥部党组的通知
上委〔2014〕33号	2014-07-23	关于调整中共杭州复兴建设集团有限公司委员会组成人员的通知
上委〔2014〕34号	2014-07-23	关于调整中共杭州复兴建设集团有限公司纪律检查委员会组成人员的通知
上委〔2014〕35号	2014-07-28	中共杭州市上城区委关于加强和改进调查研究工作的意见
上委〔2014〕40号	2014-09-22	关于中共杭州市上城区委党的群众路线教育实践活动总结报告
上委〔2014〕41号	2014-10-29	中共杭州市上城区委关于进一步加强和改进人民政协政治协商的意见

续表 3

发文字号	发文日期	标　　题
上委〔2014〕42 号	2014-10-29	中共杭州市上城区委关于进一步加强和改进人民政协民主监督的意见
上委〔2014〕45 号	2014-11-14	中共杭州市上城区委关于调整区委常委分工的通知
上委〔2014〕46 号	2014-12-17	中共杭州市上城区委关于完善干部能上能下制度的意见

表 4　2014 年中共上城区委办公室重要文件题录

发文字号	发文日期	标　　题
上委办〔2014〕3 号	2014-01-14	关于印发缪承潮同志在区委九届九次全体(扩大)会议上的报告的通知
上委办〔2014〕4 号	2014-01-21	关于全面整治风景区、公园等公共场所内会所的通知
上委办〔2014〕5 号	2014-01-21	关于印发《中共上城区委九届九次全体(扩大)会议报告有关工作目标任务分解表》的通知
上委办〔2014〕6 号	2014-01-22	关于印发严肃整治“会所中的歪风”暨“三还于民”专项行动方案的通知
上委办〔2014〕7 号	2014-01-30	关于印发《上城区“平安 365”社会服务管理平台督办联席会议制度实施办法(试行)》的通知
上委办〔2014〕10 号	2014-02-08	关于开展 2014 年上城区重点项目“克难攻坚”活动的实施意见
上委办〔2014〕11 号	2014-02-18	关于开展上城区第二批机关干部“下基层、破难题、转作风”主题主题活动的通知
上委办〔2014〕14 号	2014-02-25	区委办关于印发《区委常委会开展党的群众路线教育实践活动实施方案工作计划》的通知
上委办〔2014〕15 号	2014-03-04	关于开展党的群众路线教育实践活动实施方案
上委办〔2014〕18 号	2014-03-10	关于建立上城区国有资产监督管理委员会的通知
上委办〔2014〕21 号	2014-03-21	关于印发 2014 年上城区深化作风建设工作要点的通知
上委办〔2014〕22 号	2014-03-22	关于印发《关于进一步严肃会风会纪的有关规定》的通知
上委办〔2014〕25 号	2014-04-17	上城区委办区政府办关于印发《上城区网络舆情应对工作办法》的通知
上委办〔2014〕27 号	2014-04-23	关于印发《2014 年上城区深化改革重点实施项目责任分工表》的通知
上委办〔2014〕32 号	2014-05-21	关于印发《2014 年建设“法治上城”工作要点》的通知
上委办〔2014〕35 号	2014-05-30	关于印发《上城区“平安 365”社会服务管理动态分析研判工作制度(试行)》的通知
上委办〔2014〕38 号	2014-06-16	关于印发《区委全面深化改革领导小组下设机构及其工作规划》的通知
上委办〔2014〕41 号	2014-06-30	区委办区府办关于加强和完善政府有关部门与民主党派、无党派对口联系制度的意见
上委办〔2014〕46 号	2014-07-17	关于杭州市上城区委办公室杭州市上城区人民政府办公室关于成立“上城发布”网络平台工作领导小组的通知
上委办〔2014〕47 号	2014-07-17	关于印发《2014 年度区级机关工作目标及考核办法》的通知
上委办〔2014〕48 号	2014-08-07	区委办公室、区政府办公室关于进一步推进社区发展的若干意见
上委办〔2014〕51 号	2014-08-07	关于印发《深化“平安 365”社会服务管理平台建设实施意见》的通知
上委办〔2014〕52 号	2014-08-08	关于进一步深化上城区城市建设体制改革的实施意见
上委办〔2014〕53 号	2014-08-11	关于印发缪承潮同志在区委九届十一次全休(扩大)会议上的报告的通知
上委办〔2014〕54 号	2014-08-20	关于印发《上城区属国有企业负责人业绩考核暂行办法》的通知
上委办〔2014〕55 号	2014-08-27	关于印发《上城区深化国有资产管理实施方案》的通知

续表 4

发文字号	发文日期	标　　题
上委办〔2014〕58 号	2014-09-09	关于印发《上城区落实党风廉政建设责任制考核办法》的通知
上委办〔2014〕60 号	2014-09-10	区委办关于印发《区委常委领建立贯彻党的群众路线长效机制计划》的通知
上委办〔2014〕66 号	2014-10-09	区委办关于印发《落实〈完善惩防体系、打造“廉政上城”2014~2017 年实施意见〉工作责任分解方案》的通知
上委办〔2014〕69 号	2014-10-23	中共杭州市上城区委办公室关于开展上城区第三批机关干部“下基层、破难题、转作风”主题活动的通知
上委办〔2014〕72 号	2014-11-14	关于开展“三转一争，走在前列”专题活动的通知
上委办〔2014〕73 号	2014-11-14	关于印发《“三转一争，走在前列”专题活动“大讨论、大对标、大调研、大对接、大整改、大落实”六大专项行动方案》的通知
上委办〔2014〕79 号	2014-12-17	关于深化落实“上门看、当面谈、马上干”居民走访服务机制的意见

（沈　琪）

组　织

【概况】 2014 年，区委组织部围绕全区经济社会发展大局，突出领导班子和领导干部能力建设，全面加强基层党组织建设和党员队伍、人才队伍建设，为实现“现代化美丽上城”目标提供坚实组织保证。全年调整区管干部 58 人，其中新提拔干部 28 人，交流干部 30 人。通过述职述德述廉述法、民主测评、干部选拔任用“一报告两评议”、干部约谈等方法培养、选任干部。强化对领导干部日常监管，出台《关于完善干部能上能下制度的意见》，组织全体区管干部重新报告个人重大事项。完善领导班子成长分析体系，为区委选优配强干部提供客观依据。开展第二批和第三批机关干部下基层活动，联合团区委实施“上城青干线”青年人才培养计划，健全年轻干部梯队成长机制。运用推广“五色进程集卡”（红色申请卡、黄色群推卡、粉色培训卡、绿色答辩卡、蓝色实践卡）积分制、入党答辩制和“三色”预警制，从严管理党员队伍。以“智慧城市先导区”建设为契机，通过依托“民情 E 点通”APP 系统，搭建在职党员社区服务管理平台，全年完成“微心愿”1238 个。深化城市型街道党员代表会议制度，区域公共事务民主协商决策的做法在全市有关会议上做交流。加强对外宣传，区委组织部上报的信息被省级信息刊物录用 7 篇、市级信息刊物录用 11 篇。《人民日报》等中央媒体刊发上城区党建工作经验 4 篇。《大力推进发达城区基层服务型党组织建设——以杭州市上城区为例》获全国党建研究会调研课题优秀成果三等奖。制作拍摄的电视片《民主协商促和谐》在 2014 年全省党员教育电视片观摩交流活动中被评为二等奖。

资料　“三色”预警制：黄色预警主要针对二星级党员。党组织重在教育和提醒，进行教育谈话。橙色预警主要针对一星级党员和经党组织多次教育不予改正的党员。党组织除进行诫勉谈话，发出《党员警示教育通知单》外，还必须落实相关措施，要求党员限期整改。红色预警主要针对无星级党员和限期整改而拒不改正的、出现否定性扣分、违反党纪国法等情节严重的党员。党组织除加强教育外，还必须根据情节和程序，劝其退党或按自行脱党予以除名；对于劝而不退的党员，予以除名；预备党员的，取消预备党员资格；否定性扣分和违反党纪国法等情节严重的党员，给予党纪处分，直至开除党籍。

【领导班子和干部队伍建设】 区委组织部创新干部选拔任用工作,突出领导班子思想政治建设。完善领导班子成长分析体系,将城市建设、经济发展、民生事业等重点工作事项纳入分析体系,按照条线对区级领导班子执行重点工作情况实时跟踪,公开分类“晒实绩”。同时在街道开展试点,探索同类岗位领导干部实绩考核办法,如实反映街道班子成员履职情况,进行分类排名。建立区管领导班子和干部定期分析研判制度,结合党的群众路线教育实践活动,对领导班子和领导干部进行回访考察,通过民主生活会、中心工作督查等途径了解情况,对个别不适合担任现职的领导干部进行调整,将女干部退二线年龄推迟两年。开展超职数配备、违规党政分设和公务员企业兼职三项清理工作。出台领导干部能上能下的制度性文件。开展领导干部个人有关事项报告,全体区管干部按照第一次填报要求重新报告个人重大事项,为抽查核实打下基础。加强区管干部因私出国境管理,实行年初报告制度,严格审批把关。根据岗位特点探索不同层面的民主推荐方式,在选拔区属国有企业领导干部中采取个人自荐、单位推荐、区领导署名推荐等方式,多方征求意见,深入分析比对,加强组织把关。探索在城管等业务型部门开展机关和基层站所(队)分类民主推荐,确保知情人推荐知情范围内的干部。继续开展第二批和第三批机关干部下基层活动,选派150名后备干部及缺乏基层经历的机关干部挂职锻炼。联合团区委实施“上城青干线”青年人才培养计划,通过课程培训、实践锻炼、导师带徒和“青春智库”4个培养模块推进全区青年人才培养。

【智能党建服务平台打造】 上城区以“智慧城市先导区”建设为契机,搭建在职党员社区服务管理平台,通过依托“民情E点通”APP系统,发布在职党员服务意愿,认领群众爱心任务和“微心愿”,同时实行全过程痕迹管理,积分量化评价服务质量,全年完成“微心愿”1238个。拓展“红淘”党员服务站工作,使“红淘”的服务从网络走入“网格”,并成立“红淘”快递站,对区域内的群众实行开放服务;在党员志愿服务的基础上,引入社会组织的服务,使服务更专业。

【“两新”组织党建创新】 区委组织部推进“两新”(新经济和新社会)组织党建工作。研究新社会组织党建工作考核评价办法,指导杭州崇文实验学校、小营街道“红巷梦工场”等新社会组织开展各具特色的党建工作,加快区社会组织党建工作展示中心建设,《人民日报》《光明日报》先后对此进行采访报道。深化企业文化建设,杭州娃哈哈集团有限公司党委的“家文化”入选全省企业文化建设课题典型案例;南星街道“两新”组织党建工作经验在全省现场推进会上做交流,并被《非公有制企业党建》杂志刊载。加强“两新”组织党建带头人建设,全年组织15名“两新”组织党组织书记和党务工作者参加省、市相关培训。

【基层民主协商体系构建】 上城区积极构建基层民主协商体系。社区层面居民事务协商主要借鉴“湖滨晴雨”工作法,整合邻里值班室、民情合议庭、民间改善办等协商平台,培育意见领袖,引导各方平等对话;街道层面公共事务区域协商主要依托城市型街道党员代表会议制度,组织街道在册党员、驻区党建共建单位、社会组织共同参与区域公共事务决策。

【基层组织建设和党员教育管理】 区委组织部采取划定红线、对标定位、领导挂包、教育培训、配强书记等措施,完成2个软弱涣散基层党组织整顿转化工作,调整党支部书记1名,撤销归并基层党组织2个。推行“红芯·邻里卡”党员管理服务系统,量化积分党员参与活动、教育培训、志愿服务、民主评议等情况,依据积分结果,对不合格党员进行处置。全年责令不合格党员限期整改38人,除名13人,劝退2人。

【人才服务与培养】 上城区完善区领导联系高层次人才制度,将区科技局、区科协、各工业园区等部门的相关人才政策进行梳理,由区委人才办统一汇编成册,并通过人才网、现场咨询会等形式对外发放。通过“进企访才”主题活动,了解全区人才工作的现状和问题,从住房、配偶安置、子女入学、社会保障等热点、难点问题入手,用好区委人才工作领导小组服务人才专项例会平台,切实解决人才的后顾之忧。在全区大学生社工中启动“践行群众路线、争当‘泥腿子’社工”主题实践活动，组织社工开展走访辖区居民、记录民情笔记、作出公开承诺、绘制民情地图、撰写调研报告、办理惠民实事“六个一”活动，并全程参与“五水共治”行动，进一步提高大学生社工工作能力。（毛静波）

宣传

【概况】 2014年，全区宣传思想文化战线深入学习贯彻中共十八大和十八届三中、四中全会及省、市、区委全会精神，全面贯彻落实习近平总书记系列重要讲话精神，主动服务建设“现代化美丽上城”工作大局，思想道德建设、新闻舆论引导、精神文明创建、文化创意产业发展等各项工作全面推进，为上城区经济社会发展提供舆论支持和思想保证。

【理论学习】 上城区党委理论学习中心组切实抓好全区各级党组织中心组和党员干部理论学习，全年区委中心组组织集中学习41次，24个区属党（工）委中心组学习近200次。举办领导干部学法用法专题学习4次，18所基层党委党校举办培训班200期。发挥吴山大讲堂的理论阵地作用，邀请9名专家学者做专题讲座，内容涉及政治、军事、科技、文化等。在《上城报》推出理论专版，先后刊出“党的十八届三中全会精神”“弘扬社会主义核心价值观”“全面推进智慧城区建设”“依法治国”等14个主题专版。利用手机短信平台发送50个主题的理论热点短信。组建各层面宣讲团，以“五进”方式在全区范围内开展微型党课宣讲活动。邀请市级先进典型人物在街道、社区开展“我们的价值观”每月主题关键词微型宣讲活动。全区开展各类社会宣讲200余场次，受众逾1万人次。

【新闻宣传】 上城区通过多平台、多渠道加强新闻宣传工作。《上城报》开设聚焦“上改六条”“三转一争”等专栏26个，编辑专版、特刊40多期，采写各类原创新闻3000多篇。改版后的上城网突出新闻时效性和可看性，全年更新新闻5000余条，制作视频新闻48期。上城网演播室建成。全年播报手机短信271条，手机短信成为上城区干部群众获取新闻信息的重要渠道。加强外宣网宣工作，做深做透主题宣传。《杭州日报》报道上城区新闻300余篇，其中头版58篇。推进网络正面宣传，开展“2014上城区网络宣传年”“美丽的梦·我们的路”上城区委常委在线访谈、“美丽上城”摄影网络征集、“‘平安365’、民生110——幸福小巷在上城”网络主题报道第三季等10项活动。

【互联网管理】 上城区制定网络工作深化改革方案，完善区网络宣传管理机制，区互联网宣传指导中心独立挂牌。制定《上城区网络舆情应对办法》，成立网络舆情应对领导小组，制定网络舆情三级应对标准，建立网络舆情应对机制。加强全区各单位网络舆情监控工作管理，编印《网络舆情专报》48期、《网络舆情综报》12期。完善网络舆情抄告和反馈制度，做好线上线下互动。开展“让网络空间清朗起来”学习实践活动。加强负面新闻舆论引导和正面新闻宣传，对重要事件进行舆论引导，改善网上舆论环境。举办2014年度新闻发言人培训班和网络舆情信息员培训班，编发《媒体应对手册》《网络舆情应对案例分析》等资料3000册。根据省、市网信办工作部署，启动“上城发布”网络平台建设，制定工作方案并成立领导小组，完成全区51个部门单位微博、微信全覆盖，制定《2014年“上城发布”网络平台工作考核办法（试行）》，组织开展3期业务培训和突发事件新闻发布演练。8月11日，“上城发布”微博微信平台上线。截至年底，微博平台发布微博931条，单条微博最高阅读量5000余次；发布微信120余次、550多条，微信最高阅读量超过1万次。（王　潞）

统一战线

【概况】 2014年，区委统战部学习贯彻习近平总书记关于统战工作一系列重要讲话精神，推进政治协商和多党合作工作。通过《上城报》、上城统一战线微信和微博及党派团体微信公众平台等渠道，引导党外人士参政议政，就社会热点、发展难点、公众服务等问题建言献策。开展全区统一战线成员“我为上城

8月6日，上城区召开区人力社保局向民进上城区基层委员会政情通报会
（区委统战部　供稿）

建功立业”倡议活动。利用《上城报》等宣传平台开展统一战线人士“岗位建功”典型宣传活动，通过树立先进典型，发挥引领示范作用。开展调研、扶持、监督活动，促进统一战线认购社会公益服务项目，扩大公益服务惠及民生范围。鼓励民主党派及成员发挥各自特长参与公益项目，实践民生服务。召开全区民主党派、无党派人士坚持和发展中国特色社会主义学习实践活动动员会。指导民建上城总支换届并成立民建上城区基层委员会。在春节等传统佳节和高温期间走访慰问统一战线成员，全年慰问民主党派年龄80岁以上成员、特困成员和生活困难的归侨侨眷、台胞、少数民族，以及宗教教职人员、上城籍海外侨领侨商亲属等300人次，慰问经费共计5万元。

【政情通报】 上城区采取政府部门一对一向对口联系民主党派通报政情。8月6日，协调召开首场区人力社保局向民进上城区基层委员会政情通报会，区委常委、副区长陈益伟，区政协副主席、区委统战部部长袁巧玲出席并讲话。8月14日~10月13日，连续召开区教育局向九三学社上城区基层委员会、区民政局向民建上城总支、区财政局向致公党上城总支、区卫计局向民革上城总支4次通报会，区领导余勇、袁建祥、黄爱芳、叶素、秦文、张淦华等出席通报会并讲话。区住房和城建局、区市场监管局分别与民盟上城区基层委员会、农工党上城区基层委员会联系、对接，为召开政情通报会做好准备工作。

【多党合作制度落实】 上城区委先后印发《关于建立区领导与区各民主党派结对联系制度的通知》《关于加强和完善政府有关部门与民主党派、无党派对口联系制度的意见》，明确和细化区四套班子主要领导、区委常委及区政府有关部门与区各民主党派之间的结对联系形式和要求，完善和推进多党合作有关制度的落实。区委就党的群众路线教育实践活动、政府工作报告召开征求民主党派座谈会，广泛听取民主党派意见建议。

【区领导结对联系党外代表人士】 春节前后，区四套班子领导缪承潮、陈瑾、丁晓芳、余勇等走访慰问31名民主党派、工商联、无党派人士，代表区委、区政府向统一战线广大成员致以问候和祝福，并感谢他们对区委、区政府工作的支持。全年区领导多次与党外代表人士沟通联系，听取意见建议，鼓励他们开展调查研究，参政议政，实践社会民生服务，共同打造“美丽上城”。

【基层协商民主探索】 区委统战部依托各街道、社区搭建的民主协商自治平台、工作室，结合全区各民主党派结对6个街道和党外知识分子联谊会（简称区知联会）工作的开展，推进基层协商民主和自治实践的探索。5月15日，该项工作在省委统战部推进基层协商民主现场会上做交流发言。9月24日，《人民日报》第20版刊发《杭州——基层协商民主火起来》文章，报道上城区统一战线成员和社团推进基层协商民主，促进基层群众依法进行社区治理和公共事务管理的做法，《杭州日报》《上城报》等媒体相继转发该报道。

【基层统战工作培训会】 8月29日，区委统战部举办全区基层统战工作培训会，120名来自全区各个街道的统战委员、统战干部和各社区分管书记、统战工作负责人参加培训。会议邀请市民宗局政策法规处处长陶胜解读《宗教事务条例》、市侨办侨政处处长王静讲解“涉侨政策与侨务工作实践”。结合网络界统一战线工作的开展，邀请致公党上城总支副主委、市知联会网络与信息专业人士分会副会长、区知联会会长王容峰讲解“微信的营销和运营”等内容。

【党外代表人士读书培训班】 9月18~19日，区委统战部举办全区党外代表人士读书培训班。该读书培训班以中共十八届三中全会精神、习近平总书记系列重要讲话精神为指导，以“坚持和发展中国特色社会主义学习实践活动”为主线，安排政治理论、国际形势、经济形势等内容。全区各民主党派正副主委，区工商联、区侨联、区知联会、区少数民族联谊会代表，全体区管党外干部、部分科级党外干部等60多人参加培训。其间，开展学习心得交流，各党外代表人士共同分享学习心得。

【“社区爱心行”活动】 11月5日，民进上城区基层委员会承办上城区统一战线“社区爱心行”活动。该活动在小营街道老浙大社区连续第7年开展。各民主党派、区知联会的书画家、医师、教师、律师等在活动现场为社区居民免费传授书画知识，提供医疗检查、家庭教育心得交流和法律咨询等服务。老浙大社区邀请老师傅为社区居民提供家庭生活用品维护保养服务，配合统一战线社会服务工作开展，践行基层社区网络“双向服务、双向促进”的统战工作理念。

【“党外知识分子活动之家”设立】 区知联会在杭州市山南国际创意（金融）产业园设立“党外知识分子活动之家”，开展争创“知联之星”和“理事大走访”活动，打造“知联大讲堂”品牌。活动之家开展进学校、进园区宣讲统战政策，承办“五水共治·美丽上城”高峰论坛，组织“民族风情、宗教文化”主题摄影巡回展和登山比赛，着力打造“以人为本、以制为纲、我为知联、知联为我”为主要内容的知联文化，增强党外知识分子的凝聚力和向心力。2014年，区知联会被评为浙江省优秀知联会，区知联会新联分会副会长周立钢被评为浙江省知联会“行业之星”。 （吕火良）

老干部工作

【概况】 2014年，全区有离休干部169人，平均年龄87.20岁。有离休干部党支部10个，11个部门、6个街道有涉老工作。区委老干部局落实离休干部政治、生活待遇，积极探索新形势下老干部工作，加强离退休干部党支部组织和制度建设。全年开展“一个支部一堡垒、一名党员一面旗”等学习教育活动，充分发挥区老年大学和老年活动中心两个阵地的作用。深化“常青藤圆梦园”活动，最大限度地满足不同层次老干部的需求。组织老干部健康体检、健康休养，全年走访慰问重病、住院老干部210人次。

【区情通报“四步法”】 为促进老干部参政议政，增强区情通报效果，区委老干部局摸索出具有上城特色的区情通报“四步法”。第一步为菜单点题。区委老干部局根据老干部关注的区重点工作、重大建设项目及社会热点问题，与区政府办公室沟通，邀请有关区领导进行情况通报、解答问题。第二步为实地考察。结合区领导通报的情况，组织老干部实地考察，对重点工作、重大建设项目进行深入了解。第三步为作用发挥。通过区情通报和实地考察，区委老干部局召开座谈会，请老干部建言献策，相关责任单位领导班子成员参加，听取老干部意见和建议。第四步为情况反馈。区委老干部局把老干部建言献策的情况整理反馈给有关区领导，区领导及时做出批示。区情通报“四步法”较好地调动老干部参政议政的积极性。全年组织“四步法”区情通报4次。

【老干部思想政治建设】 区委老干部局不断创新工作思路，加强老干部思想政治建设。全年组织老干部学习中共十八届三中、四中全会精神和习近平总书记系列重要讲话精神15次，举办理论读书会2场，组织观看《苏共亡党亡国20年祭》《焦裕禄》等专题片6场。依托区党员服务中心、区行政学院、新中国第一个居民委员会等场所开展“我的世界观”“赞美你·我的祖国”等主题活动8次，组织离休干部参加区委、区人大、区政协重要会议11次。引导老干部用习近平总书记系列重要讲话精神统一思想,武装自已,发挥自身优势,更好地为“美丽上城”建设贡献余热。区委老干部局用“加、减、乘、除”法凝聚和激发老干部正能量的做法受到区委领导肯定,并在全市推广。

资料 **“加、减、乘、除”**:“新常态”不断学习实践做好加法,“扬作风”除去消极思想做好减法,“传帮带”继续发挥余热做好乘法,“助威望”扭转不正之风做好除法。

【离退休党支部建设】 5月,区委老干部局在全区离退休党支部中开展“一个支部一堡垒、一名党员一面旗”活动,充分发挥老干部的带动、推动作用。加强离退休党支部组织建设,推荐党性强、威望高、身体好的老干部担任离退休党支部书记。区委老干部局派出党员干部参与离退休党支部工作,指导离退休党支部开展“争先创优”和第二批党的群众路线教育实践活动。采取多种形式,宣传离休干部党员的先进事迹和好人好事。

【“六个一”系列活动】 6月,区委老干部局结合学习习近平总书记系列重要讲话精神,在老干部中开展“六个一”系列活动。“六个一”即组织一次“重温入党誓词”、一场“光辉历程回忆座谈”、一次参观学习、一次“荣誉墙上你我他”互比互学、一次“看发展变化”、一篇“革命生涯回忆录”。在“重温入党誓词”活动中,有60名老干部党员参加入党宣誓仪式,表达为党的事业奋斗终身的理想信念。许多老干部在“光辉历程回忆座谈”中,以自已的亲身经历为题材,回忆过去,踊跃发言,情感真实。组织区四套班子离退休老领导到河南省参观红旗渠、开封府、焦裕禄展览馆,组织区机关中层离休干部到望江指挥部、玉皇山南指挥部等看上城区新变化,进一步开扩老干部视野。开展“荣誉墙上你我他”互比互学,把52名老干部的先进事迹公布在荣誉墙上,促进相互提高。有48名老干部以口述的形式,请人记录下自己精彩的人生。“六个一”系列活动收到较好效果。

【“常青藤圆梦园”活动】 区委老干部局深化“老少同筑中国梦、共享幸福乐华年——常青藤圆梦园”活动,以老少互动的方法,组织老干部、老党员为青少年讲革命故事、讲党史、赠送书籍、传授书画知识,帮助青少年完成各种心愿。青少年则以做好事反哺老干部。活动全年推出“安全出行、戏曲欣赏、健康养生、心灵慰藉、红色典藏、绿色环保、棋牌会友、笔墨丹青、历史画卷、书海遨游”十大项目,老干部积极在活动中发挥作用。6月26日,“我为党的事业添光彩”——杭州市老干部党建工作经验交流暨发挥作用推进会在上城区召开。推进会上专题介绍上城区打造“常青藤圆梦园”的做法。

6月27日,区委老干部局召开离休干部庆祝中国共产党成立93周年座谈会

(区委老干部局　供稿)

【“两个阵地”作用发挥】 区委老干部局进一步加强区老干部活动中心和区老年大学“两个阵地”建设,合理利用资金,完善区老干部活动中心多功能厅、电子阅览室、图书室、书画室、棋艺室等场所的硬件配置,成立钓鱼协会、书法协会、游泳协会、棋类协会、科技协会、茶文化协会、艺术品鉴赏协会、养花协会等组织,为老干部老有所学、老有所乐、老有所为创造条件。老干部在区活动中心开展为残疾人手把手

传授技艺、指导贫困大学生就业创业、向大学生赠送书籍、老少同乐棋艺对弈等活动16场，与社会上老年人共建共享发展成果。老年大学坚持“建设全民学习、终身学习的学习型社会”的要求，整合师资、办公、场地、教学设备等资源，扩大办学规模，推进老年教育现代化建设，服务老干部的同时服务社会。全校有教学班级24个，班级设立书法、绘画、手工艺制作、摄影、戏曲等兴趣组。全年有1823名老年学员参加学习。

【老干部志愿服务活动】 区委老干部局积极引导老干部就近就地发挥作用。全年老干部在居住的社区认领“微心愿”183个，并全部完成“圆梦”行动。在“四治”（治水、治气、治堵和垃圾处置）攻坚行动中，老干部主动担任“河道长”“楼道长”，学习制作环保酵素，参与垃圾分类。与区机关干部、社区群众一起开展“民情半月谈”、民情恳谈会、圆桌会等活动，当好社情民意的议事员。围绕“五水共治”“三改一拆”等中心工作，以及社区民生项目和居民群众关心的问题，帮助党委、政府出主意想办法，当好民间的“参谋长”。许多老干部自愿加入到“红巷老舅妈服务队”“邻里值班室”“党员会客厅”等社区公益组织，参加维护社区治安，化解矛盾纠纷。“七一”前夕，结合党的群众路线教育实践活动和自身学习工作经历，为社区党员、入党积极分子讲党课、讲党史，受到普遍欢迎。

【离退休干部服务】 区委老干部局充分利用社会资源做好离退休干部服务管理工作。全年分别组织20名离休干部参加富阳疗养院、五云山疗养院体检疗养，组织8名抗战时期参加革命工作的老干部避暑休养，组织72名未参加疗养的老干部在浙江大学附属第一医院体检。加强与区卫计局、辖区医院的联系，为老干部提供相关服务。全年走访慰问老干部210人次。每月为老干部举行“上门祝寿活动”。组织全区18名助老员开展“居家养老”调研活动2次，开办“舌尖上的健康”“老年人的生活起居”等内容的培训课6场。与易地安置的老干部原单位沟通联系，及时催讨拖欠的医药费、活动费。为老干部解决难题8个，为老干部办理身份证、离休证、优待证补发，联系家政、征订报纸等实事105件次。全年有13名离休干部去世，局领导班子成员第一时间前往慰问遗属，参加老干部追悼会，协助办理善后事宜。

（周云华）

未成年人管理

【概况】 上城区有关工委组织146个。其中，一级关工委组织1个（区关工委），二级关工委组织7个（6个街道和区教育局），三级关工委组织138个（社区关工委54个，中小学、幼儿园关工委69个，区教育局直属部门关工委4个，民营企业关工委11个）。区关工委建立“五老四团一组一员”队伍，各街道和区教育局关工委根据各自情况，组织“五老”参加关工委工作。全区有6861人从事关心下一代工作。其中，离退休人员5710人，占关工委总人数的83%，系关心下一代工作的主力军。离退休人员中，参加顾问团29人、讲师团10人、关爱团11人、科技服务团10人、网吧义务监督104人。区关工委为小营街道梅花碑社区“最美一条街”项目、南星街道美政桥社区“雏鹰民族乐园”项目、望江街道在水一方社区“小精灵假日寄托班”项目、紫阳街道北落马营社区青少年实践活动场所拓展项目拨款10万元，为青少年活动正常开展创造条件。

资料 **“五老四团一组一员”：**“五老”指老干部、老战士、老专家、老教师、老模范；“四团”指讲师团、关爱团、科技团、顾问团；“一组”指18人关爱小组；“一员”指网吧监督员。

【爱国主义教育活动】 区各级关工委利用各种新兴媒介进行爱国主义教育。区关工委与区教育局关工委联合组织全区中、小学生阅读省青少年爱国主义读书教育活动指导委员会组织编写的《与梦同行》读本，组织全区38所中小学生参加“与梦同行”网上主题征文活动。7月17日，区关工委在区社区学院举办“祖国在我心中”中国国家版图知识竞赛，区关工委讲师团讲师、天长小学关工委副主任、省新四军研究会宣讲团成员周武应邀做题为“中国梦、我的梦”的辅导报告，为参赛学生讲解什么是中国梦、什么是少年梦、中国梦和少年梦之间的关系等问题。参赛的53名学生从社区中选拔出来,竞赛评出一等奖3名、二等奖6名、三等奖9名。

【“快乐少年,七彩追梦”主题教育】 区关工委把强化“中国梦”的宣传教育作为工作中心,围绕“筑就爱的梦想,放飞美的心灵”主题开展各项工作。1月,启动“快乐少年,七彩追梦”主题教育。主题教育与贯彻中共十八届三中全会精神、深化革命传统和思想道德教育、学习英雄模范人物先进事迹和身边典型、开展社会实践和公益活动相结合,教育活动内容丰富,教育效果明显。全年各基层关工委开展主题教育和社会实践活动1035次,参与青少年51 835人次。

1月,上城区启动“快乐少年,七彩追梦”主题教育活动　(区关工委　供稿)

【“假日学校”创办】 区关工委积极推动创办“假日学校”工作。全年创办各类“假日学校”38所,建筑面积7363平方米,接纳学生24 443人,其中外来务工人员子女4108人。“假日学校”依靠“五老”和党员、教师、民警、法官、医生等力量,充实师资队伍,并吸纳大学生志愿者担任“假日学校”辅导员。各级基层关工委以“假日学校”为依托,开办课业辅导、常识培训、兴趣培养等课程,并根据实际情况有所侧重。“假日学校”呈现在传承中创新、在实践中完善、在巩固中发展的良好局面。

7月22日,区关工委组织“奋飞”夏令营活动　(区关工委　供稿)

【帮困助学】 区关工委继续做好对弱势、特殊群体学生的关爱和帮教工作。全年资助144名贫困家庭学生就学,资助金额10.80万元。将特困生建档入册,并为特困生设立“奋飞奖”,激励他们奋发向上,树立信心。暑期,组织区域内市、区“奋飞奖”获得者参加“奋飞夏令营”,就近就地走进第二课堂,学习杭州文化,参与社会实践,感受品质生活。发动社会力量结对资助,多种渠道做好帮困助学。开展法制教育和关爱帮教,组织涉及禁毒知识宣讲、交通安全法规宣传、未成年人自我保护常识讲座、防暴防灾疏散演练等活动,引导青少年明礼遵纪,学会自我保护。区关工委18人关爱维权小组由退休老领导和骨干教师组成,专门到看守所和有关社区参与未成年犯罪嫌疑人的帮教,保障未成年犯罪嫌疑人、未成年被害人的合法权益,最大限度地降低对涉罪未成年人的批捕率、起诉率和监管率。　(林若涵)

机关党建

【概况】 2014年,区直机关工委通过开展在线教育、辅导报告、课题调研、参观考察、知识竞赛、技能比赛等活动，打造多层次、宽领域、立体式、开放型的学习平台。组织党员干部观看《永远的焦裕禄》等电影，用先进模范事迹感染人、教育人，增强学习成效。开展中共十八届三中、四中全会精神和习近平总书记系列重要讲话及区委九届九次、十一次全会精神学习活动。全年组织区直机关片组交流学习会6期，党组织书记培训班、入党积极分子培训班各1期。组织开展机关党建理论研究优秀调研报告征集、评选活动。制定《2014年区直机关党建理论研究课题实施方案》，围绕机关文化建设、党员在创新社会管理中发挥作用和深化"创先争优"活动等党建工作的新课题开展调研。各基层党组织坚持理论联系实际的学风，将党建工作的热点、业务工作的难点和民生工作的重点，纳入调研课题，撰写调研文章。区直机关49个单位部门上报调研文章75篇。开展"双网双服务双报到""岗位提效、服务争先"和党员志愿者活动，增强机关党员干部服务基层、服务企业、服务群众的能力。加强区直机关岗位廉政风险防控体系建设，推进党风廉政建设责任制落实。开展"亲情党课""微党课"宣讲活动，以"中国梦、上城梦和我的梦"为主题，以党员亲述身边人、身边事的方式，将中共十八届三中、四中全会精神融会于具体工作中。

【规范基层党组织建设】 2014年，区直机关工委对110个基层党组织开展星级评定晋位升级活动。通过基层党组织自评、工委测评和综合评定3个程序，评出五星级党组织100个、四星级党组织10个，四星级党组织经整改均达到五星级标准。推进机关党组织换届，全年68个党支部换届，新增36个党支部，撤销9个党支部。全年发展党员10名，预备党员转正6名。举办发展党员工作培训班1期。将55个基层党组织划分为6个片组，每个片组设1名片组长，定期开展党建学习交流活动，同时将有关机关党建工作通过片组进行布置和检查。

【综合考评工作】 6月，区直机关工委开展综合考评工作。确定227项指标，进行逐条分解，及时下达到各牵头责任单位，同时走访涉及指标的49个单位，并形成调研报告报区委主要领导参考。分解106条意见建议到责任单位，并通过《上城报》、上城网向社会公布整改方案，接受社会监督。区直机关工委申报的创新项目——"平安365"社会治理体系建设，在中央电视台、新华社和《中国日报》等媒体上宣传。

【"三联惠民"行动】 4月3日，区直机关工委开展"三联惠民"(联系群众、联系企业、联系基层)行动。通过"实事联办""难题联解""队伍联建"形式，落实每1名机关党员走访网格内10户以上困难家庭，联系100户社区群众的任务。同时，推广使用"民情E点通"，重点培训挂包社区隶属望江街道的单位。开展大走访活动，走访省直、市直机关单位和辖区企业，建立为企业服务联系制度，围绕企业生产经营中遇到的困难和项目建设中碰到的难题，想办法，出实招，帮助企业解决实际问题5个。开展"亲情"党课巡讲活动，在全区党的群众路线教育实践活动中，以"亲情"党课为载体，组织向身边先进典型学习，全年开展党课巡讲12次。

【结对帮扶】 2014年，区直机关工委开展"千名党员干部结对帮扶千户困难家庭"、"1+X"社会结对帮扶、"联百乡结千村帮万户"和组织机关党员干部参加杭州市第十四次"春风行动"等系列结对帮扶活动。元

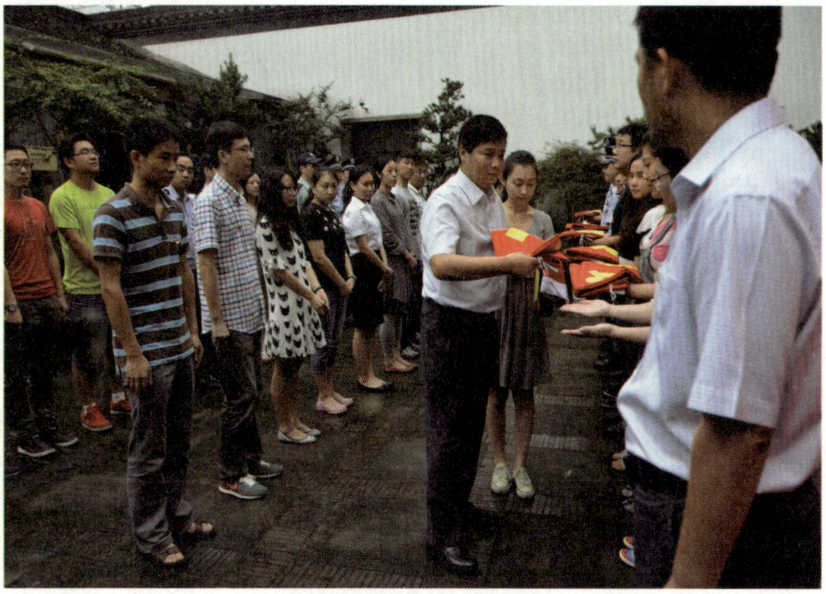

"七一"前夕，区直机关工委向基层党支部授予党旗 （区直机关工委 供稿）

旦、春节和高温期间,全区党员干部走访慰问困难家庭,送上慰问金和实物折价 37 万元,帮助困难群众解决就医、就学、就业等问题 66 个。在落实城乡统筹“1+X”和“联百乡结千村帮万户”结对帮扶活动中,区直机关工委发挥各基层党组织的优势,与临安市河桥镇金燕村、蒲村签订共建协议,使城乡统筹落到实处。“六一”期间,区直机关工委组织看望临安市河桥镇石瑞小学的 83 名困难学生,邀请时代小学、崇文实验学校的优秀教师给孩子们上课,并为他们送去节日的慰问。

【“双网双服务双报到”活动】 1 月 9 日,区直机关工委制定机关党员进社区活动方案,全面部署“双网双服务双报到”活动。具体做法是:机关每名党员到居住地所在社区和单位挂包社区进行双报到,开展走访、服务辖区企业活动。根据活动要求,区直机关 966 名在职党员全部实现“双报到”。全年领办服务项目 1486 个,服务社区 2138 次,走访辖区企业 163 个次,帮助企业解决实际问题 12 个。通过做好“网格+网络、线上+线下、整合+对接”3 个加法,建立上城区机关党员服务驿站,有成员单位 23 个,“粉丝”4000 人次,年内举办“微访谈”5 期,内容涉及为企业送政策、送服务、送温暖等,以及解决群众关心的户政管理、出入境办理、公租房租赁、青少年行为习惯养成等热点问题。8 月,该项活动入选中央直属机关工委党的群众路线教育实践活动的优秀案例。

【党员志愿者活动】 上城区机关党员服务驿站在清波门社区和定安路社区举办惠民服务活动,解决群众实际困难 26 个。“七一”前夕,在吴山广场举办“我为党旗添光彩”党员志愿服务行动,机关 40 个单位 100 余名党员志愿者参加活动,发放宣传资料 1715 份,提供咨询服务 735 次,解决问题 46 个。组织党员志愿者进社区宣传“四治”,开展“我为‘四治’献一计”、认领“‘四治’微心愿”等活动,先后收到合理化建议 186 条。定期组织党员志愿者在公交站点开展文明劝导活动,全年劝导行人文明出行 6236 人次。

【“岗位提效、服务争先”课件征集评选】 11 月 5 日,区直机关工委开展“岗位提效、服务争先”课件征集评选活动。为使该项活动更加贴近实际、贴近群众,区直机关工委注重各单位的工作特色和亮点,力争制作的岗位标准具有普遍性和指导性,便于在区直机关推广运用。评选活动征集到岗位课件 8 件,该批课件均通过相关专家论证。

【“我们的价值观”主题宣传活动】 3 月 3 日,区直机关工委召开学习雷锋精神座谈会,以新浪微博为阵地,组织党团员志愿者开展“微访谈”。区国税局、区人力社保局、区检察院和区法院等单位的党团员志愿者参加“微访谈”,在访谈中解答网友提问,与网友互动畅谈人生观、价值观,在服务市民群众的同时,树立上城区机关党团员志愿者的良好形象。6 月 27 日,举办区直机关党建工作成果图片展。将在“创先争优”活动中体现党员干部工作成绩的图片,分闪光的业绩、闪光的阵地、闪光的承诺、闪光的品牌、闪光的服务 5 个板块进行展示。图片展收到图片 1000 余幅。

【岗位廉政建设】 区直机关工委在区机关开展岗位廉政风险防控体系建设工作,要求各基层党组织在查找岗位廉政风险点的基础上,总结好经验、好做法,以点带面,扩大防控层面。区国税局机关党委建立“教育、查找、防控”三位一体的岗位廉政风险防控管理机制,基本确立“岗位定风险、人员定责任、防控定程序、警示定级别”的风险防控框架。通过抓制度约束、业务流程和风险监控,进一步规范权力运行,有效防范行政权力运行中可能出现的各类风险,初步形成廉政促自律、廉政促勤政、廉政促规范的岗位风险防控工作。

【廉政文化建设】 6 月 29 日,为展示全区机关廉政文化建设成果,区直机关工委以“清正廉洁、品质上城”为主题,举办上城区廉政文化摄影作品展,先后征集到摄影作品 800 余幅,并从中推荐优秀作品参加杭州市廉政文化摄影艺术作品展评,获三等奖 2 个、优胜奖 3 个和组织奖 1 个。7 月 22 日,区直机关工委组织参加“保持先进纯洁,打造廉洁上城”主题文艺会演,编排以岗位廉政教育为主题的小品、诗歌朗诵、歌曲等节目,展示机关党员干部活力。

【机关群团组织活动】 上城区直机关工会利用节假日和业余时间,组织开展登山、环湖、跳绳等活动。5月25日,全区25个基层工会和20个工会小组共121人次组建机关队参加区第八届运动会,参赛项目涵盖广播操、球类、田径、棋类、钓鱼等运动会所有项目。比赛获团体总分322分,位列全区第三,并获多个项目的道德风尚奖。区直机关妇工委组织开展"机关美丽女性"评选活动,2人被评为上城区"十佳美丽女性"。协助开展机关垃圾分类活动,在机关办公区域进行分类投放指导。"三八"妇女节,举办电影专场活动,为女干部、女职工带去节日问候。为机关全体工会会员购买职工重大疾病和住院医疗保险,为全体女会员购买女职工特殊疾病医疗保险。

(鲁 彬)

信 访

【概况】 2014年,上城区来信来电来访总量11 463件次,比上年(指2013年,下同)增长3.6%。其中,来信668件、955人次,来信增长26.5%,人次下降16.5%;来访422批、1497人次,来访增长8.6%,人次下降16.5%;来电9011件,增长10.8%。信访总量中,受理市长公开电话6655件、区长公开电话2119件、网上信访237件,办结率100%,满意率99.9%,好评率95.2%。

【政法、信访暨安全生产工作会议】 2月19日,区委、区政府召开全区政法、信访暨安全生产工作会议。区委书记缪承潮出席会议并讲话。区委副书记、区长陈瑾主持会议。区委常委、常务副区长黄爱芳做工作总结和部署。区信访工作领导小组全体成员,各部门、指挥部、街道负责人90人参加会议。市属有关部门主要负责人到会指导。

【《信访条例》宣传】 5月22日,区信访局以国务院《信访条例》颁布实施9周年为契机,会同区委宣传部、区依普办、区司法局、区教育局、区人力社保局、区城管局、区住房和城建局、区公安分局和6个街道在吴山广场开展以"依法信访,共建和谐"为主题的宣传活动。通过悬挂横幅、摆放宣传展板、发放宣传折页及现场咨询等形式,向过往群众宣传《信访条例》等政策法规。市委副秘书长、市信访局局长周伟新到场指导。

【信访事项听证会】 8月26日,为维护信访人合法权益,规范行政机关信访事项办理程序和信访人信访行为,根据《浙江省信访事项听证办法》,区信访联席会议召开柯某某信访事项听证会。省信访局督查处处长鲍伟芬、市信访局副局长杨钊和全省各地信访局领导、工作人员及群众代表80人参加听证会。举办听证会旨在让群众知晓信访的权利和义务,增强市民依法解决合理诉求的法律意识。

【群众到访接待】 9月19日,市委副书记、市长张鸿铭在市委副秘书长、市信访局局长周伟新,市政府办公厅副主任江奔腾陪同下,率市相关部门负责人到上城区接待2批到访群众,对他们反映的问题提出处理意见。同时听取上城区办理中央巡视组转交信访件情况汇报。区委书记缪承潮,区委副书记、区长陈瑾,区委副书记袁建祥等陪同接待,区委办、区政府办、区信访局、区城管局、南星街道、紫阳街道等部门(单位)负责人参加接访。

5月22日,区信访局在吴山广场举办《信访条例》宣传活动(区信访局 供稿)

【信访干部培训会】 12月18日,上城区在瑞莱克斯大酒店十五楼吴山厅举办信访干部培训会。区委副书记袁建祥到会并讲话。市信访局接访处处长崔欣等领导应邀到会进行业务指导。全区各部门、各街道、指挥部分管领导和信访干部73人参加培训会。

(叶　敏)

机构编制管理

【概况】 2014年,上城区机构编制委员会办公室(简称区编委办)规范机构编制管理,推进行政管理体制改革,实施政府权力清单,探索事业单位分类改革,严格控制机关事业单位编外用工,为促进全区经济社会更好发展提供体制机制保障。全年顺利完成权力清单和责任清单编制工作;有序实施区市场监管局、区卫计局组建工作;推进城市建设体制改革工作,做好机构编制的动态调整和日常管理,涉及机构编制调整事项50余项。完成事业单位法人变更手续50个、事业单位设立登记6个、事业单位注销登记22个。完成180个事业单位年检,年检率、年检合格率均为100%。结合年度检验结果,公开119个事业单位年度报告,公开单位数量占总数的82%。办理人大和政协建议提案6件,协助办理4件,面商率、按时办结率、满意率均为100%。立项调研财政供养人员规模控制、事业单位法人治理结构优化等3个课题,其中《关于杭州市上城区财政供养人员规模控制与结构优化的思考》获杭州市机构编制调研文章二等奖,《政府管理与公共服务标准化建设探索》在《中国机构改革与管理》杂志上刊登。全年区编委办在中央、省、市、区各级宣传刊物上刊登信息40多篇。全年修订完善《上城区机构编制委员会办公室机关公文处理规定》《上城区机构编制委员会办公室保密工作规定》《上城区机构编制委员会办公室办理人大代表建议和政协委员提案工作制度》《上城区机构编制委员会办公室信访工作制度》等制度11项,对区编委办成立以来出台的工作规则和内部管理制度进行清理规范。

【部门职权清理】 4月,上城区启动政府部门职权清理和权力清单编制工作。围绕"清权、减权、制权"3个环节,按照"三报三回"工作流程,联席会议成员单位进行分工协作,分专题开展职权事项清理,形成区级政府部门权力清单。上城区纳入此次职权清理范围的部门(单位)22个,各部门梳理上报权力事项5738项,经清权减权保留行政权力事项2432项,职权清减率57.6%。11月,区编委办编制政府部门责任清单,从明确部门主要职责、理顺部门职责关系、强化事中事后监管责任、完善公共服务4个方面,构建与权力清单相配套的政府部门职责体系。12月30日,上城区25个部门(单位)责任清单在浙江省政务服务网公布,接受社会监督。此次公布25个部门(单位)的责任清单,涉及主要职责318项,职责边界事项37项,事中事后监管制度161项,公共服务事项112项。

资料 "三报三回":即纳入部门职权清理的部门三次上报部门权力清单修改意见,权力清单联席会议小组三次反馈审核意见,最终形成区级部门权力清单。

【行政管理体制改革】 区编委办结合上城区全面深化各领域改革实际,开展工商、质监及食品药品监管体制改革调研。5月,上城区按照调整工商、质监体制和改革完善食品药品监管体制的工作要求,组建区市场监督管理局(简称区市场监管局)。同月,经报市编委办同意,完成区卫生局与区计生局机构整合,组建区卫生和计划生育局(简称区卫计局)。为确保职能顺利衔接,拟订区市场监管局、区卫计局"三定"(定职能、定机构、定编制)方案,理顺涉改部门与相关政府部门职责关系,强化和落实监管责任。按照政事分开、政府与市场中介组织分开的要求,研究提出职责调整意见,推进政府职能转变;按照突出管理和服务重点的要求,加强食品药品安全监管;推进行政审批制度改革,进一步简政放权,在部门"三定"中,取消由国务院和省、市政府公布取消的行政审批事项。

【城市建设体制改革】 区编委办以"理顺体制、调整职能、精简机构、规范管理、提高效益"为目标,牵头实施区城市建设体制改革工作。通过调研,拟订征收补偿建设管理与资产经营职责适当分离的城市建设体制改革方案，提高政府投资及资产管理效益。完成清河坊历史街区管委会、湖滨指挥部、望江指挥部等单位机构改革，明晰机构职责、人员编制规模等。完成区危改办、区截污纳管指挥部等单位机构调整。按照清理规范的要求，发文撤销指挥部事业机构10个，督促指导撤销事业机构法人注销登记工作。

【用编控编管理】 区编委办加强用编控编管理。对涉及职能调整及机构、编制和领导职数增减的事项，由各部门专题请示，统一由机构编制部门审核，按程序提交区编委讨论决定。严格执行选调和科级干部竞岗交流等事项中有空编的规定。按照盘活存量、优化结构、动态增减的要求，及时跟踪评估部门（单位）职能调整及机构编制使用情况，做到把控编与调编结合起来。加强与组织、人力社保等部门的协调配合、信息共享，形成联动监管机制，实现编制数与实有人员数、财政供养数相对应。

【机构编制实名制管理】 区编委办加大机构编制实名制管理工作力度，将全区机关事业单位编外用工情况纳入实名制管理。执行“两项预报制”，拓展实名制系统应用范围，实现领导干部职数使用审批等审批业务网上运行。明确信息管理职责与权限，及时更新实名制数据库信息动态，实现上城区机关事业单位机构设置、人员编制和领导职数等实时动态监管。全年办理进编审批660人次，科级职数使用申报134人次。依托实名制系统平台，每月完成全区100余个单位1000余人车贴发放审核和报送工作。

资料 **“两项预报制”**：是为构建机构编制全过程管理而推行的制度，即对机关事业单位实行“机构编制管理事项预报审核”和“配备领导干部职数使用预报备案”。

【机构编制专项核查】 7~9月，为规范机构编制管理，区编委办会同区委组织部、区人力社保局、区审计局、区财政局等部门组成机构编制核查组，核查全区机关事业单位及经批准使用事业编制的社团组织的机构编制。此次核查分单位自查、联合审核、实地核实、信息公开等步骤，核查单位225个，其中行政部门51个、事业单位171个、事业编制的社团组织3个。针对以上单位机构编制管理中存在的问题，提出整改意见和要求，并细致了解各单位的现状，为下阶段动态调整机构编制打下基础。

【机构编制年度评估】 12月25日，区编委办印发《关于开展2014年度区属机关事业单位机构编制评估工作的通知》，2014年度机构编制评估工作全面启动。由区编委办牵头，区委组织部、区纪委（监察局）、区直机关党工委、区财政局、区人力社保局、区法制办等单位组成评估组，按照各自职责开展机构编制评估工作，评估结果纳入区委、区政府对各单位年度目标管理考核内容。年度评估分机构设置、职能配置、编制配备、实名制管理、综合管理5项内容，并分解成若干指标和权重，采用百分制赋分办法。评估方式采取单位自评和评估组考评相结合、平时考评和年度集中考评相结合，由评估组确定评估总分和扣分情况，按比例折算成目标管理扣分后，报送区委、区政府目标考核管理领导小组集中考核。区编委办以书面形式向各单位反馈评估结果，并要求落实整改措施，限期整改。同时，会同区人力社保局等部门在全区开展“在编不在岗”等情况调查摸底、拒绝“吃空饷”承诺书签订等工作，严肃机构编制纪律。

【机构编制责任联审】 区编委办建立领导干部经济责任审计和机构编制责任评估的协作协调机制，在审计部门对区直机关和事业单位领导干部进行经济责任审计时，机构编制部门同步开展单位机构编制责任联审评估。评估结果和整改落实情况，作为年度机构编制评估的重要依据，同时作为单位调整机构编制事项的重要依据。全年区编委办完成区档案局（档案馆）、区检察院等6个单位机构编制联审评估，并印发机构编制责任评估报告，对整改落实情况进行跟踪。

【机构编制档案管理】 上半年，为夯实机构编制管理基础，区编委办对全区机关事业单位机构编制沿革情况进行梳理。以“资料全、信息准、档案新”为宗旨，认真搜集上城区机构编制沿革信息、机关事业单位机构编制设置信息、历次政府机构改革相关信息，建立机关事业单位沿革档案库，确定专人管理。加强机构编制沿革材料的整理与更新，发挥机构编制沿革档案长效作用,提高档案查找时效性与准确性。

【事业单位分类改革】 上城区根据省、市关于分类推进事业单位改革的工作部署，在梳理职能的基础上，有序推进事业单位改革，科学配置机构编制资源。1月25日,区编委核准设立上城区委党史研究室(上城区地方志编纂委员会办公室)，核定事业编制10名。1月26日,区编委明确上城区机关事务管理中心(上城区委、区政府接待服务中心)为相当副处级,核定事业编制17名。单设杭州市胜利实验学校、上城区互联网宣传指导中心、上城区望江街道社区卫生服务中心，分别核定事业编制63名、3名、101名。调整上城区城市建设发展中心、上城区绿化委员会办公室、上城区人民法院司法后勤服务中心经费形式为财政适当补助。同意杭州市山南国际创意(金融)产业园管理委员会增挂“杭州市玉皇山南基金小镇管委会”牌子。全年撤销事业单位10个。

【用编计划审核】 区编委办对全区行政事业单位空编、人员结构和未来5年人员退休情况进行梳理分析,在摸清情况和家底的基础上,按照统筹安排和从严从紧原则开展2014年度机关事业单位用编计划审核工作。经审核,核准全区事业单位(参照公务员管理的事业单位除外)公开招考用编计划185名,其中教育系统160名、卫生系统20名、其他事业单位5名;核准2015年机关(含参照公务员管理的事业单位)招考用编计划64名，其中行政编制11名、物价专项编制1名、参公编制17名、政法专项编制35名。 (黄　莺)

档案管理

【概况】 2014年，区档案局与区党的群众路线教育实践活动领导小组办公室联合印发《关于做好党的群众路线教育实践活动文件材料收集归档工作的通知》,指导各部门(单位)做好教育实践活动中的文件材料归档。与区治水办联合印发《关于加强“五水共治”工作中档案管理的通知》,指导相关单位做好日常档案材料的收集、归档及利用。启动“五水共治”“三改一拆”影像记录工作,收集、拍摄整治前后图片、照片等,保存城市变迁印记。指导全区重点建设项目档案管理,登记备份望江指挥部、玉皇山南指挥部、吴山指挥部等150余个工程建设项目,登记备份指挥部档案47.50GB,其他单位档案346GB。适时跟进并指导望南、望北旧城改造建设中的资料归档工作。指导小营街道办事处创建成为浙江省示范数字档案室,区风景旅游局、区社区学院、杭州胜利小学3个单位档案室创建成为浙江省规范化数字档案室。加强对机构改革单位档案工作的业务指导，监督相关单位做好档案材料交接归档。全年接收归档文件4577件、1019卷，现行文件343件，寄存档案128卷。区档案局官方微博、微信开设《小档说》《杭话音韵》等栏目,介绍档案馆馆藏资源。其中官方微博被“杭州发布”“杭州之声”“浙江档案”“杭州档案”等官方平台关注。全年向区委办、区府办报送信息50条，向省、市档案局报送信息49条，向区委宣传部发送舆情79条;发送微博122条、微信28条。杭州娃哈哈集团有限公司档案员陈小冬作为浙江省唯一的民营企业档案员代表,入选浙江省“最美兰台人”,推进全区企业档案管理进一步规范化。区档案局、区法院、望江街道、杭州娃哈哈集团有限公司获全市档案工作综合目标考核先进单位称号。

“最美兰台人”陈小冬正在整理档案　　(区档案局　供稿)

【档案管理培训】 5月21日，区档案局在区社区学院举办档案工作培训班。全区各单位分管领导和档案员近200人参加培训。培训班邀请省档案局灾难备份中心主任梁绍红等专家授课，介绍档案管理基本知识。10月17日，联合区依普办举办“新形势下依法加强档案工作”专题讲座，邀请省档案局副局长王茂法讲解档案工作法律法规，区四套班子领导、区级机关各单位主要负责人、各街道主要负责人等近50人参加讲座。

【档案安全管理】 区档案局按照库房防火、防潮、防尘、防鼠、防盗、防光、防虫、防水的“八防”要求，切实加强档案安全管理。坚持每天记录分析库房的温度和湿度，做好馆藏文书档案的杀虫消毒。开展档案鉴定工作，对有密级标注要求的条目进行逐条标注并删除影像页。全年完成25个单位自1952年至2013年进馆的案卷检查，检查条目9.66万条、影像页54.74万页，其中检出涉密条目5706条，相关影像页均予以删除。对馆藏档案进行数字化扫描，接收区委办、区发改经信局、区民政局等单位归档档案22.80GB。

【档案开发利用】 区档案局深化“异地查档、跨馆服务”工作，与上海市及省内绍兴、长兴等地档案馆建立异地查档业务关系，实现“家门口”互查互证。开展上门送档服务，为行动不便的查档群众提供方便。推行档案查询预约，有33名破产企业员工通过预约查到有关证明材料，顺利办理退休、房屋买卖、户口迁移等手续。全年接待查阅档案资料和现行文件2369人，利用档案1543卷，复印档案2760页，其中为群众提供用于工龄认定的介绍信、工资单复印件191页。区档案局开发利用档案工作得到市档案局肯定。

【档案编研】 区档案局全年完成档案编研项目2项，其中《2014年上城区公共管理与社会服务创新汇编》为上城区“两代表一委员”了解区情、参政议政提供翔实资料。配合杭州方言语音建档工作，收存杭州话印鉴158枚，完成杭州方言语音建档系列丛书《印证杭州话》编印。

【“国际档案日”集中宣传活动】 6月9日，区档案局配合省、市档案局，在第二届“国际档案日”期间，选送1户示范家庭档案户参加省档案馆举办的“家庭档案见证改革开放”宣传图板巡回展出，家庭历史变迁档案让广大群众感受改革开放的成果。开展“档案宣传服务进社区、进家庭”活动，分发《2014走进档案》等宣传资料500份，宣传贯彻档案工作法律法规，指导社区居民进行家庭建档。

【水文化图片展】 9月19日，区科普宣传周期间，区档案局举办“上城档案助力‘五水共治’——上城区水文化图片展”。图片展展出馆藏的中、东河老照片及治理后的中河、东河、新开河照片200幅。图片展分别在机关、社区、吴山广场等场所进行巡展。

【档案年检】 12月，区档案局开展区属各单位档案年检工作。66个单位参加档案年检，其中实地抽查14个单位的档案工作。此后，区档案局印发《关于2014年档案工作年检情况的通报》，根据档案年检情况，对区属各单位档案工作进行排名，并提出下一步档案工作要求。

（蔡道慧）

9月19日，区档案局举办“上城档案助力‘五水共治’——上城区水文化图片展”

（区档案局　供稿）

上城区人民代表大会常务委员会

Shangcheng District People's Congress Standing Committee

人大重要会议与活动

【上城区第十四届人民代表大会第三次会议】 2014年1月21~24日举行。区十四届人大代表名额200人，实有代表200人。应出席会议代表200人，实际出席会议代表189人，部分市人大代表及区政府各部门、机关团体负责人和离退休老干部99人列席会议，18名公民应邀旁听会议，10名浙商代表旁听政府工作报告。

会议听取和审查区人民政府、区人大常委会、区人民法院和区人民检察院的工作报告，并通过相关决议。审查和批准区政府2013年国民经济和社会发展计划执行情况的报告及2014年国民经济和社会发展计划、2013年财政预算执行情况的报告和2014年财政预算，审议区人民政府贯彻执行《关于实施上城区第六个法制宣传和依法治区五年（2011~2015年）规划的决议》情况的报告（书面）。依法选举陈瑾为上城区人民政府区长，林森和洪梦君2人为区十四届人大常委会委员。

会议期间，举行1次预备会议、4次全体会议、6次主席团会议、1次财政预算审查委员会会议。

会议收到代表10人以上联名提出的议事原案4件，经大会主席团研究决定，4件议事原案作为代表建议，连同大会收到的139件中属于上城区职权范围的123件代表提交的建议、批评和意见，由区人大常委会办事机构依法交由有关机关和组织研究处理，负责答复代表，并报告区人大常委会。

【区人大常委会会议】 2014年，上城区第十四届人民代表大会常务委员会（简称区十四届人大常委会）召开常委会6次、主任会议25次，听取和审议“一府两院”专项工作报告33项，作出决议决定13项，开展执法检查、视察、询问、约见30次，依法任免国家机关工作人员46人。

区十四届人大常委会第十六次会议于1月11日召开。会议听取和审议区政府关于2013年国民经济和社会发展计划执行情况和2014年初步安排的汇报、关于2013年财政预算执行情况和2014年初步安排的汇报、关于上城区2014年政府重大投资项目建设计划（草案）的报告；审议区人大常委会工作报告（稿）；审议通过区人大常委会2014年工作要点；审议通过区十四届人大三次会议代表资格审查报告；审议通过区十四届人大三次会议列席人员名单、各项建议名单草案及其他有关提请事项；听取区十四届人大三次会议筹备工作情况报告。会议根据代区长陈瑾的提请，以无记名投票表决方式决定有关人事任免事项。区人大常委会组成人员19人出席会议。区政府、区法院和区检察院领导，区人大常委会办事机构和工作机构负责人，区政府办公室、区发改经信局、区财政局负责人以及区十四届人大三次会议筹备处各组负责人列席会议。区政协领导和区残联有关负责人应邀参加会议。

区十四届人大常委会第十七次会议于3月27日召开。会议专题学习《中华人民共和国义务教育法》；审议通过区人大常委会关于增加区法院人民陪审员名额的决定，以举手表决方式通过区法院院长施金良提请的人事任免事项。区人大常委会组成人员25人出席会议。区政府、区法院和区检察院领导，区人大常委会办事机构和工作机构负责人，区政府办公室及区教育局负责人，部分区人大代表列席会议。

区十四届人大常委会第十八次会议于5月29日召开。会议听取和审议区政府关于2014年上城区“五水共治”工作情况的报告，并进行专题询问；审议通过区人大常委会对区法院部分法官开展履职评议的工作方案；表决通过区人大常委会关于促进全面深化重点领域改革的决定；根据副市长陈红英的请求，作出关于接受陈红英辞去上城区人大代表职务的决定；根据区长陈瑾的提请，以无记名投票表决的方式，通过有关人事任免事项；根据区法院院长施金良、区检察院检察长李森红的提请，以举手表决的方式，通过有关人事任免事项。区人大常委会组成人员24人出席会议。区政府、区法院和区检察院领导，区人大常委会办事机构和工作机构负责人，区政府办公室、区住房和城建局、区城管局、上城环保分局、区治水办及各街道有关负责人，部分区人大代表、城建环保工委委员列席会议。区政协领导应邀参加会议。

区十四届人大常委会第十九次会议于7月29日召开。会议听取和审议区政府关于2013年财政决算(草案)和2014年上半年财政预算执行情况的报告、关于2014年国民经济计划上半年执行情况的报告、关于2014年政府重大投资项目上半年执行情况的报告、关于2013年度财政预算执行情况和其他财政收支情况的审计工作报告，听取和审议区民政局、区残联2013年度部门决算报告；听取和审议区政府关于区停车场(库)建设情况的报告；对市十二届人大代表褚伟清、杨鸣、许岚和贺晓卿开展述职评议；根据区长陈瑾的提请，以无记名投票表决方式决定任命1名上城区人民政府副区长，以无记名投票表决方式决定免去段法雷的上城区人民政府副区长职务。区人大常委会组成人员23人出席会议。区政府、区法院和区检察院领导，区人大常委会办事机构和工作机构负责人，区政府办公室、区发改经信局、区财政局、区审计局、区住房和城建局、区城管局和上城交警大队、区民政局等单位负责人，部分市、区人大代表以及市人大代表所在单位相关人员、群众代表列席会议。区政协领导应邀参加会议。

区十四届人大常委会第二十次会议于9月30日召开。会议听取和审议区政府关于区食品安全管理体制调整和监管情况的报告，分别听取和审议区政府、区人大常委会代表工委关于区十四届人大三次会议代表意见建议办理情况的报告；对区法院孙丽、陈曦晔、张晓磊3名法官开展履职评议；根据区法院报告，决定批准对区十四届人大代表沈洪涛予以司法拘留；以无记名投票表决方式决定接受陈忠明、余晓川辞去上城区第十四届人民代表大会常务委员会委员职务；会议作出关于接受张明祥等人辞去上城区人大代表职务的决定和关于补选出缺的区十四届人大代表的决定；以无记名投票表决方式通过区长陈瑾提请的政府相关人事任免事项，以无记名投票表决方式通过主任会议提请的区人大常委会相关人事任免事项。区人大常委会组成人员22人出席会议。区政府、区法院和区检察院领导，区人大常委会办事机构和工作机构负责人，区政府办公室、区住房和城建局、区市场监管局和区城管办等单位负责人，区法院和区检察院班子成员及中层干部列席会议。区政协领导应邀参加会议。

区十四届人大常委会第二十一次会议于12月16日召开。会议分别对区卫计局、区城管局进行工作评议；听取和审议区政府2014年关于为民办实事项目实施情况的报告；表决通过代表资格审查委员会关于补选代表的代表资格审查报告；通过关于召开上城区第十四届人民代表大会第四次会议的决定；会议以无记名投票表决的方式，作出关于接受李一青辞去区第十四届人民代表大会常务委员会委员职务的决定；根据代表资格审查委员会的报告，审议作出关于接受王越剑等人辞去上城区人大代表职务的决定；根据区长陈瑾的提请，以无记名投票表决方式决定免去来剑波上城区人民政府副区长职务，决定任命周国如为上城区人民政府副区长；根据区法院院长施金良的提请，以无记名投票表决方式通过区法院副院长职务任免事项，以举手表决方式通过相关法律职务任免事项；以无记名投票表决方式，作出关于接受章明伟等人辞去杭州市第十二届人民代表大会代表职务的决议，通过无记名投票补选陈国妹、章燕、毛素云为杭州市第十二届人民代表大会代表。区人大常委会组成人员19人出席会议。区政府、区法院和区检察院领导，区人大常委会办事机构和工作机构负责人、党组成员，区政府各组成部门负责人，区卫计局、区城管局领导班子成员，部分区人大代表列席会议。区政协领导应邀参加会议。

【人大制度建立60周年纪念活动】 2014年是人民代表大会制度建立60周年。区人大常委会开展系列纪念活动:9月29日，依托区委理论中心组学习平台,举办人大制度宣讲会;6月21日,召开“我谈人大60年”座谈会,回顾历史,征求做好新时期人大工作的意见建议;8月20日,举办代表风采交流会;在《上城报》发表纪念文章，阐述上城区人大制度建立60年来的实践;举办巡回图片展,展示近年来区人大及其常委会依法履职的新成效和代表联系服务选民的场景;开展纪念人民代表大会制度建立60周年知识竞赛。“六个一”系列纪念活动增进干部群众对国家根本政治制度的了解，人民代表大会制度意识得到进一步增强。

区人大常委会职权履行和自身建设

【重大事项审议决定】 2014年，区人大常委会听取和审议“一府两院”等33项专项工作报告,审查批准上年度财政决算,作出13项决议决定,提出有关审议意见。作出深化重点领域改革决定,围绕“上改六条”,制定7项保障措施。关注行政执法、国有资产管理和“营改增”等工作,审议区食品安全管理体制调整和监管情况,对区市场监管局的执法监管、部门融合等工作提出审议意见。听取“智慧城区”建设总体规划纲要制定、楼宇提升工作进展等情况汇报,视察调研望江智慧产业园建设、区电子机械功能区运行和湖滨商圈三、四期打造等工作,关注国家可持续发展实验区建设规划实施和国家级品牌消费集聚区建设等工作。

【人事任免】 区人大常委会坚持党管干部和人大依法任免的有机统一，严格执行拟任人员的任职资格审查、法律考试、任前表态和审议表决等程序。全年依法任免国家机关工作人员46名,任命区法院人民陪审员7名。依法开展代表辞补工作,补选出缺区人大代表11名、市人大代表3名。

【财政监督】 2014年，区人大常委会深化部门参与式预算监督工作,跟踪监督2013年区民政局、区残联2个部门预算决算,2014年区司法局等4个部门预算执行情况。扩大部门参与式预算覆盖面,首次将街道预算纳入监督范围。加强全口径预决算监督调研,组织代表初审区文广新局、区统计局、区城管局、区妇联和小营街道5个单位2015年的预算，提出意见建议48条,被采纳31条、部分采纳17条。审议经济计划、预算半年度执行和审计等工作报告。关注国有资产保值增值情况，听取上城区投资控股集团有限公司、清河坊资产管理有限公司、望海潮建设有限公司3个区属国有公司国有资产经营情况。

5月23日,区人大常委会主任丁晓芳(中)带队检查指导区社会治安防控工作

(区人大常委会办公室　供稿)

【民生实事监督】 2014年,区人大常委会加强对历年滞后建设项目、省市重点工程项目和列入常委会监督项目督查。先后视察山南汽修厂、目术塘地块等项目建设情况,提出加强业态研究和宣传造势等意见。听取审议区政府关于重大投资项目计划执行情况报告，督促政府加快勾山里、旅游展示中心等滞后项目建设。座谈讨论南星单元R21-04、06地块复合体和沿山沿江发展规划等概念方案,形成信息专报供区委、区政府决策参考。调研视察公共停车场(库)建设管

理，助力政府缓解治堵难题。强化为民办实事项目的有效落地，首次启动中期督查、年终全面检查，察看长明寺巷社区卫生服务站、杭州天地实验小学（新校区）、龙翔里历史地段复建等项目。关心教育、文化、卫生和民族宗教等工作，视察建兰中学对外办学、街道文化站建设、计划生育“幸福·家”工程推进、居民健康管理中心运行、民族宗教工作进社区等工作。主任会议听取和讨论“无证无照餐饮”整治情况，要求加强“舌尖上的安全”。对体制改革后的区卫计局、区城管局开展工作评议，听取区人力社保局 2013 年工作评议意见整改落实情况汇报，跟踪督查就业促进工作。

【法律监督】 2014 年，区人大常委会开展“查找不适应全面深化改革要求的法律法规条文”主题活动，抓实“法律体检”，在全区以各级代表为主体，分层面、全方位组织查找，通过“代表找、群众谈、部门议、专家评”，收集 157 条对现行法律法规规章的立、改、废、释意见建议。关心公共法律服务体系建设，深入社区，倾听群众、社工、律师对“律师进社区”工作评价并专题听取汇报；视察检查 18 个单位的普法和依法治区工作；持续关注行政审批制度改革，实地视察并听取行政服务中心汇报，针对窗口力量不足、个别单位未集中到位等问题，提出分析原因、合理布局、强化培训，加快完成“权力清单”、建立完善网上政务大厅等建议。重视“平安上城”创建，相继就消防管理、交通治理、监所设施完善、社会治安防控体系和“平安 365”平台建设等工作进行调研。听取政府流动人口服务与管理工作情况汇报。依法审查报备的政府规范性文件 8 件。与市人大常委会联动开展《中华人民共和国义务教育法》等法律的执法检查。首次开展法官履职评议，成立评议工作组和案卷评查组，召开区法院干警动员大会，对区法院 3 名法官进行履职评议，对评议中提出的案审细节不够周密、个案执行不够彻底等 9 个问题，督促区法院制定整改措施。关注区检察院法律监督工作，专题听取区检察院对公安派出所加强法律监督的工作汇报。重视信访工作，全年处理信访件 42 件。

【区人大常委会自身建设】 区人大常委会注重作风建设，贯彻中央“八项规定”，开展党的群众路线教育实践活动。针对各方面提出的 66 条工作意见和 12 个方面“四风”问题，从建章立制入手，进行整改。开展“基层走亲”活动，走访慰问社区重点服务对象 250 户，召开座谈会 29 个。制定主任会议成员和专职委员联系代表、发挥常委会兼职委员作用等 4 项制度。围绕监督议题学习《中华人民共和国义务教育法》《中华人民共和国食品安全法》《中华人民共和国水污染防治法》等法律。注重审议质量，加强调查研究，就特定问题调查权行使等课题，形成 15 篇调研报告。注重人大工作宣传，在杭州电视台《我们圆桌会》栏目，组织筹划“法律体检，结果如何”的主题电视讨论，“四治攻坚”、垃圾分类监督工作在浙江卫视连续 3 天播出。办好《上城人大信息》、上城人大网等自主刊网。全年在全国和省、市人大系统各类媒体上发表信息、报道 270 余篇，区人大常委会办公室被评为省、市信息工作先进单位。

人大代表工作与活动

【代表履职机制完善】 区人大常委会完善人大代表履职方式，坚持安排 20%的区人大代表向选民述职，

8 月 20 日，区人大常委会组织召开“第 114 个代表活动日”活动暨代表学习会、人大代表风采展示交流会和 2014 年上半年区政情通报会　（区人大常委会办公室　供稿）

4名市人大代表向区人大常委会述职并接受评议。开展人大代表履职服务平台应用培训，实现省、市、区三级人大代表进驻联络站全覆盖。组织召开年中审议式和年末专题式政情通报会，切实保障人大代表知政权。围绕“三改一拆”主题，组织人大代表约见政府负责人活动，12名代表就拆违办法、标准、力度等提出问题26个、建议27条。

【建议办理工作创新】 区人大常委会重视代表议案建议办理工作，完善遗留建议跟踪督办、C类以下建议合议评估督办、目标考核推动督办等工作机制，做好把关、沟通、督查和验收工作。区属职权范围内的127件建议办结率、面商率、满意和基本满意率均为100%，法定期限内的建议解决和基本解决率均为69.3%。对2件被列入“无法解决”“留作参考”的建议办理结果，首次开展合议评估，促使“留作参考”的建议被采纳并得到解决，“无法解决”的建议列入“计划解决”的时间表。出台代表建议办理工作考评试行办法，完善考核评价和责任追究等制度。

【代表联系机制深化】 7月11日，区人大常委会召开“街道人大工作现场推进会”，推广湖滨街道“代表进网格”、南星街道“代表网上接待选民”的做法，指导建立代表联系选民新机制，要求“线上”设立网上代表联络站，“线下”组织200名代表进驻159个地理网格，“面上点上”依托21个联络站各自下设联络点，线上、线下“互联互通互补”，实现代表联系的“全天候、多渠道”。

【人大代表活动】 2014年，区人大常委会深化“代表进社区”活动。全年21个代表联络站开展代表接待活动158批次，参加接待的三级人大代表428人次，接待选民与群众871人次，听取和反映群众意见要求579条，落实解决346条。开展“主任接待代表”活动7次，现场督办代表反映的意见20条。开展省、市代表视察活动12次，提交闭会期间代表建议8件，其中社会化养老服务和提高河道养护保障水平等建议被省、市有关部门采纳。组织开展区人大代表视察、调研活动31次，6个代表小组定向视察“一府两院”的12个部门(单位)，促进被视察单位工作的整体推进。

【街道工委工作】 2014年，区人大常委会指导人大街道工委组织代表围绕治水、治气、治堵、治垃圾和加强食品安全等重点工作，以“带着议题进社区”方式开展活动，聚焦问题126个、聚合建议251条。深化“一街一品牌”活动，各人大街道工委在质效上进行有益探索。小营街道开展“一站一特色”活动38场，望江街道发动代表参加“资本相亲会”认领实事项目，紫阳街道组织代表参与“周末有约”吸纳民意，清波街道“代表进网格”活动促成居民装上自来水，“一户一表”的做法被中央电视台宣传。加强学习交流，全年接待15个省、市25批次考察团到有关街道考察交流人大工作。

表5

2014年度上城区人大常委会重要文件题录

文 件 号	发文日期	标　　题
上人大〔2014〕1号	2014-01-10	关于出席杭州市上城区第十四届人民代表大会第三次会议的通知
上人大〔2014〕2号	2014-01-10	关于列席杭州市上城区第十四届人民代表大会第三次会议的通知
上人大〔2014〕3号	2014-01-10	关于旁听杭州市上城区第十四届人民代表大会第三次会议的通知
上人大〔2014〕4号	2014-01-13	关于决定任免柴闻乐等同志职务的通知
上人大〔2014〕5号	2014-01-16	杭州市上城区人民代表大会常务委员会2014年工作要点
上人大〔2014〕6号	2014-04-01	关于任命宋慧娟职务的通知
上人大〔2014〕7号	2014-04-02	关于增加区人民法院人民陪审员名额的决定
上人大〔2014〕8号	2014-05-29	杭州市上城区人民代表大会常务委员会关于促进全面深化重点领域改革的决定

续表 5

文件号	发文日期	标　　题
上人大〔2014〕9 号	2014-05-30	关于决定任免秦文等同志职务的通知
上人大〔2014〕10 号	2014-05-30	关于免去石建设职务的通知
上人大〔2014〕11 号	2014-05-30	关于任命宗庆后等同志人民陪审员职务的通知
上人大〔2014〕12 号	2014-05-30	关于免去王玉伟等同志职务的通知
上人大〔2014〕13 号	2014-05-30	杭州市上城区第十四届人民代表大会常务委员会关于接受陈红英同志辞去代表职务的决定
上人大〔2014〕14 号	2014-07-30	关于决定任免斯力等同志职务的通知
上人大〔2014〕15 号	2014-08-05	杭州市上城区第十四届人民代表大会常务委员会关于批准上城区 2013 年财政决算的决议
上人大〔2014〕16 号	2014-09-30	关于决定任免郑平等同志职务的通知
上人大〔2014〕17 号	2014-09-30	关于邬晓华等同志职务任免的通知
上人大〔2014〕18 号	2014-09-30	杭州市上城区第十四届人民代表大会常务委员会关于许可拘留上城区人大代表沈洪涛的决定
上人大〔2014〕19 号	2014-09-30	关于接受陈忠明等同志辞去杭州市上城区第十四届人民代表大会常务委员会委员职务的决定
上人大〔2014〕20 号	2014-09-30	杭州市上城区第十四届人民代表大会常务委员会关于接受张明祥等同志辞去代表职务的决定
上人大〔2014〕21 号	2014-09-30	杭州市上城区第十四届人民代表大会常务委员会关于补选出缺的区十四届人大代表的决定
上人大〔2014〕22 号	2014-12-17	关于推荐毛素云为杭州市第十二届人民代表大会代表候选人的请示
上人大〔2014〕23 号	2014-12-17	关于决定任免周国如等同志职务的通知
上人大〔2014〕24 号	2014-12-17	关于任免王春霞等职务的通知
上人大〔2014〕25 号	2014-12-17	关于接受李一青同志辞去杭州市上城区第十四届人民代表大会常务委员会委员职务的决定
上人大〔2014〕26 号	2014-12-17	关于接受王越剑等辞去代表职务的决定
上人大〔2014〕27 号	2014-12-17	杭州市上城区第十四届人民代表大会常务委员会关于补选出缺的区十四届人大代表的决定
上人大〔2014〕28 号	2014-12-17	关于接受章明伟等同志辞去杭州市第十二届人民代表大会代表职务的决议
上人大〔2014〕29 号	2014-12-17	关于接受章明伟等同志辞去杭州市第十二届人民代表大会代表职务请求的报告
上人大〔2014〕30 号	2014-12-17	关于补选陈国姝等同志为杭州市第十二届人民代表大会代表的报告
上人大〔2014〕31 号	2014-12-17	关于召开上城区第十四届人民代表大会第四次会议的决定

（王　先）

上城区人民政府

Shangcheng District People's Government

区政府重要会议

【区政府常务会议】 2014年，区政府召开常务会议9次。

1月7日，区政府召开十四届第十五次常务会议。会议研究《上城区2013年国民经济和社会发展计划执行情况和2014年国民经济和社会发展计划草案的报告》《上城区2013年财政预算执行情况和2014年财政预算草案的报告》和《关于实施上城区第六个法制宣传教育和依法治区五年规划(2011~2015年)的决议》等事宜。

4月4日，区政府召开十四届第十六次常务会议。会议研究《2014年建设项目收支计划》《上城区“智慧城区”建设总体规划纲要》《上城区推进地下空间停车场库建设的方案(讨论稿)》和《上城区与临安市的产业发展战略协议》等事宜。

5月27日，区政府召开十四届第十七次常务会议。会议研究《关于深化完善社会养老服务体系建设的意见(讨论稿)》《关于进一步推进社区发展的若干意见(讨论稿)》《2014年区重点建设工程立项监察实施方案》和《今年以来安全生产工作情况及几点意见》等事宜。

6月18日，区政府召开十四届第十八次常务会议。会议研究《关于上城区2014年重点实施项目征迁工作计划》、“三改一拆”和“无违建区”创建工作、“五水共治”工作和《区市场监管局机关“三定”规定》等事宜。

7月21日，区政府召开十四届第十九次常务会议。会议研究《上城区2014年国民经济计划上半年执行情况》《上城区2013年财政决算(草案)和2014年上半年财政预算执行情况的报告》《上城区深化国有资产管理实施意见》《上城区行政事业单位国有资产管理办法》《区属国有企业负责人经营业绩考核暂行办法和实施细则》和《进一步深化上城区城市建设体制改革实施意见》等事宜。

9月3日，区政府召开十四届第二十次常务会议。会议研究《上城区老居住小区交通综合治理实施办法(试行)》《关于鼓励和引导社会力量参与老居住小区交通综合治理的实施方案(试行)》《上城区开展“个转企巩固提升暨长效服务机制建设年”活动实施意见》《上城区无证无照餐饮整治“百日严打促长效”专项行动方案》、上城区部门职权事项清理工作和《上城区人民政府关于试行国有资本经营预算的意见》等事宜。

11月6日，区政府召开十四届第二十一次常务会议。会议研究《推进医养护一体化服务的实施意见》《上城区科技企业孵化器认定和管理办法》《上城区信访事项听证实施办法》《进一步利用资本市场助推企业发展的意见》和《上城区国有企业重大事项监督管理报告制度》等事宜。

11月28日，区政府召开十四届第二十二次常务会议。会议研究《上城区2015年为民办实事项目》和《上城区2015年重点工程建设计划情况说明》等事宜。

12月15日,区政府召开十四届第二十三次常务会议。会议研究《2015年政府工作报告》(征求意见稿)、《上城区2014年国民经济和社会发展计划执行情况及2015年国民经济和社会发展计划草案》(征求意见稿)、《2014年财政预算执行情况和2015年财政预算草案》(征求意见稿)和安全生产工作情况等事宜。

【区长办公会议】 2014年,区政府召开区长办公会议7次。主要议题有:关于2013年度拟记三等功公务员与2013年度拟嘉奖公务员情况,关于举办上城区第八届运动会的相关情况,关于调整延安路246号陈品旺安置处理方案的相关情况,关于《上城区公共建筑能效实时监控平台建设方案》,关于余杭地块8万平方米标准厂房转让相关情况,关于企业扶持政策落实的相关情况,关于举办国际化学校的相关情况,关于调整部分副区长分工的相关情况,关于上城区新职工住房公积金补贴相关事宜,关于企业扶持政策落实的相关情况,关于望海潮建设有限公司参与望江地区开发建设并开展实质性运作的情况,关于《2013年度上城区财政预算执行和其他财政收支的审计工作报告》的相关情况,关于人才工作的相关情况,关于调整上城区投资控股集团有限公司2013年国有资本经营收益上缴比例的情况,关于企业扶持政策落实的相关情况,关于《区属企业负责人业绩责任书》的相关情况,关于上城区投资控股集团有限公司经营事项的相关情况,关于上城区投资控股集团有限公司企业年金方案的相关情况,关于为企业服务工作的情况,关于新杭派服饰城租赁事宜的有关情况,关于《杭州新苗食品营养公司处置方案》的相关情况,关于《2014年建设指挥部考核办法》的相关情况,关于区教育局开展合作办学的相关情况,关于《打造玉皇山南基金小镇的若干政策意见的汇报》,关于上城区地铁征求资金筹措建议的汇报,关于执行新预算法、国务院清理规范税收优惠政策等情况的汇报等。

表6 2014年上城区十项实事工程及落实情况

序号	实事项目内容	完成情况
1	推进交通治堵。建设停车场(库)5处、泊位1177个,其中新开工2处、泊位600个,当年完工3处、泊位577个。实施支小路整治6条,其中完工3条。完成2个小区规范化停车试点工作。	建设停车场(库)10处、泊位1708个。其中,新开工停车场(库)3处、泊位769个(杭州烟厂地块公共停车楼、杭州市全民健身中心地下公共停车库、复兴商务广场地下停车库);完工停车场(库)6处、泊位1217个(杭州烟厂地块公共停车楼、万安桥停车场项目、杭州天地实验小学(新校区)地下停车库项目、望江公园北地下公共停车库项目、城站广场南绿地地下社会停车场库、东河8号地下停车场库)。整治支小路6条,完工3条(惠兴路、仁和路、学士路);完成金棕榈小区、钱塘雅苑小区规范化停车试点工作,完成东平巷社区、大学路社区交通综合整治工程。
2	加快保障性住房建设。全年开工9万平方米,竣工2万平方米,续建13万平方米,交付19万平方米。	保障性住房开工6.80万平方米,项目为近江单元R21-B01a地块安置房;竣工2万平方米,项目为工业园区人才公寓;续建13万平方米,分别是近江单元R21-B01b地块(印铁厂地块)安置房,大、小塔儿巷危改房重建项目,南星小区危改房重建项目;交付19万平方米,分别是近江单元B-C2-03-2地块(原孔凤春公司)安置房项目、复兴15-3地块安置房、陆家圩人才公寓项目。
3	实施"清水治污"工程。完成中河等河道疏浚清淤5000米,河道生态治理3700米。完成20处截污纳管。完成2大区块低洼积水改造。完成改扩绿地3.50万平方米。	完成中河等河道疏浚清淤8000米、河道生态治理3700米。完成33处截污纳管。完成2大区块低洼积水改造。完成改扩绿地5.45万平方米。
4	加强教育文体配套设施建设。区体育中心开工建设,杭州天地实验小学(新校区)交付使用,杭六中综合体艺楼及教育学院办公用房主体结顶。完成4所学校直饮水工程。	区体育中心完成方案设计优化;杭州天地实验小学(新校区)于8月30日交付使用;杭六中综合体艺楼及上城区教育学院教学大楼主体结顶。4所学校直饮水工程完成。
5	加强特殊人群服务。实施"关爱老年人,健康121行动"工程。推进"智慧养老"服务平台建设。实施区计划生育特殊家庭帮扶救助项目。	实施"关爱老年人,健康121行动"工程,开展20堂关爱老年人健康讲座,受益人数1400余人,瑞智学堂投入使用并开展康复培训;完善"智慧养老"平台建设,强化政府购买服务的监督管理,安装无线式呼叫器9000台;实施区计划生育特殊家庭帮扶救助项目,发放特扶金607万余元,惠及780人。

续表 6

序号	实事项目内容	完成情况
6	加强公共卫生服务。完成应急救护培训8000人次,实施专项医疗救助。开通食品药品为民服务直通车。改扩建6家社区卫生服务站。	完成应急救护培训9340人次;医疗救助52户、89人,29.23万元;完善食品药品安全"区—街道—社区—网格"四级网络建设;彩霞岭站、玉皇山站、长明寺巷站、耀华站、小营巷站和柳翠井巷站6家社区卫生服务站完工并投入使用。
7	深化社区服务。提升改造湖滨街道涌金门社区便民服务中心、清波街道家庭综合服务中心、小营街道姚园寺巷社区便民服务中心、望江街道大通桥社区便民服务中心、南星街道馒头山社区便民服务中心、紫阳街道"爱心港湾"特殊人群帮扶中心。	湖滨街道涌金门社区便民服务中心、小营街道姚园寺巷社区便民服务中心、望江街道大通桥社区便民服务中心、南星街道馒头山社区便民服务中心、清波街道家庭综合服务中心、紫阳街道"爱心港湾"特殊人群帮扶中心完工并交付使用。
8	进一步改善老旧小区基础设施。安装停车道闸20个,维修、安装电控门364个,增设监控探头53个,增配灭火器1318个。	实事项目全部完成,其中湖滨街道安装停车道闸13个,增设监控探头53个;清波街道维修、安装电控门223个,小营街道维修、安装电控门65个,望江街道维修、安装电控门50个,南星街道维修、安装电控门26个;紫阳街道安装停车道闸7个,增配灭火器1318个。
9	加强就业服务。帮助3340名就业困难人员实现再就业。	帮助3960名就业困难人员实现再就业。
10	推进历史地段、历史保护建筑保护修缮。启动10处历保建筑修缮,龙翔里历史地段复建工程主体竣工。	实施修缮仁智里1至18号建筑、解放路194号、旧仁和村6号、旧仁和村9号、浙江省水利水电勘测设计院建筑、平远里建筑群、方谷园胡宅、东平巷徐宅、九芝斋旧址、西湖大道238号等10处历史保护建筑。龙翔里历史地段复建工程主体竣工。

2014年度上城区人民政府重要文件题录

表 7

文 号	日 期	标 题
上政函〔2014〕1号	2014-01-02	杭州市上城区人民政府关于饮用水源保护区自查情况及整改方案的报告
上政函〔2014〕11号	2014-02-19	杭州市上城区人民政府关于公布全区行政许可、非行政许可审批和登记事项的通知
上政函〔2014〕18号	2014-03-14	杭州市上城区人民政府关于命名上城区重点企业的决定
上政函〔2014〕19号	2014-03-19	杭州市上城区人民政府关于命名上城区2013年度经济发展突出贡献企业经营团队的决定
上政函〔2014〕20号	2014-03-18	杭州市上城区人民政府关于举办上城区第八届运动会的通知
上政函〔2014〕38号	2014-05-16	杭州市上城区人民政府关于调整区工商质监体制改革完善食品药品监管体制的实施意见
上政函〔2014〕41号	2014-05-30	杭州市上城区人民政府关于调整区长、副区长工作分工的通知
上政函〔2014〕42号	2014-06-09	杭州市上城区人民政府、上城区人民武装部关于表彰2014年度民兵基地化训练先进单位和个人的通报
上政函〔2014〕55号	2014-07-23	杭州市上城区人民政府、上城区人民武装部关于表彰2013年度夏秋季征兵工作先进单位和先进个人的通报
上政函〔2014〕60号	2014-09-16	杭州市上城区人民政府关于命名湖滨街道东平巷社区等8家单位为上城区第一批"无违建社区"的通知

续表 7

文　号	日　期	标　　　　题
上政函〔2014〕69 号	2014-10-23	杭州市上城区人民政府关于命名湖滨街道青年路社区等 12 家单位为上城区第二批“无违建社区”的通知
上政函〔2014〕73 号	2014-11-13	杭州市上城区人民政府关于《杭州市望江新城望北核心区块城市设计》相关事宜的通知
上政函〔2014〕75 号	2014-11-20	杭州市上城区人民政府关于进一步推动企业利用资本市场加快发展的实施意见
上政函〔2014〕76 号	2014-11-27	杭州市上城区人民政府关于《上城区城镇低效用地再开发专项规划》的批复
上政函〔2014〕77 号	2014-12-02	杭州市上城区人民政府关于印发杭州市上城区“智慧城区”建设总体规划纲要的通知
上政函〔2014〕80 号	2014-12-25	杭州市上城区人民政府关于命名湖滨街道吴山路社区等 25 家单位为上城区第三批“无违建社区”的通知
上政发〔2014〕42 号	2014-11-25	杭州市上城区人民政府关于要求转报浙江省人民政府挂牌“玉皇山南基金小镇”的请示

表 8　2014 年度上城区人民政府办公室重要文件题录

文件号	发文日期	标　　　　题
上政办函〔2014〕1 号	2014-01-06	杭州市上城区人民政府办公室关于印发《2014 年上城区春运工作组织实施方案》的通知
上政办函〔2014〕2 号	2014-01-06	杭州市上城区人民政府办公室关于印发《上城区完善计划生育特殊家庭扶助制度实施细则》的通知
上政办函〔2014〕6 号	2014-01-15	杭州市上城区人民政府办公室关于印发《2014 年春节期间上城区销售燃放烟花爆竹安全管理工作方案》的通知
上政办函〔2014〕7 号	2014-01-16	杭州市上城区人民政府办公室关于印发《杭州市上城区创建国家级品牌消费集聚区实施方案》的通知
上政办函〔2014〕12 号	2014-02-08	杭州市上城区人民政府办公室关于印发《上城区 2014 年旅游目的地环境整治及管理实施方案》的通知
上政办函〔2014〕14 号	2014-02-19	杭州市上城区人民政府办公室关于印发《上城区人民调解经费管理使用办法(试行)》的通知
上政办函〔2014〕16 号	2014-03-04	杭州市上城区人民政府办公室《关于深入开展党的群众路线教育实践活动的实施意见》
上政办函〔2014〕25 号	2014-04-11	杭州市上城区人民政府办公室关于印发《上城区行政复议案件办理规范》的通知
上政办函〔2014〕27 号	2014-04-28	杭州市上城区人民政府办公室关于印发《上城区开展“无违建区”创建工作实施意见》的通知
上政办函〔2014〕29 号	2014-05-19	杭州市上城区人民政府办公室关于转发《2014 年上城区生活垃圾分类工作实施方案》的通知
上政办函〔2014〕32 号	2014-06-06	杭州市上城区人民政府办公室关于印发《杭州市上城区市场监督管理局(杭州市上城区工商行政管理局、杭州市上城区质量技术监督局、杭州市上城区食品药品监督管理局、杭州市上城区食品安全委员会办公室)主要职责内设机构和人员编制规定》的通知
上政办函〔2014〕35 号	2014-06-18	杭州市上城区人民政府办公室《关于转发区爱卫会关于迎接全国“灭蚊、灭蝇先进城区”复验工作方案的通知》
上政办函〔2014〕45 号	2014-08-12	杭州市上城区人民政府办公室关于印发《上城区生活小区非生活垃圾清运处置实施意见》的通知
上政办函〔2014〕48 号	2014-08-22	杭州市上城区人民政府办公室关于印发《杭州市上城区行政事业单位国有资产管理办法》的通知
上政办函〔2014〕50 号	2014-09-09	杭州市上城区人民政府办公室关于印发《上城区区域性火灾隐患整治方案》的通知

续表 8

文件号	发文日期	标　　题
上政办函〔2014〕51 号	2014-09-11	杭州市上城区人民政府办公室关于印发《上城区开展“个转企”巩固提升暨长效服务机制建设年活动实施意见》的通知
上政办函〔2014〕52 号	2014-06-16	杭州市上城区人民政府办公室关于印发《上城区开展“救急难”工作试点实施方案》的通知
上政办函〔2014〕55 号	2014-09-26	杭州市上城区人民政府办公室关于印发《上城区路面偷倒固体废物市场化清运实施方案》的通知
上政办函〔2014〕56 号	2014-09-28	杭州市上城区人民政府办公室关于印发《上城区无证无照餐饮整治“百日严打促长效”专项行动方案》的通知
上政办函〔2014〕57 号	2014-09-28	杭州市上城区人民政府办公室关于印发《2014 年上城区城市管理目标考核细则》的通知
上政办函〔2014〕60 号	2014-10-15	杭州市上城区人民政府办公室关于印发《上城区建设指挥部房屋征收补偿工作人员用工调整实施办法》的通知
上政办函〔2014〕62 号	2014-10-27	杭州市上城区人民政府办公室关于印发《上城区人民政府行政调解工作实施办法》的通知
上政办函〔2014〕63 号	2014-11-04	杭州市上城区人民政府办公室印发《关于鼓励和引导社会力量参与老居住小区交通综合治理项目建设的实施方案(试行)》的通知
上政办函〔2014〕64 号	2014-11-04	杭州市上城区人民政府办公室关于印发《上城区老居住小区交通综合治理实施办法(试行)》的通知
上政办函〔2014〕67 号	2014-11-11	杭州市上城区人民政府办公室关于印发《上城区机关、事业单位推进生活垃圾分类工作方案》的通知
上政办函〔2014〕69 号	2014-11-11	杭州市上城区人民政府办公室关于转发《政府机关使用正版软件管理办法》和《关于贯彻落实〈政府机关使用正版软件管理办法〉的实施意见》的通知
上政办函〔2014〕70 号	2014-11-14	杭州市上城区人民政府办公室关于印发《上城区推进医养护一体化服务的实施意见》的通知
上政办函〔2014〕71 号	2014-11-17	杭州市上城区人民政府办公室关于印发《上城区技术改造(工业投资)项目财政资助资金管理暂行办法》的通知
上政办函〔2014〕74 号	2014-11-20	杭州市上城区人民政府办公室关于印发《上城区国有企业重大事项监督管理报告制度(试行)》的通知
上政办函〔2014〕75 号	2014-11-21	杭州市上城区人民政府办公室关于印发《上城区科技企业孵化器认定和管理办法》的通知
上政办函〔2014〕76 号	2014-04-18	杭州市上城区人民政府办公室关于印发《上城区大气污染防治行动计划(2014~2017 年)》的通知
上政办函〔2014〕77 号	2014-11-27	杭州市上城区人民政府办公室关于印发《上城区信访事项听证办法实施细则》的通知
上政办函〔2014〕78 号	2014-11-25	杭州市上城区人民政府办公室关于印发《上城区重点区域火灾等安全事故防控综合治理体系建设实施方案》的通知
上政办函〔2014〕79 号	2014-12-01	杭州市上城区人民政府办公室关于印发《上城区关于深化完善社会养老服务体系建设的意见》的通知
上政办函〔2014〕80 号	2014-12-03	杭州市上城区人民政府办公室关于印发《上城区大气重污染应急行动方案》的通知
上政办函〔2014〕81 号	2014-12-02	杭州市上城区人民政府办公室关于印发《上城区流域水质异常应急联动机制》的通知
上政办函〔2014〕82 号	2014-12-12	杭州市上城区人民政府办公室关于印发《上城区加强专利创造、应用和保护的管理办法》的通知
上政办函〔2014〕84 号	2014-12-16	杭州市上城区人民政府办公室关于印发《集中开展城郊结合部违建出租房专项整治行动方案》的通知
上政办函〔2014〕86 号	2014-09-16	杭州市上城区人民政府办公室关于印发《2014 年上城区重点项目集体土地征地拆迁“清零”工作方案》的通知
上政办函〔2014〕87 号	2014-12-15	杭州市上城区人民政府办公室关于印发《杭州市上城区“智慧经济”发展三年行动计划》的通知

(吕晓岚)

行政服务

【概况】 2014年,上城区行政服务中心"便民服务一条龙""工商注册一条龙(为企服务一条龙)""公共资源交易采办一条龙"的"三条龙"服务体系建成,中心"一站式"服务的功能进一步完善。年内中心办事窗口增至101个,进驻中心开设窗口的部门24个,授权事项涉及7个社会服务类行业。全年受理各类服务事项99.46万件,日均2402件。受理行政审批事项256项,其中行政许可110项、非行政许可146项。

【权力清单编制】 2月,区行政审批服务管理办公室(简称区审管办)会同区法制办开展部门权力清单编制工作。对全区21个职能部门上报的行政许可、非行政许可、处罚、备案等事项进行梳理,涉及行政审批服务事项339项,其中行政许可事项126项、非行政许可事项175项、行政服务事项38项。按照"清权简权、审权确权、固权制权"的要求,区审管办会同区编委办完成权力清单编制,并向社会公布首张权力清单。此次清权简权,区职能部门保留权力事项2432项,减少权力事项3306项,清减率57.6%。

【招标代理机构公开比选】 4月,上城区启动招标代理机构比选试点工作。区住房和城建局出台招标代理机构预选名录后,区教育局率先在区公共资源交易服务中心试点,通过公开比选方式确定招标代理机构。招标代理的比选工作以摇号机作为随机抽取工具,设置多种出球模式。业主代表摇出的球编号数对应的企业成为中标或入围单位。区住房和城建局出台的招标代理机构预选名录管理实施办法中规定了两种模式:随机抽取模式,适用于投资总额200万元以下的项目;折扣率公开竞价模式,适用于投资总额200万元至6000万元的项目。五一节后,上城区正式开展招标代理机构公开比选,通过比选加强对政府投资工程项目监管,规范工程招标代理机构及从业人员行为,提高上城区建设工程招标代理工作水平。

【参加全市行政服务系统窗口技能比武】 7月16日,团市委和市审管办举办市行政服务系统窗口青工技能比武。比武分应知和应会两部分,其中应知笔试部分考察工作人员对时事政治的了解及对行政审批、行政许可等法规政策的掌握程度;应会实践部分考察工作人员的口语表达能力、礼节礼仪知识、服务意识与服务水平。比武活动至7月25日结束。上城区行政服务中心组团参加所有技能项目比武。经过角逐,区行政服务中心获团体总分第一名;徐一芬、张立波、叶俊麟3人分别获个人总分第二、第四、第六名,并获杭州市"优秀青年岗位能手"称号。

【"五证一章"联办】 10月8日,上城区行政服务中心开设"五证一章"联办窗口,在主城区率先实现"五证一章"联办。根据新的规定,企业申请人领取营业执照后,只需在"五证一章"联办窗口领取"上城区工商企业注册登记多证联办申请表",按照所需办理的证照填写表格,便可在规定时间内领取工商营业执照、组织机构代码证、税务登记证、社会保险登记证、统计登记证和公章。实行"五证一章"联办,对于各部门要求提交的相同申请材料,只需提交一份,联办窗口会在有关部门之间进行流转共享,不仅方便企业办证,而且降低办证成本。至年末,"五证一章"联办窗口受理登记企业814个。

【市级投资建设项目审批权限下放】 10月8日,上城区行政服务中心完成投资审批窗口单位进驻工作,上城区建设项目将由上城区自主审批报建。10月10日,区委常委、副区长管光尧到区行政服务中心了解市级投资建设项目审批权限下放承接工作。为承接好审批权,区住房和城建局、区发改经信局、区国土分局、上城规划分局等部门增设办事窗口,配齐配强业务骨干,加强指导与培训,并充实工程项目专家库。针对下放的审批事项,制定事中事后监管制度,努力改善企业投资和市场环境。同时完善公共资源交易官方网站和招投标平台,加强与各职能部门联系,确保审批过程高效有序、阳光公正。

【上城区首家"先照后证"个体户】 9月17日,上城区行政服务中心市场监管局窗口在申请人没有提交卫生许可证的情况下,直接为个体户"望云足浴养生馆"核发经营范围为"足浴"的营业执照。该个体户成

9月17日,上城区望云足浴养生馆经营户领取工商执照
(区行政审批服务管理办公室　供稿)

为首个享受《国务院决定改为后置审批的工商登记前置审批事项目录》政策红利的市场主体。此次新政惠及文化、卫生、教育、国土、环保、交通运输、农业等部门前置审批的市场主体,缩短了注册登记时间,降低了运营成本。(钱一江)

电子政务

【电子政务项目建设】 2014年,区电子政务办公室推进电子政务规范化、集约化建设。全年受理17个项目申请,区电子政务办公室会同区发改经信局、区财政局和区科技局评审申报项目,确定对"上城区政府督查系统"等10个政务信息化项目进行立项,立项资金750万元(财政出资266万元,自筹484万元)。加强财政投入资金管理,健全科学民主决策和实施程序,提高电子政务项目建设质量和应用水平。年末,区电子政务办公室对区级政府部门的电子政务项目建设情况进行考核,考核结果报送区考评办。

【区政府门户网站升级改造】 区电子政务办公室对区政府门户网站进行升级改造,新的区政府门户网站根据领导、部门和公众三方的需求设计功能模块,并融入南宋皇城文化与现代经典上城的元素,风格上采取简洁清晰的单屏展现方式。9月26日,区政府门户网站——"杭州上城"门户网站上线运行。根据省政府阳光工程网建设"统筹规范、统分结合、集约建设、一站服务"的原则,"杭州上城"阳光工程网设有动态信息、行政权力目录、重点公开事项、审批信息公开、决策公开、公共企事业单位等栏目,以及14个部门子网站群。

【区政府督查系统建设】 11月1日,区电子政务办公室完成区督查系统的开发工作,并移交区政府办公室使用。该系统主要包括区督查子系统(人大建议、重要批示督查、重要会议督查、目标任务督查、重要信访督查)和绩效考核子系统两大部分。

【区政府视频会议室改造】 12月,区电子政务办公室通过整合区政府会议中心原有资源,增添必要设备,完成区政府会议中心的3个视频会议室改造工作。改造后的会议室具有召开省级应急视频会议、市级应急视频会议、区级视频会议、电视电话会议和党委涉密视频会议等功能,方便区政府办公室合理安排会议室,进一步提高会议室利用率。

【区政务外网安全防护加固】 区电子政务办公室根据区政务外网运行情况,对管理系统进行升级扩容,并在区政务外网上安装入侵防御系统(IPS),加强安全防护能力。同时,优化原有网络平台,保持网络平台应用的安全、稳定、高速。

【区政务服务网建设】 上城区政务服务网采用由浙江省政务服务网统一建设、统一部署的模式,实施省统一行政权力运行系统,为上城区政务部门和行政服务中心提供对承诺件、联办件、即办件进行申报、受理、办理、收费、反馈并联审批、多级联动审批、企业投资项目备案办理等网上办事平台,满足各方对行政权力网上运行的需要。(郑　磊)

政协上城区委员会

Shangcheng District Committee of the CPPCC

综 述

【概况】 2014年,区政协加强学习研究,组织学习中共十八届三中、四中全会精神和习近平总书记在庆祝人民政协成立65周年大会上的重要讲话。通过电子政务系统、手机短信及微信群等手段推送学习内容。加强对基层协商民主的理论研究,《以信息化推进提案办理协商》当选2014年度浙江省市、县(市、区)政治协商民主十大创新案例;《从委员视角看激发履职活力的对策与思考》获浙江省人民政协理论研究会第六次理论研讨会二等奖。推进政治协商工作,协助区委制定《关于进一步加强和改进人民政协政治协商的意见》。前移协商关口,丰富协商形式,利用全体会议、常委会议、主席会议、对口协商等形式就政府工作报告及其他报告、产业转型升级、重点项目建设、民生事业改进等组织协商。推进基层协商,在湖滨委员小组设立委员工作室,其他委员小组根据实际情况,开展各具特色的基层协商民主实践探索。推进民主监督工作,区政协常委会协助区委制定《进一步加强和改进人民政协民主监督的意见》,探索开展民主监督的新方法、新途径,拓展民主监督参与度,提升民主监督实效。组织"五水共治"专项监督,创新开展提案监督、视察监督,发动委员监督,将民主监督作为全区经济社会发展的"催化剂"、政协履职成果转化的"推进剂"。

【推进改革】 区政协有针对性地开展调查研究,推进全区改革事业。关注全区经济发展,在文创、金融、医药、小微企业发展、特色街区打造等方面提出意见建议。关注民生事业改善,为提升百姓生活品质建言献计。围绕"三改一拆",调研馒头山、始版桥直街、兴加儿巷等地区的改造情况。围绕社会领域改革,助力政府服务品质改善,调研成果转化为区委正式文件。区政协总结推进履职能力现代化建设的实践与探索,形成的调研文章在11月20~21日召开的国家治理与人民政协研讨会上进行交流。

【服务发展】 区政协常委会坚持团结和民主两大主题,发挥人民政协的组织优势,促进各项事业和谐发展。坚持联系和走访党派团体制度,听取各单位对政

8月20日,省政协副主席陈小平(右二)到上城区检查指导"五水共治"工作,区政协主席余勇(右一)陪同视察　　(区政协办公室　供稿)

协工作的意见,营造合作共事氛围。发挥社会各界的联络联谊作用,协助党委、政府做好民族宗教工作,加强与民族宗教人士的联络,借助区政协企业家联谊会,为非公有制经济人士有序参与政治搭建平台。发挥多方配合的协同协作作用,参与杭州市各城区基本公共服务政策统筹平衡的联动调研。发挥文史工作的团结育人作用,编辑出版反映上城改革开放35周年的“三亲”史料集《又见吴山绿》。

【政协提案与办理】 区政协四届三次会议以来,收到委员以提案形式提交的意见建议170件,经审查,立案142件,立案率83.5%,其余28件作为意见建议办理。立案的提案中,移交区委有关部门承办的提案22件,移交区政府有关部门承办的提案116件,移交区政协机关承办的提案3件,移交区法院承办的提案1件。提案内容涉及经济科技方面27件,涉及城市建设和管理方面50件,涉及教育、文化、卫生、体育方面28件,涉及社会法制方面24件,涉及政协统战、民族宗教方面6件,其他方面7件。全部提案完成办理答复。其中,委员对提案办理工作评价非常满意的76件,占53.5%;满意的61件,占43.0%;基本满意的5件,占3.5%。提案所涉及的问题已经解决或基本解决的85件,占59.8%;正在解决的38件,占26.8%;因受条件限制或其他原因留作研究参考的18件,占12.7%;无法解决的1件,占0.7%。解决率比上年提高10%。通过跟踪落实,区政协四届二次会议以来正在解决的提案中,有15件基本得到解决。

政协重要会议及委员活动

【区政协四届三次会议】 中国人民政治协商会议第四届杭州市上城区委员会第三次会议于2014年1月20~23日举行。会议审议通过区政协主席余勇做的区政协四届常委会工作报告;审议通过区政协副主席陈少华做的区政协四届二次会议以来提案工作情况报告;与会人员列席区十四届人大三次会议,听取和讨论区政府工作报告及其他报告;审议通过《政协第四届杭州市上城区委员会第三次会议关于提案审查情况的报告》和《政协第四届杭州市上城区委员会第三次会议决议》。会议期间,收到委员提案170件,立案142件。5个党派、5个界别、2个专委会和2名委员做大会发言或书面发言。

【区政协四届十一次常委会议】 1月21日,召开区政协四届十一次常委会议第一次会议。会议协商审议《政协第四届杭州市上城区委员会第三次会议选举办法(草案)》,协商增补政协第四届杭州市上城区委员会常务委员候选人建议名单(草案),协商政协第四届杭州市上城区委员会第三次会议总监票人、副总监票人建议名单(草案)。1月22日,召开区政协四届十一次常委会议第二次会议。会议听取对各工作报告讨论情况的汇报,听取选举事项讨论的情况汇报,讨论并提出会议决议(草案)。1月23日,召开区政协四届十一次常委会议第三次会议。会议表决通过选举办法(草案),表决通过总监票人、副总监票人名单(草案),表决通过监票人名单,确定正式候选人名单。听取对会议决议(草案)讨论情况的汇报,听取并审议提案委员会关于大会提案审查情况的报告(草案)。

【区政协四届十二次常委会议】 3月26日,召开区政协四届十二次常委会议。会议协商审议区政协2014年工作要点(草案),协商通报区政协四届三次会议重点提案,协商审议区政协开展“五水共治”民主监督实施方案,协商审议《关于“莫言文化村”规划建设的调研和建议》。

【区政协四届十三次常委会议】 6月25日,召开区政协四届十三次常委会议。会议协商审议《进一步提升完善“平安365”社会服务管理联动工作机制的对策建议》,协商审议《信息化推进提案办理协商的创新与实践》,通报委员暑期读书会方案。

【区政协四届十四次常委会议】 9月25日,召开区政协四届十四次常委会议。会议协商通过相关人事事项,任命徐志忠为政协杭州市上城区委员会城建和人口资源环境委员会主任,免去王健伍的政协杭州市上城区委员会城建和人口资源环境委员会主任职务。听取区政府办公室关于通报区政协四届三次会议提案办理情况的报告；听取区政协提案委员会关于四届三次会议以来提案办理情况的报告，协商审议《中共上城区委关于进一步加强和改进人民政协政治协商的意见》；协商审议《中共上城区委关于进一步加强和改进人民政协民主监督的意见》。

【区政协四届十五次常委会议】 12月26日，召开区政协四届十五次常委会议。会议审议增补何明俊、俞朔、陈慧芳、游文程为区政协委员，同意余德利、李光勋、金孝伟因工作变动辞去区政协四届委员会委员职务。审议通过关于召开政协第四届杭州市上城区委员会第四次会议的决定，审议通过政协第四届杭州市上城区委员会第四次会议议程（草案）和日程，审议通过提交政协第四届杭州市上城区委员会第四次会议审议的常务委员会工作报告和政协四届三次会议以来的提案工作报告，审议通过政协第四届杭州市上城区委员会第四次会议副秘书长名单，审议通过杭州市上城区政协各专门委员会2014年度工作总结（书面）。

【政协委员暑期读书会】 8月12~13日，区政协举办委员暑期读书会。区政协全体委员、各专委会特聘委员、联谊会成员、各街道委员活动小组召集人和联络员参加读书会。区委副书记、区长陈瑾代表区政府通报上半年全区经济社会发展情况及下半年政府主要工作思路。政协委员分“深化经济领域改革”“合力助推五水共治”“深化民生领域改革”3个专题小组与区领导及相关部门负责人进行咨情问政。浙江大学思想政治理论教学科研部(马克思主义学院)教授段治文和区政协委员、浙江泽大律师事务所律师麻侃分别做“当前中国发展的形势与热点难点分析”报告和“法律风险的防范”讲座。区政协主席余勇做读书会小结，传达市委政协工作会议和区委九届十一次全会精神，简要通报区政协上半年工作，部署下一阶段工作任务。

表9

2014年度政协上城区委员会重要文件题录

文件号	文件日期	标题
上政协〔2014〕1号	2014-01-28	中国人民政治协商会议第四届杭州市上城区委员会常务委员增补名单
上政协〔2014〕2号	2014-03-27	上城区政协2014年工作要点
上政协〔2014〕3号	2014-03-27	上城区政协“合力助推‘五水共治’”专项集体民主监督实施方案
上政协〔2014〕4号	2014-03-27	关于委员学习和工作联络委员会更名为委员工作委员会的决定
上政协〔2014〕5号	2014-09-09	关于印发《上城区政协领导走访约谈区政协委员制度》的通知
上政协〔2014〕6号	2014-09-26	关于徐志忠等职务任免的通知
上政协〔2014〕7号	2014-12-29	政协第四届杭州市上城区委员会常务委员会关于增补委员的决定
上政协〔2014〕8号	2014-12-29	关于同意余德利等辞去政协第四届杭州市上城区委员会委员职务的决定

（宋　燕）

纪检监察

Disciplinary Inspection & Supervision

执纪监督

【党风党纪监察】 1月10日，区纪委（监察局）印发《关于切实加强节日期间监督执纪问责工作的通知》，布置开展督促检查，切实纠正有令不行、有禁不止等问题。加强对“五水共治”“三改一拆”等区委、区政府重点决策部署执行情况的督查，印发效能督查问题告知书2份。会同区财政局开展规范财经纪律专项检查和国有资产规范管理专项督查，重点督查“三公”经费支出、国有资产管理、预算编制及执行情况、会计基础规范、政府采购执行情况等内容。全区“三公”经费比上年（指2013年，下同）下降30.1%。落实领导干部外出审批纪律规定，区管干部因公因私出国（境）、国内公务考察备案登记82人次，对不符合规定的4人不予审批。

【重点建设工程监察】 5月29日，区纪委（监察局）制定《2014年区重点建设工程立项监察实施方案》，立项监察区重点建设工程8个，召开专题督查会议2次。对浙江省旅游展示中心工程项目内部管理不到位的情况发出监察建议书，对复兴商务广场地下空间建设项目、平安里地块危旧房改造项目、湖滨D-16中华饭店地块建设项目发出效能督查通知单。全年开展走访督查21次，发现影响工程质量和进度问题10个，提出整改意见建议12条。

党风廉政建设主体责任制推进

【落实主体责任情况督查】 3月14日，区委印发《关于做好区直单位党委（党组）履行党风廉政建设主体责任情况报告工作的通知》，建立基层党组织向区委、区纪委报告履行党风廉政建设主体责任及主要负责人履行“第一责任人”情况制度，明确9项具体报告内容及专题报告、书面报告2种报告方式。全区53个区直单位以正式文件形式向区委、区纪委书面报告。4月1日，区纪委（监察局）召开专题汇报会，听取6个街道和区民政局、区城管局党（工）委（党组）落实主体责任情况报告。会上，各单位党（工）委（党组）书记向区纪委专题报告履行2013年度党风廉政建设主体责任和主要负责人履行“第一责任人”职责情况。区委常委、纪委书记沈民，区纪委副书记、监察局局长谢宁，区纪委副书记吴电荣对每个单位的落实主体责任情况逐个点评，并提出整改要求。

【党风廉政建设责任制检查考核】 12月18日，区委印发《关于开展2014年度落实党风廉政建设责任制检查考核的通知》，并成立21个检查组，检查考核全区53个区直机关部门（单位）。其中，由区委、区政府领导带队，对区直机关工委、区发改经信局等16个单位进行重点检查。由区纪委、派驻纪工委领导带队，对其他区直机关部门（单位）进行检查考核。检查考核主要采取听取情况汇报，查阅相关文件、资料、台账，个别谈话，对照评分等方式。检查考核中，检查组与区直机关各部门（单位）班子成员及中层干部个别谈话233人次，发现问题123条次，24个单位被扣分。

作风效能建设

【正风肃纪专项行动】 2014年，区纪委（监察局）围绕贯彻落实中央“八项规定”精神，会同区委办、区政府办、区财政局等部门开展8个方面的正风肃纪专项行动。组织规范财经纪律和国有资产规范管理专项督查，全区“三公”经费比上年下降30.1%。推进党政机关办公用房专项清理，督查全区行政事业单位办公用房清理整改情况，全区涉及超标的22个单位全部整改到位。开展公车节假日期间使用管理情况督查，五一、中秋、国庆期间组织12个专项小组检查全区公车定点停放情况，在《上城报》点名通报8个单位的14辆公车使用未按规定报备、未按规定停放情况。组织单位内部食堂、值班制度专项检查，检查42个单位内部食堂，下发作风建设督查通知单7份；督查6个街道“朝八晚九”工作制度执行情况，下发作风建设督查通知单6份。开展“文山会海”、检查评比过多问题整治，全年以区委、区委办名义召开的会议减少15.6%，文件减少32.6%，评比表彰活动减少60.9%。整治“会所中的歪风”，排查疑似场所22个，依法关停会所5个，全区1024名科级以上领导干部提交不出入私人会所承诺书。

【“96666”效能投诉办理】 区纪委（监察局）“96666”投诉中心全年受理各类作风效能投诉298件。其中，“96666”投诉中心转办及网络投诉件199件；受理群众来信来电来访、“民情热线”交转等作风效能投诉件40余件。严肃查处社区工作人员接受钱江陵园宴请和收受礼物等违反“八项规定”精神问题，接受宴请的30名社区工作人员被通报批评，并全部退还收受礼品。

【作风效能明察暗访】 区纪委（监察局）成立由区纪委监察干部、区政风行风监督员组成的5个检查组，按照检查范围最大化、检查内容全面化、检查频次渐多化、检查结果公开化、通报问责即时化、问题整改限时化“六个化”的要求，对机关干部作风和效能问题进行明察暗访。全年组织明察暗访102次、单位195个，查处违反作风效能制度问题16个，全部在《上城报》点名通报，问责50人。

【“公述民评”活动】 8月18日，区作风办印发《关于做好2014年全区“公述民评”工作的通知》，将区发改经信局等25个单位作为重点评议单位，评议对象除机关中层正职干部、基层单位主要负责人外，向领导班子成员、中层副职、重点岗位人员、基层单位班子成员延伸。评议方式采取现场述职、群众面对面问政等方式。评议结果纳入综合考评，并作为干部评先评优、提拔任用和问责的重要依据。评议活动从8月开始至10月底结束，共召开述评大会84次，接受评议干部302人，收集意见建议225条，提出整改措施136条。

办信办案

【《上城区纪检监察信访实用手册》编写】 9月，区纪委（监察局）组织编写《上城区纪检监察信访工作实用手册》。该手册分三部分内容：第一部分是信访工作流程，采用“流程图+文书范本”形式详细说明信访举报各环节的工作程序。第二部分是实用案例解析，选取1个典型案例，详细解析信访举报从受理到最后处理的全过程，并对信访文书的规范填写进行示范。第三部分是制度文本汇编，对相关法律法规进

8~10月，上城区在25个单位开展“公述民评”活动　（区纪委　供稿）

行梳理，摘录法律法规8个、制度规定38个。该手册印发至全区各级纪检监察组织，同时制作电子手册供下载查阅。

【案件查办】 全年各级纪检监察组织受理信访举报105件，立案15件，处分党员干部15人，分别比上年上升27%、114%、88%。其中，开除党籍5人，移送司法机关1人。发挥区反腐败协调小组作用，与区公安、检察、审计等部门建立完善办案协作工作机制。安装使用案件信息管理系统，出台区纪检监察问题线索集中管理规定。设立纪检监察信访谈话室，并制定谈话室使用管理制度。建立由18名专业人员组成的办案人才库，成立由19名公安干警组成的办案特勤陪护队伍。对查办的案件进行剖析，并在发案单位召开案情通报会和专题民主生活会。发挥信访监督作用，全年开展监督提醒16人次，澄清问题29个，保护党员干部8人。

反腐倡廉宣传教育

【日常廉政教育】 3月24日，区纪委(监察局)出台《上城区党员干部谈话提醒教育实施办法》，明确“案件调查中涉及但不构成纪律处分”等10种具体谈话提醒教育情形。谈话提醒与任前谈话、信访监督谈话、诫勉谈话、纪委常委同下级党政主要负责人谈话相结合，一般以“一对一”的形式开展，结束后形成“谈话提醒教育记录表”，并视情对被谈话对象进行回访。全年各级纪检监察组织开展谈话提醒教育313人次，其中区管干部65人次。区委常委、纪委书记沈民对2013年5月以来新提拔的50名区管领导干部进行集体廉政谈话，区纪委常委分头对15名区直机关部门“一把手”进行廉政谈话。自4月起，坚持每周一次向区管以上领导干部及重点岗位党员干部500余人发送廉政短信，内容主要有党纪法规、提醒教育、格言警句等，先后发送廉政短信40次。

【“上城清风”官方微博宣传】 区纪委(监察局)通过“上城清风”官方微博以图文、视频等形式介绍区党风廉政建设和反腐败工作动态、经验做法、案件查办等情况，与网民进行互动交流，对网络反映的涉及党员干部违纪问题做公开正面回应。至年末，官方微博发布微博432条，有“粉丝”200人。

【廉政文化微作品征集评选】 6月，区纪委(监察局)联合区委宣传部开展以正风肃纪、反腐倡廉为主要内容的廉政文化微作品征集评选活动。作品形式包括微电影、微小说、微广告、微信微博四大类，共征集到各类廉政文化微作品近200件，择优上报市纪委参加“廉洁杭州，你我同行”廉政文化微作品征集评选活动85件。其中，3件作品获三等奖，6件作品获优秀奖。

纪检监察组织建设

【纪律检查机构改革】 按照“转职能、转方式、转作风”要求，区纪委(监察局)机关内设机构调整为9个，分别是办公室、干部室、宣传教育室、党风政风监督室（区政府纠正行业不正之风办公室）、信访室、案件监督管理室、第一纪检监察室、第二纪检监察室、案件审理室。监督执纪部门数量和人员数量均占机构和人员编制总数的66.7%。对全区涉及区纪委(监察局)参与的议事协调机构进行梳理，梳理出区纪委(监察局)参与的议事协调机构116个，保留或继续参与的议事协调机构22个，其余协调机构取消或不再参与。

【“业务技能培训季”活动】 8~10月，区纪委(监察局)利用每星期五下午“支部学习日”，组织机关干部和派驻机构人员集中开展“业务技能培训季”活动。培训设案件初核基本流程、常见公文写作要点、行政监察基本手段和形式、纪检监察信访接访注意事项等课题12个。培训采用实战式、案例式、PPT等形式，由1个业务室主讲1项业务工作，每次课程1~2小时。

（余飞占）

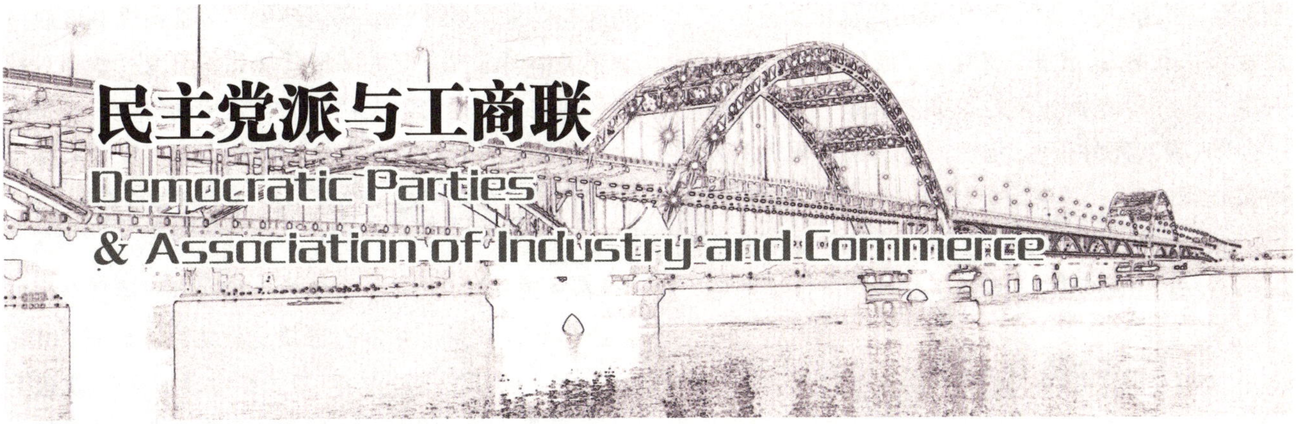

民主党派综述

【概况】 2014年,上城区有7个民主党派基层组织,分别隶属各民主党派杭州市委会。民主党派有总支2个、基层委员会5个、支部39个,成员797人,全年发展成员32人。上城区各民主党派积极参政议政、服务社会,自觉投身全面深化改革和“五水共治”等重点工作。通过市、区“两会”和其他渠道上报社情民意,全年提交各类议案、提案和建议171件、社情民意237条,撰写调研文章19篇。各民主党派总支(基层委员会)、支部按照自身特点和优势,加强自身建设,健全组织活动,开展坚持和发展中国特色社会主义学习实践活动,鼓励各成员在本职岗位上建功立业,服务上城经济社会建设。加强与区政府相关部门联系,开展民情民生调研和“爱心社区行”等活动,在参政议政、民主监督及服务社会等方面发挥应有作用。

民革上城总支

【概况】 中国国民党革命委员会(简称民革)由中国国民党民主派和其他爱国主义人士于1948年1月1日在香港创建。1979年,民革上城独立建支。1992年,上城区有2个民革支部。2000年,民革企业支部划归民革杭州市委会管理。民革杭州市委会上城总支划分为第一、第二支部,第一支部主要由在职各领域成员组成,第二支部主要由原黄埔上城同学会成员组成。2010年11月,民革杭州市委会上城总支成立,下设第一、第二支部。截至2014年年底,民革上城总支有党员52人,其中新发展党员3人。

【参政议政】 2014年,民革上城总支利用市、区两级平台参政议政。区“两会”期间,7名民革政协委员提交《关于打破老年产业的约束,扩大老年消费需求的建议》等提案13件。6月,民革上城总支《关于加强我市历史建筑保护与再利用工作的建议》被杭州市政协重视,总支主委林巾巾参加杭州明珠电视台举办的“关于西湖景区高档会所转型问题”的政协视点圆桌会,在会上发表党派意见,对市园文局提出具有可操作性的建议。8月,民革上城总支与上城区政府、上海同济大学联合主办“美丽上城‘五水共治’”高峰论坛,总支主委林巾巾做题为“治水,绘就‘美丽上城’新蓝图”的大会发言。与小营街道结对调研“五水共治”现状,深入社区倾听民生诉求。10月,组织党员参加区卫计局政情通报会,参观上城区葵巷社区卫生服务站、区疾控中心、区卫生监督所,在通报会上反馈民生诉求,为卫生和计划生育工作建言献策。

【社会服务】 2014年,民革上城总支参加市委会“同心·博爱”公益支教活动。总支党员骆英心参与“7·5”公交纵火案救援工作。总支党员高静和陈凡的先进事迹被《上城报》刊登。一支部党员谢炳松被评为“中国十大新锐赣商”。连续第7年参与区统一战线“爱心社区行”活动,和民革书画支部一起为社区居民创作书画。

【联络联谊】 2014年,民革上城总支与杭州市民革书画支部等支部开展联络联谊活动。开展以“中国特色社会主义学习实践活动”为主题的党员交流活动，增强组织凝聚力，增进总支党员之间的了解。结合爱国主义教育和传承中华文化，发挥民革特色，总支党员向“三胞”(海外侨胞、港澳同胞和台湾同胞)及海外亲友寄送贺卡。全年接待港澳台及海外亲友28批。通过接待、交流、沟通等形式，吸引港澳台地区和海外亲友到上城区投资，促进上城区经济持续发展。

民盟上城区基层委员会

【概况】 2014年，中国民主同盟(简称民盟)上城区基层委员会有支部12个，成员208人，其中新发展盟员11人。基层委员会分别被民盟浙江省委会、民盟杭州市委会评为先进单位。民盟上城区基层委员会把“盟员之家”打造成盟员交流、学习、展示之家。民盟中央副主席张平、杭州市委统战部副部长金志强和民盟省委会、市委会相关部门领导多次到“盟员之家”调研指导。9月25日，民盟杭州市委会在“盟员之家”召开基层组织“盟员之家”建设工作现场会。萧山区、江干区及省外大连市、太原市、厦门市等地的民盟基层组织先后到“盟员之家”交流学习。贯彻落实基层委员会班子成员联系基层支部制度，加强盟员学习、联谊、交流，开展支部联谊、外出交流、工作研讨和基层委员会走访先进支部等活动。7月，组织盟员到江山市与民盟江山市支部委员会交流，加强民盟组织之间的相互联系，借鉴、学习兄弟支部的先进经验。建立“上城盟务工作信息平台”，借助盟员QQ群，打造电子档案管理和成果展示平台，提升组织建设水平。

【开展调查研究】 2014年，民盟上城区基层委员会组织盟员围绕区委、区政府中心工作及社会热点、难点问题进行提案、建议选题，开展专题调研，在区“两会”上提出高质量的提议案，其中《关于进一步深化改制民办学校的建议》被列为区政协优秀提案。副主委钟荣川的《关于我区安全生产的思考与建议》和《加强对我区小型餐饮业卫生监督检查的建议》、王毅军的《发展江上旅游的一点建议》和《关于发展二十三坊旅游的一点想法》、王双林的《关于编写改革开放以来上城区城市变化图集》等提案受到区政府相关部门重视。深入基层开展调查研究，“快递进社区的调研和建议”“农村私人自建房的安全、质量亟须规范指导和管理” 等5项调研课题报民盟市委会并立项。全年上报反映社情民意文章105篇。

【帮扶工作】 2014年，民盟上城区基层委员会与桐庐县新合乡商定并签署帮扶支教协议，确定2014~2017年的帮扶支教内容。组织结对教师轮训、送教上门、资助困难学生，帮助新合乡改善办学条件。扩大支教内容，延伸服务范围，开展教育交流。科技支部多名盟员专家到富阳市新登镇考察调研，加强对当地保障房建设的指导，推进新登镇双联村的整体规划与建设工作。

民建上城区基层委员会

【概况】 中国民主建国会(简称民建)由工商经济界人士及相关专家学者组成。2014年，民建杭州市上城区基层委员会有支部5个，会员161人，其中新发展会员6人。民建上城区基层委员会三支部先进事迹入选市委统战部的《创新·活力·求索——杭州市民主党派基层组织建设优秀案例集》，三支部被民建杭州市委会授予“2013年度民建杭州市先进支部”称号，何奇荣获省委统战部及省知联会优秀参政议政成果二等奖，屠丹荣获民建市委会优秀参政议政成果二等奖，陈洁关于《城镇住房保障条例(征求意见稿)》反馈意见被民建中央录用，胡成敏、纪中久被民建市委会评为优秀信息员；胡丽亚被评为2013年度市工商联系统先进工作者。

【支部建设】 2014年，民建上城区基层委员会实现组织活动“形式、内容、层面”3个创新。二支部与三支部举办“中医养生”讲座、“五水共治”议政日活动，与余杭二支部联谊并举行“如何进一步缓解中小微企业融资难”“加大司法改革与加强社会诚信”主题议政日活动。通过民建中央网站、省委会网站、市委会网站、《杭州民建》杂志和《联谊报》、《上城报》等媒体进行宣传报道，多层面反映各支部工作情况。建立

QQ 群、微信等平台，创办《民建上城报》和《支部园地》等刊物，开展会员学习交流活动。

【提案建议】 2014 年，民建上城区基层委员会会员中有 1 名市人大代表、4 名区人大代表、13 名区政协委员。全年各人大代表在区人大十四届三次会议上提交建议议案 6 件，在区政协四届三次会议上提交集体提案 1 件、个人提案 21 件。胡承敏、何奇在大会上做专题发言。赵毓芳、何奇、胡承敏的提案成为优秀提案。李国平《关于加强杭州市电动自行车管理的建议》被市人大常委会评为 2013 年度优秀人大建议。该建议案与申居宇星、潘伟红的《加强社会组织培育力度，积极参与社会公共服务》提案获民建市委会 2013 年度优秀参政议政成果一等奖。陈咏梅的《关于上城区建设工程改革的建议和设想》，屠丹的《对上城区历保建筑的文化保护及商业价值提升的建议》，胡成敏的《关于杭州交通治堵应采取综合治理的十条建议》，何奇的《关于更好搭建上城区社会服务平台的几点建议》均获民建市委会 2013 年度优秀参政议政成果二等奖。纪中久的《关于著作权法修订草案送审稿的修改建议》《关于为诉讼离婚者提供婚姻状况证明的若干建议》被民建中央采用，《放松环境公益诉讼主体范围限制、构建环境公益诉讼体制的建议》先后被省委统战部和市委统战部采用。周颖的《发展社区金融服务，打造杭州财富管理中心的建议》被民建市委会录用。闵涛的《重视山南国际创意产业园地下空间的规划建设》，胡成敏的《关于杭州应尽快筹建“空轨”作为缓解交通拥堵的组合手段之一的建议》均获民建市委会 2013 年度优秀参政议政成果三等奖。民建上城区基层委员会和各支部上报社情民意文章 50 篇，被采用 30 篇。

【社会扶助】 2014 年，民建上城区基层委员会打造民建思源工程品牌。连续第 11 年开展法律服务夏季进防空洞纳凉点服务。一支部发挥贴近基层社区的优势，积极参与社会扶助和献爱心活动。参加柳翠井巷社区“千人邻居节”活动，与社区携手打造“春草连心织家手工坊示范基地”。民建上城区基层委员会各支部与区民政局和各街道、社区联手，组织开展扶贫帮困和咨询服务、志愿服务等公益活动。

民进上城区基层委员会

【概况】 2014 年，民进上城区基层委员会有支部 10 个，会员 194 人，全年发展会员 5 人。会员中有省人大代表 1 人、省政协委员 1 人、市政协委员 2 人、区人大代表 2 人、区政协委员 15 人。民进上城区基层委员会结合坚持和发展中国特色社会主义学习实践活动，开展“读会史、深会情”活动，学习民进会章、会史等。组织力量编写《上城民进图志》。徐敏、王莺被选为岗位建功典型人物，其事迹在《上城报》刊登。民进上城区基层委员会被民进中央评为民进全国组织建设先进基层组织。天长支部副主任蒋军晶被评为省特级教师，2 名会员被评为杭州市优秀班主任。

【课题调研】 2014 年，民进上城区基层委员会将民主党派调研课题与区委、区政府中心工作相结合，撰写的《关于加快培育具有承接政府公共职能转移能力的社会组织的意见》《关于加强社区公共服务市场化建设的建议》《关于我市在“五水共治”中进一步挖掘和弘扬水文化的建议》等文章，被列入市、区政协大会发言材料。反映行政审批制度改革、政府网络征集民意遇冷遇、爱国教育入课堂等问题的 3 篇信息在《人民政协报》上刊登。会员徐敏撰写的《发挥民间智慧、促进中美友谊——关于恳请落实杭州中美友谊纪念馆馆址的建议》和《关于开发“山水西湖、品质杭州”实景网络休闲游戏推进杭州国际化水平的建议》2 篇信息获市领导批示。

【爱心服务】 民进上城区基层委员会组织会员进社区，开展各种为民服务活动。一支部组织医生进社区义务检查，江城支部利用晚上时间为学生进行心理辅导，退休一支部老会员们暑假辅导留守儿童学习手工制作。配合民进市委会、区委统战部开展“服务进社区和谐千万家”社区爱心行活动。与江城中学支部联合开展“家长心理健康讲座”进社区活动，教授家长与孩子的沟通技巧。小营支部与滴水公益组织合作，开展“携手绘彩虹”爱心公益活动，为黄土高原山区小学生送去关爱。天长支部带队到广东省江门市支教。向全体会员发出《关于号召全体会员缴纳一次特殊会费的倡议书》。主办“爱满民进”BRJ女装义卖活动，关心和温暖特殊困难会员和帮扶对象。会员陈敏为白血病女孩捐赠5万元，会员刘志斌赞助成立上海公益蒲公英儿童图书馆。8月，云南鲁甸发生地震，上城区退休支部老会员积极向区红十字会捐款。

农工党上城区基层委员会

【概况】 2014年，农工党上城区基层委员会有支部4个，党员78人(在职39人，退休39人)。全年发展农工党员4人，从区外调入党员2人，调出1人。11~12月，一支部、二支部、三支部先后完成换届。农工党上城区基层委员会以建设学习型参政党为目标，积极履行参政议政、民主监督职能。担任市、区人大代表、政协委员的党员开展调查研究，撰写提案议案，在区政协大会上与致公党联合做题为“关于完善我区社区医疗卫生服务运行机制的建议”的发言。

【实践活动】 农工党上城区基层委员带领全体党员开展坚持和发展中国特色社会主义学习实践活动，参加农工党市委会和区委统战部组织的活动，赖晓刚、杜缨2名党员作为岗位建功典型在《上城报》刊登先进事迹。农工党上城区基层委员获“市委会关爱青少年视力健康活动先进集体”称号，获市委会“中国梦·农工情”征文活动优秀组织奖。宋燕、马悦慈获征文活动个人二等奖，王红华、吴桂萍、郑敏芳、杜缨获征文活动个人三等奖。郑敏芳、郑丽芳、宋燕、吴桂萍、朱大林被评为市委会社会服务工作先进个人。

致公党上城总支

【概况】 2014年，致公党上城总支有支部3个，党员52人，全年发展党员3人。有市人大代表1人、市政协委员3人、区人大代表3人、区政协委员5人。一支部王容峰和二支部褚伟清被推荐为岗位建功典型在《上城报》刊登先进事迹。党派成员杨帆撰写的调研文章《关于推进智慧上城建设的建议》在区政协四届二次大会上做交流发言，获区委副书记袁建祥批示，被区委统战部评为2013年度区各民主党派调研成果一等奖。杨帆主笔撰写的调研报告《打造中小微企业公共服务体系，推动企业上规模发展》被评为优胜奖。总支党员、市人大代表褚伟清的提案《关于尝试用新思维、新方法解决杭州交通拥堵问题的建议》被评为市人大优秀建议。区政协委员何元军向副市长项永丹提出西湖区建设工程渣土就近就便消纳的建议，项永丹批示市城管委予以支持落实。

【履职活动】 9月22日，致公党上城总支与区财政局对口联系，听取区财政局相关情况通报，针对财政预算执行等工作和民众关心的社会热点、难点问题提出意见建议，同时商定下一年度重点督查项目。组织党派成员参与“光彩事业”和“感恩行动”等主题实践活动，开展教育、医疗、文化、科技结对帮扶。在“4·23”世界图书日活动中，副主委王容峰参加“保护小营母亲河，‘五水共治’在行动”宣传活动并捐赠图书。

九三学社上城区基层委员会

【概况】 2014年，九三学社上城区基委员会有支社3个，社员52人，全年发展社员6人。会员中有1人担任市政协委员、3人担任区人大代表、7人担任区政协委员。全年开展调研、考察活动4次，各支社组织活动13次，完成调研报告和材料7篇。根据《九三学社杭州市委员会关于开展坚持和发展中国特色社会主义学习实践活动的实施方案》，以支社为单位开展系列活动，把学习实践活动与做好各项社务工作结合起来，增强政治共识。

【参与政事和扶贫帮困】 九三学社上城区基委员会在区政协四届三次会议上提交集体、个人议案和提案17件，主委徐志忠在政协大会上做专题发言。各支社积极参与统筹城乡、联乡结村、扶贫帮困工作，推进社会服务品牌建设。支社成员邵安利向建德市杨村桥村捐款捐物，用于解决当地贫困学生就学问题。支社成员裘雪阳所在企业向“春风行动”捐款1万元，救助杭州市区贫困家庭。其他社员向“春风行动”捐款1.10万元。（吕火良）

上城区工商业联合会

【概况】 2014 年,上城区工商业联合会(简称区工商联)认真开展党的群众路线教育实践活动和非公有制经济人士理想信念教育实践活动,积极贯彻落实区委、区政府《关于加强和改进新形势下工商联工作的意见》精神,自觉履行职能,创新机制,精准服务,在加强非公有制经济人士思想道德建设、引导非公有制经济人士有序参与政治社会事务、完善为企业服务平台机制、指导基层商会开展工作等方面做实功,促进全区非公有制经济健康发展和非公有制经济人士健康成长。年末,区工商联有会员 1170 人,其中新增会员 47 人;有团体会员 12 个、基层商会 9 个。区工商联被浙江省工商联评为全省“五好”县级工商联,被杭州市工商联评为“2014 年度综合先进单位”。

【非公人士参政议政】 10 月,区工商联撰写的调研文章《历史文化街区视角下关于南宋御街发展的思考》获市工商联调研优秀成果一等奖,并作为区政协大会第四次会议发言材料。组织工商界别的政协委员到富阳东洲工业园实地考察,围绕党委、政府的中心工作和百姓关注的民生问题开展调研,献计献策。组织会员企业研讨行政审批制度改革、企业工资集体协商制度;邀请区领导进行区情介绍与政策解读,使会员企业了解全区经济社会发展情况及重点工作、重点工程。担任省、市、区人大代表、政协委员的会员提出提案、议案和建议 90 余件。

【服务会员】 区工商联全年举办“十八届三中全会精神宣讲会”“和谐劳动关系论坛”等培训活动 10 余场,1127 人次参与培训。3 月,区工商联联合省品牌建设促进会举办“诚信、品牌和发展”论坛,邀请国家级品牌专家解读品牌培育管理。2 月和 7 月,组织基层商会秘书长先后到江干区工商联楼宇商会和宁波市镇海区骆驼商会学习考察商会工作。4 月,举办西班牙南部华商会项目对接会。全年组织会员参加泰国贸易展览会、黑龙江七台河市招商会、甘肃武威商贸交流会等展会 37 场。邀请杭州银行、杭州联合银行、泰隆银行到上城区民营企业考察,创立“中小企业融资担保联盟”;邀请省金融资产交易中心专家介绍融资政策,为会员融资担保提供绿色通道。全年区中小企业信用担保中心为 8 个企业提供 18 笔流动资金贷款担保业务,贷款金额 2340 万元。邀请资深律师在天工艺苑进行新消费者权益保护法解读,与区司法局合作开展“法律服务年”系列活动,与北京国纲律师事务所签订长期合作协议,成立杭州商会仲裁站上城分站。全年分 4 批组织机关干部为企业“一对一”把脉。会同区总工会举办“企业工资集体协商条例”讲座。与区卫计局联合举办“养生与保健”健康讲座。联合浙江省素食餐饮行业协会等单位在红星剧院举办“环保酵素与净化水源”公益讲座,邀请环保酵素全球普及大使温秀枝医师为近 1000 名听众讲解环保酵素在净化水源中的作用。

【爱心公益活动】 4 月,区工商联组织杭州利星名品百货广场有限公司等 8 个会员单位为金华白血病患者龚某某捐款 16.05 万元。6 月,与“上城区爱馨互助会”联合举办自闭症儿童画展拍卖,11 个会员单位捐款 5 万余元。7 月 13 日,联合浙江省向日葵爱心助学志愿者协会在恒庐美术馆举办向日葵义卖画展暨拍卖会,11 个会员企业为自闭症儿童、贫困儿童募集善款 5.70 万元。会员企业广宇集团股份有限公司、浙江华日实业投资有限公司、杭州复兴建设集团有限公司、杭州香洲实业有限公司相继发起“携手走甘南”“帮困助学到海盐”“复兴学子励志自强计划”“爱心慈善拍卖”等公益活动。羊汤饭店在吴山广场参与义务献血活动;杭州利星名品百货广场有限公司设立“利星·爱心广场”爱心碑作为长期募捐点,并与湖滨街道办事处联合设立“湖滨街道利星党员服务温情百通岗”,推进民营企业党组织建设。全年组织会员参与春风行动、帮困助学、抗震救灾等公益事业捐款捐物折价 396 万元,帮扶结对 2250 人次。

【第五届优秀社会主义事业建设者评选表彰】 经部门推荐、综合评价、区委同意,区工商联评选出区第五届优秀社会主义事业建设者,杭州利星名品百货

11 月 18 日,区工商联承办第五届杭州市“优秀社会主义事业建设者”先进事迹报告会　　（区工商联　供稿）

广场有限公司董事长陈敏等 19 名企业家被评为上城区第五届优秀社会主义事业建设者,受到区委、区政府表彰。11 月 18 日,区工商联在新侨饭店承办第五届杭州市优秀社会主义事业建设者先进事迹报告会,思美传媒股份有限公司董事长朱明虬、杭州中瑞思创科技股份有限公司副总裁俞国骅等 5 名优秀社会主义事业建设者在会上介绍先进事迹。市工商联及各城区工商联会员共 200 余人参加报告会,市委统战部副部长、市工商联党组书记邵根松,副区长来剑波出席报告会并致辞。

【西班牙南部华商会项目对接会】 4 月,区工商联与区商务局联合主办西班牙南部华商会项目对接会。西班牙南部华商会副会长 Jose miguel 一行 7 人到上城区考察,与上城区 13 个民营企业洽谈合作项目。区政协副主席、区委统战部部长袁巧玲参加对接会并讲话。西班牙南部华商会考察团带来家居、天然气装备、轮胎测试设备等采购计划。其间,考察团实地考察杭州恩泰实业投资有限公司等会员企业,与杭州恩泰实业投资有限公司达成初步合作意向。

【上城区品质服务联盟成立】 3 月,区工商联组建以 13 个骨干会员企业为核心的上城区品质服务联盟。该联盟会长、秘书长由民营企业家轮流担任,民营企业高级管理人员负责具体执行。联盟成立后,相继举办浙江百诚集团股份有限公司、杭州佳丽摄影艺术有限公司、杭州青藤茶馆有限公司、中国国旅(浙江)国际旅行社有限公司、杭州姗娜娜古文化休闲娱乐有限公司等企业的品牌产品推广会,并完成该联盟宣传册《上品》的刊印与发放。通过线上与线下的互动,部分企业达成战略合作意向。

【“上城商会大讲堂”举办】 区工商联联合湖滨街道办事处、湖滨街道商会、浙江耀厦控股集团有限公司、杭州时代依家美越百货有限公司举办“上城商会大讲堂”,邀请《21 世纪商业评论》发行人、知名媒体人、经济研究学者吴伯凡做题为“正在发生的未来”的讲座。会员企业、机关干部以及其他社团代表 200 余人参加。区政协副主席刘志安、陈小玲、袁巧玲、陈少华,湖滨街道党工委副书记龚军成等出席讲座。

（汪　琳）

侨务·台湾事务
Overseas Chinese Affairs and Taiwan Affairs

侨 务

【概况】 2014年，上城区侨办、侨联围绕区域经济转型升级、“浙商回归”工程，组织、邀请3个批次、20名海外华侨华人高科技人才到上城区考察交流，与区相关单位交流对接，鼓励海外人才到上城区投资创业。参与区商务局、区工商联等单位组织的招商引资活动，做好参会海外客商联络邀请和对接，鼓励侨资的引入。区侨办、侨联积极改善侨界民生，温暖和谐侨界，多次走访慰问重点归侨侨眷家庭，为侨胞办好事、解难事。依法维护侨权，对侨界反映的问题，主动联系相关部门协助解决。全年受理归侨侨眷到访47件；来电100件，回复率100%。为7名华侨办理回国定居申报手续，解决华侨定居落户问题；帮助55户涉侨家庭办实事76件。全年慰问侨眷60户，组织各街道、社区慰问139户，送上慰问金3万元。

【第三次归侨侨眷代表大会】 4月15日，区侨联分别召开常委扩大会议和街道侨联主席会议，贯彻中共中央办公厅《关于加强和改进新形势下侨联工作的意见》精神，研究部署侨联换届工作。5月7日，区侨联召开第三次归侨侨眷代表大会，市侨联领导和区四套班子领导、区直机关相关部门和区人民团体负责人及95名侨界代表参加会议。大会审议通过《杭州市上城区归国华侨联合会第二届委员会工作报告》《杭州市上城区归国华侨联合会工作细则》，选举产生由31名委员组成的区侨联第三届委员会，其中常务委员15人。选举陈励君为新一届侨联主席，毛健儿、林东、王容峰、俞蒙、隋俊华为副主席，吕火良为秘书长。区侨联三届一次全委会聘请陈少华为侨联名誉主席，丁德坤、毕敏、冰凌等为海外顾问。

【基本侨情调查完成】 区侨办、侨联根据省、市统一部署，结合上城区实际，以“调研先行、明晰现状、把握质量”为指导思想，开展区基本侨情调查。省委常委、秘书长赵一德，杭州市副市长谢双成等省、市领导先后调研区基本侨情调查工作，并给予肯定。4月，上城区基本侨情调查工作完成，上城区有归侨侨眷和海内外华人华侨近2万人，留学人员及其家属1.30万人。

上城区召开基本侨情调查工作会议　　（区委统战部　供稿）

全区有4个单位、16名调查员分别被评为省、市侨情调查工作先进集体和先进个人。

【“双向服务”工作】 2014年,区、街道、社区三级侨联组织引导做好“双向服务、双向促进”工作,深化为侨服务和帮扶工作。加大《中华人民共和国归侨侨眷权益保护法》的宣传力度,制作宣传展板,开展宣传活动。及时协调处理涉侨问题,将“送法律、护侨益”工作落到实处。坚持对侨界重点人士亲属联系走访制度,创新为侨服务载体,提高为侨服务质量。引导侨界人士参与社区自治管理,聘请侨界人士参加“民间改善办”“和事老”协会等民间社团组织,进一步弘扬侨界热心公益、乐于奉献的精神。辖区涉侨企业家为“五水共治”捐款10万元。

台湾事务

【概况】 2014年,上城区贯彻落实中共中央对台工作的决策部署和省、市委有关对台工作会议精神,着力巩固杭州与台湾大交流格局。利用街道、社区“三胞”活动平台,联系联络台胞、台属,相互交流,增进友谊。全年有500多人次台胞、台属参加各类联谊活动。接待5批次、60人次台湾各界人士到上城区参观访问。区台办与区教育局共同组织两批青年教师60人到台湾考察访问。7月,与市台办在建兰中学举办杭台青年篮球友谊赛。做好服务台商、台属工作,全区有64个台资企业,全年走访慰问台资企业15个,听取意见建议,为台资企业解决生产经营中的实际困难。区台办和各街道一起走访台胞30人次,送上现金及慰问品金额1万余元。区教育局帮助解决台商、台属子女入学4人,为1名台属解决养老福利院入住问题,对1名困难台胞予以补助。全年为台胞、台属做好事、做实事30余件,受理涉台来信、来电、来访33件。

【上城区海峡两岸校园广播文化交流促进会成立】 9月18日,上城区海峡两岸校园广播文化交流促进会成立暨第一次会员大会召开。省、市台办领导和区相关领导出席会议。会议讨论并通过《上城区海峡两岸校园广播文化交流促进会章程》《上城区海峡两岸校园广播文化交流促进会选举办法》等文件,选举朱履林为会长,徐志清为常务副会长,章柏康、王飞、周忠诚、薛迓冰、蒋莉、洪梦君、金波为副会长,李浙鲁为秘书长,聘请陈正仁、阮兆牛为名誉会长,叶素为顾问。上城区海峡两岸校园广播文化交流促进会是由区教育部门、区广播电台等单位及个人自愿组成的非营利性社会组织,以“校园广播文化”为平台,通过开展以“弘扬中华文化,倡导和平发展”为主题的两岸青少年学生交流活动,增进台湾青少年对大陆文化的了解。 (吕火良)

9月18日,上城区召开海峡两岸校园广播文化交流促进会成立暨第一次会员大会 (区委统战部 供稿)

群众团体

Mass Organizations

上城区总工会

【概况】 2014年，上城区各级工会把服务科学发展、服务社会和谐、服务职工群众有机统一起来，提升“发展、文化、平安、服务、队伍”五大品质。全区开展各类技能竞赛、技能比武200余场，参与竞赛职工1万余人。元旦、春节和夏季高温期间，全区各级工会筹集慰问款、慰问品价值179.47万元，走访慰问困难职工2.53万人次。关注困难职工生活改善指数，扩大援助求助对象，市、区两级“春风助学”援助困难职工家庭109户，投入助学款57.26万元；全年有1.48万名职工申请参加职工医疗互助保障，保障金总额53万余元；132名职工获医疗互助金35万元。走访慰问劳模550余人次，组织100余名劳模疗休养，通过劳模座谈会、邀请劳模观看职工时装秀等形式，关心关爱劳模工作生活。全年有1名职工获“全国五一劳动奖章”、3名职工获“浙江省劳动模范”称号、1个班组获“浙江省工人先锋号”称号、2个单位获“杭州市五一劳动奖状”、6名职工获“杭州市五一劳动奖章”。

【职工帮扶】 区总工会开展技能帮扶，修订《上城区技能人才库人员培养管理实施意见（2012年~2015年）》，设立专项资金20余万元，完善技能培训、技能帮带、技能竞赛、技能晋级“四位一体”职工职业技能提升机制。免费培训一线职工350人，其中150名职工获高级工证书。资助41名优秀外来务工人员免费上大学。困难帮扶重点关注困难职工、“新杭州人”、女职工三大特殊群体。提高助学援助范围，将高中生、技校生、专科生纳入帮扶对象。建立由医疗互助保障、意外和家庭财产损失保障、临时救助、女职工安康保险等构成的工会保障帮扶体系。提高外来务工人员疗休养比例，休养人员从原来的100名增加到500名。开展“双百平安返乡行动”，为780名职工返乡安排公路包车、代购火车票等。将“小候鸟”纳入高温慰问对象范围，为困难女职工免费提供安康保险和“两癌”（乳腺癌和宫颈癌）筛查。望江街道总工会承办的全国“心系女性——家庭药箱进万家”活动，在《网易女人》栏目以18.31万张票数居全国各参评地区榜首。开展“五进五送”服

5月27日，上城区举办第九届现代服务业技能大赛——餐厅服务赛

（区总工会　供稿）

务活动,各级工会和工会干部进企业、进街道、进社区、进楼宇、进市场,为职工送培训、送文化、送法律、送保障、送健康。

【职工文化惠民活动】 区总工会以文化惠民工程为主体,开展职工文化惠民活动。举办职工运动会、文艺会演、摄影展等"中国梦·劳动美"系列活动。向一线职工发放文化惠民券1000余份。全年创建浙江省农民工文化家园1个、省总工会示范"职工书屋"3个、市级"新杭州人"文化家园2个、"新杭州人"文化家园市级示范点1个。投入大项目补助资金10.20万元,将上年结转的专项资助资金7万元用于文化阵地建设。

【上城区第三届和谐企业建设论坛】 8月27日,上城区举行第三届和谐企业建设论坛,旨在推进全区企业工资集体协商工作,打造创建和谐劳动关系的"上城样本"。该论坛主题为"推进企业工资集体协商,实现劳资双方互利共赢"。有11个单位采用视频、幻灯片和演讲等形式在论坛上发布本单位工资集体协商系列成果。上城区较早开展工资集体协商工作。截至2014年年底,全区独立建会企业中签订工资集体协商合同的覆盖率98%,续签率100%。经过评比,杭州娃哈哈集团有限公司、杭州中瑞思创科技股份有限公司在此次论坛上获工资集体协商成果展评活动一等奖。

(金　晨)

共青团上城区委员会

【概况】 2014年,上城区有14~28周岁青年46 719人;由上城区管理的团员5462人,基层团委41个、基层团工委9个、基层团总支23个、基层团支部465个。团区委履行共青团组织青年、引导青年、服务青年和维护青少年合法权益的基本职能。服务就业创业,重点面向上城创业青年开展电子商务、网络营销等创业培训,成立青年就业创业见习基地,220余名见习青年参与。开展团员青年基层大走访,征集"青春提案"23件,4件提案列入团市委重点调研课题。新命名区级青年文明号单位22个,通过复评40个。加强新媒体集群建设,团区委运用微信、微博等新媒体平台,以"悦青春,悦上城"为主题,形成集群效应,发出青年最强音。全年"上城青年"微信公共平台关注者566人,发送图文信息185条;全年在新浪微博、腾讯微博发送信息4070条。开展全区非公有制企业团组织建设情况摸底调查,并纳入团区委直接联系服务的范畴。全年新建"两新"组织团组织18个。

【团区委换届】 4月9~10日,共青团杭州市上城区第十二次代表大会召开。大会选举产生团区委新一届领导机构,洪梦君当选第十二届团区委书记,芮佳南当选副书记,王超、王斌、朱勤华(女)、阮伟哲、芮佳南、苗丹丹(女)、欧阳帆、洪梦君(女)、葛沸波9人当选第十二届委员会常委。会议审议并通过团区委十一届委员会工作报告,同时完成直属团委换届。

4月9~10日,上城区召开共青团杭州市上城区第十二次代表大会

(团区委　供稿)

【青年文明号命名20周年工作交流会】 10月23日,团区委在区社区学院举办青年文明号命名20周年工作交流会暨首期青年文明号内(外)审员培训会。会上,对2013年度省、市级青年文明号进行表彰,区检察院未成年人刑事犯罪检察科科长任祎俊和紫阳街道北落马营社区负责人介绍省级青年文明号创建工作情况。会后,团区委组织与会人员到优秀青年文明号湖滨消防中队参观学习。

【区未成年人保护工作联席会议】 10月31日，团区委牵头召开区未成年人保护暨预防青少年违法犯罪工作联席会议，各成员单位联络员、街道团(工)委书记参加会议。会上宣读《关于调整上城区综治委预防青少年违法犯罪专项小组有关人员的通知》和《关于调整上城区未成年人保护委员会成员的通知》，通报重点青少年群体摸排和帮教工作情况，要求各成员单位明确职责，进一步做好预防青少年违法犯罪工作。

6月5日，“统筹城乡，青春结伴——共青团上城区委驻外青少年民族统战教育实践基地”挂牌
（团区委　供稿）

【“中国梦·我的梦”主题教育实践活动】 1~5月，团区委组织开展“中国梦·我的梦”主题教育实践活动。活动以团干部、青年学生和青年骨干为重点，依托青年马克思主义培养工程、“学理论·强党性·铸信仰”等项目载体，组织学习座谈、参观寻访、知识竞赛、先进评选。推荐3名青少年作为“少年中国梦”的先进典型。举办“我的中国梦——奋斗的青春最美丽”青年高管职场经验交流会。组织“雏鹰争章”“少年领袖成长营”“寻访身边的追梦人”“美德少年”评选等活动。4名队员获浙江省“美德少年”称号，20余人被评为杭州市优秀红领巾志愿者。

【区青年联合会活动】 团区委牵头区青年联合会(简称区青联)，与温州市苍南县岱岭畲族乡学校结对帮扶，成立上城区青少年民族统战教育实践基地，先后筹集资金3万元，结对学生260名。开展“煌煌大观敦煌展，上城青联艺术行”“人人都是艺术家——公益拍卖”等活动，提升区青联委员文化素养。举办“跃动青春”上城青年对抗赛，组织全区团员青年和青联委员参与趣味游戏、素质拓展等团队项目。

【团情摸底调查】 7月，团区委组织各街道团工委开展辖区团情摸底，全面掌握团情资料及信息，做好“团情档案”，实现“一支部一档案”。根据摸底调研，绘制街道团情地图6张，地图上清晰标注团组织体系、青年集聚区、青年社会组织、志愿服务、重点青少年等元素。团情地图突出各街道团建品牌。

8月22日，团区委在清波街道柘木汇艺术家居举行“微时代·慧创业”分享会
（团区委　供稿）

【“微时代·慧创业”青年创业分享活动】 8月22日，团区委在清波街道柘木汇艺术家居举行“微时代·慧创业”分享会，市、区两级青联委员和杭州市大创联盟、上城区青年创业俱乐部创业青年50余人参与分享活动。区文创办、区科技局和区人力社保局相关领导就小额担保贷款、科技类项

目申报、居家就业政策、创业免费资助等问题进行面对面解读。创业青年在会上相互交流,分享创业经验。

【“上城青干线”青年人才培养计划实施】 9月,团区委联合区委组织部实施“上城青干线”青年人才培养计划。经学员报名、组织推荐,26人成为“上城青干线”第一期学员。11月14日,首届“上城青干线”培训班开班仪式在上城区青少年活动中心举行,学员以青年“微论坛”的创新形式向与会领导展示当代青年的独特风采。

【“青春提案”活动】 3月,团区委依托小蜜蜂同城公益网,在区十二次团代会期间启动“伙伴行动·青春提案”活动。活动遵循“我的提案,我来办理”的原则,鼓励团代会代表走访身边青年,了解青年需求,通过网站上交提案。全年收到直属团组织提交的提案23件,其中小营街道团工委“书香满巷”提案,在联合杭州风动力青少年公益服务中心、阳光书友社区服务中心两家公益社会组织配合下,成功募集书籍1200余本。

(陈彩萍)

上城区妇女联合会

【概况】 2014年,上城区妇女联合会(简称区妇联)发挥实施中国妇女儿童发展纲要国家级示范区的引领作用,带领各级妇联组织助推“现代化美丽上城”建设。健全“社会化网络、多元化阵地、专业化队伍、个性化形式”的“四化”维权模式,强化信访维权接待工作责任制。开展“三八”维权周、咨询服务、“两进两送”(进社区、进企业,送法律、送服务)、反家暴宣传等活动。推动“异乡姐妹心灵港湾”升级进程,推出“心理疗法进企业”项目,为外来姐妹集中的辖区企业提供团队心理辅导。成立区婚姻家庭纠纷人民调解委员会,聘任人民调解员参与婚姻家庭纠纷调处,保护妇女合法权益,促进婚姻家庭关系和谐。举办“平安家庭”漫画展,征集作品92幅,集中展示全区家庭平安、邻里和睦、社区和谐的创建成果。区妇联全年接待妇女群众信访50件次,结案率100%。通过区社会联动服务管理平台,参与解决维权案例25起。动员各级妇联组织发挥联系妇女的优势,从提升妇女法律素养、强化妇女心理干预、关爱困难妇女群体、维护妇女合法权益、源头化解事前介入等方面入手,通过妇女干部与女性重点上访户结对等方式,增强妇联干部的参与意识。区妇联撰写的《基层妇女组织参与维护社会稳定的实践与探索》一文,受到区委领导重视,区委书记缪承潮、副书记袁建祥分别做出批示,肯定妇联组织参与维稳的做法。

【“十二五”时期妇女儿童发展规划实施】 区妇联围绕妇女事业发展的七大领域和儿童优先发展的六大领域,全面推进妇女儿童发展规划施行,并加大对重点难点指标、项目干预力度。完成“十二五”时期《上城区妇女发展规划》与《上城区儿童发展规划》中期监测评估各项工作,两个规划通过市妇女儿童工作委员会督查,在全市两个规划中期监测评估报告评比中获优秀奖,并在市政府妇女儿童工作委员会全体(扩大)会议上做交流发言。构建儿童课外健康成长关爱体系,挖掘区域儿童工作特色,推动社区儿童活动阵地建设。指导南星街道水澄桥社区儿童科普之家、清波街道“幸福·家”儿童之家创建成为杭州市首批“示范儿童之家”。

【“男女平等,儿童优先”主题宣传教育】 区妇联利用“三八”妇女节纪念活动等载体,开展以“男女平等”为核心的先进性别文化宣传,推进“男女平等,儿童优先”的理念进社区、进学校、进企业、进家庭。开展国际反家庭暴力日、妇女权益保障法、未成年人保护法等主题宣传活动,营造全社会关爱、维护妇女儿童合法权益的良好氛围。举办“放飞巾帼梦想,争做美丽女性”大型风采展示,通过主题宣传片、图片展板等形式,介绍各行各业优秀女性及团队的生动事迹,展现爱岗敬业、砥砺奋进的新时代女性形象。

【“最美家庭”主题活动】 区妇联把家庭文明建设作为培育和践行社会主义核心价值观的载体,开展寻找“最美家庭”系列主题活动。结合主题活动,举办“幸福家庭摄影展”“和谐家庭故事会”“好妈妈征文比赛”“传箴言,展家规,秀梦想”等活动,鼓励辖区家庭展示文明家风、和谐家貌。主题活动坚持群众荐、群众选、群众评,挖掘平凡家庭的大爱真情,弘扬公益慈善、奉献助人的时代价值。先后推选出20户“最

8 月 29 日，上城区举办“最美家庭”系列先进事迹展演活动　（区妇联　供稿）

美家庭”、14 对“最美婆媳”和 16 名“最美妈妈”进行大力宣传，其中朱强荣家庭获全国“最美家庭”提名奖。上城区在全市“最美家庭”活动评选中获奖数量位居第一。8 月 29 日，举办“最美家庭”系列先进事迹展演活动，总结提炼全区各级“最美家庭”的事迹，通过个人访谈、事迹宣讲、情景剧表演等形式，宣传演绎上城“最美家庭”的家国情怀。

【服务型妇女组织建设】　区妇联积极探索服务型妇女组织建设的新路子。市妇联主席魏颖、副主席邬秀君到上城区指导工作。2 月 28 日，成立全市首个商圈妇联——湖滨商圈妇联，并建立湖滨商圈妇女之家，开辟爱心广场、巾帼志愿服务岗、商场女性心灵驿站等阵地，举办“爱在春光里”爱心义卖、“感恩母亲，快乐生活”家庭文化节、“姐妹谈心日”等活动，受到商圈从业女性欢迎和认可。5 月 8 日，成立南星“星星守护”妇女之家，打造涵盖法律维权、心理疏导、家庭教育、健康养生、帮扶救助、创业扶持的一站式服务平台，开展“最美家庭乐，最浓邻里情”活动、秋季人力资源交流大会等，为工作、居住在山南创意园及玉皇山、白塔岭区块的 7000 名女性营造和谐友善的工作和生活环境。利用“上城妇联”官方微博、官方微信、微网站等新媒体，为推进服务型妇女组织建设进行宣传引导。

【女性创业就业】　5 月 21 日，区妇联邀请“最美妈妈”吴菊萍实地考察“姐妹手工坊”“春草连心”手工编织中心等单位，争取阿里巴巴集团为上城区妇女就业创业提供各方面支持。5 月 15 日，区妇联参与区人力资源交流会暨创业项目展示会，推进供需双方对接。杭州瑞丰格琳酒店等“妇”字号企业参与展示会，湖滨生态科普服务社等妇女创业就业服务组织在展示会上展示项目产品。5 月 28 日，区妇联与区计划生育协会等部门联合举办独生子女大学生创业大赛，选送优秀女大学生创业项目参赛，角逐创业梦想基金及创业指导机会。9 月，拉美、加勒比及南太地区女官员领导能力建设研修班学员、台湾南投县手工艺业职业工会会员先后到上城区妇女就业基地考察交流。

【“巾帼文明岗”创建活动】　区妇联根据分级管理、属地化管理原则，对省、市属辖区“巾帼文明岗”及争创岗位统一管理。启动新一轮全国、省、市“巾帼文明岗”创建活动，根据行业特色和岗位特点，对市地方税务局稽查二局稽查一科、望江市容环境卫生管理所、区公共资源交易服务中心等单位进行走访，并通

2 月 28 日，湖滨街道举行“利星·爱心广场”第二届“爱在春光里”结对活动暨“湖滨商圈妇女之家”成立仪式　（区妇联　供稿）

过组织全体创建岗位负责人参观国家级“巾帼文明岗”建设、与其他城区互查互检、邀请市妇联领导现场指导等途径,从网站建设、制度规范、人员参与、岗位职能等方面完善“巾帼文明岗”争创机制。

【女性素质提升工程】 区妇联组织各级妇联干部深入企业和社区,开展“诵经典,传箴言”思想教育活动。依托市妇女活动中心、定安路游泳馆、社区文体设施等辖区资源,开展“上城妇女健康行”活动。组织“百场科普知识进基层”活动,面向全区妇女开展优秀科普作品展演、科普知识竞赛、科普读物发放等活动,面向从业女性开展以提升学习能力、职业技能和技术创新能力为重点的培训指导。推进“最美家庭”建设活动,组织手工、厨艺、家政等技能培训。开展“塑造魅力女性”主题活动,举办“女红·女人的艺术”展、“女人梦想秀”、“杭州美术节”女性馆展览等活动,展示上城区女性魅力。

【家庭生活垃圾分类】 1月,上城区启动家庭生活垃圾分类新一轮三年行动计划,建立健全宣传教育、培训指导、示范引领、规范激励等工作机制,发挥义务督导员、巾帼指导员的作用,巩固市、区两级家庭生活垃圾分类示范小区的创建成果,组织动员妇女和家庭从源头分类开始,助力垃圾减量工作。

【“姐妹帮扶”行动】 区妇联深化“姐妹帮扶”行动,组织“巾帼文明岗”负责人、热心女企业家开展“姐妹帮扶”走访慰问活动,通过助学、助医、助老、帮助就业创业等帮扶行动,帮助困难妇女家庭改善生活环境、增强生活信心。组织区四套班子女领导、妇女干部帮扶困难妇女,春节前后慰问困难家庭70余户,捐赠物资价值6万余元,并督促各级妇联干部为困难妇女、空巢老人和流动妇女家庭做好服务保障。发动妇女志愿服务团体开展“志愿奉献”主题活动,老姐妹帮扶社、马大嫂爱心帮扶团、欧德曼老年心理疏导队等110余支巾帼志愿者队伍1000余名热心妇女为辖区困难家庭、空巢老人提供家政服务、医疗保健、亲情沟通等帮扶。开展“环境优化与流动留守妇女儿童发展”关爱行动,组织环保主题宣传、环保知识培训、环保护绿实践等活动,培育辖区流动妇女儿童的文明行为方式,优化她们的生活环境。

【基层走访活动】 上城区主要领导带队深入基层联系点,走访杭州盛地生态科技开发有限公司等“妇”字号企业及湖滨商圈妇联所辖企业,了解企业发展及女职工需求。党员干部到挂包社区婺江社区走访联系重点服务对象,并参与“点亮微心愿、共筑中国梦”活动。结合“百名机关干部下基层”活动,促进党员干部下沉到基层一线,领导干部到科级干部挂职的候潮门社区走访,为社区妇联组织开展工作提供帮助。区妇联领导班子成员深入群众“面对面”征求意见建议,倾听她们对妇联组织的建议和要求。

【家庭教育指导工作】 区妇联强化家庭教育阵地建设,通过学习培训、专题交流、示范引领等途径,提高家教师资的教学水平、家长学校的服务意识和办学质量。小营巷社区家长学校等5所家长学校被评为2014年省级示范家长学校,东坡路社区家长学校等11所家长学校通过市级示范家长学校评审验收。创设3个专家服务点,由市、区家庭教育专家“一对一”到社区家长学校“驻点”指导,走出一条创新、示范、带动全区家庭教育水平整体提升的路子。推进“百场家庭教育知识进社区”、家庭教育“空中课堂”等活动,多渠道帮助家长了解孩子的需求和变化,改进培养教育孩子的方式方法,不断提高家庭教育的实际效果。

【走访慰问活动】 “六一”期间,区妇联组织协调区四套班子主要领导和妇女儿童工作委员会成员单位领导,分别到中小学、幼儿园走访慰问,结对助学500余人,捐赠助学金9万余元。同时会同区关工委等部门,评选上城区第十三届“奋飞奖”,表彰37名表现优异的受助学生,激励更多困难学生奋发图强、立志成才。

(冯 怡)

上城区残疾人联合会

【概况】 2014年,上城区有持证残疾人8198人,比2013年增加502人。全年新办证751人,注销(死亡、康复)299人,迁出88人,发放残疾人津贴481.36万元。区残联坚持“以残疾人需求为导向、以残疾人满意为目标”,解决残疾人最关心、最直接、最现实的利益问题。升级改造残疾人服务设施,提高残疾人服务质量,规范残疾人管理,出台《上城区政府残工委成员单位2014年度重点工作及任务分解》，落实省、市、区各项残疾人服务保障政策，提高区残疾人社会保障标准，全区残疾人事业整体水平有新的提升。全年上城区残疾人综合服务中心窗口受理各类咨询和服务事项3400件次。上门鉴定76件，康复服务354件，扶贫帮困285件，就业服务112件，保障金核定1200余件。除未到期承诺件外，办结率均100%。

【完善服务设施】 2月，上城区残疾人综合服务中心投入使用。该中心位于海潮路66号，总投资680万元，建筑面积3300平方米，以务实、便民、创新、规范、共享的理念，引进区精神卫生服务中心、新起点残疾人康复中心、残疾人科技孵化园、区残疾人艺术中心和3家专业医疗机构服务站，集业务办理、阳光庇护、康复服务、文化艺术、就业培训、网络科创孵化等多种服务功能于一体，为上城区残疾人提供一站式服务。同时，区残联投资394万元，对清波、小营、望江、南星4个街道工疗站进行改建、扩建，优化升级工疗站的区位环境、服务功能、设施设备、内部管理，使其更贴近和满足残疾人需求，并指导帮助清波、小营、南星3个街道工疗站创建和申报省级阳光庇护中心。

【"残疾人小康·阳光庇护中心"投入运行】 5月16日，上城区南星街道"残疾人小康·阳光庇护中心"投入运行。该中心位于复兴北苑小区内，为一幢经改造后的三层小楼，建筑面积1000多平方米，按照省级标准建设。该中心针对智力、精神障碍的残障朋友设立实践厨房、康复室、心理治疗室、情感宣泄区、图书阅览室、日间照料室等一站式服务平台，帮助其提高生活自理能力，促成早日回归社会。

【康复救治工作】 区残联推进"助听、助明、助行"工程建设，对有助听器、助视器需求的患者和假肢安装者、白内障患者建档列册，做到需求一例，筛查一例，符合康复适应指征一例，服务补助一例。全年免费验配助听器118台，实施白内障复明手术67人，免费安装假肢手术5例，配发助视器40台。向25名符合条件的0~15岁残疾儿童发放抢救性康复训练补助，每人每年1.20万元，补助款金额30万元；残疾儿童矫形器适配补助2人，金额1万元。给405户残疾人家庭发放辅助器具467件，金额9.80万元，为41户残疾人家庭实施无障碍设施改造，投入经费25万余元。新起点残疾人康复中心全年提供康复咨询30余次，康复训练学员20余人。7月，望江街道近江东园残疾人社区康复站被省卫计委、省民政厅、省残联联合命名为"省级残疾人社区康复示范站"。

【托(安)养服务质量提升】 区残联将生活自理能力弱、家庭监护困难的重度残疾人，纳入集中托(安)养范围，全年发放重度残疾人托(安)养补助资金381.05万元，惠及585名重度残疾人。其中，入住上城区医院及各托养机构的497名残疾人享受补助280.85万元，入住上城区残疾人托管中心的23名残疾人享受补助30.75万元，入住杭州市残疾人托管中心的65名智力、精神残疾人享受补助69.44万元。重度残疾人托(安)养标准从每人每年1.20万元提升至1.50万元，将日间照料标准由每人每年4800元提升至6000元。从7月开始，居家安养上门服务费标准由每小时20元提升至25元，提高25%。全年居家安养服务包含维修、陪护等项目的服务时间9.80万小时，总费用240万元，服务人群11 360人次。

4月18日，区政协主席、副主席考察区残疾人综合服务中心

（区政协办　供稿）

【扶贫助残】 2014年，区残联对64名生活不能自理、卧床不起的困难残疾人发放补助，每人每月200元，发放金额15.20万元；对8名残疾人发放浙江省爱心助残特殊救助7.14万元；补助享受重残补贴的残疾人5687人次，发放金额169.41万元；补贴无固定收入残疾人417人次，发放金额3.73万元；发放无业残疾人基本社保补助342.98万元、区属残疾人特殊困难补助4.29万元；春节、中秋、高温期间走访慰问贫困残疾人家庭，累计惠及贫困残疾人家庭3354户，慰问金额118.50万元。

【残疾人就业】 2014年，全区残疾人新增就业60人，并纳入实名制登记管理。就业创业帮扶31人，组织参加各类职业培训67人。残疾人社保补助1327人，金额183.84万元；给586名残疾人学生及残疾人家庭子女发放教育补助(奖励)147.45万元。拓宽残疾人就业创业渠道，帮助残疾人科技创新、网络就业。支持创建"智慧树"智障青年校外创业实训基地，为智障学生提供就业和轮训机会。与富阳市湘西村合作，共同打造上城区残疾人无障碍农业文化生态园，为残疾人就业创业创造机会。残疾人就业保障金征收实现机关、人民团体和企事业单位全覆盖，全年实际征收残保金6700余万元。

【残疾人机动车"两非"整治成果巩固】 上城区以"加大宣传、落实就业"为主题，巩固整治残疾人机动车非法营运成果。全年发放燃油、维修、保险费37.40万元，惠及382名残疾人机动车车主。发放重度残疾人改购轻残车车主家属陪护交通补贴2.25万元。开办2期"法制教育培训班"，做好残疾人机动车车主教育疏导。区人力资源开发服务公司安置残疾车车主就业15人，区残联安置残疾人机动车车主公益性岗位就业4人；由市残联牵头组织失业残疾人机动车车主从事"来料加工"业务8人，每人每月增收1200元。

【信访维权】 区残联机关受理区信访交办单10件、市交转单8件、区长接待交办1件、区来访19件、110及网格服务联动6件、法律援助22件、来电咨询36件，办结率、来信来访群众满意率均100%。没有重复信访发生和形成新的信访积案。同时区残联分别对残疾人和各街道、社区信访工作者进行维权知识教育，切实保障残疾人充分维权、正确维权。

【残疾人文体生活】 区残联组织开展各类文体活动。5月，承办以"阳光艺术"为主题的杭州市第五届残疾人文化艺术周活动；8月，区残疾人艺术家陈巍创作的《和谐家园》在以"大美华夏·人道主义的呼唤"为主题的全国助残美术作品展上展出。举办"文化助残·放飞梦想"文化交流笔会、上城区第十届残疾人运动会和第二届特奥会；组织参加杭州市第九届残疾人运动会，获金牌5枚、银牌4枚、铜牌11枚；组织参加浙江省第九届残疾人运动会，获金牌3枚。开展"百场万人康复知识进社区"、无障碍知识图板社区巡展等宣传活动。通过社会爱心人士开展"捐赠梦想，点亮希望"梦想支票圆梦行动、"爱心大使助残圆梦行动"等圆梦活动，帮助残疾人实现梦想。上城区2名助残志愿者获杭州市"最美助残志愿者"称号，2名助残志愿者获杭州市"最美助残志愿者"提名。

【残疾人艺术团文化下基层活动】 5月，上城区残疾人艺术团正式注册为民办非企业单位，并更名为上城区海芰残疾人艺术团。上城区海芰残疾人艺术团陆续开展残疾人艺术团文化下基层系列活动，其中有走进小营巷梦剧场开展以"中国梦·我的梦"为主题的文艺演出、走进杭州市清泰实验学校开展手语实验教学、与浙江理工大学举办"残疾人特殊文化艺术"爱心会演等。截至年底，艺术团有团员近100人，成熟节目100余个。

【残疾人基本服务状况和需求专项调查】 12月1日，根据国家、省、市残联相关要求，区残联对全区7390名残疾人开展基本服务状况和需求专项调查。专项调查分入户调查、数据录入、分析报告3个阶段，调查范围涉及6个街道、54个社区。年内，入户调查工作全面展开，入户调查率98.9%。

【承办杭州市庆祝第五次全国"肢残人活动日"活动】 8月11日，由区残联承办的杭州市庆祝第五次全国"肢残人活动日"暨全市肢残人无障碍体验大联动启动仪式在太庙广场举行。市残联副理事长洪金红，区残联理事长林森、副理事长马骏等领导参加仪式。来自主城区肢残人代表近200人参加启动仪式。全国肢残人活动日的主题是“环境无障碍，方便你我他”。全市14个区、县(市)(含杭州经济技术开发区)有600余名肢残人在同一时间、不同地点进行无障碍体验大联动活动。肢残朋友从社会生活的各个层面，感受杭州这座全国无障碍示范城市无障碍建设的魅力及成果。

（林丽丽）

8月11日，上城区承办杭州市庆祝第五次全国“肢残人活动日”暨全市肢残人无障碍体验大联动启动仪式

（区残联　供稿）

上城区科学技术协会

【概况】 2014年，上城区科学技术协会（简称区科协）按照“三服务一加强”工作定位，围绕中心，服务大局，着力提升“四化四社”科普公共服务水平，不断增强学会、协会发展能力，深化院士专家工作站建设，其学术交流主渠道、科普工作主力军的作用进一步显现，为促进上城区经济发展做出积极贡献。区科协被浙江省科协评为全国科普日活动优秀组织单位，获“全市科协工作先进单位”称号。望江街道在水一方社区成为中国科协、财政部“基层科普行动计划”奖补单位；湖滨街道通过“2014年杭州市全民科学素质先进乡镇(街道)”创建评审。

资料 **“四化四社”**：“四化”即科普工作信息化、社会化、标准化、经常化；“四社”指社区、社会组织、社会科普力量(研究机构、高校和辖区企事业单位)、社会公众“四社”联动的科普工作社会化运作机制。

【《上城区社区科普服务规范》实施】 为规范社区科普工作，提高全区科普公共服务水平，区科协在全区开展科普领域规范化工作。2月10日，区科协制定的《上城区社区科普服务规范》经市质量技术监督局上城分局发布后正式实施。该规范规定社区科普服务的术语定义、基本原则、组织管理、社区科普公共服务设施的建设管理、社区科普服务的内容要求和绩效评估。科普服务规范的发布实施，对提升科普公共服务质量，推进科普工作现代化将产生积极影响。

【全民科学素质建设】 3月27日，区科协八届三次全体(扩大)会议暨全区全民科学素质领导小组和科普工作联席会议召开。会议传达中央书记处对科协工作的重要指示，全面征求《上城区2014年实施〈全民科学素质行动计划纲要〉工作计划》《上城区2014年科普工作意见》《2014年上城区重点人群科学素质行动计划教学工作实施方案》等意见。组织机关干部、居民群众、学生参加“助力‘五水共治’，建设‘美丽上城’”科普知识竞赛、杭州市第四届领导干部与公务员科普知识网络竞赛、杭州市首届专业技术人员科普知识网络竞赛等活动，提升科学思想、科学精神、科学方法、科学素质。组织推进杭州市全民科学素质工作先进街道创建工作，湖滨街道通过考核验收。

【首届区级青少年创新大赛】 区科协会同区教育局、区科技局等7个部门共同制定《上城区青少年创新大赛工作机制》，进一步推进创新大赛活动规范、有序开展。9月，以“创意体验·多元成长”为主题，举办上城区首届青少年创新大赛。大赛设置优秀科技创新项目奖、优秀科技实践活动奖、优秀少儿科幻绘画奖等奖项。全区中小学生积极参与，征集到优秀科技创新项目70项、优秀科技实践活动30项、优秀少儿科学幻想绘画154幅。10月，经过专家组评选，

《"五水共治"之节水篇——生命与水同源,节水你我同行》《绿色开花植物生长变化观察》《机器人晾衣架》《"智能都市农场"装置的研究与开发》等15项优秀科技创新项目、6项优秀科技实践活动、15幅优秀少儿科学幻想绘画分别获奖。区科协将优秀作品择优推荐参加第二十九届杭州市青少年科技创新大赛,有12项科技创新项目、2项科学实践活动和8幅优秀少儿科幻画获奖,上城区获优秀组织奖。

【"绿色能源"中美科普连线活动】 8月27日,区科协联合浙江省科协、美国自由科学中心、浙江省科技馆等单位,在开元中学举办"绿色能源"中美科普连线活动,300多人参与。该活动是一项通过专业互联网视频通讯技术开展的科普活动,采用沉浸式开放性主题教育形式,在展示国外优秀科技教育课程的同时,美国自由科学中心的3名专家通过视频、同声翻译与中国学生远程交流互动。活动现场首次采用微博、微直播的新颖形式与在线网友互动,使其进一步了解绿色能源的相关知识。活动邀请浙江大学博士周章贵围绕绿色能源的概念、历史发展、生活应用以及未来发展等问题进行详细、专业地阐释,让学生感受科学的魅力。

【院士专家工作站建设推进】 区科协充分发挥桥梁纽带作用,积极为企业和相关院士牵线搭桥,新建2家院士专家工作站,即亿恒科技有限公司院士工作站和新思维教育科学研究院院士工作站,累计4家。其中亿恒科技工作站成为2014年第一批市级工作站。年底,亿恒科技工作站促成意向项目"三轴向振动控制关键技术与产品研发"签约,初步完成系统硬件设计与调试,基本完成控制算法的仿真研究。10月15日,区科协《关于我区企业院士专家工作站建设管理的现状及若干建议》工作专报受到区领导重视。区领导专门走访各院士工作站,就院士工作站的扶持政策、人才激励机制等问题进行调研,对企业院士工作站的工作充分肯定。上城区4家院士工作站累计承担科研项目14项(国家级3项、省级4项、市级7项),申报专利76项,其中发明专利9项,完成利税2233.06万元。

8月27日,区科协联合浙江省科协、美国自由科学中心、浙江省科技馆等单位在开元中学举办"绿色能源"中美科普连线活动 (区科协 供稿)

【全市首所社区科普大学成立】 4月22日,区科协在区社区学院成立全市首所社区科普大学,6个街道设立基层科普大学教学点。社区科普大学创新科普教学机制,整合拓展师资力量,改进教学管理方式,开展环境科学、食品安全、生命健康、科技创新、低碳生活五大类专题的科普讲座,实施点课学分制,增强互动性、参与性,力求贴近民生。全年开展科普讲座295场,普及人数16 510人。

【在水一方社区成为"基层科普行动计划"奖补单位】 "社区科普益民计划"是中国科协、财政部联合实施的"基层科普行动计划"中的一项子计划,主要面向省级科普示范社区中科普工作成效显著的社区。7月9日,在水一方社区顺利入围该计划,被确定为2014年"基层科普行动计划"奖补单位。截至年底,全区科普文明街道、社区创建率达100%。全区基层科普工作有效推进,涌现全国科普示范社区2个、省级科普示范社区13个、市级科普文明示范社区19个、杭州市全民科学素质工作先进街道3个。

【"三网两圈"科普宣传平台建立】 区科协建立"三网两圈"(互联网、电信网、电视网和微博圈、微信圈)科普宣传平台,大力推进科普工作网络化。升级改造区科协网站,设立科技前沿、科学素质测试、科普知识园地等模块,宣传普及科普知识。在区政府门户网站开设“科学知识普及”专栏,每天更新科普知识。依托移动短信平台,逢五逢十发布科普短信。在各社区开通华数“社区频道”,向居民群众宣传包括科普知识在内的各类服务信息,并利用华数信息亭、LED宣传屏等宣传科普知识。4月,开通微信“上城科普”,以“贴近人民生活,共享科学乐趣”为宗旨,每天发布1次科普知识。全年更新科普信息260篇,发布科普知识近300条。

【钱学森航天科普馆建成开馆】 9月26日,钱学森航天科普馆在小营红巷生活广场启动开馆。省科协副巡视员、机关党委书记杨益平,省科协科普部部长戴力,市科协副巡视员、秘书长田建新,区委书记缪承潮、区人大常委会主任丁晓芳、区政协主席余勇等领导参加开馆仪式。钱学森航天科普馆整体布局以太空蓝白色调为主,分为钱学森简介区、科普互动区、模拟空间站生活区、模拟空间站工作区、科普阅览区、科学原理区、公共区7个功能区块。科普馆占地200平方米,总投资125万元。整个场馆以科技探索为主题,以多媒体、图文写真和互动式场景体验等为表现形式,居民可在馆内观看航天科普模型,浏览航天科普知识,体验航天科普游戏。10月21日,中国科协党组成员、中国科学技术馆馆长束为,中国科协调宣部副部长章丰一行到钱学森航天科普馆调研参观,对上城区基层科普工作给予充分肯定。

【科协服务企业】 区科协进一步整合资源、优化服务,推荐优秀科技工作者参加市级“讲理想,比贡献”活动,其中浙江博世华环保科技有限公司工程师蓝笑丽获“讲理想,比贡献”活动演讲比赛二等奖,杭州中瑞思创科技股份有限公司工程师王俊杰获“讲理想,比贡献”活动先进个人奖。组织企业人员参加市科协举办的专利应用工程师培训活动,提升企业人员的知识产权管理和专利信息应用能力。

【重点学术项目交流活动】 区科协整合优化学会学术资源,收集13项学术项目申报市级重点项目,其中浙江新思维教育科学研究院的“微课程:互联网时代优质教育资源传播与分享”、区建筑节能协会的“地铁盾构施工技术及地铁建设对环境影响的研究”被确定为市级重点学术项目。为促进科技人员加强学术研究,区科协征集30篇优秀论文参加2014年杭州市自然科学优秀学术成果奖评选,全区获二等奖1个、三等奖2个。7月,举办上城区第十届学术周活动。其间会同同济大学杭州校友会等联合举办“2014美丽上城·五水共治”高峰论坛,研讨“五水共治”相关技术和水环境治理对优化环境的作用。会同中科院杭州射频识别技术研发中心联合举办“物联网技术在智慧城市方面的模式创新与应用”沙龙活动,与会专家对“智慧医疗”“智慧城市”等问题进行深入解读。联合市老科技工作者协会举办杭州市第七届学术年会分会场报告会。与区建筑节能协会合作,举办市级重点学术活动——主题为“地铁盾构施工技术及地铁建设对环境的影响研究”的青年学术论坛。

【科协会员日系列活动】 12月15日,区科协组织开展以“智慧上城、科学引领,人才为本、服务优先”为主题的科协会员日活动。通过开展科普工作者业务培训、走访慰问科技工作者、科技工作者体检、“金鹰熔炼”拓展训练等,增强团队协作,凝聚群团力量,营造为会员服务、为科技工作者服务的良好氛围。 (吴 华)

钱学森航天科普馆科普互动区 (区科协 供稿)

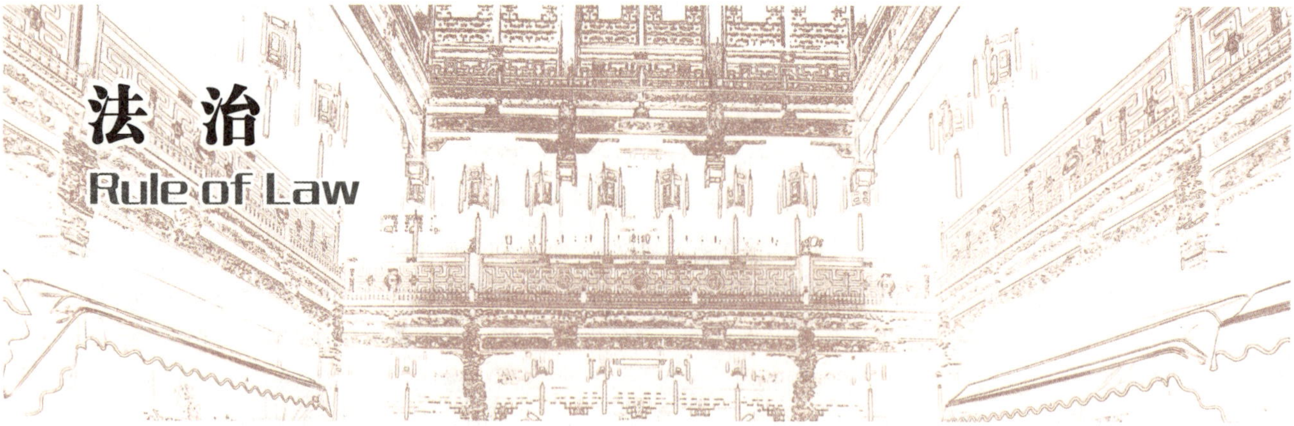

法治

Rule of Law

综　述

【概况】 2014 年，上城区政法部门调解纠纷 3266 起，调解成功 3205 起，成功率 98.1%；排查化解复杂疑难案件 891 起，化解重大涉稳群体性事件 53 起，越级集体上访批次和人次分别比上年（指 2013 年，下同）下降 44.4%和 59.3%，全年未发生影响较大的恶性上访和群体性事件。全年刑事案件立案 3816 起，下降 2.5%；破案 1585 起，破案率提高 0.84 个百分点，命案破案率 100%；移送起诉 689 人。审结刑事案件 588 起，审结率 98.9%。及时破获社会影响较大的“7·5”公交纵火案，开展舆情引导，中央电视台正面报道肯定上城区做法。加大对环保、知识产权、金融领域刑事犯罪的打击力度，上述领域犯罪案件批捕 22 人，起诉 34 人。依法办理涉案金额为 1100 余万元的杭州皇基投资咨询有限公司非法经营案、杭州嘉宗物资有限公司法定代表人瞿某某涉嫌骗取贷款 2500 万元等典型案件。区法院、区检察院围绕“公正、效率”两大主题，建设执法责任体系、执法质量考评体系和执法监督体系。区法院全年受理各类案件 7123 起，办结 6932 起，分别增长 5.8%和 0.9%；受理各类执行案件 1781 起，执结 1732 起，分别下降 14.8%和 16.5%。区检察院全面审查批准逮捕 327 件、431 人，审查提起公诉 589 件、712 人，立案侦查各类职务犯罪 8 件、16 人，大案率 100%。上城区正风肃纪，推进政法队伍思想政治、作风效能和执法（司法）能力建设。加大执法监督力度，开展涉法、涉诉、信访件办理和案件评查活动，通过领导包案、开门接访、公开听证、案件评查、责任追究等手段，化解涉法涉诉信访积案。发挥司法救助机制功能，全年使用司法救助专项资金 18.80 万元，用于满足涉法涉诉信访当事人的合理诉求。区公安分局获全省社会管理综合治理先进集体、浙江省依法行政示范单位、全省执法质量优秀单位等荣誉，清波派出所被评为全省优秀公安基层单位，区经济犯罪侦查大队被公安部授予“全国打击非法买卖外汇违法犯罪先进集体”称号，区司法局被省委办公厅、省政府办公厅评为浙江省社区矫正工作先进集体。

【维护社会稳定】 区委、区政府与 6 个街道、24 个部门签订维稳责任书，组织全区各部门、街道落实不稳定因素排查化解、重点人员稳控等工作，采取“八个一批”方法，完成各级“两会”和上海亚信峰会、南京青奥会等活动期间维稳任务，有效防范处置敌对势力渗透、破坏活动，全年未发生影响重大的不稳定事件。坚持以法治思维和法治方式处理涉稳问题，完善社会稳定风险评估，重大涉稳问题采取“三色”预警、“六定”联动化解方法，坚持量化管理、积分考评，加强维稳信息搜集、研判、报送和应急处置体制机制建设，构建上城区“大维稳”格局。开展重大涉稳问题项目化监管，确保监管的重大涉稳问题妥善处理。全年纳入省、市、区项目化监管事项 25 件，年内化解 23 件，2 件处于平稳可控状态。推进重大决策社会稳定风险评估工作，对梳理出的问题全部实施风险评估，应评尽评，以评促稳。全年完成重大社会事项风险评估 66 件。

资料　“八个一批”：以谈促稳，拖住一批；帮困解难，稳住一批；修养身性，疏散一批；杜绝群访，分化一批；严防非访，陪访一批；专班稳控，盯牢一批；

谈话告诫，警示一批；应急劝访，妥处一批。

“六定”：定人员、定责任、定目标、定方案、定任务、定保障。

【社会治理创新】 上城区深化“平安网格”创建，形成“零发案、零事故、零激化、零上交，人民群众安全感满意度高”的“四零一高”网格。利用各类载体开展平安综合治理宣传工作，扩大“平安上城”创建的影响力。深化“源头治理、动态管理、应急处置”相结合的体制机制建设，完善“平安365”社会服务管理工作平台的功能，全年“平安365”社会服务管理工作中心办理各类事件5365起，办结率99.6%，群众满意率96.0%。全年接待国内外考察团120余批次、2000多人次。在重庆举行的2014年全国创新社会治理典型案例颁奖典礼上，“平安365”智慧治理被评为浙江省唯一的全国社会治理十大最佳案例，成为上城区推进社会治理创新的“新名片”。

【基层综合治理】 2014年，上城区整合、盘活社会治安资源，整合治保组织、物业服务企业和义务联防组织等群防群治力量，开展治安联防、平安巡防和邻里守望、平安互助行动，构建动态型、联动型、高效型的治安防控模式。全年区平安巡防支队抓获各类嫌疑人2466人，支出巡防奖励资金688 595元，落实志愿者工作经费54万元。建设党政挂帅、部门联动、各方参与的大排查大调解工作格局，其中湖滨地区的“进商圈、进医院、进区块、进楼宇、进墙门”助推“发展和、医患和、民企和、劳资和、邻里和”的“五味和”大调解机制获省委副书记、政法委书记王辉忠肯定，王辉忠批示省社会管理综合治理委员会办公室总结推广。部署并协调相关职能部门重点抓好交通事故、劳资纠纷、物业纠纷、医患纠纷等专业调委会建设，化解社会热点、难点问题。区委政法委协调区公、检、法、司及民政等部门，建立由政府主导和全额拨款、民间组织托管、公检法联合运作的新型未成年人观护帮教基地，为外来涉罪未成年人非采取羁押强制措施提供场所。

【治安防控体系建设】 区委政法委加强治安动态视频监控系统建设，提升科技防控水平。通过整合警力资源、调整警力投向、增编辅警力量等举措，健全完善由治安防控机动队、便衣侦察队和重点区域巡逻队组成的“123”巡逻防控体系。全年出动警力1.64万人次，抓获各类违法嫌疑人422人，参与涉稳处置任务130次。区平安巡防队伍积极开展治安联防、平安巡防，促进社会治安日益好转。

【基层平安创建工作】 上城区推进街道、社区“两中心”规范化建设，依托区“平安365”工作平台，开发“平安网格”创建考评模块，提高“平安网格”创建的信息化水平。以望江街道为试点，开发“民情E点通”项目，形成“查转办”一体化智能网格联动工作法，将“平安365”平台延伸至手机APP终端，向更多居民群众开放。深化“平安街道”“平安校园”“平安社区”“平安企业”“平安家庭”等创建活动，15个区级“行业创平安”责任部门按照“谁主管、谁负责”的原则，落实组织领导，明确工作机制和18个具体载体，推进基层平安创建工作在各领域、各行业深入开展。（蒋　寅）

依法治区

【概况】 2014年，全区依法治区工作以推进“六五”普法为抓手，积极发挥具有上城特色的普法微平台作用。开通微博、微信，创设普法栏目。制作《天眼说法》系列动画片和《迷途的羔羊》等预防未成年人犯罪微电影，促使普法工作由“灌输性”向“互动性”转变。《天眼说法》系列动画片在全区各街道社区LED屏幕、市客运中心站和汽车南站、西站、北站的电子屏上，以及杭州长运集团有限公司下属的280辆快客车辆的车载电视上进行滚动播放。组织全区普法成员单位开展以“优化法治环境、共享法治文明”为主题的各项法制宣传活动，扩大上城区普法影响力。

【民主法治建设】 区司法局加大民主法治街道的宣传力度，在《上城报》开辟“创建民主法治街道”专栏，介绍各街道“创建民主法治街道”活动的做法和成效。做好“省级民主法治社区”复评迎检工作，对全区“省级民主法治社区”进行数据指标核实。推荐白塔岭、清河坊2个社区为2014年“省级民主法治社区”申报单位，并指导和督促2个社区完善软硬件设施和工作台账，提高申报通过率。

【法治文化打造】 7月3日，上城区“爱尚法·五水共治 ing 法制文艺会演”在区政府大礼堂举行。文艺会演评出一、二、三等奖和组织奖共10名。7月23日，推动浙江公共新农村频道《流动大舞台》走进上城，在太庙广场举办大型群众“法制文艺演出”。此前，区司法局进行大量的联系、组织、筹备、现场协调等工作。9月，推荐6集《天眼说法》系列动画片、《迷失者》微电影和《五水共治，法治护航》公益广告参加全国第十一届“法制动漫微电影大赛”。

【“五味和”大调解机制】 上城区贯彻落实省委、省政府建设“法治浙江”的总体部署，建立健全矛盾纠纷疏导化解机制，探索“党委政府牵头、街道部门实施、社会组织联动”的区域化大调解新格局，形成“发展和、医患和、鱼水和、劳资和、邻里和”的“五味和”大调解新机制。湖滨街道人民调解覆盖辖区各个角落。9月，省委副书记、省委政法委书记王辉忠在上城区报送的《杭州湖滨地区“五味和”大调解机制助推基层法治建设》一文批示中肯定上城区做法。

【普法纸巾制作投放】 4月，区司法局设计制作上城区首款普法纸巾，并利用国际动漫节时机，在全市各高校、火车站、地铁站、商铺、景区等处的自动纸巾机上免费投放10万份普法纸巾，公众通过扫描纸巾上的二维码，直接与“上城普法”进行互动。6月12日，首台“爱尚法”纸媒自动派发机(简称VEM机)投放区政府大院，开展普法订制纸巾的免费派发业务。体验者只要输入手机号码或者扫描手机APP上的二维码即可获普法彩色纸巾。VEM机显示屏滚动播放上城区开展“六五”普法以来的特色做法、《天眼说法》系列动画片及“五水共治”公益宣传片。“爱尚法”普法定制纸巾自派发以来，累计推广840余万人次(领取纸巾和在手机上进行内容分享的人次)，微网站在微信朋友圈分享次数1.70万次。 (叶 啸)

公共安全

【概况】 2014年，杭州市公安局上城区分局(简称区公安分局)围绕构建“品质治安、法治公安、满意民安”目标，着力服务上城区经济社会发展大局，坚持打防并举，大力开展打盗抢、肃毒害、打击食品药品案件和电信(网络)诈骗犯罪等集中整治行动，全区公共安全实现“三降一升”。110社会联动中心有效警情、刑事警情、治安警情分别比上年(指2013年，下同)下降23.4%、13.7%、19.6%，打击违法犯罪工作效能上升。积极探索开放式警卫工作，建成城站火车站联勤联动中心，形成“七位一体”(特警、巡检、武警、特保、保安、民兵及其他社会力量)的反恐防范一分钟处置模式，得到中央、省、市警卫局肯定。快速处置“7·5”公交纵火案件，开展舆情应对，稳定家属、伤员和犯罪嫌疑人。推进执法管理中心硬件建设，结合“五化建设”(即勤务模式科学化、执法行为规范化、管理方式精细化、监管手段信息化、设施保障标准化)，基本完成看守所硬件提升改造。弘扬警营文化，区公安分局刑侦大队成为全市警营文化教育基地。创新创优“平安365”平台的日常管理，该创新项目被

表10 区公安分局和派出所基本信息

派出所	地址	邮编	电话
区公安分局	中河中路88号	310009	87281110
清波派出所	四宜路61号	310002	87780213
湖滨派出所	邮电路22号	310006	87065709
望江派出所	海潮路53号	310016	86063837
紫阳派出所	南瓦坊3幢	310008	86061709
南星派出所	洋泮路85号	310008	86081143
小营派出所	翰林街107号	310009	87800209
站前派出所	邮驿路12-1号	310009	87810680

国家行政学院、人民网评为全国"创新社会治理十佳案例"。全年110社会联动中心办理案件5365起，办结率99.6%，群众满意率96.0%。接待美国德克萨斯州警察代表团、香港警察研修团等考察团120批次、2000多人。加强校园安保，在32所中小学、幼儿园建立统一标识的校园警务室，配齐配足校园安保力量。组织"猎狐2014"行动，劝返2名在逃境外经济犯罪嫌疑人，工作指标完成率列全市第一。区公安分局获全省社会管理综合治理先进集体、浙江省依法行政示范单位等荣誉，清波派出所被评为全省优秀公安基层单位、全市人民满意基层站所；巡特警大队民警周海凡被授予"杭州市五一劳动奖章"，刑侦大队预审中队队长毛文虹被评为杭州市"三八红旗手"；站前派出所等3个单位立集体三等功，周春伟等19名民警立个人三等功，86名民警获各种嘉奖。

10月14日，美国德克萨斯州警察代表团到区公安分局参观访问

（区公安分局　供稿）

【社会治安维护】 区公安分局针对春节和敏感时段及吴山广场、十二生肖(吴山大观)等重点部位，加强信息收集研判和巡查管控，防范非法组织成员的渗透破坏。全年全区没有发生危害国家安全和社会稳定的重大事件。依法处置因医患纠纷、意外死亡和企业改制引发的突发性、涉众型事件30余起。依托110社会应急联动工作机制，化解各类矛盾纠纷103起。区公安分局参与"5·10"中泰群体性事件处置，立集体三等功。牵头组建上城区6个大中型医院参与的"上城区医院突发事件联动处置平台"，组织相关事件的应急演练，提升区公安、卫生等部门应对医院突发事件的现场处置能力。对涉稳信访重点人按照实时更新、属地负责和分级管控的原则，落实各重要时间节点的管控，协助区信访部门、所在街道做好到北京上访人员的劝返。依法打击"非访"，处罚"非访"人员28人次，其中书面训诫11人次、治安警告4人次、治安拘留13人次。全区没有发生因信访问题引发的重大事件。全年出动警力2万人次，完成各级"两会"、世界互联网大会、市民休闲节、吴山庙会、杭州国际马拉松等重要会议及大型活动安保维稳任务和突发事件处置，其中一级安保32批次。

区公安分局加强"古尔邦节"凤凰寺安保工作　（区公安分局　供稿）

【违法犯罪打击】 上城区成立由区委常委、区公安分局局长秦文任组长的专项行动领导小组，纵深推进重点案件、重点部位的打击整治和安全防范，坚决落实社会治安常态化要求。通过实行一把手负责制、建立警种捆

绑考核、加大奖惩力度等措施,提升打击违法犯罪工作效能。先后破获湖滨地区怀孕妇女盗窃团伙系列案、紫阳地区系列盗窃车内物品案等重、特大案件。全区“110”报警总数比上年下降23.4%,刑事警情下降13.7%,治安警情下降19.6%,刑事案件发案下降2.5%,其中侵财性案件下降2.9%;受理刑侦类刑事案件5503起,下降9.3%;刑事案件立案3816起,破案1585起,破案率41.5%,破案率提高0.84个百分点,破案绝对数下降0.5%。移送起诉689人,上升8.3%。命案破案率、五类恶性案件破案率均100%。全区侵占财物类警情9563起,下降9.8%。其中,“两抢”、扒窃、盗窃电动自行车、入室盗窃等警情分别下降29.9%、18.5%、6.7%、2.0%,网络诈骗警情上升9.2%。破获经济类案件19起,为群众挽回直接经济损失730万元。破获“2·26”特大系列网络盗开发票案,获公安部批示肯定;破获公安部督办的2013年“5·21”特大制售假茅台酒案被评为全省打假行动“十大精品案例之一”。根据该案件制作的记录片《一颗好奇心引发一场惊天大案》在全省经侦第四届技战法研讨暨精品案例评审会上获第一名。

【黄赌毒整治】 区公安分局通过强化日常管理和交叉检查、治安清查,对容易滋生黄、赌违法犯罪的公共娱乐场所进行严查、严治、严管,有效遏制涉黄、涉赌等社会丑恶现象蔓延。全年查处涉黄案件29起,处罚70人次;查处涉赌案件23起,处罚81人次。依托社会治安状况常态评估机制,加强对桑拿洗浴、大型足浴、歌舞娱乐等公共场所巡检和暗访,挤压违法犯罪空间。全年移送起诉毒品犯罪嫌疑人82人,破获公安部毒品案件4起,缴获毒品40余千克,查处吸毒人员306人,强制隔离戒毒84人。完成省级禁毒社工队伍建设试点,试点成果得到省、市禁毒部门肯定,并在全省禁毒社工队伍建设现场观摩会上推广。

【环境污染食品药品犯罪案件查处】 区公安分局主动出击,深挖环境污染食品药品(简称“环食药”)犯罪案件线索。动员各派出所辖区民警、辅警、保安员、治保人员,针对“环食药”涉及的行业、区域开展排查。通过多渠道搜集线索,以及循线追查,追根溯源,提高打击的针对性和有效性。5月20日,区公安分局开展“打击劣质油条制作摊点”专项行动,先后捣毁生产、销售劣质油条摊点16个,有力保障群众餐桌上的安全。

【基础管理加强】 区公安分局对全区4个加油站点、6个民用枪支使用单位、3个放射源使用单位、13个接触剧毒危险化学品单位及63个易制爆危化品从业单位开展联合检查,严格落实各项日常管控措施,切实堵塞安全漏洞。对发现的18处安全隐患向相应单位发出整改通知书,并全程监督相关单位完成整改。推进派出所执法管理中心建设,7个派出所执法管理中心配备10名专职法制员、7名兼职法制员和11名辅警。法制员工作由审核案卷为主转向全程跟踪指导办案为主。清波、望江、紫阳3个派出所执法管理中心专门配备案卷电子保管柜,所有案卷统一入柜保管,实行集中管理。其他4个派出所同时建立相应的案卷集中保管制度。

6月26日,国际禁毒日主题宣传活动在吴山广场举行 (区公安分局 供稿)

【便衣队打防作用发挥】 区公安分局做强做专2支专职便衣队,推进“7+2”(7个派出所组各1支便衣队,刑大、巡大2支便衣队)两级便衣工作机制,坚持以社会治安评估为指导，根据每日警情动态的研判，采用弹性工作方式，提升对各类突出街面犯罪的打击力度，并在全局性集中行动中发挥作用。2支便衣队会同派出所开展区域整治，通过传、帮、带，提升基层反扒队员的识别、抓捕、取证等能力。

【专业警务室建设】 区公安分局会同区教育局在全区建成7个校园警务室和26个警务岗，实现校园安保工作常态化、规范化运作。全区6个三类甲级医院配齐医院警务室，牵头建立医院联动和会商制度，探索处置“涉医”群体性事件的有效途径，公安部治安局对此做法刊发简报肯定。结合火灾隐患重点区域整治，在老旧民居集中的南星馒头山社区试点建立消防警务室，作为集消防检查、日常管理、咨询服务、社区宣传职能于一体的前哨站。

【“平安365”社会服务管理平台建设】 “平安365”社会服务管理平台全年受理各类求助1.76万次，发现、处理各类突发事件1168起，预防和化解物业、劳资、医患、消费等各种矛盾纠纷4566起，提供教育、医疗、就业、养老等民生服务9785人次，群众满意率95%。发挥“平安365”社会服务管理平台督办联席会议制度的作用，不定期召集督办联席会议，对平台上流转的部分事件进行集中分析，提出处置建议，由区委办、区府办联合出具“督查督办建议书”，定期向区领导及有关部门提交《动态分析研判报告》，集中调研西湖大道流动铁皮房、小营街道无主窨井盖、小区噪音扰民等老大难问题，为党委、政府决策提供解决方案。

【盗窃高档轿车后视镜敲诈勒索案侦破】 2月19~20日，望江、紫阳、小营等地区连续发生数起盗窃宝马、奥迪等高档轿车后视镜镜片继而进行敲诈勒索的案件。区公安分局刑侦大队重案二中队迅速落实专人开展侦查。其间，联手合成作战室从案犯遗留现场的手机号码和银行账户入手，通过各种专业侦查手段，迅速查明犯罪嫌疑人，并于2月21日在江干区某小旅馆内抓获犯罪嫌疑人张某某（男，25岁，山东无棣县人），缴获作案使用的手机号、银行卡等。经审讯，张某某对盗窃高档轿车后视镜镜片进行敲诈勒索的犯罪事实供认不讳。通过进一步侦查，破获张某某此前在杭州和外地所作的案件11起。

【网上盗开发票制假窝点摧毁】 2月26日6时，区公安分局经侦大队联合紫阳、望江、南星3个派出所，出动50余名警力，围堵杭州市三里亭东苑、皋塘村、范家村3个盗开、制售假发票窝点，当场缴获电脑、打印机、空白发票、名片、公章等作案工具，以及未开具的空白发票1000余张，抓获涉嫌盗开发票的犯罪嫌疑人9人，破获犯罪嫌疑人利用盗取涉案单位的税号和密码，侵入国税局网上开票系统盗开2500余张涉案金额2亿余元的系列盗开发票大案。该犯罪嫌疑团伙先后作案180起。

【电信诈骗案侦破】 3月8日傍晚，事主郭某某到湖滨派出所报案称：当日下午其手机上接到一个自称邮局工作人员的电话，以事主的身份信息可能被嫌疑人冒用进行毒品交易，需要将银行卡升级为由骗走事主69 685元。区公安分局接报后，立即成立专案组进行侦破，通过梳理和分析杭州近期数起以“邮包涉毒”等名义进行诈骗的案件，发现福建安溪籍不法分子林某某等人有重大作案嫌疑。专案组于3月下旬派人到厦门等地开展实地取证和深入调查，搜集掌握作案证据。4月15日下午，刑侦大队在福建厦门翔安区一间出租房内抓获涉嫌电信诈骗案的犯罪嫌疑人林某某（女，40岁，福建安溪县人）、苏某某（男，41岁，福建安溪县人）2人，缴获作案使用的银行卡、电脑、手机及SIM卡等工具。经初步查证，林某某、苏某某诈骗郭某某钱财事实清楚，2名犯罪嫌疑人被刑事拘留。

【特大毒品案件侦破】 5月中旬，通过近5个月的精心侦查、跨区域协作，区公安分局破获2起公安部目标毒品案件（公安部挂牌督办的案件），摧毁辐射浙江杭州、衢州和江苏、广东、广西等地，涉及制造、运输、贩卖、容留、吸食毒品的犯罪团伙5个，破获涉毒案件15起（刑事案件5起），抓获涉毒人员57人（刑事拘留41人），缴获毒品冰毒17.20千克、麻古1.10万粒、制毒原料麻黄素6.70千克、咖啡因8千克和一批制毒配剂及土炮1门，毒资约20万元。此次侦破工作，从抓获涉案人员及查获毒品数量、种类上看，均为区公安分局历年最好战绩。

【“7·5”公交纵火案告破】 7月5日17时,1辆车牌号码为浙A3A853的7路公交车,载着80余名乘客途经东坡路与庆春路交叉路口时,车内突然起火燃烧。省委书记夏宝龙、省长李强立即作出重要指示。省委常委、市委书记龚正,省委常委、公安厅厅长刘力伟,省公安厅党委副书记、常务副厅长洪巨平,省公安厅副厅长、市委常委、公安局局长叶寒冰等第一时间赶到事故现场,指导应急处置工作。区公安分局迅速启动应急预案,及时抢救伤员,查处案件。历时3天,锁定并查清犯罪嫌疑人身份及犯罪动机,“7·5”公交纵火案成功破案。其间,组织30余名民警为伤员无偿献血。

【百万元虫草被盗案破获】 9月30日,区公安分局刑侦大队会同站前派出所到丽水地区抓获盗窃犯罪嫌疑人邵某某(男,33岁,江苏沭阳人),10月10日到北京抓获2名收赃犯罪嫌疑人,破获9月22日城站广场附近某参茸市场百万元虫草被盗案。

【百万元玉石被盗案破获】 10月15~16日,区公安分局刑侦大队会同湖滨派出所通过缜密侦查、轨迹跟踪,在杭州抓获盗窃犯罪嫌疑人王某某(男,28岁,河南扶沟县人)、翟某某(男,37岁,河南扶沟县人),破获10月7日湖滨地区百万元玉石被盗案,并追回全部赃物,价值400万元。 (缪兆丰)

【交通管理】 2014年,杭州市公安局交通警察支队上城大队(简称上城交警大队)坚持一手抓治堵,一手抓安全,实现管理向治理转变、严管向服务延伸,构建“路堵心不堵,交警在身边”的交通治理新体系。上城交警大队改造提升指挥系统。收归4个执勤中队数字勤务室指挥调度功能,做大做强大队分指挥室。借助勤务系统、指挥调度系统及移动警务通平台,建立由分指挥室负责路面民警、协勤员的日常指挥调度,直接对路面民警下达各类警情处置指令的扁平化指挥调度机制,提高警情的快速处置能力。同时做好每日道路信息的收集、分析、研判和预警,形成警情通报,为领导决策提供依据。依托路面抓拍系统,突出“现场与非现场”相结合的管控模式,强化桌面和路面互动,形成严查严处违法的“交叉火力网”,大队分指挥室警情自我发现率提高30%。全年上城交警大队开展各类集中整治100余次,查处各类交通违法行为10.70万起,非现场拍摄23.20万起,全区发生上报道路交通事故42起,造成死亡5人、受伤37人,直接财产损失2.30万元。事故起数、死亡人数、受伤人数、直接财产损失比上年分别下降8.7%、28.6%、14.0%和0.4%。

【交通安全整治】 上城交警大队坚持以路面为主战场,深化道路严重交通违法行为集中整治。在路口管理中依托支队一、二级岗和“300米严管路口”,借助“平安行动”“风暴行动”,严查非机动车、行人违法行为。在静态违法管理中,以公共停车场200米范围为管理重点,严管严处路面违法停车,提升道路通行率。在“两非”(非法上路、非法营运)整治中,与区相关职能部门配合,通过整治小分队,持续保持对路面“两非”车辆的严管态势。全年查扣“两非”车辆1900余辆。同时上城交警大队参与湖滨街道牵头组建的由治安、交通、城管、运管等部门共同参与的综治队伍,借用政府力量加强湖滨地区交通秩序管理。通过综合治理,湖滨地区交通秩序得到有效改善,湖滨路通行有序,周边支小路违法停车现象减少。

【“三访三评”活动】 上城交警大队立足岗位,开展“三访三评”活动,密切警民关系。全年大队走访慰问困难群众50余人次,召开警民恳谈会7次,收集各类意见、建议60余条,落实便民措施10余项。承办市、区两级人大、政协建议提案33件,“公述民评”10件,所有受理件均按时办结,代表、委员及群众满意率100%。

资料 **“三访三评”:**“三访”即访问民情、访察民意、访排民忧;“三评”即评议工作、评查问题、评选先进。

【交通拥堵治理】 上城交警大队树立“堵情就是警情,堵点就是阵地,路面就是战场”的理念,依托“三治三长”(专治、共治、自治,路长、岗长、片长)制度,加强排拥治堵。将路口组团和交通信号灯责任包干作为交通治堵工作的突破口,推进信号灯由静态向动态转变,提升管理效能和通行效率。上城交警大队确定37名民警、45名协勤员为信号灯责任包干负责人,2名专职信号配时员每天在分指挥室坐班,对路面信号灯实行实时调控,18个路口纳入组团管理,优化调整8处信号灯配时。西湖大道、延安路、解放路等主干道在流量分别比上年提升8.5%、12%和20%的前提下,通行效率均提升2%~5%。之江路、复兴路沿线夜间信号灯周期下降16.7%,涉及信号灯信访投诉下降23.5%。落实责任包治,提升路面"见警率、管控率、管事率"。确定之江路为上城交警大队治堵重点道路,明确由上城交警大队大队长领路,同时确定一线执勤中队指导员、副中队长等12人为岗长,认领辖区主要路口(均为一、二级岗和"300米严管路口")。以近江东园、水澄桥社区交通共治试点社区为依托,落实2名社区民警为片长,推进社区交通管理"三治"。全年完成重点治堵道路"一路一方案"6件,岗长认领路口"一岗一方案"12件,社区交通组织优化4件,增设单行线3条,增设交通标志牌50余块、隔离设施60余处,实施交通改造7处,道路通行效率得到有效提升。

(葛建峰)

上城交警正在维护交通秩序　　(上城交警大队　供稿)

【消防管理】 2014年,杭州市公安消防支队上城区大队(简称上城消防大队)有湖滨、鼓楼、近江、复兴4个建制中队;在职人员158人,其中现役官兵106人、合同制消防员40人、文职外聘人员12人。大队以创建执法示范单位为契机,从健全制度入手,简化办事流程,提高办事效率。消防行政审批项目办理从21个工作日缩短至14个工作日,备案项目办理从30个工作日缩短至21个工作日,消防安全检查办理时间由10个工作日缩短至7个工作日,小微项目办理只需7个工作日。为全区重点工程、民生工程、重点培育项目开辟绿色通道,实行警力前置,落实军政主官负责制和专人负责制,提前介入消防设计审核、消防竣工验收。设立星期一领导接待日制度,推出"一站式"受理、"容缺受理",发放执法人员联系卡、办事指南、便民服务手册。开展"119"消防宣传月活动。全区设立消防公益广告电子屏幕、户外视频6块,消防站开放和上门宣传200余次,发放宣传资料2万余份。开展消防民警进社区活动,每星期至少3次到社区、重点单位进行消防宣传和日常检查。会同区民政局开展"九九消防平安行"活动,对全区养老机构组织火灾隐患排查和整治"回头看"。实行中小学、幼儿园兼职消防辅导员制度,联合区教育局在

9月27日,上城区启动"九九消防平安行"活动　　(上城消防大队　供稿)

全区52所中小学、幼儿园门口设立警务室(岗),每个学校配备1名消防辅导员,设立9项工作制度,督促学校加强消防安全管理。推进消防网格化、户籍化管理,开展重大火灾隐患集中治理、养老机构专项检查、区域性火灾隐患整治等专项行动。全年检查企事业单位、商家、娱乐经营场所288个,发现火灾隐患1436处,其中责令当场整改1030处、限期整改406处。办理行政处罚案件173起,罚款78.78万元。责令"三停"(停产、停业、停止使用)单位21个,查封有较大隐患的单位(场所)13个(处)。受理消防问题信访166件,结案息访率100%。受理消防审核项目114个、验收项目103个,办理开业前消防安全检查单位112个。

【消防演练】 上城消防大队立足于"灭大火,打恶仗",在辖区广泛开展"六熟悉"活动。全年用于"六熟悉"工作时间300小时,熟悉重点单位224个、一般单位105个。完成消防实兵、实装、实战演练177次,其中夜间实战拉练46次、无预案拉练44次。制定、修订重点单位消防预案255个,制作一般单位"六熟悉"卡342张。

资料 **"六熟悉":**指熟悉辖区的主要交通道路、水源情况;熟悉社区重点单位的分类、数量及灾害特点;熟悉辖区内不同灾害事故处置的主要对策及基本程序;熟悉重点单位的建(构)筑物及重点单位情况;熟悉重点单位内部消防措施情况;熟悉部队的作战实力、社会救援力量及重点单位的消防组织和自防自救情况。

【消防救援】 上城消防大队加强对商场、建筑工地、公共娱乐场所、医院、养老院、学校、宗教场所、液氨使用单位等的火灾隐患排查整治和消防宣传教育培训。协同区政府制定《重大火灾隐患集中整治专项行动方案》《区域性火灾隐患整治方案》,排查区域性火灾隐患区块27处。确定杭州明珠小百货市场有限公司、杭州屋宇物业管理有限公司(仁和大厦)等6个重大火灾隐患单位,湖滨街道思鑫坊、南星街道馒头山社区为区域性火灾隐患区块,提请市、区两级政府挂牌督办。为推动全区建立火灾防控体系,提请区政府制定重点区域火灾等安全事故防控综合治理体系建设实施方案,建立由区属各部门、各街道和各社会单位构建的消防网格格局,增强火灾的防控能力。在望江街道安装智能电气报警系统,及时、有效预防电气火灾的发生;在紫阳街道的老旧住宅安装独立烟感报警器,通过火灾预警,为居民逃生赢得时间。完成湖滨西旺港式小火锅火灾、始板桥老式住宅火灾等重大火灾事故救援,以及杭州举行马拉松、西博会等活动和马来西亚总统访问杭州、中央巡视组在杭州期间的消防安保工作。上城消防大队全年出警1040次,出动消防车1772辆次,出动消防官兵1.02万人次,抢救、疏散被困人员883人,抢救和保护财产价值190.80万元。发生火灾264起,过火面积1586.10平方米,损失财产18.39万元,无人员伤亡。

【社区消防工作站投入使用】 10月9日,南星街道馒头山社区消防工作站投入使用。该消防站占地面积40多平方米,配备一辆载有水箱、消防泵、手抬泵、水枪等灭火装备的三轮微型消防车,消防车能在狭窄道路上自由穿梭,轻松地对接公共消防栓,灭火覆盖面积超过30平方米。消防站配有两名消防大队专业人员蹲点驻守,负责24小时不间断动态监控辖区安全情况。在此基础上,扩大能覆盖80%范围以上的联网监控点,配合24小时执勤和电动车巡查,将馒头山地区纳入无死角管控,形成险情第一时间发现、人员第一时间到位、救护设施第一时间投入的火险救护体系。

(周　易)

检　察

【概况】 2014年,区检察院围绕区委、区政府中心工作,以促进社会公平正义、增进人民福祉为出发点和落脚点,运用法治思维和法治方式推进各项检察工作,努力提升"四精化"检察品质,为全面建设现代化"美丽上城"提供司法保障。全年批准逮捕327起、431人,提起公诉589起、712人。立案侦查贪污贿赂、渎职案件14起、22人,其中处级干部4人。严厉打击严重暴力犯罪、"两抢一盗"、"黄赌毒"、严重危害食品药品安全的犯罪，积极参与维护医疗秩序打击涉医违法犯罪专项行动。加强“三项检察”工作，保障改革稳步推进。加大对环保、知识产权、金融领域刑事犯罪的打击力度，上述领域犯罪案件批准逮捕12起、22人，起诉20起、34人。全面贯彻落实宽严相济的刑事司法政策，对各类轻微刑事犯罪不批准逮捕30人，不起诉69人，比上年(指2013年，下同)分别增长20%、47%。区检察院成为全国“青少年维权岗”单位。2名干警获“杭州市检察业务尖子”称号，3名干警获“杭州市十佳公诉人”称号，1名干警被评为市级优秀侦查员，1名干警被评为省社区矫正工作先进个人。

资料 **“四精化”**：执法办案精品化、队伍建设精英化、检察管理精细化、检务保障精优化。

“两抢一盗”：抢劫、抢夺、盗窃。

“三项检察”：环保检察、金融检察和知识产权检察。

【坚持执法公正】 区检察院加强刑事诉讼监督，印发《毒品犯罪案件一类问题通报》，有效帮助公安机关侦办案件，严厉打击犯罪，净化社会环境。加强民事审判和行政诉讼监督，着重打击虚假诉讼。加强刑罚执行和监管活动监督，办理的1起羁押必要性审查案件被评为全市优秀案例。在保障律师会见权的同时，对1起律师违规会见事件向市司法局、市律师协会发出检察建议，市律师协会对该名律师作出训诫处分。

【未成年人司法保护机制创新】 5月14日，区检察院推动成立浙江省首个由政府全额拨款、民间组织托管的未成年人观护基地，实施1名被区检察院做出附条件不起诉的未成年人刘某某的观护。至年末，全区批准逮捕未成年人7人，起诉14人，附条件不起诉4人，其中合适成年人介入40人次，法律援助40人次，完成2013年1月以来所有符合条件的未成年人犯罪记录封存工作。开展未成年人法制宣传教育20余次，形成“学法明理进校园”“小候鸟法制夏令营”等特色法制教育品牌。

【律师执业权利保障】 区检察院全面启用电子卷宗，全年免费给阅卷的律师提供电子案卷光盘335张，保障律师阅卷权。该做法分别被《检察日报》《杭州日报》等多家媒体报道，被律师微信朋友圈转发。认真落实《审查逮捕阶段听取律师意见的若干规定》，听取律师意见34件、37次，采纳或部分采纳律师意见5件、6人。

【审慎办理外国人犯罪案件】 自2013年起，全市由基层检察院管辖的外国人犯罪案件均由上城区检察院审查起诉。2013~2014年受理28件、52人，起诉22件、43人，不起诉1人。区检察院在办案过程中，注重分析本地区外国人犯罪案件的特点与发展趋势，撰写的反映外国人犯罪情况的分析报告《越南犯罪团伙在我市频频盗窃服装亟需引起重视》被《杭州政务》的《情况专报》专栏采用。

【检察文化提升】 区检察院通过检察主题沙龙、法制宣传调研、微电影拍摄等活动，加强培育检察职业道德，弘扬法治文化。2篇调研文章分别获全省检察机关普通期刊优秀调研成果一等奖、三等奖。制作的未检沙画微电影《青春的墨痕》获省检察院未检微电影三等奖；更新、升级门户网站，运行官方微博、微信；建立覆盖检察院、辖区6个街道、社区“三位一体”的检察视频终端系统；在《检察日报》《浙江法制报》等媒体刊登工作报道、典型人物事迹73篇。

【职务犯罪预防与惩治】 区检察院保持惩治腐败的高压态势，全年治腐立案人数比上年增长38%。先后查处杭州市经信委所属中小企业服务中心原主任陈某某受贿案、浙江省文化厅文化市场综合执法指导监督处原处长姚某某等4人滥用职权、贪污、受贿案。其中姚某某等人滥用职权造成国家损失280余万元，受害商户数千户，为区检察院查处渎职犯罪中涉案金额最大、受害人数最多的案件，姚某某被判处有期徒刑5年3个月。提供预防咨询、警示教育等51次，为企业提供行贿档案查询1500余次。开展“医院院长·检察长论坛回头看”活动，提高检察预防社会影响力。制定《侦查阶段开展同步预防工作实施细则》,提升个案预防实效。

【销售假冒注册商标商品案查办】 2010年10月,李某在淘宝网开设“飞翔苹果树”网店,以杭州市上城区清江路某仓库为实体经营场所,通过网店销售服装、鞋子等。2013年4~5月,李某为牟取非法利益,以每双380元左右的价格向他人购买大量明知是假冒“MIUMIU”注册商标的女款高跟凉鞋,然后通过其开设的网店以每双1280元不等的价格对外销售。截至案发,李某向他人销售假冒“MIUMIU”注册商标的女款高跟凉鞋300余双,累计销售额38万元。2014年,区检察院严厉查办该类侵犯知识产权案件,涉案金额达数百万元,使知识产权得到进一步保护。

【使用“伪基站”群发广告短信案件查办】 3月7日,平某某在上城区建国中路某旅馆内,用其携带的一台非法无线电发射电台,非法利用中国移动、联通GSM专用通信频段,强行与周边300米范围内的移动用户手机建立连接,发送各种垃圾短信2.70万条,造成2.50万个用户通信中断至少5秒钟时间。同日下午,平某某在该旅馆客房内被公安机关抓获。11月3日,平某某因犯破坏公用电信设施罪被判处有期徒刑3年2个月。该案系区检察院查办的第一起使用“伪基站”案件,是隐蔽性较高的高科技犯罪案件。

(陈　赟)

法　院

【概况】 2014年,上城区人民法院主动服务改革发展大局,扎实推进司法改革和队伍建设,忠实履行法律赋予的职责,为加快美丽上城建设提供司法保障。全年,法院新收案件7123起,审结6932起,收结案比上年(指2013年,下同)分别上升5.8%和0.9%;未结案721起,上升36%,结案率90.6%。区法院被浙江省委政法委评为全省政法系统先进集体,被浙江省高级人民法院评为全省法院民事审判工作先进集体、全省法院信息化工作先进集体。

【惩处刑事犯罪】 区法院严格执行宽严相济的刑事政策,严厉打击故意杀人、故意伤害、“两抢一盗”等严重危害社会治安犯罪,坚决惩治贪污、贿赂、渎职等职务犯罪,审慎处理杭州地区涉外刑事案件,严惩骗取贷款、非法经营、销售假冒注册商标的商品等破坏市场经济秩序犯罪。全年新收刑事案件587起,上年旧存7起,审结588起,收结案比上年下降20.9%和21.3%。坚持惩罚犯罪与保障被告人权益并重,对221名轻微刑事犯罪和具有自首、立功等情节的被告人依法判处缓刑、单处罚金和免予刑事处罚。扩大刑事案件指定辩护范围,为108名没有经济能力聘请律师、可能被判处3年以上有期徒刑的被告人通知法律援助律师出庭。完善未成年人犯罪案件审判机制,落实未成年人犯罪记录封存制度,做好庭前社会调查、社区矫正衔接等工作,营造和谐稳定的社会治安环境。

【保障民生权益和经济社会发展】 区法院坚持“调解优先、调判结合”原则,着力化解婚姻家庭、邻里关系、劳动争议、人身损害赔偿等各类民生纠纷,妥善处理买卖、借款、金融、担保、股权纠纷等案件。全年新收各类民商事案件4595起,上年旧存359起,审结4454起,收结案比上年上升21.8%和13.6%。针对涉金融案件多发的实际,设立金融审判组,组织召开辖区18家银行金融案件审判座谈会,通过推行涉金融民商事纠纷送达地址确认前置制度、小额速裁机制、适用担保物权特别程序、简化金融案件裁判文书等措施,加快金融案件审理。全年审结金融纠纷案件889起,上升51.9%,涉案标的额15.10亿元。出台《为全面推进“五水共治”提供司法保障的若干意见》,保障“五水共治”工作依法、有序、稳步开展。依照“裁执分离”原则,稳妥处理拆迁、拆违等涉案纠纷。全年受理此类案件3起,裁定准予强制执行案件2起。

【诉调对接机制建设】 区法院加强诉讼引导,开展诉前调解、司法确认和引调,发挥调解有效化解矛盾纠纷的优势。建立完善交通事故纠纷案件、涉保险纠纷案件诉调对接机制,构建多层级诉调对接体系。利用政府视频会议系统,与辖区内人民调解组织进行视频对接,开展网上法律服务和实时调解指导,在实践中形成具有上城法院特色的多元纠纷解决机制。全年区法院诉调对接中心引入诉调案件2650起,占民商事案件的58%;调解1476起,诉前化解率

32.6%,撤诉居全省法院第二位、全市法院第一位。

【行政争议化解】 区法院严格司法审查标准，加强行政诉讼协调沟通,积极化解行政争议。全年新收行政案件112起,上年旧存7起,审结110起,收结案比上年上升80.6%和77.4%；新收非诉行政案件46起,审结46起,收结案下降26.9%和28.1%。其中,撤销和变更行政行为、确认行政行为违法或无效的占5.4%，维持行政机关行政行为和驳回起诉的占67.3%,经法院协调后撤诉的占27.3%。加强司法行政良性互动，推进落实行政机关负责人出庭应诉制度,积极参加府院联席会议、法律实务专家咨询会,向相关部门提出房屋登记、公安行政复议、土地行政管理等方面的意见建议,促进行政机关依法行政。

【执行工作机制创新】 区法院推进执行工作精细化管理,实行分段分层执行模式,成立执行实施组、外勤组和疑难案件执行组，将疑难案件分离出来专人执行,简易案件快速执结,实现执行权的合理配置和高效运行。推进执行快速反应机制建设,实行24小时全天候执行备勤管理制度,对执行线索和公安、边检等部门协助查控线索做出快速反应。深化执行查控机制建设，开展涉民生案件专项集中执行活动和以打击拒执行行为为重点的“雷霆行动”执行专项活动,采取网上点对点查控被执行人及财产信息、限制高消费、限制出境、曝光失信被执行人和查封、冻结、拘留、罚款等措施,加大对抗拒执行、逃避执行的惩治力度。全年新收执行案件1781起，上年旧存157起，执结1732起，收结案比上年下降14.8%和16.5%,执结率89.4%。7月10日,在杭州市中级人民法院开展的“雷霆行动”执行专项活动成果展示中,区法院的微电影《重生》获三等奖。

资料 **雷霆行动**:为树立“强制在先”执行理念,敦促被执行人自动履行,杭州市中级人民法院于2014年5~7月组织全市人民法院开展以打击拒执行行为为重点、深化强制执行措施的“雷霆行动”执行专项活动,切实维护当事人的合法权益,提升执行公信力。

【审判质效管理】 区法院推进“零佣金、低成本”的网络司法拍卖工作,在全市法院中率先为意向竞买人搭建按揭贷款平台，破解网络司法拍卖一次性付款难题。全年在淘宝网司法拍卖平台成功拍卖119件,成交额20 679.60万元，为当事人节省佣金626.70万元。推进审判管理系统化、精细化,强化案件节点管理、审判质效评估、网上审委会审案等机制,对每件案件的节点、期限进行跟踪监督。创新庭审评议方法,邀请100名人大代表、政协委员和廉政监督员旁听评议庭审。实行裁判文书判前评查制度,全年评查裁判文书1195份。将上诉率、庭审录像率、裁判文书上网率、信访投诉率纳入审判质效考核,严格执行每月对案件质效的分析反馈、综合考评和通报上墙,促进办案质效有效提高。全年反映审判效率的案件平均审理天数40.10天,月均存案工作量1.39个月;反映审判质量的二审改判发回率6.8%,二审改判发回瑕疵率2.5%,审判效率和质量在全市法院中领先。全院一线法官人均结案207.50起，区法院诉调对接中心的程煜峰和刘筱文分别办结案件707起和633起。

【推出便民利民举措】 区法院推出在线咨询、网上立案、导诉答疑等便民举措,通过强化当事人权利义务告知、案件信息即时查询、开通“12368”司法服务热线等方式,推进集诉讼引导、立案信访、服务救助、查询咨询、判后答疑等功能于一体的“一站式、低成本”综合性诉讼服务平台建设。全年导诉接待4400人次,接听来电咨询3892次,为965名经济困难的当事人依法缓、减、免诉讼费32.20万元。妥善处理涉诉信访,落实专人接待、院(庭)长包案等制度,引导群众理性表达诉求。完善风险评估、信息预警、判后答疑等制度,运用释法、救济、协调等手段,推动涉诉信访的法治化解决。全年受理来信182件,接待来访287人次,组织判后答疑15件。

【推进阳光司法】 区法院制定《关于开展“司法公开推进年”活动的工作方案》,推动审判流程公开、裁判文书公开和执行信息公开三大司法公开平台建设。改建法院门户网站,公布机构人员、开庭送达公告、审判执行数据等所有要求公开的信息和流程；在门户网站上开展庭审录播，加大裁判文书网上公开力度。全年公开生效裁判文书13 295份，文书上网率93.7%，居全国法院前10位。开通12368司法服务热线和法院官方微博、微信，及时接受和处理群众咨询、投诉、举报，打造以门户网站、短信和语音、视频等多元载体的网上司法公开和为民服务平台。开展公众开放日活动，全年分11次组织435名群众走进法院，“零距离”感受法院文化和审判工作；召开“雷霆行动”执行专项活动新闻发布会，在各级新闻媒体上发布法制新闻406篇，形成开放、透明、便民、现代化的阳光司法新机制。

【推进司法民主】 区法院落实人民陪审员“倍增计划”，经区人大常委会批准，人民陪审员名额从74名增加到126名；推进人大代表、政协委员担任人民陪审员工作，提请区人大常委会新任命的7名人民陪审员中，有1名全国人大代表、1名省人大代表、1名区政协委员。人民陪审员与法官的人数比例为1.3:1。组织召开人民陪审员工作会议，将人民陪审员职能拓展到调解、执行等工作环节，增强人民陪审员的履职积极性和履职能力。全年普通程序陪审率99.9%。

【司法能力培养】 区法院以法院领导干部、一线法官、青年法官为重点，抓好各级各类教育培训。全年组织96人次参加刑事、民商事、执行、信访、调研等培训。组织重点课题调研、学术论文研讨，有17篇论文获奖或在市级以上法律类刊物上发表。将司法能力建设与执法办案实践有机结合，通过庭审观摩评议、优秀裁判文书评选、庭审记录比赛等方式，提高干警办案业务水平。加强青年审判业务骨干培养，选派2名青年干警到街道、社区挂职锻炼，注重发挥中层干部、资深法官的“传帮带”作用，提升青年干警善做群众工作、化解矛盾纠纷的能力。

【推进廉洁司法】 区法院加强对全院干警的先进示范教育、案例警示教育和岗位廉政教育，通过开展廉洁教育日活动、建立廉政画廊、观看廉政电教片、组织参观法纪教育基地等方式，强化廉洁司法意识。开展廉政风险点排查、审务督察和专项检查，加强对重点岗位、重点案件、招投标过程的监督，强化对职业道德遵守、作风效能建设和纪律执行情况的检查。全年受理信访举报20件，处理96666投诉8件，对1名违反内部规定的聘用人员给予通报批评处理。

【首次法官履职评议】 11月5日，区法院召开法官履职评议工作动员大会，由区人大代表从刑庭、民一庭、民二庭、民三庭、行政庭、立案庭、诉调中心、执行局等业务部门符合条件的人选中分组随机抽取3名法官作为评议对象。区人大通过上门走访、个别谈话、调阅庭审录像和案卷，对3名法官的政治业务素质、依法履行职责、勤政廉政建设等情况进行评议，3名被评议法官中1名履职评议等级为优秀，2名履职评议等级为称职。

【“杭州上城法苑”微信公众服务号开通】 5月，区法院开通“杭州上城法苑”微信公众服务号。服务号将诉讼指南、法官联系方式、裁判文书检索、审判执行信息查询等功能集中于微主页平台，手机用户直接点击便可获取包括立案、审判、执行等各个环节的信息，还可预约公众开放日、法官谈话、档案查询。通过该平台还可了解法院新闻讯息、诉讼风险提示、诉讼费(执行费)减免规定等信息，并可进行判后释疑、咨询建议和举报投诉，届时法院安排专员在线答复与转办。 (宋慧娟)

司法行政

【概况】 2014年，上城区司法局推进司法行政领域社会管理创新，发挥司法行政在化解社会矛盾、促进社会和谐、保障改善民生方面的积极作用，努力创造和谐稳定的社会环境、公平正义的法治环境、优质高效的服务环境，为深化“平安上城”“法治上城”建设做出积极贡献。推进区司法行政法律服务中心各项制度建设，理顺工作机制，整合法律服务资源，利用上城普法微信、微博等线上线下载体加强对区司法行政法律服务中心宣传，提升居民知晓率。全年区司法行政法律服务中心受理法律咨询5720人次，办理法律援助案件242起；接收社区矫正人员1285人，解除矫正 1091 人,办理审前调查 99 人,社区矫正咨询服务 222 人次,安置帮教咨询服务 131 人次;发放法治宣传资料 8.07 万份。

是年,上城区司法局被省委办公厅、省政府办公厅评为浙江省社区矫正工作先进集体,被杭州市司法局记集体三等功,连续第 10 年被评为杭州市综合治理工作先进单位;涌现浙江省社区矫正工作先进个人、浙江省司法行政体系“十大百优”先进个人、杭州市综治工作先进个人、杭州市司法局法治政府建设先进个人等先进个人 5 人。

【法治宣传教育】 1 月 15 日,区依普办、区司法局与区委组织部、区委宣传部、区人力社保局联合印发《关于加强领导干部和公务员学法用法工作的实施意见》,健全领导干部和公务员学法用法制度,不断拓宽学法用法渠道。全年举办领导干部任职前法律考试 5 次(拟由人大任命的 3 次、非人大任命的 2 次),领导干部学法讲座 4 场,覆盖处级及以上领导干部近 200 人次,提升领导干部的法治思维和法律意识。拓展青少年学法渠道。寒假前夕,由区依普办、区司法局、区教育局、区检察院、区法院等部门联合投拍的青少年普法微电影面向全区中小学生播放。微电影分《迷失者》(剧情版)和《迷途的羔羊》(律师讲解版)2 个版本,讲述几名中学生的犯罪案例,对预防青少年违法犯罪起到警示作用。扩大外来务工人员普法覆盖面。在城站火车站、客运汽车南站、区人才市场、区外来人员公寓等流动人口集中的场所,张贴普法宣传标语,派发法治宣传教育资料。6 月,组织基层法律服务工作者到全区 20 余个在建工地,向外来务工人员赠送法律书籍 300 余册,引导外来务工人员依法理性维权。在元旦、春节、五一、国庆等节假日,开展“平安和谐”法治宣传教育主题活动。春运期间,区依普办利用城站广场、杭州长运集团各客运站点等普法阵地,滚动播出《天眼说法》系列普法动画。12 月 4 日,区司法局、区依普办联合清波街道、区教育局在南宋法治商业街区举办上城区第八届法治文化节暨“爱尚法·心飞扬——法治嘉年华”广场宣传活动,弘扬宪法和法治精神。

【“微普法”新媒体平台打造】 区司法局加强“上城普法”微信平台建设,通过同步推进该平台软硬件建设,打造新媒体普法拳头品牌。4 月,完成微信公众号的官方认证升级,并制定微信编辑和发布机制,增加原创普法内容,及时追踪普法热点,务求普法实效。“上城普法”全年发送微信 350 余条,浏览量 2 万多人次,《浙江法制报》《东方法苑》《杭州日报》等媒体相继予以报道。加快普法微博和普法网站升级。区依普办联合浙江法治在线,完成上城普法网的改版升级,组织工作人员到浙江法治在线学习后台操作技术,定期更新网站内容,完善专业、高效、亲民的移动互联网在线普法体系。

【“依法信访”宣传月活动】 5 月,在“浙江法治宣传月”活动期间,区司法局发挥“微普法”平台优势,整合线上线下资源,集中开展“依法信访”主题宣传。线上依托“上城普法”微信、“上城司法行政服务中心”官方微博,推送原创普法内容,宣传依法信访的理念;线下邀请省委副秘书长、省信访局局长周维亮为领导干部做题为“以改革创新精神推进信访工作”的讲座,引导领导干部善用法治思维和法治方式,依法处理涉法涉诉信访问题。在吴山广场开展“依法信访”现场宣传活动,为群众免费提供法律咨询和法律服务。

【“公正执法、规范履职”主题教育实践活动】 3 月 28 日,区司法局在全区司法部门开展“公正执法、规范履职”主题教育实践活动。该活动分动员布署、学习讨论、查摆剖析、整改立制、总结考核 5 个阶段。区司法局成立主题教育实践活动领导小组,由区司法局局长杨盛强任组长,区司法局副调研员戴晓清任副组长,成员由各街道司法所所长、矫正科科长组成。区司法局指导各司法所根据自身实际制订学习计划,采取集中学习和自学相结合的形式,组织学习《司法部关于进一步加强社区矫正执法工作的通知》《社区矫正实施办法》《浙江省社区矫正实施细则》《浙江省社区矫正审前社会调查实施办法(试行)》《浙江省社区矫正工作人员八条禁令》《浙江省社区矫正人员考核奖惩办法(试行)》等法规及社区矫正工作人员违法犯罪案例。活动期间,各司法所开展会主题为“社区矫正工作是什么、干什么、怎么干”的大讨论、大交流活动。

【社区矫正人员管理】 上城区加强社区矫正工作制度建设，规范使用社区矫正人员动态管理系统，坚持矫正对象请假销假、手机定位和日常报到制度。3月，区司法局在全区范围内开展为期1个半月的社区矫正执法案件大评查、执法工作大检查、执行情况大排查“三查”专项行动，对全区114名社区矫正人员进行手机定位情况检查，对擅自变更居住地、不执行请假制度、长时间关机包括多次关机的27名矫正人员进行通报及处理。加强在册矫正人员中的“三类人员”和其他职务类犯罪人员的排查，全年警告6人，提请治安管理处罚1人，提请撤销缓刑收监执行2人。完善矫正救助体系，对18名生活困难的矫正人员进行帮扶，提供大米、食油等生活必需品，价值1万余元；为23名生活困难的矫正、归正人员，发放救助金5.25万元。7月11日，区司法局社区矫正科增挂执法大队牌子，成立全市首支社区矫正执法大队。

【安置帮教】 区司法局积极构建“衔接规范化、帮教社会化、安置市场化、管理信息化”的安置帮教新格局，开展预防和减少归正人员重新违法犯罪工作。加强与各街道司法所的信息通报，定期核对归正人员接收情况，信息核查率100%。落实人户分离归正人员的“双列管、两头包”制度(即以实际居住地安置帮教工作机构管理为主，户籍所在地安置帮教工作机构配合)，在街道社区建立由楼道党员、责任民警、社区干部组成的“三帮一”安置帮教小组，动员辖区单位参与归正人员帮教。对生活或就业困难的归正人员开展社会帮扶活动，为6名帮扶对象发放临时救助金7500元，为10名帮扶对象解决就业、申请廉租房、办理低保等实际困难。截至2014年年底，全区有归正人员555人。其中，刑释人员237人，解教人员12人，解除矫正306人，帮教率99%，安置率97%；归正人员中无重新犯罪情况。

【人民调解】 区司法局以人民调解为基础和依托，完善人民调解、行政调解、司法调解的衔接配合机制。加强对物业纠纷调委会和调解工作室、交通事故调解工作室等专业调解组织的业务指导；推进治安案件警民联调工作，加强与区检察院、区法院的协调配合，刑事案件检调衔接和人民调解协议司法确认工作取得新成效。围绕“五水共治”“三改一拆”等中心工作，利用区、街道和社区三级人民调解组织，开展矛盾纠纷大排查大调解。组织司法所工作人员和人民调解员主动深入到矛盾问题多、工作难度大的社区和企业排查化解矛盾。全区有人民调解组织110个，成功调解各种纠纷1623起。

【法律援助】 区司法局扩大法律援助覆盖面，把受援对象的标准从低保户扩大到城市最低生活保障线的2倍。健全法律援助网络建设，强化部门间协同效应，形成以区法律援助中心为核心，以街道、司法所和工青妇老残等组织为依托，实现信息共享、资源共享、全区联动的立体式法律援助网络。推进法律援助网络触角的延伸，最大限度维护弱势群体的合法权益。提升“12348”专线服务水平，发挥法律援助息诉止纷功能，细心、耐心、准确解答法律问题，引导群众以理性合法的形式表达利益诉求，实现法律咨询和法律援助的无缝对接。全年区法律援助中心接待来电来访法律咨询5720人次，其中来电咨询4182人次，

12月4日，区法律援助中心为市民提供法律咨询服务　　（区司法局　供稿）

来访咨询1538人次。加强与区公安分局、区检察院、区法院的联系，做好刑事法律援助衔接工作，提高刑事法律援助工作的质量和效率。加强区看守所法律援助工作站的律师值班工作，保障在押人员的合法权益，为其提供必要的法律服务。全年区法律援助中心受理指派法律援助案件242起，其中刑事援助案件187起、民事法律援助案件53起、行政案件2起，挽回经济损失100余万元。

【“律师进社区”工作】 区司法局围绕深化“法治（律师）行动在网格”工作，明确网格律师的工作内容和任务，推动“律师进网格”工作与区“平安365”平台对接，组织社区律师对“平安365”平台中涉及的问题提出法律意见，为居民提供法律咨询，为政府决策提供法律依据。全年社区律师驻点值班2592次，解答咨询3996人次，出具法律意见书201份，起草修改规章制度93份、合同17份，参与项目谈判20次，进行调解405起；帮助居民获得法律援助230起，开展法制讲座160场次，化解矛盾纠纷782次。

【律师事务所监管】 区司法局加强律师事务所监管，对区属21个律师事务所、6个法律服务所执业情况进行专门检查，检查情况以书面形式上报市司法局；并配合市司法局对区属3个律师事务所、2个法律服务所进行随机抽查。年内，完成区属律师事务所百分考核、律师执业年度考核和注册、法律服务工作者年度考核等工作。根据市司法局《关于2013年杭州市律师行业投诉查处及惩戒情况的通报》，对被投诉未通报的律师事务所进行谈话笔录和批评教育，责成被通报的律师事务所进行执业纪律整顿，防止再次发生类似问题。7月，全区开展法律服务行业职业道德、执业纪律教育评查专项活动，排查出未按规定登记案件7起，有关律师事务所及基层法律服务所补交登记费1.65万元。

（叶　啸）

国防建设
Construction of National Defense

国防建设综述

【概况】 2014年，区人武部坚持用习近平总书记关于国防和军队建设一系列重要论述武装党员干部思想，围绕建设强军目标，坚持问题导向，狠抓工作落实，不断提升上城区国防后备力量建设和军事斗争准备整体水平，单位建设呈现积极向上、稳步推进的良好势头。区人武部被浙江省军区表彰为全面建设先进团单位，区人武部部长张淦华被浙江省军区评为“优秀团主官”；清波街道、望江街道武装部被杭州警备区评为先进基层武装部，小营街道武装部部长应新林和紫阳街道武装部部长张建文被评为“优秀专武干部”。

【党管武装工作】 区委、区政府重视武装工作，在财政相对紧张的情况下，安排专项经费，用于人武部机关文印室、民兵情报信息系统等急需建设的战备项目。5月26日，召开区委常委议军会，听取区人武部工作汇报，研究全区国防后备力量建设要重点解决的问题。5月13日，召开武装工作会议，组织6个街道党工委书记进行党管武装工作述职。“八一”建军节，区四套班子和各街道主要领导慰问机关干部职工，召开现场办公会，研究解决区人武部在发展建设中遇到的瓶颈短板问题。

【民兵组织整顿】 年初，区人武部开展全区民兵组织整顿。按照民兵整组“四个步骤、十三项程序”和兵员“七率”的要求，进一步调整完善基干民兵分队。通过整组，基本形成数量规模适度、结构布局合理、装备齐全配套、队伍稳定可靠的民兵力量。4月，民兵整组工作通过上级检查验收。全区6个街道武装部和54个社区普通民兵连规范化建设基本达标。

【干部军事训练】 区人武部认真抓好人武部首长机关、专武干部和民兵骨干3支队伍训练。每季度组织人武部首长机关、专武干部按纲施训，练就干部军事本领。4月22~25日，组织5名街道武装部长参加杭州市基层专武干部军事技能比武考核，小营街道武装部部长应新林、清波街道武装部部长方春光、湖滨街道武装部部长黄文明分别取得个人综合成绩第一名、第十二名、第三十名，单位成绩名列前茅。11月25~27日，区人武部首长机关参加杭州警备区大规模作战能力评估暨年度军事训练考核，单位成绩优秀，区人武部副部长兼军事科科长陆日阳取得个人综合成绩第一名，被杭州警备区评为年度军事训练先进个人。

【民兵军事训练】 区人武部组织开展民兵基地化训练，重点抓好干部骨干培养和民兵训练工作。5月10~13日，组织全区部分专武干部和社区民兵连长集训，系统学习基层武装业务，进行训练，提高民兵干部军事技能和履职能力。5月14~20日，组织区重点民兵应急连集训，进行基础科目和抢险救灾、森林防火等专业训练，提高成建制遂行任务的能力。6月16~20日，组织水上抢险分队集训，提高防汛抢险实战能力。9月18~23日，区人武部部长张淦华参加省军区演练；10月27~30日，组织民兵医疗救护分队参加省军区网上战役演习实兵演练，检验实战化条件下保障能力。

【服务分队参与社会管理】 区人武部组建特色民兵服务队,配合政府各级组织参与社会管理服务。全省首支“平安365”民兵治安巡防队配合公安部门参与社会巡逻防控、维护治安等工作。民兵组织联动系统全年收到上报信息1885条，实现民兵教育管理、应急处突、抢险救援、治安巡防等全面覆盖、全时掌控。湖滨街道民兵信息员娄李嘉、黄亭华在杭州“7·5”公交纵火事件中及时上报信息,受到省军区表彰。民兵情报报知系统确保突发情况实时报知。

【经常性安全管理】 区人武部按照“管出战斗力、管出正规化、管出好作风、管出安全稳定”的要求,念好安全工作“常”字经。突出抓好人、车、枪、弹、密、财和重点部位、重点人员的管控,值班部位兵器室、集中文印室建成使用,落实安全管理规范。开展人员谈心交心活动,做好一人一事的思想工作,及时化解矛盾纠纷,干部职工思想安心、工作尽心。严格落实车辆派遣制度,落实“三证一匙”集中管理、主官派车和营门登记等制度,确保车辆使用安全。开展保密隐患排查整治,每月组织安全形势分析,每季度开展安全隐患排查整治,重大活动前进行安全风险评估,人员安全意识内化于心,外化于行,全年实现安全工作“三无”目标。区人武部政工科科长王卫宇被杭州警备区评为安全管理先进个人。

【兵员选送】 区人武部按照“一季征兵,四季准备”的要求,加强征兵宣传、业务培训、兵役登记等前期准备工作。启动杭州首条征兵宣传铁路专列,同时开展征兵宣传进大学校园活动。撰写征兵用稿,其中25篇征兵用稿被上级刊发。适龄青年应征报名踊跃,全区预征对象参加目测初检，通过初检者接受上站体检。严把体检、政审、定兵等关键环节,严格落实廉洁征兵要求,首次推行兵员素质评分排名制,征集到的兵员素质较高。新兵中,大学生新兵占总数的54.5%。圆满完成杭州警备区下达的2014年征兵任务。

【战时重要目标协防演练】 5月21~25日,区人武部组织辖区战时铁路杭州站重要目标协防演练。通过演练，摸索总结出战时重要目标协防的基本程序和方法，提高战时指挥员的组织指挥和任务分队的协防实战能力。

【全民国防教育和双拥工作】 9~10月，区国防教育委员会在全区开展以学生为重点、面向全社会、实现全覆盖的国防教育活动,将国防教育纳入广播电视、信息传媒、移动通信等机构日常业务性工作，形成“区—街道”“街道—社区”“社区—居民”线型国防教育机制。建成并免费向社会开放全市首个社区双拥陈列室——清波街道双拥陈列室。区委、区政府帮助解决驻上城部队干部子女入学难问题。相关部门积极做好退役士兵安置、随军家属就业、军人子女入学等工作。全区军政、军民关系进一步巩固。

(陆日阳)

人民防空

【概况】 2014年,上城区人民防空办公室(简称区人防办)完成“5·12”年度警报试鸣任务和社区及学校防空防灾疏散演练工作。人防重点工程完成装修和信息系统建设,并投入试运行。辖区9所初级中学3000余名学生接受人(民)防知识教育,普及率100%。结合“3·1”国际民防日、“5·12”全国防灾减灾日等时机,开展多种形式的人防宣传教育。完成人防权力清单和责任清单梳理工作,人防权力事项下放承接办理工作有序开展。完成区人防专业队和区民防志愿者队伍整组及专业训练,参加全市人防应急应战机动通信保障演练。人防工程停车归位整治按期完成。全年立案查处3起人防工程违法案件。7~8月,开放白马庙巷避暑纳凉点,接待纳凉市民13 827人次。

【权力事项清理和承接】 区人防办根据简政放权、转变政府职能的要求,对行政许可、行政处罚等10类权力事项逐条逐项进行梳理登记,并提出职能整合、转移的具体意见,编制完成权力运行流程图。熟悉审批业务,做好权限下放承接办理工作。12月12日,市人防办领导到上城区听取权力事项清理和下放权限具体承接等情况汇报,对上城区人防权限下放的承接工作给予肯定。全年区人防办参与方案会审2起，竣工验收备案办结1起，接受咨询服务3起。

5月12日，区人防办组织湖滨街道社区人员疏散演练　（区人防办　供稿）

【组织学校和社区防空演练】　5月12日，区人防办会同区教育局组织全区30所中小学2.30万名师生进行防空防灾疏散演练，学校师生在专业人员带领下撤离教室，进入操场等安全隐蔽区域，利用室内外地形做好防护动作，以提高学校师生组织协调和应急处置能力，提高防灾减灾意识。区人防办组织湖滨街道吴山路社区居民和惠兴中学学生200人在东方金座大厦进行人防防护疏散演练，社区人员分成4组在指挥人员带领下进入地下人防工事进行疏散掩蔽。区人防医疗、抢修抢险专业队和民防志愿者队伍参与演练活动。

【人(民)防宣传教育】　5月16日和9月19日，区人防办在吴山广场参加由区科协举办的低碳科普宣传周活动，进行现场咨询和人(民)防知识有奖竞答，并发放《杭州市人民防空工程管理规定》《公民防灾手册》等宣传资料1000余份。3月1日，区人防办在白马市场开展以“关注民防，平安生活”为主题的国际民防日宣传活动，向市场业主、员工和市场管理员发放《公民防灾手册》《中华人民共和国人民防空法》等宣传资料。5月12日，区人防办在东方金座大厦开展“民防知识进企业”宣传活动，向企业员工和过往市民发放《公民防灾手册》等宣传资料。全年在辖区9所中学开展人(民)防知识教育，3000余名学生接受普及教育，受教育率100%。

3月1日，区人防办开展国际民防日宣传活动，并向市民发放《公民防灾手册》（区人防办　供稿）

【人防工程专项检查】　4月起，区人防办按照省、市人防办的统一部署，结合人防工程停车功能归位整治与人防工程年度普查，开展人防工程平时使用情况专项检查。检查中发现人防工程平时停车车位有挪作他用的情况，按人防法规和交通管理的要求，责令使用单位恢复停车功能。对人防工程平时使用维护管理工作中存在的问题，督促工程管理单位抓紧整改，并对3起人防工程违法案件予以立案查处。全区人防工程无责任事故，无重大安全隐患，无严重损坏现象。

【指挥通信系统和防空警报设施建设】　2014年，区人防办根据年度任务安排，完成“省民防指挥信息系统”建设和2个重要目标单位人防机构建立。开展区人防专业队和民防志愿者队伍整组、训练，完成人防指挥部成员调整和方案编成。抓好防空警报设施建设，改装电声警报器1台，防空警报设施完好率、鸣响率均为100%。加强基层人防（民防）规范化建设，完成年度规范化建设任务。视频会议系统和电台及移动指挥车联训达到上级要求。组织参加全市人防应急应战机动通信保障演练，完成演练任务。

【防空设施辟为市民避暑纳凉点】 区政府办印发《杭州市上城区避暑纳凉工作方案》，对"让洞于民，避暑纳凉"工作做出具体安排。区人防办制定《避暑纳凉点突发事件应急处置预案》和《避暑纳凉守则》，并组织落实，确保避暑纳凉场所的有序开放。对白马庙巷避暑纳凉点进行内部整修，并安装视频监控，强化纳凉场所的动态管理。在纳凉点聘用义务监督员参与管理服务。同时利用避暑纳凉场地开展社会公益活动，组织浙江中医药大学学生开展暑期为民服务实践活动，受到纳凉市民赞许。避暑纳凉点自7月1日开放至8月31日结束，接待纳凉市民13 827人次。

（孙晓东）

经济综合管理

Comprehensive Economic Management

发展计划管理

【概况】 2014年，上城区主动适应经济发展新常态，克服国际市场需求不足、国内经济增长放缓等不利因素影响，科学谋划、认真落实，抓改革、治环境、促转型、惠民生，把握产业结构调整大方向，全力推动金融服务、文化创意、高新技术、休闲旅游、现代商贸五大主导产业发展，加快信息产业和健康服务业集聚，推动传统商贸向现代商贸转型，努力破解经济社会发展难题，各方面工作取得新成效。

【"政府管理与公共服务标准化"项目获第七届"中国地方政府创新奖"】 2014年1月11日，经过陈述、答辩与选拔委员会专家投票，上城区"政府管理与公共服务标准化"项目从132个申报项目中脱颖而出，获第七届"中国地方政府创新奖"，成为全国十大政府创新项目之一，也是浙江省唯一获创新奖的项目。全国政协原副主席罗豪才出席颁奖大会并为获奖项目颁奖。上城区"政府管理与公共服务标准化"项目于2004年启动，以社区服务、养老、教育、住房等问题为突破口，规范行政权力，提升服务质量，实现政府职能标准化。通过信息化平台的整合，使政府各项职能的履行过程和结果均可实现标准化控制，并通过标准化体系与绩效考评体系相衔接的运作方式，实现机制创新。全区相继实施"无忧居家"、"异乡姐妹心灵港湾"、社区医疗服务、准物业管理服务、"智能城管"等项目，均取得显著成效。截至2013年年底，上城区制定出台154项标准。其中，国家标准立项1个，即《居家养老服务管理规范》，省级标准5个，市级标准35个，区级标准113个。上述154项标准形成1个大体系、4个分体系、31个子体系，涵盖5309项具体事项。

金融服务创新

【"基金小镇"建设规划】 上城区编制《杭州市玉皇山南基金小镇的规划》，计划经过3~5年努力，集约化引进和培育100个以上、辐射带动周边300个以上各类私募(对冲)基金、私募证券期货基金、量化投资基金及相关财富管理中介等机构，将玉皇山南打造成一个管理资产超过5000亿元的国内一流私募基金小镇。未来5~10年，推动杭州市私募基金机构数和管理资产额在全国省会城市中占据榜首，推动浙江省私募基金机构数和管理资产额在全国省域城市中居于前列。依托八卦田遗址公园、白塔公园、江洋畈生态公园、海月水景公园四大公园的区位与环境优势，将玉皇山南基金小镇打造成为自然生态旅游目的地，年旅游人数达300万人次以上。

【第八届中国有限合伙人峰会】 5月22日，上城区与清科集团共同举办第八届中国有限合伙人峰会暨杭州财富管理中心推进会。市委常委、常务副市长徐立毅，区委常委、常务副区长黄爱芳，市金融办副主任俞伟英等出席会议并讲话。会议安排"迎接财富管理黄金时代，打造民间财富管理中心"的专题访谈及4个专场，集中探讨中国私募股权投资业发展的机遇与挑战等问题。

【思美传媒公司上市】 1月23日，思美传媒股份有限公司(简称思美传媒公司)在深交所中小板上市，成为中国民营传媒广告第一股。思美传媒公司是上城区培育的第2个上市文创企业，也是上城区第11个上市企业。思美传媒公司致力于为客户提供从市场调研、品牌策划、广告创意、广告设计到媒介策划、媒介购买、监测评估的一条龙服务，其综合实力在国内广告公司中处于领先地位。

【杭州紫杉金惠投资有限公司上市】 6月30日，杭州紫杉金惠投资有限公司在上海股权托管交易中心挂牌上市。该公司为上城区金融民营企业，位于上城区南星街道，注册资金5000万元，资信等级为AAA级，致力于国内外主流第三方金融市场服务，积极参与地产项目开发、民间资本营运、PE（私募股权融资）、政府类项目投资与管理及独立第三方理财等领域，通过发挥自身优势，打造全新的综合化融资服务品牌。该公司为地区金融服务业发展和社区金融服务提升注入创新力量。

【杭州熙浪信息技术股份有限公司挂牌】 8月20日，杭州熙浪信息技术股份有限公司在新三板挂牌，成为国内第一个在新三板挂牌的一站式电子商务解决方案提供商。该公司于2009年成立，2012年入选浙商最具投资潜力企业榜，2013年被评为浙江省电子商务服务示范企业，2014年获浙江省“电商综合10强”及“电商服务商10强”称号。公司服务的品牌包括苏泊尔、膳魔师、净七代、纳美、米蓝、三洋等。

【金融联谊会银企对接平台搭建】 4月29日，上城区金融办联合小营街道分别针对融资需求在10万元及以下的小微企业，以及10万元至500万元和500万元以上的中小企业举办3期融资对接会，邀请30余个实体企业及华融证券公司、杭州招商银行等15个金融机构参加。对接会将金融机构和实体企业串联，搭建一个为企业服务的新平台，最大限度地解决中小企业融资难问题。 （魏建军）

工商行政管理

【概况】 2014年末，上城区实有登记各类内资企业11 762个(含分支机构，下同)，注册资本总额397.52亿元，分别比上年(指2013年，下同)增长16.6%和93.3%。其中私营企业11 170个，注册资本总额356.90亿元，分别增长17.5%和1.02倍。国有、集体等非私营内资企业592个，注册资本40.63亿元，分别增长1.9%和38.5%。个体工商户14 872户，注册资本8.65亿元，分别下降7.3%和增长0.3%。农民专业合作社2个，台湾居民个体工商户9户，港澳居民个体工商户3户。

【内资企业登记】 2014年，全区新增内资企业1940个，注册资本总额157.60亿元，分别比上年增长27%和5.34倍。其中新增私营企业1912个，注册资本154.72亿元，分别增长27.0%和5.30倍。新增个体工商户2071户，注册资本1.52亿元，分别下降24.4%和增长10.1%。其中包括新增台湾居民个体工商户5户、港澳居民个体工商户1户。全区注销企业368个，注册资本3.58亿元。其中注销私营企业337个，注册资本3.48亿元；注销个体工商户1602户。全区有1155户个体工商户转为企业，注册资本3.75亿元。其中，批发零售业999个，住宿餐饮业62个，租赁商务服务业48个，居民服务业28个，科学研究、技术服务业10个，其他行业8个。

【内资企业特点】 2014年，从内资企业数量上看，年末实有数和当年新增数均有较大幅度增长。全区登记在册的内资企业实有数11 762个，比上年增长16.6%，增速提高3.13个百分点。新增内资企业1940个，增长27.0%。

从企业类型看，私营企业的市场主体地位明显上升，其他类型的企业逐渐萎缩。全区登记在册的非私营内资企业占各类市场主体总数的2.2%，私营企业占41.9%，个体工商户占55.8%，分别持平、增长5.56%、下降7.56%。

从企业发展规模看，存量企业规模和新增企业规模大幅度增长，企业整体实力增强。至年末，内资企业注册资本397.52亿元，个均337.97万元，分别增长93.3%和65.9%。新增内资企业注册资本157.60亿元，个均812.37万元，分别增长5.34倍和3.99倍。全区登记注册资本超过1亿元的企业27个。

从行业发展看，租赁和商务服务业居首位，批发零售业居第二位。

2014 年上城区各类内资企业基本情况

表 11

项目			内资企业	私营企业	个体工商户	农民专业合作社
期末数	企业数(个、户)	2014 年	11 762	11 170	14 872	2
		2013 年	10 091	9510	16 048	2
		比上年增长(%)	16.6	17.5	-7.3%	—
	注册资本(亿元)	2014 年	397.52	356.90	8.65	—
		2013 年	205.62	0.18	8.63	0.38
		比上年增长(%)	93.3	102.5	0.3	—
新增数	企业数(个、户)	2014 年	1940	1912	2071	—
		2013 年	1528	1505	2739	1
		比上年增长(%)	27.0	27.0	-24.4	—
	注册资本(亿元)	2014 年	157.60	154.72	1.52	—
		2013 年	24.88	24.57	1.38	0.38
		比上年增长(%)	533.6	529.8	10.1	—
注销数	企业数(个、户)	2014 年	368	337	1602	—
		2013 年	420	397	1798	—
		比上年增长(%)	-12.4	-15.1	-10.9	—
	注册资本(亿元)	2014 年	3.58	3.48	—	—
		2013 年	3.31	3.17	—	—
		比上年增长(%)	8.4	9.9	—	—

从产业结构看，第三产业企业数继续居于首位并且比重略有上升。全区第一、第二、第三产业企业数占比重分别为 0.2‰、4.7% 和 95.3%，与上年 0.2‰、5.1%和 94.9%的相比，第一产业和第二产业均有所下降，第三产业比重略有上升。注册资本所占比重分别为 0.3‰、7.1% 和 92.9%，与上年的 0.1‰、8.2%和 91.8%相比，第一产业和第三产业略有上升，第二产业略有下降。全区第一、第二、第三产业新增企业数占比重分别为持平、2.8%和 97.2%，与上年的 0.7‰、2.7%和 97.3%相比，第一产业、第三产业有所下降，第二产业有所上升。新增注册资本占比重分别为 0%、1.5%和 98.3%，与上年的 0%、3.4%和 96.7%相比，第一产业持平，第二产业有所下降，第三产业有所提高。

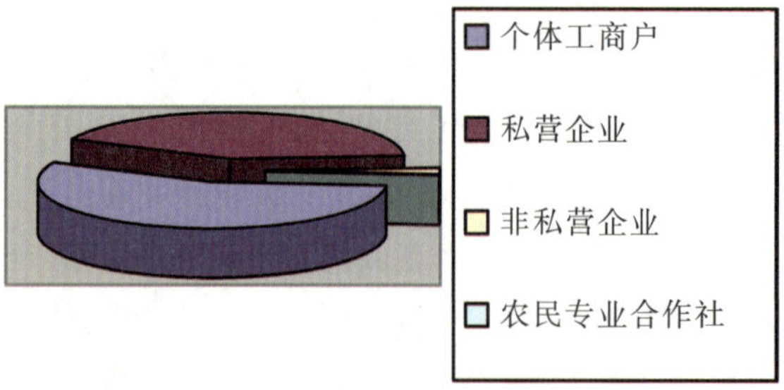

图 1　2014 年末上城区各类市场主体比例

【个体工商户转型升级】 3 月，杭州市实施注册资本登记制度改革，公司开办的程序进一步简化，登记业务办结的时限进一步缩短，推进市场主体开始选择开办公司的形式注册登记，规模较大的个体工商户加快转型升级为企业，以增强市场竞争力。至年末，

2012~2014 年上城区新增企业行业分布情况

表 12

行　　业	新增企业数(个)			比上年增长(%)		
	2012 年	2013 年	2014 年	2012 年	2013 年	2014 年
农、林、牧、渔业	—	—	—	—	—	—
制造业	2	3	2	持平	50	-50
电力、燃气及水的生产和供应业	—	—	—	—	—	—
建筑业	55	35	53	7.8	-36.4	51.4
交通运输、仓储和邮政业	6	4	3	50	-33.3	-25
信息传输、计算机服务和软件业	40	41	53	-9.1	2.5	29.3
批发和零售业	429	673	634	-20.1	56.9	-5.8
住宿和餐饮业	44	76	81	2.3	72.3	6.6
金融业	3	6	5	-25	100	-16.7
房地产业	30	48	26	-18.9	60	-45.8
租赁和商务服务业	354	452	800	-10.4	27.7	77.0
科学研究、技术服务和地质勘查业	125	144	232	34.4	15.2	61.1
水利、环境和公共设施管理业	1	—	—	-66.7	-100	—
居民服务和其他服务业	34	22	22	-33.3	-35.3	—
教育	4	1	—	75	-75	-100
卫生、社会保障和社会福利业	8	3	10	300	-62.5	233.3
文化、体育和娱乐业	18	20	19	-10	11.1	-5
合　　计	1153	1528	1940	—	—	—

2014 年上城区内资企业产业结构情况

表 13

产业类型	企业数(个)	所占比重(%)	注册资本(万元)	所占比重(%)	新增企业数(个)	所占比重(%)	新增注册资本(万元)	所占比重(%)
第一产业	2	0.017	1100	0.028	—	—	—	—
第二产业	549	4.67	282 811	7.11	55	2.84	23 142	1.47
第三产业	11 211	95.32	3 691 329	92.862	1885	97.12	1 552 858	98.53
合　计	11 762	100	3 975 240	100	1940	100	1 576 000	100

2009~2014 年上城区个体工商户基本情况

表 14

年份	个体工商户数(户)	比上年增长(%)	新增个体工商户数(户)	比上年增长(%)
2009	13 971	—	2446	—
2010	15 253	9.2	2986	22.1
2011	14 669	-3.8	2953	-1.1
2012	15 458	5.4	2239	-24.2
2013	16 048	3.8	2739	22.3
2014	14 872	-7.3	2071	-24.4

上城区个体工商户累计数和新增数均有所减少。全区个体工商户减至14 872户，比上年下降7.3%,下降11.15个百分点；新增个体工商户2071户，下降24.4%,下降46.71个百分点。

【商事登记制度改革】 3月1日起，按照国务院和省、市有关商事制度改革的部署,上城区全面实行注册资本认缴登记制度,放宽注册资本登记条件,降低准入门槛，公司在办理工商登记时无需提交验资报告,股东的首次出资额、出资期限和货币出资比例也不再受到限制,只需在章程中载明即可。至年末,全区受理认缴制企业1100个，完成筹建登记3个,放开近似而准予登记的冠市名企业150余个;“五证一章”联办274个,“先照后证”9个。全年免征收费企业(含所有主体)7403个,免征收费总额503.8万元。其中,小微企业2708个,免征收费额74.07万元;个体工商户3411户,免征收费额5.75万元。6月,将工商、食品药品、质量监督的窗口整合为市场监管综合窗口,在上城区行政服务中心设置数字证书、药品许可、医疗器械许可、餐饮服务、质量监督、个体户登记、户外广告申请、抵押物登记、企业注册登记、登记咨询和发放证照等15个窗口。全年受理药品许可证203份(含设立、变更和注销,下同)、医疗器械许可证103份、餐饮服务许可证505份、食品流通许可证1564份。

【评级宝(杭州)互联网金融有限公司开户】 12月23日,评级宝(杭州)互联网金融有限公司在望江街道招商部门帮助下领取营业执照。评级宝(杭州)互联网金融有限公司为上城区首个互联网金融公司,注册资本1000万元,主要从事金融信息咨询服务。企业名称和经营范围符合市工商局印发的《关于落实〈杭州市人民政府关于推进互联网金融创新发展的指导意见〉的操作办法》中的第四类互联网金融门户企业开户的条件。

【商标品牌培育】 2014年，按照上城区商标品牌三年培育计划,区工商局组织全区30个商标品牌重点培育企业进行业务培训,并上门进行“一对一”辅导,解答商标品牌申报工作中的疑难问题。全年完成申报省著名商标10件、市著名商标16件,续评省著名商标10件。帮助老字号企业培育商标品牌,老字号企业申报省著名商标2件、市著名商标3件。全区申报AAA级和AA级“守合同重信用”企业13个、10个,续评AAA级和AA级“守合同重信用”企业8个、18个;申报和续评国家级“守合同重信用”企业1个、3个。年内,有8个企业通过AAA级“守合同重信用”企业续评,16个企业通过AA级“守合同重信用”企业续评,5个企业被认定为AA级“守合同重信用”企业、6个企业被认定为A级“守合同重信用”企业,2个企业被认定为全省信用管理示范企业。

10月12日,省、市市场监管局对上城区星级文明规范市场创建工作进行验收
(区市场监管局 供稿)

【“放心农贸市场”创建】 区工商局根据五个“放心”(消费环境、食品安全、价格计量、管理服务、诚信经营放心)的基本要求，部署创建“放心农贸市场”工作。全区确定棚桥农贸市场、翰林农贸市场和茅廊巷农贸市场为首批创建单位。加强农贸市场规范化管理,推进农贸市场标准化改造和信息化建设，落实农贸市场开办者第一责任人的责任，抓好农贸市场食品安全专项整治。各农贸市场设置消费者权益保护联络点,认真受理调解消费争议,保障消费者的合法权益。推进农贸市场农产品安全快速检测,建立检测台账、

检测人员岗位责任、样品管理、设备与耗材管理、档案管理等制度。建立督查通报制度，推行食品安全公开承诺，使消费者看得到、可监督。通过“放心农贸市场”创建，推进农贸市场上星级。年内杭州复兴农贸市场通过省四星级市场验收。

【市场经营秩序整治】 2014 年，区工商局推进公平、公开、透明执法，坚持依法行政。加大商业贿赂案件的查处力度，开展消费者权益保护专项整治，重点查处家装服务和建材行业的不正当竞争、商业贿赂、虚抬价格、排挤合法经销商交易机会、增加消费者成本、侵害消费者权益等行为。联合区宗教事务局开展燃香市场专项执法整治，检查河坊街、南观音洞、白云庵等旅游景点香烛销售经营户，督促经营户建立并落实进货查验、索证索票、进货台账等制度，健全燃香质量安全可追溯体系，加强宗教旅游场所燃香活动监管，维护旅游市场秩序。会同市烟草专卖局开展联合整治，重点检查城站火车站广场等场所香烟经营户，立案处理 29 起，罚没款 14 万元。区工商局全年立案查处各类案件 240 起，结案 213 起，其中大要案件 99 起，罚没款 649.96 万元。

【消费者权益保护】 3 月 15 日，修改后的《中华人民共和国消费者权益保护法》开始施行。市工商局、市消保委、区工商局、区消费者协会联合在吴山广场举办纪念“国际消费者权益日”活动，现场受理消费者投诉 85 起，接待咨询 1800 人次，发放各类宣传资料 3000 份。区工商局开办“消费大讲堂”，组织送法进社区、进商场，向群众宣传新的消费者权益保护法，指导商场、超市等企业自行化解消费纠纷，维护消费者的合法权益。

区工商局“12315”举报申诉中心全年受理申诉举报 5434 件，信访 35 件。其中，12345 市长公开电话交办件 500 件，区长公开电话 1326 件，“12315”投诉举报 2285 件，“96317(12331)”投诉举报 364 件，“红盾”网上投诉 85 件，区 110 社会联动交办单705 件，为消费者挽回经济损失 116.50 万元。受理各类投诉举报件中，咨询 169 件、投诉 3853 件、举报1412 件。上城区消费者协会举办消费者权益保护法讲座 15 次，参加培训经营管理人员和企业员工 5300 人次，社区居民及消费者 1200 人次，印制宣传资料 1 万册，接待消费者来访、咨询 1559 人次，受理消费者投诉 2956 起，结案率 100%，为消费者挽回经济损失 83.66 万元。

（俞家铭）

质量技术监督管理

【概况】 2014 年，区质监局履行质量监管服务职能，坚持监管、检验、执法三位一体工作制度。全面推进“政府管理和公共服务”标准化的实施，完成质量工作综合考核、第三届区政府质量奖的组织申报。开展质量强街（镇）示范创建工作，清波街道和望江街道成为第二批市级质量强街（镇）示范单位。夯实质量工作基础，加强队伍培训和企业走访，推进“三送”（送政策、送服务、送培训）活动。培育优秀企业导入先进质量管理方法，组织辖区企业参与第二届“首席质量官”培训，新增获证企业首席质量官 3 人。

【标准化工作加强】 区质监局加大标准化工作力度，完成区“政府管理与公共服务”标准的制定修订项目征集，征集到 6 项区级地方标准的制定修订项目，其中《城市商圈市容市貌评价准则》《社区网格服务管理规范》完成修订。开展地方标准清理，对超过标准有效期的市级、区级地方标准进行复审，年内完成 154 项地方标准的复审意见征求，梳理内容后组织有关部门对 4 项市级和 20 项区级地方标准开展修订。《湖滨街道行政管理和公共服务综合标准化示范》项目完成国家级服务标准化试点申报。组织国家级服务标准化示范项目申报，全区有 11 个项目进入备选。10 月，备选项目完成国家标准委组织的现场答辩。国务院参事室、广东省委党校等 6 个考察团先后到上城区学习考察标准化工作。

【计量监管】 区质监局把加强计量器具的强检流程管理和动态监管作为农贸市场计量工作重点，强化日常监管和强检不合格电子秤后处理工作，与辖区 15 个农贸市场开办者签订计量管理责任书，完成 1692 台电子秤的强检，强检率 100%，一次检定合格率 100%。为农贸市场提供电子秤上门维修服务，全年维修并检定计量器具 135 台。抓好医疗计量监管，对全区13个医疗机构开展医疗计量监督检查,现场抽查血压计和心电图各4台、测量管理设备197台。开展眼镜制配计量专项检查,出动执法人员56人次,检查眼镜制配企业28个,查验计量器具192台。对大中型餐饮服务企业电子秤进行抽查,督促餐饮企业建立计量器具管理台账。加强强制性产品认证监管,对2个企业5个大类16个品种的儿童玩具进行监督检查。督促指导杭州科宇检验有限公司等15个检验机构完善检测体系。5月19日,区质监局配合省、市质监局在吴山广场举办世界计量日活动,现场接受血压计、民用三表、眼镜、黄金珠宝等计量检测,以及计量咨询、医疗健康咨询和投诉等服务,服务市民400人次。

【能源计量示范单位建设】 区质监局加强重点耗能企业能源计量工作,推荐杭州卷烟厂等企业申报省级能源计量示范单位和省级能源计量数据应用行业项目。制订全区重点耗能单位能源计量审查计划,组织杭州水业集团有限公司和杭州朝阳工贸有限公司参加市质监局举办的重点耗能单位能源计量审查规范培训。

【特种设备安全监管】 区质监局按照"全覆盖、零容忍、严执法、重实效"的要求,加大现场安全监察、监督检查、隐患排查治理力度。召开特种设备使用单位主体责任工作专题会,落实主体责任。区质监局分别与市质监局、上城区政府签订安全目标责任书,区政府与各街道签订安全使用责任书,落实各级主管部门的安全监管责任。抓好重点单位监管,区质监局与20个重点单位签订目标责任书。固化检查重点区域和单位,落实电梯使用管理者的首负责任,确保电梯不带病运行。先后开展"六打六治"专项行动和冬季锅炉专项整治。区质监局全年出动执法人员305人次,检查特种设备使用单位138个,检查电梯478部、锅炉81台、起重机械173台、厂内机动车19辆、压力表129只、安全阀234只,发现事故隐患191起,下达整改指令书13份,相关使用单位到期整改完成率100%。处理违法行为2起,罚款18万元。组织电梯故障抢修应急演练3次,培训特种设备作业人员278人,处理投诉26件。

资料　"六打六治"专项行动: 指打击矿山企业无证开采、超越批准的矿区范围采矿行为,整治图纸造假、图实不符问题;打击破坏损害油气管道行为,整治管道周边乱建乱挖乱钻问题;打击危化品非法运输行为,整治无证经营、充装、运输,非法改装、认证,违法挂靠、外包,违规装载等问题;打击无资质施工行为,整治层层转包、违法分包问题;打击客车客船非法营运行为,整治无证经营、超范围经营、挂靠经营及超速、超员、疲劳驾驶和长途客车夜间违规行驶等问题;打击"三合一""多合一"场所违法生产经营行为,整治违规住人、消防设施缺失损坏、安全出口疏散通道堵塞封闭等问题。

【产品质量监管】 区质监局开展"蓝剑行动1~6号"、消防产品质量专项整治、"打假保两节"专项执法、絮纤维产品专项整治等行动,出动执法人员408人次,检查企业192个次,端掉食品非法加工窝点1个,查处网上电商产品3批。全年查办违法案件15起,其中立案8起,罚没款29.23万元。立案案件到期结案率100%,重大案件报备率100%。处理各类投诉30件,上级交办、转办、督办的投诉举报案件完成率、反馈率、满意率均100%。（俞家铭　孙　磊）

食品药品监督管理

【概况】 2014年,上城区有食品生产经营企业5597个。其中,食品生产企业14个,食品流通企业3927个,餐饮服务单位1656个。全年食品药品监管部门出动执法人员3210人次,检查生产经营企业3621个次,抽样检查食品药品1300批次,合格率95%;立案91起,涉案金额320.05万元,罚没款215.11万元,兑现投诉举报奖励8起,公布黑名单1个。全区食品安全总体稳定、良好、可控,无重大食品安全事故和群体性食物中毒事件发生。全年区食品药品监管局出动执法人员1805人次,开展食品药品安全专项检查21次,开展食品药品宣传活动50次,监督检查涉药单位390个次,药品监督抽样120批次,处理各类投诉762起,查处涉药案件8起,没收药品货值4.96万元,罚没款9.66万元;检查餐饮服务单位3512个次，查处涉食案件9起，罚款2.81万元，没收违法所得6400元。

【食品安全社会共管】 区食品药品监管局发动社会各方力量参与食品监管，深化“民间食安办”工作。充实区、街道和各社区“民间食安办”人员力量，优化区食品安全义务监督员大队工作制度，成立区食品安全义务监督员直属中队，重点开展隐患排查、专项检查、效能督查、组织培育、宣传教育等。同时，区食品药品监管局与团区委合作，开展义务监督员培训教育、活动组织、积分奖励等对接工作；与区科协合作编印《食品安全健康指南》系列丛书5000套；与区社区学院合作成立区食品安全教育培训中心，实现实体课堂、网络课堂线上线下教育培训多样化。组织食品安全宣传周进社区活动，开展“你举报、我查处”“我执法、你参与”系列活动，畅通投诉举报渠道，向社会公布黑名单企业1个。

【食品安全监管责任落实】 3月7日，区食安办召开全区食品安全工作会议，签订2014年区食品安全目标责任书，明确工作内容与责任，实施目标任务考核。夯实监管基础，建设基层食品安全监管网络，完善市场监管所配置，壮大协管员、信息员和义务监督员队伍，推进食品安全监管重心下沉、力量配置下移。组织市场监管系统全员业务培训，提升监管执法能力。组织“民间食安办”义务监督员培训，提升群众监督能力。完善全程监管网络，以糕点、饮用水、豆制品等食品的生产环节为重点，约谈违规企业，取缔黑作坊；重视流通环节，推进电子监管平台建设和市级示范单位创建，强化监督抽检，推进肉菜流通追溯体系建设试点，启动4个超市的生鲜农产品“放心柜”试点建设；重视餐饮服务环节，做好餐饮单位“321”示范工程、量化分级、信息公示、阳光厨房等工作。

【食品安全专项整治】 10月22日，区市场监管局制定《上城区无证无照餐饮“百日严打促长效”专项行动实施方案》。通过风险监测、监管排摸、问题清查、公开征集和群众举报、媒体监督等手段，排查各类食品安全风险隐患，挖掘带有行业共性的“潜规则”，威慑违法犯罪行为。10月28日，启动无证无照餐饮“百日严打促长效”专项行动，确保人民群众“舌尖上的安全”，召开全区专项整治部署会，发放“百日严打”公告1200张。开展餐饮服务环节使用食品添加剂明胶专项检查和餐饮服务环节火锅食品中涉嫌使用硼砂专项检查，遏制违法添加非食用物质和滥用食品添加剂行为。开展餐饮服务环节监督抽检，监督抽检餐饮单位自制面食和采购使用的大米、面粉、煎炸油、花生米、餐具等，抽样115件，合格率100%。开展无证无照餐饮整治行动，加强思鑫坊无证餐饮集中整治行动，联合执法20次，取缔无证无照餐饮经营户18户，现场查扣违法经营工具200余件，对无证无照经营单位和个人起到震摄作用。开展校园及周边食品安全整治，组织食品安全负责人培训，强化学校食堂及周边食品生产经营单位管理；开展学校食品安全体验日活动，邀请民评代表、家长代表、监督员代表和媒体代表实地感受和体验学校食品安全情况。开展“杭剑二号”食品安全专项执法整治，处理食品案件80起，其中违反食品安全法55起、无照经营15起、其他10起，罚没款211.30万元。

10月28日，上城区组织召开无证无照餐饮整治“百日严打促长效”专项行动动员大会

（区市场监管局　供稿）

【生产环节食品安全把关】 2014年，全区列入监管的食品及相关产品生产企业18个，出动执法人员132人次，检查食品企业61个次，查处违法行为2起。打掉黑窝点1个,责令整改企业3个,处理食品投诉14起,食品抽样42个批次(其中2个批次为食品相关产品),41个批次合格,合格率98%,1个不合格项为标签不合格。落实企业主体责任,集体约谈18个食品生产企业的法人代表或委托人,签订《浙江省食品生产企业质量安全主体责任承诺书》。开展肉制品、邻苯二甲酸、植物油、饮用水等整治行动,推进"强网清源"行动,防止发生食品安全问题。重视重点企业和重点产品安全,加强生产各个环节监管。注重证后监管,完成年审企业3个、新证审查5个、换证审查6个、生产许可证变更审查3个、食品企业加工备案22个。

【活禽交易监管】 2月23日,市政府出台《建立人感染H7N9禽流感源头防控长效机制的实施办法》,规定杭州永久关闭主城区所有活禽交易市场，不再重启活禽交易。4月,翰林农贸市场作为全市农贸市场试点,实行冷鲜禽销售。区工商局要求市场主办方及经营户严把进货关、销售关和后续的经营安全措施,做到事前、事中、事后均有相关规范操作流程。6月30日,市政府办公厅印发《关于加强市区杀白禽上市交易市场监督工作的通知》,决定主城区自7月1日起全面停止活禽交易,推行冷鲜禽销售模式。上城区专题召开全区农贸市场管理会议，部署农贸市场经营冷鲜禽工作。根据《中华人民共和国动物防疫法》,落实索证验证和台账记录制度，确保入场经营的家禽、鲜肉等动物及动物产品100%经检疫合格且证标齐全。建立动物及动物产品质量安全追溯制度,规范动物及动物产品信息档案，确保动物及动物产品经营、病死动物无害化处理、检测、统计等记录真实、清晰、完整。自觉接受区动物卫生监督机构的监督检查,如实提供相关资料。落实经营场所消毒、经营人员自身清洁卫生制度，确保入场经营的动物及动物产品不受二次污染。全区13个农贸市场44个摊位全部销售符合规定的杀白禽,进货来源基本清晰,严格按照"一证两标"(检疫合格证明、检疫合格标志和产品标识)规定执行。

【食品安全突发事件应对】 3月15日，中央电视台曝光杭州广琪贸易有限公司食品安全问题及上海福喜公司过期食品原料问题，区市场监管局稽查大队立即开展查处工作,同时开展黄酒专项检查。向全区食品经营单位免费发放"食品及其原料采购索证台账"800本。区市场监管局检查辖区内涉事相关烘焙食品企业,集中约谈涉事烘焙企业法定代表人,要求企业妥善处理消费投诉，其间受理各类烘焙企业消费卡退款投诉及咨询48起。做好各类投诉举报的调查处理,全年处理各类餐饮服务相关投诉655件,满意率100%。

【农产品安全快速检测】 区市场监管局建立农产品安全快速检测室管理规范，各市场均设立检测室,配备检测设备和专职检测人员,对检测人员进行相关培训,要求每日检测批次不少于15个,检测项目不少于8种,检测室建立检测台账,并为市民免费开放检测。全年各类农贸市场、蔬菜批发市场、超市等场所对各类食品、农产品、副食品、肉菜进行安全检测和追溯，检测蔬菜6.87万批次，不合格148批次，销毁2895千克；检测副食品1.87万批次,不合格55批次,销毁1325千克。安排食品安全快速定性检测车抽检食品1438个批次，合格率96%;查处不合格商品61批次,处理86千克。全年定点屠宰率100%,猪肉合格率99.9%,蔬菜农残检测合格率、豆制品安全检测合格率、随货索证合格率均99%以上。

【保健食品和化妆品诚信单位示范创建】 区食品药品监管局在保健食品、化妆品经营企业中开展以"讲诚信、保安全"为主题的诚信单位示范创建活动,引导企业诚信经营,创建保健食品、化妆品经营企业示范店(柜),建立健全诚信档案,实行"黑名单"管理。辖区内杭州万承志堂高银街中医门诊部有限公司、杭州银西百货有限公司被认定为省级保健食品、化妆品经营示范单位，北京同仁堂浙江医药有限公司等3个保健食品经营企业和杭州汇都化妆品有限公司等4个化妆品经营企业申报浙江省保健食品、化妆品经营示范单位。

【医疗器械“五整治”专项行动】 5~8月，区食品药品监管局在全区范围内开展以打击虚假注册申报、违规生产、非法经营、夸大宣传、使用无证产品5种行为为主要内容的医疗器械“五整治”专项行动。结合日常监管及投诉举报情况，加大对无证经营隐形眼镜、以免费体验的方式无证销售医疗器械的违法违规行为的查处力度。建立协作机制，联合卫生、公安等部门成立上城区医疗器械“五整治”专项行动领导小组，制定《上城区医疗器械“五整治”专项行动实施方案》。开展市场无证经营隐形眼镜检查，明察暗访各市场，实施常态化监管，查处取缔无证经营商户7户，查获无证经营隐形眼镜1200副、隐形眼镜护理液50瓶，立案1起。5月，联合区公安部门查获辖区内网售肉毒素、胺美乐瑞、玻尿酸等按假药论处的美容产品案件，查获假药A型肉毒素、胺美乐瑞、骨胶原套装、玻尿酸等700瓶，立案查处3起，刑拘3人，取保候审1人。检查辖区定制式义齿生产企业1个，使用单位30个。检查体外诊断试剂经营企业12个，隐形眼镜、助听器经营企业38个，贴敷类产品经营企业6个，其他品种经营企业60个。“五整治”行动立案7起，当场处罚企业8个，责令整改15个，没收假劣药品、医疗器械货值8100元，罚没款6.44万元。

【中药材和中药饮片专项检查】 4月，区食品药品监管局制定《2014年杭州市上城区中药材中药饮片质量安全专项检查工作实施方案》，研究专项行动的具体工作措施，并组织实施。通过专项检查、日常检查和投诉处理等方式，监督检查辖区经营中药材或中药饮片的六大市场220个参茸滋补品经营户、21个药品批发企业、93个医疗机构、20个药品零售企业，抽样43批次，发现问题3批，立案3起，7个任意机构被责令整改。

【药械不良反应监测】 上城区全年上报药械不良反应报告1406份，事件监测报告63份，分别增长39.5%和12.5%。加大对涉药涉械人员的培训力度，提升上报质量和预警能力，提高信息统计分析和数据的反馈、利用能力，推动不良反应监测工作再上台阶。上城区药械不良反应/事件监测站被评为杭州市药械不良反应/事件监测工作先进集体。

【“食药为民服务直通车”开通】 2014年，区食品药品监管局以“民间食安办”为载体，开通“食药为民服务直通车”，面对群众需求，宣传食品药品安全知识，开展食品药品安全为民服务活动。打造宣传“微阵地”，推行有奖举报制度，引导群众参与食品安全监督；深化网格化管理工作，扩大食品安全监管网络，培育志愿者队伍，整合各类资源，提高监管效能。充实技术检验力量，提高食品执法监管技术水平，搭建食品安全专家咨询服务平台，提升食品检测技术能力。在街道、社区建立快速检测实验室。推动培育以倡导食品安全为主要诉求的社会组织，整合社会力量参与食品安全监督。

【“阳光厨房”智慧餐饮监管信息化建设】 区食品药品监管局通过“阳光厨房”建设试点，鼓励餐饮单位进行厨房硬件设施改造，使用可视玻璃隔断或视频直播等方式，让食品加工制作过程更透明，同时鼓励消费者参与食品安全监督，将政府部门监管、餐饮单位自律、消费者监督三者有机结合，提升辖区餐饮单位诚信度和食品安全管理水平。推进学生饮食放心工程，全区建成“阳光厨房”50个，其中48所学校建成视频监控式“阳光厨房”。万泰城餐饮“明厨亮灶”建设得到国家食品药品监督管理总局的肯定，中央新闻媒体对此进行专题报道。

（俞家铭　丁紫琼）

安全生产监督管理

【概况】 2014年，杭州市上城区安全生产监督管理局（简称区安全监管局）以贯彻《中共浙江省委、浙江省人民政府关于加强安全生产促进安全发展的意见》为主线，以各类专项整治为重点，以执法检查为手段，以管理创新为突破，坚持依法治安，全面落实安全生产监管职责，确保全区安全生产形势持续稳定发展。全年发生安全事故75起，死亡5人，事故起数、死亡人数分别比上年（指2013年，下同）下降18.5%和37.5%。其中，发生涉及生产经营活动的事故4起；火灾29起；交通安全事故42起，死亡5人。上城区获杭州市安全生产考核优秀等次。

【安全生产责任制落实】 区安全生产委员会及时召开年度、季度工作会议,分析通报安全生产形势,总结部署安全生产工作。区领导多次就安全生产工作做出批示和指示。区委常委会、区政府常务会议及区长办公会议多次听取安全生产工作汇报。根据省委5号文件精神及杭州市创建全国安全示范城市的要求,修订和完善安全生产责任书,突出强调“党政同责”和“一岗双责”。在元旦、春节、国庆节等节日,区四套班子领导亲自带队,深入基层开展安全生产工作检查。

【安全生产宣传教育】 区安全监管局采取以会代训、集中培训、专题学习等形式对各级领导干部进行集中培训。8月,上城区委理论学习中心组(扩大)会议邀请市安委办主任、市安全监管局局长王辉对省委5号文件做专题辅导解读。10月,制定并印发《上城区关于加强安全生产促进安全发展的实施意见》,进一步明确各级党委主要领导和党委班子及党群部门职责,结合省、市要求和上城实际,对隐患排查、综合治理、专项整治、安全文化、应急保障、队伍建设等工作提出具体要求。在安全生产月活动期间,开展安全生产咨询、展览、宣讲、执法警示等活动。平时宣传教育突出重点人群、重点时段,并与日常隐患排查、各类专项整治和标准化等工作相结合,采取集中上课、小喇叭广播、张贴宣传画、悬挂横幅、发放资料、LED电子屏、流动宣传车等形式,广泛普及公共安全知识。开展安全生产法规宣传“五进”(进企业、进社区、进学校、进机关、进家庭)活动6次。在《上城报》、上城网等媒体上进行公益性宣传,提升广大群众的安全知晓率。

【安全生产隐患排查治理】 区安全监管局将安全隐患排查治理作为一项重点工作来抓,建立健全隐患排查治理机制,建立排查周报、月报制度及挂牌督办制度。各街道及相关部门依托全区“平安365”网格体系,发动全区159个基础网格工作人员对危险化学品行业单位、建筑工地、人员密集场所、老旧房屋等进行隐患排查,突出春节、元宵节、“两会”、国庆节等节点开展隐患排查治理。全年出动执法人员22 317人次,检查企业18 310个次,排查隐患7613条,整改落实7540条,整改率99%。对辖区内杭州联合农村商业银行、杭州申奇物资回收公司等单位的10处重大隐患进行挂牌督办,年内全部完成整改。

【安全生产执法检查】 区安全监管局根据省、市统一部署,按照“全覆盖、零容忍、严执法、重实效”的总体要求,集中开展一系列安全执法检查。春节前,部署开展以建筑工地为重点的涵盖多个行业领域的安全大检查。6月,安全生产月期间,开展安全隐患集中检查。10月,在全区开展餐饮场所燃气集中排查整治。江苏昆山“8·2”爆炸事故发生后,紧急召开全区安全生产工作会议,对大检查工作进行部署。区政府领导分别带队对各自分管行业开展安全大检查,各街道及部门结合实际,围绕重点行业领域开展大检查。大检查期间,各街道及相关部门出动3586人次,检查企事业单位和场所2821个,排查隐患2867处,责令整改2816处。

【“六打六治”专项行动】 昆山“8·2”爆炸事故发生后,区安全监管局采取行业部门牵头、属地街道配合的方法,对危险化学品、建筑施工、消防、特种设备等行业领域进行严格执法检查,扎实推进“六打六治”打非治违专项行动。专项行动期间,区领导带队开展检查督查和“回头看”工作。区安监、消防、住建、交警、市场监管等执法部门发出整改指令书1560余份,临时查封违法企业9个,责令“三停”(停产、停业、停止建设)企业8个,立案查处违法违规行为189起,罚款金额110余万元。

【安全生产月活动】 6月,区安全监管局围绕“强化红线意识,促进安全发展”的主题,深入开展全国第13个安全生产月活动。活动中,创新工作载体,突出工作重点,丰富宣传内容。6月5日,在吴山广场举办大型现场咨询活动,现场展出宣传展板100多块,发放宣传资料8000余份。各街道、部门开展安全生产演讲比赛、“安康杯”知识竞赛、摄影比赛、应急演练等活动。安全月期间,组织安全咨询活动168次,发放宣传资料32 346份,培训各类人员10 754人次,举办知识竞赛34场,开展应急演练79次。组织安全检查1699次,检查企业3100余个,发现安全隐患

6月5日,上城区安全生产月广场宣传咨询日活动在吴山广场举行

（区安全监管局　供稿）

1027处,年内全部完成整改。

【全员培训工程实施】　区安全监管局与市安全生产培训中心联合,分期、分批对"三类人员"(企业负责人、安全管理员、特种作业人员)集中培训。同时,继续实施全员培训工程,面向一线从业人员和社区居民,开展形式多样的培训教育。全年区级举办安全管理员培训6期、企业负责人培训11期,参加培训420人次。各街道及相关部门培训企业负责人3090人次、安全管理员1230人次、特种作业人员510人次、其他人员30 780人次。

【新安全生产法宣传贯彻】　为切实做好新的《中华人民共和国安全生产法》实施前的宣传贯彻工作,区安全监管局领导带队到各街道、指挥部和工业园区,组织辖区内的生产经营单位负责人集中开展新安全生产法培训。培训主要讲解新安全生产法修订的背景、思路和主要内容,重点讲解生产经营单位的相关法律责任。全年举办新安全生产法培训7期,培训人员1200余人。发放新安全生产法单行本1'万余册，张贴宣传海报、宣传画350余张。

【安全生产标准化推行】　区安全监管局积极推进规模以上企业三级标准化和规模以下企业四级标准化达标工作。印发四级标准化实施文件,发放标准化达标手册1000余册,组织开展企业负责人标准化培训班4期，深入企业指导20余次。与区财政局联合修订《杭州市上城区安全生产专项资金管理办法》,规定给予四级达标企业5000元~10 000元不等的奖励，新设12万元标准化专项工作经费，用于标准化宣传培训和咨询。全年规模以上企业申报三级标准化达标21个,申报四级标准化达标14个。

【应急保障能力建设】　区安全监管局督促指导114个消防重点单位制定、修订预案,开展街道部门和重点企业预案报备。加强应急知识培训,区安监、消防等部门为企事业单位员工、学校学生、社区居民普及公共安全常识,提高其应急处置能力。开展突发事件应急演练。上城消防大队各中队与辖区学校进行模拟电器短路引发火灾,消防中队采取快速灭火的应急演练。区安全监管局联合紫阳街道和卫生计生、住建、城管、公安、交警、质监、消防等部门在中建二局久光项目工地举行建筑工地塔吊倒塌应

11月7日,电子机械功能区举办新安全生产法培训会

（区安全监管局　供稿）

急演练，提升建筑施工企业应急情况下的应变能力。全年各街道、部门举行各类演练260多次，组织应急培训20余次。

【执法检查“三个转变”】 区安全监管局秉持“加强作风建设、改进执法方式、提高工作效益”的工作思路，实行安全监管行政执法“三个转变”：转变执法理念，变“为执法而执法”为“以执法促安全”，帮助企业完善制度，解决问题；转变执法认识，变“执法就是处罚”为“执法就是服务”，上门为企业开展安全评估、安全检查、责任制完善等服务，提升企业安全水平；转变执法检查方式，变“被动接受事故处理”为“主动做好事前预防”，推进安全生产工作关口前移、重心下移，促进企业员工逐步由“要我安全”向“我要安全”“我懂安全”和“我会安全”转变，建立自觉防范、自主预防的有效工作机制。

【职业安全健康监管】 根据国家、省、市的安排，职业卫生监管工作由区卫计局移交给区安全监管局。区安全监管局积极做好相关交接工作。派人参加市安全监管局组织的职业卫生健康工作培训，与区编委办研究落实人员编制和配备情况。开展职业危害普查和监管工作调研，了解全区职业卫生监管情况。交接工作完成后，依照职业病防治法律法规，认真履行职业卫生监管职责，督促用人单位落实职业卫生主体责任，确保劳动者职业健康。

【安全生产社会化服务】 区安全监管局探索安全生产社会化服务途径，动员社会各方力量提供专业化服务，着力提升事故防控水平。引入专业技术服务，聘请专业中介评价机构对安全生产标准化达标申报企业进行指导和评审，先后开展指导咨询35个次。推进安全管理服务，聘请专家参与涉氨企业专项整治，对2个涉氨企业进行风险评估，并全程指导企业严格按照标准整改安全隐患，完成“氨转氟”改造。邀请专家帮助辖区加油站、南星水厂等重点高危企业完善安全管理制度、安全技术操作规程等，规范企业日常安全管理。加强与市安全生产培训中心合作，购买安全培训服务，进一步提升安全培训质量。委托杭州市信息科技公司开发建设并维护全区安全生产监管信息平台及区安全监管局门户网站。

【高层楼宇安全监管】 区安全监管局针对高层楼宇安全管理相对薄弱的现状，选择小营街道为高层楼宇监管试点。整合基层安全管理资源，将网格化管理触角延伸至高层建筑的楼道单元，使网格由平面向立体空间拓展。厘清业主、经营户、物业各方责任，完善楼宇管理制度，实施规范的单元化管理。强化部门、物业、商户、居民多方联动，构建全民参与安全管理新格局，实现有效联动化管理。通过安全监管创新，提升辖区高层楼宇安全管理水平。

【“智慧安监”建设】 区安全监管局加快安全监管信息平台建设，实现信息快速传递、隐患实时监控、监控数据共享、现场执法移动，提高安全生产综合监管效率。实施科技防范，望江街道为辖区孤寡老人安装烟感报警器，实现火灾隐患第一时间发现和消除。区住房和城建局利用物联网技术，建立建筑工地实施监控系统，实现对建筑工地全景及重点部位24小时可视化实时监控，并实现监控数据的共享。推进安全监管业务信息化，烟花爆竹季节性零售审批、危险化学品安全生产行政许可等事项均在网上办理，并与权力阳光电子政务系统对接，实现行政处罚案件的立案、报告、呈批、案件执行和结销案等环节的网上操作和全程动态监督。 （马硕遥）

物价管理

【概况】 2014年，上城区物价管理部门采取保障商品供应、加强市场监管、降低流通成本等措施，保持价格总水平的基本稳定，为打造“东方品质体验区、幸福和谐示范区”、建设“现代化美丽上城”营造良好的社会环境。全年查处价格违法案件29起，处以罚款77 834元，其中退还消费者15 520元。受理价格举报投诉255件，按时办结率100%。政府信息公开申请10件，行政诉讼1件。

【价格监管】 区物价局加强市场价格监管，规范市场价格行为。推进明码实价。对申报参加“明码实价示范点”的创建单位进行指导、巡查，组织价格政策专题培训，及时帮助解决示范点创建中的问题。上城区新丰小吃有限公司和解百商场3家专柜被市物价局和市价格协会评为杭州市明码实价示范点（柜）。开展价格专项检查和治理。2月，区物价局对紫阳街道社区卫生服务中心等8个医疗单位收费情况进行检查，根据检查中发现的问题，修订医疗服务价格项目，统一医疗服务价格，维护消费者的合法权益。4月，开展旅游市场专项整治，由分管局长统一指挥，出动检查人员76人次，检查旅游景点114个。重点检查旅游景点商品明码标价及商品有无以次充好、掺杂使假、数量短缺等情况。5月25日至6月15日，开展涉企价格和服务收费专项检查，取消一批未经批准的收费项目，以及利用行政审批事项搭车或强制收取的会员费、培训费、赞助费、咨询服务费、保证金等费用。6月，开展餐饮业明码标价专项治理，以消费者反映意见集中的湖滨路及延安路商业区为重点，检查餐饮企业20余个，发出整改通知书7份，处罚餐饮企业4个。8月，开展“商品和服务明码标价宣传执法月”活动，组织执法人员对市场价格进行巡回检查，检查大型商场、大型超市和专卖店12个，运用提醒、告诫、劝阻等方式规范经营者的价格行为。9月，开展医院内设超市明码标价专项检查，出动执法人员28人次，检查浙江大学医学院附属第一医院等7家省、市级医院内设超市，发出整改通知书3份，查处不规范标价行为1家。12月，联合市物价局、区教育局等部门对6家教育类单位的收费情况进行检查。重点检查违反规定收取“择校费”、自立项目擅自收费等违规行为。检查结果显示，上城区教育收费较为规范，未发现收取“择校费”等情况。加强节假日价格检查及价格监测。在节假日期间，检查知名饭店、高档宾馆餐厅及高银街餐饮企业100余个，重点检查明码标价情况，发出整改通知书25份，查处不规范标价的企业7个。

【价格政策宣传】 区物价局加强价格政策宣传。2月28日，举办价格政策法规宣讲会，通过案例分析提醒经营者引以为戒，预防价格违法行为的发生。与会14家大中型商场负责人对网络促销、职业投诉等热点问题进行探讨。6月26日，在上羊市街社区举办价格政策宣讲会，宣传讲解国家价格法规政策。宣讲会上，受理群众咨询23次，发放宣传资料58份。6月底和8月底，在全区幼儿园招生公示及新生入园两个关键节点，采取上门宣传与提醒告知相结合的办法，加大幼儿园收费的督查力度。在醒目位置通过公示栏、公示牌、公示墙等形式，向社会公示收费项目、收费标准等相关内容，方便社会各界和幼儿家长对幼儿园的监督。7~10月，组织市场巡查组，深入辖区各农贸市场及大中型超市，宣传“菜蓝子”商品价格明码标价政策，倡议广大经营者加强价格自律，共同维护“菜蓝子”价格稳定。11月，开展“价格服务进中医街”活动。区物价局执法人员结合具体实例解读《中华人民共和国价格法》相关条款，要求医药经营单位守法经营，践行诚信。

【“价格诚信单位”评选】 区物价局大力推进“诚信上城”品牌工程建设，于4~7月，在全区物业管理行业开展“价格诚信单位”评选活动。经过推荐、考查、公示等程序，杭州五星物业管理有限公司嘉景苑物业管理处、上海高力国际物业服务有限公司浙江分公司赞成太和物业管理处、杭州信宇物业管理有限公司定安名都管理处、杭州天工艺苑股份有限公司物业管理处4个单位被评为“价格诚信单位”，并获得“诚信金字招牌”称号。

【价格监督服务点建立】 6月26日，区物价局在中国社区建设展示中心举办“价格服务进社区”活动。物美望江店、世纪联华江城店、解百商场、西湖银泰4个单位被区物价局认定为“上城区价格监督服务点”，并在现场予以授牌。各个价格监督服务点积极履行社会价格监督职能，从居民群众关注、社会反映强烈的价格热点问题入手，开展社会价格监督和政策法规宣传，努力巩固明码标价成果，为推进全区经济社会协调发展做出贡献。

【首家农副产品平价商店运行良好】 区物价局积极实施平价商店建设工程，充分发挥平价商店平抑价格的作用。全市首家农副产品平价直销店于2013年9月在世纪联华江城店开张后，总体运行情况良好。2014年该平价直销店3次扩充平价农副产品品种，

2014 年,全市首家农副产品平价直销店运行良好 （区物价局 供稿）

平价品种由 25 个增加到 67 个。全年顾客流量 314.67 万人次,比上年增长 3.7%。省内多个主流媒体进行宣传报道。

【行政事业性收费验审】 2~5 月,区物价局会同区财政局对辖区内 25 个行政事业性收费部门进行年度验审,验审率 100%。经审核,全区 2013 年度行政事业性收费 6104.11 万元, 比 2012 年下降 19.4%。其中,行政性收费3795.41 万元,下降 23.7%;事业性收费 2308.70 万元,下降 14.6%。下降幅度较大的收费项目中,法院诉讼费下降 78.4%,计划生育社会抚养费下降 64.6%。

【权力事项清理】 5 月, 为推进权力清单制度建设,区物价局对行政监管、行政处罚、行政强制等部门职权进行清理,先后梳理出 55 项行政许可事项与非行政许可事项的法律依据及工作流程。按照省、市物价局要求,做好取消、转移、整合等工作,明确保留 21 项行政权力,并规范物价管理依法行政工作流程。

【345 起价格鉴定案件完成】 区价格认证中心按照规定的标准、程序和方法受理、办理价格鉴定案件。全年完成价格鉴定案件 345 起,鉴定涉案财物 2255 件, 涉案标的 273 万元; 不予受理的价格鉴定案件 28 件,涉及物品 120 余种;未发生重新鉴定和复核裁定案件。对“7·5”公交纵火案等重大、恶性案件的损失鉴定,组织专家科学论证,做到急事急办,特事特办。加强与服务对象的交流, 先后走访 7 个派出所,为公安办案民警讲解价格鉴定协助书、价格鉴定标的明细表的正确填写方式和应注意的问题,以及涉案价格鉴定的办理程序、原则、方法等内容。

（曹天艳）

审 计

【概况】 2014 年,区审计局完成审计项目 161 个, 其中政府投资工程价款结算审计项目 139 个。查出管理不规范金额 1.96 亿元,净核减工程款 5249.92 万元。上年度审计报告中反映的 46 个问题完成整改 40 个,部分完成整改 4 个,另外 2 个涉及体制机制问题向上级部门反映,整改落实率 95.7%。全年制定审计工作规章制度 10 个。3 个 AO(即现场审计系统)应用实例被省审计厅评为获奖项目,3 个审计方法实例入选省审计厅计算机审计方法案例, 望江街道办事处 2011 年度财政决算情况审计项目获市级优秀审计项目,陈晓明获省审计厅“查核问题能手”、省审计机关先进工作者称号。区审计局中标承担市审计学会课题 1 个。编发《上城审计信息》46 期,在《中国审计报》发表论文、信息 9 篇。报送的审计专报 10 篇得到区领导批示,1 篇审计专报被市政府采用。区审计局获全市审计信息化推进工作第一名、全市审计系统年度考核优秀单位、全省审计系统优秀县级审计单位等荣誉。

【预算执行审计】 区审计局对区财政预算执行情况、全部政府性资金、财政存量资金及政府工作部门预算执行情况进行审计,重点审计政府投资预算管理情况及政府部门“三公”经费使用情况。把常规审计与绩效审计结合起来,通过审计,反映年度预算编制、预算执行等政府投资预算管理中存在的使用不规范、绩效不高等问题,以及政策、制度和管理中的问题、漏洞,从体制机制制度层面提出解决问题的办法和措施,促进财政预算管理公开化、规范化和法制化。

【政府投资项目审计监督】 区审计局加强对政府重大投资项目建设和管理情况的审计监督。全年组织对保障房建设、庭院改造、截污纳管、背街小巷改善等政府投资项目的预算管理、内部控制、成本支出、经济效益等进行跟踪审计，并对隐蔽工程偷工减料问题开展专项审计调查。对审计过程中发现的问题及时通报，同时从项目计划管理、政策配套、建设工程管理、工程质量控制、财务管理等方面提出建议，规范政府投资，提高投资效益。

【民生项目审计监督】 区审计局加强民生项目审计监督。对基层推行医疗基本药物制度和实行绩效工资后财务运作情况，以及公共停车场库投资建设、交付使用、运行管理等情况进行专项审计调查。审计发现在民生项目资金使用和民生政策贯彻执行中存在诸多问题。审计部门针对存在的问题提出改进建议，经区委、区政府主要领导批示后实施，推动相关制度的完善和政策的落实。

【经济责任审计】 2014 年，区审计局对 3 个指挥部、2 个部门、1 个街道的 7 名主要负责人进行经济责任审计。查出管理不规范金额 1156 万元，向被审计单位提出改进管理建议 12 条。落实《领导干部经济责任审计年度报告制度》，将 40 个区政府部门主要负责人上年度经济责任履行情况以量化自评表的方式报区委组织部和区经济责任审计联席会议办公室，作为个人年度述职述廉的内容，并列入本人考核档案及日后审计评价依据。对 12 个区直属单位领导干部离任经济事项进行集中交接，经济责任审计联席会议成员单位、相关派驻机构负责人和交接单位财务负责人参加交接，促进经济责任审计对象管理的规范化和科学化。

【“智慧审计”建设】 区审计局积极推进“智慧审计”一体化数据平台建设。建立“审计对象库”管理系统平台，健全审计对象动态管理机制。建立“审计法规库”、上城审计微信和微博公众号等平台，优化审计资料管理，实现审计信息共享，提高审计工作效率。运用计算机进行辅助审计及对资金、资产的数据比对，分析专项资金安排的有效性及资产处置的合规性，以信息化推进审计规范化。

【内部审计指导服务】 区审计局加强对全区较大部门单位审计的指导与服务，帮助其建立内部审计机构。组织区教育局、区城管局 100 余个所属单位的中层以上干部及内部审计、财务人员进行专题辅导，提高各级领导及业务骨干财经法纪意识和财务管理水平。构建内部审计交流平台，通过创建内审 QQ 群、审计园地、学习园地、内部论坛等平台，增强创新交流活动的互动性和实效性。区审计局被杭州市内部审计协会评为内部审计指导优胜单位，《试论云计算及大数据在内部审计数字化平台中的应用》等 4 篇论文获市级奖励，上城区公安分局翁立明被评为市级内部审计先进工作者。 （竺永杰）

统　计

【完成地区生产总值 807.62 亿元】 2014 年，全区完成地区生产总值(GDP)807.62 亿元，按可比价格计算，比上年(指2013 年，下同)增长 8.1%。按全区 2014 年末户籍人口计算，人均 GDP 为 224 854 元，增长 9.3%；按 2014 年平均汇率计算，人均 GDP 为 39 860 美元，增加 3678 美元。按产业分，第二产业完成增加值362.37 亿元，增长 8.0%，其中，工业增加值344.75 亿元，增长 8.8%；第三产业完成增加值 445.25 亿元，增长 8.1%。第二、第三产业结构比重为 44.9:55.1。

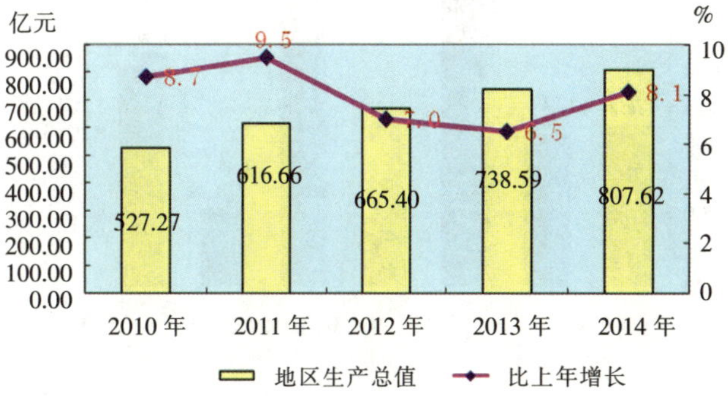

图 2　2010~2014 年上城区完成地区生产总值情况

全年完成财政总收入 93.57 亿元，增长 3.3%。完成地方财政收入 58.03 亿元，增长 1.0%。在税收收入中，增值税（地方部分)3.50 亿元，占 6.2%，增长 0.8%；“营改增”4.15 亿元，占 7.3%，增长 56.5%；营业税 22.65 亿元，占 40.0%，下降 13.4%；个人所得税(地方部分)5.81 亿元，占 10.3%，下降 0.5%；企业所得税(地方部分)10.7 亿元，占 18.9%，增长 16.9%；城市维护建设税 3.03 亿元，占 5.4%，下降 2.5%；房产税 3.56 亿元，占 6.3%，增长 12.8%。

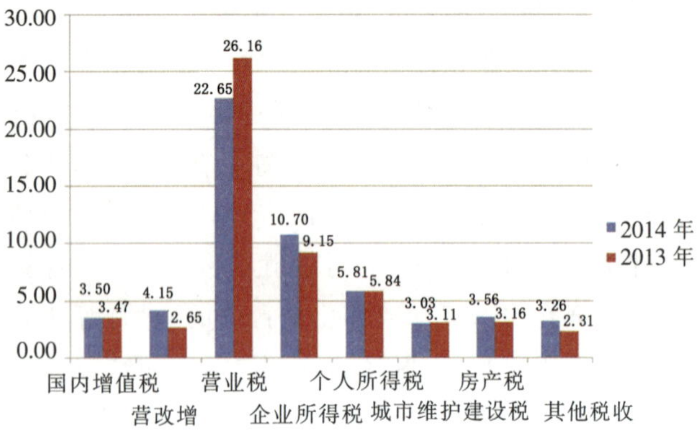

图 3　2014 年上城区地方财政收入情况

全年公共预算支出 23.22 亿元，增长 9.6%。其中，教育支出 5.70 亿元，增长 6.8%；科学技术支出 1.15 亿元，增长 21.4%；社会保障和就业支出 4.22 亿元，增长 7.9%；医疗卫生支出 1.45 亿元，增长 32.9%；城乡社区事务支出 3.2 亿元，增长 5.5%；一般公共服务支出 2.22 亿元，增长 0.1%；公共安全支出 2.07 亿元，下降 1.7%。

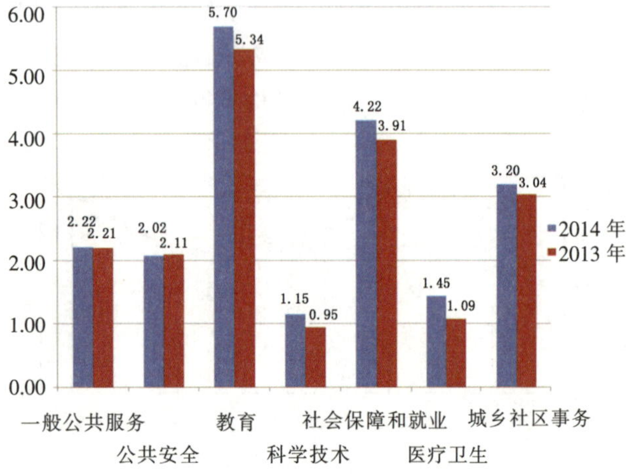

图 4　2014 年上城区地方财政支出情况

【固定资产投资 77.64 亿元】 2014 年，全区完成固定资产投资 77.64 亿元，增长 21.6%。其中，工业投资 3.04 亿元，增长 65.4%；房地产开发投资 43.50 亿元，增长 20.0%。全年完成房地产销售面积 11.93 万平方米，增长 67.4%。限额以上建安工程完成投资额 29.70 亿元，增长 6.7%。

【工业总产值 727.63 亿元】 2014 年，全区实现工业总产值 727.63 亿元，工业销售产值 707.62 亿元，分别增长 6.3%和 3.2%。其中规模以上工业实现总产值 722.89 亿元，工业销售产值 702.98 亿元，分别增长 6.4%和 3.3%。

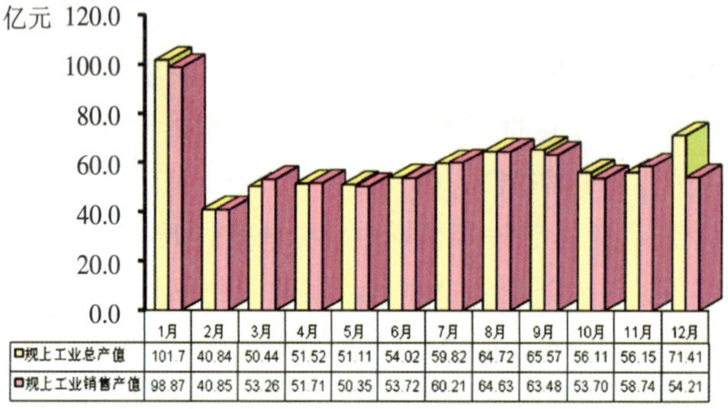

图 5　2014 年上城区规模以上工业企业生产、销售情况

工业重点行业支撑作用明显。全年烟草制品业销售产值 275.93 亿元，增长 9.8%。电力、热力供应业实现销售产值 345.16 亿元，增长 1.8%。区属三大重点行业受多种因素影响，发展出现一定程度的放缓和回落。其中，仪器仪表制造业实现销售产值 18.71 亿元，增长 0.7%；电气机械和器材制造业实现销售产值 11.48 亿元，下降 9.1%；酒、饮料和精制茶制造业实现销售产值 22.66 亿元，下降 18.9%。

全年完成新产品产值 29.82 亿元，下降 2.9%。新产品产值率 4.1%，下降 0.4%。全年高新技术产业完成工业销售产值 42.06 亿元，下降 2.2%；高新技术产业完成利税 8.32 亿元，下降 13.4%。

全区规模以上工业企业(不含市电力局)完成产品销售收入 344.55 亿元，增长 5.5%；完成利税 242.24 亿元，增长 5.0%，其中利润 34.75 亿元，下降 15.9%。工业产品产销衔接良好，产销率 97.2%。

【工业综合能源消耗下降】 全年工业企业综合能源消耗44.2 万吨标准煤，比上年下降 1.2%。万元产值综合能耗为 0.0257 吨标准煤，下降 9.1%，万元工业增加值综合能耗降低率 7.1%。

【建筑业总产值 247.93 亿元】 全区有总承包和专业承包建筑企业 91 个，全年完成建筑业总产值 247.93 亿元，比上年增长 9.5%；完成竣工产值 120.90 亿元，下降 16.7%。全年房屋施工面积 1749.10 万平方米，下降 11.7%；竣工面积 434.40 万平方米，下降 31.1%。

【国内贸易增长 7.7%】 全年完成社会消费品零售总额 303.57 亿元，比上年增长 7.7%。其中，限额以上批发零售业零售额 166.01 亿元，增长 7.3%；限额以上住宿餐饮业零售额 21.75 亿元，下降 2.6%。限额以下批发零售业零售额 98.36 亿元，增长 10.1%；限额以下住宿餐饮业零售额 17.46 亿元，增长 12.1%。

清河坊·南宋御街、湖滨路、南山路三大特色街区接待游客 2795.02 万人次，完成营业总收入 83.01 亿元，增长 6.6%。清河坊·南宋御街被评为浙江省旅游满意度“十佳景区”。

至年末，全区有商品交易市场 28 个，全年交易市场实现成交额 114.80 亿元，下降 0.6%。其中交易额实现 1 亿元市场 8 个，成交额 107.60 亿元，下降 0.6%。

【诚信企业参选单位走访】 3 月，区统计局启动 2014 年度统计数据诚信企业创建活动。分管领导走访参选企业。通过与企业负责人面对面的座谈，了解企业生产经营、招工、参加社会保险等相关情况，及企业对经济走势的判断，就如何做好统计工作进行探讨。指导统计人员认真核查企业年报数据，确保数出有据。帮助企业建立规范统计台账，健全工作交接制度，加强统计基础建设。走访增进企业与统计部门的相互理解与支持，进一步提高企业的配合度。

表 15 2014 年规模以上工业企业能源消耗量

能源名称	计量单位	年消费量	工业生产消费量	年消费量比上年增长(%)
原煤	吨	30 961.07	30 961.07	-23.2
天然气	万立方米	537.93	510.33	-6.0
汽油	吨	1251.01	731.80	-2.9
柴油	吨	1807.57	1626.79	-2.4
液化石油气	吨	26.99	11.67	-6.9
热力	百万千焦	272 364.50	270 286.60	-19.3
电力	万千瓦时	132 624.30	132 066.50	0.25

表 16 2014 年上城区市场成交额完成情况

单位：万元

市场分类	市场个数	2014 年成交额	上年同期	为上年(%)
食品饮料，烟酒	12	771 109	747 910	103.1
建筑及装潢材料	2	202 285	225 463	89.7
服装、鞋帽针、纺织品类	7	127 966	123 944	103.3
家具	1	23 866	32 949	72.4
文化办公用品	2	7986	7822	102.1
金银珠宝	1	4545	5614	81.0
通信器材	1	764	771	99.1
其他	2	9640	10 407	92.6

（莫　晨）

2014年上城区商品市场名单

表17

序号	市场名称	市场地址
1	杭州兴合百货网上交易市场	上城区长生路24号
2	杭州新声综合市场兴合鞋城	上城区长生路24号
3	杭州白马珠宝市场	上城区郭东园巷8号
4	杭州吴山花鸟城(从属名称:杭州岳王路花鸟市场)	上城区华光路1号
5	杭州吴山路夜市	上城区惠兴路(邮电路口至仁和路口);仁和路(工人文化宫门口至岳王路口)
6	杭州青年通讯电脑市场	上城区积善坊巷小区
7	杭州华东(国际)家具广场	上城区近江路1号
8	杭州陶瓷品市场	上城区南复路59号
9	杭州四季星座网上服饰交易市场	上城区清江路120号628室
10	杭州欧维女装中心	上城区清江路126号
11	杭州中星服饰城	上城区清江路82-4、90、94号
12	杭州杭派精品服装市场分场	上城区清江路96号
13	杭州庆春路文化用品市场	上城区庆春路49-1号
14	杭州近江五金锁具市场	上城区秋涛路475号
15	杭州礼品城	上城区秋涛路五号桥
16	杭州近江食品市场	上城区秋涛支路336号
17	杭州艺多多网上交易平台	上城区十亩田家园19幢1号
18	杭州第六空间家居生活广场	上城区西湖大道18号
19	杭州工联精品服饰城	上城区延安路292号
20	杭州龙翔服饰城	上城区延安路298号
21	杭州明珠小百货市场	上城区延安路302号地下一层
22	杭州新声综合市场兴合服饰城	上城区长生路24号
23	杭州泓呈小百货市场	上城区长生路25、26号,延安路302、302-1室,商场5室,301室
24	杭州九天国际服装城	上城区清江路168号
25	杭州外滩针织服装市场〔从属名称:杭州(中国)针织城〕	上城区秋涛路8号1~5层
26	杭州天阳明珠百货市场	上城区延安路302号
27	杭州华东家具市场	上城区秋涛南路487号
28	杭州解放路副食品(茶叶)市场	上城区南板巷15-18-20号
29	杭州南宋御街美食夜市	上城区中山南路分十五奎巷至察院前巷、察院前巷至高士坊巷、高士坊巷至万松岭路口三段

(洪莲莲)

【科技进步统计监测】 为做好科技进步统计监测工作,区统计局通过调查研究,制定方案,建立科技进步统计制度和相关部门共同协作、各负其责的调查体系。邀请相关部门为企业统计人员讲解监测指标。对企业上报数据,进行严格审核。通过夯实统计工作基础,有效地完成2014年全区科技进步统计监测报表。

【固定资产投资统计】 区统计局积极做好固定资产投资统计“广、深、细”的文章。“广”即范围广。对政府投资项目和社会投资项目进行现场核实,确保对全区项目的掌控。全区建设项目涵盖保障性住房、停车场库、中小学校等民生工程,以及商业金融用房、商品住宅、配套公建等工程。通过对项目的全覆盖核实,确保项目统计不重不漏。“深”即深入调查。通过与“4+2”建设指挥部、其他相关建设主体及社会投资项目主体座谈了解,包括深入现场查看项目,确保项目投资额上报的准确性。“细”即计划编制详细。将全区在建项目编制成进度计划表,把到位资金、投资安排列为项目的首要条件,然后根据工程形象进度、节点计划初步确定项目的投资额,为项目的推进和稽查提供参考。

【住户调查“三查”】 根据市统计局关于开展2014年一季度住户调查数据质量自查的通知,区统计局组织对调查数据的样本管理、账本质量、经常性指标登记、数据逻辑关系、台账建立等一致性进行自查,并将自查结果反馈给市统计局。根据自查情况,组织街道统计调查员进行互查。同时建立抽查制度。每个季度抽查一定数量调查户,抽查内容包括何时记账,领取记账补贴情况,家庭人口数及调查员访户情况等。通过“三查”,及时地掌握调查员工作情况,提升住户调查水平。

【街道统计目标管理办法出台】 为加强对全区统计工作的管理,夯实统计工作基础,区统计局根据区政府《关于进一步加强和改进全区统计工作的意见》,出台《2014年街道统计工作目标管理考核办法》。该办法分统计机构建设、统计队伍建设、统计业务工作和其他四大类,具体从重视统计工作、加强统计力量、统计人员思想政治建设、统计业务素质、专业报表质量、统计基础调查等方面,设定相应分值进行月度及年度考核。上城区通过开展街道(社区)统计调查规范化建设专项检查,修订完善街道(社区)统计报表制度,不断提高街道(社区)统计数据质量。

【统计服务能力提升】 2014年是上城区经济发展处于增长速度换档期、结构调整阵痛期、前期政策消化期三期叠加的特殊阶段,区统计局立足区情,围绕区委、区政府重点工作,从三方面发挥统计职能作用,提升统计为发展服务的水平。具体做法是围绕党代会、人代会提出的发展目标,加强宏观调控和全区经济运行形势的监测和预警,及时发布全区月度、季度经济运行监测报告,努力当好领导参谋。抓住全区工业、服务业、投资、招商等重点经济评价指标体系,对指标数据反复进行审核评估和多级联审,确保为党委、政府决策提供有价值的数据。利用统计资料快的特点,第一时间对重要的统计数据进行综合分析,根据数据反映的问题进行深入分析和专题研究。围绕望江、湖滨、山南等新兴经济集聚区域,转变统计方式方法,多角度汇总特定区域数据,并撰写高质量的调研报告和统计分析。

【统计业务培训】 8月12~14日,区统计局对街道、社区统计人员进行为期3天的统计业务知识培训,由区统计局各专业统计人员分别讲解专业统计报表的填报要求及注意事项、对统计执法和入户调查的方法,并进行网络课程的授课和操作演示。此次培训时间紧,内容覆盖面广,涉及12个统计相关专业。培训采用专业统计人员讲解和互动问答等形式,部分专业授课进行网上模拟操作。各街道、社区统计人员60人参加培训。

【统计证办理改革】 区统计局实行“五证联办”,将企业统计证的登记和审批纳入上城区行政服务中心的“五证一章”联办范围,采取“一窗受理、内部流转、同步审批、统一发证”的工作流程,精简企业统计证的办理手续,缩短登记和审批的时间。对法人和产业活动单位基本情况表的填报内容进行压缩，将《产业活动单位基本情况登记表》《法人单位基本情况登记表》简化成《统计单位情况登记表》，登记表仅保留单位名称、经营地址、主要业务活动、注册资金来源、单位人员数、预计全年收入6项指标，企业办理工商营业执照、组织机构代码证、税务登记证后，可领取统计登记证。对于联办中未及时登录的法人和产业活动单位基本情况表项目，街道统计人员采取上门联系的方式对名录库信息进行补充和实时维护更新。

【限额以下贸易业统计】 为加强限额以下贸易业抽样调查工作，全面提高数据质量，区统计局从“四个加强”入手，提升限额以下贸易业统计工作水平。组织街道统计员参加业务培训，贸易专业人员分别就报表填写、统计台账登记等统计业务给街道统计员做辅导，并就如何提高数据评估能力、及时掌握和更新统计数据信息与大家做交流与分析。针对限额以下贸易单位变动性大的特点，统计调查员加强调查走访，详细了解辖区内单位变动情况，对于关门、停业、注销的单位及时做好样本替换工作。调查员平时通过上门或电话等方式，加强与企业统计人员的联系和沟通，及时发现和解决问题，督促企业在上报期内按时上报报表，后由调查员对上报的数据进行人工逻辑审核，并与上年同期数进行对比，对变动较大的数据直接向企业查询原因，把发现的问题及时反馈给企业，以确保调查数据的准确性。

【第三次全国经济普查完成】 根据第三次全国经济普查工作要求，上城区成立经济普查领导小组及办公室，确定270名普查员和普查指导员，选择清波街道进行经济普查区级试点，开展普查宣传和业务培训，规范基层基础信息工作，全区普查3.80万户。做好十大产业单位认定，为经济普查中产业单位的核实奠定基础。加强普查单位数据质量审核，确保普查数据的准确性、完整性。整个普查工作概括为准备工作具体化、业务培训精细化、现场登记规范化、普查用语标准化、数据审核程序化、数据管理责任化。7月14日，国家统计局杭州调查队组织经济普查事后质量抽查组对上城区小营街道、湖滨街道进行普查数据质量抽查。抽查组对抽中的50个法人单位、产业活动单位和10户个体户进行核查。通过挨个入户的询问、核对，抽查组对上城区的普查数据表示认可。

（莫　晨）

工 业
Industries

综 述

【概况】 上城区坚持企业主体和政府推动相结合，发展高新技术产业和传统产业改造提升相结合，重点突破和一般提升相结合，以完善创新投入和激励机制为重点，加快高新技术产业化，推动企业技术进步，为实现经济可持续发展奠定基础。全年规模以上工业销售产值702.98亿元，比上年（指2013年，下同）增长3.3%。3月26日，杭州市经信委召开工业企业技术创新表彰会。上城区所属海兴电力科技股份有限公司、博世华环保科技有限公司、宇天科技股份有限公司、璟江瑞华科技有限公司获表彰和奖励。

【节能技术改造】 区发改经信局制定节能工作实施方案，积极走访重点用能单位，指导企业有针对性地开展节能技术改造。全年完成12个企业电平衡测试，调整淘汰井藤汉方保健饮品生产线，完成杭州烟厂、杭州水业集团万吨千家用能数据平台接入，单位地区生产总值电耗和电力消费总量分别下降13.2%和6.24%。

（魏建军）

工业企业

【杭州娃哈哈集团有限公司】 2014年，杭州娃哈哈集团有限公司（简称娃哈哈集团）完成营业收入720.42亿元、利税128.92亿元、利润90.41亿元。推出多款新产品上市，主要有娃哈哈富氧弱碱性水、领酱国酒等。娃哈哈集团在2014年中国民营企业500强、中国民营企业制造业企业500强、中国制造业企业500强、浙江省百强企业排名中分别列第18位、第12位、第72位、第9位。2014年，娃哈哈集团获全国社会扶贫先进集体（累计公益捐赠达4.43亿元，其中用于教育近3亿元）、消费者满意食品品牌、全国"守合同重信用"企业、全国轻工业卓越绩效先进企业等称号。3月3~14日，总经理宗庆后带着15条议案及建议到北京参加十二届全国人大二次会议。

（陈小冬）

【杭州华日电冰箱股份有限公司】 2014年，杭州华日电冰箱股份有限公司（简称华日公司）围绕生产经营目标，大力推进转型升级、精细化管理、新产品开

2月27日，杭州娃哈哈集团有限公司召开娃哈哈富氧弱碱性水上市新闻发布会

（杭州娃哈哈集团有限公司　供稿）

发、市场拓展等工作,充分发挥自身优势,提升市场竞争力。位于富阳东洲新区的华日新工业园区开工建设。在省内外开展以"建厂30年,寻找有缘人"为主题的市场营销活动。联合杭州知名家电品牌,选择具有市场潜力的地区,开展"杭州都市圈杭产智能家电精品巡回展活动"。推出华日"领鲜一族"系列新产品,其中大气豪华580升对开门冰箱、330升智能无霜冰箱、316升变频无霜冰箱、280升匀冷冰箱和全铜管冷柜等新产品首次在杭州都市圈城市亮相。华日公司被评为中国工业行业排头兵企业、全国质量和服务诚信优秀企业。主导产品华日电冰箱再次被评为"全国用户满意产品",并获"中国工业行业科技创新奖"、全国冰箱行业"健康冰箱先锋品牌"等荣誉。 (娄剑南)

【杭州海兴电力科技股份有限公司】 2014年,杭州海兴电力科技股份有限公司(简称海兴电力科技公司)将业务划分为产品创新业务、客户关系业务和基础设施业务,根据不同业务模式优化组织方式,提升公司竞争力。该公司具有海外投资和工厂管理的完整能力,海外市场进一步拓展。产品精品战略取得初步成效,产品技术领先优势进一步提高。配网产品业务形成初步布局,国内市场产品通过国网检测。供应链建设在交付能力、质量控制能力、成本控制能力、海外工厂支持能力及管理体系等方面日趋成熟。全年工业销售产值14.5亿元,占区电子机械功能区技工贸总收入的29.6%;实现税收8357.30万元,比上年增长30.5%,占区电子机械功能区税收总收入的26.1%。2月,海兴电力科技公司入选"2013年浙江省高新技术企业百强"。该公司还被认定为浙江省绿色企业(清洁生产先进企业)、浙江省电子信息制造业30强企业、浙江省工商企业信用AA级"守合同重信用"单位、浙江省信用管理示范企业、杭州市经济成长型企业等。海兴电力科技公司的电子式电能表被认定为浙江名牌产品。 (徐 玲)

杭州海兴电力科技股份有限公司生产车间 (区电子机械功能区 供稿)

【杭州捷尔思阻燃化工有限公司】 杭州捷尔思阻燃化工有限公司(简称捷尔思公司)是国内最早专业开发、生产无卤阻燃剂和无卤阻燃材料的高新技术企业,下辖4个生产基地、1个省级高新技术企业研究开发中心。在美国、俄罗斯、韩国建有海外销售分公司,在全球设有11个代理商。产品主要应用于交通运输、建筑材料、电子电器、新能源装备等行业,在国际上服务于多个世界500强企业与行业龙头企业。捷尔思公司拥有浙江省级无卤阻燃材料研发中心、浙江省无卤阻燃外贸服务平台、杭州市级无卤阻燃技术研发中心和技术中心,获杭州市著名商标、杭州市出口名牌等称号。先后承担国家创新基金、火炬计划、省重大创新计划等项目20多个。为浙江省专利示范企业,获国家发明专利11项。2014年,捷尔思公司获高新技术企业重新认定,并获浙江省级工业优秀新产品二等奖、杭州市优秀新产品和新技术一等奖、中国石油化工联合会技术发明二等奖和新专利3项。 (沈子澄)

【杭州奥普电器有限公司】 杭州奥普电器有限公司(简称奥普电器公司)是以生产卫浴电器产品为主的外商独资企业,主要生产销售包括浴室多功能取暖器(浴霸)、浴顶、通风扇等卫浴电器系列产品。在北京、上海、江苏等省、市成立21个大区销售网络,产品销售遍及全国和澳洲、北美、东南亚市场。奥普电器公司获浙江省名牌、浙江省著名商标、浙江省驰名商号、中国驰名商标等称号，拥有近100项产品专利。奥普电器公司参与国家各种标准的制定，成为国家浴霸和浴顶行业标准的制定工作组长单位。全年奥普电器公司销售额933.60万元。奥普浴霸连续第13年获全国同行业销量第一，销售额占市场份额的73.8%。6月，在世界品牌实验室发布的中国品牌500强榜单中，奥普品牌以74.98亿元的品牌价值，连续第8年登上榜单，在电器类企业中排名第12位。9月，奥普"净玉"系列浴霸获中国家用电器研究院颁发的"工业设计创新奖"。11月，奥普电器公司在上海召开"智爱之旅"2015年新产品发布会，发布"印象"系列新产品。（诸葛哲）

【杭州璟江瑞华科技有限公司】 杭州璟江瑞华科技有限公司（简称璟江瑞华公司）是专业生产阳离子染料的集科研、开发、生产、销售于一体的国家重点扶持高新技术企业。产品销售量占全世界阳离子染料销售总量的25%。璟江瑞华公司总部位于杭州市上城区，拥有浙江海宁农业对外综合开发区和江苏省盐城射阳经济开发区两个生产基地，两个生产基地固定资产原值2361万元，固定资产净值2007万元。全年申请两项发明专利，其中"复合阳离子染料组合物"获国家专利局授权，"高日晒牢度的复合阳离子染料组合物"进入有关部门实质审查阶段。该公司被认定为国家重点扶持高新技术企业。4月15日，璟江瑞华公司参加中国染料工业协会主办的"2014年亚洲国际染料工业暨有机颜料、纺织化学品展览会"上海展。2月20日，该公司与缅甸一印染企业签订产品供销合同。该公司研制的分散阳离子金黄SD-GL、分散阳离子黑SD-FBL、阳离子红X-GRL 3个新产品销往欧盟、北美、东南亚等地区及日本、韩国等国家，全年新产品销售收入781万元，占公司销售总收入的5.8%。承担市级科研项目1个、区级科研项目3个，其中市级科研项目"高强度液状阳离子黑X-FDL染料工业化开发技术及产业化"与浙江工业大学合作研制开发，该项目于年底完成开发。（孙　希）

【杭州中瑞思创科技股份有限公司】 杭州中瑞思创科技股份有限公司（简称中瑞思创公司）于2010年4月在深圳创业板上市（股票代码300078），是专业从事电子防盗产品（EAS）、无线射频识别系统（RFID）定制化产品及行业应用解决方案的开发与服务的高科技企业。中瑞思创公司总资产12亿元，员工1500余人，在瑞典、意大利、西班牙、美国和中国香港等地均建有子公司，产品销往世界各地。2014年，中瑞思创公司重新通过高新技术企业认定。同时通过杭州名牌、出口名牌复审，为浙江省创新型示范企业，获浙江省著名商标等荣誉。全年申请专利56项，授权专利32项，其中申请发明专利11项，并在欧盟拥有"CENTURY"注册商标。年内中瑞思创公司完成对北京思创超讯科技发展有限公司51%股权的收购，同时参股启东锯芯电子科技有限公司，拥有25%的股权；还参股设立上海瑞章投资有限公司。控股子公司绿泰信息科技（上海）有限公司和江苏钜芯集成电路技术有限公司分别获工信部颁发的《集成电路设计企业认定证书》。（李秀梅）

【杭州绿盛集团有限公司】 杭州绿盛集团有限公司（简称绿盛集团）拥有总资产4亿元。该集团打造百卤坊生产基地、"农夫与海"生产基地。百卤坊生产基地位于千岛湖，总投资3000万美元，占地面积8.67万平方米；"农夫与海"生产基地位于萧山经济技术开发区，总投资5000万美元，占地面积4.60万平方米，预留6.67万平方米。绿盛集团研发和生产"绿盛牛肉干""农夫与海""百卤坊"三大系列近100种规格的产品，并在千岛湖开启水果沙拉市场。绿盛集团销售网络覆盖全国20多个省的100多个地级市，拥有2万多个销售网点，全年实现销售额14 613万元。绿盛集团被列入浙江产业联盟优秀示范单位、高新技术产业·都市型工业重点企业、上城区体育发展热心支持单位、上城区工资集体协商百家示范单位名单。（贺　寅）

经济合作交流

Economic Cooperation and Exchange

综述

【开放型经济发展势头良好】 2014年，全区对外贸易完成自营出口15.66亿美元，比上年(指2013年，下同)增长11.7%，完成全年目标任务的1.05倍。全年完成服务外包执行额2.61亿美元，增长11.9%，完成年度计划的1.18倍；完成离岸服务外包执行额1.61亿美元，完成年度计划的1.02倍。全区新批境外投资项目7个、境外增资项目5个，合计中方境外投资总额1.17亿美元，完成年度计划的3.33倍。实现工程承包6596万美元。全区有主要跨境电子商务企业21个，包括5个自建跨境电子商务销售平台的电子商务企业。其中，电商应用企业3个，专门提供交易服务、物流仓储、报关、检验检疫、退税等专项服务；利用第三方跨境电子商务平台开展电子商务出口的企业15个。区商务局积极组织区内企业参加华交会、广交会等国内重要展会和省、市有关部门推荐的境外重要展会。独立组织企业“抱团”到东欧参展和考察，拓展境外新兴市场。全区全年有73个企业参加59个境内外展会，展位总数359个。

【思科公司(中国)总部落户上城区】 3月18日，思科公司(中国)总部落户杭州暨思科公司参与“智慧城市”建设发布会在杭州万豪酒店举行。杭州市市长张鸿铭，思科公司全球高级副总裁、思科公司全球业务总裁罗卓克出席发布会并致辞。区委书记缪承潮参加发布会。美国思科公司是世界知名的互联网企业，1994年进入中国市场，在中国设立20多个分支机构。此次上城区依托辖区可出让土地资源和优质楼宇资源，以“两先进(技术先进、服务先进)、四集聚(人才、研发、产业、总部集聚)、一条链(全产业链园区)”为发展定位，成功引进思科公司(中国)总部，实现世界500强企业中国总部落户浙江“零”的突破。该总部设在钱江新城中豪·望江国际。

【上城区跨境电子商务知识学习会】 4月2日，上城区跨境电子商务知识学习会在新侨饭店举行，辖区内外贸企业、内贸电商企业、街道分管领导和业务骨干等170多人参加学习会。阿里巴巴集团和敦煌网的两名国际事业部总监翟华、段超分别以“电子商务环境下国际贸易营销战略分析”和“传统外贸企业跨境电商战略布局与典型案例分析”为题进行演讲，让与会者更多了解电子商务的最新发展趋势和发展热点，为传统外贸企业的转型升级提供思路和样本。

【上城区外贸企业业务能力提升培训班】 8月19日，区商务局邀请专门为中小型外贸企业发展开展培训教育的浙江工商大学杭州商学院专家，为上城区外贸企业业务骨干进行业务能力提升培训。全区128个企业的169名外贸业务骨干参加此次培训。

【争创外贸公共服务平台】 上城区继2013年成功创建5个省级外贸公共服务平台、2个市级外贸公共服务平台后，2014年又申报争创2个省级外贸公共服务平台，分别为杭州易上弘网络技术有限公司的易家纺国际营销公共服务平台和浙江新洲国际贸易有限公司的浙江名特优新农产品美国展示中心（国际营销网络)。其中浙江名特优新农产品美国展示中心被农业部升格为中国农产品美国展示中心,并于9月在美国洛杉矶举行揭牌仪式。

【参加中国(杭州)国际电子商务博览会】 10月30日~11月2日,中国(杭州)国际电子商务博览会在浙江世贸国际展览中心和杭州和平国际会展中心举行。区商务局在和平国际会展中心设立"上城馆",对外宣传展示上城区电子商务的发展进程。博览会期间,接待市民游客1.50万人次,发放宣传资料5000余份,200多名客户、商家代表到"上城馆"咨询、洽谈。"上城馆"成为最具人气的场馆之一。

【"长三角"地区商圈联盟成立】 11月11~12日,副区长来剑波带队到上海参加"'长三角'知名商圈协同发展研讨会及2014福布斯·静安南京路论坛",与上海静安区等"长三角"6个重要城市主城区领导交流国内外知名商圈发展经验,探讨未来城市商圈发展的思路,共同发布"长三角"知名商圈协同发展倡议书,标志着"长三角"地区商圈联盟正式成立。

【接待外国友人访问225人次】 2014年,全区自行组织因公出国团组6批、36人,审批因公出国43批、91人,为辖区40个单位审批外国人来华邀请申报118人次,接待外国友人来华访问34批、225人次。外国友人主要来自于英国、奥地利、西班牙、日本、美国、意大利、澳大利亚、德国等国家。3月18日,区委书记缪承潮参加思科公司(中国)总部落户杭州暨思科公司参与"智慧城市"建设发布会,同时出席"联合国教科文组织杭州项目事务处(筹)"揭牌仪式,并与联合国教科文组织文化助理总干事西斯科·班德林共同为杭州项目事务处揭牌。联合国教科文组织、中国历史文化名街保护同盟、杭州市上城区城区品牌工作指导委员会共同签署设立中国历史文化名街保护研究中心的合作意向书,作为开放式的社会参与研究平台。开展经贸往来活动,先后接待奥地利瓦格乐集团、西班牙南部华商会、西班牙阿萨卡市、德国国际经济与文化交流促进会、美国CORDISH公司等考察团。

招商引资活动

【概况】 2014年,上城区批准外商直接投资项目27个,合同利用外资2.20亿美元;实际到位外资2.06亿美元,比上年增长13.0%,完成年度目标的1.02倍。引进内资项目553个,实际到位资金144.96亿元,其中引进到位资金500万元以上的内资项目81个,到位资金107.13亿元,完成年度目标的1.36倍。引进到位资金500万元以上的省外项目36个,到位资金71.11亿元,完成年度目标的1.87倍。全年设立融资租赁公司3个,累计5个。

【招商引资学习交流会】 2月14日,区商务局组织召开招商引资学习交流会。副区长来剑波,区政府办副主任陈凌军,区商务局局长孙锦、副局长(经合办主任)石荣祥、副局长(招商局局长)袁维民,局各科室负责人,各街道分管主任、经管科长等60人参加会议。各科室、街道分别汇报2013年招商引资工作,并就产业招商工作进行探讨。

3月18日,联合国教科文组织文化助理总干事西斯科·班德林(左)与区委书记缪承潮(右)共同为"联合国教科文组织杭州项目事务处(筹)"揭牌

(区商务局 供稿)

【杭州上城(北京)经济合作洽谈会】 8月20~21日，上城区在北京举办上城(北京)经济合作洽谈会。区委书记缪承潮，区委副书记、区长陈瑾等区四套班子领导及相关单位负责人50余人参加此次系列招商活动。洽谈会现场签约合作项目8个，总投资额95亿元。其间，区领导走访中国人寿集团、中国国旅集团、软通动力信息技术(集团)有限公司、华顿国际投资有限公司等在京重点企业近30个，达成意向投资项目10个。区政府与工信部中国中小企业信息网签订在上城区设立浙江地区首个办事处的协议。

对口帮扶

【概况】 2014年，上城区根据受援地区的不同需求，推进帮扶工作。全年向淳安县提供区域协作资金2250万元，用于该县威坪镇西山村项目开发、西山村建造蓄水池、王埠乡困难群众帮扶等。与淳安县开展联合招商，引进投资项目13个，有4个企业在淳安县投资兴业，投资总额35.44亿元。牵头与富阳市湖源乡开展"联乡结村"，完成帮扶项目9个，投入帮扶资金142万元，协调有关方面解决开发资金20万元。与衢州市常山县东乡村对接项目2个，到位帮扶资金10万元。通过师徒结对、集中培训、支教挂职等方式，促进双方教师共同提高。为辖区5个企业申报参与2014年省市山海协作、西部开发、促进中部崛起和振兴东北市级财政贴息项目13个，合计金额1695万元。与贵州省黔东南州雷山县和四川省甘孜州新龙县开展"双对口"工作，向雷山县提供帮扶资金200万元和工作援助经费30万元。协助雷山县在上城区举办贵州·雷山旅游推荐会，提供南宋御街建筑面积303.13平方米房屋给雷山县免费使用3年，设立雷山县苗寨文化交流展示中心，同时开展送教下乡、跟岗锻炼、教学资源共享等教育帮扶活动。向四川省新龙县提供专项资金300万元和工作援助经费20万元。

9月12日，上城区委常委、常务副区长黄爱芳(前排左一)和雷山县委副书记、县长袁刚(前排右一)签订"上城区—雷山县对口帮扶合作备忘录"

(区商务局 供稿)

【到雷山县开展对口帮扶】 9月10~12日，区委书记缪承潮率区党政考察团一行18人到贵州省雷山县开展对口帮扶，区人大常委会主任丁晓芳，区委常委、常务副区长黄爱芳等领导及区相关部门和企业负责人参加考察。双方举行上城区—雷山县对口帮扶合作签约暨捐赠仪式，缪承潮向雷山县委、县政府捐赠援助资金30万元，黄爱芳和雷山县委副书记、县长袁刚签订"上城区—雷山县对口帮扶合作备忘录"。

【到新龙县开展对口帮扶】 9月21~27日，副区长来剑波率区帮扶考察团一行11人到四川省甘孜州新龙县开展对口帮扶。来剑波一行详细询问新龙县经济社会发展、特色产业发展等情况，与新龙县相关领导就对口帮扶合作事项深入交换意见，并向新龙县捐赠援助资金20万元。

【接待新龙县考察团】 11月2日，四川省甘孜州新龙县委书记公纠、副书记洛绒、常务副县长郝松到杭州学习考察。副区长来剑波陪同考察团走访杭州尽在网络技术有限公司，并与新龙县考察团进行业务洽谈。

【"贵州雷山西江千户苗寨水云间风物馆"开馆】 12月18日，"贵州雷山西江千户苗寨水云间风物馆"在杭州市中山中路119号开馆，同时举行“贵州东线旅游联盟杭州办事处”揭牌仪式。该馆馆址由上城区政府免费提供给贵州省雷山县使用3年。作为杭州乃至全省增进了解雷山县和苗族文化的窗口，“贵州雷山西江千户苗寨水云间风物馆”主要通过实物、图片、视频等形式展示具有苗族特色的银饰锻造技术、吊脚楼建造技艺、苗族飞歌、苗药等贵州东线的民俗风情和工艺品。开馆当日，举办以“迎接沪昆高铁，深化区域合作，创新旅游产品，推动景区联盟”为主题的贵州东线旅游产品“水云间”景区推荐会。

【杭州上城—千岛湖·富阳农产品展示展销会】 12月28日，为展示淳安县、富阳市的优质农产品，助推杭州城乡区域统筹发展，由杭州市农产品推广中心、上城区商务局、淳安县委农办主办，富阳市农办协办的首届“迎新年”杭州上城—千岛湖·富阳农产品展示展销会在吴山广场开幕，展示展销会历时2天。淳安、富阳两地的浙江金石生物科技有限公司、浙江淡竹生物科技有限公司、淳安县千岛湖王阜山核桃专业合作社和富阳市畲乡园食品有限公司等70个农产品龙头加工企业、农村专业合作社、种养大户进场展销。

（洪莲莲）

特色产业

Characteristic Industry

现代服务业

【概况】 2014年，上城区完成服务业增加值445.25亿元，比上年(指2013年，下同)增长8.1%。思美传媒股份有限公司、宇天科技有限公司、金星铜集团有限公司3个文创企业被认定为第二批杭州市文化和科技融合示范企业(试点)，杭州佳平影视有限公司创作的歌曲《同志们》获全国第十三届精神文明建设“五个一工程”奖。召开第八届中国有限合伙人峰会暨杭州财富管理中心推进会，研究现代服务业发展扶持政策，全国一流基金小镇建设稳步推进。“小营·江南红巷”AAA国家级旅游景区正式授牌，HOMESTAY国际居家体验品牌不断提升。全年楼宇经济完成税收51.40亿元；实现地方财政收入29.35亿元，占全区地方财政收入的50.7%；税收3000万元以上的楼宇34幢，其中1亿元以上楼宇11幢。

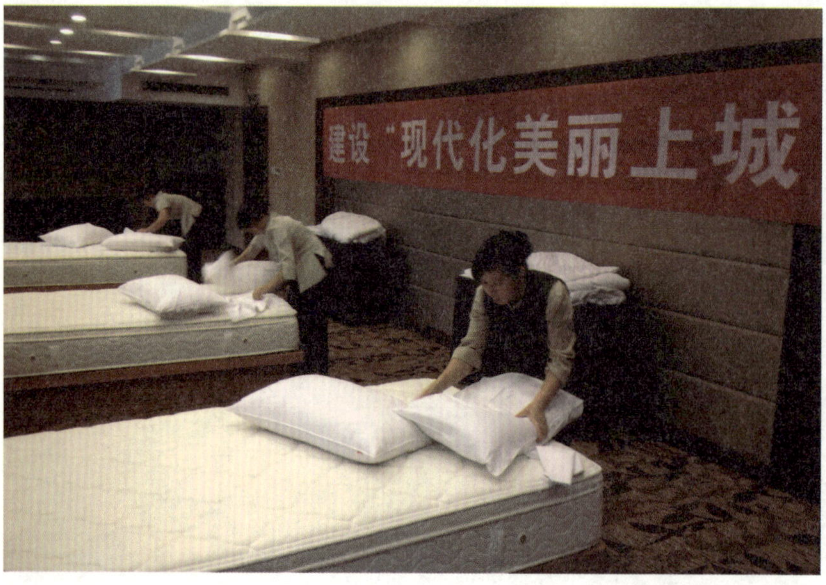

5月27日，上城区举办第九届现代服务业技能大赛 (区人力社保局 供稿)

【楼宇改造提升】 区发改经信局按照《上城区楼宇改造提升三年行动计划》的要求，制定《2014年楼宇改造提升实施计划的安排》，促进楼宇改造提升工作落到实处；制定《上城区楼宇改造提升申报程序及验收规范(试行)》，确保楼宇改造提升工作制度化、程序化、规范化。全年完成航天通信大厦等6幢楼宇的改造提升工程。

【高端医疗服务集聚区培育】 2014年，杭州市出台《关于促进健康服务业发展的实施意见》，积极推动健康服务业加快发展。上城区高端医疗服务集聚区为重点培育对象之一。该集聚区位于小营街道，东至东河，南至解放路，西至中河，北至庆春路，总占地面积60万平方米。该集聚区内拥有浙江大学医学院附属第一医院、浙江大学医学院附属第二医院2个省三级特等综合医院及健康服务企事业单位42个，其中药品、医疗器械等健康产品经营企业28个。区发改经信局编制健康服务业集聚区建设发展规划，重点明确健康服务业的发展领域和空间布局。11月10日，上城区高端医疗服务集聚区获批为杭州市第三批现代服务业培育类集聚区，并于12月19日获杭州市政府授牌。 (魏建军)

【第九届现代服务业技能大赛】 5月27日，区总工会、区人力社保局、区风景旅游局、区科协、湖滨街道等单位联合举办上城区第九届现代服务业技能大赛。大赛有27支参赛队、80名选手参加。相关单位领导、职工代表等200余人观摩大赛。此次大赛是区级职业技能一类竞赛,根据国家职业技能餐厅和客房中级服务标准命题,设餐厅服务和客房服务两大项,分理论知识考核和技能操作竞赛两部分。经过比赛,评出奖项35个。 (肖 波)

园区建设

【山南国际创意(金融)产业园打造】 南星街道采取4项举措打造杭州市山南国际创意(金融)产业园。改造旧厂房,促进产业提升。该街道办事处与玉皇山南指挥部联合召开打造"最美工作园区"工作会议,在园区建设、招商引资、周边环境整治、配套工程建设等方面,与各责任单位签订目标责任书。先后完成安家塘和甘水巷道路整治、网管改造、停车场库建设、省地质局汽修厂旧厂房提升改造等工程。整治周边环境,促进形象提升。成立"无违建街道"创建工作领导小组,按照先重要地段后次要地段、先典型违建后一般违建、先单位违建后困难群众违建的拆违思路,推进拆违工作。做好安家塘、甘水巷、樱桃山、九间头、白塔岭等地块住户拆迁协调。改造旧小区,促进民生改善。对八卦新村等老旧回迁小区实施旧住宅改造,改造包括楼道粉刷、雨棚和电控门更新、无电梯老旧住宅小区安装休息椅等。落实目标责任,促进效率提升。完善责任联动、责任巡查、责任考核机制及街道、指挥部、社区、属地单位联动机制,与社区签订"无违建小区"创建目标责任书,将社区"三改一拆"工作纳入目标责任考核,与干部职级晋升、选拔任用等挂钩。是年,杭州市山南国际创意(金融)产业园入选2013年度省级服务业集聚示范区20强、杭州市商务楼宇50强,被认定为省级广告产业园。 (裘梦洁)

【莫言工作室完成装修】 1月初,诺贝尔文学奖获得者莫言将莫言工作室设在杭州市山南国际创意(金融)产业园安家塘组团。园区管委会与莫言商定,由莫言成立自身版权经营的文化公司,在安家塘组团打造"莫言文化村"。1月14日,莫言到玉皇山南实地踏勘筹建中的"莫言文化村",了解园区安家塘组团环境规划、文化村内部设计及装修进度。浙江省作协主席麦家,市委宣传部副部长杨志毅,区委常委、宣传部部长麻承荣,杭州市山南国际创意(金融)产业园管委会主任梅建群陪同踏勘。10月,电视剧《红高粱》开播发布会在"莫言文化村"举行。12月,莫言工作室完成装修及内部软装。

【各级领导调研基金小镇】 6月,上城区委托省金融促进会、浙江大学金融研究院编制《玉皇山南私募对冲基金小镇业态及功能规划》,并邀请省、市有关部门负责人及金融机构专家参加评审会,专家一致通过该规划。7月23日,市委副书记、市长张鸿铭,市委常委、常务副市长徐立毅到杭州市山南国际创意(金融)产业园安家塘组团和敦和资产管理有限公司,了解基金小镇建设及入驻企业情况。7月30日,区委副书记、区长陈瑾,区委常委、常务副区长黄爱芳及区有关部门负责人,与浙江大学金融研究院、永安期货股份有限公司、敦和资产管理有限公司负责人,就玉皇山南基金小镇发展规划方案进行专题研究。8月8日,市委副秘书长、政研室主任郭东风到敦和资产管理有限公司听取杭州市山南国际创意(金融)产业园关于基金小镇建设规划,并考察安家塘组团。8月11日,市委常委、副市长范辉,浙江省证监局副局长蔡建春考察敦和资产管理有限公司,并召开座谈会专

"莫言文化村"外景 (玉皇山南指挥部 供稿)

题研究基金小镇建设问题。9 月 16 日,在杭州举办的第四届对冲基金峰会上,玉皇山南基金小镇正式亮相。9 月 30 日,中国证监会副主席姜洋携证监会机构部、期货部负责人调研基金小镇,走访敦和资产管理有限公司。年内,基金小镇核心区块安家塘、甘水巷、樱桃山组团完成主体建设,同步跟进市政配套及绿化;塘南、塘北旅游公建项目完成施工招标;配套项目甘水巷地下停车库开工;杭州联创投资管理有限公司完成其位于基金小镇核心区樱桃山组团办公用房的装修。

【浙江玉皇山南对冲基金投资管理有限公司成立】 10 月,以“对冲基金”命名的投资公司——浙江玉皇山南对冲基金投资管理有限公司在玉皇山南基金小镇成立。该公司由敦和资产管理有限公司、天堂硅谷资产管理集团、永安期货股份有限公司三方出资设立,注册资本 1 亿元。该公司以投资国内外顶尖对冲基金团队的新投资模式,吸引国内外特别是回国发展的国际顶尖对冲基金团队入驻,提升基金小镇在对冲基金行业的影响力。

【浙江省文化产业发展会客厅第 2 期活动】 4 月 3 日,浙江省文化产业发展会客厅第 2 期活动在山南国际创意(金融)产业园举行。该活动由省委宣传部主办,省文化产业促进会、杭州市山南国际创意(金融)产业园承办,以“银企互动·合作共赢”为主题,集中推介省内较有影响的文化产业项目。活动吸引浙报传媒控股集团有限公司、杭州创意设计中心、香港《文汇报》等文化创意企业和媒体,以及国家开发银行、中国工商银行、杭州银行文创支行、中国文化产业投资基金会等金融机构参加。区委常委、宣传部部长麻承荣,山南国际创意(金融)产业园管委会主任梅建群出席活动。

【杭州市山南国际创意(金融)产业园与杭州银行合作】 5 月 22 日,杭州市山南国际创意(金融)产业园管委会与杭州银行文创支行在园区举行战略合作协议签约仪式。杭州市文创办副主任陆政品,区委常委、宣传部部长麻承荣,杭州市山南国际创意(金融)产业园管委会负责人等出席签约仪式。双方商定,未来 3 年内,杭州银行文创支行将对山南国际创意(金融)产业园提供总额不少于 3 亿元的意向性融资额度,并为园区企业提供“投融一站通”文创、科技金融专属服务。根据文创、科技型中小企业的投(融)资需求,提供具有针对性的文创、科技金融综合服务方案,打造以“起飞计划”和“卓越计划”为代表的专属金融服务体系。

【甲壳虫动漫集团总部入驻山南创意园】 9 月,杭州市山南国际创意(金融)产业园与甲壳虫动漫集团签订协议,甲壳虫动漫集团总部入驻该产业园。甲壳虫动漫集团注册资本 1 亿元,是一个集动漫品牌管理及动漫产品开发、设计、生产、整合营销于一体的动漫文化公司,以发展原创动漫,打造甲壳虫动漫产业园、动漫产业集群为目标。2012 年,该集团被文化部、财政部、国家税务总局认定为国家级动漫企业。

5 月 22 日,杭州市山南国际创意(金融)产业园管委会与杭州银行文创支行签订战略合作协议　(玉皇山南指挥部　供稿)

【樱桃山生态公园获市优秀园林绿化工程金奖】 5 月,樱桃山生态公园绿化景观工程获 2013 年度杭州市优秀园林绿化工程金奖。樱桃山生态公园位于复兴路与南白路交叉口的西北侧,占地面积3万平方米，是杭州市山南国际创意(金融)产业园樱桃山组团的重要组成部分。樱桃山组团引进投资基金公司、资产管理公司为主体的创新类金融机构，培育以投资基金为核心的资产管理产业链，营建金融创新生态系统，吸引杭州联创投资管理有限公司、杭州市产业发展投资基金、清科集团等企业入驻。(周　颖)

樱桃山生态公园实景　　(玉皇山南指挥部　供稿)

【凤凰公社文化创意园开园】 12月2日,凤凰公社文化创意园开园。该创意园位于凤凰山脚路167号，由原杭州华东医药集团中成药品仓库改造而成,总建筑面积1万平方米。创意园由民营企业杭州筑巢文创公司承建并负责管理和运营，以打造集文化、休闲、旅游商业于一体的文化创业基地为目标。至年末,创意园汇集文创企业30余个,文创企业包括设计机构、艺术家工作室、动漫动画设计室等多种文化业态。(裘梦洁)

文化创意产业

【概况】 2014年，上城区文化创意产业保持平稳增长态势。全区文创产业增加值86.78亿元,比上年(指2013年,下同)增长8.8%,增幅高于地区生产总值增幅0.7个百分点;全年地方财政收入6.17亿元,增长3.2%。全区规模以上文创企业267个,实现主营业务收入162.43亿元,增长4%;实现利润8.85亿元,增长25.6%。全区文创企业总资产814.72亿元,增长8.4%。其中,规模以上企业总资产149.67亿元,增长13.1%;行政事业单位总资产665.05亿元,增长7.4%。区规模以上文创企业利润8.85亿元,增长25.6%,其中利润在1000万元以上企业23个,增长37.9%。区文创企业全年吸引从业人员45 388人,增加2010人,增长4.6%。区文创领军企业思美传媒股份有限公司在深圳证券交易所挂牌上市。

优化文创产业发展环境，加大文创产业政策扶持力度。全年上报省市级文创、文化类项目107个,其中社会化微电影分享平台、互联网精准广告营销平台、CVI卡通形象授权及衍生应用设计人才队伍建设等40个项目被评为市级文创、文化类精品工程。全区文创企业获省市级扶持资金980余万元。区文创办会同6个街道实地走访文创企业30个,与园区、企业及相关部门座谈交流,征集意见建议40余条。组织企业参加第十届中国国际动漫节、杭州文化创意产业博览会、浙江·杭州国际人才交流与项目合作大会等节庆展会。组织企业人才参加市级创意大讲堂、文创高级研修班、企业家孵化培训班30人次。借助国家、省、市、区四级宣传平台,积极推介优秀文创企业,全年刊发文创产业发展信息稿件20余篇。

【文化创意产业园区建设】 上城区加快文创产业园区建设。重点文创产业园区发展迅速。杭州市山南国际创意(金融)产业园全年税收收入1.70亿元、地方财政收入8800万元,分别增长26%和14%。截至年底,该园区累计入驻企业205个,其中文创企业101个。“莫言文化村”主体土建工程完成。叶子艺术交流中心、艺多多电子商务公司和甲壳虫动漫有限公司等知名文创企业具备产业发展基础。5月22日,该园区与杭州银行文创支行签订战略合作协议,文创支行为园区文创产业发展提供信贷支持。凤凰御元艺术基地二期建成并投入使用,建筑面积5000平方米,全年吸引杭州大野文化创意有限公司等15个建筑设计、艺术类文创企业入驻,累计入驻企业52个。越界·锦绣工坊创意园完成招商面积7000平方米，吸引杭州萨

10月1日~11月20日,上城区在五柳巷13号馆举办"非遗"技艺体验活动

（区委宣传部　供稿）

伽文化创意有限公司等10个数字出版、影视拍摄、服装设计类文创企业入驻,累计入驻企业42个。凤凰公社文创园完成改造面积1.20万平方米，先后有杭州乐玛摄影有限公司、杭州五朋建筑装饰设计有限公司等30余个摄影、设计、装饰、艺术品类文创企业入驻。越界·锦绣工坊创意园、杭州广播电视中心大楼被授予第二批"杭州市文化创意产业特色楼宇"称号。国家级数字出版产业基地落户越界·锦绣工坊创意园。

【展会平台作用发挥】 上城区积极发挥展会平台作用,助力文化产业发展。以"韵味五柳,美丽杭州"为主题的杭州美术节,采用线上线下联动方式,举办各类展览及文化活动85个；五柳巷主展馆日成交额3万元,日均人流量2万人次;美术节官网浏览量5000人次,有1226人次关注微信公众号,总阅读量4.50万人次。杭州国际设计周19个展馆和6场主题讲座,面向公众免费开放,参观、听讲者20余万人次。全年举办各类文化艺术活动300余场。《相约杭州·西湖寻梦》——王秋童"西湖十景"水墨作品展、第二届"墨韵西湖"书画印名家邀请展、天工艺苑杯·2014年首届手工艺品大赛、2014年南山路艺术节等活动受到社会各界好评。

【"天工艺苑杯"首届手工创"艺"大赛】 4月8日~5月1日，区文创办联合省工艺美术协会、《钱江晚报》、天工艺苑共同举办"天工艺苑杯"首届手工创"艺"大赛。该活动历时24天,旨在搭建艺术平台,传承传统文化。大赛吸引200多名工艺美术爱好者参与,大赛组委会收到绘画类、编织类、环保类等作品300件。活动期间,举办剪纸、风筝制作、手工打磨玉石、灯笼制作、折扇制作、开心果戒指制作等互动活动,让市民体验手工制作的乐趣。

（张玉瑛）

风景旅游

综 述

【特色街区接待游客 2795.02 万人次】 2014 年,区风景旅游局创新品牌推广工作思路,联合商贸、旅游特色品牌商家,建立上城区旅游品牌联盟。建立区品牌办与商家、商家与商家间"特色组合、优势互补、抱团营销、沟通交流"的平台,开展旅游资源推广,进行旅游景区形象展示。举办"初一到十五·老街看年俗""缤纷夜·乐无眠"主题嘉年华等活动。杭州西博会期间,组织会展、节庆等活动 11 个。3 条特色街区全年接待游客 2795.02 万人次,比上年(指 2013 年,下同)增长 5.7%;实现营业收入 83.01 亿元,增长 6.6%;税收 3.91 亿元,增长 3.8%。区风景旅游局完成区属旅游企业 2013 年度杭州市十佳、优秀星级饭店(优秀旅行社)的申报及初审,以及 2014 年度杭州市优秀旅游纪念品的申报及评比。申报审核一季度、三季度杭州市财政专项扶持资金 5 批。"小营·江南红巷"、爱心教育体验基地、"湖滨晴雨"工作室、蒋筑英科技馆、太和堂养疗馆和帮扶中心·阳光工艺大舞台 6 个体验点入选全市"年度最具品质体验点"80 强。

【旅游从业人员培训】 区风景旅游局组织全区旅游从业人员参加由省、市旅游主管部门和饭店业协会、旅行社协会主持的行业培训及导游年审工作。并单独设计旅游饭店管理模式创新的培训课程,该培训班于 7 月开班。9 月,组织旅行社、星级宾馆、纳入统计的非星级酒店的 150 余名统计人员进行旅行统计业务知识培训。

【旅游目的地管理】 区风景旅游局开展旅行社服务质量专项检查,加强宾馆、饭店质量监督和旅游执法日常管理,维护游客合法权益。1~9 月,联合各职能部门开展为期 120 天的整治行动,出动旅游目的地执法人员 1227 人次,教育劝导"野导"1913 人次,处理"黑车"144 辆次、违章停车 24 辆,治安处罚 12 名在地铁龙翔站出口处拉客的"野导"。全年受理旅游投诉 80 件(有责投诉 18 件、无责投诉 61 件、景区 1 件)、区信访交办单 4 件、市长公开电话交办单 1 件,办结率、回复率、满意率均 100%。

6 月 22 日,上城区举办"缤纷夜·乐无眠"主题嘉年华活动 (区风景旅游局 供稿)

9月26日,上城区举行"小营·江南红巷"AAA国家级旅游景区授牌仪式和钱学森航天科普(图书)馆开馆暨第六届科技文化节开幕式　　(小营街道　供稿)

【"小营·江南红巷"对外开放】 2014年,上城区打造"小营·江南红巷"景区。小营街道将革命传统教育、为民服务与旅游产业有机结合,制定《"小营·江南红巷"景区规划》等规划,就景区旅游发展战略目标、空间布局和功能分区等进行谋划,将小营巷、皮市巷及方谷园等景区串联,成为"红巷精神"落地的实体化平台。实施景区硬件改造工程,增设景区文化墙、logo文化石等,改造小营花厅,完善红巷生活广场场馆功能布局,更新并完善导览标识系统、监控系统和景区整体及周边外立面等配套设施。制定景区管理制度,开通咨询、投诉及医疗服务专线,并通过微信平台、景区网站实现景区"智慧旅游"。利用钱学森故居、钱学森航天科普(图书)馆、红巷梦工场等资源,开展主题活动及公益志愿服务,丰富景区的旅游互动体验,提升服务品质。9月26日,"小营·江南红巷"成为国家AAA级红色旅游景区,并对外开放。"小营·江南红巷"结合革命传统教育与旅游产业发展,免费开放红色文化景点——"三馆一广场"(中共杭州第一党小组纪念馆、毛主席视察小营巷纪念馆、钱学森故居和红巷生活广场)。小营巷官方微信公众平台——"江南红巷"同时上线,游客通过关注微信,就可以了解景点节庆活动信息及周边人文风景。至年末,景区接待来自全国各地的省、市、区级参观团队3600个、60万人;开展特色活动130场,服务市民、游客36 570人次。

【旅游景点微信公众平台建设】 区风景旅游局通过搭建街区、商家、游客互动交流平台,增强街区及商家形象展示、信息服务、街区线上旅游公共服务提供的功能,提升旅游景点微信公众平台活跃度及关注度。年内完成清河坊·南宋御街、小营红巷景区微信公众号的认证及二次开发上线,其中,清河坊·南宋御街微信公众平台主要展示南宋御街和清河坊的历史文化底蕴及民俗文化,向游客提供旅游公共服务。截至年底,该平台有"粉丝"4000人。

【《品游·尚城》电子版APP上线】 4月,区风景旅游局创办的平面《品游·尚城》杂志电子版APP上线。电子版APP分为安卓系统(4.0以上版本)和ISO系统(苹果手机版),可在"豌豆荚"和360手机助手、苹果APP Store下载。该电子版APP在平面《品游·尚城》的基础上融入图像、文字、声音等表现形式,将"智慧旅游"的触角延伸至个人手机终端,加大杂志的传播面和互动性。

旅游节庆活动

【"美丽上城"网络摄影大赛】 5月27日,上城区品牌工作办公室联合杭州网举办为期半年的"美丽上城"网络摄影大赛。大赛围绕五柳巷、清河坊、南宋御街、紫薇大街及山南创意园等区域,以寻找上城区历史、人文、民俗、美食等元素为主题,重在发现市民眼中的"千面上城"。大赛设置4个奖项,奖品由杭州太和堂中医养生调理馆、杭州太极茶道苑、吴越人家、五洋公馆、状元馆、杭州达舍艺术酒店等单位提供。

【首届杭州湖山名车文化周】 10月29日~11月2日,2014首届杭州湖山名车文化周,携世界知名汽车品牌阿斯顿马丁、法拉利、劳斯莱斯汽车及迈凯伦,

10月29日，首届杭州湖山名车文化周暨杭州湖山名车讲坛举行

（湖滨街道　供稿）

领衔各自旗下多款名车亮相西子湖畔西湖天地大草坪。湖山名车文化周活动，由上城区政府主办，湖滨街道、区风景旅游局（区西博办）、杭州智远文化艺术策划有限公司承办。作为第十六届中国杭州西湖博览会的重点主题名车文化活动，名车的名贵体现在价位上，更体现在车的文化沉淀上。2014首届杭州湖山名车文化周，将传统国粹文化展示融入百年汽车文化的传导中，让汽车文化更贴近普通爱车人士，将汽车文化进一步融入市民生活。文化周期间，全程不设商业入场券，便于市民游客的观赏品鉴。各大品牌在西湖大道口的杭州索菲特西湖大酒店，首度设置全开放式，试乘试驾点，爱车人士可在参观品鉴后预约试乘试驾。

【五柳巷裸眼3D艺术展】 10月17日，区品牌办和区风景旅游局共同举办五柳巷裸眼3D艺术展。艺术展以中医药文化、咖啡文化、茶文化、扇艺文化为主题，在五柳巷及建国南路中医药馆的建筑墙面上采用裸眼3D画的方式绘制12组仿古人物场景图，与小营街道合力耗资12万元打造3D中医文化艺术街，使五柳巷历史街区成为全国首条裸眼3D艺术特色街。截至年底，艺术展吸引2万余人次参观3D艺术墙绘，并与之互动。

【紫薇原点“杭州愿望”活动】 5月17日，上城区城区品牌工作办公室（简称区品牌办）推出紫薇原点“杭州愿望”活动。此项活动把每个人的梦想和心愿与公益结合，设立上限为3万元的“紫薇原点·圆梦公益基金”，并开设在线许愿平台。市民每许下一个心愿，区品牌办就往基金账户中加入1元钱。截至5月底，征集到3万个市民心愿。5月30日，在西湖银泰边的紫薇原点广场举行现场捐赠和心愿珍藏仪式，区品牌办代表有关公益组织，向《都市快报》栏目《快公益》赠送“紫薇原点·圆梦公益基金”，用于帮助在杭州的外来务工人员子女圆梦。12月31日，在紫薇原点广场，采用共同参与、共同祝福的方式，将市民的个人愿望、祝福和中国梦相结合，为杭州市民举行迎新祈福、全民参与的互动性跨年活动。

5月30日，上城区举行第二届紫薇原点“杭州愿望”活动

（区风景旅游局　供稿）

5月，区风景旅游局联合萧山区、富阳市举行三地周末旅游集市暨"捷安特杯·美丽杭州"环保骑游活动
（区风景旅游局　供稿）

旅游推介

【旅游市场营销】 2014年，区风景旅游局开展旅游促销活动。5月，联合萧山区、富阳市举行三地周末旅游集市暨"捷安特杯·美丽杭州"环保骑游活动。该活动整合三地旅游资源，采取"倡议环保、旅游骑行、活动体验、赢取礼品"形式，沿途发放《三地骑行手册》，设置太庙广场、浙江革命烈士纪念馆、杭州孔庙(碑林)3个体验点，三地周末旅游集市推出节目表演、有奖知识问答等活动，吸引三地旅游企业负责人、环保公益人员、骑行协会会员、微信互动参与者300余人参与。

【国际居家体验】 10~12月，杭州市外办和浙江大学邀请6名美国塔芙茨大学的留学生，以周末HOMESTAY的形式，入住上城区6户人家，居家体验杭州人生活。参加"2014年杭州国际体验日"的27名法国中学生也在上城区27户中学生家庭中体验国际居家。区品牌办与杭州市城市品牌促进会的国际交流体验中心达成合作协议，长期运行HOMESTAY国际居家体验项目。

【参加市旅游推介活动】 8月，区风景旅游局参与杭州市对外旅游促销团，开展"北上南下"旅游推介活动。先后到厦门、福州、上海、沧州、德州、扬州、苏州7个高铁和大运河沿线城市，推介秋、冬季上城区旅游线路、旅游产品及节庆活动，介绍南宋历史文化。

（贾元元）

财政·税务
Finance and Taxation

财　政

【概况】 2014 年，上城区完成财政总收入 93.57 亿元，比上年(指 2013 年，下同)增长 3.3%。其中，地方财政收入 58.03 亿元，增长 1.0%，占财政总收入的 62.0%。全区地方财政支出 18.98 亿元，增长 5.4%。其中，用于民生支出 15.38 亿元，占地方财政支出的 81.0%。全年财政收支平衡，略有结余。

【组织财政收入】 区财政局会同相关部门，制定《上城区发展“十大产业”促进转型若干政策意见》，围绕“五主多副”现代产业体系，突出发展现代商贸服务业、文化创意产业、金融及衍生产业等高端产业和重点企业，培育上城区新的经济增长点。安排 1000 万元专项资金用于楼宇改造提升，年内航天通信大厦等 6 幢楼宇改造提升通过验收。全年楼宇经济完成地方财政收入 29.35 亿元。其中，税收超 1000 万元楼宇 57 幢，税收超 1 亿元楼宇 11 幢。加强和规范非税收入征管，积极组织征收部门依法、及时、足额征收。全年实现非税收入 1.37 亿元，占全区地方财政收入的 2.4%。

【产业转型财政扶持】 区财政局加大产业转型升级财政扶持力度。严格落实各类财政扶持政策，积极帮助企业做好项目申报和审核，加大区级财力投入力度。全年全区有 489 个次企业申报商贸、信息化、技改、大学生创业等财政扶持项目 79 个，落实财政资助项目 165 个，企业 853 个次，扶持资金 2.65 亿元，其中上级扶持资金 1.57 亿元。落实 “营改增”“个转企”补贴政策。完成“营改增”试点期间税负增加企业申报和补助资金确认，全年确认“营改增”试点企业 39 个，兑付补贴资金 1367.29 万元。审核通过“个转企”企业 464 个，兑付补贴资金 402.50 万元。加强为企业服务。推进“五证一章”联办工作，进一步简化企业商事登记流程，缩短业务审批时间。开展“入企业、解难题”活动，走访区重点企业 50 余个，了解企业经营状况，帮助企业解决在发展中遇到的实际困难。

【财政体制改革】 区财政局重点推进国有资产管理体制改革。制定《上城区深化国有资产管理实施方案》，从完善国有资产监督管理体制、推进国有企业监督管理改革、筹建国有资产管理公司和完善国有企业治理机制等方面做出规定。出台《上城区行政事业单位国有资产管理办法》等制度，规范行政事业单位国有资产处置及经营，确保国有资产保值增值。加快推进建设体制改革。按照“理顺体制、调整职能、精简机构、规范管理、提高效益”的总体思路，通过对现有建设体制的调整优化及机构与资产的清理规范，逐步建立起征收补偿、建设管理和资产经营统筹协调的建设发展体制。强化建设项目事前、事中、事后管理，完善建设项目概预算审查，规范项目变更与竣工的财务决算管理，确保重点工程顺利推进。完善政府债务管理。加强对全区建设资金的统筹管理，严格按建设项目进度和资金需求落实政府性债务管理计划。贯彻《国务院关于加强地方政府性债务管理的意见》，布置开展对全区存量债务的清理与甄别，合理

馒头山“五水共治”工程 （区财政局 供稿）

确定全区政府负债规模，促进各建设单位规范举债，防范和化解地方政府性债务风险。

【财政支出结构优化】 区财政局严格控制行政经费。根据中央“八项规定”和《浙江省党政机关厉行节约反对浪费实施细则》，制定及修订区公务接待费、因公临时出国经费、会议费、培训费、差旅费等经费管理办法，从预算源头上全面压缩行政经费预算，从严控制预算追加。全年全区“三公”经费比上年下降30.1%，会议费下降45.3%。持续保障改善民生。重点保障教育、科技、文化、卫生、社会保障等民生事业的发展，支持补贴居家养老、居家就业、居家医疗等居家系列惠民工程，确保全区居民老有所养、病有所医、教有所学、困有所济。全区民生支出15.38亿元，占地方财政支出的81.0%。支持城区改造建设，为全区做好“保老城、建新城”“城市有机更新”“历史街区保护”3篇文章提供资金保障。推进“五水共治”和“三改一拆”重点工程，完成对老旧住宅房屋等的修缮和违章建筑的拆除，推进背街小巷改善、庭院改善、截污纳管、绿化美化等环境改善工程。全年投入1.39亿元用于“五水共治”、城市更新等重点工程项目。

【财政资金监督管理】 区财政局建立健全管理制度和运行机制，有效防范财政风险，提高管理效能。扩大国库集中支付范围，健全公务卡管理制度，出台公务卡消费强制目录，实现全区公共财政支出和政府性基金支出集中支付全覆盖，所有集中支付单位全面实行单位公务卡制度。强化财政资金使用管理，清理撤并财政专户3个。在全区范围内开展规范财经纪律专项检查和国有资产规范管理专项督查。检查重点涵盖“三公”等经费支出、国有资产管理、预算编制及执行情况、会计基础规范、政府采购执行情况等方面，推进全区节约型机关建设。推行新行政事业单位会计制度和新会计核算软件，加强对各预算单位财务人员培训和指导，确保新旧会计制度顺利衔接、平稳过渡。首次试编完成上城区2013年度权责发生制政府综合财务报告，基本摸清政府家底，客观、真实地反映政府资产、负债、收支等情况。按照深化财税体制改革、推动实施公开透明预算制度的要求，扩大参与式预算试点，推进预决算信息公开，确保财政资金使用效益。在区政府门户网站公开全区2013年度财政总决算和2014年度公共财政预算，实现财政预决算、部门预决算和“三公”经费预决算信息的全面公开。

（王 颖）

国家税务

【概况】 2014年，上城区国家税务局（简称区国税局）组织国税收入32.82亿元，比上年(指2013年，下同)增加2.50亿元，增长8.2%。完成区财政总收入口径的国税收入33.47亿元，增加2.85亿元，增长9.3%；完成区地方财政收入口径的国税收入13.01亿元，增加1.68亿元，增长14.8%。其中，征收增值税17.80亿元，增加1.36亿元，增长8.2%；企业所得税14.74亿元，增加1.11亿元，增长8.2%；消费税2775万元，增加318万元，增长12.9%。

【落实税收优惠政策】 2014年，区国税局抓好税收组织收入，落实好各项结构性减税政策，保持税收创收均衡有序。全年办理各类税收减免5.04亿元，占国税收入的15.4%。其中，生产经营型企业免、抵、退税

1.48 亿元，软件产品增值税超税负退税 4900 万元，农业生产资料企业、饲料生产资料企业享受销售额免税 4000 万元，其他企业享受销售额免税 56.61 亿元，个体户免征增值税 1600 万元，企业所得税优惠 9400 万元，“营改增”企业减少税收 2.15 亿元，非“营改增”企业抵扣税额 4200 万元。

【“营改增”试点范围扩大】 全区确认“营改增”试点纳税人 5970 户，其中一般纳税人 1390 户、小规模纳税人 4580 户。比试点初期的 2565 户增加 3405 户，增长 1.33 倍。全年两次“营改增”试点扩围，分别确认铁路运输和邮政业纳税人 187 户，确认电信业纳税人 30 户。配合区财政部门落实好“营改增”试点税负增加企业的财政补贴工作，全年受理补贴申请企业 39 个。

【税收征管质量提升】 区国税局深化税源专业化管理，推广应用“中小企业风险预警管理系统”。开展管理创新，推出的“发票领用的分类分级管理措施”和“税务档案管理系统”两个创新项目入选市国税局创新项目指引库。加强“零税负”申报管理，全年补税 4000 万元。推进“个转企”，强化涉外税收和反避税管理。完成审核享受财政补贴 368 户，办理“个转企” 159 户。完成对浙江烟草投资管理有限公司的全流程风险控制工作任务，排查风险特征 400 余项。全年评估纳税企业 117 个，发现问题企业 85 个，查补税款、滞纳金 9909.47 万元，调整以前年度亏损 422.64 万元。开展重点税源风险提示，准期率 100%，查补税款、滞纳金 23.34 万元。

【纳税服务品牌打造】 区国税局以优化纳税服务为抓手，积极打造纳税服务新品牌。开展“便民办税春风行动”，利用各种载体，为纳税人提供常年的便利服务。落实《全国县级税务机关纳税服务规范》，推进办税服务厅自助办税区功能建设，新增自助办税终端机（ARM）1 台，网上申报、认证和购票等更加完善便捷。参与省国税局“免填单”系统开发改造、ARM 自助购票项目升级，以及市国税局网上代开发票系统的设计开发。开展第 23 次全国税收宣传月活动，配合市国税局组织“税收、发展、民生”第三届全市中小学生漫画比赛。开办纳税人实体学校，全年组织专场培训 24 场，培训纳税人 2600 余人次。在区行政服务中心设立延伸申报点，新增办税窗口 3 个，方便企事业单位和市民缴税。 （缪方圆）

地方税务

【概况】 2014 年，杭州市地方税务局上城税务分局（简称上城地税分局）组织各项税费收入 95.46 亿元，比上年（指 2013 年，下同）增收 11.08 亿元，增长 13.13%。其中，税收收入 52.99 亿元，增收 6.99 亿元，增长 15.2%，完成市地方税务局下达收入计划的 1.04 倍。全年地方财政收入 36.34 亿元，增收 3.33 亿元，增长 10.1%。社保基金收入 38.53 亿元，增收 3.65 亿元，增长 10.5%。

【税源管理】 2014 年，上城地税分局从三方面加强税源管理。创新大企业管理模式，提升重点税源管理品质。建立“大企业专业化风险管理”项目，引导建立大企业专业化管理体系，设计、研发、应用大企业税收风险预警软件。构建纳税评估体系，提高中型税源管理效能。开展股权转让征管，探索建立“信息采

4 月 22 日，上城地税分局举办重点税源企业培训会 （上城地税分局 供稿）

集—预警分析—纳税评估—约谈互动—数据增值利用”的征管链条，对转让数额较大、情况较复杂、涉及非货币资产的股权转让行为实行合议组合议决定。推进“个转企”工作，拓宽小型税源管理范围。在提前完成“个转企”任务的基础上，梳理、分析纳税人在涉税过程中遇到的问题，会同有关部门进行政策解析。通过分批次回访、发放调查问卷等方式，及时了解企业在生产经营过程中遇到的重点、难点问题，并予以帮助解决。

【服务纳税企业】 2014 年，上城地税分局坚持“服务企业、惠及民生”宗旨，采取“走出去”和“请进来”相结合、大厅服务和网络服务相促进的方法，开展送政策、送服务系列活动，提升纳税服务品质。结合市地方税务局“税收宣传月”“大走访”等活动，开展局领导班子牵头、中层干部分片、全局干部参与的企业百姓走访问计，深入社区听取老先进、老社区工作者、老党员和市民代表的意见建议。走访浙商企业、新兴潜力企业和困难企业，以及“两代表一委员”，广泛吸纳各方面意见。根据企业需求，以“税企通”软件、税企微信互动群为手段，打造税企沟通信息平台，借助远程协助功能及群组功能，推送各类涉税通知、最新税收政策。上城地税分局办税服务大厅开展“纳税人最满意窗口评选”调查，由纳税人投票选出自己心目中最满意的服务窗口和最不满意的服务窗口，实现纳税人评选的模式创新。

【“纳税人税法遵从度”项目设立】 上城地税分局设立“纳税人税法遵从度”项目，并采取分步骤的方法推进项目实施。“纳税人税法遵从度”调研课题组设计“2014 年上城税务分局纳税人税收遵从度调查问卷”，针对不同纳税人进行调查统计。在此基础上，组织土地增值税清算、企业年金股权转让税收政策、重点税源企业税收政策等专题培训 13 场，举办新办企业国税地税联合培训会 5 场。利用“税友龙版”数据和工作台账，摸索纳税申报管理规律。将遵从度成果应用于解决土地增值税清算过程中建筑、安装等各项费用难以审核的问题，搭建土地增值税清算指标模型，对涉税风险点予以化解，降低土地增值税清算的审核风险。该项目被评为省地方税务局税收宣传月优秀项目、市地方税务局“六五”普法全市推广项目。

（章春军）

城区规划

【概况】 2014年，杭州市规划局上城分局（简称上城规划分局）按照建设“现代化美丽上城”的总体要求，发挥规划对城区建设的引领作用，有序开展规划编制和研究，努力提升服务质量和效能。全年完成各类规划编研项目2个。核发建设项目选址意见书12份、建设用地规划许可证12份，审批总建筑面积572 448平方米。

【《上城区沿山空间发展概念规划》编制】 《上城区沿山空间发展概念规划》编制工作于2013年启动。2014年，该规划编制加快推进。编制以建设“现代化‘美丽上城’的样板区、上城国际化文化都市品质生活的体验中心”为目标，围绕“环境美起来、交通便起来、文化活起来、价值高起来、人气旺起来、生活好起来”的要求，制定工程行动计划。以公众有效参与为基础，确定“问题寻找—愿景构筑—行动选择—成果宣传”4个阶段，根据不同阶段的工作目标，有针对性地确定参与对象，最大限度地集中公众的智慧。编制过程中，先后有沿山区域居民、当地企业和社区代表、外地游客、有关专家等200多人以各种形式参与意见。

【公众参与解决历史遗留问题】 上城规划分局改进规划思路，围绕解决城建历史遗留问题，借助街道、社区平台，吸引公众参与大讨论，广泛听取意见和建议。成立上城规划分局公众参与解决历史遗留问题工作小组，针对广福里北侧建筑历史遗留问题，组织开展不同层面的沟通协商。会同湖滨指挥部、清波街道、浙江安地建筑规划设计院召开居民代表座谈会，讨论建筑整改方案和工作方案，并邀请所在社区代表作为第三方参与座谈。配合清波街道及劳动路社区召开第二次居民沟通座谈会，区城管局有关负责人及20余名南山路200号住户参与座谈。年内广福里北侧建筑历史遗留问题初步形成解决方案。

【服务中心工作】 上城规划分局主动服务党委、政府中心工作，积极参与“三改一拆”和“无违建社区”创建活动。做好信息保障工作，配合有关部门对城区现状进行调研，提供相关规划审批档案资料，制定《上城区既有违法建筑分类处置办法》，做好“三改一拆”中违法建筑的认定。参加区政府每月4次的“三改一拆”工作分析会，针对老城区环境复杂的特点，从规划角度提出拆除项目的实施方案，为“三改一拆”提供技术支撑。在创建“无违建社区”活动中，参与全区6个街道所辖社区的巡查验收，负责检查建筑物、构筑物的规划审批情况，会同区城管执法局对立案查处的违法建筑拆除情况进行审查。 （陈卫东）

国土资源管理

【概况】 2014年，杭州市国土资源局上城分局（简称区国土分局）围绕建设“现代化美丽上城”的目标，以党的群众路线教育实践活动为主线，以土地精细管理为着力点，扎实推进征地拆迁、年租金征缴、地质灾害防治、土地执法监察、政策法规宣传、队伍建设等工作，不断提高土地节约集约利用水平。

【征地拆迁】 区国土分局坚持“阳光征迁”，按照公开、公平、公正原则，做深、做细、做实政策宣传解释，选派业务骨干进驻动迁指挥部，加强集体土地征收监管、审核。开展“征迁百日攻坚清零”行动，加快拆迁进度。全年完成征地项目2宗，分别为望江区块4号支路征迁项目和近江单元B-C1-01地块征迁项目，征地面积0.65亩(433平方米)，征地费用16.80万元，均拨付到村。实施集体土地拆迁项目11宗，签约68户，审核拆迁安置50户。完成1例被拆迁户的集体土地征收补偿争议复核。

【土地利用节约集约】 区国土分局开展低效用地调查摸底与上图入库工作，全年完成城镇低效用地再开发238.95亩（15.93万平方米），完成年度计划的2.39倍；加强与做地单位沟通，多措并举推进做地工作，全年做地87.84亩(58 560平方米)，超额完成市政府对区政府的做地考核任务。开展“为企服务”活动，对花中城食品厂边角零料地块出让、海兴电器公司项目延期开工、工业园区标准厂房土地证分割、001天线厂低效用地等问题进行多方协调，较好地解决企业用地难题。严征严管土地收益，全年签订土地年收益合同141份，计征面积24万平方米，合同金额1522.53万元，实收1520万元，完成市国土资源局下达指标的1.71倍。

【国土执法监察】 区国土分局落实土地执法主体责任，强化区内土地违法行为综合防控机制，实现违法用地早发现、早制止、早查处。全年组织动态巡查102次，参加巡查人员204人次，其中节假日巡查14次、28人次，无违法用地案件发生，连续多年保持土地监察“零违法”“零问责”，助推“三改一拆”“无违建城区”创建。做好信访工作，严格落实“两见面、一到场”制度，全年受理涉及土地使用、征地拆迁等问题信访件41件，全部按期办结办结率100%。

【地质灾害治理】 区国土分局坚持“防治并举，标本兼治、立足长效、防患未然”的方针，落实地质灾害隐患点的监测责任。对清波、紫阳、南星街道范围内属于地质灾害易发区的7个社区开展汛前地质灾害隐患排查，采取相应的治理措施实现汛期人员“零伤亡”、财产“零损失”。投入180万元完成南复路72号粮库专用通道东侧滑坡隐患点治理，治理工程通过验收，为周边群众构筑起一道安全屏障。台风“凤凰”到来前，连夜转移居民4户5人。开展地质灾害群测群防，组织街道对17处地质灾害隐患点开展巡查工作，确保群众安全。

【国土资源管理创新】 区国土分局做好地籍档案查询前置把关工作，开具证明文件22份，全部做到当场一次办结。区国土分局下属征地事务所5个自收自支编制调整为财政适当补助形式。按照政企分开要求，做好上城区地产开发服务公司脱钩处置工作，该公司于11月14日在市产权交易中心以80.50万元的价格转让，溢价率290%，实现国有资产保值增值的最大化；在区国土分局门户网站发布信息动态73篇。开展国土资源法规宣传和纪念“4·22”地球日、“6·25”全国土地日等宣传活动。

【办证窗口服务高效】 区国土分局积极承接杭州市政府和市国土资源局下放职能，在区行政服务中心开设土地登记等服务窗口。全年受理并办结土地登记单套发证5311本，大宗地33宗。完成建设项目用地预审1件，全部按承诺时限完成办结和出件，以高效、优质的服务实现“零投诉、零失误、零差错”，窗口工作人员群众满意率100%，获上城区“服务之星”和“服务

9月12日，区国土分局举办“国土宣传进乡村，惠民政策送万家”文艺演出活动
（区国土分局　供稿）

标兵”称号。

【职权梳理】 区国土分局为规范权力运行，依据相关法律、法规和规章，完成9类、164项权力事项清理，并编制区国土分局履职情况分析表，按时上报区政府审核。按照职责法定、公开透明的原则，对部门主要职责进行清减，明确19类涉及国土资源权属管理、国土资源市场秩序规范、国土资源执法监察等职责的责任清单，并分解为37项具体工作事项，为构建职责定位清晰合理、权责一致、运作高效的国土部门权力运行体系奠定基础。 (张 婧)

城区建设

【概况】 2014年，区住房和城建局以建设“美丽上城”、打造“幸福城建”为目标，加快推进重点工程、实事工程、民生工程建设。全年完成旧厂区改造项目8个、旧住宅区改造项目17个、城中村改造项目6个。清波街道通过“无违建街道”创建验收。开(续)建停车场库8个，设停车泊位2291个，其中土建完工5个。完成2处老居住小区交通综合治理，增加停车泊位651个。提升改造支小路6条，完工3条。完成2个小区规范化停车试点工作。新开工保障房9万平方米，竣工2万平方米；续建保障房13万平方米，交付19万平方米。实施历史建筑保护修缮19处。完成改扩建绿地5.45万平方米。承接省、市下放建设项目投资审批权工作，建立项目明确、流程清晰、职责到位、运转灵活的审批服务链。建立招标代理机构预选名录库，34个代理机构入选预选名录。积极探索上城区国有土地房屋征收模式，制定《杭州市上城区国有土地房屋征收补偿工作经费管理办法》《上城区征收补偿工作考核与专项奖励办法》《安置房管理申报平台运作管理办法》。人防“102”工程地下指挥所装修和指挥信息系统基本建成。构建公开透明房屋监管体系，推进审批、查处一体化。建成上城区施工安全物联网管理应用平台，全区2000万元以上建设项目施工现场安装在线监控系统。落实安全生产主体责任，强化安全生产、文明施工和大气扬尘治理，加强保障房质量安全监管。深化“城建先锋”党建品牌。组织开展“最美城建人”评选，参与活动800余人。推进“五进五面向”活动，走访社区、企业和有关单位55个次，走访居民家庭400余户，征求意见建议65条，为辖区企业协调解决难题20余个。加强建筑工地流动党员管理，全区建筑工地成立临时党支部8个。落实党风廉政建设各项规定，完善财务管理、公车使用管理等制度7个。湖滨房管站获全国五一劳动奖状。全年梳理上报权力事项254项，权力事项清减率30%。110社会联动平台接收联动指令1030件，办结率100%。

资料 **“五进五面向”**：进窗口面向办事群众，进社区面向社区百姓，进企业面向服务监管对象，进部门面向上级业务领导，进基层面向干部职工。

【启用清标软件】 上城区在200万元以下小型建设项目招标过程中，推行计算机清标软件辅助评标系统。招标人采用清标软件对通过资格审查的各投标单位的商务标书进行清标，以缩短招投标评审时间，预防串标行为。清波街道社区卫生服务中心健康管理中心装修工程是上城区首个采用计算机清标软件进行辅助评标的试点项目。

【老旧小区交通综合治理】 上城区采取多项举措治理老旧小区交通。通过采用拓宽支小路路面、调整绿化带布置、设定机动车单行线、合理划定停车泊位、设置道闸岗亭、引入视频抓拍系统和智能停车引导系统等方法，实施旧住宅小区停车位改造。至年末，东平巷小区和大学路、葵巷、老浙大社区等停车位改造项目基本完工，新增停车泊位652个，完成年度计划的4.35倍。全年老旧小区安装停车道闸20个，增设监控探头53个。

【陆家圩创业人才公寓竣工交付】 陆家圩创业人才公寓项目是上城区改善创业人才居住条件、提升创业人才生活品质的“两项公寓”项目之一，总投资9155万元，占地面积4061平方米，总建筑面积2.67万平方米，其中地上2.09万平方米、地下5821.90平方米，由地下2层、地上22层的单体建筑和室外配套组成，有地下停车泊位99个。该项目于2012年5月开工建设，2014年12月底竣工交付。

【推进“三改一拆”】 上城区以“无违建”创建为目标，以美政花苑屋顶违建整治为突破口，全面推进“三改一拆”工作。截至年底，上城区完成旧住宅区改造136万平方米，城中村改造21.90万平方米，旧厂区改造60.40万平方米，拆除违法建筑20.72万平方米。拆除白云庵、南观音洞、鼓楼堂3处涉及宗教违法建筑，完成市政府下达的9月底前完成宗教场所违法建筑专项整治的目标任务。

【应对台风“凤凰”】 上城区完善应急预案，加强应急物资储备，不断提高应急保障能力。在“凤凰”强台风到来之前，区住房和城建局成立防汛组织机构，修订完善防汛工作预案，调整充实防汛网络队伍。区住房和城建局下辖4个抢险小分队配备防汛专用车4辆、运输车26辆、疏通机11台、抽水泵75台、发电机4台、钢管200米、编织袋和草包1300余只、脚手片3000余张、毛竹和衫木1200余根等，做到抢险有人、有车、有设备。加强危旧房、易倒伏树木及建筑工地巡查，切实消除安全隐患。出动90余人次，排查全区文物保护建筑90处、历史建筑和危旧房163处。区绿化办组织做好易倒伏树木支撑、加固，出动车辆25辆、人员65人，支撑树木107棵，其中古树名木33棵。各工地制定防汛防台措施，加强对深基坑、外脚手架、建筑起重机械、临时工棚等重点部位的检查。全区圆满完成抗击“凤凰”强台风工作，实现人员“零伤亡”、财产“零损失”。

【第一张建筑工程施工许可证颁发】 10月8日起，杭州市政府对涉及新建、改建、扩建工程的施工许可相关审批权限，由市级直接下放至区级。10月21日，区住房和城建局办事窗口办理行政权力下放以来的第一项行政许可核准项目，并向上城区农居多层公寓建设管理中心颁发由区住房和城建局签发的第一张建筑工程施工许可证。

【第一张物业用房缴交确认单签发】 10月20日，区住房和城建局受理杭州市居住区发展中心有限公司提交的关于预售房屋物业管理用房缴交的申请。为确保首次办理审批的快速准确，区住房和城建局经办人员多次到市住保房管局咨询原相关业务人员，根据上城区实际情况，精简审批流程，于10月24日签发第一张预售房屋物业管理用房缴交确认单。

【开办民工学校22所】 上城区加强民工学校管理，积极扶持民工学校发展。全年开办民工学校22所，具有二级及以上总承包资质的建筑企业均建立民工学校总校，同时有25个项目部申报建立民工学校分校。在全市建设工地推荐示范民工学校活动中，区住房和城建局作为成绩突出的城区建设主管部门，被市建委通报表扬。

【建筑业管理】 上城区全年完成建筑业总产值247.93亿元，比上年增长9.5%。全区以企业实施新资质标准为契机，在调整产业结构、做精做细项目上下功夫，进一步推进产业化发展。开展“学中天”活动，积极营造创新争优、比学赶超的行业氛围。组织12个企业开展砌筑工和木工技能比武，参与比武职工51人。建立技能培训、劳动竞赛、项目扶持、人才培育“四位一体”工作机制，调动一线员工学技术、练技能的积极性。实行市场与现场联动，开展建设工程合同履约评价，完善信用评价考核机制，促进建筑市场有序发展。推行预选承包商名录制度，经过一定程序，确定27个施工企业和监理企业为2014年度区政府投资项目预选承包商名录。

【安全生产保障】 上城区严格落实安全生产责任制，层层签订安全施工责任书。加强隐患排查治理，全年开展节假日、抗雪防冻、防高处坠落、消防安全、防汛抗台、特种作业人员持证上岗、建筑起重机械等专项检查12次，签发停工和局部停工整改通知单28份、限期整改通知书129份，查处安全隐患682条、质量问题585条、文明施工问题115条、消防安全问题99条。对项目经理不良行为扣分24人次，对项目总监理工程师不良行为扣分20人次，对企业不良行为扣分2次。实施简易行政处罚22次，罚款2.15万元；一般行政处罚1起，罚款1万元。 (金志伟)

城区管理

【概况】 2014年，上城区城区管理试行重心下移网格化管理，以社区行政区域为基础，建立网格管理信息平台，实现城管工作“科技支撑、信息交互、网格管理、联动处置”。全年重点推动市容市貌整治、工地扬尘治理、截污纳管、垃圾分类等工作。先后完成馒头山区域、大学路新村等防汛排涝项目 24 个、截污纳管项目 33 个。清於河道 8000 米，治理生态河道 3700 米，消除照明暗区 219 个，创建湖滨街道羊血弄小区、清波街道清波商厦节水型居民小区(楼宇)2 个，改造居民家庭节水器具 4100 余套。垃圾分类考核获全市第一名，市政设施、公厕保洁、停车收费、城区增亮考核均获全市第二名。试点推动固体废物清运市场化，探索“政府主导、社会参与、属地为主、执法联动”的固体废物偷倒治理新路子，辖区固体废物偷倒下降 80%以上。推进“三改一拆”，出台《上城区创建“无违建社区”既有违法建筑分类处置操作标准》，填补上城区既有违法建筑分类处置工作标准的空白，全年拆除各类违法建筑 497 处、9.92 万平方米。开展“贴心城管进社区”、局长接待日、城管开放日、法制宣传进社区等活动，解决城管问题 220 个。按照定人、定点、定时、定内容、定责任，统一服务车、统一服务证、统一标识的“五定三统一”标准，完成 40 个便民点工作服务台制作并投入使用。以网上“一站式”审批服务平台和权力阳光系统为载体，实现行政许可、审批工作“零差错”。按照“两集中两到位”要求，9 项行政许可项目统一进驻区行政服务中心，并制定行政许可流程与标准，纳入行政审批“权力阳光”系统，实现行政审批事项网上申报、查询。对 10 类行政许可和处罚权力事项进行逐条梳理。全年办结案件 25 192 起，其中简易程序 23 376 起，罚没款 420 余万元。实现案件复议“零撤销”、案件诉讼“零败诉”。

资 料 “两集中两到位”：一个行政机关的审批事项向一个处室集中、行政审批处室向行政审批服务中心集中，保障进驻行政审批服务中心的审批事项到位、审批权限到位。

【城区“四化”管理水平全市领先】 上城区“四化”(洁化、绿化、亮化、序化)管理水平继续保持全市领先。重点抓好道路保洁和公厕保洁，洁化标准超过国家卫生城市标准。绿化工作以四季有花为标准，加强道路与河道两侧绿化养护，中河高架绿化养护处于全市领先水平。全市“双最”(最佳、最差)公园绿地评选，上城区入选最佳公园绿地数量位列主城区前茅，富春路绿化被评为全市绿化示范道路。亮化工作以“除暗增亮”为重点，全年道路、景观亮灯率提高到 98%以上。序化工作以无视觉污染为标准，推进市政道路改善，完成建国南路、之江路、鲲鹏路道路加固改善。对城中村、背街小巷等重点部位占道经营、乱搭乱建、乱堆乱摆等问题进行综合整治 24 次，出动执法人员 1500 人次、车辆 250 辆次，查处各类案件 5000 余起，教育劝导 1.20 万人次，序化问题投诉量明显下降，序化度进一步提升。

【推行“门前新三包”】 区城管局根据“贴心城管”行动要求，积极推行城区环境、市容、设施管理“门前新三包”工作。以“试点先行、重点实施、基本覆盖、查漏补缺、抓好长效”5 个步骤有序进行“新三包”，并坚持自愿的原则。与以前的“老三包”相比，“新三包”内容更加细化，新增合理放置垃圾容器、规范投放生活垃圾、自觉进行垃圾分类等规定，要求确保门前环境整洁、市容有序、设施完好。至年末，全区有 560 条道路(街巷)的商户和住户与所在街道签订“自我管理承诺书”，实行“门前新三包”。

【城管服务保障】 2014 年，区城管局实施服务保障提升工程。加强春节、元宵节、清明节、国庆节等重要

富春路绿化工程　（区城管局　供稿）

2月21日,区城管局组织清扫路面积雪　　　　(区城管局　供稿)

节日环卫服务保障、市政设施运行保障和文明城管执法保障。开展道路、河道、公厕长效保洁及公用设施维护。以主要路段、灯会展区为重点,严格管控无证摊贩、出店经营、占道设摊、违章停车等违法行为。发布公益广告宣传,开展文明守法教育劝导。积极做好抗雪防冻和抗台防汛工作。以文明城市迎检为契机,实施市容市貌专项治理,组织查找薄弱环节,集中整改环境卫生问题。全年在各个重要时段出动执法人员近8000人次,教育劝导不文明行为1760余起,清理城市家具5613件,清运垃圾、渣土263吨,清理"牛皮癣"4210处。完成防汛排涝项目24个,全区未发生大面积积水。

资料　**城市家具**:指候车亭、售报亭、电话亭、公交站牌、停车牌(指路牌)、路名牌、红绿灯、路灯、电杆、监控灯、配电箱、果壳箱、消防栓、邮筒、交通隔离栏、花钵、休闲椅、城市雕塑、宣传橱窗、城市桥梁隔音屏等。

【防汛排涝】　2014年,上城区投资2600万元,对馒头山南区块、大学路等受台风、降雨影响重点区域,以及辖区内零星低洼积水进行治理。6月汛期来临前完成24个防洪排涝重点整治项目,包括馒头山南区块小流域、大学路区域;完成建国路、凤山路、劳动路、施家山、凤凰统一码头等9条积水道路治理;完成贴沙河(清泰水厂引水口上下游600米范围)、中河南段(沉砂池—美政桥)、新开河(清江路桥下)等6处河道清淤;完成八卦田环渠、宋城路环渠、浣纱环渠、万松岭渠4条环渠清淤;完成紫金社区105号、东河家园4幢东侧等3个住宅小区低洼集水井治理。检查危旧房、工地、低洼积水区域,城市排水管道、窨井、涵洞、河道排涝情况及河道水位在线测报设施运行情况。对道路低洼积水点治理落实"一点一方案",做好相应防汛物资的储备和保障,包括汽油泵、电动抽水机、编织袋、树木支撑架、草袋、麻袋等。向市相关部门反映铁路货场排涝工程、宋城路扩容、恢复江干渠排水功能等相关问题。全年平整道路10 072平方米,铺设排水管道3942米,增设雨水口315座、检查井122座。经专业第三方机构评估,馒头山南区块、大学路区域具备20年一遇的防洪排涝能力。《浙江日报》《杭州日报》等媒体多次报道上城区治水经验及成效。

【推行"河长制"】　区城管局加大城区河道治理力度,制定和完善"河长制"相关管理制度,构建由城管、环保、街道等部门共同组成的工作网络,为辖区每条河道制定治理方案,河道治理包括截污纳管、河道清淤、生态治理、监控提升等。通过招标形式落实河道养护单位,推动河道养护市场化。加强河道清淤,制定清淤工作标准、工作目标、考核办法并落实专人监督。先后完成贴沙河、新开河、新塘河、中河南段4条河道清淤。建立多部门联合监督机制,查处违章向河道偷排污水等行为。推进高清河道监控、智能污水报警两大创新技术,运用"智慧城管"实现河道治污水长效管理。城区主要河道升级高清探头47个,提高对河道垂钓、洗涤等违法行为的震摄力。完成新开河(凤山桥直街—铁路涵洞段)、贴沙河(金衙庄公园—庆春路段)、中河(六部桥—凤山水城门段)沿线隔离护栏安装,杜绝人员靠近河道从事违法违章活动。依托杭州华数数字电视有限公司在中河、东河、新塘河雨水排水管道内安装排污感应器150个,提高河道污水报警能力。

【生活垃圾分类】　上城区着眼长效管理,全面推进生活垃圾分类工作。全区有家庭义务督导队79支、队员

319 人;有街道垃圾分类工作指导员 277 人、社区在册志愿者 1115 人、垃圾分类培训教员 63 人。区城管局充分发挥督导队、志愿者等骨干作用,加强进家入户宣传指导,扩大居民区垃圾分类收集覆盖范围,推进大众化垃圾分类向家庭垃圾减量化突破。至年末,全区垃圾分类覆盖 54 个社区,其中实施垃圾分类小区 379 个,占全区小区数的 91.8%;参与垃圾分类家庭 142 699 户,占全区家庭总数的 92.9%。

【路面固体废物偷倒顽症治理】 8 月,区城管局开展路面固体废物偷倒顽症治理,制定渣土等路面废物偷倒治理方案,整治活动至 10 月结束。利用车载 GPS 实时定位系统,规范车辆运输线路和时间。建立夜间查处机动分队,加强夜间渣土清运的监管,防止渣土二次偷倒。对违法运输、随意倾倒、偷倒渣土等违法行为实行重罚。探索市场化清运模式,出台《上城区路面固体废弃物市场化清运实施方案》,开展向社会公开路面固体废弃物清运招标。动员全社会力量举报偷倒固体废弃物行为。同时开辟渣土等废弃物临时销纳场地,缓解渣土清运出路难的问题。该项治理活动取得明显成效。

【流动市场管理】 区城管局坚持疏堵结合,在总结岳王路吴山夜市疏导点成功经验的基础上,对居民有需求、环境条件合适的衢江路等无证集聚区域,建立市场交易疏导点,采取政府主导、市场准入、企业运作、个体经营的管理模式,加强流动市场管理。通过实施"五定"(定人、定岗、定时、定责、定目标)管理标准,较好地扭转衢江路流动市场管理混乱问题。

【户外广告招牌整治】 区城管局按照"屋顶广告严禁,道路广告严控,立面广告有序,店招店牌规范"要求,组织开展户外广告招牌整治行动。全面摸查城区违法户外广告,发挥数字城管第一时间发现问题、第一时间处置问题、第一时间解决问题的 3 个"第一优势",从建筑主体、违法收入等方面寻找查处执法切入点,有效遏制违法设置户外广告行为。全年拆除中河高架、延安路等主要道路上的各类违法广告牌 509 块,拆除街面招牌 27 块。完成中河高架等 19 条道路的户外广告详细规划修编,并制定户外广告长效管理办法。

【违法建筑拆除】 区城管局健全区、街道、社区三级专项拆违控违队伍,利用"平安 365"、数字城管等信息平台加大巡查发现力度,落实 24 小时巡查防控责任制,做到拆违控违"零遗漏"。运用城管智能管控平台,以各社区为基本控违、查违网格,在平台上建立一线取证、过程跟进、限时依法处置的网络技术支撑。全年拆除违法建筑 497 处、9.92 万平方米,累计拆除 20.15 万平方米,拆除面积占三年行动总任务数的 2 倍。

【烟花摊点控制】 1 月,区城管局对违法销售烟花爆竹开展梳理排查,将屡次违法占道经营、有抵触执法行为的店铺列入重点关注名单,加强劝导工作。对烟花爆竹销售点的场地环境、销售资质等进行检查,并实施严格管理。1 月 28 日~2 月 6 日,根据街面保序要求,结合"门前新三包"规定,加强对烟花爆竹销售点的管理力度,组织集中整治行动。

【非法自行车租赁整治】 2 月 21 日,区城管局联合工商、交警等部门在西湖景区及周边的主干道,查处各种违规出租的双人、多人自行车,以及人行道占道及无证经营租赁点,对租赁商家进行耐心劝导。在西湖景区及周边设置告示牌,提醒游客自觉遵守相关规定。整治后的学士路、长生路、东坡路一带双人、多人自行车租赁现象基本消除。

【"智慧城管"项目获全国城市管理进步奖】 3 月,区城管局根据国家"智慧城区"建设方案,建成涵盖市政设施、环卫车辆、户外广告、建筑渣土、城区防汛、应急指挥等系统的"大城管"工作平台。推进城区管理"网格化"(一期)、城管执法运行质量评价系统、智能公厕管理系统 3 个信息化项目建设。11 月 18 日,区城管局"从智能管控至智慧城管推进城市治理现代化水平"案例获"2014 年中国城市管理进步奖"和"中国社会治理创新范例 50 佳"。该案例同时被编入《中国社会管理创新报告》《大国治理:中国社会治理创新的基层实践》等蓝皮书。

【城管"阳光议事厅"建立】 10 月,区城管局依托社区城管服务室,建立由社区工作人员、城管执法队员、小区居民等共同参与的城管"阳光议事厅"。"阳光议事厅"采取定期与不定期相结合的议事方法,化解社区城管遇到的难点问题和矛盾纠纷等,实现“小区城管问题不出社区”的宗旨。截至年底,“阳光议事厅”调解矛盾纠纷3起。

【智能停车收费系统启用】 5月,上城区马市街8个停车点的96个停车泊位启用智能停车收费系统。该系统设有智能感应,车辆进出泊位时能通过地磁感应向收费员手中的POS机及停车管理后台发送车辆进出的信息,并记录下车辆进出的时间,POS机上同步有提示音提醒。该系统还新增手机支付宝支付功能,受到车主和收费员欢迎。

【湖滨路步行街功能改造】 6月,区城管局制定湖滨路步行街改造方案,采取北、南半幅分幅施工的方法,进行步行街功能改造。施工中,对湖滨路(凯悦大酒店—华侨饭店)、学士路(白傅路—湖滨路)改用高强度混凝土基层,加固后铺上沥青面层,人行道西侧增铺一条雨水管;人行道和机动车道主要绿化带采用侧石进行分离,湖滨路与沿线道路或区块内的7个交叉口采用花箱、石球和地埋式伸缩杆方式进行隔离。改造工程修缮道路1850平方米,铺设花岗岩平石550米、侧石500米,绿化道路800平方米,摆放木质花箱60个,砌筑雨水收集井12座,设置电动金属升降杆28根。步行街改造工程于当月完成。

【防雷安全工作】 区城管局加强重点单位防雷工作。邀请浙江省防雷中心专家刘淼到6个街道及相关社区讲解防雷知识。开展防雷工作调查,确定全区中小学、幼儿园和有关机关、企业80个单位作为防雷重点,逐个进行专项检查,发现问题23个,全部按要求整改,整改率100%。 (郁泽升)

【实施截污纳管】 为从根本上改善水质,上城区加大截污纳管、清淤疏浚、引水配水、生态修复等综合治水力度。编制截污工程规划,按照区域分批实施截污纳管。全年投资1348万元,完成截污纳管项目34个(含第一批和第二批各9个、第三批4个及12个公建单位),消灭新塘河沿线排污口5个,总截污量2065立方米/日。铺设排水管道13 940米,完成道路平整23 400平方米,完成绿化面积1930平方米。

【屋顶水箱封闭】 为提高城区供水水质,减少自来水二次供水污染,上城区实施屋顶水箱封闭工程。在摸清屋顶水箱建设年代、管道材质、附属设施等情况基础上,分小区进行屋顶水箱封闭。施工中加强安全文明管理和工程质量监管。全年封闭屋顶水箱100只。同时,配合市水业集团开展自来水“一户一表”入户安装,年内有2500户居民免费装上“一户一表”。

(计慎忆)

城区绿化

【概况】 2014年,区绿化办重点推进义务植树、古树名木保护、水体绿化、美化家园工程实施、绿化养护管理等工作。全年新增绿地面积4.39万平方米,改扩建绿地5.45万平方米。完成始板桥新村美化家园工程,工程总价44.12万元,改造绿化面积7500平方米。全年有1462个单位(个人)建立义务植树卡,12.03万人次参加义务植树活动。其中,5.40万人次参加植树,2.98万人次进行绿化宣传,3.35万人次参与绿化管养。

【屋顶绿化工程】 2014年,区绿化办完成12个屋顶绿化工程,分别为杭州紫烟投资管理有限公司、十五奎巷社区、杭州鸟屋实业有限公司、杭州师范大学第一附属小学、杭州市行知金陶幼儿园、杭州第二中学(建国中路分校)、杭州索菲特西湖大酒店、杭州毛源昌眼镜有限公司、浙江省中医院、杭州市山南国际创意(金融)产业园目术塘组团、杭州凤凰公社文化创意园、湖滨派出所的屋顶绿化工程,屋顶绿化面积12 244平方米。 (屠晓晨)

【植绿护水系列活动】 区绿化部门以“爱绿护绿”为主题,结合“五水共治”工作,发动辖区单位、绿化志愿服务团队、驴友俱乐部开展植绿护水、“保护中东河”等志愿服务活动。全年有1100余人次参与志愿服务活动。在吴山广场举行的打造“最美上城”大型广场活动中,开展书香换花香、发放绿化审批注意事项宣传单、接受居民病虫害防治知识及家庭养花咨询等便民服务,送出盆栽1200余盆,收回书籍2400余册。 (金志伟)

房地产开发

【概况】 2014 年，广宇集团股份有限公司（简称广宇集团）实施“稳健发展”经营策略，围绕“抓销售，去存量；定标准，明目标；控费用，抓效率”的经营目标，主抓项目建设和产品销售，确保产品品质和现金流安全。全年广宇集团完成营业收入 16.47 亿元、销售额 18.79 亿元，实现营业利润 1.95 亿元。新开工建筑面积 40.31 万平方米，竣工建筑面积 31.52 万平方米。广宇集团获浙江省纳税信用 AAA 级企业、浙江省守合同重信用 AAA 级企业、上市公司信息披露“金盾”奖等荣誉。广宇集团房地产开发一级资质、“广宇”著名商标顺利延续，并通过 ISO 9000 质量管理体系复审。

广宇集团积极承担社会责任，热心公益事业，全年向社会各界捐款 123.87 万元。其中，“春风行动”捐赠 20 万元，向丁荷小学捐赠办公桌椅、办公设备折价 60 万元；援助建德市三都镇钱源村建设资金 25 万元、临安市天目山横塘村扶贫资金 5 万元。9 月，广宇集团给甘肃省甘南藏族自治州羊永乡拉布小学物资支援；10 月 18 日，广宇慈善协会向浙江大学城市学院捐赠 100 万元，设立“浙江大学城市学院广宇创业奖励基金”。广宇集团各分公司、子公司将集团的企业文化和爱心散播到各地。肇庆广宇公司在“广东扶贫济困日”捐款 10 万元。黄山广宇公司向安徽省黟县碧阳镇资助 10 万元，用于扶贫开发；资助柏山社区贫困学生 2000 元。

【5 个项目开盘】 2014 年，广宇集团东承府项目全面交付，公寓交房 483 套，排屋交房 7 套，交房率 84.9%。东承府项目通过线上推广线下活动，针对排屋、公寓不同的客户群，分层营销，全年完成销售签约金额 2.87 亿元，在丁桥区域中成交额排名第三。临平鼎悦府项目全面验收，各项工程进度与集团运营计划节点相符。全年鼎悦府项目完成销售签约金额 1.70 亿元，在临平新城区域中成交额排名第六。武林外滩项目工程进展顺利，营销采用一口价销售策略，取得较好销售业绩。全年武林外滩项目完成销售签约金额 7.03 亿元，在市中心板块中成交额排名第四。10 月，锦绣桃源项目首次开盘，项目销售团队结合楼盘自身条件，配合各个节点促销。全年完成销售签约金额 8913 万元，在桃源新区中成交额排名第二。11 月，锦澜公寓项目首次开盘，完成销售签约金额 7400 万元。锦澜公寓项目楼盘获舟山新区“2014 年最值得期待楼盘”奖，在舟山当地购房群体中，拥有良好口碑。

（陈　翀）

旧城改造

【概况】 2014 年，上城区四大指挥部（望江指挥部、湖滨指挥部、吴山指挥部、玉皇山南指挥部）围绕招商引资、危旧房改造、历史街巷保护、拆迁安置等任务开展各项工作。望江地区改造和保障性住房建设有序推进，完成征迁 872 户、安置 667 户。杭州天地实验小学（新校区）提前竣工交付。区行政中心及科技文化馆工程主体结构全面结顶。望江北公园提前完成主体和人防验收。近江单元原孔凤春 90 地块婺江家园一园 14 万平方米安置房交付使用。近江单元 R21-B01a/B01b（华东家具市场）地块安置房项目开工建设，总建筑面积 6.57 万平方米。杭州味精厂地

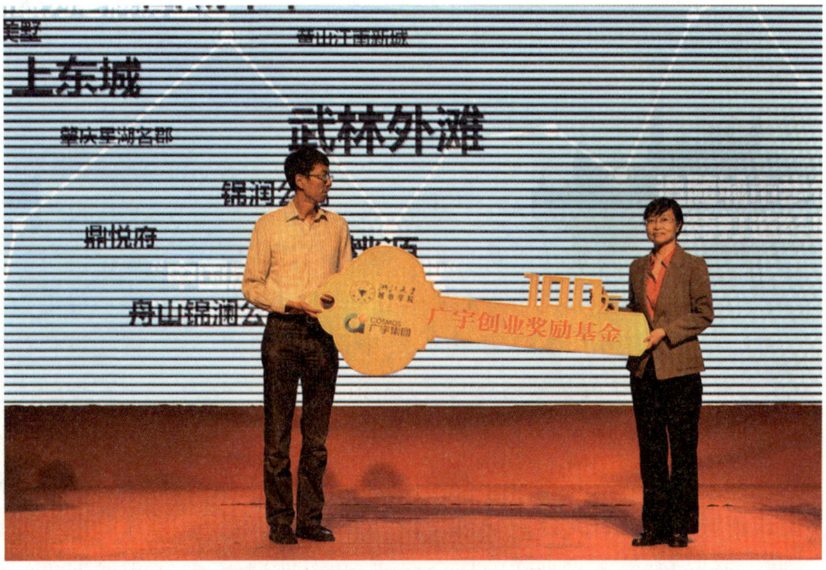

10 月 18 日，广宇集团设立“浙江大学城市学院广宇创业奖励基金”

（广宇集团　供稿）

块、徐家埠地块、望南04、06地块等项目进展顺利。小营单元北片区包括万安桥地下停车库、大小塔儿巷危旧房改造和清波单元勾山里特色休闲商业带复建工程基本竣工。延安路系列整治工程开工24 865平方米,竣工13 310平方米,完成拆迁82户、安置129户。拆除中华饭店、湖滨三期西湖电影院和工联大厦二期孝子坊地块遗留区块建筑物,并做好腾迁。完成钱学森故居和王文韶大学士府围墙修缮。完成湖滨商贸旅游特色街区和南山路艺术休闲特色街区环境整治。中华饭店、西湖电影院、工联大厦二期等地块开展土地招商,全年引进内资1.30亿元,引进外资600万美元。玉皇山南地区完成目术塘3号楼(杭州第七人民医院上城分院)、白塔岭地块住户搬迁,其中白塔岭地块涉及居民37户、房屋1302平方米,完成搬迁262户、安置204户。

【望江地区保障性住房建设】 望江指挥部积极推进望江地区保障性住房建设。3月5日,近江单元R21-B01a地块保障房项目一标段(杭州印铁制罐厂地块)保障房开工,该地块总建筑面积7.80万平方米,规划建造保障房548套。至年末,印铁制罐厂地块保障房桩基和地下室第一道土方完工,支撑梁施工完成工程量的75%,地下室第二道土方开挖。近江单元R21-B01b地块二标段(华东家具市场地块)完成拆迁,于11月3日开工建设,总建筑面积6.57万平方米,规划建造保障房388套。11月,近江片B-C2-03-2地块保障房项目完成竣工验收。

【望江地区征迁任务完成】 望江指挥部贯彻落实"四包干"(任务包干、经费包干、奖励包干、人员包干)新征迁机制,加大征迁工作力度,在近江经联社的支持下,完成年度征迁任务的1.77倍,共征迁房屋建筑面积6.37万平方米,涉及企业和住户318户。其中,征迁望江小轮车厂2.87万平方米、中策橡胶公司2.65万平方米、杭州纸塑彩印厂4953.50平方米、江干物资回收公司1366.30平方米。

【望江新城建设动员大会】 3月7日,望江指挥部在长城大厦召开"深入贯彻党的群众路线,全面推进望江新城建设"动员大会。省市委党的群众路线教育实践活动驻上城督导组组长李晓华、副组长应建华应邀出席会议,区四套班子领导,区相关部门负责人,区征迁办、望江街道、紫阳街道、近江经联社、紫阳经联社相关人员,望江指挥部及分指挥部全体人员参加会议。区委书记缪承潮要求各参建单位以群众路线教育实践活动为动力,振奋精神,求真务实,加大动迁、安置等工作力度,加快望江新城建设。

【"奋战望江百日攻坚"会议】 10月20日,望江指挥部在长城大厦召开"奋战望江百日攻坚"会议。区四套班子领导及有关部门负责人参加会议。望江指挥部常务副总指挥高燕东在会上从"五个强力推进"方面回顾2014年改造建设工作,并以"五个进一步确保"的要求对"百日攻坚"工作进行全面部署。区人大常委会副主任、望江指挥部总指挥顾文友在讲话中提出,望江地区改造建设要提升克难攻坚的能力和水平,提升担当和合作的精神,提升反腐倡廉建设的制度执行力。

【望江地区实时执法检查】 6月,望江指挥部联合区工商、行政执法、拆违、土管、卫生计生、食品药品监督管理等部门,对望江地区8户重点动迁户实施实时执法检查。根据上城区村民宅基地清查资料,区执法部门对拆迁户的违章建筑进行现场核对和丈量,区工商和食品卫生部门对无照经营的店家当场制作执法文书,锁定其涉嫌违法行为。

【安全生产讲座】 6月10日,望江指挥部举办安全生产专题讲座。建设单位负责人、施工安全管理人员、外来农民工等30人参加讲座。区安全监管局专家应邀围绕"强化红线意识,促进安全发展"的主题,通过安全事故案例和视频画面,对上城区安全生产的形势进行具体分析,重点讲解生产经营企业和工程建设单位的安全主体责任,提出建设领域加强安全管理的主要对策。

【区行政中心消防演练】 11月7日,望江指挥部、浙江耀厦控股集团有限公司联合举行上城区行政中心消防演练。区安全监管局、上城消防大队、区住房和城建局相关领导到场观摩指导。此次演练假设电焊工在3楼焊接作业，因操作不当引发火灾，义务消防小队立即进行紧急营救，在上城消防大队赶到之前将大火扑灭，未发生人员伤亡。望江指挥部常务副总指挥高燕东对此次演练予以肯定。（邰佳甜）

9月1日，杭州天地实验小学（新校区）启用 （区教育局 供稿）

【杭州天地实验小学(新校区)启用】 9月1日，杭州天地实验小学（新校区）正式启用。杭州天地实验小学(新校区)坐落在秋涛南路(原杭州味精厂)，东北边至徐家埠路，东南边至新建爱弥儿巷，西南边至三号路(原近江路)，西北边至四号路，离钱江新城市民中心2000米。新校区占地面积3.12万平方米，建筑面积3.72万平方米，设置36个班，是全国第一所满足孩子“体验式学习”的智能学校、浙江省一类标准学校、上城区规模最大的新型儿童社区。

【大小塔儿巷安置房主体建筑完工】 大小塔儿巷安置房建设工程系为民办实事项目，东起皮市巷，西至小塔儿巷，南起解放路，北至大塔儿巷，总建筑面积28 728平方米，为5幢建筑，可安置拆迁户225户。该工程于2011年3月开工，2012年6月完成桩基工程，2013年3月和4月先后完成土方工程和地下室基础工程，2014年11月主体建筑基本完工。

【万安桥地下公共停车库建成】 12月，万安桥地下公共停车库竣工，并通过验收。该项目东临建国中路，南靠万安桥泵站，西至东河，北至规划平海路。地下建筑面积1188.60平方米，地上建筑869.90平方米，地下3层为机械化停车库，地上2层为管理用房。停车库设置停车泊位125个。

【区教育科技馆装饰工程启动】 上城区教育科技馆位于上城区西湖大道与浣纱路交叉口东北侧（原开元中学)，总建筑面积6713平方米，地上5层，地下2层。该项目属地铁上盖物业，装饰工程于11月正式启动。年内完成教育科技馆外墙粉刷。整个装饰工程计划于2015年8月完成。

【学士路整治】 11月5日，学士路整治工程启动。该工程包括人行道路面改善、道路立面整治和绿化改造。整治工程坚持以规划为指南，注重细节和品位，注重把握城市时尚度与街巷协调性。整治后学士路全长340米、宽19米。（洪斯斯）

【惠兴路、岳王路整治】 惠兴路南起解放路，北至仁和路，道路全长264米，红线宽度18米；岳王路南起仁和路，北至庆春路岳王公园，道路全长500米，红线宽度18米。两条道路均为湖滨地块南北向城市支路。岳王路整治于2014年1月竣工，是上城区第一条实施“花化彩化”的道路，获杭州市区支路建设整治样板工程二等奖。惠兴路整治于2014年8月竣工。经过整治，惠兴路道路状况明显改观，被推荐为上城区支路建设整治样板工程。（沈建平）

【勾山里改造工程主体结顶】 勾山里地块东至荷花池头，南至河坊街，西至南山路，北至广福里。勾山里改造工程——勾山国际商务中心总建筑面积30 101平方米，其中地上建筑面积15 123.80平方米，地下建筑面积14 109.18平方米，设停车泊位97个。年内勾山里改造工程主体结顶，进入装饰装修阶段，计划于2015年9月全面竣工。

【劝业里地块征收准备】 劝业里地块北至长生路，南至学士路，西至大庆里、劝业里，东至东坡路，是全区危旧房最集中的地区之一。劝业里地块总面积1100平方米，涉及居民67户。10月30日，区政府办、区征收办、湖滨街道、湖滨指挥部等部门联合召开劝业里地块征收动员大会,部署具体征收工作。按照新征收条例,确定区征收办为征收主体单位。鉴于该地块征迁工作难度大的情况,湖滨指挥部成立劝业里征迁分指挥部,抽调专人组成征迁组,设立现场办公场所,对劝业里地块开展摸底调查,征求住户房屋征收意见。该地块计划于2015年正式启动房屋征收。 (洪斯斯)

【湖滨四期试营业】 9月28日,湖滨四期(龙翔里地段)试营业。该项目地处延安路、平海路、学士路、东坡路围合区域,占地面积12 076平方米,总建筑面积4万平方米,地上3层,地下2层。商业定位以经营“年轻、时尚、潮流”品牌为主。试营业当日,65个品牌在商铺亮相。

【“尚城1157”装修改造工程招标】 11月24日,“尚城1157”(原杭州卷烟厂老厂房)外立面装修及内部改造工程在区公共资源交易服务中心公开招标。该工程将通过对杭州卷烟厂老厂房改造,打造集休闲、娱乐、餐饮、购物于一体的“潮生活”主题购物中心。

【省旅游展示中心工程复工】 浙江省旅游展示中心工程位于上城区四宜路南端(原杭州手表厂),占地面积3.11万平方米,建筑面积2.47万平方米,于2010年3月开工建设,2013年10月停工。2014年3月,该工程重新进行招标。6月,工程复工建设。建设单位为杭州吴山开发建设有限公司。 (沈建平)

湖滨四期工程 (湖滨指挥部 供稿)

【复兴商务广场地下空间项目启动】 12月,复兴商务广场地下空间项目开工。该项目位于复兴国际商务广场综合体西南角,东起三号路、四号路,南至之江路,西至复兴大桥,北至海运大厦,占地面积2.25万平方米,地下空间面积3.20万平方米。建设内容包括地上公园防护绿地兼容广场(含构筑物518.80平方米)。地下1层为商业用房,建筑面积1.58万平方米;地下2层为停车场库,建筑面积1.53万平方米。配备机动车停车位396个,其中社会车辆停车位220个;非机动车停车位1592个。

【复兴地区拆迁安置房及配套公建用房竣工】 7月,复兴地区15–3地块拆迁安置房及配套公建用房竣工,同时启动各专项验收。该项目位于钱塘江北岸,北临复兴街,南接区政法大楼,东靠复兴大桥,西临钱塘雅苑小区。总建筑面积2.89万平方米,1~3层为公建,包括社区服务中心、物业经营用房、物业办公用房、公共文化活动中心、休息区、图书阅览室等;4~27层为住宅,规划建造住宅168套。项目配建地下停车库、立体车库及路面停车位,设车位141个。 (周 颖)

【危旧房改善】 上城区把危旧房改造与旧厂区改造、城中村改造及拆除违法建筑整合成“三改一拆”行动,对全区直管公房、历史建筑及砖木结构房屋进行全面排查。小营房管站、城南房管站、湖滨房管站出动检查人员60多人次,排查王文昭学士府、听王府、银枪班巷3号建筑等房屋70余处,并对排查认定的危旧房进行应急抢修。全年抢修危旧房30余处,涉及住户170余户、面积5000余平方米。对年久失修、配套设施缺损、环境脏乱差的危旧房进行系统改造。改造包括环境综合整治、房屋维修养护、配套设施完善等。对于超过使用年限、破败程度严重的共有产权房,启动应急维修机制,防止房屋发生坍塌,确保居民居住安全。全年危旧房改善开工4.39万平方米,竣工3.86万平方米,包括零星危旧房3600平方米,超额完成年度开(竣)工计划。完成危旧房征收32户,安置过渡户197户。《杭州日报》对上城区危旧房改善工作进行连续报道。 (金志伟)

广场经营管理

【城站广场概况】 城站广场东至杭州铁路新客站主站房西侧规划红线，南至江城路郭东园巷以北人行道，西至建国南路东侧人行道，北至清泰立交桥北侧滴水线(不含桥面)向南范围。

城站广场于1999年12月28日改建竣工并投入运行，总建筑面积34 850平方米，分成地下层、地面层和高架层。地下层与地铁1号线城站站贯通；地下层设有出租车专用车道、自备车库，供出租车、自备车接客；通过南北6台自动扶梯到达地面层。地面层有20余条城站始发的公交线路；地面广场由室内一层大厅和广场中心花园、南北高架上下车道及西湖大道等组成，城站广场在清泰立交桥南侧设有客运停车场，供机场、旅游公司、宾馆和周边城市短途接送团队散客。火车售票处、候车室设在高架层；机动车可通过广场西侧两边的引桥把旅客直接送到高架层铁路候车室门口。城站广场日客流量最高时超过18万人次。2014年9月，城站广场投入资金2900余万元，启动城站广场及周边环境整治提升。

1999年12月28日，城站广场同步移交上城区政府管理。2012年9月，杭州市城站广场管委会设立，为区政府派出机构，主要负责城站广场区域的社会治安、交通运营管理、公共卫生、绿化养护、市政设施维护等工作，协调有关部门和单位做好城站火车站春运及节假日高峰期客运，以及城站广场日常管理、应急管理和物业管理，承担与铁路部门的沟通协调等工作。

【春运客运保障】 2014年春运期间，城站广场管委会牵头协调地方和铁路公安、交警、运管、城管、市场监督和环卫等单位，组织协警、特保、保安、环卫人员300余人，分5支队伍轮流巡查广场消防安全、食品卫生、票点经营秩序、场站环境等，保障广场地面层室内广场、地下层出站口、出租车通道、高架层进站口、广场外围环城东路段、清泰立交桥停车场站、西湖大道停车场站等场所和路段的畅通。加强旅客疏导和交通车辆秩序维护，开展“两非”违法运营查处。全体管理人员24小时在广场值班协调，做好应对处理各类突发事件的准备。增设2个可容纳1500~2000人的临时候车棚，落实杭州红星文化大厦等7个旅客临时安置点，并做好安置点生活必需品的供应。加大食品安全管理和卫生检查工作力度，防止各种传染病疫情的暴发。春运期间(1月16日~2月20日共40天)，城站广场人流量达500万人次。

【上城“平安365”窗口打造】 城站广场管委会以维护广场旅客进出站秩序、公共交通和出租车等社会车辆运营秩序、广场商家店铺经营秩序和食品卫生安全为目标，树立服务意识、安全意识、防范意识，按照“高效、智慧、文明、平安”的客运保障目标，采取6项措施把城站广场打造成“平安365”窗口。针对民工旅客携儿带女、行装负荷重、行动不便等特点，一线管理人员加大帮扶、引导、疏散、服务力度，尽最大努力避免老人、妇女、幼儿走散。加强对旅客的交通指引。做好预防非接触性诈骗的宣传教育。在广场大屏幕上播放“平安365”宣传教育片，分发宣传资料，在银行、自动柜员机等处安排便衣协警进行警示劝导。协调加强广场周边商家店铺食品卫生防疫工作，防止旅客食品安全群体事件发生。设立志愿者服务亭，借力志愿者队伍，为旅客送茶水、送药品等。坚持疏堵结合、打防并举，加强小长假期间广场的巡逻，及时劝离流浪盲流人员，落实对临时滞留露宿人员的“限定时间、限定地点”管理。

【城站广场滞留露宿闲散人员处置】 城站地下室出口处南北两侧、地下停车库等区域内经常有社会闲散人员滞留、倚墙席地而卧、露宿、小便，甚至用酒精炉做饭用餐，存在很大安全隐患，影响市容市貌。城站广场管委会牵头，协调区公安、城管、交警、运管、民政等部门，召开现场会，制定处置方案，实行分步治理和长效管理。全年组织集中整治500多次，对滞留露宿人员进行劝导、劝离、疏散和安置。通过依法妥善处置，城站区域治安案件比上年下降80%。

【城站广场导游接待游客行为规范】 城站火车站出站口周围存在“无证野导”兜售地图、导游招揽争抢客源等情况，妨碍旅客正常出站，影响杭州城市形象。城站广场管委会会同区公安、城管等部门，采取疏堵结合的方法，集中力量进行综合整治，加强长效管理。依法打击"无证野导"接客行为，引导旅行社等规范接客、规范经营；同时，细化包括文明用语在内的各项文明接客要求。

【城站广场治安管理】 3月3日，城站广场管委会召开广场安保专题会议，研究加强广场治安管理工作。协调区联勤办、公安、交警、运管等部门，对广场要道和周边道路情况进行排查，严防形迹可疑的车辆、人员进入。组织广场保安巡逻队员与公安干警定时、定线、定点巡逻广场进出要道和旅客等候区，劝导劝离劝退广场盲流人员和乞丐。加强广场重点物业设施的安全维护和检查，重点检查旅客自动扶梯、消防敏感部位、高压电配送站房和监控室等重点部位，做好相关记录。邀请相关专家为广场一线管理人员进行旅客意外伤害紧急救治等专业知识的培训。城站广场管委会管理人员深入现场，专门检查消防设施、高压电配送站房、照明电器等设施设备的完好情况。节假日和重大活动期间，管理人员从早上7时到晚上11时轮班交替上岗。全年处罚违章营运出租车123起，查处"两非"车辆500余起，驱离流浪露宿盲流人员100余人次。

9月25日，城站广场提升改造工程开工 (许康勇 摄)

【城站广场反恐防暴宣传动员培训】 5月5日，城站广场管委会组织城站广场辖区11个单位的反恐防暴负责人和业务骨干，举行反恐防暴宣传动员培训。城站广场管委会负责人传达全国反恐防暴情况的通报和中央领导有关严打暴恐一系列指示精神，要求各单位加强宣传动员培训，深入开展群防群治。区公安分局站前派出所负责人应邀在培训会上讲解反恐防暴知识，介绍暴力恐怖组织实施恐怖犯罪的特点、手段等，并运用案例分析如何做到早发现、早报告、早防范。

【暑假运送旅客662万人次】 7月1日~8月31日，城站广场管委会牵头协调城站站前派出所、交警、运管、市场监管、环卫等部门，与铁路杭州站、铁路杭州站派出所、铁路交警中队、杭州公交集团等单位通力合作，顺利完成暑假运送旅客任务。为期2个月的暑假运送旅客662万人次，实现安全无事故的目标。

【城站广场环境综合整治提升工程启动】 9月25日，城站广场环境综合整治提升工程开工。在前期准备过程中，城站广场管委会拆除违章广告牌18块、服务亭15个。对整治提升工程设计方案进行充分论证。有关部门提出设置绿化及围栏等硬隔离设施弥补广场硬件上的不足等建议，被设计部门采纳。该整治提升工程主要包括更新改造城站广场地下自来水和消防管线、一层站房内商业服务亭、南北钟楼及高杆照明灯等设施。城站广场管委会制定《城站广场提升改造工程安全管理方案》，确保城站在正常运营的前提下，有序进行提升改造和整治。

【国庆节城站广场安保】 9月23日，城站广场管委会召开各部门负责人会议，布置落实《2014年国庆城站广场管理方案》。由区公安、运管、交警、市场监督等单位派员组成特别行动组，加强对广场范围包括一、二号门周边、高架桥周边及其他重点区域的管理。每天组织3次对车辆营运和消防安全、食品安全的检查。国庆期间，查处无牌无证残疾车29辆、电动车43辆、出租车8辆，对存在的消防安全和食品问题及时督促整改。

【文明洁净城市窗口争创】 城站广场管委会在实施广场提升改造的同时，按照上级关于争创文明洁净城市窗口的部署，广泛发动辖区各单位参与城市清洁大行动。管委会全体管理人员发挥带头作用，每天提早一小时上班，开展多种形式的“保清洁、争先进”活动。在施工现场，悬挂有关安全生产的横幅，提醒旅客出门注意安全。协调环卫部门加大站区广场保洁力度，使外地旅客进入杭城，第一时间感受到杭州的清洁和文明。

【城站广场市场联动检查总结务虚会】 12月26日，城站广场管委会商请区市场监管局、区物价管理所、城站运管所等单位，召开2014年城站广场联动检查情况总结务虚会。各部门回顾分析全年联动检查工作情况，就做好新一年广场监管工作提出设想建议。城站广场管委会感谢各单位对联动检查工作的支持，希望继续协同作战，共同推进城站广场监管工作。 （许康勇）

表18 2014年吴山广场主要活动

序号	时间	场地	主办单位	活动内容
1	2014-01-04	7号	杭州市委宣传部	周末文化大舞台(曲艺专场)
2	2014-01-04	雷锋广场	杭州市文明办	雷锋广场为民服务活动
3	2013-01-05	7号	上城区委宣传部	百场百团文艺演出
4	2014-01-10	1号、3号、4号	杭州市公安局	“110”警营开放日暨“最美警察”颁奖仪式
5	2014-01-10	5号	浙江省锁具产品质量检验中心	优质锁具产品展示及便民服务活动
6	2014-01-11	4号	杭州萧山国际机场易行商务有限公司	便民服务、机票咨询活动
7	2014-01-14	4号	上城区委宣传部	上城区书法家送祝福送春联活动
8	2014-01-17	4号	浙江万承志堂国药健康管理服务有限公司	“开播有礼·感恩健康”保健品鉴定广场活动
9	2014-01-18	4号	凯威营销策划咨询(上海)有限公司	“马上骑福·健康有礼”——21金维他马年祈福
10	2014-01-25	4号	杭州市康乃馨儿童康复中心	“爱·让星空蓝起来”主题活动
11	2014-02-03	7号	上城区委宣传部、区文广新局	新年文艺慰问演出
12	2014-02-05~06	7号	杭州市委宣传部、市文明办	新春特色广场文艺演出(曲艺专场)
13	2014-02-13~15	1号、5号	上城区委、上城区人民政府、区文广新局	元宵灯会
14	2014-02-27	1号、3号、4号	杭州市公安局交通警察支队	2014年浙江省暨杭州市公安机关整治城市交通秩序集中统一行动启动仪式
15	2014-03-01	1号、4号	浙江省文明办、浙江广电集团“浙江之声”	2014年“最美浙江人”大型公益活动——万朵鲜花送雷锋活动
16	2014-03-01	5号	杭州市委宣传部、市文明办、团市委、上城区委	杭州市“弘扬雷锋精神·共建文明杭州”志愿服务活动
17	2014-03-12	5号	上城区绿化委员会	上城区2014年春季植树节宣传活动

续表 18

序号	时　间	场地	主　办　单　位	活　动　内　容
18	2014-03-13	4号	浙江省医学会肾脏病学分会	第九个世界肾脏日广场义诊活动
19	2014-03-15	1号、4号	杭州市消费者权益保护委员会	"3·15"国际消费者权益日宣传咨询服务活动
20	2014-03-16~17	1号、3号、5号	杭州市消费者权益保护委员会	"3·15"汽车消费教育宣传咨询服务展示活动
21	2014-03-22	1号、4号	杭州市市区河道监督管理中心、上城区城市管理局	城市河道水质改善创意大赛启动暨世界水日科普宣传活动
22	2014-03-22	1号、4号	浙江省水利厅、浙江水利水电学院	2014年纪念"世界水日""中国水周"广场宣传活动
23	2014-03-22~23	5号	杭州优弥文化创意有限公司	康宝莱(中国)杭州"健康生活"大型路演活动
24	2014-03-29	4号	上城区肢残人协会	"秒看台"携手残疾朋友走入和谐养生活动
25	2014-03-29~30	5号	青年时报社	美的空调路演活动
26	2014-04-11~17	1~4号	上城区人民政府、街区管理办公室	2014年清河坊民间茶会
27	2014-04-19~20	5号	杭州绿达电动车连锁有限公司	绿达助动车产品展示活动
28	2014-04-20	1号	富阳市房地产行业协会	富阳市城市建设及优秀房产展示会
29	2014-04-23	4号	上城区疾病预防控制中心	"4·25"计划免疫宣传活动
30	2014-04-30	7号	上城区文广新局	上城区2014年文体惠民工程启动仪式暨上城区"迎五一劳动者之歌"文艺演出
31	2014-05-07~11	5号	杭州西湖国际博览有限公司	2014年中国(杭州)国际名茶博览会
32	2014-05-08	1号	杭州市红十字会	纪念"5·8"世界红十字日2014年红十字博爱周吴山广场宣传服务活动
33	2014-05-12	1号、4号	上城区风景旅游局	上城·萧山·富阳三地周末旅游集市暨2014年"捷安特杯"美丽杭州环保骑游活动
34	2014-05-15	4号	杭州市公安局经侦支队	打击经济犯罪宣传日活动
35	2014-05-16	1号	上城区科技局	上城区2014年科技活动周暨第五届低碳科普周活动
36	2014-05-17	5号	杭州联力广告有限公司	2014年"富力·西溪悦居耐力摸车"活动
37	2014-05-17~18	1号	杭州市残疾人福利基金会	2014年电动车大联展暨大型慈善义卖活动
38	2014-05-18	5号	杭州亚美广告有限公司	2014年可口可乐——爽到底民间世界杯活动
39	2014-05-20	1号	浙江省质量技术监督局	2014年浙江省"5·20"世界计量日广场活动
40	2014-05-22	1号	上城区信访局	上城区"依法信访"主题宣传日吴山广场活动
41	2014-05-23	5号	杭州皇巢广告有限公司	FM104.5第四季"你是女主播"选拔活动
42	2014-06-05	1号、3号、4号	上城区安全监管局	上城区"安全生产日"宣传咨询活动

续表 18

序号	时　间	场地	主　办　单　位	活　动　内　容
43	2014-06-06	1 号、3 号	上城区直属机关工作委员会	“我为党旗添光彩”杭州市机关志愿者广场为民服务活动
44	2014-06-12~13	3 号	杭州世界休闲博览会有限公司	2014 年首届休闲商品展
45	2014-06-18~22	1~5 号	杭州市旅游委员会、上城区人民政府	2014 年第二届夜休闲主题嘉年华活动
46	2014-06-19	2 号	杭州市救助管理站	2014 年杭州市救助管理站“开放日”活动
47	2014-06-24	4 号	杭州市国土资源局上城分局	“6·25”全国土地日宣传咨询活动
48	2014-06-26	1 号、3 号、4 号	省、市、区禁毒委员会办公室	“6·26”国际禁毒日主题宣传活动
49	2014-06-30	1 号、4 号	浙江广电集团“浙江之声”	浙江生态日系列主题活动——2014 年“一骑出发”公益骑行活动
50	2014-07-11	4 号	上城公安分局清波派出所	“防盗、防诈骗、反恐”宣传咨询活动
51	2014-08-08	1 号、4 号	浙江省文明办、浙江经济广播电台“FM95 交通之声”	“文明出行”全省巡回宣传月(杭州站)活动
52	2014-08-16	1 号	浙江省级医疗保险服务中心	浙江省医保反欺诈“亮剑”专项行动宣传日活动
53	2014-09-12	1 号、3 号、4 号、5 号	杭州市社会组织服务中心	杭州市第二届社会组织公益服务活动月启动仪式
54	2014-09-15	1 号	杭州市卫生和计划生育委员会、杭州市献血管理中心	杭州市“服务百姓·健康行动”大型义诊活动
55	2014-09-16	1 号、4 号	杭州市公共交通集团有限公司	“公共安全出行大课堂活动”启动仪式
56	2014-09-17	4 号	杭州市体育局、杭州力尚体育策划有限公司	2014 年第四届国际(杭州)毅行大会启动仪式
57	2014-09-19	4 号	上城区中医药行业协会	服务百姓健康——咨询及义诊活动
58	2014-09-19	5 号	上城区科学技术协会	2014 年全国科普日暨上城区第二十八届科普宣传周广场活动
59	2014-09-20	5 号	杭州市邮票公司	“中国梦——民族振兴”特种邮票杭州首发活动
60	2014-09-20	4 号	浙江广电集团、浙江经济广播电台“FM95 交通之声”	“9·20”中国爱牙日宣传义诊活动
61	2014-09-28	4 号、5 号	杭州市文学艺术界联合会	美丽杭州——江、河、湖、海、溪五体书《五水赋》长卷大展开幕式
62	2014-10-09~11	1 号、3 号、4 号、5 号	杭州市商务委员会	“第十五届中国(杭州)美食节”休闲美食主题嘉年华
63	2014-10-16~19	1~7 号	中国杭州西湖博览会组委会	第十六届西湖博览会中国杭州市民休闲节吴山广场主题活动
64	2014-10-24~30	1~4 号	上城区人民政府、街道管理办公室	吴山庙会
65	2014-10-24~26	5 号	吉林省粮食局	吉林优质大米推荐活动
66	2014-10-25	6 号	杭州品悦投资管理有限公司	吴山酩楼“翡翠珠宝”免费鉴定活动

续表 18

序号	时 间	场地	主 办 单 位	活 动 内 容
67	2014-11-02	4号	杭州坤意广告有限公司	安吉灵峰旅游渡假区“灵峰十景”发布会
68	2014-11-07	1号、3号、4号、5号	杭州市公安消防支队	2014年浙江省暨杭州市“119”消防宣传月活动启动仪式
69	2014-11-08	1号、3号、4号、5号	杭州市公安局	“11·9”警营开放日
70	2014-11-09	1号	桐庐县房地产行业协会	桐庐县城市建设及优秀房产展示会广场宣传活动
71	2014-11-15~16	4号	广东白云通用航空有限公司	“救兵天降”杭州站公益招收直升飞行员活动
72	2014-11-21~23	1号	杭州市培烤食品糖制品行业协会	第二届培烤食品老字号企业新产品推广宣传和展示活动
73	2014-11-29	4号	国家能源局浙江监管办公室	“12398”能源监管热线宣传活动
74	2014-11-29	7号	杭州市教育局	2014年杭州市中小学生艺术节“青春舞台”展演活动
75	2014-12-05	1号	浙江证券业协会	“12·4”证券期货法制宣传日广场活动
76	2014-12-06~10	2号	杭州赞领广告有限公司	“世茂天宸”——吴山广场房车巡展活动
77	2014-12-09~10	1号	上城区人民政府	新疆阿克苏特色果品“走进杭州——上城区行”巡回大联展
78	2014-12-13	4号、5号	杭州电视台民生休闲频道	2014年“彩虹计划”慈善公益助学结对大会
79	2014-12-17~23	1号、2号、3号	杭州清河坊资产经营有限公司	2014年购物节
80	2014-12-18	7号	杭州市文明办、杭州文化广播电视集团	“美丽杭州·祈福2015”大型跨年祈福系列活动新闻发布会暨“传播价值观·送福进万家”活动启动仪式
81	2014-12-27	1号、2号、4号、5号、6号	上城区民政局	“2015浙江慈善嘉年华”迎新活动暨上城区第二届公益服务项目相亲会
82	2014-12-28~29	1号、3号	上城区政府国内经济合作办公室	淳安富阳优质农产品上城展销会

说明:1.周末文化大舞台(曲艺专场)1月~5月23日演出16场

2.雷锋广场为民服务活动全年举办9场

3.百场百团文艺演出1月~5月23日演出17场

4.新春特色广场文艺演出(曲艺专场)演出2场

(陈 斌)

环境综合整治

【大气污染整治】 2014年,上城区结合区域特点,重点抓好餐饮业油烟污染防治、工地扬尘防治和道路保洁等工作。通过广泛发动、严密组织,全区形成部门联动、齐抓共管的治气局面。打造“设备高效、运维到位、联合执法”三位一体餐饮油烟监管体系。3月,上城环保分局制定《餐饮油烟三位一体监管年度工作方案》,以寻找推广高效油烟净化设备为抓手,解决油烟净化设备处理效率低、“装样子”等问题;以油烟在线智能监控为平台,推行油烟净化设备强制维修清洗;以环保、城管联动执法为保障,有效解决油烟处罚推诿扯皮无人管的问题。推进城中村小茶炉整治,出动监察人员25人次,配合街道开展专项执法。加强施工工地及车辆、道路扬尘污染防控,全年督查建筑工地65个次;督促施工单位严格控制扬尘,进出工地车辆做到按要求清洗。

【饮用水源保护】 上城区以全市水功能区、水环境功能区划分修编为契机,推进创建合格规范饮用水源工作。邀请省环保厅、省水利厅、市环保局、市林水局等单位专家为上城区水环境功能区调整提出指导性意见。委托市环科院开展中河南段、贴沙河饮用水水源地周边污染源调查,通过饮用水源地环境隐患排查,为进一步实施饮用水源保护区污染源治理奠定基础。

环境监督与管理

【越线项目“零审批”】 2014年,上城区审批建设项目200个(包含市环保局下放审批项目16个),未发生因审批不当造成的群众信访。完成建设项目环保“三同时”(建设项目中防治污染的措施必须与主体工程同时设计、同时施工、同时投入使用)验收57个。审批过程中,严格按照国家、省、市产业政策、环境功能区规划要求及国家、省行业环境准入条件进行审批,无越线项目审批发生和因审批失误或不当导致区域限批情况发生。建设项目环评执行率、“三同时”执行率均100%。同时开展敏感建设项目环保审批“回头看”工作。

【环境执法检查】 上城环保分局组织开展汽修行业专项执法检查,检查区内汽修行业企业50个。检查内容涉及经营项目许可、年度排污申报及危险固体废物处置等。对区内21所省、市、区级医院开展专项检查,规范医院环境保护工作。与区公安分局联合开展区内放射源使用单位专项检查,确保每一枚放射源处于安全监管范围内。联合区行政执法局和所在街道,对餐饮企业每星期进行一次单独检查,全区有82个餐饮企业接受单独检查,被责令整改5个,立案查处7个,罚款1.95万元。加强中、高考期间环境管理,联合区城管执法局开展夜间施工检查。积极探索油烟在线监控管理,全年162个企业安装油烟在线监控装置164台。建立与区消防、区行政执法等部门的联动机制,不定期开展联合执法行动。通过智能监控,主动告知企业及时对净化器和烟道内油污进行清理。对监控中发现问题的单位,在排污申报时进行严肃处理。

【“阳光排污口”工程实施】 11月,上城环保分局以河道水体整治为重点,实施“阳光排污口”工程。在中河、东河等5条河道设置135个“阳光排污口”标牌，对3个工业企业及7所医院的排污口设置“阳光排污口”标牌，对污水类型、排放标准、排放去向及监督电话予以公示。建立区政法机关与上城环保分局环保执法联席会议制度，并召开首次联席会议，专题研究环境综合治理工作。组织全区100余个单位，进行新环境保护法学习培训，增强企业经营者和员工的环境保护意识及生态文明理念。

环保宣传教育

【上城环保微博开通】 上城环保分局积极打造与社会公众沟通的新平台，组织开通官方微博，发布及转发微博信息480余条。该微博以发布信息为主，并征集民意、回应诉求，提高社会公众对全区环保工作的满意度和认可度。配合市网络舆情监控工作，上城环保分局确定1名网评员，参加市委网宣办组织的网评员演练，围绕九峰垃圾焚烧项目建设、杭州农药厂土壤修复、桐庐四氯乙烷泄露等重大事件，以及社会关注的热点问题开展网宣网评工作，进行舆论正面引导。

【重要环境节日纪念活动】 上城环保分局整合各方力量，围绕“6·5”世界环境日、浙江生态日、“低碳科普周”、世界地球日等重要环境节日开展系列纪念活动。举办“上城、萧山、富阳三地周末旅游集市暨2014‘捷安特杯’美丽杭州环保骑游”宣传活动，推进“五水共治”建设美丽上城——上城区纪念“6·5”世界环境日活动，参加望江街道“保一江清水，优一方生态”——“五水共治”主题宣传活动，联合太庙社区开展环保文艺演出进社区工作。

【“联街结社”共建活动】 上城区印发《上城环保分局协管员“条块结合”网络化管理办法》《2014年上城环保分局“联街结社”共建活动实施方案》，大力推进“联街结社”共建活动。通过“联街结社”平台，发动社区居民参与环境保护。针对社区居民需求，举办19场环保知识讲座，提高社会各界的环保意识。制作PM2.5、雾霾、辐射、噪声等名词解释及介绍“五水共治”等中心工作的展板15套，在各社区宣传栏巡回展出。印制《公众防护PM2.5科普宣传册》及“五水共治”宣传折页在社区分发。继续实行上城环保分局协管员“条块结合”的网络化管理模式，协管员负责相应街道的生态环保工作。根据街道、社区需要，实时发布环境质量信息，通报生态文明建设工作动态，提供环保法律法规解读，加大对各种环境违法行为查处力度等的宣传。 （陈　曦）

科学技术

Science and Technology

科技计划

【概况】 2014年，上城区获省、市科技进步奖各1项。全年本级财政投入科技经费9557万元，比上年(指2013年，下同)增长7.1%，其中技术创新专项资金3010万元，增长0.7%。列入省级及以上科技项目11项，获省级及以上科技项目经费983万元。新增省级以上高新技术企业6个，累计51个；新增市级高新技术企业3个，累计57个；新增区级高新技术企业2个，累计61个。新认定市级以上创新型示范(试点)企业3个，新增市级以上高新技术研发中心8个、市级以上科技型中小企业17个、省级企业研究院1个，入选省高新技术百强企业1个。组织实施区级科技计划项目70项；推荐申报国家、省、市科技计划项目56项，立项28项，获资助经费1450万元。引导企业投入科技研发经费超过5亿元。区科技创业中心引进科技型企业17个，实现技工贸总收入8.22亿元，增长3.4%；完成税收3105万元，增长3.5%。新增市级科技企业孵化器1个，累计5个。区科技创业中心完成国家级科技企业孵化器综合情况的收集、审核和上报。

【国家火炬计划统计工作完成】 3月10日，上城区完成2013年度国家火炬计划统计工作。统计结果显示，2013年全区有孵化企业83个，其中当年新引进企业13个、毕业企业(指进入孵化器的初创企业需要提交创业计划书，明确其创业目标和任务，孵化期限一般为3年，若该孵化企业实现了创业目标计划，即为毕业企业)14个；在孵企业杭州智诺英特科技有限公司、浙江安正科技有限公司被认定为国家重点支持高新技术企业。2013年，上城区科技创新中心实现技工贸总收入7.95亿元，比2012年增长3.4%；实现税收3000万元，增长3.4%。

【区可持续发展实验区工作会议】 9月1日，上城区可持续发展实验区办公室召开由29个成员单位联络员参加的工作会议。实验区办公室在会上通报上城区实施可持续发展实验区建设和各成员单位项目进展情况，对《上城区“国家可持续发展实验区”建设

9月1日，上城区召开可持续发展实验区成员单位联络员会议

（区科技局　供稿）

规划》中确立的32个主要指标和21个项目推进时间进行再安排。会议要求进一步营造实验区建设氛围，深入挖掘实验区建设亮点和特色，强化考核考评工作，以优异成绩迎接科技部对区可持续发展实验区的中期评估。

【专利“增量提质”】 4月10日，区科技局专题研究专利“增量提质”工作。根据市知识产权领导小组办公室新制定的《杭州市专利专项资金管理办法》，对上城区《关于鼓励专利申请和应用奖励办法(试行)》进行修订。实施“专利清零”行动，重点在规模以上工业优势企业中挖掘可申报专利，有针对性地开展服务和指导。杭州市水业集团有限公司、杭州天元畜产有限公司、杭州棉毛针织有限公司向国家知识产权局申报专利。加大专利试点(示范)企业的培育，抓好各级专利试点(示范)企业申报，鼓励企业积极申请发明专利，提升核心竞争力。开展宣传培训活动，利用知识产权宣传周和“4·26”世界知识产权日，采取多种形式开展专利知识宣传培训，调动企业和广大居民发明创造的积极性。

【孵化器认定和管理办法出台】 11月21日，上城区根据国家和省、市孵化器建设工作要求，出台《上城区科技企业孵化器认定和管理办法》(简称《办法》)。《办法》突出加强区级孵化器建设和引导，鼓励所属街道、企业等社会主体，根据自身行业特点、区域特征及功能定位，参与创办各类孵化器。《办法》明确孵化企业入驻条件，要求经认定的孵化器，其孵化培育的科技企业所从事的项目须符合《国家高新技术产品目录》和上城区产业发展要求，具有自主知识产权。《办法》提出鼓励孵化器建设政策，凡利用社会资源新办并认定为区级孵化器的，根据其场地规模和孵化条件，给予建设经费资助20万元~100万元；区级孵化器提升为市级、省级、国家级科技企业孵化器的，分别奖励10万元、30万元、50万元；凡在孵期间或毕业后1年内被认定为国家重点扶持的高新技术企业、杭州市高新技术企业的，每认定一个，分别给予企业所在孵化器10万元、5万元补贴；对各类科技孵化器新引进企业，经审核确认后，每个企业以100平方米为限，实行3年内每天0.5元/平方米~1元/平方米不等的房租补贴。

科技创新

【5个单位（平台）成为市文化和科技融合示范单位】
1月4日，杭州市文化创意产业办公室、杭州市科学技术委员会联合下达新认定的第二批市文化和科技融合示范园区、企业和公共服务平台(试点)单位名单。上城区所属的杭州市山南国际创意(金融)产业园被认定为文化和科技融合示范园区，思美传媒股份有限公司、金星铜集团有限公司、浙江宇天科技股份有限公司被认定为文化和科技融合示范企业（试点)，梦工场传媒孵化平台被认定为文化和科技融合示范公共服务平台(试点)。被认定的5个单位代表上城区科技文化融合类企业的创新实力和未来发展趋势，在发挥科技创新对文化发展重要引领作用上具有良好的示范效应。

【海兴电力科技公司入选浙江百强高新技术企业】
2月12日，浙江省高新技术企业协会公布2013年度浙江省百强高新技术企业评价结果，上城区所属的杭州海兴电力科技股份有限公司（简称海兴电力科技公司)名列其中。海兴电力科技公司依靠科技创新快速发展，其经济指标和创新指标两大方面的6个核心指标均符合《浙江省高新技术企业百强评价方法》的规定，公司技工贸总收入和人均收入均超过该评价方法提出的标准。此次评价还公布2013年度浙江省部分行业高新技术企业十强榜单，上城区的浙江赞宇科技股份有限公司入选新材料产业——精细化学品产业十强企业。

【4个企业项目入围浙江省重大科技专项项目库】 8月14日，浙江省财政厅、浙江省科技厅发布信息，公布232个进入2014年省重大科技专项备选项目库项目名单，上城区有4个企业项目入围，分别是浙江宇天科技股份有限公司的移动数字文化生活云服务平台研发与产业化项目、杭州熙浪信息技术有限公司的基于大数据挖掘的一站式品牌企业云服务平台项目、杭州海兴电力科技股份有限公司的配网线损在线监测及治理解决方案的研究与开发项目、杭州华日电冰箱股份有限公司的冷变器技术运用于高效

节能制冷产品中的创新项目。

【新增浙江省科技型企业 19 个】 8 月 20 日和 12 月 23 日，杭州市科学技术委员会根据《浙江省科技型中小企业认定工作实施意见》及《浙江省科技厅关于省科技型企业认定有关事项通知》的规定，分别组织认定杭州市第一批和第二批浙江省科技型企业，上城区所属的杭州联众医疗科技有限公司、杭州泵浦节能技术有限公司等 19 个企业名列其中。浙江省科技型企业要求企业拥有自主知识产权，研发投入、科技人员数量要达到一定比例，企业年度有盈利等。截至年底，上城区累计被认定为浙江省科技型企业 66 个。

【梦工场孵化器被认定为市级科技企业孵化器】 9 月 4 日，杭州市科学技术委员会下发通知，公布新认定的 11 个市级科技企业孵化器名单，上城区所属的传媒梦工场新媒体孵化器基地名列其中。传媒梦工场新媒体孵化器基地坐落玉皇山南，孵化场地面积 5500 平方米。截至年底，上城区拥有市级以上科技企业孵化器 5 个，孵化场地面积 4.30 万平方米。

【新增省级高新技术企业 5 个】 9 月 12 日，浙江省高新技术企业认定管理工作领导小组根据国家《高新技术企业认定管理办法》和《高新技术企业认定管理工作指引》的规定，组织认定 722 个浙江省 2014 年第一批高新技术企业，上城区所属的杭州熙浪信息技术股份有限公司、杭州星纬物联技术有限公司、杭州云灵科技有限公司、浙江浙电电网工程技术有限公司、浙江亿邦通信科技股份有限公司 5 个企业位列其中。同时有杭州华日电冰箱股份有限公司、杭州中瑞思创科技有限公司等 19 个省级高新技术企业通过重新认定。截至年底，全区拥有省级高新技术企业 51 个。

【杭诚专利事务所获“全国首批知识产权品牌机构”称号】 9 月 16 日，国家知识产权局委托中国知识产权研究会、中华全国专利代理人协会、中华商标协会和中国知识产权杂志社作为第三方联合开展的知识产权品牌机构评鉴结果公布，上城区所属的杭州杭诚专利事务所有限公司获“全国首批知识产权品牌机构”称号。

【新增市级研发中心 5 个】 11 月 12 日，杭州市科学技术委员会公布 2014 年市高新技术企业研发中心认定结果，上城区所属的浙江电力电子高新技术研究开发中心、安正科技应急通信及指挥调度系统高新技术企业研发中心、电真空材料研发中心、亿邦通信高新技术研究开发中心、求是教仪科教设备企业高新技术研究开发中心被认定为市级研发中心。截至年底，全区拥有市级高新技术企业研发中心 36 个。

【新增省级企业研发中心 3 个】 12 月 17 日，浙江省科技厅公布 2014 年浙江省高新技术企业研发中心认定结果，上城区所属的杭州远传通信技术有限公司建设的技术智能客服及数据应用研究开发中心、浙江中源电气有限公司建设的电气稀土永磁电机研究开发中心、杭州大光明通信系统集成有限公司建设的大光明移动通信智慧运维技术及应用研究开发中心榜上有名。截至年底，全区拥有省级高新技术企业研发中心 19 个。

【新增省级专利示范企业 1 个】 12 月 4 日，浙江省知识产权局、浙江省经济和信息化委员联合公布 2014 年省专利示范企业认定名单，上城区所属的浙江博世华环保科技有限公司榜上有名。认定的省专利示范企业要求近 3 年拥有各类有效专利 20 项以上，或发明专利 5 项以上，或国外发明专利 3 项以上；企业连续两年盈利，其中专利产品年产值 5000 万元以上，专利产品销售额占企业销售收入的 50%以上。截至年底，上城区拥有省级专利示范企业 7 个。

【浙江大学上城技术转移中心成立】 为进一步提升上城区医疗服务水平、促进健康产业快速发展，12 月 19 日，浙江大学上城技术转移中心成立并举行签约仪式。副区长马彦和浙江大学工业技术研究院副院长陈中平、院长助理吴庆标等出席签约仪式。浙江大学上城技术转移中心落户区科创中心紫金观港 26 号，为浙江大学工业技术研究院的派驻机构。该中心的成立,将搭建起医院、企业、资本、技术四位一体的交流平台,助推上城区的创新研发、人才引进等工作,提升区科技创新能力,加快区科研成果转化和产业化进程,促进全区信息化建设和健康服务业发展,为实现建设“健康医疗城”和“智慧上城”的奋斗目标助力。

【新增省级企业研究院 1 个】 12 月 30 日,浙江省科技厅公布 2014 年省级企业研究院认定名单,上城区所属的浙江省茶叶加工技术研究院名列其中。省级企业研究院是浙江省为落实《国家技术创新工程浙江省试点方案》,选择规模较大、研发能力较强的企业组建的企业研发机构,企业研究院在集聚整合创新要素、组织开展科技创新、支撑企业持续发展和引领行业技术进步中将发挥重要作用。截至年底,上城区拥有省级企业研究院 3 个。

科技服务与交流

【科技服务】 2~3 月,区科技局开展为期 1 个月的科技服务创新系列活动,组织由局领导带队的科技小分队,深入企业开展“百企”大调研,摸清企业底数,建立企业数据库;摸清企业创新情况,建立技术需求库;摸清对外合作项目,建立科技成果库。建立以业务科长为骨干的联系服务企业制度,指导企业加快高新技术产品开发,加强知识产权管理应用,帮助指导企业申报高新技术企业和科技型中小企业等。扩大 200 万元风险池基金,为需求企业解决融资难。通过调研建立区级科技发展计划 70 项,建立申报市级以上项目数据库 30 多项;组织推荐申报省重大科技专项 9 项、市科技进步奖 7 项;为企业通过股权质押获得风险池贷款 500 万元。

【“1211 人才”项目专家答辩会】 4 月 25 日,区科技局、区人力社保局联合组织相关专家举行上城区“1211 人才”答辩会。在经过前期筛选的基础上,有 6 名申报人员分别对自己项目的基本情况、研究开发内容、实施方案等进行现场陈述,专家就相关问题进行提问,并综合答辩情况予以打分。区“1211 人才”项目是吸引海内外领军型人才到上城区创新创业的一项重要工程,于 2011 年 11 月启动,计划用 5 年时间面向海内外引进 10 个带项目、带技术的创业团队和 20 名以上掌握先进技术、带动新兴产业发展的创新人才,引进留学人员创业企业 10 个,吸引留学有成人才 100 名。截至年底,有 4 个海内外引进项目落地。

【社区防震减灾应急演练】 5 月 15 日,在全国第 6 个“防灾减灾日”之际,上城区在望江街道近江东园社区举行社区防震减灾应急演练。演练活动邀请省地震局专家到社区向居民宣传和普及防灾减灾知识,组织开展应急疏散、自救自护演练,提高居民对突发灾害的应急避险和自救互救能力。此次活动是上城区首次组织的范围较为广泛的一次宣传和演练,由区应急办、区科技局(区地震局)主办,望江街道、区红十字会协办,近江东园社区承办。区委常委、副区长陈益伟在现场观看演练,浙江省地震局应急救援处处长叶建青、杭州市地震局副调研员曾维启到现场指导。全区社区相关工作人员参加演练。主办方向社区居民和学校赠送《公众防灾应急手册》《中小学生防震避险教育读本》等科普书籍 1000 册,向社区赠送家庭专用地震应急装备示范背包 2 套。

5 月 15 日,上城区在望江街道近江东园社区开展防震减灾应急演练

(区科技局 供稿)

资料 “三网一员”:是国家防震减灾工作体系建设的组成部分。“三网”即地震宏观测报网、地震灾情速报网、地震知识宣传网;“一员”即防震减灾助理员。

【科技周活动】 5月16日，以“科学生活·创新圆梦”为主题的2014年科技周活动暨上城区第五届低碳科普周活动在吴山广场举行。此次活动分科技创新创意成果和节能新产品及生态环保新产品展示、居民低碳健康生活小发明小制作展示、传统文化技艺展示、科技科普咨询四大板块,区相关部门、6个街道和区属学(协)会、部分企业设置展位20多个,通过实物、展板等形式在现场开展科技宣传和咨询。科技周期间，每个街道安排系列科技科普特色宣传活动。

【科技企业创新服务月活动】 6月4日,区科技局在区科技创业中心举行首场知识产权培训讲座，以此启动2014年上城区科技企业创新服务月活动。此次活动以“对接、了解、促进”为主题,以各街道辖区内科技型企业为重点,分6个专场采取讲座、咨询等形式,开展科技创新、知识产权以及信息产业、文创产业等相关政策宣传，帮助科技型企业了解和用好最新的鼓励科技创业创新政策，进一步提升科技型企业创新发展活力。

【26件作品获“朱炳仁铜屋杯”奖】 10月10日，2014年“市长杯”创意杭州工业设计大赛上城分赛场“朱炳仁铜屋杯”评优工作结束。此次上城分赛场收到来自全国相关高校院所、工业企业产品设计工作室及独立设计师等参赛作品200余件，经综合评选有26件作品入围。其中,华南农业大学艺术学院选送的“花好月圆——香台”参赛作品获金奖,松果设计公司选送的“故宫纸镇”等3个单位的3件参赛作品获银奖,浙江理工大学选送的“灯芯”等5个单位的5件参赛作品获铜奖,南京林业大学选送的“故宫记忆”等17个单位的17件参赛作品获优秀奖。

科技成果与奖励

【省机电设计院获国家科技服务项目资助资金】 7月1日,科技部、财政部联合下达2014年度中小企业发展专项资金立项通知，浙江省机电设计研究院有限公司获科技型中小企业科技服务项目无偿资助371万元。这是上城区企业获国家科技经费单项最高的一次。该项目由浙江省泵及电机公共服务平台提出申报,重点支持高效节能水泵及电机、控制技术、检测试验设备的研究。

【8个项目实现科技成果转化】 上城区加大对新产品研究开发的引导,通过政策扶持,鼓励企业新产品开发,实现科技成果转化。浙江亚通金属陶瓷有限公司开发的“适用于容性负载的高压真空开关触头材料”,杭州捷尔思阻燃化工有限公司开发的“高流动无卤阻燃TPE注塑料”,杭州慧景科技有限公司开发的“CJHD型城市轨道交通道岔监测系统”等8个项目实现科技成果转化。

【企业研发经费投入奖励】 9月15日,区科技局、区财政局兑现杭州娃哈哈集团有限公司、杭州海兴电力科技股份有限公司、浙江中烟工业有限责任公司杭州卷烟厂3个企业2013年研发经费投入奖励85万元,以鼓励企业加大研究与开发经费的投入。上城区《关于实施科技创新战略加快建设创新型城区若干扶持政策》明确规定:凡企业“年研发经费投入超过1亿元的,奖励50万元;超过5000万元的,奖励25万元;超过3000万元的,奖励15万元”。

【可持续发展实验区建设财政资助】 9月15日,区科技局、区财政局给望江街道“智慧云社区·民情E点通”管理服务平台、食品安全监管系统、童趣园生态水池建设、目术塘组团孵化器等6个项目下达2014年度“国家可持续发展实验区”项目资助经费310万元。2013年4月,上城区被科技部批准为“国家可持续发展实验区”。实验区着力以项目推动建设，重点支持社会管理创新与民生工程建设、生态环境建设、食品安全及公共安全保障等方面的关键技术攻关及示范项目，并采取财政适当资助的方式，鼓励建设单位加大项目经费的投入。

【3个项目获国家火炬计划立项】 10月29日，科技部公布2014年度相关国家科技计划项目。浙江宇天科技股份有限公司承担实施的“支持海量数据处理和版权保护的数字阅读平台”、杭州海兴电力科技股份有限公司承担实施的“海兴电能量综合信息管理系统”、杭州柯林电力设备有限公司承担实施的“变电设备状态监测系统”3个项目获国家火炬计划立项。截至年底，上城区累计有20个项目被列入国家火炬计划。

【海兴电力科技公司获市科技进步奖】 12月11日，市政府公布2014年科学技术进步奖获奖名单，杭州海兴电力科技股份有限公司设计研发的“基于Web Server的智能计量技术和物联网技术的能源管理系统”项目榜上有名。市科学技术进步奖是市政府为推动科技进步、鼓励科技人员创新而设立的专项政府奖励，每年评选一次。 （杨永清）

电子机械功能区建设

【概况】 2014年，区电子机械功能区拥有企业153个，其中规模以上工业企业24个，规模以下在孵工业企业63个，限额以上商贸、服务业企业10个，限额以下商贸、服务业在孵企业56个。全年技工贸总收入49亿元，比上年(指2013年，下同)增长2.1%。其中，24个规模以上工业企业销售产值32亿元，增长1.2%；税收收入3.20亿元，增长20.1%；地方税收收入1.40亿元，增长21.5%。园区亩产税收位居全省前列，被认定为杭州市创业创新发展示范园、杭州市优秀高新技术产业园。9月1日，区电子机械功能区以综合考评第6名的成绩被评为“2013年度杭州市高新技术产业园综合考评优秀单位”。

区电子机械功能区结合产业实际，推进物联网技术对主导优势产业的渗透融合，运用射频识别技术、传感器及机器视觉技术、数据传输技术和实时定位系统对电子仪器仪表、工业自动化控制等主导优势产业进行改造提升。围绕电子信息、高端装备、在线监测等产业领域，引进、消化、吸收具有国内外领先水平的科技成果，积极研发新产品，企业从单一产品制造全面转向系统解决方案。园区拥有涉及物联网技术运用和软件开发企业21个，全年销售产值19.96亿元，增长7.9%；工业增加值8.18亿元，增长8.1%。

区电子机械功能区重点扶持创新能力强、产品技术含量高的战略新兴企业，引导其成长为高新技术企业。园区拥有国家级、省级、市级高新技术企业22个，占规模以上工业企业的91.7%。拥有国家火炬计划重点高新技术企业、省技术创新能力百强企业、省创新型(试点)企业各1个。全年24个规模以上工业企业中保持增长的有13个。其中，浙江威星智能仪表股份有限公司实现销售产值2.16亿元，增长51.0%；浙江博世华环保科技有限公司营业收入2.03亿元，增长62.4%；杭州捷尔思阻燃化工有限公司销售产值1.71亿元，增长12.7%；浙江求是科教设备有限公司销售产值7317万元，增长12.5%；杭州慧景科技股份有限公司销售产值5453万元，增长63.8%；浙江亿邦通信科技股份有限公司销售产值5109万元，增长51.0%；杭州通兴电子有限公司销售产值4438万元，增长23.6%；浙江中杭电子有限公司销售产值3880万元，增长13.7%。

区电子机械功能区围绕电子信息、海洋装备等重点领域，引导企业与科研院所、高等院校开展产学研合作，组织攻克一批阻碍产业发展的共性技术和关键技术。凝练、筛选一批具有较好发展前景的项目，争取国家级、省级资金支持，全年增加1个院士工作站(杭州亿恒科技有限公司院士工作站)。杭州海兴电力科技股份有限公司的电能量综合信息管理系统、杭州柯林电力设备有限公司的变电设备状态监测系统被科技部列入国家火炬计划。浙江中杭电子有限公司被工信部列入国家海洋工程装备科研项目水下湿式电气通用接头及水下电缆小型连接器研制单位。浙江威星智能仪表股份有限公司“燃气云”研究项目被省经信委列入省“云工程”与“云服务”重点企业研究项目。杭州海兴电力科技股份有限公司的高低压一体化智能防窃电系统被省科技厅评为省科学技术三等奖；该公司的配网线损在线监测及治理解决方案的研究与开发项目和浙江博世华环保科技有限公司的污染场地修复专用装备的研发及工程示范项目被省科技厅列入省重大科技专项计划。

上城区电子机械功能区科技孵化大楼　　（区电子机械功能区　供稿）

【基地建设】 11 月 25 日，区电子机械功能区余杭地块 10 万平方米标准厂房及人才公寓土建竣工验收，全年余杭地块实现总产值 2.83 亿元。弱电系统工程开工；室外工程（市政、绿化）进入招投标程序，通过区公共资源交易服务中心统一招标确定招标代理公司。完成杭州地块 8 幢标准厂房、5 幢业主单位房产证分证转让，完成科技孵化大楼市城建档案馆竣工资料归档及绿化验收测绘。建成党群服务中心和党群工作宣传展示平台。完成余杭二期地块填土招投标，供地前期准备工作基本就绪。推进功能区企业项目落地和实施进度，功能区浙江亚通冶金科技有限公司、杭州奥普电器有限公司、杭州三高光电科技有限公司 5.20 万平方米厂房建成。完成功能区节约集约用地情况调查，委托专业设计单位根据功能区产业定位，编制功能区整体提升改造方案。（贾　靖）

综述

【概况】 2014年,全区有各类幼儿园22所,在园幼儿8821人,学龄前儿童入园率100%。有小学18所,在校学生19 189人;特殊教育学校1所,在校学生208人;初中11所(其中九年一贯制学校3所),在校学生8720人;职高1所,在校学生789人。有在职教师3029人(包括幼儿园教师746人),其中省特级教师27人、区特级教师24人。教师中研究生学历202人、本科学历2520人、大专学历292人、大专及以上学历教师占总数的99.5%;有高级职称的教师366人、中级职称的教师1451人,中高级职称教师占总数的60%;有省市教坛新秀399人、区教坛新秀913人。全年招收中小学生6479人,完成学业毕业学生5495人,九年制义务教育入学率100%。

上城区学前教育生均公用经费继续实行“全覆盖”,生均305元。义务教育阶段生均公用经费定额标准比上年(指2013年,下同)提高,小学生均公用经费定额标准为610元,初中为810元。全年区财政支出教育事业经费4.55亿元,增长6%。

【教育基础设施建设】 上城区加大教育基础设施建设投入,全年基建投入17 863万元,校(园)舍维修投入3868万元。杭州第六中学体艺楼及教育学院教学用房主体结顶;北师大附属杭州中学、杭州服装职业高中实训楼及学生宿舍、杭州天地实验小学、杭州市娃哈哈幼儿园新城园区、杭州行知幼儿园婺江园区二期工程、杭州饮马井巷小学、杭州师范大学第一附属小学秋涛校区等新建、改建项目建成并投入使用。全年新增校(园)舍建筑面积10.86万平方米,整体装修与改造校(园)舍12.99万平方米。创建省义务教育标准化学校28所、市标准化建设达标幼儿园27所。

9月20日,区领导视察杭州天地实验小学(新校区)　　(区教育局　供稿)

【教育督导与评价】 上城区教育督导与评价中心以“创建浙江省教育现代化区”为契机,大力提升上城区教育的影响力。出版《学校发展规划的上城经验》和《发展性评价的上城探索》2本书,总结上城区近5年学校发展规划管理和学生发展性评价经验,其经验做法在《浙江教育报》专版刊登。3~6月,上城区教育督导室组织省、市、区相关专家,对上城区12所幼儿园的规划实施情况进行评估。杭州市娃哈哈幼儿园、胜利东河幼儿园被评为规划实施综合优秀单位，清波幼儿园、天艺幼儿园、紫阳幼儿园、始版桥幼儿园被评为单项优秀单位。7 月 14 日，上城区“区域教育质量评价体系的建构与实践”项目被列入省中小学教育质量综合评价改革实验试点项目。8 月 20~21 日，上城区举行小学第二轮三年发展规划专家论证会。全区 16 所公办小学新一轮三年发展规划文本接受专家评审。12 月 22 日，由省教育厅教研室副主任张丰、省教育厅教研室评价部主任方张松及评价部研究员组成的专家团到上城区，就上城区教育评价工作进行调研。专家团认为上城区教育评价工作整体思路清晰，实施路径明确，实践效果显著。

学前教育

【概况】 2014 年，全区有 22 所幼儿园、38 个园区。其中，有省一级园区 20 个、省二级园区 18 个；按杭州市分类，市特级园区 6 个、市甲级园区 22 个、市乙级园区 10 个。全区等级幼儿园覆盖率、规范幼儿园覆盖率、网片组织(互助共同体)参与面均 100%。全区有幼教教师 746 人，教师资格证持有率 98.8%，学历合格率 100%；大专及以上学历 715 人，占教师总数的 98.7%。其中，研究生学历 6 人、本科学历 515 人。园长上岗培训率 100%。幼教高级及以上职称 254 人，占教师总数的 34%。有省市教坛新秀 52 人、区教坛新秀 142 人。全区有 6 个早教基地，各幼儿园和园区积极开展 3 岁前早教探索与研究工作，0~3 岁婴幼儿家长和看护人受训率 99.5%。全年全区学前教育事业经费支出 5539 万元，占教育事业经费总支出的 11.4%；安排学前教育专项经费 300 万元，学前教育生均公用经费定额标准为 305 元，覆盖全区范围内所有幼儿园。

【“慢成长慧教育”生态环境打造】 区教育局围绕“关注儿童慢成长教育”核心工作及“阳光男孩”教育理念，由综合教育科牵头，协同相关职能部门和学校，进行“强男孩”衔接课程的初步探索。开展以“父性教育”为主题的多个活动。承办“全国学前儿童社会与家庭教育学术探讨会”现场活动。区教育局围绕“教师有效教学”和“幼儿自主发展”目标，在工作机制、职能评价、组织策略等方面进行有效调整，抓好各项工作落实，实现上城区学前教育可持续高品质发展。

【第八届全国学前儿童社会与家庭教育学术研讨会】 5 月 21~23 日，由中国学前教育研究会社会与家庭教育专业委员会主办、上城区教育局等单位协办的第八届全国学前儿童社会与家庭教育学术研讨会在上城区召开。研讨会以“科学育儿——聚焦幼儿发展的生态环境”为主题。清荷幼儿园、清波幼儿园、喜洋洋幼儿园作为该届研讨会幼儿发展生态环境的主题现场，接受 800 余名与会代表考察，3 所幼儿园从“幼儿园、家长、社会三位一体，共同营造和谐育儿环境”角度，向代表们展示上城区幼儿发展和谐成长系统的工作实效。

【“守护孩子舌尖上的健康”食堂管理研讨活动】 6 月 26 日，区教育局开展“守护孩子舌尖上的健康”幼儿园食堂管理研讨活动。全区公办、民办和部门办幼儿园园长、分管后勤副园长、保健老师、会计人员等 100 人参加。通过“食堂管理案例”参与式讨论，加深参加人员对食堂管理中“细”和“规范”重要性的理解。开展该项活动旨在提升全区幼儿园保健、保育、炊事等教育辅助队伍素质，推动区域内学前教育优质均衡发展。

【亲子操展示活动】 9 月 27 日，区教育局以“阳光爸爸，健康宝宝”为主题，开展幼儿亲子操展示活动。上城区 22 所幼儿园 400 余名大班幼儿与爸爸们参加展示活动，通过父子亲子操展示，为父亲和幼儿搭建亲子亲情平台，增进情感，提高幼儿参与体育活动兴趣，并让幼儿家长进一步了解幼儿园教育理念。

中小学教育

【概况】 2014年，全区招收中小学生6479人，九年制义务教育入学率100%。1月25日，胜利小学赞成校区从胜利小学分离，单设为独立法人事业单位——杭州市胜利实验学校。5月，区教育局委托北京师范大学杭州附属中学(原勇进中学)管理杭州市清河中学。委托管理期限为 3 年，自 2014 年 7 月 5 日至 2017 年 7 月 4 日。

【上城区教育系统师生运动会】 11月15日,上城区教育系统师生运动会在北京师范大学附属杭州中学举行。省教育厅体艺卫处处长李建章、市教育局副局长蒋莉、市教育工会主席吴立红、市体育局副局长徐桐浩,以及区委、区政府相关领导、兄弟城区教育局领导、上城区教育局领导班子全体成员参加运动会开幕式。开幕式上,各学校展出近年来中小学体育教育取得的成果。此次运动会设6个比赛大项、26个单项,参赛师生近1万人。运动会坚持"安全、公平、快乐、和谐"的要求,圆满完成各项目的比赛。

【杭州娃哈哈双语学校成立】 5月9日,杭州娃哈哈集团有限公司投资创办的杭州娃哈哈双语学校成立。首任校长由杭州市胜利小学原校长全力担任。学校位于钱江新城核心区块,是一所定位高端的高品质国际化学校。学校以促进义务教育优质均衡发展,努力实现让有需要的家长享受优质民办教育资源为指导方针。2014年秋季学校招收一年级学生3个班。

【千岛湖建兰中学开学】 9月1日,千岛湖建兰中学开学。第一年招收六年级学生6个班、七年级学生8个班。生源来自淳安本地及周边县(市),共499人。学校师资力量由杭州市建兰中学支教的名师和淳安县当地优秀教师、大学毕业生组成,全校有教职员工55人。

5月9日,杭州娃哈哈双语学校成立　　　　(区教育局　供稿)

【江城中学建校60周年庆典】 11月22日,杭州市江城中学举办建校60周年庆典,同时开展"桃李芬芳60春"教育教学成果展示活动。全校师生通过诗朗诵、歌曲演唱等形式祝贺学校生日。庆典仪式上,学校领导为"阳光学子"和参加首届"凌霄花杯"经典课堂大赛获奖的16名老师颁奖。省、市、区相关领导和兄弟学校校长、江城中学学生家长等参观展示活动。

【回族穆兴小学教育教学成果展暨百年校庆】 12月31日,杭州市回族穆兴小学举行教育教学成果展暨庆祝建校100周年活动。老校长代表、老教师代表应邀出席校庆,现任校长王静发表讲话。全校师生手拉手,诵读诗歌《我们在一起》,送上对学校的祝福,祝贺学校百年华诞。杭州市民宗局副局长吴国强、民族处处长杨红伟,区民宗局局长薛迓冰、上城区青少年活动中心主任张欢等领导出席,并为"书香学子""书香家庭""最受学生喜欢的教师"颁奖。上城区教育局党委委员郑坚代表区教育局致辞。

【上城区中考取得好成绩】 2014年,全区中考高分段人数、优高上线率和特长生录取人数均取得新突破。在2525名初中毕业生中,262名学生被保送进入省一级中学,199名学生获500分以上高分;762名学生上优质高中分数线,优高上线比例47%,超过杭州市优高平均水平5个百分点;特长生和特色班学生人数为113人。建兰中学学生朱昶羽以547分成为杭州市中考状元,并打破杭州市中考最高分纪录。

【少年先锋队上城区第九次代表大会】 4月22日,中国少年先锋队杭州上城区第九次代表大会在杭州市高银巷小学召开。市委副秘书长、市委宣传部副部长、市文明办主任董悦,团省委少年部部长顾艳,团市委副书记赖明诚,区四套班子领导袁建祥、叶素、顾敏达、宣寅,省少先队总辅导员魏慈瑛等领导和上城区优秀少先队员代表、少先队工作者代表、辅导员等230多人参会。

【上城区青少年茶文化教育基地揭牌】 12月3日，上城区青少年茶文化教育基地揭牌仪式在尚青书院举行。杭州市茶文化研究会会长虞荣仁、上城区教育局副局长周常生为基地揭牌。全市各区、县茶文化研究会领导和专家出席揭牌仪式。上城区青少年茶文化教育基地总面积约800平方米，建有"一斋两堂三坊四庭"，即晋唐斋、仰圣堂、润荷堂、汉韵坊、茗香坊、金石坊、礼仪庭、映月庭、对弈庭、小兰庭等功能区。基地主要服务于上城区青少年，使全区青少年通过该平台，近距离接触南宋茶文化，接受优秀传统文化教育。

【新世纪外国语学校课题获教育部成果奖】 7月，教育部根据《教学成果奖励条例实施办法》，组织首届国家级基础教育教学成果奖评选。杭州新世纪外国语学校申报的"全境英语(ELITE)：外国语学校英语特色课程群建设实践研究"课题获首届国家级基础教育教学成果二等奖。该课题涉及从全境教学模式的创立到九年一贯全境课程的研发，课题主要完成者为该校校长滕梅芳。

中等职业教育

【概况】 杭州市服装职业高级中学(简称服装职高)是上城区唯一一所中等职业学校，为全国服装协作组理事、浙江省服装教研大组理事长、浙江省服装教育集团副理事长单位，是浙江省服装专业实训基地。学校设置服装设计与工艺、展示与礼仪两大专业及服装设计与工艺、服装制作与营销、服装表演3个方向，其中服装设计与工艺专业为主干专业、首批省级示范专业。

【毕业设计作品展示会】 5月8日，服装职高2014届毕业设计作品展示会在杭州西湖新天地举行。作为一所覆盖行业所需的设计、工艺、表演、营销等专业的省级重点职高，此次与高等院校同台竞技。服装职高展出的120余款作品，均为成衣，能够在日常生活中穿着，在工艺与设计等方面要求较高。展示会上，专家与服装企业均对服装职高毕业设计作品予以肯定。

【服装技能比赛】 5月10~11日，浙江省中等职业学校学生服装技能大赛暨全国职业院校技能大赛选拔赛在杭州职业技术学院举行。服装职高取得5金4银5铜的成绩。10月24日，服装职高学生朱晗凭借作品"墨域"，在宁波举行的国际名校时装设计大奖赛上获最佳工艺奖。在同一天举行的上海国际模特大赛中，服装职高服装展示与礼仪专业学生吴欣欣获大赛冠军。

【课程改革调研与指导】 12月24日，省教育厅副厅长朱鑫杰、成教处副处长高迎春到服装职业高级中学，对学校即将开始的中职课程改革进行实地调研与指导。朱鑫杰考察学校的实训基地与专业教学场景，实地听取服装职高校长吴军的汇报，对学校的改革措施予以肯定，鼓励学校立足实际，秉持浙江省中职课程改革的原则与精神，走出具有学校特色的课程改革之路。

特殊教育

【概况】 上城区特殊教育体系由1个中心、1所学校、4个基地组成。1个中心即上城区特殊教育资源中心，负责全区特殊教育业务指导；1所学校即杭州市杨绫子学校；4个基地即上城区自闭症康复训练研究中心、特殊教育康复训练基地、随班就读师资培训基地和上城区青少年生活教育基地。其中杭州市杨绫子学校有班级19个，智力障碍学生207人，教职工66人。学校开展"教育、康复、就业"系列化的智障教育研究，形成"十五年制智障教育模式"，形成上城区特殊教育需求学生发展服务的体系，同时形成学生学习、教师发展、资源服务、督导评价、资讯拓展五大项工作相互支持、相互补充的良好管理格局，为全区有特殊教育需求的孩子提供学习保障。

【与英国唐郡科纳德家庭学校签订友好合作意向书】 1月9日，英国北爱尔兰唐郡科纳德家庭学校校长科林·米勒到杭州市杨绫子学校参观访问，并与学校签订姐妹学校友好合作意向书。此次合作有利于推动上城区特殊教育事业的发展。双方计划开展更多的学术交流和教师的经验分享。

【市爱心教育体验基地入围市民体验日“80 强”体验点】 4 月 11 日,经过 1 个多月公开征集和评审,杭州市爱心教育体验基地等 80 个体验点从 3000 余个候选点中脱颖而出,成为 2014 年度杭州“最具品质体验点”。杭州市爱心教育体验基地在市民支持排行榜上排名第六位。该爱心教育体验基地设在杭州市杨绫子学校,是杭州探索建立的公德教育(关爱残疾人)新模式,旨在组织全市中小学生和市民体验残疾人学习、生活情况,培育他们理解、关心残疾人的爱心,营造扶残助残、有爱无障的人文环境。

【参加全国特奥会足球比赛】 6 月 18~24 日,由中国残疾人联合会、国家体育总局、中国特奥委员会主办的 2014 年“正荣杯”全国特奥足球比赛暨全国第九届残运会、第六届特殊奥林匹克运动会(简称特奥会)足球比赛在江西省南昌市举行。杭州市杨绫子学校 12 名学生代表浙江省队在老师葛理达、郭留仙等带领下参加全国特奥会足球比赛。经过两天的评估分组赛,在决赛中以 1:1 平江苏省队,5:0 胜天津市队,3:2 胜北京市队,成为冠军。

【上城区青少年生活教育基地成立】 9 月 28 日,上城区各中小学的 2000 多名少先队员相聚杭州市杨绫子学校,举行上城区青少年生活教育基地揭牌仪式。杭州青少年活动中心主任黄建明,杭州市残疾人联合会副理事长汤建新,上城区教育局党委书记、局长蒋莉,上城区教育局党委委员郑坚,上城区残疾人联合会副理事长马骏,上城区青少年活动中心主任张欢等出席揭牌仪式。该基地每年有 10 万元专项经费,用于青少年生活教育的研究和开展。基地同时开发学龄前特殊儿童的早期训练课程,为他们第一时间送去关爱与特别服务。

6 月 24 日,杭州市杨绫子学校 12 名学生代表浙江省队参加全国第九届残运会暨第六届特奥会足球比赛,获得冠军 (区教育局 供稿)

【上城区第二届特奥会】 10 月 24~25 日,由上城区残疾人联合会主办、杭州市杨绫子学校承办的区第二届特奥会在杭州市杨绫子学校举行。参加特奥会的人员为辖区内 8 岁以上的智障人员,包括区仁爱家园的学员、杭州市杨绫子学校及上城区随班就读学生共 300 人。比赛设置团体操表演赛、田径 50 米、100 米、200 米和立定跳远、高尔夫、垒球投掷等项目。特奥会邀请国家坐式排球队队员、两届残奥会冠军郑雄英担任嘉宾,与特奥会运动员、家长一起进行特奥火炬传递。杭州市残疾人联合会副理事长方春出席开幕式并讲话。

【上城区智慧树残疾人服务社开业】 12 月 25 日,上城区智慧树残疾人服务社举行开业典礼。该服务社为非盈利机构,是杭州市杨绫子学校为智障青少年进行职业训练和就业的工作坊。服务社旨在促进智障青少年就业,平等地参与社会各项活动,享受有尊严、有意义的人生。服务社主要销售西式点心、各类饮品、花卉盆栽、手工皂、陶艺制品等。

社区教育

【概况】 区教育局以“立足内涵发展,优化居民不断增长的终身学习需求”为主线,围绕“优教乐学、适需对路、实虚结合、以教促效”的思路,推进社区教育各项工作。全年全区居民受教育人数 23.51 万人次。其中,青少年参加校外素质教育培训 5.88 万人次、外来务工人员 4.45 万人次、下岗失业人员 1.08 万人次、老年人 11.93 万人次。全年评出学习型家庭 137

户、学习型街道 2 个。

【全民终身学习活动周】 10 月 27 日，上城区全民终身学习活动周暨第十一届终身教育节开幕式在杭州孔庙举行。终身学习周由区委宣传部、区社区教育委员会主办，区教育局、区社区学院、杭州孔庙承办。以“文化惠民，丰盈居民精神生活”为主题，由“风采尚城，文明和谐”“人文怀古，崇德向善”“爱心服务，包容互助”“慧心读书，爱国崇学”“养生点拨，真诚友善”“玩转学习，团结务实”六大活动板块组成，安排学习活动 58 项。市教育局副局长肖峰、市开放教育学院院长陈志凌、上城区副区长叶榕及区直属部门、6 个街道和部分企事业单位负责人，以及社区市民 200 余人参加开幕式。

【职业技能培训】 上城区社区学院与杭州师范大学、浙江省电力公司、杭州近江集团、上城区总工会、上城区人力社保局等单位合作，开展职业技能培训。全年完成企业中层干部培训 90 人，企业学法用法培训 150 人，下岗失业人员适应性培训 388 人，仓库保管员培训 45 人，社会工作人员培训 150 人，创业就业培训 180 人，职工高级计算机培训 150 人，居民初级计算机培训 400 人，市民科普培训 892 人。经过培训，有 54 人获计算机中级资格证书，53 人获绿化工中级资格证书，86 人获茶艺师初级资格证书。开展家政服务培训，50 人获高级催乳师就业能力证书，350 人获家政服务(高级课程)职业培训证书，176 人获家政服务(中级课程)职业培训证书，20 人获催乳师职业培训证书，49 人获高级养老护理员证书，39 人获中级养老护理员证书，311 人获成人职业高中毕业证书，530 人获脱盲证书。

【数字化教育推进】 2014 年，上城区“e 学网”平台整体升级，开设课程 1035 门，有 1.84 万人次登陆学习、186.75 万人次访问学习，学员 13.54 万人。“e 学网”增设《司法大篷车》栏目，推出专属账号 1000 个。区社区学院依托区直属部门举办上城区第七届“万户家庭网上学”活动，参加学习交流人数 3.62 万人次，110 人获优秀学习奖。全年举办网上答疑 12 场，开设《亲子乐园》《成长学园》《健康家园》《互助花园》四大栏目，为 500 余名市民提供答疑服务，解答 2000 余个即时在线提问。与区总工会联合举办“上城区万名职工网上劳动法律知识竞赛”，参与人数 2 万余人。“e 学网”开发通识型教材，年内新增 65 门自主课程，内容涉及舞蹈、器乐、市民生活、学前教育、创意舞蹈等。

教育研究

【全市小学综合实践活动课程和校本课程教学研讨活动】 6 月 5~6 日，杭州市小学综合实践活动课程和校本课程教学研讨活动在杭州师范大学第一附属小学钱江校区举行。各区、县(市)200 余名教师代表参加此次包括课堂观摩、经验介绍、分组讨论、大会交流等内容的研讨活动。活动由杭州市普通教育教研室主办，上城区教育学院和杭州师范大学第一附属小学承办。

【小学数学名师风采展示活动】 10 月 29~31 日，中国杭州名师名校长论坛·小学数学名师风采展示暨第五届中国小学数学教育峰会在杭州崇文实验学校举行。此次峰会由中国教育报刊社人民教育编辑部、上城区教育局主办，浙江新思维教育科学研究院、上城区教育学院、杭州崇文实验学校协办。上城区副区长叶榕和中国教育报刊社副社长张新洲出席峰会并分别致辞，峰会由上城区教育局副局长项海刚主持。浙江教育出版社、浙江省教育厅教研室、浙江省教育科学研究院、上城区政府、上城区教育局领导到会祝贺。来自北京、上海、江苏、广东、内蒙、浙江等 20 多个省、市的 700 名代表参加峰会。参会专家学者围绕“大数据时代的数学教育”主题展开交流，以实例介绍大数据的内涵及大数据对小学数学教育带来的变化，一起感悟数据分析和逻辑推理的奥妙。

【小学语文名师风采展示活动】 11 月 4~6 日，中国杭州名师名校长论坛·小学语文名师风采展示暨浙江省小学语文新课程“疑难问题解决”专题研讨活动在杭州市胜利实验学校举行。来自全省各地的小学语文教育专家、语文教师近 200 人出席研讨活动。此次活动由浙江省教育厅教研室、上城区教育局主办，杭州市普通教育研究室协办，上城区教育学院、杭州市胜利实验学校承办。研讨活动根据教育改革的趋势与教学现状,确定"低年级语文课堂教学规范"为研讨主题。

【市初中地方课程和校本课程教学研讨活动】 11月14日，杭州市初中地方课程和校本课程教学研讨活动在江城中学举行。此次活动由杭州市普通教育研究室主办,上城区教育学院承办,杭州市江城中学协办。全市各区、县(市)地方课程和校本课程教研员及教师代表100多人与会。会议由杭州市普通教育研究室教研员俞丽萍主持,上城区教育局党委委员郑坚、江城中学校长杨险峰等做专题发言。研讨会期间,江城中学开设两堂展示课,让与会代表进行点评。

【上城区全面实施区域大课程专题研讨活动】 11月28日，上城区全面实施区域大课程专题研讨活动在饮马井巷小学举行。上城区各中小学校长、分管领导、任课教师参加此次活动。研讨会邀请浙江省教育厅教研室主任缪水娟、杭州市普通教育研究室教研员俞丽萍等领导和专家到场指导。

【区首届"课堂节"】 12月15~16日,上城区首届"课堂节" 在开元中学举行。全国教育改革创新优秀校长、中央教育科学研究所国内访问学者、全国尝试教学研究会副理事长、全国和谐教学研究会秘书长王俊,上城区教育局党委委员郑坚,上城区教育学院院长李绍才，上城区教育学院学生发展研究中心主任缪华良和开元中学校长戴爱萍、书记谢昱圣参加开幕式。郑坚在大会上致辞,戴爱萍代表学校讲话。安徽省相关地区教育局和浙江省宁波、温州、丽水、嘉兴、金华、舟山、衢州、兰溪、湖州等市教育局领导、教师代表,以及杭州市13个区、县(市)兄弟学校领导、教师团队代表参加"课堂节"活动。"课堂节"开设语文、数学、英语、科学4门课程,设展示课24节。

【区域大课程实施】 为从区域层面保证各个学校享有高质量的课程资源,上城区从三级课程整合的框架下推进区域大课程体系建设。通过项目研究、专项资助等方式,借助多方力量协同开发,形成区域共享课程、基地开发课程、校本精品课程等28门课程资源。

【2所学校入选首批市义务教育课程改革试点学校】 3月,杭州市启动义务教育课程改革试点学校申报工作。全市有37所学校参加申报,其中11所学校通过专家组评审,参加答辩会议。评审专家从课程方案、学校管理、"美丽学校"建设、特色创建、品牌打造等方面对申报学校进行全面考察后,评选出10所试点学校。上城区天长小学展示"顺应天性,展其所长"的学校课程建设特色和杭六中实行必修课和选修课走班制教学的做法得到评审专家肯定，被入选首批杭州市义务教育课程改革试点学校。

【"十场千人" 教育思路大征询活动】 2月27日起,为使教育决策和施政更贴近民意,区教育局举行"十场千人"教育思路大征询活动。先后连续举行10场意见征询会,邀请1000人直接参与区教育局各科室及直属部门2014年工作思路的讨论。活动以工作汇报、活动展示、来宾互动、意见征询和专家点评等形式,听取市民和家长的教育诉求。通过征询,吸纳对上城区教育工作的意见建议，进一步提升全区教育质量。

【中国杭州名师名校长论坛】 11月5日，由杭州市政府、中国基础教育质量监测协同创新中心、中国教育报刊社共同主办,杭州市教育局、上城区人民政府承办的中国杭州名师名校长论坛开幕。该届论坛围绕上城区教育局与北京师范大学合作的重大项目"基于学生的发展提升区域教育质量" 所取得的成果,邀请教育部相关司局领导、知名高校学者及全国中小学名校长开展高端研讨,从学生评价改革入手,就相关内容进行观点碰撞、经验分享、互动交流,积极探索学生评价改革的行动与方向，共谋教育改革创新大计。

师资队伍建设

【校长教师交流活动】 上城区为全省首批义务教育学校校长教师交流工作试点区。区教育局积极推进校长、教师交流工作,建立干部轮岗机制,促进干部多岗位锻炼。全年全区交流教师83人,其中骨干教师46人，占符合交流条件骨干教师总数的22%;交流校长14人。以项目制建立科学、综合实践、艺术、数学4个名优教师工作坊,促进名优教师有序流动,进一步优化队伍结构,提升专业发展水平,实现义务教育优质均衡发展。

9月20日,区教育局在杭州天地实验小学(新校区)举行第30个教师节活动

(区教育局 供稿)

【6名教师被评为浙江省特级教师】 3月14日,区教育局组织推荐教师参加第十一届省特级教师评选。通过个人申报、民主推荐、学校提名、区教育局组织推荐、市教育局组织评选推荐、省教育厅组织评审等程序,杭州市第十中学教师孔晓玲、上城区教育学院教师唐彩斌、杭州市胜利小学教师陆虹、杭州市天长小学教师蒋军晶、杭州市娃哈哈幼儿园教师张群、杭州市时代小学教师高军玉6名教师被省评委会评为省特级教师。至此,全区在职特级教师增至27人,上城区教师资源优势进一步扩大。

【第30个教师节系列活动】 9月20日,区教育局在杭州天地实验小学举行第30个教师节系列活动。教师节活动主题为"教育与梦想同行,幸福与童心相伴",内容包括设计签名墙、"时尚初"体验、学校建设成果展、天地微课程展示体验、教师才艺综合展示、中小幼艺术教师作品展、幼儿园教师手工作品展、老底子游戏、教师民间艺术才艺展示、团队游戏10个区角活动。区四套班子领导与全区3000名教师分别参加活动,共同庆祝第30个教师节。

【教师志愿服务工作】 3月,区教育局启动教师志愿服务工作。通过优化网络平台,支撑教育服务云模式,完善激励机制,孵化志愿服务根据地,教师志愿服务水平进一步提升。全年有1620名教师注册成为志愿者,累计开展志愿服务活动100余场,服务2.44万小时,受到学生与家长的欢迎。志愿者活动成为教师们践行崇高师德师风的平台。 (杨文博)

文化
Culture

综述

【概况】 2014年,上城区利用元旦、春节、“五四”、“七一”、“八一”、国庆等节日,开展各类文化活动,展现上城区人民群众的精神风貌。举办元宵灯会,吸引观众20余万人次;举办第二届上城区合唱节·第十四届上城区歌手大赛、第四届文艺团队联合会艺术节暨第十一届“城市一家人”艺术节等特色品牌活动。各街道社区同时开展各类群众文化活动。推进以居家文化服务、“百团百场”公益演出、送戏送电影进社区、举办公共文化免费培训、向文体团队赠送器材、发放文体惠民消费券、开展国民体质免费监测为主要内容的“七送”文体惠民工程。全年举办各类免费培训509期,42 000人次参加培训;发放书券、电影券、游泳券21 800张;向特色文体团队赠送器材50套;投入120万元,更新和新建健身苑点20处,惠及群众10万人。开展文艺作品创作,多个文艺作品获省、市级奖项。其中,原创歌曲《河坊街上,琅格琅珰》获浙江省第十三届音乐创作大赛创作金奖、表演银奖、辅导银奖,声乐作品《老街长长》获创作金奖、表演银奖;舞蹈《快乐的弹棉匠》获杭州市“风雅颂”民间艺术展演金奖和优秀组织奖;排舞《扎西德勒》获浙江省第八届排舞大赛青年组金奖;摄影作品《天上人间》获“富源地产杯”全国摄影大赛三等奖;小品《和谐不和谐》获浙江省第二十五届戏剧小品邀请赛决赛表演银奖、创作铜奖;女声表演唱《河坊街上》获首届杭州市“村歌”创作、演唱大赛创作金奖、表演金奖等。

文化活动

【公共免费培训班】 上城区公共文化免费培训班合理设置课程,招收学员。突出公共服务性。全年公共文化免费培训计划根据上年度培训实施情况及群众需求做出安排。开设的课程均为群众需求性高的门类。课程设置种类多,涵盖面广,在原有的拉丁舞、瑜伽、民族舞、古筝、山水画、书法、数码摄影、排舞、爵士舞、小歌手、声乐入门、成人钢琴、吉他入门、中医养生讲座等热门课程的基础上,新增大提琴入门、少儿基础数码摄影、少儿书法、少儿绘画、小歌手、少儿围棋、成人围棋入门、中国舞等课程。培训对象面向辖区普通群众,更侧重于残疾人、“候鸟”儿童、部队战士、工地民工等,尽最大努力满足群众的精神需求。

【元宵灯会】 2月13~15日,上城区元宵灯会在吴山广场举行。灯会由区政府主办,区文广新局、清河坊历史文化街区管委会和6个街道办事处共同承办。灯会展灯设在8个区域点,以传统民间民俗各色花灯、座灯和组灯组成。整个灯区主题突出,吴山广场正门和“吴山天风”景观石前搭建制作以“炫亮上城,相拥美丽”为主题的欢聚红墙和以“骏马奔腾”为主题的大型彩灯。

【“五一”文艺会演】 4月25日,区文广新局、区总工会共同举办“美丽上城,放飞梦想”全区职工庆“五一”文艺会演。区一线职工、教师和公安民警自编自导自演节目13个,讴歌“美丽上城”的劳动者、建设者。区委常委叶素、区人大常委会副主任顾敏达、副区长叶榕、区政协副主席袁巧玲及街道、部门、基层直属企业的劳动模范、职工群众、机关工会干部300人观看演出。

【迎“七一”文艺演出】 6月28日，由区文广新局主办、区文化馆和区文艺团队联合会承办的迎“七一”文艺演出暨第十四届上城区歌手大赛和第二届上城区合唱节在市工人文化宫影剧院举行。演出分少儿组、中老年组和青年组比赛（分美声、民族、流行唱法3种）；6个街道、文艺团队联合会和辖区单位组建的12支合唱队参加合唱节比赛，有1.20万名声乐爱好者参加。6月29日，举行颁奖仪式。

9月30日，区文广新局举办第四届上城区文艺团队艺术节暨庆祝中华人民共和国成立65周年上城系列活动 （区文广新局 供稿）

【上城、富阳、建德开展“文化走亲”活动】 2014年，上城区、富阳市和建德市三地的“文化走亲”活动在三地分别举行。5月21日，在杭州工人文化宫开展三地书画家现场笔会活动，笔会结束后，三地艺术家和团队骨干分别进行文艺节目表演，上城区文化馆献演节目以原创歌舞为主。6月18日。上城、富阳、建德三地“文化走亲”第二站——富阳专场书画交流在富阳文化馆举行，来自三地的30名书画家互相切磋交流；三地的文艺工作者在富阳市影剧院进行文艺表演。7月23日，“翰墨三江，放歌建德”上城、富阳、建德三地“文化走亲”的最后一站——建德专场在建德市老年大学举行，三地的50名书画家互相交流书画心得，并在新安江边的纳凉大舞台演出各自编排的节目。

6月28日，区文广新局举办上城区第十四届歌手大赛和第二届上城区合唱节 （区文广新局 供稿）

【第四届上城区文艺团队艺术节】 8月，上城区启动第四届上城区文艺团队艺术节。10月，第四届上城区文艺团队艺术节暨庆祝中华人民共和国成立65周年上城系列活动、第十一届上城区“城市一家人”文化艺术节落幕。第四届文艺团队艺术节先后进行动态类演出20余场。 （张雪梅）

历史文物保护

【概况】 2014年，上城区范围内有各级文物保护单位（点）90处（含景区管理52处），其中全国重点文物保护单位12处、省级文物保护单位13处、市级文物保护单位52处、市文物保护点13处。全年上城区列入杭州市历史建筑保护修缮项目计划30处，完成（包括部分完成、应急维修完成）仁智里1~18号等历史建筑保护修缮工程19处。

【可移动文物普查文物认定和数据登录完成】 5月14日，区住房和城建局会同市园文局组织文物专家，对上城区第一次可移动文物普查中上报的有文物或疑似文物的4个单位进行文物认定。区住房和城建局在专家认定为文物后进行文物数据登录，并将数据统一上传至全国可移动文物普查数据平台系统。

【仁智里1~18号修缮工程竣工】 1月,仁智里1~18号建筑修缮工程竣工并通过市、区有关部门验收。仁智里1~18号建筑建于1916年,为一幢里弄石库门民居建筑,建筑面积540平方米,产权性质为公房。原立面为青砖清水,青砖上有记号,现仅存东立面保留清水砖墙,其他立面刷黄色外墙涂料,东侧巷内保留一口古井,仍在使用。为恢复古建筑历史风貌,改善居民居住环境,区危改办于2013年6月起对其进行维修。

【旧仁和村6号、9号修缮工程竣工】 旧仁和村6号是建于20世纪30年代的别墅，主楼为一幢两层三开间、青砖实叠洋瓦覆顶中西结合的小楼,建筑面积374平方米，现存的庭院格局和楼屋架构保留原有风格，基本体现那个年代中国建筑中西交融的特征。旧仁和村9号又名可庐,占地面积464平方米,院中有一幢两层三开间的青砖小楼，建筑面积199平方米,建于1935年,原为新民地产公司所有,后租让给胡西园(有“中国灯泡之父”称呼的实业家)居住。旧仁和村6号、9号搬迁修缮工程由杭州房地产联合开发总公司实施。修缮工程于2013年8月开工,2014年1月竣工并通过验收。

【惠兴里建筑群修缮工程竣工】 惠兴里建筑群建于20世纪20年代,坐落于惠兴路,由两幢中式建筑组成,建筑面积700平方米,为省供销社代管房产。该建筑群年久失修,房屋破损严重,部分构件和使用功能不符合现代要求。经过前期各方沟通协商,居民腾空房屋后于6月开工修缮;12月，修缮工程通过市、区历史文物保护部门验收。

【中国历史文化街区申报】 4月,住房和城乡建设部会同相关部门在全国范围内组织开展中国历史文化街区认定工作。上城区根据申报条件和要求,筛选出清河坊、中山中路、五柳巷、湖边村4个历史文化街

表19　　2014年上城区历史建筑保护修缮完成情况

序号	历史建筑名称	建筑面积(平方米)	实施单位	修缮情况
1	仁智里1~18号建筑	540	上城区危改办	竣工
2	平远里建筑群保护整治工程	3405	杭州市历史建筑保护管理中心	平远里二期完工
3	方谷园胡宅	2490	杭州市历史建筑保护管理中心	部分完工
4	旧仁和村6号	460	杭州市房地产联合开发总公司	竣工
5	旧仁和村9号	219	杭州市房地产联合开发总公司	竣工
6	浙江省水利水电勘测设计院建筑	1116	浙江省水利水电勘测设计院	屋面维修完工
7	解放路194号	411	湖滨房管站	竣工
8	思鑫坊建筑群(思鑫坊5、7号)	212	湖滨房管站	应急维修完工
9	思鑫坊建筑群(思鑫坊1号)	44	湖滨房管站	应急维修完工
10	萱寿里建筑群(萱寿里二弄9号、11~12号)	104	湖滨房管站	应急维修完工
11	洽丰里建筑群(开元路82~84号)	60	湖滨房管站	应急维修完工
12	平远里2号	100	湖滨房管站	应急维修完工
13	成乐堂(萱寿里二弄13号)	540	湖滨房管站	应急维修完工
14	东平巷徐宅(东平巷1、2号)	360	湖滨房管站	竣工
15	惠兴里建筑群(惠兴路1号)	700	湖滨房管站	竣工
16	杭二中分校老科学馆	1297	杭州第二中学建国路分校	屋面维修完工
17	梵天寺遗址建筑群	1666	省军区后勤部六一幼儿园	屋面、立面及院落整治完工
18	杭州铁路中学3号教学楼	2861	清泰实验学校	屋面维修完工
19	比胜庙巷4号建筑	700	杭州禹廷文化创意有限公司	室内装修工程完工

区供省、市规划部门研究。综合各方面意见，选取中山中路历史文化街区参与申报中国历史文化街区。相关资料上报住房和城乡建设部及国家文物局。

【历史街区保护标志碑设立】 12 月，市、区历史文物保护主管部门会同上城区各历史街区管委会多次踏勘现场，对设立历史街区保护标志碑进行严格选址，先后完成清河坊、中山中路（含街区和地段）、五柳巷、小营巷、十五奎巷、兴安里等 7 处历史街区（地段）保护标志碑设立工作。标志碑以市政府名义统一设立，标志碑设有街区（地段）中英文名称、设立日期、设立单位等内容。标志碑在历史街区（地段）头尾各设立一块，方便市民和游客了解杭州历史文化街区范围和情况。 （陈洪卫）

非物质文化遗产保护和利用

【概况】 2014 年，方回春堂传统膏方制作技艺被国务院列为第四批国家非物质文化遗产代表性项目名录。杭州木雕雕刻技艺、万承志堂中医药养生文化、泰山堂中药和药酒炮炙技艺、斗蟋蟀被市政府公布为第五批杭州市非物质文化遗产代表性项目名录，截至年底，上城区有市级“非遗”项目 27 个。金星铜集团有限公司被列为第二批国家级“非遗”生产性保护示范基地。胡庆余堂中药文化传承基地、浙江朱炳仁铜雕艺术博物馆（江南铜屋）、杭州方回春堂非物质文化遗产膏方展示基地被命名为第一批杭州市“非遗”宣传展示基地。有 17 名传承人被列入第一批上城区“非遗”代表性传承人。组织振兴祥中式服装制作技艺、方回春堂传统膏方制作技艺参加中国第六届“非遗”博览会。组织胡庆余堂中药制药技艺参加中国非物质文化遗产百项技艺联展。组织南宋官窑烧制技艺等 5 个“非遗”项目、8 件作品参加“美丽浙江”非物质文化遗产作品展。国家级“非遗”传承人朱炳仁获第三届中华“非遗”传承人“薪传奖”。杭州木雕大师郑胜宁作品《三十六行》、杭州牙雕大师叶声华和叶萌父子参赛的 2 件作品《恬静仕女》《捧盒仕女》均获中国（杭州）工艺美术博览会金奖。

【“南宋遗韵”非物质文化遗产摄影图片展】 6 月 16 日，由区文广新局主办，区“非遗”中心承办的“南宋遗韵”——上城非物质文化遗产摄影图片展在清波街道文体中心开幕。此次展览历时 1 个月，展出图板 100 块，涵盖上城区五级非物质文化遗产名录。图片展结束后图板在上城区各街道、社区进行巡展。

【“翰墨琴韵”古琴雅集活动】 6 月 27 日，由区文广新局、杭州汪庄、中国古琴学会主办，区“非遗”中心、西湖琴社等单位协办的“翰墨琴韵”古琴雅集活动在汪庄举行。此次古琴雅集活动将古琴品鉴和闻香、品茶、赏丹青等中国传统文化融合在一起，通过国内外古琴名家共同演奏濒临灭绝的古琴曲目，进一步提升、弘扬浙派古琴文化的知名度和影响力。

【金家虹参加“十姐妹中国刺绣展”】 8 月 12 日，中国妇女儿童博物馆主办的“指间春色，妙手生花——十姐妹中国刺绣展”在中国妇女儿童博物馆开幕，展出刺绣作品 100 幅，展期 10 天。上城区杭州刺绣省级“非遗”传承人、浙江工艺美术大师金家虹受邀参加展览。“中国刺绣十姐妹”由 10 个绣种的 10 名女性刺绣艺术家组成。此次展览涵盖苏绣、蜀绣、粤绣、顾绣、汴绣、杭绣、晋绣、辽绣、疆绣、常州乱针绣 10 个绣种。

【参加“中国梦想，美丽浙江”传统手工技艺展】 9 月 29 日，由浙江省文化厅和浙江省旅游局共同主办的

平远里历史建筑群 （区住房和城建局 供稿）

“中国梦想，美丽浙江”传统手工艺主题创作展在桐乡“非遗”馆开幕。此次展览历时1个多月。全省有30多个种类的587件作品参加比赛，有314件作品入选展出。上城区选送的杭州铜雕、南宋官窑、杭州刺绣、杭州木雕、杭州牙雕5项“非遗”的8件作品入选参展。经过评比，有102件作品获奖，上城区选送的杭州木雕大师郑胜宁作品《乡间小路》、南宋官窑博物馆金鑫作品《禅语》分别获银奖和铜奖。

【“非遗”专场文艺演出】 10月24日，由区文广新局主办，区“非遗”中心和区文化馆承办的以“传承文化遗产，添彩美丽上城”为主题的上城区“非遗”专场文艺演出在吴山广场举行。演出由上城区世界级“非遗”名录“浙派古琴”的演奏、反映上城区省级“非遗”名录“吴山庙会”的原创舞蹈《吴山香客》、国家级“非遗”名录“小热昏”的杭州传统说唱等10个节目组成。

【“一新坊”非物质文化遗产体验馆开放】 11月19日，位于中山中路39号南宋御街的老字号“一新坊”老店新开，成为南宋御街上以传统与时尚相融合的文化创意、“非遗”传承传播的场所——一新艺术创意空间。一新艺术创意空间是杭州吴越人家工艺服饰有限公司旗下的文化创意、“非遗”传承工作室，是大学生勤工俭学、特殊青少年庇护性就业的公益性实践基地。开放体验馆旨在开展前沿文化艺术创意的研究与推广，推进非物质文化遗产项目向市场的衍生。

【“元白杯”浙派古琴大赛】 12月13日，浙江省首届“元白杯”浙派古琴大赛在杭州红星剧院落幕。大赛由浙江省音乐家协会、杭州西湖琴社等11个单位共同主办和承办，历时半个多月。各地的浙派古琴选手分成少儿组、业余青年组、专业青年组、成年组4个组进行比赛。刘慧雪等24名选手分别获各组的金、银、铜奖。何靓等12名选手获优秀奖。大赛期间，大赛组委会举办古琴名家音乐会。（张雪梅）

文化市场管理

【概况】 2014年，上城区有各类文化、广电、新闻出版经营单位804个。其中，歌舞娱乐场所39个、电子游艺机经营场所19个、互联网上网服务营业场所56个、包装装潢印刷及打字复印企业179个、出版物零售网点358个、美术品经营场所35个、演出场所5个、文艺表演团体17个、演出经纪机构13个、网络文化经营单位10个、电影放映单位7个、广播电视节目制作单位35个、互联网视听单位3个、接收卫星传送的境外电视节目单位7个。深化权力阳光运行，完成权力清单和责任清单梳理。区文广新局保留行政许可19项，比上年减少74%；行政处罚138项，减少72%；行政确认4项；其他行政权力33项，其中衔接省、市下放行政许可13项。组织开展“秋风”“清源”“净网”等专项整治行动，进行执法检查1176次，检查各类文化经营场所2625个次。全年受理行政许可事项115件，办理各类咨询服务400件，无行政复议、行政诉讼案件发生。办结行政处罚案件19起，未发生行政复议案件。收缴罚没款2.50万元，收缴各类非法书刊489册，13个有违法违规行为的文化经营企业受到警告。

【文化市场经营场所消防安全培训】 3月26日，全区组织开展以“消除火灾隐患，构建和谐社会”为主题的文化市场经营业主安全生产培训活动。辖区电影院、歌舞娱乐场所、电子游戏经营场所、互联网上网服务营业场所（网吧）、演出场所等法定代表人或主要负责人等100余人参加。培训安排消防知识讲座、安全生产工作部署、消防安全责任书和承诺书签订等活动。

【非法报刊“清缴”】 为巩固“2013秋风行动”成果，净化出版物市场，区文广新局于3月20日~4月15日，开展非法报刊“清缴”行动。重点查处销售非法报刊单位和个人，集中排查校园周边各书店、报刊零售点和印刷复制企业，清查城站火车站、医院周边及延安路、解放路等人员密集区域，对各类非法报刊进行收缴。全面排查6个街道辖区内的报刊亭，对出售非法书刊的经营者予以严肃处理。督促邮政报刊公司开展自查自纠，加强内部自律约束。

【文化市场净化】 上城区重视文化市场净化管理。全年查缴销毁非法出版物2600余册、非法音像制品4000余盒，打掉黑网吧1个，查扣电脑主机29台。区文广新局被市文化市场行政执法总队评为2013年执法工作先进单位。（张雪梅）

卫 生
Public Health

综 述

【卫生事业发展】 2014年，上城区有医疗卫生机构173个，其中医院18个、社区卫生服务中心(站)39个、门诊部45个、诊所(含卫生所、医务室)59个。医疗机构床位11 940张，其中医院床位11 607张。卫生技术人员16 847人，其中执业(助理)医师6301人、注册护士7532人。6个社区卫生服务中心中有全国示范中心1个、省级示范中心4个。全年社区卫生服务机构门诊288.76万人次，比上年(指2013年，下同)增长4.8%。门(急)诊平均每次费用118.58元。全年突发公共卫生事件处置率100%。推进区卫生机构改革，撤销区卫生局和区人口和计划生育委员会，成立区卫生和计划生育局(简称区卫计局)。区卫计局围绕“打造健康医疗城”目标，优化医疗卫生资源配置，建立健全布局合理、结构优化、功能齐全、分工协作的医疗卫生服务体系，助推健康服务业发展。加强医疗质量管理，扶持社会力量办医，实施“阳光用药”和“阳光采购”工程。加快以全科医生为核心的人才培养，推进中医中药进社区工作。与浙江大学医学院附属第一医院(简称浙一医院)、浙江大学医学院附属第二医院(简称浙二医院)、杭州市第一人民医院(简称市一医院)等省、市医院协作，提升优质医疗资源利用和慢性病防治管理水平。创新公共卫生社会管理，推进医疗废弃物远程实时在线监控、专职医生进学校、打击非法行医、社区专职精神疾病防治等工作。探索医养护一体化签约服务。加强卫生系统党风廉政建设，完善药事管委会制度，举办“廉洁从医大讲堂”，开展医药回扣自查自纠专项治理。区卫生监督所副所长唐水林被中华全国总工会授予全国五一劳动奖章，并获浙江省劳动模范称号。上城区被国家卫生计生委办公厅确定为国家级慢性病综合防控示范区。

2014年上城区卫生机构、人员情况

表20

指标名称	计 量 单 位	年末实有数	备注
卫生机构	个	173	
医院、卫生院	个	18	
门诊部	个	45	
社区卫生服务中心(站)	个	39	
疾病预防控制中心	个	2	含杭州铁路疾控中心
卫生监督所	个	2	含浙江省卫生监督局
卫生技术人员	人	16 847	
执业医师	人	6213	
执业助理医师	人	88	
注册护士	人	7532	

医政管理

【概况】 上城区完善开放办医格局，积极扶持社会力量办医，加快形成健康服务产业集群。推进基本药物“零差率”销售。实施“阳光用药”工程，基层医疗机构增配高血压、糖尿病、冠心病、呼吸系统疾病等慢性病常用药品66种，以满足群众就医需求。强化部门、街道、社区联动，完善体检设施和流程，推进“两癌”(适龄妇女子宫颈癌、乳腺癌)筛查，完成干部保健、征兵体检、企业退休人员体检等工作。推进社区卫生服务站改扩建工程，玉皇山社区卫生服务站等6个站点投入使用，群众就医环境进一步提升。结合开展党的群众路线教育实践活动，深化医德医风建设。举办廉洁行医大讲堂，邀请市卫生计生委纪检组组长授课。完善药事管委会制度，药事管委会专家人数扩充至60人。实施药品、器械、试剂等集中采购，降低采购成本。开展为期4个月的医药回扣自查自纠专项治理。

【扶持社会力量办医】 上城区根据《国务院关于促进健康服务业发展的若干意见》和《浙江省人民政府关于促进民营医疗机构加快发展的意见》，修订《上城区区域医疗机构设置规划》，以公平性、可行性、有序错位、中西医并重等为原则，鼓励支持社会力量办医，给非公立医疗机构留有合理空间，加快形成健康服务产业集群。区卫计局从源头入手，把医疗机构审批的全流程纳入区行政审批监察系统，提高审批效率和监管效能。全年新增注册医疗机构18个，其中依托社会办量办医占89%。

【医疗质量和医疗安全水平提升】 区卫计局加强对各街道社区卫生服务中心和民营医院医疗质量控制检查，发现问题及时整改。4月，按照《医疗机构管理条例》《医疗机构基本标准》的相关规定，开展2013~2014年度医疗机构校验。经审核，通过校验医疗机构141个，暂缓校验1个，注销5个，因改建、扩建、迁建等原因报停7个，校验情况在《上城报》公示，并报市卫计委备案。加强第一类精神药品、麻醉药品管理，经培训考试，辖区医疗机构68人取得麻醉药品、精神药品处方权调剂资格。实行医疗争议月报制度，全年处理医疗纠纷信访件176件。行政调解医疗纠纷6例，其中调解成功5例，调解成功率83%。委托市医学会进行医疗事故技术鉴定4例。

【与省市医院合作】 区卫计局根据与浙二医院签订的战略合作协议，推进以南星街道社区卫生服务中心为试点的“专科定点转诊”，浙二医院将符合康复治疗的杭州市内卒中病人转至南星街道社区卫生服务中心康复治疗，全年转移29人。根据与其他省、市医院签订的合作协议，上城区专家专网预约覆盖至浙二医院、邵逸夫医院2个省级医院和9个市级医院。市一医院等省、市级医院的10余名专家定期到各社区卫生服务中心坐诊带教，全年通过联合诊疗中心专家带教，实现灵活转诊313例。与杭州师范大学医学院签订合作协议，建立全面合作关系。重点在教学、科研、人才培养、社区卫生服务、健康管理等领域深化合作。围绕医学人才培养，辖区9个区属医疗单位列入杭州师范大学医学院教学和研究基地，有12名医务人员列入首批兼职教师行列。

9月30日，杭州师范大学医学院与上城区卫计局签订合作协议

（区卫计局　供稿）

【救援"7·5"公交纵火案烧伤病人】 7月5日17时，一辆7路公交车途经东坡路与庆春路交叉口时车内突然起火燃烧，造成车内乘客39人烧伤。为确保烧伤病人的用血需求，区卫计局、红十字会等单位会同6个街道，深入辖区机关、企事业单位，发动献血活动。浙江稠州商业银行、区教育系统各学校、省电力实业公司等单位员工210余人献血5.10万毫升。根据用血需求，省公安厅、省石油公司、瑞莱克斯大酒店、物美超市、区政府机关、街道等单位600余人又献血7.50万毫升，为烧伤病人后续治疗用血提供保障。

疾病防控

【概况】 2014年，上城区无甲类传染病报告。报告乙类传染病14种(艾滋病、肝炎、麻疹、出血热、登革热、细菌性痢疾、肺结核、伤寒及副伤寒、人感染H7N9禽流感、猩红热、淋病、梅毒、百日咳、疟疾)，报告发病人数760例，比上年增长2.0%，其中死亡3例，死因分别为艾滋病、淋病和人感染H7N9禽流感。报告丙类传染病5种(流行性感冒、流行性腮腺炎、风疹、其他感染性腹泻、手足口病)，报告发病人数1568例，增长12.8%。全年接收预警信息95起，预警病种12种，预警起数排名前三的病种依次为：流行性感冒和手足口病(各16起)，其他感染性腹泻病(15起)，各起疫情得到及时控制。

全区有预防接种门诊6个，完成"九苗"(卡介苗、乙肝、脊灰疫苗、百白破、麻疹、麻腮风、甲肝、流脑、乙脑)接种100 627剂次。常住儿童、流动儿童"五苗"全程接种率分别为98.1%和98.0%。推进冷链自动测温监测系统建设，该系统覆盖辖区6个预防接种门诊及7个产科预防接种门诊。辖区增设市妇幼保健医院产科接种门诊。

【结核病防治】 2014年，上城区发现疑似肺结核病人203例；应转诊192例，转诊率100%；追踪到位病人113例，追踪到位率95.8%，总到位率97.4%。全年管理肺结核病人183例。其中，涂阳肺结核病人62例，管理结核性胸膜炎19例。在世界防治结核病日期间，通过各种形式，开展结核病防治系列宣传活动，受益1000人次。

【性病、艾滋病防治】 2014年，全区医疗机构报告法定性病5种(梅毒、淋病、生殖道沙眼衣原体感染、尖锐湿疣、生殖器疱疹)4987例，比上年增长4.2%。辖区医疗机构报告艾滋病病人和感染者309例；随访管理HIV感染者(病人)143例，其中免费抗病毒治疗118例。接待自愿受检人员591人，发现HIV感染者20例。HIV抗体检测369名外来婚嫁女、3046名外来务工人员及区看守所502名看押对象。美沙酮服药点日均服药人数稳定在100~120例。6个社区卫生服务中心完成艾滋病快速检测点建设并通过验收，实现艾滋病检测网络全覆盖，为上城区艾滋病防治工作提供实验室支持和检测服务。

【地方病防治】 2014年，上城区输入间日疟(非洲加蓬共和国输入)1例，辖区医疗机构报告疟疾病例20例，处置率100%。与浙一医院续签浙江省抗疟药物放置试点项目协议。选择300户居民进行碘盐监测，样本中合格碘盐覆盖率93.1%。选择5所小学进行甲状腺触诊和尿碘检测，采集尿液标本209份，甲状腺触诊209人，未发现甲状腺肿大学生。12月15日，上城区通过市卫计委组织的消除疟疾考核验收。上城区疾病预防控制中心吴爱萍代表浙江省参加全国寄生虫病防治操作技能比赛，获个人综合三等奖、理论测试二等奖。

【慢性非传染性疾病防治】 2014年，上城区医疗机构慢性病监测信息化工作稳步推进。浙一医院和浙二医院实现HIS系统与浙江省慢性病监测信息管理系统自动实时数据交换，市一医院肿瘤系统实现对接。全区肿瘤报告发病率为499.35人/10万人，急性冠心病事件报告发病率为57.30人/10万人，脑卒中报告发病率为314.71人/10万人，糖尿病报告发病率为238.31人/10万人。粗出生率10.06‰，粗死亡率6.75‰，自然增长率3.31‰。全区发现并建档的高血压患者39 680人，高血压发现率11.5%；高血压患者规范管理人数22 132人，规范管理率83.5%。实施全球儿童安全教育干预项目，开展甲状腺癌发病监测数据质量评估及患者生活质量影响因素评估和杭州市空巢老人身心健康状况调查研究。

【健康危害因素监测】 2014年，上城区报告晋期尘肺病和农药中毒病例各1例。报告开展有毒有害作业工人健康监护的企业17个,体检733人,检出疑似职业病3人、禁忌症6人;完成123人次的放射工作人员个人剂量计换发。开展消毒质量监测,抽查医疗机构4个,采集样品56件,其中合格51件,合格率91.1%;抽查托幼机构10个,采集样品159件,其中合格155件,合格率97.5%。完成4处公共场所集中空调通风系统卫生监测。开展公共场所室内空气质量监测,检测样本15件,合格率100%。开展集中式供水卫生监测,检测管网末梢水样本120件,合格率97.5%。居民水箱自来水检测样品40例,合格率97.5%。

【食物中毒事件管理及食品风险监测】 2014年,全区食品风险监测样品356份。其中,化学污染物和有害因素监测175份,检验项目34项;食品微生物及其致病因子监测181份,检验项目10项。区卫计局初步掌握辖区的食品污染物及有害因素的污染水平。开展省级食源性疾病监测试点，收集上报患者信息485份,采集样本403例,检测出阳性样本14份,阳性率3.5%。

【区疾控中心实验室通过评审】 6月26日，上城区疾病预防控制中心实验室通过浙江省质量技术监督局（简称省质监局）组织的计量认证复查和扩项评审。该实验室食品和药品监测能力逐年提升,其中,食品检验能力增至131项,非食品检验能力增至209项。省质监局评审项目包括饮用水、食品、农药残留、化妆品、食品安全事故致病因子、工作场所、现场监测等。

【项目管理及科研】 2014年，上城区疾病预防控制中心发表论文2篇,其中Ⅱ级期刊1篇。“基于基本公共卫生服务项目的基层人力资源配置研究”项目获浙江省基层卫生软科学研究项目立项。“分散液相微萃取——气相色谱法在三氯乙烯职业中毒检测中的应用”项目被列入市卫生科技计划一般项目(B)类。上城区疾病预防控制中心胡锦峰、叶海朋分别入选杭州市新世纪“131”中青年人才培养计划第3层次培训人选和上城区“128”人才提升工程培养计划第2轮人选。

资料　市新世纪“131”中青年人才培养计划:“十二五”期间,按3个层次选拔和培养1400名中青年专业技术人才,培养期为5年。第一层次为:选拔和培养100名能跟踪国际、国内科技前沿,引领本学科产业发展,进入省“151”人才工程第一、二层次的学术技术带头人。第二层次为:选拔和培养300名具有较高学术技术造诣,能支撑杭州市学科建设、产业发展和科技创新的后备学术技术带头人。第三层次为:选拔和培养1000名优秀专业技术骨干。

区“128”人才提升工程:“十二五”期间,按3个层次选拔和培养110名中青年专业技术人才。其中第一层次为10名能跟踪国际、国内科技前沿,引领本学科产业发展,能进入市“131”人才工程第一、二层次的学术技术带头人。第二层次为20名能进入市“131”第三层次、具有较高学术技术造诣,能支撑上城区学科建设、产业发展和科技创新的后备学术技术带头人。第三层次为80名在各自领域成绩显著，起骨干核心作用的优秀专业技术骨干。

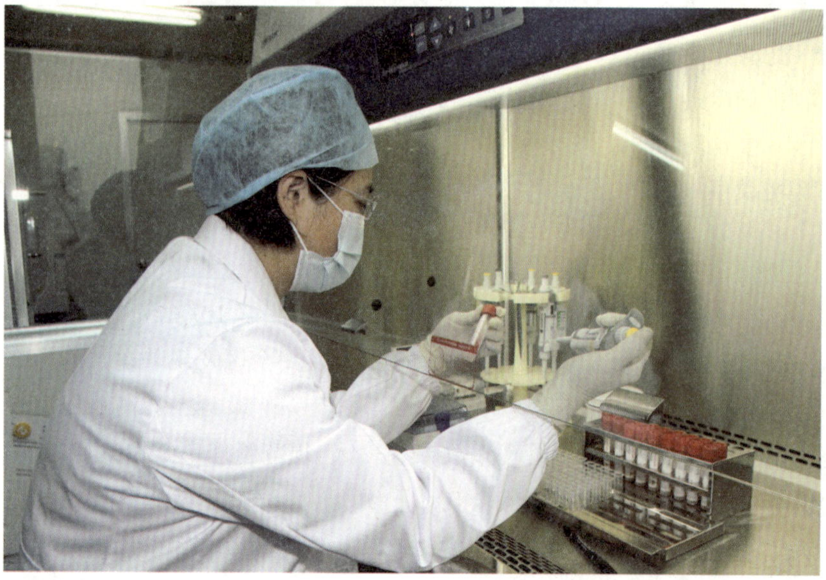
1月29日,区疾控中心检测人员进行禽流感病毒检验　　（区卫计局　供稿）

【人感染H7N9禽流感防控】 1月，上城区出现人感染H7N9禽流感确诊病例3例，经治疗治愈2例，死亡1例。区疾病预防控制中心严格落实病例的隔离措施，开展各项防控工作。疫情防控期间，为街道和城管系统环卫人员、行政执法人员提供个人防护设备1020份，向社区和相关单位发放大众健康宣传册7570份，同时开展重点场所消毒工作指导。11月，在辖区开展"突发公共卫生事件导致的公众负面心理智慧应对研究：以禽流感为例"的项目调查，从社会、患者家庭、存活患者3个层面开展禽流感疫情所导致的公众负面心理相关因素的研究。根据市政府《关于主城区暂停活禽交易、暂时关闭活禽交易市场的紧急通告》要求，区爱卫办向相关部门和6个街道发放防护服800件、防护口罩880只、手套900双。组织消毒指导小分队，落实辖区内农贸市场活禽摊位的清洗、消毒等禽流感疫情防控措施，组织工作人员对13个农贸市场关闭后的活禽交易区进行现场消杀。

【埃博拉出血热防控】 8月8日，世界卫生组织宣布西非发生的埃博拉出血热暴发疫情为国际关注的突发公共卫生事件。上城区组织开展应急储备工作，落实各项防控措施。9月26日，组织开展上城区埃博拉出血热防控应急演练。辖区接到埃博拉留观病例报告1例，经过浙江省疾病预防控制实验室检测为阴性，排除埃博拉病毒感染；排查疫区归国人员2人，经21天医学观察未出现异常。

卫生监督

【概况】 2014年，上城区围绕"构建现代卫生监督新格局"目标，开展各项卫生监督工作。全年发放许可证297户，注销许可证78户，医师执业注册及变更682人次，护士执业注册及变更490人次，母婴保健技术人员资格认定189人次，医师多点执业备案152人次。量化分级评定公共场所单位803个，其中A级13个、B级127个、C级663个。全年受理投诉举报案件58起，查办、结案58起，及时查处率、满意率均为100%。承办行政处罚案件69起。其中，一般程序61起；当场处罚8起，罚款总额6.76万元。未发生行政复议或行政诉讼案件。

【生活饮用水卫生监管】 区卫计局加强生活饮用水卫生监督管理。5月18~24日，开展生活饮用水卫生安全宣传周活动。全年监督检测二次供水单位44个，现场监测余氯44件，合格率100%；采集二次供水水样88件，检验合格率100%。检查辖区41所学校饮用水台账；采集30所学校直饮水水样60件，检测合格52件，合格率86.7%。

【公共场所控烟宣传与执法】 2月28日，区卫计局联合区健康办、区疾疾预防控制中心、杭州解百商场、杭州外婆家餐饮有限公司开展"控烟四周年，你我共参与"宣传活动。探索建立控烟联合执法工作机制，会同市卫生监督所、区文广新局等单位多次开展控烟执法行动，检查机关、企事业单位和公共场所731间次，向14个单位发出整改通知书；依法对10个单位实施处罚，罚款1万元。上城区控烟工作进入常态化管理。

【公共场所卫生监督监测】 区卫计局全年出动卫生监督员1350人次，对公共浴室、旅游风景区住宿场所、游泳场所、防空洞避暑纳凉点等进行专项检查，

区卫生监督员在游泳场所进行环境卫生和水质监测　　（区卫计局　供稿）

检查各类公共场所 1200 余个次，采样监测 62 个次，样品 500 余件次。开展游泳场所、住宿场所二维码信息公示试点，首批 55 个单位完成公示，公众通过手机扫描二维码即可查询相关单位的卫生许可信息、卫生管理员信息及监督监测信息，有效提升卫生监督信息公示效果。全年举办公共场所卫生知识培训班 4 期，培训合格管理相对人 250 人。完成区“两会”、中高考、区第八届运动会和残疾人运动会等全区性重大活动医疗卫生保障任务 6 次。

【校园卫生安全健康行动】 上城区开展校园卫生安全健康行动，对辖区 14 所学校教学环境进行监测，受监学校教室人均面积合格率 92.9%，教室照明、教室采光、黑板(照度)、教室微小气候、噪声合格率均为 100%。检查 41 所学校饮用水台账。采样检测 30 所学校直饮水，合格率 86.7%。开展学生传染病与常见病防控工作检查，检查幼托机构 34 个、小学 24 所、中学 16 所、高校 4 所。专项检查 10 所学校的病媒生物预防控制工作，总体情况良好。

【打击非法行医行动】 8 月 18 日，上城区启动为期一个月的打击非法行医专项整治行动。建立打击非法行医长效监管工作机制，及时通报整治行动信息，开展联合执法。整治期间，出动卫生监督员 85 人次，取缔非法行医窝点 6 处，没收药品、器械 86 箱，摘除非法行医招牌 30 余块。张贴打击非法行医宣传海报 1000 份。奖励非法行医投诉举报人 3 人次，奖励金额 1500 元。全年辖区内未发生非法行医致人死残事件。

【传染病及院感消毒管理】 区卫计局全年出动卫生监督员 380 人次，开展禽流感疫情防控、传染病疫情报告、生物安全实验室、预防接种、医疗废物管理等专项检查。检查医疗机构 126 个，立案处罚 6 起，罚款 6500 元。对浙二医院开展院感消毒隔离监测，重点监测血透室、口腔科、内镜室、手术室等科室，监测内容包括医护人员卫生手套、使用中消毒液、内镜、口腔冲洗水、手机喷水、医院污水处理等，采集样品 68 件，合格率 100%。

妇幼卫生

【概况】 2014 年，辖区产科医院活产数 26 795 人，户籍产妇 3117 人，户籍活产数 3155 人，无孕产妇死亡；5 岁以下儿童死亡率 0.63‰。婚前保健 5886 人，体检率 87.3%；妇女病普查 78 975 人，普查率 69.5%，妇女常见病患病率 51.1%。孕产妇系统管理率 96.5%，3 岁以下儿童系统管理率 95.7%。全年产前筛查 2935 名孕妇，筛查率 94.2%；发现畸形儿 41 例，出生缺陷率 6.0%。新生儿疾病筛查(包括新生儿听力筛查)3150 人，筛查率 99.8%。为全区 17 897 名 0~6 岁儿童提供保健服务，完成 8573 名集居儿童健康体检营养评价与汇总。体检辖区入托儿童 3164 人，儿童入园体检率 100%。对辖区 34 个托幼机构进行消毒质量监测检查，监测率 100%，合格率 99%。区(县)级水平高危筛查率 99.6%，剖宫产率 42.5%。“出生医学证明”当年发证率 95.8%，废证率 0.45%。

【妇幼保健服务】 2014 年，上城区严格落实孕产妇和 0~6 岁儿童保健免费服务，婚检—婚登—优生优育咨询一站式服务模式更加完善。实施“艾滋病、梅毒、乙肝母婴阻断”项目，加强阳性病例的母婴跟踪随访、保健服务和病毒阻断治疗，儿童经母婴传播感染艾滋病感染率小于 5%，先天梅毒婴儿发生率小于 30 人/10 万人。完善高危孕产妇管理模式，对全区孕产妇开展 28 周前的区(县)级水平高危筛查，加强产科医院高危孕产妇信息报告及救治，全区连续 14 年实现孕产妇“零死亡”。做好孕产妇营养性疾病监测和管理，减少孕期并发症。落实国家妇幼卫生监测项目“孕产妇死亡、儿童死亡、出生缺陷监测”和省监测项目“围产儿死亡监测”，执行“不宜妊娠育龄妇女监测”，加强跟踪随访。

中医中药

【概况】 2014 年，区卫计局落实《上城区中医药事业“十二五”发展规划》，着力巩固全国社区中医药先进单位创建成果。在 6 个社区卫生服务中心和 33 个社区卫生服务站设置中医科,其中有一个名中医馆、一个特色中医专科、一名名中医。加强各社区卫生服务中心的中医药特色建设,推广和使用中医适宜技术。结合居家医疗服务,开展面向社区居民的中医药科普知识宣传,发挥中医治未病的优势,构建网络健全、配置合理、功能完善、保障有力、运行科学、监管规范的具有中医药特色的社区卫生服务体系。大力发展民营中医机构,在建设清河坊“名中医中药一条街”基础上,打造五柳巷·中医药文化传承与创新产业园,解决群众“看名中医难”问题。

【中医药适宜技术推广】 上城区加快发展中医药事业,加大对中医药工作的扶持力度,努力为居民提供简、便、廉、验的中医药服务。以南星街道社区卫生服务中心为中医药适宜技术培训基地,对社区医疗卫生人员进行中医药适宜技术培训,组织“西学中”、中医基本知识及技术操作培训考核,全年参加培训考核687人次。上城区全年实施中医药适宜技术项目32项。

【中医服务】 上城区各社区卫生服务中心有注册中医执业医师147人,占执业医师总数的48%。全年中医诊疗81.13万人次。制定基层医疗机构中药饮片使用管理等实施意见,规范中医药健康管理服务。开展中医体质辨识理论和应用方法培训,65岁以上老年人中医体质辨识率在30%以上。

【五柳巷·中医院文化传承与创新产业园建成】 上城区按照医疗机构设置规划,积极扶持“百年老店”发展。至年末,全区有民营中医门诊部31个、中医诊所9个。在原有胡庆余堂、方回春堂、万承志堂、同仁堂等中医门诊部的基础上,打造五柳巷·建国南路中医一条街。该项目一期——五柳巷·中医院文化传承与创新产业园基本建成。三慎泰、傅同春、天禄堂、俞同春4个百年老字号国医馆及2个中医诊所入驻产业园。

【上城区中医药行业协会成立】 6月30日,在区市场监督管理局和区民政局支持下,区卫计局组织辖区从事中药经营、中医诊疗、中医教育及咨询服务的企事业单位,成立上城区中医药行业协会。该协会成员单位有胡庆余堂、方回春堂、杭州华东医药集团有限公司、上城区中医院等35个。协会积极发挥桥梁纽带作用,加强与政府有关部门之间的沟通,集聚多种要素,努力为协会成员单位提供各方面服务。

卫生科研

【概况】 2014年,上城区医学会开展“服务百姓健康行动”全国大型义诊活动周、低碳科技周等活动。组织“高血压病管理”“中医经典”等理论知识讲座,534名医务人员接受埃博拉病毒实验室生物安全培训。加强重点专科建设,专科整体水平和学术影响力明显提高。全年区属医疗机构发表论文62篇(一级期刊1篇、二级期刊25篇、三级期刊36篇)。向省卫计委申报科技立项2项,结题1项;向市卫计委申报科技立项3项。

【实施继续教育与培训】 2014年,上城区各社区卫生服务中心参加全科医师培训254人,培训率98%;取得合格证237人,合格率93.7%。参加社区护士岗位培训217人,培训率96.3%;已取得合格证187人,合格率86.2%。培训全科医师骨干、基层复合型公共卫生骨干各1人,培训基层复合型公共卫生人员3人,组织10名B超、检验、放射、心电图医技岗位医生到省级医院进修。精心打造居家医疗优秀责任医师团队,开展3期“防治骨质疏松”培训。

【275名医务人员参加浙二医院培训】 2014年,上城区医疗机构全方位融入与浙二医院的合作体系,联合开展检验、处方点评、甲状腺疾病超声诊断、院前急救、慢性病营养管理、糖尿病管理等内容的培训10次,各社区卫生服务中心和民营医院的275名医务人员参加培训。选派8名骨干医生到浙二医院进修,采用“2+X导师制”提高业务水平。

资料 **“2+X导师制”:**指区卫计局每年选派业务骨干到浙二医院进修,浙二医院为其配备全科医学导师1名及特色专科导师1名,建立全方位、有针对性的培养模式。

爱国卫生

【概况】 2014年，上城区爱国卫生运动委员会办公室(简称区爱卫办)围绕“提升健康品质,创造美好生活”目标,贯彻“政府组织、地方负责、部门协调、群众参与、科学治理、社会监督、分类指导”的爱国卫生工作方针,以全国“灭蚊、灭蝇”先进城区复验为契机,推进除“四害”(老鼠、苍蝇、蚊子、蟑螂)新型技防设施建设试点,开展卫生先进单位创建活动。以解决人民群众最关心、最直接、最现实的健康问题为重点,贯彻落实《浙江省爱国卫生促进条例》,开展城区环境卫生整洁行动。全区创建省卫生先进单位3个、市卫生先进单位2个。

【爱国卫生月活动】 4月，上城区以第26个爱国卫生月为契机,在全区开展以“远离病媒侵害,你我同享健康”为主题的爱国卫生月活动。举办除“四害”培训班11期、健康讲座45场,参加培训、讲座24 391人次。设置宣传站(点)102个,开办黑板报“健康专栏”93期,制作宣传展板244块,悬挂宣传横幅128条,印发健康宣传资料6.14万份,在新闻媒体发布卫生月活动信息13篇。上城区各爱卫会成员单位组织义诊、健康知识宣传进社区等活动406次,受益群众2.44万人次。组织城区环境集中整治,进一步改善城区卫生环境。

【城区环境清洁大行动】 9月,区爱卫会根据浙江省先进卫生城区、卫生街道标准和行业管理规范,组织开展“清洁上城,喜迎国庆”清洁大行动。发放宣传资料5000份,动员区直机关、区属企事业单位、6个街道及社区的工作人员和居民群众1.20万人，对周边环境进行全面整治。集中清理楼道340处、河道23千米,清扫大街小巷210条,清洗城市家具1200余件,清除积水700余处、“牛皮癣”120余处、各种垃圾400吨、绿化带杂草2万平方米。

【病媒生物防制】 春秋两季灭鼠活动期间，区爱卫办组织开展病媒生物防制消杀行动，发放灭鼠通知8000份,出动专业人员230人次,在辖区投放鼠药3.71吨,清理鼠迹500多处;对辖区3.70万只窨井投放灭鼠蜡块。为3500户居民提供灭鼠技术服务。该消杀行动持续27天。

【上城区通过全国“灭蚊、灭蝇”先进城区复验】 9月26日,上城区召开全国“灭蚊、灭蝇”先进城区复评迎检会议,动员各单位进一步做好“灭蚊、灭蝇”工作。积极倡导建筑工地文明施工，加快推进生态垃圾房建设,彻底铲除“四害”孳生场所。区爱卫办会同区卫计局卫生监督所开展爱国卫生执法检查，加强对辖区车站、学校、酒店、餐饮及“八小”行业(小食品加工、小食品店、小餐饮、小理发店、小旅馆、小浴室、小歌舞厅、小网吧)等重点单位的环境卫生整治。10月24日,上城区通过国家爱卫委组织的全国“灭蚊、灭蝇”先进城区复验。

【辖区除“四害”工作】 6~8月,区爱卫办在全区组织开展以“清洁家园、除害防病、健康生活”为主题的百日千户居民家庭除“四害”公益服务活动。根据前期征集的除“四害”需求家庭名单,组织病媒生物防制公司(英文简称PCO公司)为6个街道、271户居民家庭提供免费消杀服务。3月和9月,分别在木场巷社区和长明寺巷社区宣传居民家庭“四害”防治知识,提升社区居民除“四害”技能。各PCO公司定期开展公共环境巡查，区爱卫办加强对PCO公司监管考核,并进行群众满意度调查。全年处理省、市、区转发的除“四害”投诉抄告问题19件,市民来电14件,处理满意率均为100%。

【技术防治设施建设试点】 区爱卫办完善公共环境、单位除“四害”市场化运作机制和监管机制,开展以安装“防蚊闸、防蚊贴、灭鼠屋”为重点的技术防治设施建设。6个街道全部开展除“四害”技术防治设施试点,姚园寺巷、十五奎巷、清泰门、劳动路、水澄桥、涌金门等39个社区启动除“四害”技术防治设施建设。全年投入建设经费30余万元,安装灭蝇灯85台、挡鼠板120块、捕蝇笼457个、防蚊闸470只、毒鼠屋3600只。

精神心理卫生

【重性精神疾病随访管理】 上城区按照《重性精神疾病管理治疗工作规范》和《国家基本公共卫生服务规范重性精神疾病患者管理规范》的要求,加强重性精神病患者管理。至年末,全区在册精神疾病病人有1843人。其中,六大类重性精神疾病病人1718人,重性精神疾病病人检出率5.2‰。重性精神疾病规范管理病人数1559人,规范管理率90.7%。加强辖区精神疾病患者的诊断复核及免费服药患者的疗效评估,全年评估患者112人。完善及调整患者的治疗及康复方案,定期对免费服药患者进行免费体检,提高精神疾病患者的服药安全性。为重性精神疾病患者提供一年四次的免费实验室检查,全区重性精神疾病患者参加体检1110人,体检率64.6%。

【精神心理健康教育】 区卫计局在世界睡眠日、国际预防自杀日、世界精神卫生日等精神卫生节日,利用黑板报、宣传画板等形式进行精神卫生工作宣传和普及,发放各类宣传资料6000份,1万人次受益。4月30日,杭州市心理健康知识普及公益讲座进社区活动在上城区启动,上城区精神卫生工作领导小组办公室(简称区精卫办)在6个街道举办精神卫生知识讲座9场,受益群众600余人次。10月10日世界精神卫生日期间,举办"心理健康,社会和谐"大型文艺演出及广场义诊和工疗产品义卖活动。区精卫办每季度举办一次重性精神疾病患者家属亲友会,讲解家属护理中的主要问题。

【专职精神病防治医生团队建设】 8月6日,区精卫办制定《上城区精神卫生服务中心工作运行机制》,着力提高重性精神病管理水平,推进全区精神卫生工作深入开展。每月定期邀请杭州市第七人民医院博士宋海东为专职精神疾病防治康复工作团队授课,丰富团队医生的知识架构。专职精神病防治医生团队积极与南星街道社区卫生服务中心精神科病区诊疗团队开展合作,合作内容包括学术交流、诊疗观摩、科研开发等。

【区精神卫生服务中心投用】 6月3日,上城区精神卫生服务中心投入使用。该中心位于海潮路68号,投资600余万元,建筑面积1300平方米,设计床位80张,是融医疗护理、功能康复、心理健康教育、综合干预、应急处置、信息化管理等功能于一体的区级精神卫生服务机构。收费以社区服务中心一级医院为标准,自负比例8%。6月13日,区政协主席余勇一行调研区精神卫生服务中心。7月31日,北京市人大考察团参观区精神卫生服务中心,肯定该中心的硬件和软件建设,并提出有关意见建议。

【精神疾病防治康复工作网络完善】 区精卫办在亚信第四次峰会、五一劳动节、国庆节等会议和节假日前,按照"应治尽治、应管尽管、应收尽收"原则,做好辖区内重性精神疾病患者排查,掌握辖区内重性精神疾病患者病情。加强对既往有危险性行为或倾向的重点患者预防,并及时对突发事件患者进行应急处置。全年应急处置59人次。

健康城区建设

【概况】 2014年,上城区巩固发展国家卫生城区成果,结合创建国家级慢性非传染性疾病综合防控示

6月3日,上城区精神卫生服务中心投入使用 (区卫计局 供稿)

范区，通过以点带面，全面推进社区、学校、医院、景点、宾馆、餐馆、市场等11类健康场所建设。新申报杭州市健康单位3个、杭州市无烟单位15个、浙江省健康阵地示范点1个、健康促进银奖学校1所。杭州时代小学和杭州服装职业高级中学通过浙江省健康促进学校考核验收，浙一医院、浙二医院、市一医院通过浙江省健康促进医院考核验收，小营街道社区卫生服务中心创建成为WHO（世界卫生组织）健康城市合作中心健康医院。开展“药师进社区”科普宣传活动，为80余名居民进行合理用药科普讲座和义诊。开展“上城区健康管家”技能比武，提升医护工作者的健康管理水平。

【健康教育】 上城区健康教育与健康促进手段多样化。区爱卫办联合杭州外婆家餐饮连锁机构、杭州解百商场等单位利用微信等新型宣传载体，开展公共场所控烟4周年系列宣传活动。活动分“微信传健康，控烟赢好礼”网上宣传活动和现场控烟宣传活动两部分，杭州电视台新闻频道、《杭州日报》、《上城报》等媒体报道该项活动。其间，“外婆家”微信公众平台收到1700余名微信用户的留言，微博控烟活动被转发1200余次，收到评论300余条。

【家庭健康管理员培训】 5月22日，区健康办邀请市、区疾病预防控制中心专家到上城区就心理卫生与心理调适、健康生活方式等问题进行讲座。各街道健康办和妇联工作人员、区健康教育讲师团成员、各社区卫生服务中心责任医师、社会志愿者及社会组织养老机构相关人员等120余人参加培训。

7月4日，上城区开展“服务真心、业务争星”卫计系统健康管家技能比武

（区卫计局 供稿）

【健康教育讲师演讲技能比赛】 8月28日，区健康办组织辖区省市医院、社区卫生服务中心的优秀讲师，开展“健康好声音”暨健康教育讲师演讲技能比赛。比赛利用微信、微博等媒体开辟线上、线下互动环节，观众通过手机发微信、微博点评演讲实现互动，让“健康好声音”在网络平台上得到有效传播。9月24日，上城区选出一批有较高理论水平和专业技能的优秀科普讲师参加杭州市健康教育技能比武，获团队三等奖。

【“全民健康生活方式日”健身走活动】 9月1日，区健康办结合全市健康楼宇试点工作，联合南星街道党工委在复兴商圈开展上城区“全民健康生活方式日”健身走活动。活动以“我行动、我健康、我快乐”为主题，吸引包括复兴商圈的企业管理人员、南星街道机关工作人员和部分社区居民200余人参与。

居民保健

【概况】 2014年，针对上城区老龄化程度高、省市医疗资源丰富的特点，区卫计局深化与省、市医院合作，积极探索居家医疗服务等新型模式。加快建设上城区健康管理中心，强化社区卫生服务中居民健康管理的基本职能。上城区居家医疗服务通过签约制、责任制模式，为社区居民提供健康服务。全年辖区签约人数139 905人，签约率40.6%。各社区卫生服务中心承接无忧在线平台“一键通”工作，对困难群体实行基本医疗服务“零自负”。在“巩固、扩面、提升”的基础上，推进居家医疗标准化建设。制定《居家医疗服务管理规范》，召开地方服务标准审定会。为加快形成“社区首诊、双向转诊”的分级诊疗制度，引导居民有序就医，积极推进医养护一体化签约。

【探索医养护一体化签约服务】 11月5日，区卫计局印发《上城区医养护一体化签约服务实施方案》，并成立医养护一体化签约服务工作领导小组和工作小组，明确目标任务、服务内容和工作要求，利用多种形式加强宣传，增强居民签约意愿。至年末，全区医养护一体化签约88 434人。以紫阳街道社区卫生服务中心为试点，探索医养护签约服务的有效延伸，针对儿童、孕产妇、老年人、慢性病患者、残疾人五类重点人群量身定制200元~500元不等的增值服务套餐，在服务内容上满足不同居民的健康需求，在服务费用上给予优惠，有102人签订个性化服务协议。

【上城区健康管理中心投用】 9月18日，上城区健康管理中心投入使用。该中心位于河坊街419~420号，建筑面积2048.91平方米，投资2930万元，于2013年开工建设。健康管理中心融健康体检、健康咨询、健康体验于一体，可提供体质测定、自助体检等服务。年内完成上城区企业退休人员、城区居民、企事业单位员工9800余人的体检。 （仲　玥）

体 育

Sports

综 述

【概况】 2014年,上城区组织并参加各类体育赛事。举办上城区第八届全民运动会、浙江省第二届全民体育节上城广场达人秀活动、杭州“万人同跳一支舞——共创排舞吉尼斯世界纪录”上城区分会场活动、上城区楼宇运动会,其中楼宇运动会有27个单位、600多名运动员参加。举办上城区首届肚皮舞邀请赛暨中国肚皮舞艺术节“长三角”选拔赛,承办杭州市第八届健美锦标赛、杭州市中小学生击剑比赛、第二届省幼儿体育大会模型比赛。协助区残联举办区第十届残疾人运动会,协助梅花碑社区举办楼道趣味运动会;协办第二届省幼儿体育大会国际象棋比赛。组队参加全国成人游泳锦标赛,获团体总分第四名。参加杭州市中小学生阳光体育和浙江省青少年体育传统项目等比赛,均获优异成绩。32所中小学校场所免费向市民开放。完成国民体质监测1500个样本量;开展体育培训项目进社区活动,有36个社区(单位)、10余个健身项目在群众中普及;继续做好上城区体育中心建设前期工作。完成全区体育场地普查数据上报。区体育局被浙江省体育局评为2010~2013年度浙江省群众体育先进单位。

【学校体育场地设施免费开放】 9月1日起,上城区有32所学校(校区)的体育场地设施免费向社会开放,居民只须开通市民卡健身功能就可刷卡入校健身,充分满足居民就近健身的需求。截至年底,全区有3074人登记并开通市民卡健身功能。

群众体育

【全民健身日活动】 8月8日,上城区举行庆祝第六个全国全民健身日活动。当日,对群众免费开放所有公共体育场所。前期各场馆在醒目处贴出免费开放的告示。区文广新局在定安路体育中心发放免费活动券。各街道、社区安排管理服务人员,维持辖区内公共体育场所秩序。当日,有3000余人次健身爱好者参与定安路体育中心各项体育活动。

【国民体质监测进陶瓷品市场】 11月5日,上城区为杭州陶瓷品市场职工免费进行体质监测。此次主要监测东箭贸易有限公司年龄在20~60周岁之间的职工,共143人。监测项目有肺活量、握力、坐位体前屈、闭眼单脚站立、台阶测试、选择反应时等11个,监测数据统一上报省国民体质监测中心,并告知测试者的体质情况。

【体育培训项目进社区】 上城区将太极拳、太极剑、健身气功、排舞等传统体育项目向社区居民进行推广,由社区居民自主选择体育项目、自主选择时间段在家门口锻炼,并给予具体指导。全年有36个社区(单位)、10余个健身项目通过开办培训班,在居民中普及推广。

竞技体育

【上城区第八届运动会】 5月25日,上城区第八届运动会在杭州市开元中学举行开幕式。区委书记缪承潮出席开幕式并宣布运动会开幕，区长陈瑾、市体育局局长赵荣福分别致辞，副区长马彦主持开幕式。12 月 24 日，第八届运动会举行闭幕式。区委常委、宣传部部长金承涛，区政协副主席方莉，以及区文广新局、区总工会等部门负责人出席闭幕式，并为获奖团队颁奖。第八届运动会设置成年部和青少年部，历时 8 个月，举行游泳、田径、篮球、足球、排球、羽毛球、乒乓球、钓鱼、棋类、象棋、轮滑、广播操、健身气功等 13 个大项、239 个小项比赛。来自各系统、企事业单位、辖区内单位、中小学校的 65 个代表团、384 支代表队、3318 名运动员参加比赛，产生 598 枚金牌、385 枚银牌、322 枚铜牌，有 34 人次刷新 23 项区最高纪录。

【清河中学男子足球队获冠军】 7 月 16~19 日，杭州市清河中学（杭州市足球队联办单位）男子足球队代表浙江省参加在长春举行的 2014 年全国青少年“未来之星”阳光体育大会，获足球比赛冠军。“未来之星”阳光体育大会是国内最高规格的青少年大型综合类体育活动，全国 31 个省、市、自治区的 800 余名学生运动员参加此次比赛。

【上城区第五十三届中小学生田径运动会】 11 月 14 日，上城区第五十三届中小学生田径运动会在区田径场开幕。此次运动会由区政府主办，区体育局和区教育局承办。运动会分小学组和初中组，设 15 个大项、64 个小项比赛项目。全区有 28 个代表队、577 名选手参加比赛。经过 3 天角逐，有 8 人打破 6 项区田径纪录，北师大杭州附属中学（原勇进中学）以 187 分总分获中学组团体总分第一名，建兰中学和清泰实验学校分别获中学组团体总分第二、第三名；始版桥小学以 302 分总分获小学组团体总分第一名，胜利小学和崇文实验学校分别获小学组团体总分第二、第三名。 （张雪梅）

8 月 8 日，上城区举办群众共享健身惠民活动

（区文广新局　供稿）

社会·生活

Society & Livelihood

综　述

【综合减灾示范社区创建】 2014 年，上城区深入开展综合减灾示范社区创建活动。按照《全国综合减灾示范社区标准》，组织全区 54 个社区参加综合减灾示范社区创建工作。举办防灾减灾知识宣传活动和国际减灾日主题宣传活动，对全区灾害信息员进行培训，开展防灾救灾演练。望江街道近江东园社区被国家减灾委员会、民政部命名为全国综合减灾示范社区。至年末，全区有全国综合减灾示范社区 8 个、全省综合减灾示范社区 11 个。

【深化养老服务体系建设】 12 月 1 日，上城区出台《关于深化完善社会养老服务体系建设的意见》，积极构建以居家养老为主体的养老服务体系，着力扩大居家养老政府购买服务覆盖面。全年居家养老服务支出 951.93 万元，受益老年人 4.94 万人次，覆盖面 5.7%。进一步完善服务内容，为享受政府购买服务家庭提供家电、水电设施统筹保修；为 90 岁以上空巢、独居老年人免费提供每月 2 次上门服务，全年服务空巢、独居老年人 1.83 万人次。

【上城区成为首批全国社会工作服务示范区】 上城区深入开展社会工作服务示范区创建活动，推动社会工作服务全面深入发展。积极探索社会工作专业人才队伍建设与发展的新路子，努力提升社会工作专业服务水平。1 月 9 日，民政部授予上城区“首批全国社会工作服务示范区”称号。

【上城区成为全国社会组织建设创新示范区】 2 月 11 日，民政部授予上城区“全国社会组织建设创新示范区”称号。上城区根据“以社促社、以社孵社、以社助社”的建设思路，积极构建区、街道、社区三级基础网络平台，完善机构注册、人员招聘和业务技能培训等制度。按照加快发展、培育为重、先易后难、逐步推进的原则，集中出台 7 个培育社会组织发展的配套性文件。深化七大亮点(全区及 6 个街道)和百家能人(特色)工作室的社会组织品牌建设，重点扶持在养老服务、居民自治等方面作用明显的社会组织。在全区开办 100 个以社区能人或特点命名的特色工作服务场所，重点培养一批有一技之长并乐于参与和谐社区建设的居民，充分发挥其影响力和号召力。

【“左邻右舍”社区治理创新园打造】 上城区通过租赁杭州市土特产公司元宝街 1 号用房，整体打造“左邻右舍”社区治理创新园。创新园总面积 980 平方米，分为邻里服务、邻里舞台、邻里天地、邻里学苑、邻里食堂五大区块，为居民提供多功能学习、培训、活动、服务的场所，建成后将成为社区与居民互动、交流的主要阵地，以及居民学习、健身、活动的重要场所。打造“左邻右舍”社区治理创新园旨在更好地展示新中国第一个居民委员会——上羊市街居委会在创新基层社会治理、发展社会工作专业、满足居民多元化需求等方面的经验成果。

（沈　洁）

劳动就业

【概况】 2014年,上城区实施积极的就业政策,强化公共就业服务。全年新增就业30 899人;失业人员实现再就业15 751人次,其中就业困难人员就业3960人。全区组织开展失业人员再就业培训3448人,其中,技能培训754人,适应性培训455人,创业培训138人。高技能人才培训1761人,进城务工人员培训933人。举办上城区第九届服务业技能竞赛等技能大赛6场、跨区域人力资源交流会4场、街道就业培训活动46场。修改完善《上城区居家就业社保补贴政策》,全区享受居家就业社保补贴7503人次,发放补贴1591.06万元;享受困难家庭社保补贴324人,发放补贴52.66万元。公益性岗位安排上岗人员1225人,拨付市级补贴2926万元、区级补贴701万元。企业招用就业困难人员2374人,发放用工补贴1914.56万元。全区灵活就业人员12 246人,发放生活补贴4538.22万元;自谋职业人员261人,发放生活补贴86.49万元。物业公司安排就业1354人,发放补贴148.94万元。为就业再就业人员发放小额贷款74笔,贷款金额1035万元。

【劳动保障监察】 2014年,区人力社保局开展劳动保障监察专项检查5次,监察用人单位664个,涉及劳动者42 916人;行政处罚违法单位10个,罚款5.50万元。开展农民工工资支付情况、人力资源市场秩序清理整顿等五大专项监察。举办劳动用工法律法规培训2期,164个企业的204名负责人参加。组织参与第13个全国安全生产月宣传咨询日活动,接受劳动法规政策咨询50余人次,发放安全生产宣传资料700余份,志愿者为民服务100余人次。

【劳动争议仲裁】 2014年,区劳动人事争议仲裁院受理仲裁案件367起,审理结案362起,结案率98.6%。其中,裁决结案72起;调解解决295起,调解率80.4%。受理的案件均为用人单位侵犯劳动者的合法权益。仲裁部门裁决用人单位为劳动者补缴社会保险605万元。受理集体劳动争议案件1起。全区规模以上企业均建立企业劳动争议调解委员会。

【大学生就业创业】 11月5日,区人力社保局组织参加2014年浙江·杭州国际人才交流与项目合作大会,达成初步合作意向15个,签约项目3个。全年新增大学生创业企业42个,带动就业200余人;累计大学生创业企业456个,带动就业2700余人。招收大学毕业生1605人,其中博士生、硕士生97人。认定网上创业18户,自主创业564人,带动就业1300余人。依托5个创业基地和1个大学生创业园建立创业服务指导中心,一对一地指导大学生规划职业生涯。完善大学生创业扶持政策,落实创业专项资金。全区申报大学生创业资助项目6个,推荐6名企业法人参加创业学院“雏鹰班”和“强鹰班”培训。

【上城区人力资源交流及创业项目展示会】 5月14日,区人力社保局、团区委、区妇联、区残联、区工商联联合举办上城区人力资源交流及创业项目展示会。通过“人岗对接”、创业项目展示、就业指导,为企业及求职者、创业者提供各方面服务。展示会发放政策指南1000份,接受就业再就业政策咨询800人次。80个知名企业参会,提供就业岗位2000余个,300余人与用人单位达成就业意向,147人次失业人员与项目单位达成合作意向。全年举办区级招聘会3场、街道级30场,有500余个单位参加招聘活动,提供就业岗位1万余个。

【行政许可审批】 2014年,区人力社保局受理特殊工时制申请企业171个。其中,申请综合计算工时制企业154个,申请不定时工时制企业46个,同一个企业同时申请综合工时制和不定时工时制企业28个,涉及执行综合工时制职工12 050人,不定时工时制职工1654人。全年受理工伤认定申请426起,全部依法做出决定。有序推进权力清单梳理。区人力社保局原有权力事项342项,经二次梳理后减至152项,权力事项减少55.5%。

社会保险

【概况】 2014年,上城区以民营企业从业人员、外来务工人员为重点,开展送保险“下基层、进园区”活动,加大社会保险政策宣传力度,提高企业和劳动者的参保意识。全区社会保险覆盖面进一步扩大。全年新增参加基本养老保险 6748 人、工伤保险 5800 人、生育保险 10 338 人。新增社会保险开户 842 个。落实《关于解决未参保集体企业退休人员及其他相关人员基本养老保障等遗留问题的实施意见》,新增办理基本养老保险 187 人。一次性支付养老金 122 人,办理企业退休 806 人、个体户退休 2272 人。支付生育保险金 2400 人。异地基金转入 1082 人、转出 2558 人。个体工商户参保 481 户,个人参保 1527 人。开展居民参保情况摸底调查,全区居民参保率 99.9%。

【医疗保险反欺诈“亮剑”专项行动】 8 月 25 日,区人力社保局开展医疗保险反欺诈“亮剑”专项行动。全年办理证历本 2.40 万本,开具医保基金联系函 1052 人次,办理基金转入 924 人、转出 1784 人。审核享受退休待遇 2247 人,报销医疗费 2246 人、177 万元。完成全区灵活就业人员健康体检。居民参保续保 361 人,少年儿童参保续保 3192 人。

【退休人员社会化管理】 2014 年,全区纳入社会化管理的退休人员 8.65 万人。开展送温暖活动,全年慰问退休人员 24.12 万人次,发放慰问金 22 453.72 万元。做好帮扶济困工作,救助因病、因丧、因残困难退休人员 2.01 万人次,发放救助款 486.42 万元。组织第五轮企业退休人员体检。全区应检 8.65 万人,实检 6.78 万人。在退休人员实行社会化管理 10 周年之际,组织开展各类文体活动,提升退休人员幸福指数。

【服务窗口规范化建设】 区人力社保局推进服务窗口规范化建设,强化窗口工作人员宗旨意识,进一步提高服务水平。积极推广社会保险网上办事业务,由工作人员为参保企业讲解网上申请有关事项,回答参保企业提出的系统操作问题。全年有 6000 余个企业开通网上办事,开通企业数超过企业开户总数的 50%,方便用人单位和参保群众。开设缴费工资申报绿色窗口,及时提示未缴费的参保企业,避免因此影响企业职工相关待遇的享受。

(肖　波)

社会救助

【帮扶救助协调机制建立】 6 月 16 日,上城区成立由区政府主要领导任组长,区民政局、区信访局、区残联、区人力社保局、区卫计局、区教育局、各街道办事处等 25 个部门负责人组成的“救急难”领导小组,并建立社会救助联席会议制度。领导小组办公室设在区民政局。根据工作需要不定期召开联席会议,协调解决救助工作中遇到的特殊问题,强化部门之间的协作配合。

【开展“救急难”工作试点】 6 月,上城区被列为全国和浙江省、杭州市“救急难”工作试点后,制定下发《上城区开展“救急难”工作试点实施方案》,明确“救急难”试点工作主要目标、工作原则、主要任务、救助流程、保障措施。试点工作中,突破户籍限制,把其他社会救助制度暂时无法覆盖的非本地户籍人员纳入救助范围,实现全区救助对象全覆盖。

【“人情保”“错保”专项整治】 7~9 月,上城区帮扶救助服务中心在全区范围内组织开展“人情保”“错保”专项整治行动。整治行动围绕“保障对象是否准确”“操作程序是否规范”“规范管理是否到位”“资金发放是否及时”4 个方面内容展开。先后核查救助对象 1700 户、2350 人,其中,查出 8 户不符合低保家庭救助条件,当即取消救助待遇;对享受期满经济条件改善的 39 户救助对象予以退出享受;对新发现的 28 户困难对象按审批程序纳入保障对象。整治行动中未发现有“人情保”及“暗箱操作”等情况。

优抚·双拥·安置

【省级双拥模范区创建】 上城区双拥工作以维护社会稳定、促进经济发展、提高部队战斗力为根本任务,做到抓组织促体系健全、抓教育促观念提高、抓标准促成果共享。开展党政机关领导过“军事日”、省级双拥模范区创建、走访慰问驻区部队等活动。区委、区政府想方设法为军队转业干部、退役士兵和随军家属安置工作,解决军人子女入学及离退休干部生活困难。驻区部队发挥兵员优势，积极参加驻地经济建设和社会维稳。基层双拥活动形式多样。紫阳街道开展“弘扬双拥光荣传统，军民共筑钢铁长城”主题宣传，小营街道举办双拥图片展，南星街道邀请老军人为辖区中小学生上国防教育课，清波街道组织“母子情深”兵妈妈与战士结对等，全区双拥工作持续保持高水平。7月31日，在浙江省纪念建军87周年暨双拥模范城（县、区）命名表彰大会上，上城区被省政府、省军区授予“浙江省双拥模范区”称号。

【优抚政策落实】 上城区有优抚对象288人。区、街道、社区认真落实优抚政策，全年组织走访慰问优抚对象4000余人次，发放抚恤补助金350余万元、慰问金200余万元。开展民心工程、爱心工程、暖心工程活动。组织残疾军人休疗，做好相关评残审核上报工作，落实相应待遇。为优抚对象办理“残疾军人、三属乘车证”76张，办理公园卡年检336本，办理伤残退役军人换证、评残、军残关系转移等手续261件（换证241本，评残4件，关系转进13人、转出3人）。

【退役士兵安置】 上城区积极做好退役士兵安置工作，全年接收安置退役士兵83人，安置率100%。其中，复工、复职3人；选择自谋职业80人，发放自谋职业补助金265万元。引导退役士兵自主择业、创业，有关职业学校和培训基地纳入区民政局汇编名录，为退役士兵提供职业教育和技能培训，全年培训退役士兵33人。通过各种渠道，在用人单位和退役士兵之间搭建双向信息互通平台。组织15个用人单位为35名退役士兵提供竞聘机会。

【烈士证明书换发】 区民政局做好全国褒扬系统143名烈士的信息核对以及本省56名烈士证明书的换发工作，其中完成换发52本（外省4本未换发），完成率93%。9月30日，以庆祝中华人民共和国成立65周年和纪念抗日战争胜利69周年为契机，举办“传承烈士精神，共建美好家园”为主题的烈士英雄事迹图片展，开展网上公祭、向烈士纪念碑敬献鲜花、走访慰问烈士家属等活动，为烈士家属送上慰问金及慰问品。

【双拥文化宣传】 7月，双拥国防宣传月期间，上城区开展双拥宣传、军民联欢、文艺演出、走访慰问、征求意见等活动；开辟“双拥一条街”，在辖区主要道路悬挂双拥主题路牌广告、宣传图片等；打造清波街道双拥陈列室，展示街道及社区20多年来的双拥工作，以巩固军民共建成果。该陈列室作为爱国主义教育基地对外开放。

社区建设

【社区服务机制改革】 上城区重视社区发展，对上羊市街社区的试点改革问题，多次进行专题调研与沟通协调，邀请社区建设领域的专家为上城区推进社会治理工作把脉开方，进一步明确社区服务机制改革的思路和方向。6月27日，召开上城区社区服务机制改革工作动员暨培训会议，明确社区服务机制改革的主要内容、重要意义、发展方向和时间节点等，并邀请上海大学教授顾俊到会做题为“社区：基层治理平台及其运作”的讲座。通过组织动员、各方联动，上城区正式拉开社区治理和服务创新序幕。

【和谐（满意）社区评价办法出台】 8月7日，上城区以推进社区“扁平化”管理和服务为导向，以居民满意度为根本，在“四评一结合”评价体系基础上，出台2014年度《上城区和谐（满意）社区评价办法》。该办法简化社区工作的评价内容和流程，增加居民自治“金点子”案例评选、社区社会组织参与社区治理、减少台账检查要求等考核指标，完善居民满意度的测评内容和方法，有效带动多元主体共同参与社区治理。通过优化社区工作评价方式，社区自我造血功能增强。

资料 **“扁平化”管理**：是一种科学、高效、灵活的服务管理模式。社区“扁平化”管理，就是通过破除社区自上而下垂直的传统管理结构，最大限度减少中间管理层次，增加管理幅度，使整个社区管理和服务系统达到灵活、敏捷、快速、高效以及富有柔性、创造性的目的。

【社区减负增效】 上城区根据市委办公厅、市政府办公厅《关于深入整治社区(村)"牌子多"等问题的通知》精神,从厘清社区的服务、自治职责,转变"过度行政化"倾向着手,按照做实基层民主,促进民生改善,提高居民满意度的目标,制定《上城区关于进一步推进社区发展的若干意见》《关于社区减负工作的实施意见》等文件,全面开展社区工作清理和准入工作,对社区组织挂牌、考评检查、盖章证明等社区"四多"问题进行整顿。通过明晰社区党委、居委会和公共服务站的工作职能,切实减轻社区工作负担,建立起社区党委抓党建、居委会抓自治、公共服务站抓服务三者各司其职又相互补充的社区服务管理新格局。

【社区工作实务能力训练】 9月18~21日,上城区民政局联合中国社区建设培训基地、华中师范大学陈伟东团队,在小营街道红巷生活广场举行社区工作实务能力训练。各社区专职工作者60人参加训练。此次训练主要体验和学习参与式需求调查技术、开放空间会议技术、头脑风暴"635"工作法和SWOT分析法、社区社会组织孵化技术等丰富多样、通俗易懂、专业实用的社区工作方法。4天的培训成果以"上城区社区公益服务创意大赛"的形式呈现。在场观众运用"531"打分法对26个公益项目进行打分。经过角逐,望江街道始版桥社区陈善义、在水一方社区伊红梅的"农民房消防安全小组",南星街道水澄桥社区林洁、白塔岭社区居兰红的"'潮妈团'0~3岁宝妈互助小组"等社区公益服务项目进入前10强。上城区在全市率先开展社区工作实务能力训练,旨在推动基层政权与社区建设工作持续发展,进一步提升社区工作者实务能力。全年有88名社区工作者通过全国社会工作师(初级)考试和助理社会工作师(中级)考试。年末,全区助理社会工作师增至367人,社会工作者持证率达44.2%。

【公益创投活动】 上城区把打造优质公益创投项目与打造品牌性社会组织有机结合,立足于公益服务项目的创新性、可行性、科学性和专业性,对2014年征集到的71个公益创投项目进行筛选和公开评审,其中39个项目获区级资助71.35万元。加强对2013年实施的公益创投项目监管,从项目实施单位的计划执行、财务管理、资金落实等方面进行督查,形成"项目申请、项目评审、项目公示、合同签订、绩效评估、延期申请、项目整改"一整套规范化的操作流程,促进全区公益创投活动的有序开展。

【第二届公益服务项目"相亲会"】 12月27日,由浙江省慈善总会、上城区政府联合《今日早报》、浙江教育科技频道等媒体共同推出的第二届上城区公益服务项目"相亲会"在吴山广场举行。省政协副主席、省慈善总会会长陈加元等领导出席活动。"相亲会"以"公益迎新年"为主题,来自全省200余个企事业单位和社会组织参与,现场参与群众近1万人。全区遴选出102个公益服务项目参与"相亲"。公益服务项目主要包括社会治理和公共服务两大类。现场签约公益服务项目31个,募集资金53.67万元。达成合作意向公益服务项目22个,涉及社区社会组织22个;涉及资助单位15个,资助金额29万元。

12月27日,区委书记缪承潮(中)在"浙江省2015慈善嘉年华"暨第二届上城区公益项目"相亲会"上致辞 (区民政局 供稿)

【杭州高校社团与社区公益项目对接会】 5月24日,上城区举办全省首届杭州高校社团与社区公益项目对接会。对接会由上城区社会组织服务中心主办，上城区明德公益事业发展中心、杭州支点社会工作发展中心、浙青大学生健康联盟等单位联合承办，旨在通过高校社团与社区公益项目的对接，搭建一个集筹资、实施、资源对接、能力建设于一体的发展交流平台，提升高校社团整体管理和营运能力，推动高校社团参与社会建设。对接活动主要围绕“人、资源、资金、项目”4个方面进行，有51个在杭州高校社团和32个社会组织参加，现场达成合作意向项目111个，137个活动互留联系方式。同时，由支点社会工作发展中心与浙青大学生健康联盟共建的杭州大学生社会工作教育实践基地正式落户小营红巷生活广场，标志着杭州高校社团的专业化进入“破冰”阶段。

（沈　洁）

中国社区建设展示中心

【概况】 中国社区建设展示中心（简称展示中心）是民政部批准建立，集史料陈列、文物展示、理论研究、文献收藏、社区实务于一体的专题类博物馆，以期成为中国社区建设的历史课堂、研究基地、实践样板和对外窗口。展示中心位于杭州市上城区清河坊历史街区的金钗袋巷79号，紧邻胡雪岩故居，由清朝光绪年间兵部侍郎朱智的故居改建而成，占地面积约3000平方米，建筑面积约2000平方米，于2009年12月21日建成开馆。2012年，成立由民政部和省、市、区等相关部门负责人组成的中国社区建设展示中心管理委员会，为正处级事业单位。2013年5月，民政部批复同意在中国社区建设展示中心建立中国社区建设培训基地，以期建设成为中国社区工作者政策理论和实践能力培养的摇篮。整个展示中心由居民委员会发展厅、社区建设发展厅、社区建设史料藏馆、社区工作展示厅和全国社区社会组织成果展示馆五部分组成。2014年，展示中心被认定为“杭州市国际旅游访问点”，被命名为杭州市年轻干部成长教育基地。

【省现代社区人才培训中心完成注册】 6月，浙江省现代社区人才培训中心完成注册。年内完成20期培训任务，其中11期受民政部基层政权和社区建设司委托承办，培训学员2406人，学员来自全国21个省（市、自治区）。学员中，城区街道以上民政干部1046人，占43%；社区工作者1360人，占57%。培训班专题授课83门，进行案例分享、互动交流46次。培训结束后，发放征求意见表1973份，收回1973份。发放结业证书2156本。培训满意率100%。

【展示中心陈列内容扩充】 展示中心不断丰富展馆的历史实物展陈内容。全年添置保甲徽章真件2枚、《保甲制度》1册、城市居民委员会组织法图解1件。对三维动态演示馆的“333+X”社区大服务体系进行2次更新，制作完成“上城区基层社会治理体系构建的创新与实践”展示墙，完成展馆全国社区公共服务综合信息平台建设先进经验、2013年度中国社区治理十大创新成果、全国社区建设经验交流会等4项展陈设计制作，共40个子项，第一次实现从资料收集、文字提炼、展陈制作的无缝对接，进一步提高为社区建设典型经验展示的广泛性、即时性、推广性。完成《中国城市街道和居民委员会档案史料选编》（十一），选编史料179篇、30万字。

【展示中心对外宣传】 展示中心全年在市级以上媒体发布信息17条、专家研究论文3篇。网站采录内

3月22日，民政部基层政权和社区建设司司长蒋昆生（右三）调研中国社区建设展示中心

（中国社区建设展示中心　供稿）

部稿件45篇,先后刊发于《社区工作》杂志、《社区服务》杂志、《杭州日报》等;采集并整理影像资料44批次,累计图片5794张、视频14段;展示中心网站更新1047项(各地动态997项、中心动态23项、培训基地动态22项、其他动态5项)。制作《我们五岁了》——中国社区建设展示中心成立5周年纪实画册1册;培训基地刊发《中国社区建设培训基地简报》11期。加强培训基地的对外交流,与中国人民大学、浙江省委党校、杭州市委党校、浙江大学、浙江财经大学等16个合作单位保持良性互动交流。

【接待服务水平提升】 展示中心全年接待参观团队341批、48 978人次。主要团队有党的群众路线教育实践活动中央巡回督导组、国务院参事室、北京军区考察团、香港处级公务员考察团,以及吉尔吉斯斯坦代表团、马尔代夫代表团等境外代表团。主要领导有国家标准化委员会主任田世宏,民政部基层政权和社区建设司司长蒋昆生、副司长朱耀根,民政部政策研究中心主任王杰秀,中央编译局副局长俞可平,中国社会出版社社长、国家行政学院公共管理学院教授薄贵利,全国城乡社区建设专家委员会委员、浙江省委党校常务副校长王昌荣,杭州市市长张鸿铭,以及美国芝加哥大学社会服务管理学院副院长、教授查斯金等。

【展示中心管理委员会第三次会议】 9月15日,中国社区建设展示中心管理委员会第三次会议在展示中心会议室召开。展示中心管委会副主任、民政部基层政权和社区建设司副司长刘勇,管委会副主任、省民政厅副厅长梁星心,区委副书记、区长陈瑾,副区长宣寅等出席。会议由管委会副主任、市民政局局长邵胜主持,管委会办公室主任马丽华汇报工作。会上,与会成员就展示中心重点工作、培训开展情况、新中国第一个居民委员会——上羊市街社区体制机制改革及“左邻右舍——社区治理创新园”建设方案等问题进行研究讨论。

9月15日,中国社区建设展示中心管理委员会召开第三次全体会议

(中国社区建设展示中心 供稿)

【全国城乡社区建设专家委员会第一次全体会议】 12月30日,全国城乡社区建设专家委员会第一次全体会议暨理论研讨会在杭州召开。会议由民政部主办,省民政厅、市民政局、上城区委区政府协办,中国社区建设展示中心、中国社区建设培训基地承办。民政部副部长窦玉沛到会指导,省民政厅厅长尚清、副厅长梁星心,市民政局局长邵胜等领导到会祝贺,全国城乡社区建设专家委员会近30名委员参加会议。会议由民政部基层政权和社区建设司司长蒋昆生主持。

(茅佳敏)

社会福利事业

【福利彩票发行】 2014年,上城区福利彩票发行中心发行福利彩票8565万元,比上年增长1.8%。其中,“中福在线”视频游戏彩票发行额7178万元,增长3.1%;“刮刮乐”即开型彩票发行额638万元,减少2.5%;电脑彩票发行额(自营3台)749万元,增长1.8%。“中福在线”视频彩票保持稳定的增长态势,在全国销售大厅排名中位列第五,全年为国家募集公益金473万元。

【第十四次“春风行动”】 春节前,上城区组织开展第十四次“春风行动”。区四套班子领导带领相关单位负责人走访慰问部分低保家庭、困难家庭、优抚对象、下岗失业人员,发放各类慈善救助金544.44万元,受救助3607人次。同时,广泛动员社会力量参与献爱心捐款活动，累计募集捐款484.61万元。

【慈善救助】 为充分发挥慈善救助作用，提高慈善救助实效，上城区慈善总会着力规范慈善救助程序。根据《杭州市上城区慈善总会章程》和《杭州市上城区慈善资金募集使用管理办法》等规定，出台《杭州市上城区慈善救助实施办法》《上城区关于进一步做好孤儿基本生活费申报和发放工作的通知》。积极开展旧衣捐赠、支援灾区重建、“中华慈善奖”申报、定向捐赠等慈善活动。全年接收各类衣物4441件。为云南鲁甸地震灾区募集善款5000元。各类定项捐赠金额37.38万元。设立“爱在那曲”公益专项，思美传媒股份有限公司为那曲地区唇腭裂患者捐款15万元。杭州凯亿物业管理有限公司、浙江圣奥慈善基金会为那曲县中小学购置电脑22台、书架260个，价值22.38万元。慈善人士金水根被评为第二届浙江优秀慈善工作者，陈建伟被评为省级优秀义工（志愿者），丛培华等4人获慈善荣誉证书。

民政事务管理

【第二次地名普查启动】 7月，根据《浙江省第二次地名普查实施方案》《浙江省第二次全国地名普查领导小组办公室关于推进第二次全国地名普查工作的通知》，上城区启动第二次地名普查工作。在前期普查试点的基础上，开展地名补查和资料的更新整理。根据普查工作需要，调整充实区地名普查领导小组成员，进一步做好组织动员、经费预算等准备工作。

【平安边界管理】 根据《杭州市民政局关于做好第三轮县级行政区域界线联合检查工作的通知》，区地名办积极推进平安边界创建工作，确保上城区域界线的有效管理。全年会同下城区完成上下线界线的联合检查，配合完成下江线的上下江三角点确认。根据市民政局有关深化平安边界建设的工作要求，上城区牵头完成上西线毗邻街道平安边界协议书的签订。

【完成《中华人民共和国政区大典》上城部分编撰】 2014年，上城区按照《中华人民共和国政区大典》编纂要求，组织开展《中华人民共和国政区大典》区本级及各街道的组稿工作。对各个行政区域在2011年末政区状况的历史存照，包括政区沿革、自然条件、经济概况、社会发展、基础设施、名胜旅游、重大事件、著名人物、城区市政建设9个方面一级条目内容和近40个方面二级条目内容进行填报。年内，上城区编撰的政区大典条目通过省政区大典编撰办公室的审核。

【地名设标工作】 2014年，上城区结合实施背街小巷和庭院改善，及时做好无标准名称道路的命名、需更新门牌的制作和安装。全年审核命名住宅区2处（钱塘印象公寓、钱江御府），命名道路2条（银鼓路、水澄北路），审批编排门号210家、3947处，制作发放浙江省门牌证2143份（包括使用证），安装各类标牌7458块。

【婚姻登记】 2014年，全区办理内地居民结婚登记4076对，比上年上升1.3%，其中补办结婚登记17对。办理内地居民离婚登记1077对，上升2.2%。出具无婚姻登记证明11 041份。婚姻登记合格率100%。接待婚姻问题来电来访咨询2万余人次。

【婚姻辅导跟踪回访】 区民政局专门设立独立的婚姻辅导室，邀请社会专业人士无偿提供包括婚前辅导、心理咨询、法律咨询、离婚劝导等多种形式的婚姻家庭辅导服务。为每一对调解对象建立档案，并对其进行评估，提出建议意见，建立后续的跟踪回访制度，确保婚姻家庭辅导服务工作可持续发展。全年为80对夫妻提供婚姻辅导与咨询服务，其中婚姻家庭咨询5件、离婚劝导调解56件、法律咨询1件。有24对夫妻通过劝导和调解暂缓离婚，婚姻辅导满意率100%。

【婚姻登记档案“双套制”管理】 区民政局将2010~2012年婚姻档案，以及2004~2012年无婚姻登记档案全部整理移交至区档案馆。与区档案馆和市档案局信息中心协调，将1950~2005年以来婚姻历史数据逐一补录核对，查漏补缺，同时将重复数据予以确认。经核对，1950~2005年的婚姻登记数据中，有结婚数据118 893对，离婚8442对，补发结婚证682对，补发离婚证93对。通过移交、核对,实现电子档案、纸质档案"双套制"保管。

【殡葬管理】 上城区落实死亡人员月报制度。全年全区死亡1870人,其中清波街道161人、湖滨街道221人、小营街道461人、望江街道411人、紫阳街道423人、南星街道193人。同时,提供惠民殡葬政策咨询,倡导免费生态葬。

【流浪乞讨人员救助】 区民政局采取多项举措加强流浪乞讨人员救助工作。出台《关于进一步加强流浪乞讨人员长效救助管理工作实施意见》等4个文件,进一步明确各部门在救助管理工作中的职责。湖滨地区将流浪乞讨人员救助纳入《湖滨商圈容貌评价准则》,专门成立流浪乞讨人员救助小分队,配备10名专职流浪乞讨人员救助管理员、3辆救助车;制定《湖滨地区城市综合管理工作方案》,联合建立总规模为80人的湖滨地区城市管理综合执法特勤队伍,配备9辆救助巡查电瓶车用于日常巡查救助。区政府把流浪乞讨人员救助经费列入年度财政预算,并足额保证城管、公安等部门的专项工作经费。在"冬季送温暖"专项活动中,区政府拨出专项救助资金13万元,并为流浪乞讨人员采购棉衣150件、棉被150条等物资。各街道分别做好棉衣、食品等物品储备,切实保障流浪乞讨人员安全过冬。在"夏季送清凉"救助活动中,对不愿进救助站的外来人员,发放防暑降温药品、饮用水和食品等生活必需品,以保障流浪乞讨人员的基本生活。 (沈 洁)

民族·宗教

【概况】 2014年,区民族宗教局加强民族宗教工作。以"一会"(上城区少数民族联谊会)组织为依托,积极搭建民族融合新平台;以"两园"(南星街道"七彩美政民族园"和杭州市回族穆兴小学"民族理解文化园")建设为抓手,努力打造民族文化传承新品牌;拓展"三化"(管理网格化、引导社会化、服务常态化)工作,不断完善民族管理新格局。通过"微组织""微平台""微机制""微服务"的"四微"模式,发挥区民族宗教局的纽带作用,各方面工作均取得新的成效。清波街道与净慈寺结对,举行"宗教慈善周"活动,为社区行动不便或独居空巢的高龄老人提供多样化服务,同时组织宗教教职人员参加体检。南星街道美政桥社区和杭州市回族穆兴小学校长王静分别被评为省民族工作模范集体和先进个人。

【民族村校结对】 区民族宗教局会同各街道确定湖滨街道岳王路社区、清波街道定安路社区、小营街道梅花碑社区、南星街道美政桥社区、杭州市回族穆兴小学分别与桐庐县莪山畲族乡新丰村、建德市大同镇高桥村、建德市大慈岩镇双泉村、淳安县千岛湖镇富泽村、建德市畲族乡淡竹小学结对共建。9月,结对各方签订帮扶(共建)备忘录,从资源共享、经验交流、文化宣传等方面确定3年结对工作的具体目标。年内第一期结对帮扶工作有序开展。湖滨街道为新丰村农产品展销提供场地,通过各种形式宣传推广新丰村旅游品牌。小营街道出资3万元帮助双泉村打开莲子等农产品销路。南星街道出资5万元为富泽村建立爱心图书馆。回族穆兴小学向淡竹小学赠送课桌椅、羽毛球拍、乒乓球拍等教学体育用品。

【宗教工作调研】 2014年,由区委常委叶素牵头,区民族宗教局与浙江大学合作完成"杭州市上城区宗教文化遗迹调查与保护现状研究"的课题调研。调研报告详细分析辖区内45处宗教遗迹(其中5处全国重点文物保护单位、4处省重点文物保护单位)保护利用情况,针对存在问题提出工作对策。 (吕火良)

人力资源管理

【概况】 2014年,上城区人才人事综合服务中心承担783个区属企业的人才引进、人事关系接转、档案管理、户口挂靠、流动党员管理等工作,负责区属单位人才交流和大学毕业生就业创业服务。完成公务员招考,全区录用政府公务员42人。指导和监督教育、卫生系统下属事业单位工作人员招聘工作。规范机关和事业单位工作人员社保缴费、公积金核定、假期待遇。根据人随事转和择优选聘原则,推进建设系统征迁人员分流,加强区属建设指挥部借用人员、退休返聘人员管理和薪酬制度规范。出台2014年度考核办法。区人才市场管理办公室与区工商局、区就业管理处、区医疗保险办公室、区社会保险办公室等部门集中办公,实现企业工商注册、大学生创业申报办理、人事委托、社会保险参保受理一条龙服务。全年完成600余人专业技术职称评审(申报),组织1500余人参加职业资格考试。办理600人次高校毕业生就业协议签订。引进高层次人才17 852人。

【人才培养与服务】 上城区以引进、培育高端人才为重点,积极打造人才高地。征集、评审2批8个区“1211”引才项目,其中6个项目通过评审。上报2人参加杭州市全球“521”引才计划评审;9人参加省“千人计划”评审,其中1人入选;1人参加国家“千人计划”评审。拨付各级高层次人才资助经费297万元。引进海外留学人员60人;引进外国专家项目4个、专家50余人次,其中1个项目被认定为市“115”高端专家项目。落实省新世纪“151”人才工程、市新世纪“131”中青年人才培养计划、区“128”人才提升工程等工作。完成区“128”人才提升工程第二期57名人选的选拔。组织19名中青年专业技术人员参加市“131”人才培养计划的补充选拔,其中3人入选;4人参加省“151”人才选拔,4人申报2014年度市政府特殊津贴。做好聘请外国专家单位的资格认可及外国专家到华工作证和外国专家证的办理。落实技能人才培训政策,鼓励民办培训机构参加技能人才培训,全年完成高技能人才培训1751人。开展“人才服务月”活动,完善人事代理服务,及时为引进人才解决实际困难。

资料 **全球“521”引才计划:**杭州市从2010年开始,用5年时间,面向全球引进20个以上海外优秀创业创新团队,100名以上带着重大项目、带领关键技术、带动新兴学科的海外高层次创业创新人才。

市“115”高端专家项目:围绕杭州经济社会发展需求,从2011年开始,用5年时间,力争引进高端外国专家100人、实施引进国外智力项目1000个、聘请各类外国专家5万人次。

省新世纪“151”人才工程:到2020年,每5年一轮,每轮培养100名左右能跟踪国际科技前沿,引领本学科和产业发展,进入百千万人才工程国家级人选序列的第一层次领军人才;500名左右具有较高学术技术造诣,能支撑全省学科建设、产业发展和科技创新,在省内外同行中拥有较高知名度的第二层次学术技术带头人;1000名左右在各学科、产业领域发挥骨干作用,得到省内外同行认可,富有发展潜力的学术技术带头人后备人选。

【人才政策完善】 上城区把近年来出台的各项人才政策措施汇编成《关于吸引海内外领军型人才来上城区创新创业“1211”计划的实施意见》,印成小册子1万份,在人才服务窗口和人才交流合作大会现场派发。鼓励用人单位采取兼职、科研和技术合作、技术入股等柔性方式引进国内外智力。不断完善人才引进和留学人员回国创业政策,加强人才跟踪服务,充分发挥政策对全区人才队伍建设的拉动作用。根据《杭州市大学生创业三年行动计划(2014~2016年)》和上城区《关于进一步完善促进就业长效机制和做好大学生创业工作的实施意见》《上城区大学生自主创业专项资金使用管理办法》等文件,做好大学生创业的政策落实工作,引导符合条件的大学生创业企业积极申报创业补助,提高大学生创业企业活力,促进创业带动就业。加强创业培训和资金支持,引导大学生创业就业与拉动全区经济发展、促进产业转型升级有机结合。

【人才公共服务网构建】 区人才人事综合服务中心通过网络宣传和平台信息发布,协助做好全区企事业单位招贤纳才工作。在上城人才网公布优惠政策及项目征集公告,进一步鼓励和吸引海内外领军型人才到上城区创业创新。全年加入上城人才网企业260个,人才网站提供需求岗位8400余个,免费受理求职登记6000余人。组织企事业单位参加2014年浙江·杭州国际人才交流与项目合作大会,达成初步合作意向项目15个,签约项目3个。加强毕业生就业指导,设立上城人才市场和人才公共服务网,全年举办人才招聘会4场。为783个单位提供人事代理和流动人员档案托管服务。接收大学毕业生1605人,其中博士生、硕士生97人。

【流动人员党组织建设】 区人才人事综合服务中心加强流动人员党组织建设。建立“党员活动日”,组织党员观看电教片,举办党员茶话会。建立“网上支部园地”“流动党员之家QQ群”,开展党员在线交流和评议。根据流动党员的作息规律,利用晚上和双休日等业余时间组织党员参加党的群众路线教育实践活动和组织生活。积极协助有条件的企业建立流动人员党组织。至年末,区人力社保局党委下设流动人员党支部4个,有流动人员党员88人。

(肖　波)

人口和计划生育管理

【概况】 2014年,上城区深化人口和计划生育服务管理,完善计划生育利益导向体系,促进全区人口协调发展,为全区经济和社会事业持续稳定发展创造良好人口环境。全区人口出生率10.76‰,自然增长率4‰,人口出生政策符合率97.94%。免费婚前医学检查目标人群覆盖率88.6%,免费孕前优生健康检测目标人群覆盖率93.2%。户籍出生人口男婴1823人,女婴1724人,户籍人口性别比105.7;流动出生人口男婴1334人,女婴1220人,性别比109.3;总出生人口男婴2959人,女婴2750人,性别比107.6。全年审批单独两孩再生育830例,再生育对象管理率100%。完善住院分娩实名登记制度和部门间出生信息共享制度,建立出生人口性别比综合治理领导小组,落实相关部门职责,联合区公安、卫生监督、市场监管等部门开展督查3次,全员人口信息管理率95%以上。群众计划生育满意率98%以上,群众计划生育知识知晓率95%以上。推行“网格化”社区服务管理,落实居住地管理责任,有效缓解人户分离和管理“盲区”问题。全区6个街道配备计划生育工作人员29人。54个社区均设立计划生育工作委员会,各社区配备专职计生委员1人,其中2000人以上社区增配计生委员助理1人。全年财政投入人口和计划生育事业经费1279万元,比上年(指2013年,下同)增长6.1%,确保计划生育4项技术、流动人口管理、计划生育奖励等需要。

【计划生育困难家庭帮扶】 区卫计局落实计划生育特殊困难家庭(独生子女死亡或三级以上伤残家庭)帮扶政策。全年为计划生育特殊困难家庭发放特扶金607万余元,惠及780人。其中,49周岁以上未满60周岁的特扶金标准从每人每月200元提高至500元,60周岁以上的特扶金标准从每人每月200元提高至700元;公益金补助113户、76.5万元。为失独家庭发放生活护理补助金,并提供家政、医疗等服务,全年发放补助金52万余元。为3317名具有辖区户籍并持有上城区发放的“失业证”或签订灵活(居家)就业协议人员,发放独生子女父母奖励费16.59万元。对待业育龄妇女与流入育龄妇女实行4项手术补贴,全年补助6.10万元。申报困难流动人口分娩补助7例,补助4900元。

【流动人口计划生育管理】 区卫计局加强流动人口计划生育服务管理、部门协作动态监测等工作,落实基层流动人口服务管理责任。充分发挥流动人口协管员作用,进一步摸清人口流动和婚育信息变动情况。协管员全年采集流动人口计划生育信息卡3.70万张,奖励经费7.40万元;流动人口计划怀孕通报、补救90例,奖励1.98万元。望江街道大通桥社区创建成为全区第3个杭州市流动人口计划生育规范化服务示范窗口。该社区积极为流动人口提供免费基本公共卫生和计划生育服务。

【计划生育行政执法】 区卫计局实行计划生育“一票否决”制,全年无违反计划生育行政侵权行为、无行政诉讼案件及恶性事件发生。完善社会抚养费征收自由裁量工作,建立健全区、街道两级审批制度,确保社会抚养费征收工作规范、公正。全年下达社会抚养费征收决定书42份,征收社会抚养费491万元。坚持“标本兼治,从严治非”,联合区公安分局、区卫生监督所立案查处“两非”(非法鉴定胎儿性别和非法终止妊娠)窝点1个。

【人口计生基本公共服务】 上城区人口计生基本公共服务融入政府公共服务体系建设。全年参加免费婚前检查的夫妻3019对,婚检率88.6%;参加免费孕前优生健康检查的夫妻667对,参加免费孕前检查的育龄妇女2878人。组织1591名落实长效避孕措施的失业育龄妇女参加体检。育龄妇女避孕药具、节育技术、随访服务等计划生育生殖健康服务落实率100%。新婚、孕期、产后随访率均为98%以上。外来已婚育龄妇女享受与户籍人口同等的免费计划生育服务，包括免费婚前检查和传染病防控、适龄儿童疫苗接种、早孕建卡、孕产妇和儿童保健、健康教育等服务。对孕产妇实施“艾梅乙母婴阻断”项目，积极预防艾滋病、梅毒、乙肝母婴传播工作。

资料 “艾梅乙母婴阻断”项目：“艾梅乙母婴阻断”项目主要内容是对孕产妇进行免费艾滋病、梅毒、乙肝病毒筛查，对所有艾滋病、梅毒、乙肝阳性孕产妇及所生婴儿实行免费母婴阻断，同时开展母婴阻断项目工作的健康教育，在孕早期为孕产妇提供艾滋病、梅毒、乙肝的检测与咨询服务及规范治疗。

【青春健康教育“百场讲座进社区”活动】 7~11月，区计划生育协会开展青春健康教育“百场讲座进社区”活动。协会邀请首批23名区级青春健康教育老师担任主讲人，主要运用PLA模式（即互动参与式）的培训方法。活动期间举办讲座62场，服务社区、中小学校和辖区企业人群2510人次。活动期间，协会借助专业心理学教师团队，举办青春健康家长大讲堂，与青少年家长交流孩子青春期异性交往、意外怀孕等敏感话题。大讲堂安排讲座33场，参加讲座的家长2811人次。

【区域计划生育工作协作】 区卫计局创新“双向服务”管理模式，推进区域计划生育工作协作。紫阳街道与淳安县文昌镇开展“一对一”流动人员计划生育“牵手服务”活动，“牵手服务”包括为流动育龄妇女开展“查孕、查环、查病”和患病跟踪随访等。全年紫阳街道为400名淳安籍流动人员提供免费B超检查、避孕节育知识咨询、生殖健康追踪随访等服务。

【第四届独生子女大学生创业挑战赛】 5月28日，区计划生育协会联合区卫计局、区科技局、团区委、区妇联等部门在市工人文化宫举办“牵手生育关怀，共建美丽上城”第四届上城区独生子女大学生创业挑战赛暨“5·29”会员活动日。7名独生子女大学生自主创业，并带动10名困难大学生就业，获创业奖励19万元。

【男性健康日吴山大讲堂】 10月27日，上城区第26期吴山大讲堂开讲。区计划生育协会邀请中国性学会中医性学专业委员会副主任委员、中国中医药学会男科专业委员会理事、中医学博士郑佑君做题为“预防男性疾病，维护健康体魄”的专题讲座。区级机关、街道、社区工作人员360余人参加听讲。

【特殊困难家庭服务】 上城区以社区为服务平台，发挥各类社会公益组织、基层计划生育协会的作用，积极探索建立涵盖精神慰藉、心理干预等内容的计划生育特殊困难家庭帮扶互助机制。区卫计局将126名计划生育特殊困难人员作为居家医疗重点服务对象，建立健康档案，责任医师每月上门两次进行个性化随访评估和健康指导。 （仲　玥）

流动人口管理

【“小候鸟”暑期学玩快乐城堡夏令营活动】 湖滨街道组织“小候鸟”暑期学玩快乐城堡夏令营活动，帮助“小候鸟”们融入杭州这座城市，享受暑期学玩的快乐。聘请居住在辖区的10名老干部、老专家、老劳模、老教师、老战士，组成“五老讲师团”担任暑期辅导员。在夏令营中，“小候鸟”们争做手工达人，学习制作丝网花、厨房环保酵素、景泰蓝手工艺品、手工低碳作品等；争做知识达人，参加“祖国在我心中，共筑中国梦”知识竞赛，“环游视界梦，随我去旅行”视频欣赏等20多场专题活动；争做运动达人，组团参加拓展训练营、科学心理游戏等。

【困难职工和外来务工人员家庭庆“六一”活动】 区总工会连续第3年推出“关爱成长·关注未来”困难职工、外来务工人员家庭庆“六一”系列活动。5月30日，区总工会组织辖区23户困难职工家庭的职工和孩子在杭州木马剧场观看人偶剧《小木偶变变变》，并为孩子送去文具大礼包。组织辖区困难职工家庭参加省、市总工会的慰问活动,6户困难家庭职工收到6000元慰问金和慰问礼包。

【为外来务工者欢度新春"保驾护航"】 1月9日,区总工会组织全区6个街道、7个系统(局)和5个直属企业所属的300余名外来务工者参观以"科学生活·美丽上城"为主题的杭州低碳科技馆。为辖区内651名外来务工者提供"返乡公路包车"13辆,提供免费火车票77张,代购火车票52张,让外来务工者的回家之路更顺利、更安全。为保证外来务工者按时足额拿到工资,区总工会要求全区各级工会督促所属企业及时足额发放工资,工会劳动法律监督大队与政府部门开展共排查、共监督活动;发挥职工律师服务团作用,开展法律服务便民活动。各服务点律师除每周固定值班时间外,还设立法律服务专线、电子邮箱,方便职工随时咨询,及时解决职工遇到的问题,努力维护劳动者工资报酬权益,确保劳动关系和社会和谐稳定。

【"上门售票进社区"服务】 5月,小营街道紫金社区与杭州长运集团联合推出"上门售票进社区,长运服务伴你行"的便民服务。在社区服务现场,居民除可以当场买到车票外,还可以咨询各大汽车站的班次信息,同时杭州长运集团开通机场巴士专线。机场专线的发班密度高、停靠点多、性价比高,居民去机场多了一种选择。"上门售票进社区"服务使居民出行更加方便。

【"城市一家亲"迎中秋纳凉晚会】 8月26日,"城市一家亲"2014年迎中秋纳凉晚会上城区外来务工者俱乐部专场在区电子机械功能区举行。演出节目有原创歌曲《风雅上城》《河坊街上》、排舞《山丹丹开花红艳艳》、杂技《晃管》、二胡表演《战马奔腾》等。此次演出由区文广新局、区电子机械功能区管委会主办,区文化馆和区外来务工者俱乐部承办。区外来务工者俱乐部是由外来务工者组成的文艺爱好者联合体。

【为60名民工讨回薪资】 9月17日,辖区内中建二局杭州久光广场项目部工地民工,一早到紫阳街道劳动保障站反映施工方某劳务公司曾与60名民工口头约定每人每月生活费1000元,日工资580元,6~9月,应付工资总金额131.30万元,因没有书面合同约定,劳务公司只肯支付50万元。民工要求调解。紫阳街道监察中队核实情况后,与该劳务公司进行反复协调,最后劳务公司做出让步。19日,在紫阳街道监察中队监察员的监督下,该劳务公司将拖欠的民工工资130.30万元全额发放到民工手里。

(年鉴编辑部)

【"情牵小候鸟·圆梦在上城"主题活动】 7月,区总工会开展"情牵小候鸟·圆梦在上城"主题活动。该活动由阳光乐园、教育成才、温馨家园、关爱帮扶四大板块组成,通过整合杭州市青少年学生第二课堂资源,举办爱心暑期班、向"小候鸟"开放"新杭州人"文化家园、"送清凉、送文化"等活动,解决外来务工人员子女在暑期的"二次留守"问题。同时,区总工会为400余名"小候鸟"提供免费参观券和电影券,并对部分"小候鸟"进行高温慰问。(金　晨)

【出租房管理模式创新】 5月,涌金门社区与社区警务室联手,推出"人性化服务,契约化管理"出租房管理新模式。该社区有出租房300多套,其中集体宿舍30多套。社区按照每个社工的网格划分,对出租房出租情况进行摸底,并做好流动人口的登记备案。社区与出租房代表、群租房单位负责人制定出租房自治管理公约,组织出租户与常住居民签订邻里协议书。按照上述管理模式,社区与辖区企业共同推出直饮马井巷22号等5处出租户样板房,供其他出租户仿效借鉴。当月,社区启动群租房软硬件设施升级工程。截至年底,灵寿寺巷3-304室、直饮马井巷22号204室和303室作为首批群租样板房基本完成硬件设施升级。其他群租房正在升级中,完成后将形成群租样板房集群,方便社区进行管理。社区还成立由辖区内群租房单位负责人、社区民警、社工、部分外来人员及居民代表组成的"舒心港服务社",推出八大服务项目(法律、计生、卫生城管、工会、劳动保障、文体、消防安全、家政),做好市民和外来人员培训、出租户与居民之间矛盾协调等工作。(黄　骥)

【“小蒲公英”快乐坊开班】 3月22日，杭州市级关爱行动阵地——望江街道“小蒲公英”快乐坊开班。快乐坊第一期课程以“五水共治”为主题，内容包括“爱水课堂”、科学小实验、互动游戏等，由市志愿者协会及浙江财经大学的志愿者担任辅导老师，吸引20余名外来务工人员子女参加。其中“爱水课堂”进行以“环保”为主题的小组演讲比赛，并到户外近距离观察贴沙河，让“小蒲公英”感知环保知识。团区委以“小蒲公英”快乐坊为阵地，围绕学业辅导、亲情陪护、城市感受、自护教育、爱心捐赠5个方面，组织外来务工子女开展志愿服务活动。

（周廷波　陈彩萍）

养老服务

【居家养老服务】 2014年，上城区强化居家养老服务。通过公开招标，区民政局与杭州蓝谷科技有限公司、中国电信股份有限公司杭州分公司合作，共同推进“智慧养老”服务平台建设。采取多种举措，实现对居家养老服务的全方位监督与管理。全区有养老服务机构15个，床位1185张。其中，社会办养老服务机构11个，床位727张。全年新建社区居家养老服务照料中心39个，社区日间照料床位376张；新建老年食堂14个，累计35个。“智慧养老”信息服务平台发放呼叫器17 106台。居家养老政府购买服务4.90万人次。上城区居家养老服务工作受到中华慈善总会长期照护专业委员会表彰。

【居家养老护理培训】 2014年，上城区依托唯康为老服务发展中心、在水一方养老服务集团和杭州长乐老年公寓3个省级养老护理人员培训基地，开展居家养老护理知识技能培训，全区有2760人参加培训。区民政局在上城区社区学院举办养老护理员培训班，参加培训93人，有88人取得养老护理中（高）级职业资格证书。10月22~24日，杭州市组织全市养老护理人员职业技能大赛，上城区选派6名护理员组成机构养老及居家养老2支队伍参加竞赛，并获职业技能大赛优秀组织奖。

【居家医疗服务】 上城区居家医疗服务通过签约制形式，为社区居民提供健康服务。全年辖区签约人数13.99万人，签约率40.6%。其中，90岁以上空巢独居老人783人、困难残疾人547人、失独家庭老人126人。各社区卫生服务中心承接无忧在线平台“一键通”工作，通过“一键通”呼叫上门服务53家次；对困难群体实行基本医疗服务“零自负”，受益1590人次。

（沈　洁）

【居民呼叫器安装升级】 9月10日，上城区智慧养老服务中心在小营街道红巷生活广场成立，并启动面向辖区689户享受居家养老服务的居民呼叫器安装升级工作。此次安装是上城区推进“智慧养老”服务的重要内容之一，该批升级的呼叫器可实现紧急救助、医疗上门服务、政策咨询、免费亲友通话等功能，同时具备对居家养老服务监督功能，老人对服务质量可当场评估。小营街道先后有340户老人家庭装上升级版的呼叫器。此前，上城区为70周岁以上空巢独居（含孤寡）老人、80周岁以上全体老人等政府购买服务对象发放固定式呼叫器2672台、无线式呼叫器14 434台。

3月22日，“小蒲公英”快乐坊正式开班　（团区委　供稿）

【"医护人员家庭寄宿"项目推出】 6月,为充分利用医疗资源给空巢老人提供居家养老关爱,同时解决上城区范围内许多医疗机构实习进修人员住宿问题,小营街道推出"医护人员家庭寄宿"项目。该项目主要面向上城区范围内有接收医护人员进行家庭寄宿意愿的60岁以上空巢老人。小营街道在前期调查和自愿协商基础上,通过社区搭建平台并根据双方需求进行配对,以免费或减免费用的形式,促成医护人员入住并为老人提供医疗服务。第一批有10户家庭达成接收意向并入住。

【"智慧居家养老服务系统"推出】 小营街道以紫金社区为试点,推出"智慧居家养老服务系统"。利用新型智能视频监控技术,采用便捷通信终端,通过老人、亲属、社区的三方互动,缓解老人居家养老难问题。该系统具备一键报警、远程探视、生理参数监测等功能和"人性化""隐私化"的特点,依托前端设备监控及存储老人起居状态数据,并将相关数据发送"云平台",老人亲属可通过便捷终端手机、ipad(平板电脑)、计算机等设备随时关注查看老人的生活情况。截至年底,紫金社区有100余户独居、高龄老人家庭报名登记安装该系统。

【"搭把手"室内无障碍设施安装】 小营街道联合杭州青益社会工作服务中心,针对空巢独居老人、困难家庭等群体,实施"搭把手"室内无障碍设施安装工程,以免费或减免费用的形式,通过上门在老人经常活动的室内墙壁、卫生间安装无障碍扶手和防滑地垫,为老年人行动提供方便和安全保障。全年为第一批试点的17户困难老人家庭安装无障碍扶手33只、防滑垫7块。 (章 舒)

8月7日,上城区居家养老老人与区"智慧养老"服务平台举行签约仪式
(区民政局 供稿)

老龄工作

【概况】 2014年,上城区出台《关于推进上城区老龄事业发展的实施意见》,坚持"党政主导、社会参与、全民关怀"的老龄工作方针,努力维护老年人的合法权益,丰富老年人的精神生活。全年为老年人办理、申领老年卡6149张,其中60~69周岁老年卡2920张、70周岁以上3229张。发放80周岁以上高龄老年人保健补贴1109.63万元。受理涉老信访1229件次,解决1197件次,调处率97.4%;审理涉老案件4起,全部审结完成;法律援助涉老案件13起。年末,上城区有60周岁以上老年人90 714人,占户籍总人口的27.5%。其中,65周岁以上63 756人,占户籍总人口的19.3%;70周岁以上45 666人,占13.9%;80周岁以上21 278人,占6.5%;90周岁以上3372人,100周岁以上29人。最大年龄104岁。

【老年教学平台建设】 上城区加强老年大学、老年电大、社区学院3个教学平台建设,不断满足老年人的求知需求。老年电大区级分校发展规模加快,社区教学点实现全覆盖,"第二课堂"活动全面开展,教学功能日趋完善。全年老年电大区级分校春季招生8800人,秋季招生8950人,每期招生人数均超过老年人口的10%。老年电大区级分校登记为民办非企业单位,标志着上城区老年教育向实体化办学方向迈出重要一步。

【"孝亲敬老之星"评选】 6月,上城区根据市老龄委《关于开展第二届杭州市“最美杭州人”之“孝亲敬老之星”评选活动的通知》，在全区范围内开展“孝亲敬老之星”评选活动。经过群众推荐、组织考察、上网公示，紫阳街道候潮门社区居民章月仙被评为全国“孝亲敬老之星”；湖滨街道李俊、小营街道唐月英和蒋建明被评为区级“孝亲敬老之星”。

【独居老人暖巢行动】 上城区为完善独居老人安全关爱服务体系，有效预防独居老人意外死亡后无人发现事件的发生，按照《浙江省老龄工作委员会办公室关于实施“圣奥·独居老人暖巢行动”的通知》要求，制订上城区独居老人暖巢计划。此次暖巢行动的服务对象，主要是无子女或子女因居住较远无法提供日常照护、基本生活难以完全自理或因独居容易导致意外事件发生的老人。服务内容包括日常探视、生活照料、应急救助等。湖滨街道东平巷社区和清波街道定安路社区被确定为全省“圣奥·独居老人暖巢行动”实施点。

【“敬老月”系列活动】 10月13日，上城区开展以“传承中华美德，弘扬敬老文化”为主题的“敬老月”活动。组织志愿者走进老年机构和老年家庭，提供家务、照料、护理、信息咨询、心理疏导等服务。组织300余名老人参加“乐享上城、欢度重阳”登山活动，举办老年人舞蹈、书画摄影和征文等比赛。区领导走访慰问60名百岁老人(含虚岁100岁)和10名困难失能老人，送去慰问金7万元，体现社会对老年人的关心、关怀、关爱。

【老龄工作“三项创建”活动】 9月，为进一步推动全区老龄事业发展，上城区开展“三项创建”(“老年友好型城区”“老年宜居社区”“敬老文明号”)活动。区政府将“三项创建”活动纳入对相关单位老龄工作的考核目标体系，要求通过试点在全区普遍推开。年内，“老年宜居社区”创建取得阶段性成果，经过考核，清波街道劳动路社区等11个社区被评为杭州市“老年宜居社区”。第二届“敬老文明号”创建有序展开，参加创建单位30个，为老年友好型城区创建奠定基础。 (沈 洁)

志愿服务

【概况】 2014年，上城区有注册志愿者44 360人，占常住人口的11.2%。全区志愿服务工作以“服务民生、打造精品、扩大影响”为重点，以“转型升级”为主攻方向，从“阵地建设、专业提升、精细管理”着手，在服务中心工作、民主民生、社会热点中体现作为。全年开展“爱绿、植绿、护绿”、“阳光助残行动”、便民服务、文明劝导、低碳环保等志愿服务活动80余场次，累计志愿服务时数195.56万小时。

【服务节庆会展】 10月20~26日，杭州市美术节在上城区五柳巷举行，区团委、区志愿者指导中心组织160余人次志愿者参与该次活动的志愿服务工作，完成预期的各项志愿服务任务。12月28日，杭州国际设计周在上城区南宋御街开幕。区团委、区志愿者指导中心创新志愿者招募方式，通过单位合作、校地合作等形式，招募到来自区教育系统的教师志愿者、中国美术学院的专业志愿者、区志愿服务队伍的骨

10月20~26日，上城志愿者在杭州市美术节期间开展志愿服务活动

(团区委 供稿)

干志愿者140余人,为杭州国际设计周活动提供各项服务。

【"志愿同行·益动上城" 主题志愿服务活动】 12月5日,区志愿者工作委员会、团区委在"12·5"国际志愿者日,集中开展"志愿同行·益动上城"主题志愿服务活动。全区6个街道和相关部门积极行动,以"志愿助力环保""阳光助残""关爱农民工子女""微笑亭"等为主题,开展18场形式多样的志愿服务活动,1600余人次参与其中。

【志愿服务工作转型】 团区委修订并落实《上城区志愿服务组织管理规范》,推进志愿服务从注册登记到活动实施全过程的"精细化、电子化、标准化"管理。市级地方标准化试点项目通过验收。全区54个社区服务站志愿管理服务平台刷卡器配备到位,并开始运行,志愿者管理平台社区服务站在全区范围内实现全覆盖。 (陈彩萍)

街 道 Streets

湖滨街道

【概况】 湖滨街道北起庆春路，南至西湖大道，西邻西湖，东至中河。区域面积1.60平方千米。辖涌金门、青年路、东平巷、岳王路、东坡路、劳动路6个社区。2014年，辖区居民11 210户，户籍人口33 542人。辖区内有行政事业单位269个，医院6所，中小学和幼儿园5所，金融机构43个，建筑业和交通运输业企业30个，批发零售业企业699个，房地产开发公司21个，三产服务业企业1230个，个体户4469户，大中型商务楼16幢。全年引进各类企业202个，到位内资20亿元、外资4413万美元。实现地方财政收入7.87亿元，社会消费品零售总额76.80亿元。湖滨街道被誉为杭城最美最具有特色的“城市会客厅”。

湖滨街道实施非项目地块改善攻坚。推进思鑫坊历史建筑整治提升，启动劝业里地块征收工程，规划三元坊、湖边村、泗水坊、星远里等项目，完成解放路194号、中南新村12号、五福里三弄11~19号等12处危旧房改善。开展“无违建街道”创建活动，拆除违法建筑73处、9172平方米，整改22处、465平方米，“无违建街道”通过杭州市检查组考核验收。开展思鑫坊等地块无证小餐饮整治行动23次，无证餐饮店基本停业。设立杭州古玩城城市临时疏导点，周边区域地摊古玩交易秩序得到好转。探索“门前新三包”，签约单位2200个。“爱心转角椅”“微型瓶中菜园”等56个公益、实事、便民服务项目赢得社区群众认可。引进专业社会组织3个，为特殊人群提供各方面服务。评选26个公益创投服务项目予以重点扶持。培育“湖滨晴雨”民情民意工作室等社会组织10个，获上城区公益创投补助资金7.73万元。为困难老人提供统筹保修和安装固定式呼叫器等服务，辖区享受居家养老老人505人，覆盖率5.2%。联合“杭州公羊会”开展“亲人回家”高厚智能定位器公益推广试点，为社区29名智障人员、失智老人免费安装高厚智能定位器。开发就业岗位2200多个，960名失业人员实现再就业，辖区就业率98.9%。

是年，湖滨街道获浙江省无烟单位、浙江省禁毒社会工作优秀案例评选二等奖、杭州市家庭生活垃圾分类工作先进单位、杭州市基层体育工作示范街道、杭州市维护社会稳定工作先进单位、杭州市社会管理综合治理工作考核优胜单位等20余项荣誉。青年路社区被评为杭州市首届“美丽杭州”和谐社区创建活动优秀社区，东平巷社区被评为全国“三八”红旗集体、省级民主法治社区，涌金门社区被评为浙江省节水型居民小区、2013~2014年度杭州市百佳“优秀服务管理团队”。国家、省、市相关部门对湖滨街道各项工作充分肯定。省委常委、市委书记龚正到湖滨街道调研人大代表进网格接待选民工作。中国社科院社会心理学研究中心主任、中国社会心理学学会会长杨宜音到湖滨街道进行“养老与孝”专题调查。南开大学、《浙江社会科学》杂志社等专家学者到“湖滨晴雨”工作室调研。“湖滨晴雨”工作室被《人民日报》报道。

【“社会管理和公共服务综合标准化试点”获批准】 湖滨街道的行政管理和服务标准化工作起步于2005年，并于当年通过ISO 90001质量管理体系认证。2008年，街道根据社区实际工作需要，与区民政局合作制定《杭州市上城区社区工作者管理规范》，该规范上升为杭州市地方标准。2013 年 10 月，制定《湖滨街道行政管理与公共服务标准化建设三年行动方案(2013~2015)》，明确行政管理和公共服务标准化体系建设的总体目标、主要任务、实施步骤。2014 年 1 月，湖滨街道申报“社会管理和公共服务综合标准化试点”。5 月，国家标准化管理委员会批准湖滨街道为标准化试点单位。

【控烟工作】 2014 年，湖滨街道采取“创建联抓、载体联推、制度联建”等举措，控烟工作取得明显成效。成立由主要领导和职能部门负责人为成员的控烟工作领导小组，并设立创建办，制定《湖滨街道办事处控烟条例》，建立无烟工作监督机制。因地制宜开展宣传活动，召开创建无烟单位动员大会，在《今日湖滨》报上开辟“健康广角”，举办“健康讲堂”等宣传禁烟知识。抓好公共场所禁烟提醒、工作人员禁烟教育、各项禁烟措施落实等工作，在街道服务大厅、会议室等场所张贴禁烟标识，并设立兼职劝导员。

【商圈妇女联合会成立】 2 月 28 日，湖滨街道湖滨商圈第一次妇女代表大会召开。大会选举产生上城区“湖滨汇”商圈妇女联合会第一届执行委员会。市妇联党组成员、组宣部部长陈红美，上城区妇联主席周莹，湖滨街道党工委书记毛素云等领导和商圈企事业单位妇女代表及应邀代表 70 多人出席大会。湖滨街道妇联主席丁春早主持大会。会议表决通过《湖滨商圈第一次妇女代表大会选举办法(草案)》，选举产生杭州口腔医院党总支书记、副院长王维倩等 7 人为委员的湖滨商圈妇联第一届执行委员会，选举杭州利星名品百货广场有限公司董事长陈敏为商圈妇联主席。

【湖滨商圈市容市貌管理标准化试点通过验收】 2013 年 6 月，湖滨街道成立湖滨商圈市容市貌管理标准化试点工作领导小组，制定《湖滨商圈市容市貌管理标准化工作规划》，发布标准化示范试点工作实施方案，多次召开标准化工作培训会。为配合湖滨商圈管理标准化试点开展，街道在岳王路艺术城古玩地摊试行临时疏导点制度，会同区城管执法部门加强商圈主要道路巡查，协助市城管委开展湖滨路步行街综合提升改造，湖滨商圈市容市貌明显改善。开展试点工作后，商圈市容市貌管理工作满意率 93.5%，投诉意见处理率 100%。2014 年 6 月起，以湖滨路步行街为起点，成立湖滨商圈特保执法队伍，自西向东探索“部门力量下沉、互助执法、辖区单位跨红线互动管理、志愿者协同参与”的大湖滨商圈综合管理新路子，有效解决商圈管理难题，商圈环境秩序得到进一步提升。8 月 22 日，杭州市服务业标准化试点项目评估验收组专家到湖滨街道实地检查湖滨商圈市容市貌管理服务标准化试点项目，一致同意通过对湖滨街道该项目的验收。

2 月 28 日，上城区湖滨商圈召开第一次妇女代表大会　　(湖滨街道　供稿)

【“民情观察室”落户“湖滨晴雨”工作室】 1 月 11 日，杭州电视台首个社区“民情观察室”挂牌暨首批民情观察员颁证仪式在“湖滨晴雨”工作室举行，标志着“民情观察室”正式落户“湖滨晴雨”工作室。在“民情观察室”成立仪式上，民情观察员代表项勇与“湖滨晴雨”工作室主任徐利民共同为“民情观察室”揭牌。区委常委、宣传部部长麻承荣和杭州电视台综合频道总监朱永祥等领导为来自全市各个城区的 20 多名民情观察员颁发荣誉证书，聘请观察员们共同关注百姓需求，为杭州的“天更蓝、水更清、路更畅”共同努力。

资料 **“湖滨晴雨”工作室：**该工作室于2009年在湖滨街道“民主促民生”社区互动平台基础上成立，作为杭州市社会舆情信息和社情民意直报点，它形成一套“1624晴雨工作法”。即在下辖的6个社区设立“民情气象站”，建立民情预报员和民情观察员两支队伍，实行“民情气象一天一报”“民生焦点一周一报”“民生时政一月一报”“民生品质一年一报”的四报机制。

6月30日，湖滨地区举办“查四风、树清风”廉政文化书画作品展

（湖滨街道　供稿）

【“中山中路孝亲文化特色街”打造】 9月27日，区民政局和湖滨街道牵头启动“杭州老街——中山中路孝亲文化特色街”打造工作。“中山中路孝亲文化特色街”集文化体验、医疗、保健、购物、休闲、旅游于一体，以中山中路为轴，北起平海路，南至西湖大道，辐射东西街巷。沿街分布中老年人服饰、医药店铺、传统小吃等200余个特色商铺。“杭州老街——孝亲文化圈”将政府部门、规划机构、社会组织、居委会等联合起来，共同推进孝亲文化特色街的打造。

【“民情沟通中心”试运行】 3月15日，湖滨街道打造的全市首个“民情沟通中心”试运行。“民情沟通中心”由“两代表一委员”（党代表、人大代表和政协委员）、“一桌”（我们小圆桌）、“一厅”（多媒体报告厅）、“一网”（社情民意网）等构成。“民情沟通中心”由专人负责接待到访居民，安排“两代表一委员”轮流值班，借助“相约星期五”等平台，多渠道、全方位收集民情民意。3月20日，人大代表进社区接待居民访问，有20多名居民到“民情沟通中心”反映问题，反映民生问题16件，人大代表将信息统一汇总到“民情沟通中心”进行梳理处理。

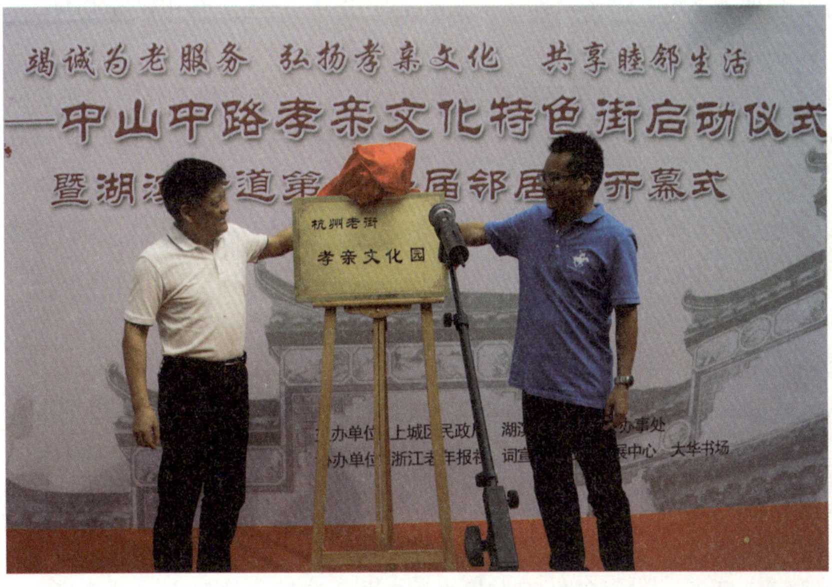

9月27日，上城区民政局等单位举行打造“中山中路孝亲文化特色街”启动仪式

（湖滨街道　供稿）

【廉政文化书画展】 6月30日，湖滨街道纪工委和街道总工会联合举办以“查四风、树清风”为主题的廉政文化书画作品展。作品展设在杭州古玩城三楼展厅，展出作品45幅，作品涉及书法、绘画、篆刻三大类，由辖区干部职工创作。作品具有较强的思想性、艺术性和时代性。

【五福里三弄11~19号修缮】 五福里三弄11~19号是一排建造于20世纪80年代初的砖木结构平房，房屋因年久失修，成为严重危旧房，2013年3月，市政府专题会议上确定对五福里三弄11~19号进行整体维修，但由于资金问题,一直未能实施维修。2014 年 3 月,省委常委、市委书记龚正接待五福里三弄 11~19 号居民代表上访时,指示有关部门要在 6 月 15 日前完成房屋维修。上城区区长陈瑾对此事多次做出具体批示。湖滨房管站承担此次维修任务后,精心组织修缮,按照预期实现竣工。6 月 15 日,五福里三弄 11~19 号通过修缮工程验收,9 户人家拿到回迁房钥匙。

【邀请街坊邻居看皮影戏】 4 月 14 日,以"最美邻里"人物葛德瑞为代表的浣纱书画院书画家在利星爱心广场举办现场书画创作并义卖。此次义卖卖出书画作品 50 多幅和景泰蓝工艺品 20 多件,所得爱心善款 1.18 万元。4 月 16 日,湖滨街道用义卖书画所得善款在杭州大华书场包场邀请老街坊、困难居民、幼儿园小朋友、老干部、敬老院孤寡老人、工疗站职工等观看皮影戏。杭州龙在天皮影艺术团的 8 名袖珍演员,为观众演出反映邻里关系的精彩节目《三个邻居》。故事通过喜鹊、松鼠、兔子 3 个同住一株大树里的邻居因日常小事发生争吵到最后和睦相处的生动故事,向观众诠释"邻里和,一家亲"的主题。

【家庭文化节暨低碳科普周活动】 5 月 16 日,湖滨街道联合杭州利星名品百货广场有限公司在利星爱心广场举行"感恩母亲,品质生活——家庭文化节暨低碳科普周活动"。此前,湖滨街道开展寻找"最美家庭""最美妈妈""最美婆媳"和"我心中的好妈妈"征文活动。通过家庭自荐、楼道推荐、社区走访等,涌现出一批家庭和美、夫妻恩爱、孝老爱亲、科学教子、热心公益、自强不息的典型。先后评出吴根如等 10 户"最美家庭"、马文娟等 4 名"最美妈妈"、王月美、林谊等 3 对"最美婆媳"。东平巷社区陈启超撰写的《妈妈,我一辈子感恩的人》获"我心中的好妈妈"优秀征文一等奖。在家庭文化节活动中,湖滨街道对上述典型进行集中宣传;商圈企业女职工、社区家庭妇女和文化志愿者在活动现场举行文艺演出。根据低碳科普周的主题,开展免费检查、科普宣传等活动。涌金门社区的生态环保达人现场介绍废油生态炼皂的制作流程,并展示环保手工头饰、天然纯手工精油皂等"艺术品"。

【"我身边最美的人"演讲比赛】 5 月 15 日,湖滨街道组织"我身边最美的人"演讲比赛。此前经过寻找、筛选,评选出 10 人为"我身边最美的人"。"以真诚换真心"的街道分管经济工作副主任吴加祥、被誉为"最美东坡人"的东坡路社区金点子达人杨章耀等最美人物感人事迹,由 10 名参加演讲比赛的选手讲述。经过比赛,评出一等奖 1 名、二等奖 2 名、三等奖 3 名。

【吴山夜市综合整治】 吴山夜市始建于 1983 年,因位于吴山路而得名,2003 年,吴山夜市因吴山地块(今湖滨银泰)建设而过渡至惠兴路,由于噪音扰民、堵塞交通等问题而经常被居民投诉。2014 年 7 月,区商务局、区公安分局、区城管局和湖滨街道联合对吴山夜市进行综合整治,并 9 月 1 日恢复营业,有摊位 476 个,经营秩序、环境卫生等情况大幅好转。

【"四点半学校"设立】 3 月 3 日,湖滨街道设立"四点半学校",每天下午 3 时 30 分开门。"四点半学校"是湖滨街道在东坡路社区设立的试点课堂,为下午 4 时 30 分放学的小学生提供免费学习场所,并安排学习辅导和接送,为部分家长解决放学后孩子无人接送的难题。湖滨街道在社区设立"四点半学校",不仅为社区周边的学生家长解除后顾之忧,而且为小学生提供完成作业或进行阅读的理想场所,使孩子们在课外还能受到有关公共安全、文明礼仪等教育。

【居民短信平台设立】 8 月,湖滨街道针对居民白天工作繁忙、老人出门不便及政务服务信息传达不畅等情况,设立居民短信平台,及时传递街道惠民信息、活动安排、有关提示及生活小常识等,并根据居民的不同需求,进行单独发送,让居民更便捷地享受到街道、社区提供的便民服务。

【"邻里旮旯秀"活动】 3 月,湖滨街道开展以东平巷社区中山中路 279 弄为试点的"邻里旮旯秀"活动。活动内容包括实施角落头环境美化,安置"爱心椅",覆盖免费 WIFI 等。其间开展"旮旯秀、邻里情"主题活动,旨在促进微美邻里新风尚的形成。"旮旯秀"里设置居民心愿箱,居民的意见建议或者小心愿均可投入箱中。街道根据自身条件,并发动党员和志愿者一起参与,努力满足居民们的合理心愿。

【“backey 老人定位器”发放】 5 月,在湖滨街道涌金门社区注册的公羊队分会针对老年人走丢需要紧急救援的情况,联合街道老龄委开展为社区智障老人发送“backey 老人定位器”活动。“backey 老人定位器”通过在老人身上安装定位器,在家属智能手机上安装监控软件,使家属能第一时间知道老人所在的地点,防止老人走丢和走丢后及时定位老人所在地以便找寻,减少依靠公安监控寻找老人的时间和难度。年内,该街道有 10 名老人享受公羊队免费提供的老人定位器。

【“湖滨商圈综合管理”机制探索】 湖滨街道以湖滨路步行街综合管理为契机,成立湖滨商圈特保执法队伍,自西向东探索“部门力量下沉、互助执法、辖区单位跨红线互动管理、志愿者协同参与”的“湖滨商圈综合管理”机制,有效解决商圈管理难题,商圈环境秩序得到提升。

【试点老旧小区交通综合治理】 湖滨街道以东平巷社区为试点,开展老小区交通综合治理工作。该项目于 3 月启动,总投资 90 多万元,通过前期调研、项目立项、方案设计、民意征集、方案审批、项目招投标等环节,确定"大封闭、小循环、增车位、拼车行"等措施。项目于 7 月施工,9 月竣工。

【“五个一”跟踪服务】 5 月,湖滨街道结合党的群众路线教育实践活动,开展“走访不漏户(企),户户(企企)见干部”活动,干部利用早上 8:00~9:00 和晚上 6:00~10:00 两个时间段开展“朝八晚十”走访活动。走访时送上一张联系卡,对问题实行一口子受理,企业和居民反映的问题做到一天内交办,街道内部对问题实行一条龙服务,并做到一星期反馈,提升解决问题速度,受到企业和群众好评。

【餐厨处理机“垃圾减量”试点】 6 月,岳王路社区把杭州新世纪外国语学校作为社区垃圾分类教育基地,推行餐厨处理机“垃圾减量”试点。学校配合“垃圾减量”试点,开展垃圾分类、减量宣传教育,让学生熟悉垃圾分类知识,尽量减少剩菜剩饭。每天学生就餐后,食堂管理员将牛奶盒、餐巾纸、果皮果核等餐厨垃圾进行分类处理,收集的餐厨垃圾统一投放到垃圾处理机中。学生们将垃圾做成有机肥料,给学校的草地植被施肥。通过推行餐厨处理机“垃圾减量”试点,社区“环境保护,从我做起,垃圾分类,给力有我”的氛围进一步浓厚。

【群租样板房打造】 7 月,湖滨街道以标准化管理、人性化服务、社会化参与的“三化”工作体系为抓手,制定出租房群租行为管理规范,并在涌金门社区试点打造群租样板房。通过外部统一标识和内部配备门禁系统、闭门装置、视频监控以及消防器材等硬件改造,完善对群租房的管理和服务制度,有效解决群租房消防隐患大、邻里纠纷多、刑事治安案件案发率高、流动人口登记难等问题,截至年底,该街道打造完成规范化群租样板房 20 套。10 月 20 日,全区流动人口群租样板房工作现场推进会在湖滨街道召开。

【安装“邮政信函寄转箱”800 余个】 3 月,市邮政局以湖滨街道为试点,为该地区 8000 余户居民安装一体化“邮政信函寄转箱”800 余个,有效缓解该区域邮筒少居民寄信不便的困难。市民在家贴好邮票,足不出户就可在“邮政信函寄转箱”交寄信件。并可将不属于自己的信件或需要改址、纠错再投的信件投入此箱,邮递员会定期收取带回处理。

【“邻里亲、拼车行”行动】 6 月,青年路社区启动“邻里亲、拼车行”行动。通过积分有奖等措施,鼓励车主拼车出行。活动初期,街道和物业管理部门联手进行宣传告知,通过自由搭配和社区物业部门“牵线联姻”,有 80 余名车主参与寻找拼车对象。街道和物业工作人员负责拼车审核、计分、入档、统计上报。根据积分,街道委托社区颁发家政服务券、雨伞等奖品。至年末,有 21 名车主进行登记,已拼车 12 辆。

【党员服务“百通岗”建立】 8 月,湖滨街道在湖滨商圈建立党员服务“百通岗”,志愿服务趋于固定化、常态化。“百通岗”取“一通百通”之意,配备电脑、LED

显示屏、爱心医药箱、雨伞、针线等便民服务设施，由利星党员和其他辖区单位党员轮流值班，每天为中外游客和杭州市民提供引导、信息、协调等11项志愿服务。各媒体相继报道，截至年底，“百通岗”服务游客和市民5000余人次。（黄 骥）

清波街道

【概况】 清波街道东起中河高架桥，南倚吴山风景区，西临西湖，北接西湖大道，辖区面积2.20平方千米。2004年，街道总人口3.42万人，下辖清河坊、定安路、劳动路、清波门、柳翠井巷5个社区。清波地区历史悠久，曾是南宋皇城所在地，在历史上曾是行政中心，南宋至清的临安府、杭州府署、元朝的江浙中书省、明清的浙江布政司署均设在境内。辖区驻有浙江省军区领导机关、中国美术学院、上城区政府、浙江省商业集团、浙江省机电集团等单位。拥有行政事业单位及社会团体217个，大中型商务楼9幢，医院2个，中小学和幼儿园8所，金融机构15个，工业企业3个，房地产开发公司18个，三产服务业企业1658个。辖区内有柳浪闻莺公园、吴山天风、杭州碑林、于谦故居、胡庆余堂中药博物馆、潘天寿纪念馆、浙江省革命烈士纪念馆、凤凰寺、南山路文化艺术特色街区、清河坊历史街区、南宋御街等景区、博物馆(纪念馆)和街区。

2014年，清波街道引进企业296个、内资56.09亿元，引进内资为年度计划的3.74倍。其中，市外资金55.02亿元，为年度计划的5倍。外资实际到位2001万美元，为年度计划的100%。全年税收收入10.80亿元，比上年(指2013年，下同)增长22.0%；地方财政收入6.16亿元，增长24.9%。

是年，清波街道被列入全国和谐社区建设示范街道、全国社区服务型党组织建设示范街道、浙江省首批乡镇（街道）统计基层基础工作示范点建设单位，获2004~2013年度省级平安创建工作先进单位、杭州市首批“示范儿童之家”、全省政法系统先进单位、杭州市终生学习活动品牌、杭州市质量强市建设示范乡镇(街道)、“廉洁杭州，你我同行”廉政文化微作品优秀奖、杭州市“两新”组织党的组织生活创意大赛三等奖等荣誉，并创建成为“无违建街道”。清波门社区被评为浙江省节水型居民小区、杭州市平安综治示范点培育单位，劳动路社区被评为杭州市首届“美丽杭州，和谐社区”创建活动优秀社区，定安路社区“童玩讲堂”被认定为浙江省社区教育示范实验项目。街道各方面工作得到国家和省、市、区领导的重视和肯定，民政部副部长姜力调研街道双拥工作成果，浙江省委常委、杭州市委书记龚正，杭州市人大常委会主任、党组书记王金财调研街道人大代表接待站工作，中央电视台报道清波街道“网格流动服务”工作和人大街道工委协调解决居民用水难问题。

【党建“红色爬山虎”工程】 1月，清波街道党工委在辖区“两新”组织党组织中实施“红色爬山虎”工程，以“一网”实现网格化管理，以“一员”加强队伍建设，以“一会”充实活动形式，按照“一网一员一会”模式，强化区域党建的联动互促，确保非公党组织充分发挥作用。“一网一员一会”模式，即将吴山商圈按地域划分为5个网格区域，实行网格化管理，每个网格建立虚拟党支部，由社区党委书记兼任党支部书记，社区副书记兼任副书记。由商圈党委委员、党建指导员、社区党务工作者、党员代表、在职退休党员志愿者等群体组成红色指导员队伍。虚拟党支部联合管理下的党组织召开一季度一次的开放式党组织生活会，学习会采取区域内共性问题协商讨论和专家现场公开点评等形式进行，交流模式采取主题交流和无领导讨论方式进行，参与群体以党员为主，逐步向群众扩散。

【“两街一路一区”整治】 3月，清波街道按照“各尽其责、通力合作”原则，由城管科牵头行政执法人员、社区工作人员成立长期统一管理的巡查队伍，每天利用早上、中午休息时间进行巡查，处理无证摊贩、占道经营、违章停车等无序现象。执勤人员在后市街、清波街劝导沿街商户占道经营47次，劝导居民电动车无序摆放372次，查处违章停车29次。在吴山广场商区、南山路查处无证摊贩89次，劝导盲流人员31人次。通过整治，“两街一路一区”道路拥堵、占道经营和违章停车等情况得到改观。

【社区网格服务】 3月，清波街道依托“网格流动服务日”等形式开展社区网格服务。以群众需求为导向、以社区网格为单位，由街道党工委牵头，融合区域共建、邻里互助等服务内容，整合动员区域力量，采取班子成员带领挂包科室工作人员进社区方式，并组织市、区职能部门和社区工作人员、“两代表一委员”、在职党员、社会组织人员、居民、志愿者等群体组成网格先锋团，通过需求调查、现场办公、问题处置、宣传沟通、便民服务、志愿活动和入户走访等开放形式，为网格内群众提供服务。12月，清波街道制定《社区网格服务管理规范》，由区市场监管局发布。该规范详细规定社区网格服务的定义、要求、内容，使基层党组织服务平台更加稳固、服务引领更加有效。12月21日，杭州电视台综合频道《杭州党建》栏目对清波街道社区网格服务工作进行专题报道。

【《清波地区美丽心灵人物事迹漫画集》出版】 2月，清波街道与中国美术学院第四批“艺术实践进社区”项目志愿者合作，将两届“清波地区美丽心灵人物”评选活动评选出的20名“美丽心灵人物”和6名睦邻友好人物的故事绘编成册，以文字介绍加漫画故事的方式还原人物事迹，推进“最美”精神的实践，传播清波“美丽现象”。3月，《清波地区美丽心灵人物事迹漫画集》出版，印数500本，发放到区“两代表一委员”、机关干部、企业员工、居民群众手中。

【社工案例入选浙江省优秀案例】 3月19日，浙江省民政厅公布2013年全省社区社会工作优秀案例评选结果，清波街道社工何雪婷的《“野百合”也有春天——给“小候鸟”一个幸福的家》和韩丽娜的《再婚老人的“乐居焦虑”》入选，分别获二等奖和三等奖。3月19日，何雪婷在浙江省民政厅举行的主题为“服务社区·助人自助”的社区社会工作交流会上进行案例交流。

【“最美楼道”创建活动】 3月28日，清波街道启动“最美楼道”创建活动。活动贯穿全年，分月度、季度、年度评比3个层次，范围覆盖全街道无物业住宅区，由街道城管科组织考评人员对辖区内无物业管理的小区住宅楼道进行抽查，按照统一的评分标准，得分前三名的楼道被授予“流动红旗”。根据“流动红旗”数量，评选出年度“最美楼道”创建前三名。各社区卫生委员及居民代表全程参与创建评比活动。

【清风“话”馆开设】 4月，清波街道在社区开设清风“话”馆，搭建收集居民意见的民主促民生情感平台。清风“话”馆日常运作由社区纪委成员、居务监督委员会成员、党员志愿者共同负责管理。到访居民可直接向值班人员反映问题，并关注监督问题的推进动态。截至年底，清风“话”馆接待居民540人，收集意见建议206条，93%的问题得到落实。

【“红色精神代代相传”主题实践活动】 4月2日，清波街道组织辖区200余名党员干部、居民群众、部队官兵、学校师生和单位职工到云居山革命烈士纪念碑开展爱国主义教育暨“红色精神代代相传”主题实践活动。参加活动的100名在职党员代表，以重温入党誓词方式表达对党和祖国的忠诚，并向小学生赠送红色经典连环画。105名小学生现场举行入队仪式。活动中，全体纪念者献上花圈和花篮，表达对革命先烈的敬意。

【“三单制”入户走访】 清波街道以组团小组1+X形式，为区域重点服务对象提供多对一、个性化的上门服务。明确入户流程清单，分为准备、入户和后续3个阶段，准备阶段要求走访人员了解走访对象基本情况，与网格长做好对接；入户阶段要求规范进门程序，明确走访要求，引导走访对象填好问卷表；后续阶段做好问题的处理、上报、跟踪和回访等工作。明确走访对象清单，将地区居民以网格为单位划分到每个党员干部，机关干部每人明确“入户清单”，与网格长一起入户走访，并确定集中走访时间。明确民情日记清单，党员干部记录“民情日记”，记录走访对象的基本情况、意见建议和办理反馈情况，撰写“基层走亲”故事、学习心得体会，并记录困难群众“微心愿”认领和完成情况。

【“邻里堂会”皮影戏表演】 4月22日，清波街道邀请杭州龙在天袖珍人皮影艺术团为街道“睦邻之星”“睦邻友好人物”及部分热心居民60多人举办“邻里堂会”皮影戏表演。“邻里堂会”上演“好邻居”“龟与鹤”“武松打虎”3部皮影戏，并邀请居民体验“皮影”。“邻里堂会”上，国家一级演员、中国戏剧梅花奖得主舒锦霞受聘为“艺术顾问”。活动结束后,居民观众为生活拮据的表演者送上食用油、食品等,展现清波地区邻里的和睦。

【“让西湖的春天温暖每个家庭”公益活动】 4月28日,清波街道“麦田圈”公益项目联合西湖水域管理处举办“让西湖的春天温暖每个家庭”大型公益活动,邀请失独和独生子女伤残家庭的老人30余人乘游船、游西湖,帮助他们恢复心理创伤,感受社会关爱。该公益活动分为“温暖春湖”和“色彩西湖”2个环节。特殊家庭老人先后乘坐“学士号”画舫和手划船,游览三潭印月等西湖经典景点,并写出自己的愿望和祝福。活动结束前,每名老人还领到一个“幸福树”的小盆栽。

【团工委“五四”主题活动】 5月11日,清波街道团工委组织团员青年与中国美术学院学生20多人到街道城乡统筹共建结对单位富阳市场口镇,开展“放飞微梦想、共享乐青春”主题活动,共度“五四”青年节。团员青年们当场认领小学生并捐赠书籍、学习用品、健身器材等物品。团员青年、美术学院学生和当地小学生一起在白绢上作画,用画笔绘制“美好明天”长卷。

【俞涤萍被评为“最美妈妈”】 5月15日,清波街道清波门社区居民俞涤萍被杭州市精神文明建设委员会办公室、杭州市妇女联合会评为杭州市“最美妈妈”。78岁的俞涤萍在34年中始终如一地照顾智力、肢体双重残疾的儿子。同时她与部队官兵结对,作为“兵妈妈”先后认领7个“兵儿子”。多年来,俞涤萍热心社区公共事务和各项志愿服务,被居民推选为楼道小组长,不断为社区和谐建设做出贡献。

【韩勇潮书法作品展】 5月15~18日,清波街道与萧山区闻堰镇在清波街道文化活动中心举办韩勇潮书法作品展,展出来自闻堰镇的书法教师韩勇潮的80余幅书法作品。作品涵盖毛笔、硬笔两个品种及行书、草书、隶书等多种书体。作品展以“文化走亲”的方式为两地书法爱好者送上文化大餐。清波街道书画社的书法爱好者500余人次参观作品展,韩勇潮在现场与书法爱好者进行文化和情感的交流。

【开放式党组织生活会】 6月25日,清波街道在劳动路社区召开开放式党组织生活会。100多名离退休党员、“两新”党组织党员、在职党员等社区网格区域内的各级党组织代表,以及入党积极分子、群众组织代表、行风监督员围绕“我的价值观”展开学习讨论。与会党员形成“担当和奉献”“党员就是先锋”等价值观共识。杭州市委党校党史党建研究部副教授方卫红以“如何诠释价值观”为主题给党员们上“微党课”。清波街道以不同主题、形式定期举行开放式党组织生活会,通过形式、内容、人员的开放,发挥党员的引领作用,增强党组织的凝聚力。

6月25日,清波街道在劳动路社区召开开放式党组织生活会

(清波街道 供稿)

【上城区“两岸杯”西式餐饮技能大赛】 6月25日,由清波街道承办的上城区“两岸杯”西式餐饮技能大赛在两岸食品连锁有限公司近江店举行。来自全区21家餐饮、烘培、咖啡店及6个街道57名选手,分西式烹调师、西式面点师、咖啡师3个组进行比赛。比赛由杭州西式餐饮行业的3位专家按照商业化标准,从外观、口感、营养价值等6个方面进行评分,每个项目产生一、二、三等奖6名。

【征兵体检绿色通道开通】 7月,清波街道人武部在夏季征兵时,根据中国美术学院暑期放假、部分外地适龄学生将返回原籍等特殊情况,与区人武部、清波卫生院等单位协商,为大学生开通绿色通道,提前组织体检。7月9日,区人武部副部长陆日阳、政工科科长王卫宇到清波卫生院指导体检工作,并与体检大学生座谈,对大学生提出希望。

【国际志愿文化进社区】 7月,来自法国、土耳其等国的5名国际志愿者到清波街道,参与街道及社区的皮影戏体验等互动活动,让国际志愿文化走进社区。该活动是清波街道与国际经济学商学学生联合会(AIESEC)浙大分会的合作项目。在为期10天的文化交流和志愿服务中,国际志愿者通过参与网格流动服务、"清篮行动"、与工疗员共绘油画等活动参与志愿服务;通过皮影戏、手工编织、越剧及鼓乐等体验活动感受中国文化,实现文化与志愿精神的跨国界交流。

【"我的红色梦"主题图片展】 7月,清波街道党工委举办以"我的红色梦"为主题的巡回图片展,在5个社区及部分居民小区进行巡回展览。图片展的8块展板集中反映各社区、"两新"党组织在开展党的群众路线教育实践活动中的党建工作、特色做法和典型人物。图片展以图文并茂形式介绍24名长期从事公益活动、热心社区建设、全心全意服务群众的老、中、青三代党员的先进事迹,以及吴山先锋家园、社区先锋港湾、在职党员美丽行动日等载体开展活动情况。

【社工演讲比赛】 7月,清波街道举办主题为"践行群众路线、做居民贴心人"的社工演讲比赛。70余名社工参加比赛,其中15名社工入围决赛。7月25日,演讲比赛进行决赛。经过角逐,6名社工分别获一、二、三等奖。清波街道以比赛为契机,引导辖区社工从演讲比赛中获取经验启发,强化服务群众意识,弘扬恪尽职守、乐于奉献、敢于担当的精神。

【社区双拥陈列室建成】 7月29日,清波街道在清波新村21号成立全市首个社区双拥陈列室,浙江省军区原司令员黎清为陈列室授予"爱国主义教育基地"牌匾。清波街道社区双拥陈列室总面积107平方米,设领导关怀篇、历史回顾篇、母子情深篇、拥军优属篇、拥政爱民篇、军地"五连建"篇、双拥文化篇、展望未来篇八大篇章,配有图文介绍,并保存国家、省、市、区各类双拥工作荣誉奖牌,以及军人物品、军民书信等历史展品,同时设有双拥展播厅、阅读角等功能区。陈列室面向辖区居民和部队官兵免费开放,与学校、共建单位等展开合作,定期举办爱国拥军教育活动,并为志愿者提供讲解服务。

【"幸福清波·伍大姐公益红娘群服务站"成立】 8月30日,"幸福清波·伍大姐公益红娘群服务站"揭牌仪式及首次适龄青年联谊会在清波街道文化活动中心举行。清波街道妇联、总工会和团工委利用区位条件和场地优势,联合公益组织"伍大姐红娘群",为辖区青年及家长搭建互动平台,在线平台设立入门群、优秀群、高端群三大类9个群。线下平台定期举办登山、聚会、联欢等公益集体活动。

7月29日,清波街道在清波新村21号成立杭州市首个社区双拥陈列室

(清波街道 供稿)

【"麦田圈"项目获公益创投项目补助】 9月,清波街道"麦田圈"公益项目在上城区公益创投项目评审会上通过评审,获公益创投项目补助,成为全区重点打造的39个公益项目之一。此次清波街道有4个项目入选。"麦田圈"项目以"失独家庭和独生子女伤残家庭关爱"为主题,探索解决困难家庭的新方式、新途径,通过情感交流、心理辅导、帮扶解困等活动改善服务对象的心理状态。项目重心更多地向服务对象的精神生活和养生保健等方面倾斜,构建以"服务、活动、养生+宣传"为主体的活动模式。

【清波老年大学对外开放】 10月11日,清波老年大学建成并对外开放。清波老年大学招生范围面向辖区内的老年居民,学费全免。学校设有教唱、初级电脑、养生保健、初级舞蹈、摄影基础、手工工艺、书法和戏曲表演8门课程。师资力量由市老干部大学教师、辖区有关方面专家及民间热心专业人士组成。教学场所利用街道辖区现有场馆。第一学期招收学员255人,分为10个班,每门课安排15个课时,每周2个课时。清波街道为老年大学投入20万元,配备电脑、录音机、教学投影设备、可拆装照相机、笔墨纸砚等教具,并制定学员守则、教室管理使用暂行规定和教学安全管理制度,实现教学规范化。

【服饰礼仪文化沙龙活动】 10月22日,清波街道吴山商圈党委"幸福驿站"为辖区20多名青年男女举办"魅力人生绽放优雅"服饰礼仪文化沙龙活动。邀请来自浙江卫视、北京卫视等媒体的造型、服装专业人士及黄龙国际商圈团委书记鲁川为大家解读服饰搭配技巧和服饰礼仪,采取一对一"解答+指导"形式,打造完美形象,塑造青春活力。

【爱新觉罗·启骧和李味辛伉俪书画展】 10月25~26日,清波街道邀请中国书法家协会会员、著名书法家爱新觉罗·启骧在清波街道文化活动中心举办"爱新觉罗·启骧和李味辛伉俪书画展",开展书画与戏曲文化交流。书画展展出启骧夫妇的行书、楷书、国画等书画作品35幅。启骧在现场与该辖区的书画界人士交流书法创作心得,并做主题为"中国传统书法艺术"的讲座。书画展期间,在锦霞戏剧艺术公益培训基地的京剧沙龙上,启骧与浙江省戏曲表演艺术家和京剧票友、戏曲爱好者先后演唱,并进行京剧等戏曲艺术的交流。

【清波街道被列为全国和谐社区建设示范街道】 10月31日,民政部印发《关于确定全国和谐社区建设示范单位的通知》,清波街道被列为全国和谐社区建设示范街道。清波街道围绕打造"东方品质体验区,幸福和谐示范区"目标,积极探索社区建设新思路、新方法,着力推进社区硬件建设标准化、居民自治规范化、社区服务精品化、社工队伍专业化、社区活动群众化,培育打造"清波人文讲坛""艺术实践进社区""红E随行"等党建活动品牌及"2+5"老年食堂服务模式、"幸福·家"服务阵地,深化双拥共建,完善居民满意度"双测评"("居民满意度"和"网格责任社工满意度"测评)、"网格流动服务"等服务机制和"全能型社工""三力社工"培育机制,有效地促进和谐社区建设。

10月11日,清波老年大学成立并对辖区老年居民开放　(清波街道　供稿)

资料　**"三力社工":**指具备三种能力(服务社区居民的能力、协同社会管理的能力和在参与中自我成长的能力)的优秀社区社会工作者。

【“准物业”管理体系打造】 10月，清波街道在全区统一打造“准物业”管理体系，将未参加社区物业的居民小区全部纳入“准物业”管理，对小区公共区域和共用设施设备进行检查、保养、维修，并提供停车、保洁、绿化等服务。清波街道“一中心、五分站”组织积极履行管理职能，着力提升辖区老旧小区管理水平，进一步改善居民群众的生活环境。

资料 **“一中心、五分站”**：“一中心”指清波街道幸福·家社区公共服务中心，负责辖区内“准物业”的人员管理、检查监督、统计协调、接待回访、工作人员联系、事项传达等工作。“五分站”指5个社区邻里服务站，服从清波街道幸福家社区公共服务中心统一管理，负责受理和落实具体工作。

【廉政微电影《近朱者赤》首映式】 11月5日，由清波街道纪工委和清河坊社区联合拍摄的廉政微电影《近朱者赤》首映式在社区廉政文化展示中心“清风坊”举行。剧组人员现场与观众交流互动，宣传廉政理念。该片主创人员由社区在职党员和退休党员组成，拍摄用时1个月，通过模拟的街道干部清廉故事反映街道廉政工作，展现基层党员干部廉政品质和街道廉政文化氛围。该片被杭州市纪委、市委宣传部评为“廉洁杭州，你我同行”廉政文化微作品优秀奖。

【“社会主义核心价值观公益海报创作活动”优秀作品展】 11月7日，中国美术学院在清波街道文化活动中心举办“社会主义核心价值观公益海报创作活动”优秀作品展，展出的36组作品全部发给清波街道各社区居民代表征求意见。海报作品由中国美术学院受中宣部等单位委托，从征集到的300余组师生核心价值观公益海报设计稿中筛选而出，提交中宣部等相关部门审核选定后向全国印发。

【居民用水难问题解决】 清波街道辖区定安路37号为商住混合型楼房，高8层，由于用水量激增，存在水压不足、水质不佳等问题，但因为产权关系复杂、楼层特殊、意见不统一等原因无法安装“一户一表”，长期困扰居民正常生活。清波街道通过“网格流动服务”介入，人大街道工委牵头协调，组织相关部门与居民代表协商，历时1年，形成解决方案，通过加装水管实现全体用户“一户一表”供水，并规范商用、生活和消防用水。11月8日，中央电视台新闻频道《新闻直播间》栏目对该街道特殊楼房安装自来水“一户一表”情况进行报道。

【“无违建街道”创建】 清波街道成立创建“无违建街道”工作领导小组，建立街道领导班子成员、中层干部包干负责制，落实宣传发动、制定拆除方案、违建户约谈等工作。明确社区主体责任，街道与各社区签订责任书。从重要节点有活动、民间组织有行动、网格网络有互动、社区门口有橱窗、小区门口有横幅、单元门口有海报的“六有”入手，开展创建“无违建街道”宣传。在“网格流动服务”平台增设“无违建创建”咨询台，解答有关“三改一拆”政策问题。实施人性化拆违，做好摸底排查，加强与违建住户沟通，开展分层拆违和“回头看”。至考核验收前，清波街道拆除违章建筑12 758.77平方米，超额完成区政府下达目标。11月28日，清波街道通过市有关部门组织的“无违建街道”考核验收。

8月8日，清波街道对惠民苑屋顶违建阳光房进行拆除

（清波街道 供稿）

【"创办你的企业"创业培训进军营】 11月26日,清波街道举行技能培训进军营结业仪式,为通过培训课程的驻地部队战士颁发结业证书。清波街道以战士实际需求为出发点,以技能培训进军营活动为载体,联合区人力社保局于8月开展"创办你的企业"创业培训。该培训为31名即将退伍、退伍后愿意开办中小微企业的战士定制,课程包括创业意识培训和创业计划培训两部分,通过自主创业培训帮助战士理清创业理念,掌握创业技能。所有学员全部通过考核,部分创业计划书得到授课老师好评。

【年度社区公益服务资助项目招标】 11月20日,清波街道实施年度社区公益服务资助项目招标,面向全社会推出食品安全宣传进社区、社区环保、社区安全教育、助残扶残及残疾人家属支持、老年人关爱服务、社区邻里自治和失独家庭关爱服务七大类项目。此次招标项目在对居民满意度调查的基础上,通过需求分析和可行性验证后设立。其中8个投标项目被浙江省婚庆行业协会等社会组织中标。(蒋成杰)

小营街道

【概况】 小营街道东临贴沙河,西濒中河,南接望江路,北至庆春路,总面积2.70平方千米,下辖小营巷、金钱巷、西牌楼、紫金、马市街、大学路、葵巷、老浙大、长明寺巷、茅廊巷、梅花碑、姚园寺巷12个社区。2014年,街道有常住人口8.60万人。辖区内有行政事业单位234个,医院9所,中学5所、小学5所、幼儿园4所,证券(期货)公司13个、银行20家、保险公司15个,工业企业68个,房地产开发公司47个,三产服务业企业2389个。全年实现财政收入25.28亿元,比上年(指2013年,下同)增长7.7%;地方财政收入13.17亿元,增长11.1%。

小营街道是毛泽东主席视察过的全国唯一的一个街道,也是浙江省第一党小组的诞生地。辖区内有中共杭州小组纪念馆,太平天国听王府,王文韶大学士府,求是书院,龚自珍、郁达夫、钱学森等名人故(旧)居,汪宅、梅石园等文化遗存,是戴望舒笔下"雨巷"所在地。小营街道集爱国卫生、双拥共建和城市社区体育三大品牌于一身,先后3次被评为全国卫生先进单位,多次被民政部、解放军总政治部命名为爱国拥军模范单位,被国家体育总局命名为全国城市体育先进社区。

小营街道挖掘历史资源,创新深化"红色小营""健康小营""最美小营"三大核心品牌。打造"小营·江南红巷"景区,由毛主席视察小营巷纪念馆、中共杭州小组纪念馆、钱学森故居以及红巷生活广场组成"三馆一广场",统筹形成提供惠企为民综合性服务的新高地。9月,"小营·江南红巷"景区申报成为国家AAA级红色旅游景区。中央、省、市、区领导相继到景区视察调研。景区内红巷生活广场成为省、市、区社区建设的创新示范样板区,成为"三社(社区、社会组织、社会工作人才)联动"品牌展示基地、杭州市年轻干部成长教育基地、杭州市大学生社会工作教育实践基地。"最美小营人"品牌影响力持续扩大,"最美现象"在辖区内由风景变成风尚。小营街道发挥社会力量,动员社会各层面建言献策、参与社会管理,形成辖区各企事业单位、社会组织、广大居民群众共治共管、共建共享的格局。

【"三问一承诺"公述民评活动】 10月24日,姚园寺巷社区开展"三问一承诺""公述民评"活动,有"两代表一委员"、辖区单位代表、社区居民、社区党员、在职党员等51名民评代表参加。活动通过"三问一承诺",即民评代表问工作职能、问工作成效、问工作效率并现场给出评价,最后由党委承诺的形式,接受群众监督和评议,增强社区干部服务意识,提高工作效能,转变工作作风,创造良好的服务环境和履职环境。

【"三定"工作制度】 小营街道推行政协委员定点联系社区、定时联系群众、定向提出提案的"三定"工作制度,不断提升自身履职能力。以就近、自主结合和小组分配的原则,由2~3人组成一组,定点联系相对应社区,开展走访和调研。针对居民群众关心的热点、难点问题,于每月18日,由委员小组统一安排通过座谈、走访等形式深入群众,了解民意,收集群众诉求。在定点定时开展走访调研、了解基层情况的基础上，结合全年工作安排，定向提出本小组的年度提案。

4月23日，小营街道举行“弘扬红巷精神，飘洒最美书香”——红巷梦工场诗歌会暨文化惠民送书活动
（小营街道 供稿）

【“红巷梦工场”区域化党建平台作用发挥】 小营街道以“红巷梦工场”区域化党建平台为中心枢纽，通过寻梦（敲门）、追梦（邀约）、圆梦（携手）“三梦”机制，推进基层民生问题的解决。各社区以上门走访、电话征集等方式，集中梳理需要通过该平台为居民服务的项目。各社区整合辖区资源（辖区单位认领项目、社会组织提供服务等），各方联动，确定承办月服务项目。全年“红巷梦工场”在街道各部门和6个社区的配合下开展活动75次，受益2.13万人次。其中大型活动有“我和党一起成长”党员生日会、“红巷精神·飘散最美”诗歌会、“社会组织能力建设培训之咖啡屋及圆梦”项目等。

【社区公共安全“三防三体系”建设】 小营街道探索架构社区公共安全“三防三体系”建设。积极倡导自防，构建安全文化宣传体系。发动居民群众，以居民“圆桌会”和“民情”直通车等多种形式，让其参与到社区安全文化建设和安全体系建设中，提升安全防范主体责任意识，构筑群众安全思想防线。实施评价预防，探索公共安全评价体系。结合下辖12个社区差异化现状，多方面对社区存在的安全隐患进行辨识、评价、预测和分析，并制定相应应急预案，全面准确掌握安全动态信息。落实制度联防，规范公共安全保障体系。建立健全各级安全联防机制和奖励机制，完善责任追究制度，联合各单位组建专业群防群治队伍，依托三级信息分类处置体系，建立完善人员、设施、管理一体化安全保障体系，持续推进安全社区的长效建设。

【纪念毛泽东视察小营巷56周年系列活动】 2014年1月5日是毛泽东视察小营巷56周年的纪念日。小营街道开展以“中国梦·小营美”为主题的书画笔会、手工艺作品展、红巷收藏品展等系列活动。其中，书画笔会吸引12个社区的22名老一辈书画家以及当年毛泽东视察小营巷时曾经抱过的小男孩胡幼凌参加，他们在小营巷56号墙门内，以“红巷精神”和毛泽东诗词为题材，创作书法和国画，分3个赛场挥毫泼墨，角逐竞技。经专家评审，评出书法和国画一、二、三等奖12名。同时，小营街道通过举办手工艺作品展和“红巷”收藏品展等形式，重温毛泽东视察小营巷的历史瞬间。

【“最美现象”研究会成立】 10月31日，小营街道成立“最美现象”研究会。该研究会是以“最美现象”为研究对象及活动载体的社会组织，成员由高校、社科院专家及以“最美小营人”为代表的普通居民组成。研究会通过全体成员对“最美现象”的探讨，建立完善“最美小营人”等系列活动的推荐和评选机制，使“最美”系列评选更具有公信力和权威性，为固化“最美精神”提供理论支持。

【“最美邻里”暨第三届“最美小营人”表彰大会】 12月2日，小营街道“最美邻里”暨第三届“最美小营人”表彰大会在红星剧院举行，区领导、专家学者、“两代表一委员”、“两新”组织代表、居民代表等900余人参加。大会表彰20名上城区第三届“最美邻里”、5名“最美小营人”、6个“最美机制奖”和小营街道“最美

12月2日，小营街道在红星剧院举行“最美邻里”暨第三届“最美小营人”表彰大会
（小营街道　供稿）

贡献奖”。通过挖掘“最美”、呵护“最美”、传递“最美”，让邻里价值观可看、可学，深入人心。表彰会上，举行与浙江大学传媒与国际文化交流学院共建“社会主义核心价值观暨马克思主义新闻观”教育实践基地的授牌仪式。

【农民工入工会工作】 小营街道建立“最美现象进网格，引领示范促服务”新机制，开展“最美”系列评比活动，评选出一批“最美娘家”“最美娘家人”“最美劳动者”等典型，以生动形象的组织形式吸引农民工加入工会，真正建立农民工“入职即入会，权利保障全覆盖”的工会服务网络体系。截至年底，辖区有工会会员13 302人，其中农民工会员2838人，占会员总数的21.3%。10月24日，全国总工会领导一行调研小营街道农民工入会工作，肯定小营街道做法。

【网格职工书屋开放】 10月9日，小营街道网格职工书屋在梅花碑社区福利新村“最美一条街”对外开放。该书屋占地面积70平方米，由“悦读书社”和“巧手工作室”组成，藏书2000余册、报刊杂志50多种，配备电脑5台、悦读桌椅7组、书架6个。该书屋通过开展各类职工文化活动，提升辖区职工文化素养。书屋成为职工成长进步的加油站、展示才艺的大舞台、创建和谐社会的连心桥，成为集文化、娱乐、休闲于一体的职工综合性文化基地。

【廉政文化“五微”作品评选】 7~9月，小营街道开展廉政文化“五微”作品评选活动。该活动将“最美精神”与廉政文化相结合，发挥群众力量，以廉政微电影、廉政微小说、廉政微广告、廉政微平面、廉政微信微博“五微”形式为主要内容，吸引辖区居民和楼宇企业职工、机关单位工作人员参与。活动举办方完成作品征集后，邀请群众监督员组成评审团，评选参赛作品。对评选出的优秀作品，在辖区内进行展览，并向上级推荐。评委会先后收到《清廉史鉴人物》《行廉》等参赛作品124件，评选出优秀作品30件。

【“巾帼助推‘中国梦’”系列活动】 10月，小营街道马市街社区推出“巾帼助推‘中国梦’”系列活动。利用社区“党员连心港”服务站，设立“巾帼谈心园地”，为社区妇女提供交流倾诉场所。开展“走进家庭、关爱女性”走访慰问活动，走访困难妇女家庭、外来务工妇女家庭。开展“家庭平安和谐、远离家庭暴力”维权活动，保障家庭妇女合法权益。开展“巾帼护绿”志愿者活动，鼓励辖区共建单位志愿者认领小区内的花草树木，助推小区环境美化。

【杭州国际体验日活动】 10月22日，第七届杭州国际体验日暨第二届南宋斗茶会在小营街道五柳巷历史文化街区启动。上城区以此为契机，通过3D画等艺术手段向国际友人展示五柳巷的茶文化、中医药文化、扇文化。来自32个国家的驻沪领事、文化参赞、商会代表、外籍教授、外企高管、国际艺术家、留学生等100人组成的国际嘉宾领事团参与南宋斗茶会、中医药文化节、裸眼3D艺术展、美术节等活动。其间，上城区邀请20余户商家体验五柳巷的文化气息。来自美国塔夫茨大学的7名国际交流生和30名法国小朋友入住居民家庭，进行为期1个半月的周末国际居家体验。

【文化惠民“三进”活动】 小营街道开展文化进企业、进家庭、进网格“三进”活动。由辖区学校文体教师、居民文体骨干等组成文艺团体，深入辖区企业，为一线职工免费开展舞蹈、声乐、瑜伽等教学活动，并进行慰问演出。组织辖区书法家、戏曲演员、剪纸能手等艺人，为社区孤寡老人、独居老人、困难党员及“最美小营人”送去“福”字、对联和戏曲表演。组织社区文艺团队进网格演出，为保洁员、保安员、志愿者等送去文艺节目。全年文化惠民活动举办文艺演出 20 场，观看演出群众 900 余人。

9 月 28 日，小营街道在定安路游泳馆举办“精彩健身梦·畅享新自游”小营地区第二届职工游泳比赛　（小营街道　供稿）

【“书香满巷” 图书漂流活动】 4 月 20 日，小营街道“书香满巷”图书漂流活动第一站在茅廊巷社区回族穆兴小学启动。活动吸引辖区 50 余户家庭参与。该活动由街道团工委主办，杭州风动力青少年公益服务中心、阳光书友社区服务中心两家公益社会组织协办。漂流活动募集到各类图书 1200 余本。同时，小营街道通过举办阅读沙龙、移动书屋等载体持续开展亲子互动、学国学系列活动，营造全街道“悦读”氛围。

【“缘在高铁·情定杭州” 青年联谊交友活动】 10 月 28 日，小营街道会同上海铁路局联合举办“缘在高铁·情定杭州”青年联谊交友活动。上海铁路局杭州客运段的 60 余名男青年与杭州娃哈哈集团有限公司等单位的 50 余名女青年参加联谊活动。此次联谊设计“第一眼帅哥”“幸福拍手歌”“真情表白”等多个互动游戏环节，增进男女青年之间的了解。5 名女青年在 5 名男青年的模拟车票“同车出行”位置上签下自己的名字，意在牵手开启“爱情之旅”的新进程。

【第二届职工游泳比赛】 9 月 28 日，小营街道在定安路游泳馆举办“精彩健身梦·畅享新自游”小营地区第二届职工游泳比赛，来自街道的机关、社区、企事业单位 19 支代表队的 77 名游泳爱好者参加比赛。此次比赛按年龄段设甲乙丙 3 个组别，分设 50 米和 100 米蛙泳、50 米和 100 米自由泳以及 4×50 米自由泳接力 5 个项目，每个项目分别对比赛成绩前 6 名者予以奖励。

【微电影《时间去哪儿了》首映】 9 月 12 日，上城区社区工作微电影《时间去哪儿了》在红巷生活广场举行首映仪式。该微电影由小营街道金钱巷社区团队策划、拍摄、制作，历时 3 个月。微电影以该街道金钱巷社区工作者为原型，通过纪实方式，把每名社区工作者的特点、为民服务过程中的付出，以及尝到的酸、甜、苦、辣，真实地呈现在观众面前，充分展示新时期社区工作者无怨无悔、乐于奉献、开拓创新、勇于担当的精神风貌。

【钱学森故居翻修】 钱学森故居位于上城区马市街方谷园 2 号，占地面积 850 平方米，是中国现存唯一一座为纪念科学家钱学森而修缮的钱氏祖宅。3 月 26 日，钱学森故居翻修工程开工。至 5 月 20 日，翻修工程竣工。翻修主要翻盖屋顶瓦面 913 平方米，铺设瓦下防水层 900 平方米，修补、刷白墙面 300 平方米，油漆屋柱等木构件 15 处、135 平方米，更换落水管 170 米、檐口沟槽 255 米。

【“九三科技讲堂”社区基地成立】 6 月 13 日，“九三科技讲堂”社区基地在红巷生活广场成立，并举行授牌仪式。“九三科技讲堂”创办于 2009 年，是九三学社杭州市委三大服务品牌之一，旨在依托九三学社人才资源优势，以面向社会、服务百姓为宗旨，开展科学知识普及、科学思想传播等活动，将科普文化大餐送到居民家门口。社区基地授牌当日,“九三科技讲堂”举办以“书法与中国传统核心价值观”为主题的讲座。

【五柳巷中医中药一条街开街】 5月27日，五柳巷中医中药一条街开街。该街位于五柳巷历史文化街区的建国南路—河坊街一带，项目一期有包括三慎泰、傅同春、天禄堂3个百年老字号在内的10多个中医中药馆和20处店面正式入驻。现场举办名医义诊活动、养生知识讲座、中草药巡展、当代名医展等近12场系列益民惠民中医药文化活动,吸引300余名市民参与。

【上城健康服务业论坛】 12月19日,杭州上城健康服务业论坛在小营街道举行。论坛以“健康产业——从概念到实践”为主题,200余名各级政府、医疗机构、科研单位、健康服务行业协会、健康产业企业和风险投资机构代表参加。主办方围绕健康服务业集聚区打造,组织主题演讲、圆桌会议、项目推介等活动,以梳理思路、凝聚共识、搭建平台,促进上城区健康服务产业发展。

【彩虹鱼康复护理院落户小营街道】 12月，高端康复护理机构彩虹鱼康复护理院落户小营街道。建设中的彩虹鱼康复护理院总投资6000万元,设床位75张。项目建成后,将由专业人员向康复病人提供各类优质的护理服务，有效解决病人从医院出院到家庭正常生活之间的过渡问题。

【浙江智慧高速公路服务有限公司落户小营街道】 10月8日，浙江智慧高速公路服务有限公司落户小营街道。该公司是为“智慧高速”项目建设而组建的公益性服务公司,注册资本5651万元,由浙江省交通投资集团有限公司等单位出资成立。公司“智慧高速”项目是浙江省首批启动的13个“智慧城市”建设项目之一，旨在通过创新高速公路运行服务体制机制,整合高速公路相关信息资源,实现互联互通、信息共享、协同指挥。同时为司机和乘客出行提供多渠道、全方位的高速公路路况信息咨询等便利服务,最大程度满足群众出行个性化、多样化、快节奏的服务需求。

【准物业小区管理】 小营街道创新“六保”模式破解准物业小区管理难题。引进市场化保洁力量,负责小区内地面、楼道等的维护,解决专业队伍缺乏问题。营造社会化保绿氛围,挖掘居民、社会组织等资源,通过典型培育和自我管理，让居民参与保绿建设中来。制定公益化保亮机制,在大学路新村19幢44~47号开展楼道灯公益试点活动，解决拖欠电费导致楼道灯不亮问题。建立巡防化保安队伍,实现“被动管理”到“主动管理”转变,破解辖区保安力量松散难题。创新科学化保序模式,启动大学路区域交通整治工程,推出“智慧停车”“虚拟车位”等模式,整治交通秩序。树立制度化保修理念,组建“三位一体”专业化维修队伍,解决维修服务不及时问题。

【老旧小区交通综合治理】 6月,小营街道启动老旧小区交通综合治理工程。该工程治理范围为环城东路—解放路—建国中路—庆春路围合范围，包含3个社区14条城市支小路,占地面积53万平方米。主要治理内容为拆除道路两旁建筑物、改铺道路路面、设立交通标志等,总投资1065万元。经过综合治理,小区内形成多个交通微循环单元，有效缓解主干道路通行压力。同时,通过支小路和庭院内停车挖潜、支小路外停车场建设和实行错时停车，新增停车泊位407个,有效弥补该区域停车泊位的缺口。

【西湖饭店违建拆除】 城站火车站西湖饭店违建于年初被列入省、市督办涉违事件后,小营街道主要领导与西湖饭店负责人反复沟通,告知违建事实,要求自行拆除。鉴于西湖饭店仍未见诸行动,5月8日,小营街道实施“信访拔钉销号”行动,出动拆违人员30余人，对西湖饭店5000平方米违法建筑进行强制拆除。

【无证经营和占道经营整治】 .9月1日,小营街道针对华藏寺巷房产经营业态混乱,环境卫生差,居民投诉多,存在无证、无照经营等情况,联合区市场监管局、区城管执法中队、上城环保分局和区公安分局等单位对无证经营商家开展集中取缔行动。在前期约谈基础上,对不配合的商家采取强制取缔搬离。在规定期限内,华藏寺巷一条街21家无证经营户均停止经营并搬离。3月20日,小营街道会同区工商局、区城管执法局等单位,对大学路新村100余户居民破墙开店、占道经营行为进行整治。约谈群众反映强烈、违规经营问题严重的经营户,告知其整治要求和整改期限,并统一划定经营红线,设置红线“界河”,加强沿街管控和劝导。同时,采取集中组织人员、集中时段、集中强制劝导的“三集中”方式,清理仍占道经营的摊点。年末,该地段基本消除出店经营、占道经营等现象。

【社区服务大厅改造】 小营街道以小营巷社区和西牌楼社区为试点,将服务大厅改造成温馨“社区会客厅”,建立面对面的民意收集通道。“社区会客厅”设置休闲茶座、敞开式办公桌、“阳光房”调解室等,打造家庭式温馨办公环境。实施“3+1”服务模式。在大厅设置4个岗位,其中3个为劳动保障、福利保障与房产协管固定岗位;1个为值班岗,由全能社工轮流坐岗。每天设置两个固定走访时间,除大厅工作人员和值班领导外,其余社工全部进入居民家中,开展全覆盖、地毯式走访,广泛收集群众意见,为居民答疑解难。

【社区社会组织建设】 小营街道探索建立“一个中心+N个工作室+N个社区社会组织”的社区社会组织建设综合管理模式。街道以红巷生活广场为中心,采用“政府出资、定向委托、合同管理、评估兑现”的政府购买服务机制,建立社会组织孵化基地,加大对社会组织的扶持力度。鼓励素质高、能力强、有爱心、讲奉献的社区居民成立“能人工作室”,打造居民参与平台,增强社区凝聚力,全年建成能人工作室26个。成立社会组织培育点,确定重点培育的优质社区社会组织12个。

【第五届社工节活动】 10月23日,小营街道第五届社工节在红巷生活广场“梦剧场”举行。来自12个社区的150余名社区工作者参加自己的节日。社工节活动分3个篇章。第一篇章“追忆往昔”通过老照片回放、老社工采访回忆,反映2000年社区成立以来的发展历程和社区工作的变化;第二篇章“珍惜当下”以微电影开场,介绍4个社区的民生实事项目,集中展现当代社区工作者的风采;第三篇章“展望未来”从社工素质提升、新老社工结对等工作入手,激发年轻社工继承老社工踏实肯干的优良传统,合力建设“美丽社区”。

【杭州仁爱家园阳光庇护中心启用】 4月30日,杭州仁爱家园阳光庇护中心(小营工疗站)建成使用。该中心位于小营公园7号,坐落于红巷生活广场2号楼,占地面积987平方米,为一家集日间照料、心理疏导、娱乐康复等功能于一体的公益性社会福利机构。庇护中心有工疗员55人,其中精神残疾工疗员37人、智力残疾工疗员18人。配备专职主任1人、精神病防治医生1人、管理服务人员6人。该中心严格按照等级考核标准,结合“三疗一教育”(工疗、药疗、娱疗)服务管理要求,采取“12331”服务模式,最大限度地满足残疾人康复训练、辅助就业等需求。全年收治残疾人55人。

资料 **“12331”服务模式:**即以1个主体(街道)、2个依托(社会组织、志愿者)、3个阵地(红巷生活广场、阳光庇护中心、残疾人家庭)推进仁爱家园“三疗一教育”工作开展。

(章 舒)

望江街道

【概况】 望江街道东临钱塘江,南至望江路,西接贴沙河,北傍清江路。区域面积4.10平方千米。辖大通桥、始版桥、兴隆、莫邪塘、清泰门、婺江、耀华、近江东园、近江西园、在水一方、徐家埠11个社区。辖区内有行政事业单位27个,医院4个,中小学和幼儿园12所,金融机构25个,工业企业41个,房地产开发公司12个,服务业企业683个。2014年,街道有总人口11.54万人。有商务楼宇13幢,总建筑面积69.71万平方米。街道秉持楼宇经济、总部经济、特色经济“三位一体”发展思路,打造以思科公司(中国)总部为核心的望江智慧产业园,促进辖区经济全面转型升级。全年税收收入4.84亿元、地方财政收入

3.40 亿元。通过“以商引商、合作招商、产业招商”等多元化招商手段，构建线上、线下无缝对接的招商网络，引进企业 251 个，引进内资 18.75 亿元、外资 2220 万美元。“望江红港·睦邻驿站”启用，通过睦邻咖啡吧、睦邻话坊、民情会客厅等功能区，为辖区居民搭建一个集自主参与、自我服务、自我评议、自我管理于一体的精神文化礼堂。“民情 E 点通” 手机 APP 上线，为居民提供沟通、交流、服务平台，提高为民服务的效率和水平。至年末，APP 下载用户量超过 5500 人。上报案件 1.40 万起，结案率 95%。举办第二次民生实事项目认领活动，推出民生项目 125 个，募集社会资金 358 万元。该活动被评为“中国社会治理创新奖”25 强，是全国唯一一个入选的街道级创新项目。年内集老年食堂、老年大学、老年娱乐场所于一体的望江街道阳光老人天地开张。以“五水共治”为契机，成立护河卫士队，开展护河巡查行动，并为 573 户居民免费安装节水坐便器 422 套、螺旋式水嘴 553 套。推进城区序化工程，全年数字城管受理有效案卷 2837 件，及时解决率 100%。推进准物业改造，出资 20 余万元修复衢江路人行道，为始版桥新村安装智能化自动门禁及配套设施，提升居民居住环境。推进垃圾分类，垃圾分类实名制在 7 个住宅小区试点推广。深化“三改一拆”，全年拆除违法建筑 240 处、面积 1.29 万平方米，近江东园社区等 6 个社区被评为“无违建社区”。加强莫邪塘风情街区管理，取缔街区无证摊贩 324 个，清理占道堆积物 382 处。重点排查始版桥直街消防安全隐患，投入资金 30 余万元，增加消防器材配备，委托专业公司重新整理直街上的强弱电，拆除小锅炉房 7 个。年底，基本形成由街道、城管执法、公安、市场监督等部门组成的大城管队伍。

是年，望江街道获浙江省卫生街道、浙江省五好离退休干部党支部、杭州市社会管理综合治理示范街道等荣誉，中央电视台新闻频道对望江街道“智慧云社区·民情 E 点通”服务平台进行为期 3 天的跟踪采访拍摄。

【“公益大篷车”为民服务活动】 3 月 4 日，望江街道举办“开往春天的公益大篷车”为民服务活动。该项活动推出“公益市集”项目，作为望江街道为社会组织、社会需求、社会资金三方构建完整“生态”供求链的有益探索。“公益市集”项目指街道提供免费摊位，组织辖区社会组织开展义卖，以盘活手工制品等积压产品。活动吸引上城区益优社区互助中心等10 余个社会组织参与，回笼积压产品资金 3100 余元。

【钱江新城两地块出让】 1 月 3 日，位于望江街道钱江路东侧的钱江新城 C-17 和 C-19 两地块出让。其中，C-17 地块建筑面积 3.78 万平方米，浙江昆仑控股集团有限公司以 5.19 亿元竞得，该公司总部及其在杭州子公司全部迁入此地块。C-19 地块建筑面积3.92 万平方米，横店集团控股有限公司以 4.75 亿元竞得，该公司及其下属的浙江横店进出口有限公司、横店集团得邦照明股份有限公司、南华期货股份有限公司分别在该区域成立相应的投资子公司，注册资本超过 3.50 亿元。

3 月 4 日，望江街道举办“开往春天的公益大篷车”为民服务活动

（望江街道　供稿）

【资本“相亲会”】 2 月 28 日，望江街道举办“公益望江、共筑睦邻”民生实事工程“资本相亲会”。70 余个民生实事公益项目被杭州置地国际精品男装城、南华期货股份有限公司等 40 余个共建单位认领，投资额 220 余万

元。此次推出的民生实事项目，是望江街道在前期开门纳谏、深入调研的基础上，由居民群众从街道梳理汇总的100余个项目中投票选出来的，项目涉及便民服务、小区安全、环境卫生、全民健身等方面。

【"望江红港·睦邻驿站"投入使用】 4月2日，望江街道"望江红港·睦邻驿站"投入使用。该驿站位于珊园弄19号，占地面积2000平方米。以"一核两翼三平台"为功能定位，"一核"即以"望江红港"为核心，坚持党建引领；"两翼" 即驿站南北对称两翼，设立"民情E点通"、民情心愿树、睦邻"三原色"、邻里欢乐颂、民情会客厅、"资本相亲会"、睦邻咖啡吧等八大功能区块；"三平台"即通过"民情E点通"互联、民情心愿征集、民间"最美力量"挖掘、民意代表协商、民生实事项目认领、民情话坊交流等形式，打造辖区邻里价值观展示平台、民主促民生互动平台、群众路线教育实践平台。

【婺江社区"线上线下"双关爱行动】 4月，婺江社区线上推出"幸福婺江"微信公共平台，设定"社区半月谈""幸福金钥匙"等六大板块，每日实时更新，方便辖区居民了解社区情况并为社区建设建言献策。依托"婺江红色家园"在职党员QQ群，邀请在职党员参与社区建设。线下组建"常青藤"服务社，为辖区独居老人、空巢老人、失独家庭等提供心理疏导、免费义诊等服务，并定期为辖区群众提供免费理发、法律咨询、健康生活指导、就业指导等"零距离"服务。

【环保科技高新企业引进】 4月11日，杭州海泓环保科技有限公司落户望江街道。该公司注册资本2000万元，主要从事环保设备、环保材料、技术服务、技术咨询、成果转让等节能环保产业。公司依托"基于PLC扶梯变频系统"非专利技术在自动扶梯控制系统的广泛运用，着力发展高科技、节能、智能化产品。该公司的引进有利于促进区域经济转型升级和"智慧经济"发展。

【"服务争星，筑梦望江"民情比武】 4月30日，望江街道组织11个社区党员干部及15个辖区单位职工，开展"服务争星，筑梦望江"民情比武活动。通过党员干部比拼民情知晓度、政策熟悉度、业务娴熟度，激发为民服务内在动力。该活动通过赛制化擂台比武、组团式服务争星，营造"比、学、赶、超"氛围，提升党员干部知民情、晓民生、畅民诉、解民困的能力和水平。望江街道300多支党员服务队及500余个加盟服务企业为辖区居民提供组团式服务1800余人次，解决各类问题700余个。

【水上违建拆除】 5月28日，望江街道拆违工作人员联合区执法中队对始版桥直街128-2号违法建筑实施拆除。该处违法建筑有一半架设在贴沙河河面上，成为上城区"水上拆违"的首个案例。拆除该违法建筑，旨在为贴沙河河道沿线实施截污纳管扫除障碍。

【与富阳市万市镇签订农产品直销协议】 6月12日，望江街道与富阳市万市镇政府就万市镇在杭州设立农产品直销点签订合作协议。按协议规定，望江街道在辖区钱江三桥农贸市场设立 "富阳市万市镇农产品直销点"，利用万市镇绿色农产品资源，丰富居民群众的菜篮子，同时扩大万市镇农产品的知名度及影响力，促进其农业发展及农民增收。

4月2日，望江街道"望江红港·睦邻驿站"投入使用　　（望江街道　供稿）

【"智慧云社区·民情E点通"服务平台建成】 8月，望江街道建成"智慧云社区·民情E点通"服务平台。该平台由手机APP、电脑终端和网上指挥中心组成，设有"身边、圈子、应用"三大功能，开设"我来爆料""社情速递""爱心接力"三大板块，直接面向居民收集社情民意。通过网上指挥中心派单至相关科室、社区，并引入"以服务换服务"理念，全网式公开居民诉求，引导社会组织力量参与。依托网上指挥中心智能管控系统，对群众诉求进行跟踪反馈，并在后台形成诉求流转和记录，实现派单时间、接单人员、办理进度、处置结果全面公开，实时督查解决不积极、反馈不及时、进度不到位的问题。

【"平安e站"治安防控网搭建】 为加强企业与职能部门间治安防控技术交流，完善治安防控体系建设，望江街道利用移动信息技术优势，搭建以微信公众账号等即时通讯平台为主要媒介的交流平台——"平安e站"。搭建该平台旨在实现辖区市场、网吧、餐饮店、宾馆等治安防控重点单位信息资源的互联共享，充分发挥信息平台交流、预警、布控功能，最大化打破信息传播壁垒，为辖区搭建良好的治安防控预报预警体系。至年末，该平台吸纳辖区内宾馆46个，发布治安防控、消防安全等信息30余条。

【杭黄铁路投资有限公司落户望江街道】 7月10日，由杭州市铁路投资集团有限公司、萧山区交通投资集团有限公司、富阳市交通发展投资集团有限公司、桐庐县铁路建设投资开发有限公司、建德市铁路设施投资有限公司、淳安县交通发展投资有限公司共同组建的杭州市杭黄铁路投资有限公司成立并落户望江街道。该公司注册资本27.02亿元，主要负责杭黄铁路项目建设及运营管理。杭黄铁路于10月全线开工，计划2018年建成通车。

【引进省海洋开发投资集团】 7月30日，望江街道依托辖区可出让土地资源和楼宇资源，通过线下对企业走访、服务，线上发布地块出让、楼宇招租、招商动态等信息，构建"双线服务"招商模式，引进浙江省海洋开发投资集团有限公司。该公司注册资本64亿元，由浙江能源集团有限公司、浙江省财政厅共同出资成立，投资比例分别为65%和35%，经营范围涉及海洋产业投资、利用及海洋工程建设等。

【"小红帽的反击"嘉年华活动】 7月16日，为增进儿童及青少年对性骚扰行为的认识，帮助其掌握自救和自我保护技巧，望江街道携手腾讯大浙网举办"温暖城市——小红帽的反击"嘉年华活动。活动包括儿童剧表演、互动游戏、知识问答等，以寓教于乐、亲子互动的方式，提高孩子们预防性侵害的意识，帮助其健康快乐成长。活动吸引青少年及家长100余人参与。

12月11日，省委常委、宣传部部长葛慧君(左四)调研"智慧云社区·民情E点通"服务平台 (望江街道 供稿)

【锦麟乡村读书计划入围公益慈善项目大赛百强】 7月30日，锦麟乡村读书计划入围第三届中国公益慈善项目大赛实施类项目百强。该计划是以读书为主题的大型民间文化公益项目，通过锦麟乡村图书馆建设、锦麟系列文化讲座等活动，致力于建立城乡文化纽带，以文化资源回馈和反哺乡村。该项目由锦麟公益基金会筹划并运作管理，有5000余名学生参与读书计划。锦麟公益基金会是由香港知名媒体人、香港卫视执行台长杨锦麟与浙江大学原党委书记张浚生、厦门大学原党委副书记潘世墨、腾讯公益基金会、浙江大学全球校友会等单位及个人发起，经浙江省民政厅登记注册的公益基金会，于2013年落户望江街道。

【老旧小区管道煤气安装】 清江路82-3号、82-4号、82-5号、96号是20世纪90年代建造的开放式老旧小区，配套设施不完善，而且因地下埋有高压电线一直无法安装管道煤气。望江街道多次与杭州市管道煤气公司、原杭州市商业资产经营公司、上城消防大队等单位沟通，表达居民诉求，商定解决方案，最终于7月开工安装管道煤气。8月，完成小区270户居民煤气管道安装并实现通气。

【建筑工地调委会成立】 8月15日，为解决辖区内建筑工地突发矛盾纠纷，改变建筑民工“有难无人帮、有求无处诉”现状，望江街道成立望江地区建筑工地人民调解委员会(简称调委会)，为施工单位与民工、民工与民工之间搭建起矛盾纠纷协调沟通平台。调委会由5名调解员组成，专门负责调解建筑工地矛盾纠纷，同时做好矛盾纠纷信息收集反馈、普法宣传、法律援助、安全指导等工作，进一步前移矛盾纠纷处置关口，构建专业化纠纷调解工作机制，实现建筑工地矛盾纠纷由事后被动解决到源头主动预防的转变。

【始版桥直街综合整治】 8月，望江街道对始版桥直街出租房、沿街商铺、仓库及“三合一”场所进行摸底，根据摸底情况制定综合整治方案，对始版桥直街实施综合整治。按照属地管理原则，加强与区城管、消防、工商、公安、安监、卫生等部门联动。整治突出出店经营、乱吊乱挂、消防隐患、新建违建等重点问题，并按照“一点一方案”分类推进。其间，沿街张贴消防宣传KT板200块，对沿街商户及出租户进行消防安全、应急逃生基本常识培训。配备灭火器245只，增设开放式灭火器材存放点19个，做到小场所灭火器材全覆盖。“河马”义务消防志愿者服务队加强日常巡查，对沿街店面定期进行摸排，并建立消防档案，实现常态化监管。

资料　“河马”义务消防志愿者服务队：服务队是由始版桥社区居民、物业保安自发成立的社区志愿者组织，于2012年6月成立。因社区的志愿者大部分都是中老年人，就像河马一样，虽然平时行动有些迟缓，但关键时刻绝对不会含糊，爆发力强，故取名叫“河马”。

【新能源“民生直通车”开通】 9月26日，望江街道推出新能源“民生直通车”关爱老人免费接送项目，为辖区50岁以上中老年人提供看病就医、购物观光、载运物资等免费接送服务。该项目由杭州为伍新能源汽车科技有限公司提供17座纯电动客车22辆，杭州与我助老爱心服务中心负责运营管理。“民生直通车”行驶线路3条，设车辆停靠点39个、沿途充电点11个，前期投入运营纯电动客车6辆。杭州为伍新能源汽车科技有限公司于2014年11月落户望江街道，公司注册资本1000万元，主要从事新能源汽车租赁等业务。

【“智慧经济”高峰论坛】 10月19日，望江街道举办2014年“智慧经济”高峰论坛暨上城区“智慧产业”对接会。会议邀请国际商业机器公司(IBM)、思科系统公司、三星电子公司等国内外知名企业及星球数码科技有限公司、安恒环境科技服务有限公司、中国安防技术有限公司等服务公司参会。会上，望江街道与软通动力信息技术(集团)有限公司签订该公司落户望江智慧产业园的意向协议书。

【市妇产科医院启用】 11月12日，杭州市妇产科医院(钱江新城院区)正式启用。医院占地面积1.51万平方米，建筑面积9.60万平方米，拥有包括一体化产房、家庭式病房在内的床位600张，为杭州市卫生计生委直管的三级甲等公立医院。医院开设妇科、产科、生殖中心、计划生育科、新生儿科、整形美容科、乳腺科、妇女保健科、中医妇科、儿童保健科等临床科室。

【杭州百成新能源公司落户望江街道】 11月7日，杭州百成新能源有限公司成立并落户望江街道。该公司由上海百成投资有限公司投资组建,注册资本1亿元,经营范围涉及新能源汽车开发、租赁及汽车蓄电池、汽车配件销售等。公司拥有电动车电池完全的自主知识产权,所生产电池可一次充电行驶600千米以上,电池寿命50万千米以上,而且产品投产周期短,生产成本低于同类产品30%以上。公司成立后,电池轿车生产线首期投入1.80亿元,产值可达10亿元。

【"毁绿种菜"联合整治】 12月,望江街道联合区行政执法望江中队等单位,对新开河沿岸"毁绿种菜"、乱搭乱建等现象进行联合整治,对"毁绿种菜"的居民进行劝导教育,对违章搭建的菜棚进行拆除并清除菜地,对菜地周围的杂物进行清理。此次活动拆除违法建筑5处,清理乱堆杂物100平方米,清除菜地1000平方米。

【钱塘艺术团获台湾才艺大赛3项大奖】 12月23日,望江街道钱塘艺术团受邀参加由世界华人音乐舞蹈艺术总会、亚洲国际文化艺术总会、台湾音乐舞蹈艺术家协会等7个单位联合举办的2014年台湾"阿里山杯"音乐舞蹈才艺大赛民间艺术交流活动。该艺术团选送的舞蹈《烟花三月下扬州》获舞蹈组最高奖,越剧折子戏《貂蝉与吕布·小宴》获戏曲组最高奖,队员陶福美、沈亚瑾获优秀编导老师奖。钱塘艺术团是由居民群众自发组成的草根型文体社会组织。

【望江(国际)新媒体产业园区开工建设】 5月12日,杭州望江(国际)新媒体产业园区开工建设。根据装修施工方案,对沿婺江路及诗园弄的部分商铺进行改造施工。新媒体产业园区以"集聚新媒体企业、促进新媒体创业、发展新媒体艺术、推动新媒体营销、壮大新媒体经济"为战略定位,加强信息技术对文创产业升级的支撑,构筑新媒体产业发展的专属空间和产业平台。该产业园区是望江街道智慧经济产业园的重点园区之一。

【葫芦丝俱乐部成立两周年汇报演出】 6月7日,望江地区科普文化艺术节暨全国首个街道葫芦丝俱乐部成立两周年汇报演出在杭州崇文实验学校音乐厅举行。节目均为俱乐部成员自编自排自演,演出学员从7岁到70岁,有120余人,表演的曲目有独奏、小合奏、重奏等。望江街道于2012年5月成立全国首个街道葫芦丝俱乐部,以满足辖区居民的文化需求。葫芦丝俱乐部免费教学,通过以学带教的方式成长起来,截至2014年年底,该俱乐部累计培养学员350余人。

(周廷波)

南星街道

【概况】 南星街道东北连万松岭、凤山桥,过飞云江路,与紫阳街道毗邻,东南沿钱塘江中心线与滨江区相望,西北沿玉皇山、凤凰山,与西湖区交界。区域面积4.21平方千米。辖美政桥、海月桥、馒头山、玉皇山、紫花埠、复兴街、水澄桥、白塔岭8个社区。2014年,街道常住人口4.60万人,其中户籍人口36 220人,人口自然增长率为0.25‰。全年地方财政收入27 679万元,比上年(指2013年,下同)增长12.6%。辖区内有闸口白塔、梵天寺经幢、施家山吴汉月墓、慈云岭石窟造像、老虎洞窑址、天龙寺、千佛洞、南宋皇城遗址8处国家级文物保护单位,有于子三墓、宋京郊坛下官窟址和中河南端古桥、古泉群等省、市级文物保护单位。

是年,南星街道获得全国街道党的群众路线教育实践活动先进集体、杭州市社会治安综合治理工作先进单位等荣誉32项。

【走访学习活动】 2014年,南星街道开展"访民情、聚民智、解民忧"走访学习活动。走学活动以组团小组1+X形式(1名社工或网格长、片长、楼道长搭配若干名在职党员)走访辖区内企业职工、"两代表一委员"、社区困难党员和群众、残疾人家庭、孤寡独居老人家庭、70岁以上老人、军人家庭、先进人物等,进行"登门入户看一看,生活情况聊一聊,社情民意访一访,党的政策谈一谈,困难之处帮一帮",并认真听取意见建议。全年走访居民群众11 700余人次,收集意见建议750余条。

【南星特色邻里价值观实践】 南星街道探索具有南星特色的邻里价值观实践。通过挖掘“微美在邻里”的典型案例，弘扬邻里间、楼道间的“微美人物”先进事迹。举办“三学三思三问”情景剧党课比赛，使邻里价值观的宣传深入浅出，讲得出、听得进、记得住、传得开，发现、弘扬并放大“美”的效应，推进邻里间的自我教育和自我服务。以“七彩美政民族园”为基地，拓展少数民族联络联谊队、少数民族志愿服务队、少数民族文化活动队、少数民族参政议政队、少数民族权益维护队、少数民族先锋榜样队六大团队服务内容，从联络联谊、困难帮扶、精神文化、政治参与、权益维护、先锋标杆6个方面开展民族邻里和谐建设工作。创新邻居节组织方式，激发邻里间互动的自发性。2014年南星邻居节活动由2013年评选出的第一批“南星好人”（包括好邻里和服务邻里需求的社会组织）主办，邻居节知名度和美誉度得到进一步提升。

资料 三学三思三问：“三学”指学理论、学传统、学典型；“三思”指如何增进与百姓的感情、如何拉近与百姓的距离、如何增强心中百姓的分量；“三问”指我是谁、为了谁、依靠谁。

【人大代表联系选民渠道拓展】 南星街道不断拓宽人大代表联系选民渠道，尝试推行“代表进社区接待选民”制度。全年街道人大代表组织接待选民29批次，参与代表64人次，收集意见建议39条。依托南星街道网站开展代表网上接待选民活动，推动代表联系选民从定期走向“全天候”。街道人大专栏论坛增设“南星街道人大代表网上接待站”，按8个选区设置选民信箱和人大代表信箱，并制作“网上接待宣传卡”，发放给选民与群众。通过该途径收集意见建议11条。制作选民联系卡，卡上印有人大代表联系电话和网址，分别发给各社区居民。在杭州陶瓷品市场和复兴商圈举办专场“选民约见代表”活动，收集选民有关道路交通、社区环境、违章建筑、旧小区改造、环境污染等问题40余个。

【平安综治双月宣传活动】 南星街道平安综治双月宣传活动以创建“平安、法治、和谐南星”为目标，以服务“两节”“两会”为重点，加强人民调解、法制宣传、治安防范、交通安全、青少年教育、流动人口和重点人员管理。制作“温馨提示”1.70万份，发放给辖区所有居民。“温馨提示”内容包括防火、防盗、食品安全、防短信诈骗等，基本涵盖百姓生活的各个方面。

【小康·阳光庇护中心开放】 5月20日，南星街道小康·阳光庇护中心对外开放，为辖区内1118名残障人员提供全程服务。该庇护中心建筑面积1000多平方米，按省级有关标准建设。庇护中心针对智力和精神障碍的残障人士设立实践厨房、康复室、心理治疗室、情感宣泄区、图书阅览室、日间照料室等一站式服务平台，帮助其提高生活自理能力。引进专业的社会服务组织，设立“小花工作室”，为各类残疾人提供康复、就业和救助等服务。聘请上城区阳光家园心理咨询服务中心专业人员为残疾人提供心理理疗服务。浙江传媒学院国际文化传播学院志愿者主动上门为残障病人举办艺术培训，提供生活照料。

【太和中介服务业发展中心挂牌】 6月26日，杭州太和中介服务业发展中心正式挂牌，与南星街道招

5月20日，南星街道小康·阳光庇护中心开放 （南星街道 供稿）

商服务中心合署办公。该中心通过招商引资和政策扶持,引进和发展科技、律师、会计评估、金融、证券、保险、建筑工业设计、信息咨询、广告传媒、工程监理、知识产权代理等中介服务业。建立项目发展基金,基金总额140万元,其中市中介服务业发展专项资金支持70万元。

【农贸市场协管会成立】 2月,为构建和谐农贸市场,南星街道参照住宅区业主委员会模式,由全体经营户民主选举产生经营户协助管理委员会(简称协管会),并依据经营场所及经营品种划分成水产组、蔬菜一组、蔬菜二组、南包厢、北包厢5个组别,由协管会负责参与市场监督管理,推进合法、公平、合理、文明经营。同时采取市场管理员、清洁卫生员的奖金高低与经营户满意度直接挂钩,提高经营户的话语权和决定权。协管会的成立实现市场方与经营户之间的双向沟通,促进市场、经营户、消费者之间“互利三赢”。

【“星星守护”妇女之家成立】 5月8日,南星街道举行“星星守护”妇女之家成立仪式,市妇联主席魏颖出席仪式并授牌。“星星守护”妇女之家位于南星文化创意产业金融集聚区——玉皇山社区,占地180余平方米,分为“花开绽颜”“书香婉约”等10个板块,为辖区不同层次、不同需求的妇女提供教育宣传、创业扶持、健康保健等服务。根据该区域商企集中、白领女性提升生活品质需求迫切等特点,在企业白领妇女中开展送生日祝福、送爱心体检卡等服务。组织太极拳启蒙、编织教学、西式面点培训、歌手大赛、“最美家庭”评比、“最美办公室”欣赏、健康生活行等活动,参加女性2000余人次。

【“城管阳光议事厅”成立】 12月,南星街道在8个社区设立“城管阳光议事厅”。议事厅由区城管局、行政执法中队、社区城管服务社专职人员及居民代表、城管志愿者、社区律师等组成议事小组,处理公民、法人及其他组织之间涉及城管部门不宜查处的民事争议纠纷等问题。议事厅建立接案、案件登记、议事程序等制度,做到有案必接、有案必议、有案必答,并按照分级负责制对涉及案件分类处置。至年末,议事厅解决邻里矛盾等民事争议类问题30余个。

【社会组织培育】 南星街道成立社区社会组织联合会,聘请浙江工商大学、杭州师范大学从事社会组织研究工作的专家学者,定期给社会组织成员讲课;邀请上海青年家园、杭州护心心智公益中心等社会组织负责人到场指导。建立社会组织评估、监督机制,引入第三方力量,对社会组织资质和服务能力进行评估。经评估达到一级的社会组织,在申请政府购买服务及有关资助时,同等条件下享有优先资格。南星益家社会组织服务中心与杭州青年公益社会组织服务中心建立战略合作关系,依托该中心与全市40多个民间公益组织合作。

5月8日,市妇联主席魏颖(右)为南星街道“星星守护”妇女之家授牌
(区妇联 供稿)

【劳动监察】 南星街道开展建筑(装潢)、美容美发、足浴等行业用工制度、农民工工资发放情况、用人单位遵守法律法规情况等专项检查。全年协调处理辖区内单位劳资纠纷投诉87起,涉及金额46.42万元。及时处置山南公交停保场等单位发生的群体性劳资事件。完成辖区842个企事业单位劳动用工情况书面审查,实地巡查362个用工单位,对155个用工单位发放纠正建议书,行政处罚用工单位5个,罚款1.75万元。

【禽流感防控】 1月24日，由南星街道城管办主任、爱卫办主任带队，组织联合检查组，开展禽流感防控工作。对复兴农贸市场、玉皇农贸市场等4个活禽交易点进行活禽扑杀或责令店家自行处置，经卫生防疫部门消毒处理后，关停活禽交易点。对辖区内饭店、小餐饮店接触活禽情况逐一排查，尚未发现鸡鸭等活禽。对饲养鸡鸭、信鸽家庭，检查组逐一上门劝说，暂停其饲养和放飞。至春节前，南星街道范围内所有活禽处置完毕。

【"乐活南星"微官网及微信订阅号推出】 2月，南星街道与杭州单向街通信技术有限公司联合推出"乐活南星"微官网及订阅号。"乐活南星"微信订阅号分公告类、南星人文历史类、南星"最美"系列及乐活分享类，"乐活南星"微官网分"美丽南星、乐播南星、品牌南星、腾飞南星、服务南星、联系我们"六大板块内容。2月18日，"幸福甜甜圈"计划生育服务微信号开通，为居民群众讲解计划生育政策法规、解答具体疑难问题。南星街道计划生育协会专门制作服务卡，发放给辖区内新婚、怀孕、产后等育龄人群，方便他们了解计划生育办证流程、最新政策等。

【"全能社工"工作试点】 3月，为提高社区工作者素质，南星街道在水澄桥社区开展"全能社工"工作试点。社区所有工作人员试行"一人多岗、一专多能"工作模式，从"单打"转向"全能"。通过轮流培训，使全体工作人员基本了解户籍登记、党务、计划生育管理、城管卫生、纠纷调解等工作性质和要求，个个成为"多面手"。

【"两新"组织管理】 南星街道做好"两新"组织管理服务工作。打造商圈服务平台。在复兴商圈以"党员会客厅"为中心，构筑"书记工作室""为企复兴园""慈善太和屋""欢乐针织舍""共图钱江厅""群飞凤凰苑"六大工作基地，完善组织推进机制、"红色联盟"资源整合机制和"146"服务机制。打造园区服务平台。在山南创意园以陶瓷品市场党代表工作室为中心，构建"玉皇飞云""春风慈云""白塔人家""财经八卦""南山官窑"五大服务站。协助思美传媒股份公同、杭州南方设计研究院等企业建立党员活动室。在浙江龙源风力发电有限公司、浙江东箭陶瓷品有限公司探索建立企业党校。打造社会组织服务平台。"南星益家"社会组织孵化中心下设社会组织孵化区、社会组织实训区"两区"和项目指导室、能力建设室、多功能会议室、多功能活动室、公益创投室"五室"。全年审核扶持社会组织12个，根据《南星街道社会组织发展扶持资金实施办法》，分别给予1万元~3万元的扶持资金。

资料 **"146"服务机制**：即坚持以"党员会客厅""党代表工作室"为服务主阵地，建立商圈工作例会、联谊协商、上门走访、为企服务四项制度，提供党员管理、招商服务、劳动保障、安全生产、便民服务、文化活动六大服务内容。

【民兵参与社会管理】 南星街道组织和发动民兵参与辖区各项维稳工作，推动辖区经济社会平稳发展。街道二级网格组建普通民兵营和民兵应急排，在防汛抗台、防雪抗冻等应急救援行动中，充分发挥突击队作用。成立民兵治安巡逻队，在人口集中、民情社情复杂区域开展治安巡逻。成立民兵工作队，帮助解决群众反映的热点、难点、焦点问题，最大限度地化解矛盾。社区三级网格组建普通民兵连和社区应急小分队，参与社区防灾减灾、公共突发事件等应急救援处置。成立治安巡逻小分队，在社区内开展治安巡查、隐患排查等工作。成立民兵示范组，发动居民参加社会经济建设，争做技术能手和爱岗敬业标兵。成立民兵文明社区创建服务队，发动民兵参与文明社区创建活动，弘扬社会主义先进文化。组织民兵政策宣讲小分队，宣传党的路线方针政策。组织便民服务小分队，围绕社区发生的矛盾纠纷，开展排查调解和"一兵一结户"帮扶活动。四级网格以基础网格民兵为主要力量，选配民情信息员、民兵应急员、民兵帮扶员、民兵宣传员、楼道安全员和矛盾调解员，按各自职责开展维稳工作。

【职工维权帮扶】 南星街道有企业工会组织225个，其中职工25人以上企业64个，多数企业规模小、人员流动性大、劳动关系复杂。为构筑服务职工的维权机制，南星街道成立企业职工维权法律帮扶组织；设立专门法律服务热线、电子邮箱，制作"职工法律服务便民联系卡"，便于职工与帮扶组织联系。举办"杭州陶瓷品市场送法律到基层活动周"等法律咨询活动。街道司法所建立回访制度，对律师服务定期进行回访，回访内容包括服务态度、服务质量、职工满意度等，回访结果及时反馈驻点律师。

【服务企业水平提升】 南星街道以优质服务当好企业发展扶持人。完善"五个一"为企业服务体系，即一个强有力的领导班子、一支高效精干的服务团队、一套切实可行的服务制度、一个准确全面的信息服务平台、一条迅捷畅通的"绿色通道"。落实每月定期走访上门、政策文件宣讲上门、解决问题服务上门、重要节庆日慰问上门"四上门"工作制度，打响南星街道为企业服务的"全程无忧"服务品牌。利用街道"楼宇管理信息平台"，扩展为企业服务QQ群平台，在掌握楼宇动态的同时，及时发布政策法规，提供项目申报信息，解答企业提出的问题，切实为企业排忧解难。依托红色联盟，精心组织"复兴商圈联谊会""为企服务专场咨询会"等为企业服务活动。发放征求服务项目意见表，对企业注册、党员关系接转、劳动保障、商会入会、党工团组建、投资入户等事项提供有针对性服务。通过组织培训、学习考察等途径，提升工作人员综合素质。建立项目化管理机制，落实好首问负责制、AB岗位工作制、限时办结制、信息平台更新制、招商资料交接制、楼宇企业走访制等为企业服务长效机制。

【楼宇趣味运动会】 5月，由上城区全民健身领导小组主办、南星街道承办的上城区楼宇趣味运动会在赞成·太和广场举行。南星街道27个楼宇企业的600多名员工参加拔河、跳长绳、五项全能等项目比赛。此次运动会是上城区打造居民"10分钟体育健身圈"活动的组成部分，旨在带动各个单位、各个群体利用现有场地开展体育运动，引领上班族加入健身队伍。

【"最美办公室"评选】 6月，南星街道联合玉皇山南指挥部在辖区企业中开展"最美办公室"评选活动。评选内容包括办公环境、文化氛围、温馨程度、创意指数等方面，旨在强化南星地区文化建设，陶冶企业职工情操。杭州市山南国际创意(金融)产业园、凤凰御元艺术基地、海运国际、赞成中心等单位200余间办公室参评。经过专家实地察看、企业代表投票和网络投票，评出"最美办公室"16间。

【"社企共建"自行车租赁点】 10月，南星街道在太和广场建立"社企共建"自行车租赁点，解决市民出行最后一步路难题。该租赁点由街道安排就业困难人员进行租赁点保洁、自行车报修、车辆上下架等服务，杭州市公共自行车交通服务发展有限公司无偿向街道提供服务亭资源作为回报。租赁点建成后，日均租用量由开始63人次增加到年末80余人次，日均租用量提高30%。

【"公益伙伴日"活动】 12月23日，南星街道举办"公益伙伴日"活动。活动包括"益家嘉年华·公益迎新年"、"智慧平台，透明公益"暨社会组织公益创投项目推介会和南星益家发展规划研讨会等，吸引杭州市阳光公益大舞台创业园等20多个社会组织参加，有30个项目参加公益创投项目推介会。活动期间，南星街道与8个社会组织就实施"阳光屋"居民心理健康关爱计划、"爱在新城"外来务工人员及"新杭州人"相亲服务活动等签订合作意向书，使老人、青少年、外来务工人员、精神病患者等近5000人受益。 (裘梦洁)

紫阳街道

【概况】 紫阳街道位于上城区南部，地处南宋皇城遗址，东临钱塘江，南连万松岭、飞云江路，西连紫阳山，北靠望江路。下辖上羊市街、彩霞岭、十五奎巷、太庙、候潮门、北落马营、新工、海潮、木场、凤凰、春江、甬江12个社区，辖区面积3.49平方千米，常住户数26 277户，总人口71 520人。辖区内有行政事业单位7个，工业企业1个，医院5个，中小学和幼儿园19所，金融机构10个，三产服务业企业212个。

2014年，紫阳街道引进企业337个，认缴注册资金36.58亿元，其中实到注册资金22.58亿元，为全年目标的1.88倍；引进市外资金11.08亿元，为年度目标的 1.1 倍;实到外资 1000 万美元。引进企业中,注册资本 1000 万元以上的企业 66 个。全年税收收入 4.31 亿元,比上年(指 2013 年,下同)增长 10.4%;地方财政收入 2.48 亿元,增长 12.2%,增幅在 6 个街道中列第 3 位。其中,招商引资企业税收收入 33 775 万元,增长 11.1%;下放企业(省市财政放到街道的企业)税收收入 9298 万元,增长 8.2%;新引进企业实现税收收入 1037 万元。

紫阳街道优化产业格局,充分挖掘辖区资源,重点打造凤凰御园及锦绣工坊等产业园区。推进招商引资工作,财通证券资产管理有限公司、杭州市发展投资有限公司等相继入驻。完成省体育彩票中心迁址。以"控违拆违工作室"为载体,推进"无违建街道"创建。全年拆除违章建筑 7.65 万平方米。其中,自行拆除 44 处,委托拆除 78 处,强制拆除 12 处,自行拆除和委托拆除比例超过 90%; 新违章建筑即查即拆率 100%。12 月 4 日,紫阳街道通过区级"无违建街道"创建验收。推进旧住宅区改造。以太庙社区大马弄 60 号为试点,邀请外国专家把脉危旧房改造。全年排查登记危旧房 1049 户, 完成旧住宅区改造 40.40 万平方米,惠及居民 7289 户。

紫阳街道加强安全生产管理,辖区企业 100%签订安全生产责任书。开展安全生产大检查活动,全年督查生产经营单位 1088 个次。组织培训生产经营单位负责人、安全管理人员、岗位操作工 3054 人。组织各种应急演练 7 次。

紫阳街道先后获全国社区服务型党组织建设示范街道、全国街道党的群众路线教育实践活动先进集体、杭州市数字城管最佳配合单位、杭州市人力资源社保站先进单位、国内最清洁城市示范点、全国和谐社区建设示范社区、浙江省充分就业街道等荣誉。

【群众组织建设】 紫阳街道积极推进群众组织建设全覆盖,着力打造"鼓楼微笑驿站"志愿者服务品牌。深化工会和商会建设, 全年成立基层工会 40 个,发展工会会员 2141 人, 其中外来务工人员入会 797 人。召开商会会员大会,依托商会企业家,拓展街道招商引资渠道。发挥妇女在文明家庭创建、垃圾分类、青少年教育等方面的重要作用,提升妇联组织建设水平。深化阳光天地青少年俱乐部建设,打造社区"三点半课堂",拓展青少年校外教育空间。提升科协服务能力,创办"美丽上城科普大讲堂"紫阳分院,全年举办科普培训 32 场,参训人数 1000 多人次。新增文体队伍 2 支,文体队伍增至 14 支,参与人数 2000 余人。深化文化惠民工作。开展惠民文体活动 22 次,参加市民 5000 余人次,文体活动"月月有亮点,处处有看点"。组织"文体设施建设进社区""文艺专场演出进社区""电影放映进社区"活动,推进体育场地免费开放工作。

【完成民生工程 28 个】 紫阳街道开展动迁"百日攻坚"行动,加快望南地块拆迁进度。全年拆迁户签约 105 户,为年度目标的 1.05 倍;累计签约 369 户。至年末,完成国有土地上拆迁户拆迁 1150 户、集体土地上拆迁户拆迁 116 户。配合秋涛路整治提升,完成沿线土地退让 8 处,退让面积 1.50 万平方米,拆除房屋面积 2800 平方米。配合地铁 4 号线、5 号线前期工程, 启动统一码头等地块动迁准备。建立民间护水队,在新开河、中河安装防护栏 300 多米。为 313 户居民无偿安装节水器具 509 套。认领困难群众微心愿 1336 个,为居民群众办理微实事 50 多件。年内,完成新工公园提升、"爱心港湾" 和云雀苑小区社区活动室建设、上水陆寺巷小花园修复等民生实事工程 28 个。

【社会事业发展】 紫阳街道扩大居家养老覆盖面,将 1047 名老人纳入居家养老服务体系,先后安装固定呼叫器 352 个,发放移动呼叫器 3928 个;投入 200 万元建成紫阳街道"爱心港湾",安排 30 万元修缮紫阳敬老院; 紫阳街道失智老人日间照料中心扩面 1800 多平方米,增设床位 50 多张。推进困难群众帮扶工作, 全年发放困难群众补贴及慰问金 540 多万元、养老保险补贴 80 多万元。加大公益创投资金扶持力度, 财政安排 50 万元充实公益创投基金资助,其中 30 万元用于街道社会组织服务中心日常运行。全年辖区登记在册社会组织 22 个、能人工作室 20 个。有 15 个项目获街道公益创投基金资助, 其中 6

个项目获区级公益创投基金资助,资助金额 11.75 万元;“WABC 无障碍艺途” 项目入选市级公益创投基金资助项目。完善计划生育责任体系,实行育龄妇女信息动态化管理。建立“相约坊巷工作室”“乐邻志愿者服务社”等特色工作室,举办关爱妇女和青少年健康教育活动。辖区育龄人群计划生育政策宣传资料、免费避孕药具发放到户率 100%,计划生育知识知晓率 98%以上。加强流动人口计划生育管理,流动人口登记管理率和免费服务率均为 92%以上。全年计划生育率 98%,达到上级考核要求。积极推进就业再就业工作,举办大型招聘会 2 场,提供就业岗位 1079 个,实现再就业 467 人。为困难就业人员发放小额贷款 12 笔,贷款金额 155 万元。组织企业退休人员体检和活动,全年慰问退休人员 2260 人次。立案受理投诉案件 30 起,协调处理投诉 41 起,没有发生因劳动者对案件处理不满而上访或行政复议。成功处理歌山建设集团有限公司等单位拖欠民工工资引发的群体性事件 4 起,涉及民工工资 170 多万元。积极推进社会保障全覆盖,全年街道失业人员参保 264 人,办理养老保险 448 人、少儿医保 522 人、医疗保险 154 人。

【小区管理加强】 紫阳街道推进街巷保洁工作市场化运作,街巷清洁度 99.2%。数字城管及时解决率 100%。受理“12319”热线等投诉 26 件,“四化”(洁化、绿化、亮化、序化)抄告件 17 件,处理率为 100%。停车管理综合考核达到优秀。垃圾分类达标率 94%;建成生态分类垃圾房 5 座,“生态绿厨”工程得到进一步推广,街道垃圾减量化工作被中央电视台和省、市媒体相继报道。春江社区春江花月小区成为杭州市清洁城市示范点。完善老旧小区准物业管理,建立 24 小时响应机制,为老旧小区提供保安、保洁、保修、保序、保绿服务,全年为居民提供维修服务 2000 多次,补种绿化 1300 多平方米。改造旧住宅小区 3 个,安装电控门 9 个、灭火器 1300 多个,旧住宅试点安装智能火灾预警系统 100 多套,完成 97 幢住宅楼顶管道清理。上羊市街和北落马营停车智能系统投入使用。

【治安综合治理水平提升】 紫阳街道开展 “打黑除恶”专项行动、“零发案小区”和“控案先进小区”创建活动,深化“平安街道、平安社区、平安单位”创建工作,实现“社会稳定、群众满意”目标。推进“平安网格”建设,全街道基本形成“网格化”管理框架。加大重大案件主动介入调处和疑难案件联合调处力度,实行街道党政一把手包案制度。在“两会”、APEC 会议等重要会议期间,辖区无进京上访事件发生。全年受理各类信访 798 件,反馈率、办结率均为 100%,满意率 98%。调解民间经济纠纷 155 起, 涉及金额 131.86 万元。

【社会组织孵化培育】 10 月 15 日,紫阳街道引入“明德公益事业发展中心”专业托管机构,投资 100 余万元打造紫阳公益社区服务中心,并采用“一中心多基地”的孵化模式,对入驻的社会组织从成果展示、资源开发、项目运作、培育孵化等方面进行指导协助。至年末,紫阳街道引进上海、南京等地的 WABC 无障碍艺途、心工艺、青环志愿者顾问中心、华绘社区环境营造服务中心等知名社会组织 13 个,累计引进社会组织 131 个。5 月 9 日,中央编译局相关领导参观紫阳公益社区社会组织服务中心,对该中心工作给予肯定。

【“社情民意直通车”平台建立】 9 月 17 日,紫阳街道整合 “邻里值班室”“邻里议事厅”“民情圆桌会”等载体,联合杭州电视台等媒体,建立“社情民意直通车”平台。街道邀请市、区“两代表一委员”、居民代表等定期进行议事,参与杭州电视台《新闻 60 分》栏目直播,开展“‘两会’进社区听民意”“我与‘五水共治’”等活动,并就食品安全等话题开展热议,提出意见建议,及时传递社情民意。对有价值的社情民意,由媒体、“两代表一委员”直通“两会”现场。至年末,“社情民意直通车”收集社情民意 68 条,其中水污染治理、雾霾防治等意见建议通过杭州电视台传至市“两会”。

【紫阳街道成为“扶残助残”爱心街道】 紫阳街道加强残疾人保障体系和服务体系建设。成立 “七彩阳光”自治管理服务站,把残疾人分成 40 个小组,由残疾人或残疾人家属担任小组长,为残疾人提供教育、就业、救助、维权、康复服务,依靠残疾人自治管理,解决生产、生活难题236个。实施残疾人关爱工程，举办“捐赠梦想，点亮希望”活动，发放残疾人慰问金10多万元。开通“紫阳街道七彩阳光”微博、微信公众平台，举办各种文体活动，丰富残疾人精神生活。依托浙江理工大学建立助残志愿服务基地，通过开展各种社会公益活动，动员社会力量帮助残疾人。紫阳街道残疾人民间艺术制作中心坚持公益性、普惠性、服务性宗旨，为残疾人提供技能培养、就业创业服务，全年有20余名残疾人进驻中心，200余名残疾人参加工艺美术制作技能培训。残疾人制作的工艺品“三潭印月”被入选杭州国际礼品大赛作品。西湖十景紫砂壶、釉上彩绘瓷茶具、工艺壁画景泰蓝、巧手折纸雷峰塔等10余件工艺美术品在杭州市第五届残疾人文化艺术成果展上展出。3月28日，紫阳街道被授予杭州市首批“扶残助残”爱心街道称号。

12月1日，紫阳街道开展助残日活动　　（紫阳街道　供稿）

【南兴加儿巷发现南宋城墙遗迹】 3月15日~5月15日，南兴加儿巷在下水道改造过程中发现南宋城墙遗迹。被发现的南宋城墙青砖层叠剖面高约60厘米，宽约1.30米，考古人员初步判断该遗迹为南宋城墙一隅。此前考古人员确认东城墙的走向为直吉祥巷—城头巷—金鸡岭—直大方伯—东清巷—岳家湾—仓河下一线。南兴加儿巷南宋城墙青砖的发现，将为勾勒古临安城东城墙南线脉络提供重要依据。

【中山南路无证摊贩集中整治】 11月27~30日，紫阳街道联合区城管局、区市场监管局、杭州南宋御街美食投资管理有限公司等单位，对中山南路无证摊贩进行集中整治。由城管执法人员对无证摊贩及店家发放整改通知书，劝导其自行整改。街道会同相关部门在路面不间断巡查，跟踪整改落实情况。杭州南宋御街美食投资管理有限公司配合做好该路段的长效管理。此次整治出动执法人员59人次，查处无证摊贩40余个。通过整治，中山南路交通拥堵、环境嘈杂等情况明显改观。（盛昕炜）

2014 年大事记

1 月

2~3 日 由区委书记缪承潮率领的区党政考察团一行到上海黄浦区、北京西城区学习考察。

3~4 日 由区社区学院、清荷幼儿园共同主办的第二届“童心看世界”儿童创意画展，在南山路恒庐画廊开幕。

4 日 思美传媒股份有限公司、金星铜集团有限公司、浙江宇天科技股份有限公司被认定为文化和科技融合示范企业(试点)，梦工场传媒孵化平台被认定为文化和科技融合示范公共服务平台(试点)。

7 日 市残联理事长钟文静慰问区困难残疾人家庭。

8 日 区委召开九届九次全体(扩大)会议，区委书记缪承潮代表区委常委会向全会做题为“深化改革，拉高标杆，全力建设现代化美丽上城”的报告。

9 日 区茶文化研究会年会在南宋御街御乐堂内举行。中国国际茶文化研究会学术部部长沈立江和省、市、区茶文化研究会领导参加。

10 日 市委副书记、政法委书记、市人大常委会党组书记王金财一行到上城区检查考核党风廉政建设责任制落实情况。

11 日 区十四届人大常委会第十六次会议召开。

同日 上城区“政府管理与公共服务标准化”项目获第七届中国地方政府创新奖。

13 日 市政协主席叶明、市人大常委会副主任朱金坤一行走访慰问区困难家庭和信访干部。

15~16 日 省司法厅副厅长吉永根一行调研区基层司法行政工作。

16 日 由省文化馆主办、区文化馆承办的“唱响文明赞歌——文化志愿者在行动”文艺演出暨关爱外来返乡民工“送健康、送温暖”文艺演出在杭州汽车南站举行。

20 日 中国人民政治协商会议第四届杭州市上城区委员会第三次会议开幕(于 23 日闭幕)。

21 日 上城区第十四届人民代表大会第三次会议开幕(于 24 日闭幕)。

同日 区政协四届十一次常委会第一次会议召开。

同日 杭州市全民健身中心在富春江路与甬江路交叉口的北侧开工。

22 日 区政协四届十一次常委会第二次会议召开。

同日 国侨办副主任何亚非一行到十五奎巷社区慰问马来西亚归侨苏本贵、姜秀音夫妇。

23 日 区政协四届十一次常委会第三次会议召开。

同日 思美传媒股份有限公司上市。

24 日 上城区邻里文化品牌“微美在邻里”项目获第二届浙江省宣传思想文化工作创新奖。上城区为杭州市 13 个区、县(市)中唯一入选该奖项的城区。

27 日 市委副书记、代市长张鸿铭到上城区宣讲中共十八届三中全会精神。

2月

2~3日　2014年上城区文艺团队联合会春节文艺演出在吴山文化大舞台举行。

10日　区残疾人综合服务中心正式投入使用。

同日　《上城区社区科普服务规范》正式实施。

11日　副市长陈红英带队检查上城区元宵灯会筹备及安全保障情况。

13~15日　“炫亮上城，相拥美丽”上城区主题元宵灯会在吴山广场举行。

20日　市委副书记、市长张鸿铭到上城区指导党的群众路线教育实践活动。

25日　省委统战部副部长、省工商联党组书记李剑飞，市工商联副主席陈刚等省、市工商联领导到上城区开展“走基层”调研活动，并了解区工商联工作开展情况。

同日　区检察院微电影《牵手》获首届全国检察机关微电影展播活动“最佳主题表现奖”。

26日　市政府副秘书长朱云夫调研馒头山地区防洪排涝工作。

28日　湖滨街道成立杭州市首个商圈“妇女之家”——“湖滨汇”商圈妇女联合会。

是月　区普法微电影《迷失者》全面上线。

3月

3日　省委政法委政治部主任朱巧湘带队的“平安浙江”考核组一行对上城区平安创建工作进行抽查，并到110联动湖滨分中心指导工作。

4日　住房和城乡建设部部长姜伟新一行到上城区调研指导社区“二维码”垃圾房试点工作。

同日　中央电视台新闻频道“两会特别节目”现场连线望江街道，对上城区“单独两孩”政策实施情况进行连线互动。

6日　浙江大学附属第一医院“爱心献血屋”落户小营街道，并启动运行。

同日　省政府“三改一拆”督导组到湖滨街道检查指导工作。

7日　杭州市阳光工艺大舞台社区工作室发展推进会在兴隆社区举行。

8日　上城区文化品牌活动“百团百场”文艺演出2014年首场活动在吴山文化大舞台拉开序幕。

13日　区四套班子领导，区法院、区检察院两院院长和副区级巡视员、区长助理，到湖州市长兴县和嘉兴市南湖区接受革命传统教育。

18日　思科公司(中国)总部落户望江街道。

同日　《上城报》微信公众订阅号上线。

19日　市委常委、组织部部长张仲灿调研上城区党的群众路线教育实践活动。

同日　新版《龚自珍全集》首发式举行。

22日　望江街道“小蒲公英”快乐坊开班，标志着首批杭州市级“小蒲公英”关爱行动阵地正式投入使用。

26日　区委书记缪承潮到北京参加重点金融项目洽谈会。

同日　区政协四届十二次常委会议召开。

同日　杭州国家数字产业出版基地总部正式落户紫阳街道“锦绣工坊”文创园区。该园区是上城区第一个“国字号”产业基地。

27日　区十四届人大常委会第十七次会议召开。

是月　湖滨街道启动全市“邮政信函寄转箱”工程试点。

4月

2日　宁夏自治区禁毒委副主任、禁毒办主任、公安厅党委书记、第一副厅长王正升一行调研上城区社区戒毒康复工作。

3日　以“银企互动·合作共赢”为主题的省文化产业发展会客厅2014年第二期活动在杭州市山南国际创意(金融)产业园举行。

8日　在南兴加儿巷下水道改造中发现南宋城墙遗迹。

同日　上城区6个体验点入选2014年杭州市民体验日“年度最具品质体验点”80强。

9日　区委九届十次全体(扩大)会议召开。

同日　市委副书记、市长张鸿铭到上城区指导党的群众路线教育实践活动。

9~10日　共青团上城区委员会第十二次代表大会召开。

11~17日　举办2014年清河坊民间茶会。

12日　由杭州市体育总会、上城区体育局联合举办的杭州市第八届健美锦标赛在杭州歌剧院举行。

14~19日 由杭州市体育局主办、上城区体育局承办的杭州市中小学生击剑比赛分别在杭州市大学路小学和杭州第十中学举行。

16日 全区社会民生工作会议召开。

同日 “最美上城人”座谈会召开。

17日 国家质检总局党组成员、国家标准委主任田世宏一行到上城区调研“政府管理和公共服务标准化”工作。

18日 副市长项永丹、市政府副秘书长朱云夫到上城区调研城建城管工作。

21日 西湖文化名人俱乐部年度“文化名人进社区”活动在上羊市街社区举行。

同日 举行西班牙南部华商会项目对接会。

22日 中国少年先锋队杭州市上城区第九次代表大会召开。

同日 成立全市首家社区科普大学。

23日 杭州上城区楼宇趣味运动会在南星地区太和广场举行。

25日 区委书记缪承潮走进杭州网演播厅，接受在线访谈，以“践行群众路线，破解民生难题，全力推进现代化美丽上城建设”为主题与网友互动交流。

同日 举办“美丽上城，放飞梦想”全区职工庆“五一”文艺会演。

同日 著名儿童文学作家、《大头儿子小头爸爸》原创作者郑春华儿童文学工作室落户上城区。

26日 由中国社区建设培训基地承办的民政部社区治理能力建设示范培训班(共7期)结束。该培训班自3月23日开始举办。

28日 慈善性公益项目“爱在那曲”暨中国“微笑行动”启动仪式在八卦田公园内举行。

29日 省市委党的群众路线教育实践活动驻上城督导组组长李晓华一行10人走访上城区行政服务中心，并指导该中心党的群众路线教育实践活动。

30日 省委书记、省人大常委会主任夏宝龙，省委常委、市委书记龚正，省人大常委会副主任茅临生，市人大常委会主任王金财等领导到上城区专题调研基层人大工作开展情况，并先后走访小营街道和南星街道。

同日 2014年“文体惠民工程”启动仪式暨“迎五一劳动者之歌”文艺演出在吴山广场举行。

5月

1~2日 上城区人民政府、杭州市体育局联合举办的杭州市体育嘉年华活动在吴山广场举行。

4~11日 中国社科院社会心理学研究中心主任、中国社会心理学学会会长杨宜音一行到上城区开展“养老与孝道”专题调研。

6日 民政部党组副书记、副部长姜力，民政部党组成员、优抚安置局局长周铭一行70人到上城区调研双拥工作。

7日 上城区第三次归侨侨眷代表大会召开。

9日 中央编译局副局长俞可平到上城区调研基层社会治理工作。

同日 区委副书记、区长陈瑾走进杭州网演播厅，接受在线访谈，以“敢于担当，务实为民，合力共筑上城梦”为主题与网友互动交流。

10日 中共中央政治局常委、全国人大常委会委员长张德江调研上城区基层人大工作。

11日 17时30分，小营街道第一代卫生委员、陪同毛泽东主席视察小营巷的老人程瑜病逝，享年110周岁。

14日 第二届全国“敬老文明号”创建活动启动会现场参观考察团第3批次120余人到清波派出所学习参观。

同日 市政府顾问高乙梁考察上城区。

同日 舟山市代表团到上城区交流考察。

同日 市综合考评办主任伍彬一行到上城区就2013年度区、县(市)综合考评情况进行通报。

15日 国台办主任张志军到上城区考察对台工作。

16日 上城区南星街道“残疾人小康·阳光庇护中心”正式投入运行。

同日 区委副书记袁建祥在上城新闻网演播室，接受“美丽的梦·我们的路”在线访谈，以“全面创建平安上城、法治上城，为建设现代化美丽上城提供良好外部环境”为主题与网友互动交流。

18日 联合国教科文组织杭州项目事务处落户上城区。上城区与联合国教科文组织等单位发起设立中国历史文化名街保护研究中心的倡仪书。

20日 市政协副主席何关新一行到上城区督查“五水共治”工作。

同日 省人大常委会副秘书长、法工委主任丁祖年率调研组到上城区调研“查找不适应全面深化改革要求法律法规条文”主题活动情况，征求省、市、区三级人大代表关于法律法规及其条文的“立、改、废”意见。

21日 省政府党组副书记、省政府顾问王建满，省政府副秘书长谢济建，省交通运输厅副厅长郑黎明一行到上城区，调研“三改一拆”、“五水共治”、老小区停车管理等工作。

同日 上城区、富阳市和建德市三地的“文化走亲”活动正式拉开帷幕，第一站设在上城区。

22日 广州市越秀区党政考察团到上城区交流考察。

同日 杭州市山南国际创意（金融）产业园管委会与杭州银行合作搭建全国首个文创金融专业信贷服务平台。

同日 举办第八届中国有限合伙人峰会暨杭州财富管理中心推进会。

23日 市委常委佟桂莉到湖滨街道东平巷社区调研妇联组织建设和家庭生活垃圾分类工作。

24日 “湖滨晴雨”工作室获“2014杭州生活品质总点评十周年入选区块”荣誉。

同日 举办全省首届杭州高校社团与社区公益项目对接会。

25日 上城区第八届运动会开幕（于12月24日闭幕）。

27日 举办“南山路艺术节”（于6月11日结束）。

同日 省委党校领导干部培训班到上城区开展“创新社会治理机制，提高公共服务能力”现场教学。

同日 省委副秘书长、省委政研室主任舒国增到上城区调研工作。

同日 建国南路中医中药一条街开街。

同日 上城区总工会举办第九届现代服务业技能大赛。

同日 “美丽上城”网络摄影大赛拉开序幕（于10月底结束）。

28日 市委副书记、市长张鸿铭，副市长项永丹，市政府秘书长王宏到杭州市首个社区层面的垃圾分类实践教育基地——南星街道水澄桥社区低碳生活科普馆调研垃圾分类工作。

29日 区十四届人大常委会召开第十八次会议。

30日 省委书记、省人大常委会主任夏宝龙看望慰问上城区少年儿童，送上“六一”祝福。

同日 区委常委、宣传部部长麻承荣走进上城网新闻演播室，接受“美丽的梦·我们的路”在线访谈，围绕“传播正能量，凝聚精气神，唱响‘美丽上城’主旋律”主题，与网友互动交流。

6月

3日 湖滨路恢复步行街。

同日 区委副书记、区长陈瑾与罗马尼亚商会代表团进行合作项目对接。

4日 举行区卫生和计划生育局、区市场监管局授牌授印仪式，标志着上城区机构改革迈出新的步伐。

同日 市人大常委会副主任朱金坤考察上城区防洪排涝工程。

同日 市委第三督查组调研上城区政协工作。

12日 首台“爱尚法”纸媒自动派发机进驻区政府大院，开展普法订制纸巾的免费派发业务。

6日 杭州铜雕技艺国家级“非遗”传承人朱炳仁获第三届中华“非遗”传承人“薪传奖”。

同日 杭州首届文玩博览会在上城区吴山古玩城鉴赏馆举行（于8日结束）。

7日 副区长来剑波带队到宁波市海曙区考察高层建筑安全监管工作。

13日 区委常委、纪委书记沈民走进上城网新闻演播室，接受“美丽的梦·我们的路”在线访谈，围绕“突出主业强化执纪监督问责，全力推进‘廉洁上城’建设”主题，与网友互动交流。

同日 2014年上城区少儿书画摄影大赛优秀作品展暨颁奖仪式在上城区文化馆举行。

16日 举办2014年“南宋遗韵”上城区非物质文化遗产图片展首展。

16~17日 区委书记缪承潮，区委副书记、区长陈瑾率区党政代表团到建德交流考察“三改一拆”“五水共治”等工作。

17日 由上海北斗卫星导航平台有限公司与浙江金融和产业资本合资成立的浙江北斗卫星导航平台有限公司落户上城区。

同日 民政部政策研究中心主任、民政部社会福利和社会进步研究所所长王杰秀等领导参观中国社区建设展示中心,并与该中心负责人进行工作交流。

18日 省委书记夏宝龙,省委常委、宣传部部长葛慧君,省委常委、秘书长赵一德一行调研杭州市山南国际创意(金融)产业园。

同日 市委常委、常务副市长徐立毅率市发改委、市建委等部门负责人到上城区调研重大项目推进情况。

20日 市人大常委会主任、党组书记王金财一行调研上城区“五水共治”工作,并考察南宋皇城遗址综合保护工程。

同日 区委常委、组织部部长陈秋芳走进上城网新闻演播室,接受“美丽的梦·我们的路”在线访谈,围绕“深入贯彻落实干部选拔任用工作条例、构建科学管用的选人用人机制”主题,与网友交流探讨。

23日 市委组织部副部长、市委老干部局局长施迎利调研湖滨街道老干部工作。

同日 上城区文化馆微信公众号申请成功并正式上线,面向群众开放。

25日 区政协四届十三次常委会议召开。

同日 省委常委、市委书记龚正调研上城区防洪排涝工作。

26日 “6·26”国际禁毒日主题活动在上城区举行。

27日 南星街道党工委与省电力实业总公司党委开展“红色群英会,献血迎‘七一’”活动。

29日 上城区迎“七一”文艺演出暨第十四届上城区歌手大赛、第二届上城区合唱节仪式在杭州市工人文化宫影剧院举行。

30日 上城区完成第六次全国体育场地普查工作。

同日 杭州紫衫金汇投资有限公司挂牌上市。该公司为浙江省首个上市的金融民营企业。

7月

1日 市政协副主席何关新到上城区调研,就基本公共服务政策各域区间如何去差异化实现统筹、全市招商引资政策的统筹协调等问题,听取意见建议。

5日 一辆7路公交车途经东坡路与庆春路交叉口时车内起火燃烧。事故造成30多人受伤,其中重伤15人。区公安、消防、医疗等部门紧急组织救援。

7日 区委副书记、区长陈瑾陪同市委副书记、市长张鸿铭到贵州开展扶贫结对工作。

同日 杭州市杭黄铁路投资有限公司落户上城区。

8日 杭州市见义勇为基金会在上城区政府会议室召开表彰会,表彰“7·5”公交纵火事件中涌现的见义勇为先进集体和个人。

9日 省委常委、市委书记龚正,市委常委、秘书长许勤华,副市长张建庭等到上城区调研历史街区保护和民族宗教工作。

11日 上城区人大代表网上接待选民工作推广会召开。

16日 浙江电视台“流动大舞台”在上城区进行文艺演出。

21日 浙江农林大学教授徐秋芳和浙江电视台首席女主播许婷等全国人大代表调研上城区垃圾分类工作。

23日 市残联副理事长王殿才一行调研区残疾人就业创业工作。

同日 市道德模范和“身边好人”巡讲巡演活动在上城区开幕。

24日 区四套班子领导“八一”前夕慰问驻区部队官兵。

25日 区委书记缪承潮会见著名导演、金牌制片人张纪中,就区文创产业发展情况进行交流。

26日 杭州叁点零易货交易所现货挂摘牌交易系统成功上市。该交易所为国内首个上市的易货交易所。

27日 在“紫薇原点”广场开展为西藏那曲的孩子捐一本绘本的圆梦活动。

29日 4000余名中外穆斯林群众在中山南路凤凰寺欢度伊斯兰教传统节日“开斋节”。

同日 市政协副秘书长张爱莲率市政协调研组到南星街道社区卫生服务中心调研“双向转诊”工作。

同日 杭州市首个社区双拥陈列室在清波街道建成开放。

29~30日 召开区十四届人大常委会第十九次会议。

30日 重庆市北碚区考察团到上城区开展文化交流。

同日 区四套班子领导慰问高温一线作业人员。

同日 浙江省海洋开发投资集团有限公司落户望江街道。

31日 上城区承办以“军民鱼水情，共筑强军梦”为主题的杭州市庆祝中国人民解放军建军87周年文艺晚会。

8月

1日 省委书记夏宝龙视察上城区餐饮行业“阳光厨房”建设工作。

同日 区委常委、区公安分局局长秦文走进上城网新闻演播室，接受“美丽的梦·我们的路”在线访谈，围绕“美丽新上城，平安365”主题，与广大网友交流探讨。

3日 市委常委、杭州警备区司令员潘方敏到上城区视察征兵体检工作。

4日 区委召开九届十一次全体(扩大)会议。区委书记缪承潮在会上做题为“提升健康品质，推动智慧发展，创造美好生活”的报告。

同日 开展安全生产大检查。

6日 省委常委、市委书记龚正，市人大常委会主任王金财督查区人大工作。

8日 区公共体育场馆免费向社会开放。

10日 完成西藏那曲宣传片拍摄和制作。

11日 “上城发布”网络平台集群正式上线。

同日 国家智慧社区联盟专家组一行5人到清波街道考察智慧社区建设情况。

同日 副市长陈红英、市政府副秘书长姚坚一行到上城区调研居家医疗工作。

12日 省委副书记、省长李强调研望江棚户区改造工作。

同日 “杭州刺绣”省级“非遗”传承人金家虹受邀参加“十姐妹中国刺绣展”。

资料 **“中国刺绣十姐妹”：**由苏绣、蜀绣、粤绣、顾绣、汴绣、杭绣、晋绣、辽绣、疆绣、常州乱针绣10个绣种的10名女性刺绣艺术家组成。

12~13日 区政协举办2014年度政协委员暑期读书会。

13日 中央编译局调研组一行实地考察上城区“民间食安办”和“邻里值班室”工作情况。

同日 济南市市中区副区长李咸梁及济南市残联副理事长张恒臣一行到上城区残疾人综合服务中心参观考察。

同日 在铁冶路小广场举行节水器具更换仪式，正式启动节水器具更换工作。

14日 市市场监管局局长陈祥荣到上城区调研餐饮业监管工作。

18日 区委书记缪承潮接受杭州电视台关于发展“智慧经济”的访谈。

同日 省委组织部组织二处副处长王建勋到东平巷社区指导基层党支部专题组织生活会。

19日 副市长戚哮虎调研上城区残疾人工作。

19~20日 区人大常委会组织召开“第114个代表活动日”活动暨代表学习会、人大代表风采展示交流会和2014年上半年政情通报会。

20日 市政协副秘书长胡泽之率调研组到清波司法所调研社区矫正立法工作。

同日 省政协副主席陈小平一行到南星街道考察中河南段污水治理工作。

20~21日 区委书记缪承潮，区委副书记、区长陈瑾到北京参加“2014杭州上城(北京)经济合作洽谈会”。

22日 青岛市残联理事长管艾宏一行到上城区考察残疾人工作。

25日 南星街道建成首个“社企共建”公共自行车服务点。

26日　第九届资本市场投资论坛在上城区召开。

同日　举办上城区“城市一家亲”2014年迎中秋纳凉晚会上城区外来务工者俱乐部专场活动。

27日　省委常委、市委书记龚正到上城区调研玉皇山南基金小镇建设工作。

同日　上城区在全市首次举办“绿色能源”中美科普连线活动。

28日　区委书记缪承潮接待到杭州考察社区建设的上海市徐汇区党政代表团。

29日　上城区举办第二十四期吴山大讲堂，邀请浙江大学比较政治与公共管理研究所副所长、公共管理学院政府绩效评估研究中心主任胡税根做题为“杭州智慧经济发展规划解读”的专题讲座。

30日　湖滨购物节开启(于9月30日结束)。

9月

1日　大韩民国临时政府杭州旧址纪念馆(长生路53~55号)入选首批国家级抗战遗址。

同日　副市长项永丹、市政府副秘书长朱云夫调研东平巷社区老旧小区交通综合治理情况。

同日　吴山夜市恢复营业。

同日　北师大附属杭州中学新校区投入使用。

同日　根据市政府部署要求，全区32所公办中小学校体育场地设施向社会开放。

3日　市委副书记杨戌标调研区社会治理“一网三中心”建设工作。

同日　以“铭记历史·珍爱和平·圆梦中华”为主题的浙江省“9·3”中国人民抗日战争胜利纪念日活动在浙江革命烈士纪念馆举行。

4日　由上海市徐汇区委副书记王醇晨、副区长王珏率领的徐汇区考察团到上城区考察社会治理创新工作。

同日　市人大常委会副主任徐苏宾带领市人大教科文卫工委全体成员到上城区调研医养护一体化工作开展情况。

5日　上城区举行“娃哈哈·春风助学”首批援助金发放暨牵手结对仪式。

10日　中国社会科学院循环经济与环境预测评估研究中心副主任、长三角循环经济技术研究院院长、中国废塑料协会会长杜欢政一行到清波街道调研垃圾分类工作。

同日　区委书记缪承潮到贵州雷山县、新疆维吾尔自治区和田地区开展对口帮扶活动(历时9天)。

13日　区委副书记、区长陈瑾与区各相关职能部门领导走进由杭州网“杭网议事厅”、FM89杭州之声“民情热线”共同推出的“区长谈民生——五水共治”专题节目直播现场，与现场居民、网友、听众面对面交流。

15日　以省委宣传部副巡视员何启明为组长的省“五水共治”督查组对上城区“五水共治”工作进行督查指导。

16日　市政府督查办主任王爱平等考察区行政服务中心。

17日　上城区健康管理中心正式投入使用。

同日　区市场监管局为上城区望云足浴养生馆颁发实施“先照后证”新政后第一张工商营业执照。

同日　杭州金投行金融资产服务有限公司落户湖滨商圈。

18日　拉美、加勒比及南太地区女官员考察上城区妇女工作。

同日　上海市静安区商务委负责人一行到上城区调研，共商筹建长三角商圈联盟事宜。

19~26日　“智慧上城，美好生活”——2014年全国科普日暨上城区第二十八届科普周活动在吴山广场举行。

22日　上羊市街姐妹手工坊与台湾南投县手工艺业职业工会签订交流合作协议。

24日　副市长戚哮虎到上城区调研“孝亲文化特色街”建设工作。

同日　市委副书记、市长张鸿铭调研上城区党的群众路线教育实践活动。

25日　区政协四届十四次常委会议召开。

26日　“小营·江南红巷”AAA级红色旅游景区正式挂牌，并对外开放。

同日　位于小营街道红巷生活广场二楼的钱学森航天科普馆开馆。

同日　西藏自治区政协副主席、那曲地委书记高扬率领的党政代表团一行20人到上城区考察南宋御街中山中路综保工程。

同日 省政府副秘书长、省金融办主任丁敏哲，省金融业发展促进会秘书长、浙江大学经济学院教授汪炜，省金融办证券期货处处长叶笃银一行到上城区专题调研玉皇山南基金小镇建设工作。

同日 上城区举办第二十五期吴山大讲堂，邀请中央电视台和中央人民广播电台特约军事评论员、空军指挥学院原教授、研究生导师和学科带头人陈洪做题为"海空利剑，世界航母舰载机作战揭秘"的专题科普讲座。

27日 中山中路"孝亲文化特色街"打造工程正式启动。

28日 湖滨四期试营业。作为银泰全新高端商业品牌in旗下的标志性项目之一——杭州湖滨银泰in77亮相湖滨商圈。

同日 排舞《扎西德勒》获浙江省第八届排舞大赛金奖。

30日 上城区举行烈士纪念日活动。

同日 召开区十四届人大常委会第二十次会议。

是月 甲壳虫动漫集团正式落户杭州市山南国际创意(金融)产业园。

10月

1日 玉皇山盘山公路正式通车。

8日 浙江智慧高速公路服务有限公司落户小营街道。

10日 省委常委、市委书记龚正，市委常委、秘书长许勤华调研望江新城建设。

同日 省民政厅副厅长罗卫红、浙江大学跨文化研究所所长吴宗杰一行到"湖滨晴雨"工作室观摩民情观察员"相约星期五"活动。

11日 上城区—桐庐县政协"水之梦"书画摄影作品联展在上城区开幕。

同日 区女声表演唱《老街长长，琅格琅珰》在浙江省新农村题材音乐新作展演暨第十三届新作演唱、演奏大赛中获创作金奖、表演银奖、辅导银奖。

14日 省委书记夏宝龙调研区历史文化街区建设工作。

同日 市妇联主席魏颖调研湖滨商圈妇女组织建设工作。

15日 文化部全国文化馆馆长培训班38名学员到上城区文化馆考察。

16日 市委常委、市纪委书记施彩华调研区纪检工作。

同日 上城区"平安365"智慧治理机制荣膺2014年度创新社会治理全国十佳案例。该案例是浙江省唯一获最佳的机制案例。

16~30日 吴山广场举办吴山庙会。

17日 定安路37号42户居民告别屋顶水箱，实现自来水"一户一表"。

18~20日 年仅13岁的上城区弈诚少儿棋院学生叶宇轩参加2014年"商旅杯"全国业余围棋棋王争霸赛，获大众青少年组冠军，并晋升为业余6段，获"全国小棋王"称号，成为杭州最年轻的6段选手。

20日 2014年杭州美术节、第四届上城区文艺团队联合会艺术节暨第十一届上城区"城市一家人"文化艺术节综合专场活动在五柳巷公园拉开帷幕。

同日 中宣部专题调研组到上城区调研新形势下社区思想政治工作。

同日 召开全区流动人口群租"样板房"工作现场推广会。

21日 区人大常委会召开纪念人民代表大会制度建立60周年座谈会。

同日 区委书记缪承潮到省委党校交流"平安365"智慧治理工作。

同日 省委常委、市委书记龚正走访杭州娃哈哈集团有限公司等区重点企业。

22日 2014年杭州国际体验日暨第二届南宋斗茶会启动仪式在上城区五柳巷历史文化街区举行。

同日 区委召开全区党的群众路线教育实践活动总结大会。

同日 区2014年全民终身学习周暨第十一届终身教育节开幕。

23日 由区委宣传部和杭州网联合主办的"幸福小巷在上城"网络专题报道第三季"平安365，民生

110”正式上线。

同日 全国首条裸眼3D艺术特色街(五柳巷历史文化街区)开放,街区3D墙绘分为中医药、茶、咖啡、善艺四大主题。

24日 上城区在杭州市杨绫子学校举办第二届特奥运动会。

同日 “大资管时代的基金发展路径与金融创新”论坛暨杭州上城区金融产业发展推介会召开。

同日 以“传承文化遗产,添彩美丽上城”为主题的2014年上城区“非遗”专场文艺演出在吴山广场举行。

26日 中国民间艺术产业示范展在位于中山中路187号的中国民间艺术产业示范基地开幕。

27日 区委召开常委(扩大)会议,传达学习贯彻中共十八届四中全会精神。

同日 上城区举办第二十六期吴山大讲堂,邀请中国性学会中医性学专业委员会副主任委员、中国中医药学会男科专业委员会理事、中医学博士郑佑君做题为“预防男性疾病,维护健康体魄”的专题讲座。

29日 由西藏自治区那曲县委书记李鸿伟率领的党政代表团考察上城区。

同日 天津市妇联考察团到东平巷社区考察家庭生活垃圾分类工作。

同日 2014年首届杭州湖山名车文化周在上城湖滨商圈开幕,历时5天。

30日 由福建省泉州市鲤城区委书记苏庆赐率领的党政考察团到上城区考察文化特色街区建设工作。

同日 浙江省体育彩票管理中心搬迁至杭州市复兴路397号复兴商务大厦南楼。

同日 上城区2014年全民终身学习周暨上城区第十一届终身教育节在杭州孔庙开幕。

同日 上城区“平安365”社会治理体系专家研讨会召开。

同日 杭州为伍新能源汽车科技有限公司落户上城区。

31日 小营街道“最美现象”研究会成立。

同日 司法部党组成员、副部长赵大程到上城区司法行政法律服务中心调研。

是月 国内首个以“对冲基金”命名的投资公司——浙江玉皇山南对冲基金投资管理有限公司入驻玉皇山南基金小镇。

是月 中央电视台新闻频道对“智慧云社区·民情E点通”服务平台进行为期3天的跟踪报道。

11月

3日 “上城商会大讲堂”在杭州联合银行报告厅开讲。区工商联邀请《21世纪商业评论》发行人、知名媒体人、经济研究学者吴伯凡做题为“正在发生的未来”的讲座。

4日 上城区举办第二十七期吴山大讲堂,邀请中共中央文献研究室研究员、国内著名周恩来研究专家曹应旺做题为“中华民族伟大复兴中的创新与法治”的报告。

5日 2014年中国杭州名师名校长论坛开幕。

同日 清波街道纪工委和清河坊社区联合拍摄的廉政微电影《近朱者赤》在“清风坊”首映。

同日 馒头山社区消防站正式投入使用。该消防站为全市首个社区消防站。

6日 区委书记缪承潮做客浙江在线“对话杭州·高端访谈”栏目,与主持人及网民聊基金小镇规划,谈基金小镇优势,绘基金小镇蓝图。

同日 中国肢残人协会主席徐凤建到上城区调研脊髓损伤者“中途之家”工作情况。

同日 清江路电子商务创业园试运营。

8日 中央电视台新闻频道以《政府服务新改变——智慧治理,居民多年用水难题得解决》为题报道上城区通过“平安365”平台为清波街道定安路37号开通自来水“一户一表”的工作。

同日 在杭州市开元中学举办杭州市创造排舞吉尼斯世界纪录上城站活动。葵巷社区获排舞吉尼斯纪录奖。

10日 秋涛路三廊庙公交站附近的秋石高架四期建设工地发现明清时期的残炮(炮尾)。

11~12日 副区长来剑波带队到上海参加“长三角”知名商圈协同发展研讨会及2014年福布斯·静安南京路论坛。上城区与上海静安区等“长三角”6

个重要城市共同发布“长三角”知名商圈协同发展倡议书，标志着“长三角”地区商圈联盟正式成立。

11日 省人大常委会副主任姒健敏一行到上城区调研，就《浙江省社会养老服务促进条例(修改稿)》听取选民和有关部门、街道、社区意见。

12日 第五届上城区文学作品“金桂奖”评选活动揭晓。

同日 位于鲲鹏路与望潮路交叉口、紧邻地铁1号线近江站的杭州市妇产科医院正式启用。

13日 副市长张耕带领市经信委、市科委、市环保局、市质监局、市安监局等部门负责人到上城区进行调研。

同日 历经15年风雨的城站广场南北钟楼上的高杆灯正式“下岗”。

14日 区城管局选送的“从智能管控至智慧城管推进城市治理现代化水平”案例获“2014中国城市管理进步奖”和“中国社会治理创新范例50佳”荣誉。该案例入编《中国社会管理创新报告》《大国治理:中国社会治理创新的基层实践》等蓝皮书。

14~16日 上城区举办区第五十三届中小学生田径运动会。

15日 “美丽杭州·人文上城——科学与艺术书画作品展在吴山书画院举行。

18日 第五届杭州市优秀社会主义事业建设者先进事迹报告会在新侨饭店举行。

同日 市政府顾问高乙梁一行到望江地区，就相关地块建设情况进行专题调研。

20日 由省政协党组副书记、副主席陈加元带队的省政协提案办理民主评议工作组一行到小营街道红巷生活广场，考察居家养老服务及社区建设工作情况。

同日 市委副书记杨戌标到区司法行政服务中心进行调研。

同日 市人大常委会副主任徐祖蓴、副市长陈红英一行到上城区人大代表联络站就“四治”(治堵、治水、治废、治气)工作听取选民意见建议。

21日 中共中央政治局常委、国务院总理李克强到泰隆银行杭州分行调研降低融资成本政策落实情况。

同日 区委召开常委(扩大)会议，进一步贯彻落实中央“八项规定”精神。

26日 上城区政府与浙江省交通投资集团有限公司签署战略合作协议。

同日 市国土资源局党委书记、局长谢建华带队到上城区开展上门对接服务活动，详细了解上城区2014年土地管理工作。

27日 区委召开常委(扩大)会议，传达学习11月24日市委常委(扩大)会议精神，学习领会省委常委、市委书记龚正在会上的重要讲话。

是月 上城区荣膺“全国和谐社区建设示范区”称号。

12月

2日 上城区政府与浙江大学传媒与国际学院共同打造的“社会主义核心价值观”教育实践基地揭牌。

同日 区邻里价值观建设暨“最美邻里”“最美小营人”颁奖大会在红星剧院举行，20名“最美邻里”、6项“最美机制”、5组“最美小营人”受到表彰。

同日 由区文创办、南星街道、杭州筑巢文化创意有限公司主办的凤凰公社文化创意园开园仪式在凤凰山脚下举行。

3日 杭州市山南国际创意(金融)产业园被认定为浙江省广告产业园。

同日 方回春堂传统膏方制作工艺被列入国家级非物质文化遗产名录。

4日 区第八届法治文化节暨“爱尚法·心飞扬——法治嘉年华”活动在“南宋法治商业街区”举行，为首个“国家宪法日”做宣传。

5日 上城区举办第二十八期吴山大讲堂，邀请华东政法大学教授、硕士生导师沈济时做题为“历史、原因、出路——十八届四中全会精神解读”的报告。区委常委、宣传部部长金承涛主持会议。

同日 “西湖微笑·杭州味道”大型公益活动在涌金广场启动，现场揭晓“西湖微笑”LOGO。

8日 公安部禁毒情报技术中心副局级总工程师白燕平一行到上城区清波街道检查督导中央6号文件贯彻情况。

9日 市委常委、宣传部部长翁卫军调研上城区文明城市复评迎检工作。

11日 省委常委、宣传部部长葛慧君率省委督查组一行到上城区，就进一步加强和改进意识形态工作进行专项督查。

同日 五柳巷历史文化街区成功入选杭州市历史街区保护创新项目。

12日 首届“城隍杯”吴山民间交谊舞大赛在吴山广场城隍阁举行。

同日 杭州市清河中学足球队获“谁是球王”华东赛区冠军。

同日 区委书记缪承潮，区委副书记、区长陈瑾接待由区委书记刘亚民率领的无锡市崇安区党政代表团。

同日 上城区举办盲人按摩机构业务培训暨第三届盲摩职业技能竞赛。

16日 召开区直党(工)委书记履行基层党建工作责任制述职会议。

17~19日 区委书记缪承潮率领学习考察团到上海、宁波、嘉兴进行学习考察。

18日 贵州省雷山西江千户苗寨“水云间风物馆”在南宋御街正式开馆。

19日 在2014年杭州·上城健康服务业论坛上，上城区获批健康服务业集聚区建设。

同日 浙江大学上城技术转移中心成立。

21日 杭州电视台综合频道《杭州党建》栏目专题报道清波街道社区网格化服务工作。

22日 由青海省副省长、海西州委书记辛国斌带队的海西州党政代表团考察南宋御街、清河坊历史文化街区。

同日 区委书记缪承潮，区委副书记、区长陈瑾参加沪、甬、嘉三地考察调研工作座谈会。

23日 区委书记缪承潮接受《杭州日报》栏目《一把手谈人才工作》的采访，就如何用好人才这一“第一资源”，支撑转型发展这个“第一要务”发表看法。

同日 上城区获“2014年度智慧城市先导区”称号，上城区是省内唯一获此荣誉的单位。

24日 全区“民情E点通”工作项目现场推进会在望江街道睦邻驿站召开。

26日 区委书记缪承潮，区委副书记、区长陈瑾参加市委十一届八次全体(扩大)会议。

28日 2014年杭州国际设计周在南宋御街举行。

同日 首届“迎新年”杭州上城—千岛湖·富阳农产品展示展销会在吴山广场开幕。

29日 区委召开全区领导干部会议，传达贯彻中央经济工作会议精神和省委经济工作会议精神。

30日 望江路过钱塘江隧道开工建设。该隧道计划于2019年建成。

同日 民政部基层政权和社区建设司司长蒋昆生一行到上城区指导“左邻右舍——社区治理创新园”建设工作。

31日 市委副书记、市长张鸿铭，市委常委、常务副市长徐立毅，副市长张建庭、项永丹、张耕一行到上城区开展基层“走亲”与调研。

同日 省委党史办调研组到上城区调研工作。

(年鉴编辑部)

统计表

2014 年上城区国民经济主要指标

表 21

指　标　名　称	计　量　单　位	实　绩	增幅(%)
地区生产总值	亿元	807.62	8.1
规模以上工业企业增加值	亿元	343.46	8.9
社会消费品零售总额	亿元	303.57	7.7
地方财政收入	亿元	58.03	1.0
固定资产投资	亿元	77.64	21.6
外贸出口总额	亿美元	15.66	11.7

2010~2014 年上城区生产总值及发展指数

表 22

年　　份	2010 年	2011 年	2012 年	2013 年	2014 年
生产总值(亿元)	525.90	613.35	664.48	738.93	807.62
发展指数	108.7	109.5	107.0	106.5	107.8

2014 年上城区规模以上工业企业主要经济指标

表 23

指　　标　　名　　称	计量单位	数　量
规模以上工业企业数	个	49
规模以上工业企业平均人数	人	15 022
规模以上工业企业总产值	亿元	722.89
规模以上工业企业销售产值	亿元	702.98
规模以上工业产品销售收入(主营)	亿元	676.67
规模以上工业企业利润总额	亿元	34.75
规模以上工业企业利税总额	亿元	256.3

表 24

2014 年上城区主要工业产品生产量

产品名称	计量单位	生产量	为上年(%)
乳制品	吨	73	486.7
软饮料	吨	774 360	75.2
碳酸饮料类(汽水)	吨	39 058	65.3
包装饮用水类	吨	350 906	71.0
果汁和蔬菜汁饮料类	吨	82 049	75.8
卷烟	万支	5 718 605	105.3
服装	万件	77.1	102.1
天然毛皮服装	万件	2.25	108.7
合成橡胶	吨	339	81.3
塑料制品	吨	12 935	79.0
交流电动机	千瓦	45 795	107.7
变压器	千伏安	301 480	43.8
家用电冰箱	台	721 666	95.6
光电子器件	万只(片、套)	1608	103.7
工业自动调节仪表与控制系统	台(套)	84 660	67.9
电工仪器仪表	万台	817	148.6
眼镜成镜	副	61 036	152.9

表 25

2014 年上城区外商直接投资情况

指标	计量单位	实绩	增幅(%)
项目个数	个	27	3.85
总投资额	万美元	25 433	-62.02
合同外资	万美元	21 979	-48.86
实际利用外资	万美元	20 600	14.58

表 26

2014 年上城区进出口情况

指标	实绩(万美元)	增幅(%)
全区进出口总值	272 686.05	3.68
一、出口总额	156 630.71	11.67
1、中外合资企业	1258.66	229.49
2、国有企业	6584.59	—
二、进口总额	116 055.34	-7.99

表 27

2014 年上城区环境保护情况

指　标　名　称	全　年
空气质量达标(API<100)天数(天)	229.59
集中式饮用水源地水质达标率(%)	100

表 28

2014 年上城区固定资产投资

固定资产投资项目	单位	投资额	为上年(%)
固定资产投资完成额	万元	776 441	121.6
其中:房地产开发投资	万元	434 974	120.0
工业投资	万元	30 351	165.4

表 29

2014 年上城区社会保障情况

单位:万人

城镇居民社会养老保险参保人数	基本养老保险参保职工人数	基本医疗保险参保人数	工伤保险参保人数	生育保险参保人数	失业保险参保人数
0.18	12.01	12.01	13.16	11.60	12.01

表 30

2014 年上城区主要经济指标占杭州市的比重

指标名称	计量单位	实绩	增幅(%)	占杭州市比重(%)
地区生产总值	亿元	807.62	8.1	8.78
规模以上工业企业增加值	亿元	343.46	8.9	12.24
社会消费品零售额	亿元	303.57	7.7	7.91
地方财政收入	亿元	58.03	1.0	5.65
固定资产投资	亿元	77.64	21.6	1.57
外贸出口额	亿美元	15.66	11.7	3.19

(区统计局)

附 录
Appendix

先进名录

【2013年度上城区“平安街道”】

先进单位

清波街道、南星街道、湖滨街道、小营街道、紫阳街道、望江街道

【2013年度上城区人口和计划生育目标管理责任制考核优秀街道和先进单位】

优秀街道

湖滨街道办事处、清波街道办事处、小营街道办事处、望江街道办事处、南星街道办事处、紫阳街道办事处

先进单位

区发改经信局、区教育局、区民政局、区财政局、区人力社保局、区卫生局、区商务局、区住房和城建局、区食品药品监督管理局、区城管局、区公安分局、上城工商分局、区科技工业基地管委会

【2013年度上城区优秀流动人口协管员和流动人口协管员先进个人】

优秀流动人口协管员

裘灵蓉　胡　月　胡爱珠　史兰新　宋　娟
余宏洁　朱裕利　郑　鸯　陈莉莉　陈雅涵

流动人口协管员先进个人

来国美　邹杭俊　俞燕宏　杨　舟　黄旭红
张慧娟　乌彤迅　严小根　徐锡秋　王木根
李明达　林　燕　柯　奇　张　立　方绿绿

【2013年度上城区记三等功公务员】

崔文清　陆伟达　曹　婕　陈金朝　叶　帆
王建国　杨　成　王　坚　石黎明　黄　伟
来杰刚　马　俊　文　熙　史万钧　江兰兰
李光伟　魏　力　黄嘉庆　何汉刚　梁维正
倪　健　王　韬　陈朝健　王益民　陈　栋
薛正山　王育青　胡大进　仇新宇　张国跃
陈永俊　沈　毅　郑旭鹰　王旭涛　鲁　坚
戴小花

【2013年度上城区生态文明建设目标责任制考核优秀、良好、优秀支持单位】

优秀单位

区住房和城建局、区城管局、湖滨街道、南星街道、紫阳街道、玉皇山南指挥部、上城环保分局

良好单位

区发改经信局、区教育局、区科技局、区监察局、区财政局、区商务局、区风景旅游局、区文广新局、区卫生局、区统计局、区安监局、清波街道、小营街道、望江街道、望江指挥部、湖滨指挥部、吴山指挥部、区科技工业基地管委会

优秀支持单位

区委宣传部、团区委、区妇联、城站广场管委会

【2014年度上城区民兵基地化训练先进单位和个人】

优秀民兵兼职教练员

黄文明　应新林　刘志清　张建文　许帮群

优秀社区民兵连长

娄李嘉　沈志远　李　海　徐丽君　杨　岚

吕月芬　童齐放　陈　峰　许帮群

队列会操优胜单位

紫阳街道、小营街道

内务评比优胜单位

紫阳街道、望江街道、清波街道

【2013 年度上城区夏秋季征兵工作先进单位和先进个人】

杭州市征兵工作先进单位和个人

先进单位

区人民政府征兵办公室、湖滨街道办事处

先进个人

许祥凤　陈　维

上城区征兵工作先进单位和个人

征兵工作先进基层单位

望江街道办事处、紫阳街道办事处

征兵工作先进社区

青年路社区、劳动路社区、小营巷社区、葵巷社区、紫金社区、大通桥社区、在水一方社区、水澄桥社区、海潮社区、候潮门社区

征兵工作先进企业

杭州中策橡胶集团有限公司

征兵工作先进个人

汪　峰　曹　阳　严国庆　蒋成杰　胡月通

张天明　鲍菊敏　李晓强　严洪建　金玲娟

季桂莲　俞利娟　马建华　杨　萍　徐丽君

黄　业　倪国惠　莫丽霞　陆黎蓉　童齐放

徐　嫣　张丽珍　孙桂红

【上城区第一批“无违建社区”】

东平巷社区、柳翠井巷社区、紫金社区、长明寺巷社区、西牌楼社区、春江社区、甬江社区、候潮门社区

【上城区第二批“无违建社区”】

青年路社区、清波门社区、劳动路社区、清河坊社区、劳动路社区、梅花碑社区、金钱巷社区、茅廊巷社区、小营巷社区、太庙社区、北落马营社区、十五奎巷社区

【上城区第三批“无违建社区”】

吴山路社区、东坡路社区、涌金门社区、岳王路社区、马市街社区、葵巷社区、姚园寺巷社区、大学路社区、老浙大社区、近江西园社区、近江东园社区、耀华社区、徐家埠社区、兴隆社区、在水一方社区、紫花埠社区、美政桥社区、复兴街社区、水澄社区、彩霞岭社区、上羊市街社区、木场巷社区、新工社区、凤凰社区、海潮社区

先进集体

2014 年度国家级和部级先进集体

表 31

获奖部门	先进荣誉称号	颁奖单位	颁奖时间
上城区	“政府管理与公共服务标准化”项目获第七届“中国地方政府创新奖”	中国地方政府创新奖组委会	2014 年 1 月
上城区	首批全国社会工作服务示范地区	民政部	2014 年 1 月
上城区	全国社会组织建设创新示范区	民政部	2014 年 2 月
区委、区政府	“平安 365”社会服务机制被遴选为“2013 年度中国社区治理十大创新成果”提名成果	民政部基层政权和社区建设司、民政部政策研究中心、人民网、新华网、中国社区发展协会、《中国社会报》	2014 年 4 月
上城区	全国和谐社区建设示范单位	民政部	2014 年 10 月
上城区	第三批国家慢性病综合防控示范区	国家卫生和计划生育委员会办公厅	2014 年 12 月
区委组织部	课题《大力推进发达城区基层服务型党组织建设》获全国党建研究会 2013 年度调研课题优秀成果三等奖	全国党的建设研究会	2014 年 2 月

续表 31

获奖部门	先进荣誉称号	颁奖单位	颁奖时间
区文创办	2013 年杭州美术节获中国杭州文化创意产业博览会优秀活动奖	杭州文化创意产业博览会组委会	2014 年 1 月
区文创办	2014 年杭州美术节获中国杭州文化创意产业博览会最佳活动奖	杭州文化创意产业博览会组委会	2014 年 11 月
区文创办	2014 年中国杭州文化创意产业博览会最佳策展奖	杭州文化创意产业博览会组委会	2014 年 11 月
区教育局	全国义务教育发展基本均衡区	国务院教育督导委员会	2014 年 2 月
区民政局	积极落实养老机构公建民营工作	中华慈善总会长期照护专业委员会	2014 年 12 月
区文化市场行政执法大队	2013 年度广播电视保护先进集体	国家新闻出版广电总局	2014 年 4 月
小营街道社区卫生服务中心	2014 年世界卫生组织健康城市合作中心健康单位	世界卫生组织健康城市合作中心	2014 年 12 月
区城管局	“上城区从智能管控到智慧城管”的创新实践项目获中国社会治理创新范例 50 佳	北京国际城市论坛基金会、社会治理创新联盟评审委员会	2014 年 11 月
区城管局	“从智能管控到智慧城管,推进城市治理现代化水平”项目获 2014 年中国城市管理进步奖	北京国际城市发展研究会、北京国际城市论坛基金会	2014 年 11 月
区公安分局经侦大队	2013 年度打击非法买卖外汇先进集体	公安部、国家外汇管理局	2014 年 5 月
湖滨街道东平巷社区	全国“三八”红旗集体	中华全国妇女联合会	2014 年 8 月
清波街道	全国和谐社区建设示范街道	民政部	2014 年 10 月
清波街道	全国社区服务型党组织建设示范街道	中国社会工作协会社区工作委员会	2014 年 12 月
小营街道	2014 年度全国百家示范乡镇(街道)工会	中华全国总工会	2014 年 12 月
小营街道茅廊巷社区	全国人口和计划生育基层群众自治示范村(居)	全国计划生育协会	2014 年 11 月
望江街道在水一方社区	全国科普示范社区	中国科协、财政部	2014 年 7 月
南星街道	第二届全国社区社会建设自主创新百花奖最佳实践奖	中国社会工作协会社区工作委员会	2014 年 4 月
南星街道	全国区街镇党的群众路线教育实践活动先进集体荣誉称号	中国社会工作协会社区工作委员会	2014 年 8 月
南星街道	全国社区服务型党组织建设示范街道	中国社会工作协会社区工作委员会	2014 年 12 月
紫阳街道	全国社区服务型党组织建设示范街道	中国社会工作协会社区工作委员会	2014 年 12 月
区检察院	微电影《牵手》获“全国检察机关首届微电影展播活动”微电影类“最佳主题表现奖”	最高人民检察院政治部、检察日报社	2014 年 2 月
区检察院	2013 年度全国青少年维权岗	全国创建“青少年维权岗”活动领导小组办公室	2014 年 2 月

续表 31

获奖部门	先进荣誉称号	颁奖单位	颁奖时间
杭州娃哈哈集团有限公司	2013 年度突出贡献奖	中国扶贫基金会	2014 年 1 月
杭州娃哈哈集团有限公司	2013 年度消费者满意食品品牌	中国新闻网	2014 年 1 月
杭州娃哈哈集团有限公司	中国品牌诚信 100 强(营养快线)	人民日报社、《民生周刊》杂志社、国家品牌网编辑委员会	2014 年 2 月
杭州娃哈哈集团有限公司	中国工业综合指数(ICI)指定信息采集单位	中国工业经济联合会	2014 年 3 月
杭州娃哈哈集团有限公司	全国轻工业卓越绩效先进企业(2012~2013 年度)	中国轻工业联合会	2014 年 3 月
杭州娃哈哈集团有限公司	2013 年度轻工企业管理现代化创新成果一等奖(大型企业集团质量管理链的构建与应用)	中国轻工业联合会	2014 年 3 月
杭州娃哈哈集团有限公司	“两化”融合管理体系贯标试点企业	工业和信息化部办公厅	2014 年 5 月
杭州娃哈哈集团有限公司	“守合同重信用”企业	国家工商行政管理总局	2014 年 6 月
杭州娃哈哈集团有限公司	2013 年度中国轻工业百强企业	中国轻工业联合会	2014 年 6 月
杭州娃哈哈集团有限公司	2013 年度中国最具成长力商标	中国工商报社	2014 年 7 月
杭州娃哈哈集团有限公司	华东区最佳雇主	中华英才网	2014 年 7 月
杭州娃哈哈集团有限公司	中国(北京)国际妇女儿童产业博览会技术创新奖(娃哈哈乳酸菌饮品)	中国(北京)国际妇女儿童产业博览会组委会	2014 年 7 月
杭州娃哈哈集团有限公司	中国(北京)国际妇女儿童产业博览会社会责任奖	中国(北京)国际妇女儿童产业博览会组委会	2014 年 7 月
杭州娃哈哈集团有限公司	中国(北京)国际妇女儿童产业博览会优秀产品奖(娃哈哈爱迪生婴幼儿配方奶粉)	中国(北京)国际妇女儿童产业博览会组委会	2014 年 7 月
杭州娃哈哈集团有限公司	2014 年中国民营企业 500 强第 18 位	中华全国工商业联合会	2014 年 8 月
杭州娃哈哈集团有限公司	2014 年中国民营企业制造业 500 强第 12 位	中华全国工商业联合会	2014 年 8 月
杭州娃哈哈集团有限公司	2014 年中国企业 500 强第 165 位	中国企业联合会、企业家协会	2014 年 8 月
杭州娃哈哈集团有限公司	2014 年中国制造业企业 500 强第 72 位	中国企业联合会、企业家协会	2014 年 8 月
杭州娃哈哈集团有限公司	全国社会扶贫先进集体	国务院扶贫开发领导小组	2014 年 10 月
杭州娃哈哈集团有限公司	2014 年度中国产学研合作创新与促进奖	中国产学研合作促进会创新与促进奖评审委员会	2014 年 10 月
杭州娃哈哈集团有限公司	希望工程 25 年杰出贡献奖	中国青少年发展基金会	2014 年 11 月
杭州娃哈哈集团有限公司	科技进步奖三等奖(锌爽歪歪营养酸奶饮品关键技术的研究开发及应用)	中华全国工商业联合会	2014 年 12 月
杭州华日电冰箱股份有限公司	全国质量和服务诚信优秀企业	中国质量检验协会	2014 年 3 月

续表 31

获奖部门	先进荣誉称号	颁奖单位	颁奖时间
杭州华日电冰箱股份有限公司	全国质量检验稳定合格产品	中国质量检验协会	2014 年 3 月
杭州华日电冰箱股份有限公司	中国工业企业品牌竞争力年度评价表彰企业	中国工业报社	2014 年 5 月
杭州华日电冰箱股份有限公司	华日冰箱—2014 冰箱行业节能无霜之星	中国家电行业高峰论坛组委会	2014 年 5 月
杭州华日电冰箱股份有限公司	华日冰箱—冰箱行业保鲜之星	中国家电行业高峰论坛组委会	2014 年 5 月
杭州华日电冰箱股份有限公司	华日冰箱—2014 年度健康冰箱先锋品牌	中国家电行业高峰论坛组委会	2014 年 5 月
杭州华日电冰箱股份有限公司	全国用户满意产品(复评)	中国质量协会、全国用户委员会	2014 年 12 月
杭州华日电冰箱股份有限公司	2014 年中国工业行业排头兵企业	中国工业报社	2014 年 12 月
杭州华日电冰箱股份有限公司	2014 年中国工业行业科技创新奖	中国工业报社	2014 年 12 月
广宇集团股份有限公司	2014 年上市公司信息披露金盾奖	中国上市公司风险管理高峰论坛	2014 年 8 月
杭州捷尔思阻燃化工有限公司	技术发明二等奖	中国石油和化学工业联合会	2014 年 11 月
浙江汉帛服饰营销管理有限公司	中国最具成长力商标	国家工商导报社	2014 年 3 月
思美传媒有限责任公司	第六届“全国文化企业 30 强”	光明日报社、经济日报社	2014 年 5 月
杭州市佳平影业有限公司	歌曲《同志们》获第十三届精神文明建设“五个一工程”优秀作品奖	中共中央宣传部	2014 年 9 月
浙江宇天科技股份有限公司	国家火炬计划产业化示范项目	科技部火炬高新技术产业开发中心	2014 年 10 月
思美传媒股份有限公司	影响中国 2014 年度最佳整合传播机构	中国广告业协会、中国人民大学公共外交研究院、中国传媒大学广告学院、光明日报社会活动部	2014 年 12 月
金星铜集团有限公司	国家级非物质文化遗产保护性基地	文化部	2014 年 12 月

2014年度省级和省属部门级先进集体

表32

获奖部门	先进荣誉称号	颁奖单位	颁奖时间
上城区	2010~2011年度浙江省无偿献血先进县（市、区）	浙江省卫计委、浙江省红十字会	2014年1月
上城区	2005~2013年度平安区	中共浙江省委、浙江省人民政府	2014年3月
上城区	双拥模范城区	中共浙江省委、浙江省人民政府、浙江省军区	2014年7月
上城区	浙江省“救急难”试点地区	浙江省民政厅	2014年9月
上城区	2013年度创建法治县(市、区)工作先进单位	中共浙江省委	2014年10月
上城区	通过浙江省示范文明城区复评	中共浙江省委、浙江省人民政府	2014年12月
上城区	建设平安浙江2014年度平安区	中共浙江省委、浙江省人民政府	2014年12月
区人大常委会办公室	2014年度浙江省人大信息工作先进集体	浙江省人大常委会办会厅 浙江省人大常委会研究室	2014年12月
区委党史研究室	浙江省党史工作先进集体	浙江省人力资源和社会保障厅、中共浙江省委党史研究室	2014年12月
区教育局	2013年度浙江省教育科学和谐发展业绩考核优秀单位	浙江省教育厅	2014年1月
区教育局	2013学年全省教育宣传工作先进集体	浙江省教育厅新闻办、浙江教育报刊总社	2014年4月
区教育局	2013学年全省示范性发行站	浙江教育报刊总社	2014年4月
区教育局	“感恩亲情共同成长”征文活动优秀组织奖	浙江省“感恩亲情共同成长”征文活动组委会	2014年5月
区教育局	2014年浙江省中小学生艺术节组织贡献奖	浙江省中小学生艺术节组委会	2014年10月
区社区学院紫阳分院	浙江省教育示范学校	浙江省教育厅	2014年9月
区“刮刮乐”中心站	浙江省优秀“刮刮乐”中心站	浙江省福利彩票发行中心	2014年11月
区司法局	浙江省社区矫正工作先进集体	浙江省委办公厅、浙江省人民政府办公厅	2014年7月
区财政局	浙江省社区矫正工作先进集体	中共浙江省委、浙江省人民政府	2014年7月
区体育局	2010~2013年度浙江省群众体育先进单位	浙江省体育局	2014年10月
湖滨街道社区卫生服务中心	浙江省卫生监督协管服务示范点	浙江省卫生和计划生育委员会	2014年12月
清波街道社区卫生服务中心	2014年浙江省卫生先进单位	浙江省爱国卫生运动委员会	2014年12月
区市场监管局	全省政务信息工作先进单位	浙江省工商局	2014年12月
区市场监管局	全省新闻宣传工作先进单位	浙江省工商局	2014年12月
区市场监管局	全省工商系统推进工商登记制度改革专项工作业绩突出优胜单位	浙江省工商局	2014年12月
区市场监管局注册大厅	2014年度省级青年文明号	共青团浙江省委	2014年12月

续表 32

获奖部门	先进荣誉称号	颁奖单位	颁奖时间
湖滨环卫所	浙江省城市市容环境卫生工作先进集体	浙江省住房和城乡建设厅	2014 年 10 月
区公安分局	浙江省依法行政示范单位	中共浙江省委	2014 年 1 月
区公安分局	浙江省依法行政示范单位	中共浙江省委、浙江省人民政府	2014 年 1 月
区公安分局	2012~2013 年度全省社会管理综合治理先进集体	中共浙江省委	2014 年 4 月
清波派出所	2012~2013 年度“全省优秀公安基层单位”	浙江省公安厅	2014 年 1 月
湖滨街道	2013 年度浙江省“安康杯”优秀组织奖	浙江省总工会、浙江省安全生产监督管理局、浙江省卫生和计划生育委员会	2014 年 3 月
湖滨街道涌金门社区	浙江省节水型居民小区	浙江省住房和城乡建设厅	2014 年 1 月
湖滨街道青年路社区	省级民主法治村(社区)复评合格	浙江省司法厅、浙江省民政厅、浙江省普法办	2014 年 5 月
湖滨街道东平巷社区	浙江省民主法治社区	浙江省司法厅	2014 年 8 月
湖滨街道综治科	全省禁毒社会工作优秀案例评选二等奖	浙江省禁毒委员会办公室、浙江省禁毒协会	2014 年 9 月
清波街道	浙江省首批乡镇(街道)统计基层基础工作示范点建设单位	浙江省统计局	2014 年 1 月
清波街道	2004~2013 年度平安创建工作先进单位	中共浙江省委办公厅、浙江省人民政府办公厅	2014 年 3 月
清波街道清波门社区	浙江省节水型居民小区	浙江省住房和城乡建设厅	2014 年 1 月
清波街道定安路社区	浙江省社区教育示范实验项目	浙江省社区教育指导中心	2014 年 9 月
小营街道	浙江省示范数字档案室	浙江省档案局	2014 年 6 月
“小营·江南红巷”景区	国家 AAA 级旅游景区	浙江省旅游局	2014 年 9 月
望江街道	浙江省优秀离退休干部党支部	浙江省委组织部、浙江省委老干部局	2014 年 12 月
望江街道	浙江省卫生街道	浙江省爱国卫生运动委员会	2014 年 12 月
望江街道近江西园社区	浙江省节水型居民小区	浙江省住房和城乡建设厅	2014 年 1 月
南星街道美政桥社区	浙江省民族团结进步模范集体	浙江省人民政府	2014 年 12 月
区关工委	浙江省关心下一代工作先进集体	浙江省关心下一代工作委员会	2014 年 12 月
区科协	2014 年全国科普日活动优秀组织单位	浙江省科协	2014 年 12 月
区工商联	“五好”县级工商联	浙江省工商联	2014 年 12 月
区人武部	浙江省军区先进团单位	浙江省军区	2014 年 12 月
区法院	全省法院信息化工作先进集体	浙江省高级人民法院	2014 年 11 月
杭州市山南国际创意(金融)产业园	浙江省级现代服务业集聚示范区 20 强	浙江省发改委、浙江省财政厅、浙江省统计局	2014 年 10 月
杭州市山南国际创意(金融)产业园	浙江省广告产业园	浙江省工商行政管理局	2014 年 11 月

续表 32

获 奖 部 门	先 进 荣 誉 称 号	颁 奖 单 位	颁奖时间
上城地税分局	“纳税遵从度项目”被评为浙江省地税局税收宣传月优秀项目	浙江省地方税务局	2014年12月
小营街道梅花碑社区工会	浙江省“职工书屋”	浙江省总工会	2014年12月
南星街道白塔岭社区工会	浙江省“职工书屋”	浙江省总工会	2014年12月
杭州娃哈哈集团有限公司工会	浙江省“农民工文化家园”	浙江省总工会	2014年10月
浙江两岸食品连锁有限公司工会	浙江省“职工书屋”	浙江省总工会	2014年12月
杭州娃哈哈集团有限公司	浙江机械工业科学技术奖三等奖（机器人吸管添加工作站）	浙江省机械工业联合会	2014年1月
杭州娃哈哈集团有限公司	浙江省节水型企业	浙江省住房和城乡建设厅、浙江省经济和信息化委员会	2014年1月
杭州娃哈哈集团有限公司	浙江省工业大奖金奖	浙江省工业经济联合会、浙江省企业联合会、浙江省企业家协会	2014年8月
杭州娃哈哈集团有限公司	2014年浙江省百强企业第9位	浙江省企业联合会、浙江省企业家协会	2014年8月
杭州娃哈哈集团有限公司	2014年浙江省制造业百强企业	浙江省企业联合会、浙江省企业家协会	2014年8月
杭州娃哈哈集团有限公司	2014年度浙江省企业管理现代化创新成果一等奖	浙江省企业联合会、浙江省企业家协会	2014年9月
杭州娃哈哈集团有限公司	成果“基于职业标准物化的高职机械类专业综合教学改革与实践”获浙江省教学成果奖一等奖(研究院)	浙江省人民政府	2014年9月
杭州娃哈哈集团有限公司	浙江省“三会”优秀会员单位	浙江省工业经济联合会、浙江省企业联合会、浙江省企业家协会	2014年10月
杭州娃哈哈集团有限公司	2014年度十佳广告大客户	浙江广播电视集团	2014年11月
杭州娃哈哈集团有限公司	浙江省知名商号	浙江省工商行政管理局	2014年11月
杭州娃哈哈集团有限公司	2014年度浙江机械工业科学技术奖三等奖(机器人码垛包装工作站)	浙江省机械工业联合会	2014年12月
杭州华日电冰箱股份有限公司	浙江省高新技术企业	浙江省质量协会、浙江省质协用户委员会	2014年9月
广宇集团股份有限公司	浙江省工商企业信用AAA级“守合同重信用”单位	浙江省工商行政管理局	2014年9月
杭州海兴电力科技股份有限公司	2013年全省高新技术企业百强	浙江省科技厅	2014年2月
杭州海兴电力科技股份有限公司国内表计部	浙江省“工人先锋号”	浙江省总工会	2014年4月
杭州海兴电力科技股份有限公司	2014年度浙江省电子信息制造业30强企业	浙江省经济和信息化委员会	2014年7月
杭州海兴电力科技股份有限公司	2013年度浙江省绿色企业(清洁生产先进企业)	浙江省经济和信息化委员会、浙江省环境保护厅	2014年8月

续表 32

获奖部门	先进荣誉称号	颁奖单位	颁奖时间
杭州海兴电力科技股份有限公司	“高低压一体化智能防窃电系统”被评为浙江省科技进步奖三等奖	浙江省科技厅	2014 年 10 月
金星铜集团有限公司	文化创意先进企业	浙江省文化厅	2014 年 5 月
杭州熙浪信息技术股份有限公司	国家高新技术企业	浙江省科学技术厅、浙江省财政厅、浙江省国家税务局、浙江省地方税务局	2014 年 9 月
杭州市佳平影业有限公司	歌曲《同志们》获浙江省第十二届精神文明建设“五个一工程”入选作品奖	中共浙江省委宣传部	2014 年 10 月
杭州市佳平影业有限公司	电视剧《鸡毛飞上天》入选浙江省文化精品扶持工程第 9 批扶持项目	中共浙江省委宣传部	2014 年 10 月
杭州市佳平影业有限公司	电影《献给央金的一朵格桑花》入选浙江省文化精品扶持工程第九批扶持项目	中共浙江省委宣传部	2014 年 10 月
杭州市佳平影业有限公司	纪录片《话说钱塘江》入选浙江省文化精品扶持工程第九批扶持项目	中共浙江省委宣传部	2014 年 10 月

表 33　2014 年度市级先进集体

获奖部门	先进荣誉称号	颁奖单位	颁奖时间
上城区	2013 年度全市支持浙商创业创新工作目标责任制考核三等奖	杭州市人民政府	2014 年 2 月
上城区	2013 年度社会主义新农村建设(城乡区域统筹发展)工作优胜单位	中共杭州市委、杭州市人民政府	2014 年 2 月
上城区	2013 年度社会主义新农村建设(城乡区域统筹发展)工作贡献单位	中共杭州市委、杭州市人民政府	2014 年 2 月
上城区	2013 年度全市招商引资目标责任制考核完成任务奖	中共杭州市委办公厅、杭州市人民政府办公厅	2014 年 3 月
上城区	2013 年度现代服务业重大项目先进奖	中共杭州市委、杭州市人民政府	2014 年 5 月
区政府	2013 年度全市服务外包综合考核二等奖	杭州市人民政府办公厅	2014 年 2 月
区政府	2013 年度全市外贸考核目标责任制考核二等奖	杭州市人民政府办公厅	2014 年 2 月
区政府	2014 年度安全生产目标责任制考核优秀单位	杭州市人民政府办公厅	2014 年 12 月
区文创办	微电影《茶约》荣获第二届中国(杭州)国际微电影展“优秀城市微电影创新奖”	杭州市人民政府、中央电视台、中央新影集团	2014 年 10 月
区委政法委	杭州市 2013 年度维护社会稳定工作先进单位	中共杭州市委、杭州市人民政府	2014 年 1 月
区教育局	杭州市 2013 年度社会管理综合治理考核优胜单位	中共杭州市委、杭州市人民政府	2014 年 3 月
区卫计局	杭州市 2013 年度社会管理综合治理考核优胜单位	中共杭州市委、杭州市人民政府	2014 年 1 月

续表 33

获 奖 部 门	先 进 荣 誉 称 号	颁 奖 单 位	颁奖时间
区电子机械功能区	2013 年度杭州市高新技术产业园综合考评优秀单位	杭州市人民政府	2014 年 9 月
湖滨街道综治科	杭州市 2013 年度社会管理综合治理考核优胜单位	中共杭州市委、杭州市人民政府	2014 年 1 月
湖滨街道综治科	杭州市 2013 年度维护社会稳定工作先进单位	中共杭州市委、杭州市人民政府	2014 年 1 月
湖滨街道东平巷社区	杭州市五星级社区公共服务工作站	杭州市委市政府	2014 年 8 月
小营街道	杭州市扶残助残爱心乡镇(街道)	杭州市人民政府	2014 年 2 月
小营街道	2014 年度社会管理综合治理工作优秀单位	中共杭州市委、杭州市人民政府	2014 年 12 月
望江街道	杭州市 2013 年度社会管理综合治理工作“示范乡镇(街道)”	中共杭州市委、杭州市人民政府	2014 年 1 月
望江街道近江西园社区	杭州市“无违建社区”	杭州市人民政府	2014 年 12 月
南星街道	2013 年度社会管理综合治理考核优胜单位	中共杭州市委、杭州市人民政府	2014 年 1 月
南星街道	杭州市扶残助残爱心乡镇(街道)	杭州市人民政府	2014 年 2 月
紫阳街道	“国内最清洁城市”示范点	中共杭州市委、杭州市人民政府	2014 年 1 月
紫阳街道	2013 年度数字城管工作最佳配合单位	杭州市人民政府	2014 年 4 月
区法院	2013 年度社会管理综合治理考核优胜单位	杭州市人民政府	2014 年 3 月
杭州市山南国际创意(金融)产业园	杭州市优秀重点类服务业集聚区	中共杭州市委、杭州市人民政府	2014 年 5 月
杭州娃哈哈集团有限公司	杭州市 2013 年度工业功勋企业	杭州市人民政府	2014 年 4 月
杭州娃哈哈集团有限公司	2014 年春风行动爱心奖	中共杭州市委、杭州市人民政府	2014 年 12 月
杭州海兴电力科技股份有限公司	2013 年度现代服务业先进单位	杭州市人民政府	2014 年 5 月
杭州海兴电力科技股份有限公司	“基于 Web Server 的智能计量技术和物联网技术的能源管理系统”被评为杭州市科技进步奖三等奖	杭州市人民政府	2014 年 9 月

(年鉴编辑部)

先进个人

2014年度国家级和部级先进个人

表34

获奖单位	获奖人姓名	先进荣誉称号	颁奖单位	颁奖时间
区卫生局卫生监督所	唐水林	全国五一劳动奖章	中华全国总工会	2014年4月
区文创办	丁剑宇	第十届中国国际动漫节优秀个人	中国国际动漫节组委会	2014年6月
区疾病预防控制中心	吴爱萍	2014年全国寄生虫病防治技术竞赛个人综合三等奖、理论二等奖	国家卫计委疾病预防控制局	2014年9月
区公安局经侦大队	姜暑茵	2013年度打击非法买卖外汇违法犯罪先进个人	公安部、国家外汇管理局	2014年5月
区公安局经侦大队	张小林	2013年度打击非法买卖外汇违法犯罪先进个人	公安部、国家外汇管理局	2014年5月
小营街道	周文成	2014年度法治人物	中央电视台社会与法频道（CCTV 12）	2014年12月
杭州娃哈哈集团有限公司	宗庆后	2013中国酒业杰出贡献奖	中国酒业论坛	2014年1月
杭州娃哈哈集团有限公司	宗庆后	第八届人民企业社会责任奖年度人物奖	人民网	2014年1月
杭州娃哈哈集团有限公司	宗庆后	中国光彩事业20周年荣誉	中国光彩事业促进会	2014年5月
杭州华日电冰箱股份有限公司	陈励君	杰出杭商	世界杭商大会组委会	2014年10月
杭州华日电冰箱股份有限公司	陈励君	最美侨商	浙江省外事侨务办公室	2014年12月
杭州华日电冰箱股份有限公司	朱　伟	浙江省劳动模范	浙江省人民政府	2014年4月
杭州绿盛集团有限公司	林　东	第十届中国青年企业家	中国青年企业家协会	2014年9月
杭州绿盛集团有限公司	林　东	青年领军人物	世界杭商大会组委会	2014年10月
杭州捷尔思阻燃化工有限公司	刘君锭	技术发明奖二等奖	中国石油和化学工业联合会	2014年11月

2014年度省级和省属部门级先进个人

表35

获奖单位	获奖人姓名	先进荣誉称号	颁奖单位	颁奖时间
区直机关工委	祝　端	信息工作先进	中共浙江省委省直机关工作委员会	2014年12月
杭州第十中学	孔晓玲	浙江省特级教师	浙江省人民政府	2014年9月
杭州市天长小学	蒋军晶	浙江省特级教师	浙江省人民政府	2014年9月
杭州市胜利小学	陆　虹	浙江省特级教师	浙江省人民政府	2014年9月
上城区教育学院	唐彩斌	浙江省特级教师	浙江省人民政府	2014年9月

续表 35

获奖单位	获奖人姓名	先进荣誉称号	颁奖单位	颁奖时间
杭州市时代小学	高军玉	浙江省特级教师	浙江省人民政府	2014 年 9 月
杭州市娃哈哈幼儿园	张　群	浙江省特级教师	浙江省人民政府	2014 年 9 月
杭州市教育科学研究所附属小学	罗永军	浙江省师德楷模	浙江省教育厅、浙江省人力资源和社会保障厅、浙江省财政厅	2014 年 9 月
杭州市惠兴中学	叶晓峰	浙江省春蚕奖	浙江省教育厅、浙江省人民教育基金会	2014 年 9 月
杭州市天长小学	吴玉兰	浙江省春蚕奖	浙江省教育厅、浙江省人民教育基金会	2014 年 9 月
杭州市时代小学	陈革文	浙江省劳动模范	浙江省人民政府	2014 年 5 月
区卫生局卫生监督所	唐水林	浙江省劳动模范	浙江省人民政府	2014 年 4 月
区疾病预防控制中心	吴爱萍	2014 年浙江省寄生虫病原学检测知识和技能竞赛个人综合一等奖、操作一等奖、理论二等奖	浙江省疾病预防控制中心	2014 年 5 月
小营街道社区卫生服务中心	周静月	群众满意的社区护士	浙江省基层卫生协会	2014 年 11 月
清波派出所	沈　宁	公安机关优秀政工干部	浙江省公安厅政治部	2014 年 2 月
清波街道	夏利川	浙江省"十佳百优"美丽人物	浙江省司法厅	2014 年 11 月
望江街道	周良英	浙江省巾帼建功标兵	浙江省妇联	2014 年 3 月
区关工委	邵美英	浙江省关心下一代工作先进个人	浙江省关心下一代工作委员会	2014 年 12 月
区人武部	张淦华	浙江省军区优秀团主官	浙江省军区	2014 年 12 月
区法院	程煜峰	个人二等功	浙江省高级人民法院	2014 年 1 月
区法院	陈曦晔	2013 年度全省法院立案信访工作先进个人	浙江省高级人民法院	2014 年 1 月
区检察院	袁吉良	浙江省社区矫正工作先进个人	浙江省委办公厅、浙江省政府办公厅	2014 年 7 月
上城地税分局	何文博	2014 年度浙江省"纳税服务之星"	浙江省地方税务局	2014 年 3 月
上城地税分局	张斌豪	2014 年全省财税系统辩论赛优秀辩手和全市财政地税系统辩论赛优秀辩手	浙江省地方税务局	2014 年 9 月
杭州娃哈哈集团有限公司	许　斌	浙江省劳动模范	浙江省总工会	2014 年 5 月
杭州华日投资有限公司生产制造部	朱　伟	浙江省劳动模范	浙江省总工会	2014 年 5 月
杭州娃哈哈集团有限公司	宗庆后	浙江省光彩事业贡献奖	中共浙江省委统战部、浙江省工商业联合会、浙江省光彩事业促进会	2014 年 2 月
杭州娃哈哈集团有限公司	宗庆后	首届光荣浙商	浙江日报报业集团、全球光荣浙商论坛组委会	2014 年 8 月
杭州娃哈哈集团有限公司	宗庆后	浙江工商领袖圆桌会议主席团主席	浙江工商领袖圆桌会议主席团	2014 年 9 月
杭州绿盛集团有限公司	林　东	浙江省海外交流协会第六届理事会常务副会长	浙江省海外交流协会	2014 年 10 月

2014 年度市级先进个人

表 36

获奖单位	获奖人姓名	先进荣誉称号	颁奖单位	颁奖时间
区委政法委	林时鹏	杭州市 2013 年度维护社会稳定工作先进个人	中共杭州市委、杭州市人民政府	2014 年 1 月
区委政法委	马水莲	杭州市 2013 年度维护社会稳定工作先进个人	中共杭州市委、杭州市人民政府	2014 年 1 月
区住房和城建局	金建明	2014 年春风行动爱心奖	中共杭州市委、杭州市人民政府	2014 年 12 月
区流动人口管理科	罗伟东	2013 年度维护稳定工作先进单位	杭州市人民政府	2014 年 3 月
区公安分局刑侦大队	毛文虹	杭州市"三八红旗手"	杭州市人民政府、杭州市妇女联合会	2014 月 3 月
区城管局紫阳执法中队	高　波	2013 年度杭州市十佳公务员	中共杭州市委	2014 年 4 月

(年鉴编辑部)

文件辑录

关于开展党的群众路线教育实践活动实施方案

在全党深入开展以为民务实清廉为主题的党的群众路线教育实践活动，是党的十八大作出的重要战略决策。为切实抓好区委办公室党的群众路线教育实践活动(简称"教育实践活动")，根据区委《关于深入开展党的群众路线教育实践活动的实施意见》精神要求，制定本方案。

一、指导思想

高举中国特色社会主义伟大旗帜，以马列主义、毛泽东思想、邓小平理论、"三个代表"重要思想、科学发展观为指导，全面贯彻落实党的十八大和十八届三中全会精神，紧紧围绕保持和发展党的先进性和纯洁性，以为民务实清廉为主题，以"照镜子、正衣冠、洗洗澡、治治病"为总要求，把贯彻落实中央八项规定和省、市、区委相关要求作为切入点，进一步突出作风建设，坚决反对"四风"，以"深入基层、深进群众、深化服务"为主线，树立宗旨意识，增强群众观点，提高工作能力，为建设"现代化美丽上城"夯实思想基础、组织基础和群众基础。

二、总体要求

充分发扬认真精神，注重发挥领导带头、层层示范，注重聚焦"四风"、解决问题，注重突出重点、有效落实，注重上下协同、衔接带动。坚持时间服从质量，统筹协调、灵活安排时间进度，做到学习教育促进思想自觉、行动自觉，实践活动促进中心工作、全局工作，确保教育实践活动不虚、不空、不偏、不走过场。坚持从实际出发，以"增强凝聚力、提升执行力、提高担当力"为要求，组织开展好"三沉四进"(机关党员、在职党员、年轻党员下沉进社区、进网格、进企业、进家门)、"三联惠民"(实事联办、难题联解、队伍联建)、"三认三熟"(认人、认情、认事，熟人头、熟民情、熟政策)等活动，在服务改革、担当负责、做好群众工作上出实效，在直接联系服务群众中受教育、转作风、增才干。

三、范围对象

教育实践活动的范围和对象为区委办公室的全体党员干部。重点是区委办领导班子。教育实践活动以区委办党支部为牵头组织开展。在外挂职的党员，参加所在工作单位的教育实践活动。

四、方法步骤

教育实践活动从 2014 年 2 月中旬开始，到 9 月中旬基本完成。

首先，及时传达学习上级有关会议和领导讲话精神，迅速成立领导小组及其办事机构，研究制定实施方案，筹备召开动员部署会议，做好思想准备、组织准备和各项工作准备。在此基础上，分3个时间段、抓好以下3个环节：

（一）学习教育、听取意见环节

1.学习交流。除区委办领导班子成员带头开展学习交流活动外，以支部活动为依托认真组织全体党员干部学习交流。组织全体党员干部认真参加并重点学习中央和省、市、区委关于党的群众路线教育实践活动动员部署会议精神、习近平总书记和省、市、区委主要负责同志一系列重要讲话精神，学习《论群众路线——重要论述摘编》《党的群众路线教育实践活动学习文件选编》《厉行节约、反对浪费——重要论述摘编》《干在实处，走在前列——推进浙江新发展的思考与实践》《之江新语》等材料。

学习采取集中学习、个人自学、专题报告、座谈讨论、在线学习等方式。学习要结合思考“如何增进与百姓的感情”“如何拉近与百姓的距离”“如何增强心中百姓的分量”，扪心自问“为了谁”“依靠谁”“我是谁”等问题展开。党支部不定期整理发布有关理论文章和学习资料，供全体党员干部学习交流。

支部集中学习不少于6个半天，每名党员干部自主学习不少于20学时，严格实行学习考勤制度。领导班子成员和科级干部要联系思想和工作实际，撰写心得体会，并相互交流。

2.征询意见。班子成员要紧密联系思想和自己分管的工作实际，通过谈心、走访、座谈、问卷调查等形式，广泛征求群众意见和建议，找出作风上存在的突出问题。除听取区委办其他党员的意见和建议外，在3月初召开的区委办动员部署会议上，印发征询意见表，并当面听取与会人员的意见和建议，为下一步对照检查、开展批评与自我批评和解决突出问题打好基础。

3.接受教育。紧密围绕马克思主义群众观点和群众路线开展的党的优良传统教育活动，通过组织学习党情、党史、党建知识，进一步提高对开展教育实践活动的重要性和必要性的认识，进一步牢固树立党员干部走中国特色社会主义道路的信心，进一步提升服务意识和工作能力。3月底4月初，组织全体党员干部参观中共杭州小组纪念馆、东坡路社区、中国社区建设展示中心和“平安365”社会服务管理联动指挥中心等，接受党史教育，提高群众意识。同时，开展廉政警示教育活动，通过组织党员干部观看廉政教育专题片等，用正反面典型对党员干部进行深刻的党性党风党纪教育。4月，党支部召开学习交流会，全体党员交流学习体会。

4.主题讨论。结合市、区委“深化改革、创新发展”解放思想大讨论活动，以建设“现代化美丽上城”为目标，开展“美丽的梦·我们的路”主题讨论活动。通过论学活动，牢牢把握当前我区主要任务，并结合区委办的主要职能，深入查找思想认识上的差距、工作作风上的差距、服务全区大局上的差距、办事效能上的差距等，深刻分析原因，提出解决对策，切实找准改进办公室工作的关键环节，把学习讨论转化为行动力量，为顺利推进教育实践活动的后续环节打好基础。

（二）查摆问题、开展批评环节

认真落实区委关于教育实践活动的各项要求，着力查找在形式主义、官僚主义、享乐主义和奢靡之风上的具体表现。

1. 在区委办全体党员干部中开展“四对照四查摆”活动。一是重点围绕为民务实清廉要求和中央八项规定，省委“28条办法”、“六项禁令”，市委“30条意见”，区委“30条办法”、《党政机关厉行节约反对浪费条例》等，查摆贯彻落实作风建设要求的情况；二是对照征询到的意见和建议，查摆作风建设存在的突出问题；三是对照保持优良作风的先进典型，查摆作风建设的差距和不足；四是对照警示教育反面典型案例，查摆作风建设存在的苗头性、倾向性和潜在性问题。要重点查找是否在工作中存在脱离基层、脱离实际、脱离群众的情况；是否存在搞繁文缛节、文山会海，以文件落实文件，以会议落实会议，重形式主义，轻实际效果的情况；是否存在思想观念守旧，固步自封，满足现状，不思进取的情况；是否存在组织纪律松弛，工作纪律不严，制度执行不力，人浮于事的情况；是否存在服务基层高高在上，官僚主义和衙门习气严重，“事难办”的情况；是否存在工作敷衍塞责、推诿扯皮,碰到困难绕着走,遇到矛盾往上交,在其位不谋其政,在其岗不尽其责的情况;是否存在工作不深入、不用心,大而化之,只做表面文章,不求工作实效的情况;是否存在工作责任心不够,主观能动性缺乏,办事拖拉,工作疲沓,办事效率低下的情况;是否存在履行职责权力异化,以权谋私,损公肥私的情况,是否存在奉行“好人主义”、不敢抓、不敢管、不敢坚持原则的情况,是否存在借各种名义公款吃喝、游山玩水、贪图享受的情况,等等。

2.认真撰写对照检查材料。区委办领导班子成员要撰写对照检查材料。对照检查材料要开门见山讲问题,要一风一风列出“四风”问题的具体表现、典型事例,对“三公”经费支出、职务消费、人情消费、公务用车、办公用房和住房、家属子女从业等情况作出说明,要从理想信念、宗旨意识、党性修养、政治纪律、担当精神等方面剖析根源,明确努力方向和整改措施。区委办主要负责同志要主持起草领导班子对照检查材料,并在一定范围征求意见,班子成员要自己动手撰写个人对照检查材料。领导班子及其成员的对照检查材料要及时送区委督导组审阅。

3.组织召开专题民主生活会和专题组织生活会。在前期调研和广泛征求意见的基础上,针对查找的突出问题和征询到的意见和建议,党支部组织全体党员召开专题组织生活会,分析查找自身差距和不足。领导班子要召开专题民主生活会,班子成员要结合各自职责,重点查找班子和个人在贯彻落实群众路线、作风建设方面存在的问题。领导班子专题民主生活会接受区委督导组的全程参与和指导。会上,既要进行深刻的自我批评,又要进行诚恳的相互批评。批评和自我批评要实事求是。

会前,要广泛开展谈心活动。区委办主要负责同志与班子成员逐一谈心,班子成员之间、党员之间要广泛开展谈心活动。通过谈心活动达到了解情况,沟通思想,找准问题,增进团结的目的。会后,通过适当形式向办公室全体党员通报领导班子民主生活会情况和班子成员的对照检查材料。

(三)整改落实、建章立制环节

在教育实践活动中,要把整改贯穿始终,坚持边学边改、边查边改,该改的马上改,该做的马上做。在此基础上,认真抓好集中整改落实工作。

1.制定和落实整改任务书。针对作风建设方面存在的突出问题,领导班子及其成员、全体党员都要分别制定整改任务书,明确整改目标任务、重点措施、责任主体和整改时限,切实进行整改。领导班子整改任务书在吸收班子成员的整改措施和广泛听取意见的基础上,由领导班子集体研究决定。领导班子成员整改任务书经办公室主要负责同志审定后,报区委督导组审核把关。其他党员干部的整改任务书由分管领导审核,并提交党支部。领导班子成员的整改任务书和落实情况,须通过适当形式进行公示,自觉接受监督。

2.落实“领办项目”和“引领岗位”活动。区委办全体党员要根据整改任务书要求,从具体事情抓起、从身边事做起、从群众最不满意的事改起,即知即改,立行立改。领导班子成员要落实“领办项目”活动,梳理全区经济社会发展方面的重大项目和工程,由干部领办,项目化推进;在其他党员中间开展“引领岗位”活动,结合自身岗位特点,积极在本职工作中服务群众方面创新做法,在深入推进“十大行动”、切实解决好发展中的“六大问题”中发挥岗位示范作用。

3.组织开展“正风肃纪集中推进月”活动。6月,办公室对精简会议活动和文件简报情况、“小金库”和“三公经费”支出情况、效能建设情况、党务公开情况等认真开展自查自纠。党支部对全体党员的工作作风、精神面貌、服务能力、服务态度、服务水平等进行督查,及时整改落实。召开一次办公室作风建设专题会议,请区效能办负责同志作报告。

4.建立健全长效机制。要对区委办已有制度进行梳理,经实践检验行之有效、群众认可的,要继续坚持,抓好落实;对不适应新形势新任务新要求的,要抓紧修订完善。要结合工作实际,积极扩大群众的知情权、参与权、监督权,建立健全体现群众意愿的科学民主决策机制;建立健全干部作风状况考核评价机制、厉行节约和制止浪费制度;完善会议、培训、活动经费管理办法,推动改进工作作风、密切联系群众常态化长效化。根据区委“治理文山会海”的部署,建立健全务实高效的办文办会机制,简化会议程序,严格会议经费管理,从严控制各类文件简报和内部刊物。同时，结合我区政府管理和服务标准化建设，研究制定《上城区办会管理规范》《上城区办文管理规范》等区级标准，作为区委办建立健全长效机制的具体成果。

五、活动要求

（一）加强领导，落实责任

区委办成立教育实践活动领导小组，周忠诚同志为教育实践活动的第一责任人。教育实践活动领导小组下设办公室，与党支部合署，具体负责教育实践活动的日常组织协调和服务工作。

（二）领导带头，全员参与

区委办全体党员干部要深化认识，增强责任感和使命感，严格按照中央和省、市、区委的部署要求，坚持高标准、严要求，以整风的精神抓好各项工作落实。领导班子成员要带头参与教育实践活动，带头学习提高，带头查摆问题，带头开展自我批评，带头整改落实。党员干部要积极参加学习交流、踊跃参与评议，自觉查摆整改，切实改进作风，提高服务水平。

（三）改进作风，力求实效

要紧抓作风建设重点，用好的作风组织开展教育实践活动，力戒形式主义，不走过场；要加强教育实践活动的针对性，紧紧围绕为民务实清廉摆问题、查原因；要虚心接受群众意见，着力解决群众反映强烈的突出问题。要把教育实践活动融入到各项业务工作中去，把各项业务工作结合到教育实践活动中来。切实做到教育实践与日常工作两不误、两促进，用各项工作的实际成果来检验教育实践活动的成效，努力使教育实践活动成为做好其他各项工作的重要推力，成为党员干部密切联系群众、改进工作作风的重要载体，成为推进区委办工作的重要手段。

（四）加强宣传，营造氛围

充分发挥信息简报等载体的作用，广泛宣传教育实践活动的重大意义和中央、省委、市委、区委的部署要求，深入宣传活动进展和成效。注意及时总结经验，踊跃向区委及省、市委报送信息稿件，充分发挥先进典型的示范引领作用和反面典型的警示教育作用，在区委办乃至全区营造出践行群众路线的良好舆论氛围。根据教育实践活动进展情况，经区委督导组同意后，在9月份适时召开区委办公室教育实践活动总结会议，并开展民主评议。

中共杭州市上城区委办公室

2014年3月3日

关于认真贯彻落实党的十八届三中全会精神全面深化重点领域改革的决定

改革是发展的不竭动力。党的十八届三中全会通过的《中共中央关于全面深化改革若干重大问题的决定》，是我党在新的历史起点上全面深化改革的行动纲领。省委、市委结合实际明确了改革工作的部署，出台了全面深化重点领域关键环节改革的决定。全区上下要深刻认识全面深化改革的重要性、必要性和紧迫性，深刻把握中央和省委、市委全面深化改革的一系列新思想、新部署和新要求，坚定地肩负起全面深化改革历史重任，敢啃硬骨头、敢涉深水区、敢打攻坚战，为实现我区经济社会发展走在前列提供强大动力和体制机制保障。

我区全面深化改革要以促进社会公平正义、增进人民福祉为出发点和落脚点。坚持问题导向原则，围绕事关全局的重大问题、涉及群众利益的民生问题、社会普遍关注的突出问题及前瞻性战略问题，明确我区改革方向、思路和举措。坚持以人为本原则，统筹兼顾各方面的利益，让群众共享改革发展成果。坚持权责一致原则，努力实现各部门、各单位的职权和责任一致，杜绝相互推诿，更好地形成合力，确保工作落实到位。坚持稳步推进原则，在明确改革方向和举措的基础上，制定具体实施计划，有序推进、不断深化，到2015年，本决定提出的一批改革具体项目取得突破性进展;到2017年,基本完成本决定提出的改革任务;到2020年,基本形成系统完备、科学规范、运行高效的制度体系。

一、围绕提升发展品质,着力深化经济领域体制机制改革

推进国有资产管理体制改革。完善国有资产管理体制,健全管理机构。建立和完善国有企业现代企业制度,健全协调运转、有效制衡的国有企业法人治理结构。推动区属国资企业的人事制度改革。全面梳理区属国有资产,明晰归属、确权确利。强化对国有资本的监督管理,优化配置零、小、散国有资产,探索建立国有资产保值增值运营机制。积极发展混合所有制经济,放大国有资产功能,提高国有资产竞争力,努力实现国有资产效益最大化。完善激励约束机制,建立以国有资产利润总额、净资产收益率和国有资产保值增值率等为主要指标的考核体系。

健全楼宇经济培育机制。完善楼宇有机更新和管理工作机制,积极探索楼宇回购运营服务新途径,着力破解产权分散楼宇资源的整合难题,切实增强楼宇资源调配力。加快推进楼宇改造提升三年行动计划,建立楼宇"亩产效益"导向的绩效评价体系,着力打造现代化商务综合体和商务街区。研究制定统一的招商政策,明确各级各部门招商职责,建立协同一体的招商机制。整合招商资源,统筹招商力量,探索建立统一的招商平台。完善发改、商务、工商、税务、街道等协同联动服务机制,优化招商环境。

深化建设管理体制改革。进一步理顺指挥部、管委会、街道和住建局等主体关系,强化住建局的管理职责,明晰属地街道责任。建立征收补偿、建设管理和资产经营适当分离的城市建设管理体制,健全责、权、利相统一的城市建设管理机制,完善决策、执行、监督相分离的日常管理运行机制。进一步加强征收实施工作的组织协调,明确各相关部门职责,完善征收实施机制。改革指挥部管理体制,强化成本管理和流程管理,打造队伍干练、协调有力、管理有效的建设队伍。

深化区域协作联动机制。深化区县协作,着力探索税利互惠、园区共建、产业联动等机制,构建"联动式"发展模式。加强与国内外友好城区的协作,在项目共建、优势互补、信息技术互用等方面逐步形成互惠互利、协同推进、可持续的发展格局,着力增强楼宇总部经济的集聚功能、主导产业的资本和品牌辐射功能,不断拓展产业发展空间,实现有限空间无限发展。

加快"智慧城市"先导区建设。建立健全推进"智慧城市"先导区建设的决策体系、保障体系和评价体系,制定出台上城区"智慧城区"建设总体规划纲要。依托思科等行业龙头企业带动,加快推进望江智慧产业园区建设。建立统一开放的"智慧城区"公共平台和信息资源共享服务体系,构建以智慧民生、智慧政务为核心的城市"智慧服务"应用系统,提升城市环境宜居数字化、城市安全防控数字化、城市生活便捷数字化、政府公共服务数字化水平。促进"智慧城区"建设与主导产业发展相融合,以信息技术推动传统产业转型升级和现代服务业发展,使"智慧产业"成为我区新一轮发展的增长极。

深化科技创新领域改革。加强区工业园区等创新平台建设,完善科技扶持政策,支持高新技术企业加强科技投入和技改力度。完善科技经费投入的绩效评价、风险控制和责任机制。全面提升孵化器水平,完善孵化器、加速器和产业园区的对接机制。积极引导更多企业与高校、科研院所合作,共建研发机构,建设区域创新体系。

深化人才工作改革。有针对性地引进我区重点扶持产业、重点发展行业所急需和紧缺的海内外高层次人才,推进人才引进增量提质。统筹推进"1211"创新创业计划、"128" 人才提升工程等重点人才工程,加大人才培育力度。加强部门联动,探索建立高层次人才储备库和人才驿站。坚持以用为本,建立人才投入绩效评价机制,深化人才政策的落实和创新,完善人才激励保障机制,提升产业园区、工业园区、留学生创业园等人才平台发展水平,不断激发人才创新创业热情。探索构建党政机关、企事业单位、社会各方面人才顺畅流动的制度体系。

二、围绕提升文化品质,着力深化文化领域体制机制改革

健全弘扬"最美精神"的长效机制。坚持社会主义先进文化前进方向,围绕社会主义核心价值观基

本内容和“中国梦”深刻内涵，大力推广“邻里价值观”、“微美在邻里”等区域文化品牌，广泛弘扬“最美精神”，培树身边“最美人物”典型，探索“最美现象从盆景变为风景”的长效机制。

构建现代公共文化服务体系。建立公共文化服务体系建设协调机制，统筹服务设施网络建设，促进基本公共文化服务标准化、均等化。有序引导社会力量参与公共文化领域和基层文化设施建设，鼓励非公有制文化企业发展。健全文艺团体联合会扶持机制。着力发挥“名人、名园、名企、名品、名牌”效应，推进文化创意产业集聚集群、协调持续发展。加大历史文化、红色文化保护力度，积极探索文化优势转化为核心竞争力的新途径。大力培育区域文化品牌，提升“南宋古都·经典上城”品牌影响力。

完善互联网管理体制机制。整合区属新闻媒体资源，加强传统媒体和新兴媒体融合发展，积极构建全区大宣传工作机制。创新改进网上宣传，着力建设一支过硬的网络新闻发言人和网络评论员队伍。对接市网络舆情研判导控服务平台，完善网络舆情监管和网络突发事件处置机制。建立和完善互联网管理领导体制，健全网络违法犯罪防范和打击等工作联动机制，依法治理网络空间，不断增强网络安全保障能力。

三、围绕提升生态品质，着力深化生态领域体制机制改革

健全治水、治气、治堵工作机制。制定“五水共治”工作目标体系，制定和细化“河长”治水管水的工作职责和考核体系。加大饮用水源保护力度，加强重点低洼地区的防洪排涝基础设施建设，强化水资源和防灾减灾的安全保障。完善生活污水处理机制。健全治理燃煤烟气、有机废气、汽车尾气、餐饮油烟、工地扬尘的大气环境综合治理机制。深入推进“无燃煤区”建设。鼓励社会力量投资停车场库建设，统筹利用社会资源推进错峰停车。

健全资源节约利用新机制。强化节约集约用地、优地优用导向，完善区域沿山、沿河、沿江空间和地下空间发展规划，积极探索公共资源开发利用新途径。加快产业向节能低碳、绿色健康、可再生资源利用转型发展，不断提高能源利用效率和效益。实施节能减排工作责任制，推行清洁生产，加强单位生产总值能耗和能源消费总量双控管理。

推进城市精细化管理。在“三改一拆”基础上推进“无违建区”创建，以生态理念加快对老旧小区的改造提升，积极打造“最美”街区、“最美”小区。完善生活垃圾分类收集机制。注重运用城市管理和环境治理新技术，提高管理效率，推进城市管理智能化、精细化。扎实推进“三江两岸”“四边三化”等生态工程建设，着力构建“一片、七带、多节点”的城区景观体系。

四、围绕提升健康品质，着力深化民生领域体制机制改革

构建便民惠民的医疗服务体系。依托辖区省市医疗资源，完善全科医生制度，健全社区卫生服务体系，完善分级诊疗模式，全面推行双向转诊制度。积极引导和鼓励社会资本投资医疗卫生事业，重点发展应对人口老龄化的护理、康复和远程医疗等医养护结合的健康服务产业，着力打造健康医疗城。

构建优质均衡的教育服务体系。深入推进“管办助评”分离，强化政府教育督导，扩大学校办学自主权，加快推进教育管理体制改革。完善师资、课程、场地等优质教育资源共享机制，健全个性化、多样化教育服务体系，推进教育优质均衡发展。深化民办学校体制改革，鼓励民间资本进入教育领域，研究探索市场化运作收费模式，探索民办学校教师参加事业养老保障制度。探索和推进国际学校办学，提升我区教育国际化水平。

构建公平可持续的社会保障体系。深化居家系列惠民服务平台建设，提升居家服务质量。引入社会资本，探索养老机构发展新途径，加快建设社区老年人照料机构和设施，加大养老资源的整合、改造和提升力度，努力构建社会化养老服务新体系。深化充分就业城区和创业型城区创建，完善区、街道、社区三级劳动保障服务平台，强化对各类群体的创业就业帮扶。健全社会保障机制，调整完善现有救助政策，构建“全覆盖、保基本、多层次”的可持续保障体系。

五、围绕提升平安品质，着力深化社会领域体制机制改革

完善社会治理机制。坚持和发展“枫桥经验”，完

善“平安365”社会管理服务联动机制，建立全域一体的社会治理服务体系。深入推进“法治上城”创建活动。积极探索“法德融合”的社会治理模式。完善信访工作制度和考核制度，探索化解复杂信访问题的新途径，完善人民调解、行政调解、司法调解联动工作体系，建立健全涉法涉诉信访案件分类和审查办理机制以及司法救助制度。

深化公共事务协商治理。发展和完善基层民主，深化“17654”民主民生互动平台建设，健全社情民意收集、民生响应、协同治理、处置效果评价四大机制。整合各街道、社区民主协商载体，健全“民情半月谈”活动长效机制，推进公共事务协商治理。健全以职工代表大会为基本形式的企事业单位民主管理制度。

激发社会组织活力。建立培育发展社会组织的长效机制，优先发展和重点扶持慈善公益、中介服务、社区服务等领域的社会组织。积极引导社会组织有序参与公益服务和社会管理。深化社会组织管理体制改革，完善社区社会组织备案管理制度。完善社会组织内部治理结构，健全跨部门综合监管体系。

完善公共安全管理体系。健全安全生产监管体制机制，依法加大安全生产监管执法和行政处罚力度。建立最严格的覆盖全过程的食品药品监管制度，切实保障食品药品安全。健全市场监管体系，构建覆盖生产、流通、消费三大领域，事前预防、事中检查、事后查处有机结合的长效监管机制。加强社会治安综合治理，创新立体化社会治安防控体系。建立健全突发公共事件应急联动机制。

深化行政执法体制改革。整合执法主体，相对集中执法权，探索建立“大综合管理”机制，推动综合执法和执法力量下沉，着力解决权责交叉、多头执法问题。完善行政执法程序，规范执法自由裁量权，做到严格规范公正文明执法。加大环境保护、劳动保障等重点领域执法力度。理顺城管执法体制，提高执法和服务水平。

六、围绕提升服务品质，着力深化党委政府自身改革

健全决策机制和程序。深化“663”区委重大决策运行机制，健全重要决策调研论证、决策咨询和社会稳定风险评估等机制。健全人大讨论、决定重大事项制度，区政府重大决策出台前向区人大报告。健全人大对政府全口径预算决算审查监督、国有资产监督等制度。完善重大决策出台前与政协协商制度，健全政协专题协商、对口协商、界别协商、提案办理协商等分类协商制度。

推动政府机构改革。开展政府部门职责和职权清理，研究制定区直部门职责分工协商协调办法，构建职责定位清晰合理、履职程序便捷高效的部门职责体系。加强机构编制管理，严格控制机构编制，减少机构数量、领导职数和财政供养人数。按照上级部署稳步推进政府机构改革，完成食品药品监管体制改革和工商、质监体制调整工作，推进区卫生局和人口计生局职责整合。统筹政府机构改革和事业单位改革，同步开展事业单位职能梳理，促进事业单位行政职能“还政于政”。探索事业单位法人治理结构试点工作，稳步推进管办分离、政社分开。

推进街道管理体制改革。进一步明晰街道职责，强化社区建设和社会治理在街道工作中的核心地位，确保街道工作责、权、利统一。增强街道整体功能，强化街道在选人用人、绩效考核、资源调配上的自主权、调控力。优化街道工作综合考评办法，建立差异化考核机制。完善社区事务准入机制，严格执行权随事移、费随事转，切实减轻社区负担。

建立公共服务清单制度。深化政府管理与公共服务标准化建设，探索实施“公共服务清单”制度。编制政府职能部门购买服务目录及实施办法，加大政府购买公共服务力度。深入推进审批制度改革，建立健全统一规范的招投标和公共资源交易平台，完善行政审批服务中心建设，积极承接上级下放的行政审批服务事项，完善一门受理、并联审批、多证联办的审批服务模式。加快构建区域诚信体系，建立健全政府、企业和个人信用评价制度。

完善公共财政制度。编制财政三年滚动规划，完善规范、公开、透明的预算制度。制定切实可行的标准，严格控制公务接待、公务用车等一般性支出。规范结余资金预算管理，依法公开财政决算、部门决算、“三公”经费预决算和行政经费支出。深化国库集中支付制度全覆盖，重点解决基层站所、学校等财政集中收付管理问题。进一步规范财政资金的使用，认真执行各项民生政策，探索建立财政保障民生支出的长效机制，加大对民生领域的资金保障，减少对一般竞争性领域的支出。

健全科学有效的选人用人机制。破除“唯票、唯分、唯GDP、唯年龄”倾向，突出“重平时、重实绩、重口碑、重基层”，完善干部提名、推荐、考察等工作机制，构建有效管用、简便易行的选人用人机制。完善区直单位领导班子成长分析体系和任期目标绩效管理机制，建立健全科学有效的考核机制和责任追究制度。打破干部部门化，健全干部跨部门交流制度。加强党的纯洁性建设，建立干部退出机制和不合格党员退出机制。健全有效发挥退出领导岗位干部作用的工作机制。深化机关干部“下基层、破难题、转作风”主题活动，健全干部下基层长效机制。

完善权力运行制约和监督体系。建立权力清单制度，推进权力公开规范运行。健全反腐败领导体制和工作机制，完善惩治和预防腐败体系。全面落实党风廉政建设责任制，建立行使有效的监督检查机制，加大治庸问效、治懒问勤、治虚问实、治腐问廉的力度。完善公述民评、效能投诉等载体，健全人民监督、社会监督、舆论监督机制。深入开展党的群众路线教育实践活动，完善党员干部直接服务群众制度，着力解决“四风”问题，推进作风建设制度化规范化常态化。

为确保改革深入，区委成立全面深化改革领导小组和办公室，建立重大改革项目区领导分工负责制，切实加强对全面深化改革工作的组织领导、总体设计、统筹协调、整体推进、督促落实。建立健全改革项目化推进机制，细化量化重点领域关键环节改革的具体方案，制定年度改革行动计划，明确责任主体和责任人，制定实施时间和路线图，确保改革落到实处。区人大常委会要作出促进改革创新的决定，营造支持改革、宽容失败、大胆尝试、敢为人先的良好氛围，切实发挥人大在改革推进过程中的职能作用。区政府要制定有关改革的具体实施方案，抓好各项措施的落实。区政协要积极为全面深化改革建言献策，加强对改革措施落实情况的民主监督。各部门、各单位要围绕全区改革总体部署，结合工作实际，提出本部门本单位改革创新的计划和项目，切实抓好区委决策部署的贯彻落实。

中共杭州市上城区委办公室

2014 年 4 月 9 日

关于全面实施“河长制”进一步加强“五水共治”工作的实施意见

2010 年以来，我区围绕水环境治理，坚持保护、整治、开发、利用多管齐下，加大防汛排涝基础设施建设力度，全面加强水污染防治和水环境保护，截至 2012 年末，全区黑臭河道已全部消除，水环境总体稳定向好。但随着城镇化进程的加快、极端天气的频繁出现和市民对生活品质追求的逐步提高，部分河段水环境问题仍然突出，污水、涝水、洪水等问题在一定范围依然存在，直接影响人民群众的生产生活。为进一步贯彻落实省、市关于“河长制”和“五水共治”的工作要求，深入推进我区水环境治理，为现代化美丽上城建设夯实基础，特提出如下意见。

一、总体要求

（一）指导思想

以邓小平理论、“三个代表”重要思想、科学发展观为指导，以建设生态上城、美丽上城为目标，以保障人民群众身体健康为出发点，按照安全饮水、科学调水、有效节水、治理污水的要求，坚持科学治水、源头治水、生态治水，全面实施“河长制”，提升河道生态环境质量，打造上城“排水之河”“景观之河”“休闲之河”“文化之河”，切实落实各级各部门的环境保护责任，动员全社会参与水环境治理，建立健全水环境保护长效机制，持续改善水环境质量、维护水生态安全,以治水为突破口全面推进转型升级,为建设现代化美丽上城提供坚实的环境保障。

(二)工作目标

1.治污水:经过3年努力,到2016年,需纳污地区城市污水收集管网全覆盖,居民生活小区污水收集全覆盖,全区所有水体接近或达到Ⅳ类水质,作为饮用水水源地的中河南段和贴沙河断面水质分别达到或接近Ⅲ类和Ⅱ类水标准,全区跨行政区域河流交接断面水质考核达到良好以上,实现“河洁、水清、岸绿、景美”的整治目标。

2.排涝水、防洪水:通过对山水、低洼积水、河道清淤三大环节强化治理,立足以点连线成面立体改善模式,切实夯实防洪排涝基础,综合带动治污、清水、节水等工作迈向新水平,到2016年,实现“城区达到十年一遇防涝标准,重点区域达到二十年一遇防涝标准,城市干道交通不受严重影响;短时强降雨积水及时排除,交通不中断,重点路段不积水”全市目标的前提下,结合本区,看高一线,确保特殊气候条件下民居进水、路面积水、河道排水“三个最小影响”目标。

3.保饮水、抓节水:加快推进合格规范饮用水水源创建工作,全面完成“备用水源”生态景观保护与建设各项任务。大力推进节水器具改造,加快再生利用和雨水收集利用示范项目建设,至2016年,确保我区节水器具普及率达100%,实现我区节水型企业(单位)覆盖率≥20%,节水型居民小区覆盖率≥5%。

二、实行最严格的水环境保护制度,全面提升监管水平

(三)严格环境准入。按照空间、总量、项目“三位一体”环境准入制度,进一步细化环境准入要求,严格环境准入标准。严守生态红线,对饮用水源保护区等重要生态敏感区依法实施强制性保护。严格控制高耗能、高耗水、重污染、高风险产业的发展,凡不符合生态环境功能区准入要求的建设项目,一律不得审批。建设项目不符合排污总量削减、替代比例或准入条件的,一律不予批准建设。

(四)严格环境执法监管。综合运用经济处罚、限期治理、行政约谈等手段,从严从重打击各类涉水环境违法行为,实行最严格的水环境监管制度。深化公安、环保、城管等多部门联动执法机制,探索创新交叉检查、联合检查、夜间蹲守、节假日突查和市民参与环保执法等多种监管方式,严厉打击各种涉水违法行为。坚持对环境违法行为实行“零容忍”,进一步加大环境行政处罚力度,建立健全严格高效的环境监管体系和执法网络。切实加大涉嫌违法犯罪行为的打击力度,实行“行政、民事、刑事”三责并追,从根本上遏制环境违法行为多发现象。充分利用现代信息技术提高环境监控能力,针对行业特点分别实施重点监管措施,严格执行国家环保标准,确保污染物稳定达标排放;充分利用城管智能管控系统,加强河道监控。结合“无违建”创建活动,加大涉水涉河控违拆违力度,实现辖区河道沿线“无违建”。加强涉水涉河各类项目建设现场指导管理和督查,防止开发建设项目对水质的影响。危险废物和污泥从产生、运输、储存到无害化处置实行全过程监管,严格落实企业主体责任和部门监管责任,实现源头管理精细、贮存转运规范、利用处置无害。

(五)大力推进节水工程。进一步建立健全节水管理机构,完善节水统计等工作;完成辖区居民家庭节水器具普及率调查,并启动节水器具更换工作;推进老旧住宅小区屋顶水箱整治和“一户一表”安装工作;全区节水型企业(单位)覆盖率20%以上、节水型居民小区覆盖率5%以上;完成市里要求的雨水收集利用项目选点及准备工作。

三、加强基础设施建设,全面提升水环境治理能力

(六)加快防汛排涝基础设施建设。根据市、区工作部署和方案,两年内完成辖区主要受灾区块、道路、河道及周边辐射区域的防洪排涝基础设施治理。2014年度完成“三域排涝”(大学路区域、馒头山区域、望江门外区域),“三渠五河清淤”(八卦田环渠、宋城路环渠、浣纱环渠及新开河、新塘河、贴沙河、中河南段、东河),“两区八路低洼积水”(紫金社区105号、东河家园4幢东和菩提寺路、孝子坊、劳动路、凤山路、凤凰统一码头、里太祖湾、施家山、侯潮兴加儿巷)”共计20个治理项目。2015年至2016年,重点围绕“两圈”(望南望北和太庙),完成区域内排涝(洪)基础设施治理。

(七)加快截污纳管和污水管网系统建设。进一步加大辖区截污纳管工作力度,提高污水收集率。每年完成15个截污纳管项目,3年新增截污量不少于0.15万吨/日。按照“先管网、后项目”的要求,科学规划公建和住宅,对未配套建设污水管网的公建、住宅项目不得通过验收、不得投入使用。加大雨污、清污分流工作力度,加快推进城市阳台污水、初期雨水、三产服务业污水的截污纳管工作。

(八)做好地质灾害防治工作。完善地质灾害防治网络,针对馒头山地区单位、居民开展地质灾害防治培训和宣传。

四、加大水环境整治和生态修复力度,深入推进河道综合整治和保护

(九)加大河水生态保护与修复力度。结合《杭州市城市河道清洁水体五年行动方案》和《杭州市运河清洁水体专项行动方案》,加大一类河道中河、东河、贴沙河和二类河道新开河、新塘河河水生态保护与修复力度,按照“引得进、流得动、排得出”的总体要求,以提高水的流动性为手段,增强水环境承载能力,构建良好的水生态系统。运用截污纳管、清淤疏浚、引水配水、生态治理、综合养护管理等手段改善河道水质,开展河道视频监控系统建设,加快建立河道保洁长效管理机制,加强河道水质监控,完善河道水质监测制度,强化考核,定期通报河道水质排名。实施河道综保工程,开展城市生态示范河道创建,每年创建1条(段)城市生态示范河道。到2015年底,全区河道保洁基本实现全覆盖,全区基本消除污水直排河道现象。

(十)切实加强饮用水水源地保护。深入推进中河南段、贴沙河段综合保护,加快水源保护与违章建筑拆迁工作。禁止一切可能污染饮用水水源的活动,严格控制水源地周边地区的开发活动,严厉打击水源保护区内一切威胁水质安全的违法行为。严格排查饮用水水源地安全隐患,加大饮用水源污染隐患整治力度。加强对道路危险化学品运输安全管理,落实水源保护区及周边沿线公路等必要的隔离和防护设施建设。强化饮用水水源保护区环境应急管理,加强环境隐患排查和环境风险防范,健全突发水污染事件和藻类防控应急预案,落实环境突发事故各项应急措施。强化联合预警,建立联动应急预案和响应机制,定期组织开展演练,全面提升饮用水水源保护应急保障和处置能力。到2016年,全面完成我区饮用水水源地创建工作。

(十一)全面实施“河长制”。

1.明确河长设置。按照“一河一长、一河一策,条块结合、属地管理”的原则和河道的性质分别确定区级、街道级和社区级“河长”。区委书记缪承潮担任全区“总河长”,区长陈瑾、区人大常委会主任丁晓芳、区政协主席余勇担任全区“副总河长”,区委副书记袁建祥,区委常委、常务副区长黄爱芳,区委常委叶素,区委常委、副区长管光尧,副区长宣寅分别担任新塘河、中河、东河、贴沙河、新开河一级“河长”;属地街道党工委书记担任辖区二级“河长”,三级“河长”由河道所在社区主职领导担任,具体名单由各街道确定后报区治水办备案。“河长”名单要通过媒体向社会公布,在河岸显要位置设立“河长”公示牌,标明“河长”职责、整治目标和监督电话等内容,接受公众监督。

2.明确河长职责。“总河长”“副总河长”负责协调、督查、督办和督促全区城市河道的水环境治理工作。各级河长的职责是牵头组织开展包干河道水质和污染源现状调查,制定水环境治理规划及年度工作方案,推动落实重点工程项目,协调解决重点难点问题,做好督促检查,确保完成工作目标。一级“河长”负责指导制定联系河道水系水环境综合整治规划及年度工作方案,协调解决工作中存在的问题,做好督促检查工作,确保规划、项目、资金和责任“四落实”。二级“河长”对辖区内河道的水环境治理工作负领导责任,具体承担包干河道治理工作的指导、协调和监督职能,组织实施水环境治理规划及年度工作方案,推进河道整治和保洁、截污纳管、生态修复、水质改善等水环境治理工作。及时发现、制止、拆除各类涉河违章建筑。三级“河长”负责责任河道内影响河道安全、卫生等行为的监督、协调处理,保持良好的河道环境;组织开展河道管理日常巡查,对发现护岸坍塌、涉河违章和污水直排等问题,应及时制止并向当地政府或有关部门报告，并做好落实跟踪和记录；成立义务劝导队，将河道保洁、管理等规定写入《文明公约》，对不文明行为进行劝止；协助区相关部门查处违法行为。

五、强化工作保障

(十二)加强组织领导。为加强对五水共治工作的部署和协调，成立由区委书记、区长任组长的区"五水共治"工作领导小组，领导小组下设办公室，负责对全区治水工作的组织、协调、监督和考核工作(领导小组另行发文)。领导小组建立例会制度，治水办或河长牵头定期召开会议（原则上一个月不少于一次)，传达布置省、市要求和工作目标，对重大问题进行决策，研究、协调解决热难点问题，布置阶段性工作。建立报表制度，定期编制工作简报，及时向省、市上报工作情况，宣传经验做法、工作亮点，加强与媒体沟通，寻求舆论最大支持。各街道、有关部门要根据工作职责，把水环境治理与保护工作摆到更加突出位置，成立工作机构，落实专职人员，切实加强领导，落实责任，完善措施，扎实推进各项工作。

(十三)加强督查考核。强化问责和奖惩机制，区委、区政府将把水环境治理工作纳入对各街道和相关部门的年度综合考核以及生态文明建设考核的重要内容，实行同步考核。考核采用定期考核、日常抽查和社会监督相结合的方式。全区的考核督查工作由区考评办牵头(考核办法另行制定)，区治水办负责，督查考核结果适时予以通报。考核结果与"以奖代补"资金和干部实绩挂钩。

(十四)动员全民参与。充分发挥新闻舆论的引导和监督作用，利用报刊、广播、电视、网络等新闻媒体广泛持久地开展多层次、多形式的生态文明建设宣传教育活动，加强对先进典型的总结和推广，形成共建共享生态文明的良好氛围。引导企业履行社会责任，自觉防治污染，积极推行清洁生产，大力发展循环经济。积极培育发展民间环保组织和环保志愿者队伍，充分发挥其在加强环境宣传教育、开展环境公益服务、维护公众环境权益等方面的积极作用。进一步增强社会各界和人民群众投身水环境治理的责任意识、参与意识，形成全社会关心、支持、参与和监督水环境治理的良好氛围。

中共杭州市上城区委办公室

杭州市上城区人民政府办公室

2014 年 3 月 12 日

关于进一步推进社区发展的若干意见

为加强和创新社会管理，建立和完善具有上城特色的基层社区治理体系，有效扭转社区行政化倾向、居委会自治功能弱化和公共服务难以满足群众实际需求的现状，进一步增强社区管理、自治和为社会服务功能，最广泛地动员和组织居民积极投身社会治理，更好地构建既充满活力又和谐稳定的社区，根据《中共杭州市上城区委关于认真贯彻落实党的十八届三中全会精神全面深化重点领域改革的决定》，经区委、区政府同意，现就进一步推进社区发展提出如下意见。

一、指导思想、基本原则和目标任务

(一)指导思想

高举中国特色社会主义伟大旗帜，深入贯彻落实科学发展观，坚持以人为本、执政为民，全面落实依法治国基本方略，探索改革城市基层社区治理体制，不断提升社区服务功能，增强社区自治功能，维护居民民主权利与合法权益，密切党群干群关系，维护基层稳定，促进经济社会协调、可持续发展。

(二)基本原则

1.坚持责权统一、管理有序。转变社区管理机制，建立健全社区组织，明确社区组织的职责和权利，实现社区的"扁平化"管理与服务，增强社区的凝聚力。

2.坚持以人为本、服务居民。坚持以居民自治为核心的基层自治，尊重和实现人民群众当家作主的愿望，激活居民自我服务的主动性和积极性，满足群众不同层次的需求。

3.坚持扩大民主、居民自治。在社区内实行民主选举、民主决策、民主管理、民主监督，促进群众在社区治理、基层公共事务和公益事业中实行自我管理、自我服务、自我教育、自我监督。切实克服和防止社区管理行政化倾向。

4.坚持因地制宜、循序渐进。结合社区服务的不同类别、社会组织的分布差异和居民实际需求的不同状况,有计划、有步骤地进行社区治理机制改革。

(三)目标任务

以做实基层民主、促进民生改善、增强居民归属感为目标,以强化社区、社工、社会组织的联动为手段,根据构建社区治理体系的要求和职能,进一步完善以社区为平台、社会组织为载体、专业社会工作人才队伍为支撑的"三社联动"社区治理新模式,即社区居委会通过完善基层民主制度,扩大有序参与,加强议事协商,增强社区自治功能,维护居民民主权利与合法权益;社会组织通过合作共治、协同参与,在社会管理和社区服务中发挥作用,增强社区凝聚力,推进社区发展进步;专业社会工作者通过运用社会工作理念和方法,满足社会公共服务需求,预防和解决社会问题。

二、优化社区发展的环境

1.厘清关系,明确街道办事处定位。明确社区服务和管理在街道工作中的核心地位,增强街道开展社区建设和管理的财力,进一步明确街道的职责和任务。

2.关口前置,完善社区事务准入机制。明确街道作为社区建设和管理的领导机构,社区事务统一归口街道办事处进行安排,各职能部门不得随意要求社区居委会设立台账并加以考核。强化街道办事处对政策性公共事务下派社区的前置处理程序,按照"统筹必要项,退回违规项,合并同类项,取消重复项,清理无效项"的原则,对不应由居委会承接的政策性公共事务,予以分流;对需要由居委会协助的服务性公共事务,做好年度统筹,避免重复操作;对临时性公共事务,做好组织、指导和协调工作,提高工作效率,切实减轻社区负担。

3.合理归口,确保服务与效率并举。合理确定居委会与社区公共服务工作站的关系,在切实提高居委会工作人员能力的前提下,将公共服务站归口居委会领导,避免居委会的空心化、边缘化,扩大专业社工与居民的接触面,提高社区范围内政府行政工作的效率。社区公共服务工作站全面承担政府交办的政策性公共服务,推行"一口上下""一岗多能"的工作模式。

三、激活社区发展的动力

1.探索社区服务机制改革,健全和完善社区组织体系。以"新中国第一个居委会"——上羊市街社区为试点,开展新一轮社区服务机制创新实验。从理清社区的服务、自治职责,转变"过度行政化"倾向着手,重点提高居委会带领居民自治,推动其他形式基层自治的动力、活力和能力,大力拓展社区服务的资源来源,增强居民自治的主动性和自主性,动员和组织社区内外更加广泛和有效的公共参与,建立在社区党委领导下的、服务于居民自治、社区共治的社区组织体系和工作格局。

2.发挥政府引导作用,稳定社区资源供给。创新财政投入方式,确保社区服务的资金供应,稳定队伍,建设品牌。设立"社区建设专项公共基金",以政府购买服务的方式,引导居委会根据居民需求,联手社会组织,积极申报项目,充实和丰富居民自治的内容,激发居委会听取和反馈社区民意、运作居民代表会议的内在动力。

3.深化硬件资源整合,创新自治激励机制。盘活社区存量资源,增加用于公共活动的设施面积,提高使用效率,"筑巢引凤",为社区内各类组织和社会公益机构组织居民活动、开展自治活动和互助服务,提供必要的空间和场地。创新工作机制,建立以服务项目的立项率和居民对项目的满意度为主的考核方式,取消不必要的纸质台账,整合工作平台,为居委会工作人员走进居民,带领群众开展自治创造更大空间。

四、增强社区发展的功能

1. 推动居民代表会议常态化,夯实基层民主基础。继续抓好居委会民主选举,提高选举水平和质量。健全和完善居民代表的职责及其履行方式,发挥居民代表在社区服务和管理中的骨干作用,明确居民代表的权利和义务,制定居民代表会议的议事规则,规定需要票决的事项和程序,扩大居民自治的基础,提高居民参与积极性。探索建立社区代表大会制度,为地区党代表、人大代表和政协委员等参与社区服务和治理开辟制度化通道,加强他们与居民的联系，畅通意见表达，疏导社区情绪，引导更多居民参与自我服务和自我管理。

2.融合专业资源与民间力量，提升自助和互助能力。强化居委会下设的调解委员会等常设组织，引入专业社工和社区外志愿者，提高专业化水平，增强解决现实问题的能力，以居民自我服务、自我管理的实际效果，吸引各方参与基层自治。大力培育以居民为主体的社区功能性组织，建立政府资助、居民自报、社区监管、社会公益机构指导的项目推进方式，动员和引导更多居民参与志愿服务和互助服务，帮助解决个人困难和公共问题，增进人际关系，营造和谐温馨的社区氛围。

五、提升社区发展的效益

1.加强人才队伍建设，推动服务专业发展。合理设置社工工作岗位，构建多层次、多专业的社工结构，充分利用公共服务工作站编制，聘用具有专业资格、能适应社区工作的社工人员，形成社区社工的骨干队伍；依托政府购买服务，建立同社工专业机构的长期合作关系，形成面向社区主要需求的社工基本配置；借助枢纽型社会公益机构，引入社工志愿者，满足具有时效性和多样性的社区需求。

2.完善社区服务体系，实现均衡服务供给。整合社区内专业力量，形成不同专业社工之间彼此配合、相互支持的合力，搭建由不同职能的社工所组成的“专业链”。大力引进支持性社工，加强社区的动员、组织和宣传工作，为服务于居民的功能性社工营造氛围和环境，达成不同专业的社工各尽其能、相互协同的效果，确保优质的专业资源用在最需要的场合。

3.实行精细化服务管理，满足居民实际需求。深入调查研究居民需求，做好资料积累，通过对居民需求的精细切分，明确社区需求分布，制定专业社工介入方案，科学把握介入的时机、力量和方式。顺应社区服务社会化的潮流，引入具有策划专长的社工，将居民需求打包，以项目的形式，申请政府购买服务、企业赞助和公益组织承接，拓展资源来源，促进社区福利性服务的社会化，提高综合效益。

六、拓展社区发展的渠道

1.孵化群众性社会组织，自助互助与公益补给双管齐下。大力培育以居民为主体的社区社会组织，针对社区存在的实际问题和居民迫切需求，引导居民组织起来自我解决问题，满足共同需求；建立“社区建设专项资金”，利用小额资助，调动居民参与志愿服务的积极性。引入社会公益机构，为社区开辟新的资源来源，借助社区外公益机构的关系网络、资源来源和能力结构，帮助街道和居委会尽快提升社区服务居民的能力、水平和质量。

2.借助枢纽型中介功能，增加专业化服务供应。探索街道、社区委托枢纽型社会公益机构代为管理的体制，购买“一条龙式支持性服务”，全面对接社区内外各类服务性社会组织，提供居民需求调查和切分、服务项目策划和落地、公益项目的投标和招标、服务机构的遴选、志愿者培训、项目手册制定、项目实施监督和服务质量评估等专业服务，为居委会卸下力不能及的专业事务，为专业社工做好中间支持，为社区积累社会资本，为居民提供参与志愿服务的通道、平台和机会。依托社区平台，打造公益机构相互服务的链条，促成“1+1>2”的增能效应，实现社区和社会公益机构各得其所、共同发展。

七、强化社区发展的保障

1.创新党组织引领方式，建立扁平化共治结构。居民自治和社区共治是新的社区体制的两个重要方面，要探索社区党委与社区居委会不完全对应的组织体制，设立包含但不限于居委会的社区联合党委，将辖区单位、居委会、公共服务工作站和公益机构的负责人或党建联系人，以及职能部门联系社区的工作人员等吸纳到联合党委中来，形成扁平化的共治架构，实现社区党组织和党建工作的全覆盖，有效发挥党组织在基层民主建设中的领导核心作用，提高党组织在居民中的凝聚力。

2.畅通社区党委介入渠道，发挥党员示范作用。按照社区生活的实际需求，探索社区党组织主导运作居民代表会议和参与运作业主代表会议的方式与机制，开发社区党委介入各类社区组织运作的通道、方法和流程，培养党员特别是党务工作者的专业能力，包括物业方面的知识、项目设计和活动策划的能力、交流沟通的能力、运作代表会议的能力等。发挥党员在社区公共生活中的先锋模范作用，切实提高党员的实际工作能力和在社区内的号召力，确保党组织在社区各类组织中的核心地位。

3.完善和谐社区评价体系，提升社区服务能力。

以和谐社区建设“全市示范、全省领先、全国一流”为目标，以提升居民满意度为导向，以为民办实事为根本，结合民生改善和社会治理机制创新，在“四评一结合”和谐(满意)社区评价体系的基础上，结合街道和社区实际，健全评估体系，优化评估方式，重点突出社区居民满意度、自治能力、公共服务、品牌创建等内容，以不断深化和完善“333+X”社区大服务体系，推动和谐社区建设整体水平不断提升。

中共杭州市上城区委办公室

杭州市上城区人民政府办公室

2014年8月7日

上城区2014年旅游目的地环境整治及管理实施方案

为全面贯彻实施《中华人民共和国旅游法》，规范我区旅游市场秩序，进一步优化旅游目的地环境秩序，结合我区实际情况，现制定如下方案。

一、指导思想

坚持以科学发展观为指导，以建设现代化美丽上城为目标，以加强长效管理为原则，以强化属地管理，落实区域管理责任为抓手，贯彻与实施《中华人民共和国旅游法》，紧密结合我区旅游目的地管理实际情况，大力整治“野导”“黑车”等严重扰乱旅游目的地管理秩序的违法行为，合力打造环境友好型城区，全面提升我区旅游服务品质。

二、基本原则

(一)坚持属地管理。各街道、特色街区管委会对所辖的景区、景点要加强领导，建立综合协调机制，强化属地管理；旅游主管部门负责旅游安全、旅游者合法权益的保护以及对旅游经营活动的指导和监督管理。强化旅游目的地环境秩序综合整治，采取有效办法遏制各类违法违规经营行为；相关职能部门应依法履行各自职责，做好旅游目的地环境秩序管理工作。

(二)坚持综合治理。加强各街道、各特色街区管委会与相关职能部门的联动，构建联合执法体系，加大旅游目的地环境管理联合执法力度，充分发挥联合执法优势，抓好经常性监督，形成旅游目的地管理整体合力。

(三)坚持依法行政。各有关单位要依法履行职责，规范行政执法行为，加强市场监管力度。对旅游目的地的环境秩序管理将纳入有关部门依法行政的考核目标。

三、管理目标

由区政府统一领导，区风景旅游局牵头，相关职能部门参与，通过加强旅游目的地环境秩序管理，力争实现旅游行业监管有力、管理资源配置高效、旅游经营诚信规范、旅游环境秩序优化的目标。

四、领导机构

成立上城区旅游目的地管理领导小组，由区长陈瑾任组长，副区长来剑波任第一副组长，区政府办副主任陈凌军、区风景旅游局局长钟黎任副组长，区发改经信局陶晓亮、区风景旅游局康云强、区文广新局丁建华、区卫生局杜秀芬、区城管局林国平、区公安分局何国新、上城工商分局毛学庆、上城交警大队张品万、上城运管处袁球民、湖滨街道孔兴桥、清波街道倪受南、小营街道丛培龙、湖滨管委会沈武洪、清河坊管委会曹兢业、城站广场管委会邓海鹰为成员，领导小组下设办公室(设在区风景旅游局)，康云强兼任办公室主任。

五、部门职责

建立旅游目的地环境秩序管理联合执法机制，依法行政，实行长效管理。按照“统一领导、部门协同、各方联动”的原则，由协调小组办公室负责协调组织区发改经信局(区物价局)、区风景旅游局、区城管局、区公安分局、上城工商分局、上城交警大队、上城运管处及湖滨街道、清波街道、小营街道、湖滨管委会、清河坊管委会、城站广场管委会等成员单位，组织实施全区整治和规范旅游目的地环境秩序工作，具体职责分工如下：

(一)区发改经信局(区物价局)：重点加强旅游市场价格监管，打击价格欺诈行为，主要检查各类旅游购物点、旅行社、宾馆、饭店等旅游接待窗口。

(二)区风景旅游局(旅游执法大队):重点规范旅游服务质量，牵头做好旅游市场联合执法检查和游客维权工作。

(三)区文广新局、区卫生局:依照职能做好旅游环境管理工作，文广新局主要负责检查旅游市场中娱乐场所的经营状况；卫生局主要负责检查旅游市场中的卫生状况。

(四)区城管局:重点整治景区周边、特色街区周边流动兜售、占道经营等违法行为,主要针对“黑车”占道停放等违法行为。

(五)区公安分局:重点打击旅游市场中非法(色情)拉车拉客和强买强卖等诈骗胁迫游客行为。

(六)湖滨街道、清波街道、小营街道、湖滨管委会、清河坊管委会、城站广场管委会:加强“属地化”管理机制,加强对辖区(区域)内旅游环境秩序的日常管理,建立长效管理机制。

(七)上城工商分局:重点整治市场中的虚假广告及室内无证经营,主要检查各类旅游购物点、旅行社、宾馆饭店等旅游接待窗口。

(八)上城交警大队:重点整治旅游市场中车辆非法拉客、尾随游客的现象,主要检查“黑车”违章停车等现象。

六、工作举措

(一)充分发挥好我区湖滨地区常态化联合执法中队的作用。坚持长效管理机制，健全各项管理制度。积极探寻科学有效的管理方式,要有针对性的制定管理措施,对于不同季节、热难点区域、重症区等出台相应的管理对策，管理好自己区域。严厉打击“野导”“黑车”等扰乱旅游市场的违法行为,净化旅游目的地环境秩序。

(二)集中联合整治,加强我区旅游目的地环境秩序管理。为有效加强我区旅游目的地环境秩序管理,采取日常管理与联合执法相结合的办法,各部门按照分工内容,各司其职,各负其责。同时,由区政府统一领导、协调、组织,各职能部门联动,进行联合整治,全年集中开展整治行动六次,具体计划如下:

1.第一次集中整治(2014 年 1 月 20 日~2 月 20 日)。为确保今年春节期间我区旅游目的地秩序管理安全有序,提升杭州旅游环境质量,结合市旅游目的地管理工作协调小组工作要求，在春节期间开展以“野导”整治为重点的旅游目的地环境秩序专项整治。

2.第二次集中整治(2014 年 3 月 15~30 日)。针对外地旅游散客来杭旅游人数比往年有所增加的情况,上城区旅游目的地管理领导小组各成员单位,要根据任务分工,制定专项整治工作方案,并积极开展旅游市场管理、整治工作,确保我区旅游市场秩序优良。

3. 第三次集中整治 (2014 年 4 月 20 日~5 月 5 日)。在五一假期旅游旺季前后,继续深入开展专项整治活动,由区风景旅游局牵头,组织公安、交警、工商、运管、行政执法、各特色街区管委会、城站广场管委会等成员单位,针对湖滨路、平海路、东坡路、南山路、延安路、解放路、吴山广场、城站广场及地铁站出口等窗口地区的“野导”“黑车”非法拉客现象进行联合执法和整治。城站广场由管委会进行日常检查管理，旅游目的地管理协调小组办公室负责对其进行督查。区风景旅游局要加大对旅行社的经营管理和目标考核,发挥旅游质量监督网络的作用,对“黑车”非法拉客等行为进行集中整治。强化旅游从业人员培训工作,使司导人员的从业素质、职业道德和业务能力得到全面提升;加强宾馆(饭店)、旅游餐饮店的软硬环境建设,增强服务意识,规范经营行为。

4. 第四次集中整治 (2014 年 7 月 20 日~8 月 4 日)。随着暑假来临,以教师、学生为主的旅游以及家庭自助式旅游会日趋增多，旅游主管部门以及区旅游目的地管理协调小组要按照“标本兼治，着力治本,积极稳妥,长效管理”的原则,巩固前期旅游目的地环境秩序整治的成果,集中开展第三次整治,健全旅游行业长效管理机制,大力推进诚信体系建设,倡导诚信守法经营,引导游客明白消费,创新市场管理机制,提高旅游行业形象,努力实现我区旅游市场健康规范有序发展。

5.第五次集中整治(2014 年 9 月 26 日~10 月 10 日)。在十一黄金周期间,各成员单位要根据各自的职能和责任分工,全力做好旅游环境整治工作。

6. 第六次集中整治 (2014 年 11 月 20 日~12 月 15 日)。全面开展我区旅游目的地环境秩序整治工作，并针对一年来旅游目的地环境整治中所遇到问题、难点等做总结性梳理,为下年度更好的开展工作打下坚实的基础。

七、工作要求

(一)各成员单位根据实施方案,制定年度工作计划,明确管理目标、工作任务等内容,各司其职,加强旅游市场的日常管理工作。

(二)由上城区旅游目的地管理领导小组办公室组织有关部门开展旅游市场环境秩序综合整治工作,实行目标管理。

(三)区风景旅游局、区城管局、区公安分局、上城交警大队、上城运管处等各执法单位,应加强对湖滨路、南山路重点路段的日常巡查,加大执法力度。

(四)湖滨管委会、清河坊管委会、城站广场管委会要做好属地管理工作,做到定人、定岗对街区旅游环境秩序进行巡查,杜绝“野导”“黑车”在街区停留、拉客现象。

(五)湖滨街道、清波街道、小营街道要做好区域内属地管理工作,要有专人负责,建立长效管理机制,在做好此项工作的同时积极配合区风景旅游局、辖区派出所等职能部门,确保区域旅游环境秩序管理到位。

杭州市上城区人民政府办公室

2014年2月8日

上城区无证无照餐饮整治“百日严打促长效”专项行动方案

为解决当前固定无证无照餐饮场所经营现象突出问题,提高食品安全保障水平,提升广大居民的健康品质,推动“现代化美丽上城”建设,特制定本方案。

一、工作目标

坚持以人为本、科学监管的理念,按照“疏堵结合、规范为主、打防并举、重在长效”的原则,坚持面上疏导与重点整治相结合,宣传教育与执法查处相结合,集中整治与日常管理相结合,从预防、疏导、取缔、巩固等各个环节,探索有效监管对策,落实综合整治效果。力争在2014底前全区现有固定无证无照餐饮场所经营户的监督覆盖率达100%,整改(取缔)到位率达到90%以上,新产生固定无证无照餐饮场所经营户的及时发现率达到100%,查处到位率达到95%以上。从根本上改善餐饮行业经营秩序,营造安全整洁消费环境,促进我区餐饮消费经济的持续、规范、健康发展。

二、组织领导

固定无证无照餐饮场所整治“百日严打促长效”专项行动由区固定无证无照餐饮场所整治管理领导小组(简称区领导小组)牵头负责,其日常工作运行由领导小组办公室承担。区领导小组主要职责为:一是组织协调、督促检查全区专项整治行动的开展和落实;二是召开部门联席会议,确定阶段性专项整治工作目标和专项整治工作重点;三是统一领导重大联合执法行动,整合执法力量,形成整治合力;四是组织相关职能部门开展调研,探索机制,制定疏导政策,落实综合治理等。

三、整治范围

上城区未依法领取相关证照、擅自在室内固定场所从事餐饮服务经营活动的单位和个人。具体包括以下几类情形:

(一)未依法领取有关证照,擅自从事餐饮服务经营活动的;

(二)有关证照已过有效期限,未进行续办而继续从事餐饮服务经营活动的;

(三)超出有关证照核准范围从事餐饮服务经营活动,且造成居民投诉等实际后果的;

(四)为固定无证无照餐饮场所服务经营活动提供场地条件且拒不配合整治行动,证据确凿、情节严重的。

四、方法机制

“百日严打促长效”专项行动的根本目的,是通过集中整治,因此在行动过程中,必须立足实际,着眼长远,加强统筹,讲求方法,积极创新和运用各种行之有效的工作机制。

(一)加强宣传教育,营造舆论氛围

1.社会化宣传。一是召开全区动员大会,使各有关职能部门和街道、社区进一步统一思想，明确目标，落实责任；二是围绕专项行动的工作目标、方法机制等编写宣传内容，通过悬挂横幅、社区公告栏、公益广告牌、宣传单页、短信群发等多种途径进行广泛宣传，充分彰显开展无证无照餐饮查处工作的必要性，并动员社会各方积极参与其中；三是加强与新闻媒体的沟通，充分利用报刊、电视、电台、网站等媒体报道整治工作情况，扩大声势和影响。

2.经营户教育。对有关无证无照餐饮经营户逐户开展法制教育，充分彰显区政府依法行政的决心，削弱其继续从事无证无照餐饮的侥幸心理。同时对于有望整改规范达标的，及时予以必要的指导和帮助。

3.政府(部门)信息反馈。在《上城报》和上城网开设“百日严打促长效整治行动专栏”，实时反映专项行动的开展情况、工作经验、实际成效、问题障碍等。

(二)拓宽疏导渠道，改善环境面貌

1.摸清底数，逐户建档。由辖区市场监管所会同街道社区工作人员对无证无照餐饮经营户进行“地毯式”的摸底排查。在此基础上，以经营场所地址为主轴，按照城市智能管理系统的有关要求编制电子监管档案，为今后实施长效监管打好基础。同时根据场地设施、经营者主观意愿等因素，逐户提出分类治理意见，采取相应措施。

2.拓宽渠道，加强引导。在专项行动期间，要进一步贯彻“疏堵结合、规范为主”的原则。在严格遵守行政许可审批规定的前提下，合理简化审批程序，切实拓宽准入路径。对部分存在政策性准入障碍的餐饮经营户，参照相关办法，采取“一表联批”的方式：由区市场监管局、区城管局、区住房和城建局、上城环保分局、属地街道等部门进行联合审批后，由相关行政许可部门依法核发证照。

3.严控污染，杜绝扰民。对于以“一表联批”方式进行规范的餐饮经营户，应严控油烟、噪音等污染扰民现象。在核发证照之前，应请具有法定资质的独立检测机构对其污染物排放情况进行检测，并将检测达标情况在社区内公示一周以上时间。若社区居民对检测结果有异议的，应当及时进行沟通解释，必要时应在各方共同认可的前提下重新安排检测。对于不会产生明显污染排放的餐饮经营户，在核发证照之前也可不安排检测，但必须将拟发证照的告示在社区内公示一周以上时间，社区居民若有异议的，应当安排检测。

4.督促改造，提升环境。在引导规范的过程中，除了督促有关餐饮经营户对污染物排放设施进行必要的改造投入之外，同时对其店堂环境、食品安全、服务规范、门前卫生等也要提出统一的规范要求，并根据其经营表现和设施条件的好差，分别在其店堂醒目处悬挂不同等级的《餐饮服务企业信用信息公示牌》。力求通过整治，促使我区餐饮服务行业的整体面貌有一个明显的提升。

(三)强化重点取缔，形成震慑效应

对于存在油烟扰民、安全隐患等问题，且无法整改到位的无证无照餐饮经营户，通过日常执法查处、重点执法查处、追究房东责任等工作机制坚决予以取缔。

1.日常执法查处机制。以街道牵头、辖区市场监管所为主、相关部门配合的方式进行实施。其针对对象主要是面上具有“散、杂、小”等特点的一般性无证无照餐饮经营户。

2.重点执法查处机制。由区领导小组办公室会同区相关职能部门负责组织实施。其针对对象主要是整治难度较大、经启动日常执法查处机制多次查处无效的无证无照餐饮经营户。有关启动实施程序为：

(1)由辖区街道和市场监管所向区领导小组办公室提出报告，说明有关背景情况、整治难点、要求建议等；

(2)区领导小组办公室组织相关职能部门进行集中研究，制定具体整治方案(集中研究的次数，原则上每个月不超过一次)；

(3)由区领导小组办公室和辖区街道牵头，组织相关职能部门按照方案开展执法行动，并由区效能办同步进行实地督查；

(4)每次启动后，有关落实成效均由区领导小组办公室汇总上报区委、区政府。

3.房东责任追究机制。对于为无证无照餐饮经营活动提供场地且拒不配合整治行动的单位和个人，要依法追究其责任。尤其是对其中证据确凿、情节严重的，要综合运用媒体曝光、较大数额罚款、约谈主管部门、公安机关传唤等手段，确保查处工作取得实效。并在此基础上加大宣传力度，对面上的违法出租房东形成震慑效果。

(四)推行网格管理,做好长效预防

以经营场地为主轴,建立由街道、社区和市场监管所共同实施的网格化预防管理机制。

1.“黑名单”公示宣传。根据摸底排查和整治取缔的情况,排列出辖区内不适宜开餐饮店的场所地址“黑名单”,并在社区、街道公告栏等处予以公示,避免新的经营者在不明真相的情况下贸然进入上述场地从事餐饮活动,尽可能减少无证无照餐饮产生来源。

2.日常巡查和提前劝导。社区工作人员对辖区内无证无照餐饮的易发场地进行日常巡查,若发现有从事餐饮经营的迹象,应及时了解情况,分别视情进行引导和劝说。其中对于有无证无照经营嫌疑的,应同时通报辖区市场监管所。市场监管所应在两个工作日内到现场进行调查处理,力争将无证无照餐饮经营消除在萌芽状态,有效降低整治工作难度。

3.及时开展执法查处。对于不听劝导、执意新开无证无照餐饮店的,必须密切关注其动态,从其营业之日起两个工作日内,相关社区应向街道和市场监管所进行通报,市场监管所在接到通报后两个工作日内须到现场执法查处,必要时会同街道启动相应整治工作机制。

4.落实电子监管档案。以城市智能管理系统为依托,充分采集和整理专项行动中的有关数据情况,探索建立涵盖全区餐饮服务行业的电子监管档案,进一步健全食品安全保障体系,引导服务行业发展。有关“黑名单”公示、日常巡查、劝导制止、通报抄告、执法查处等有关信息录入必须确保及时性、真实性。

(五)加强督查考核,落实相关保障

无证无照餐饮整治规范工作涉及面广、工作量大、难点问题多,在专项行动过程中要切实加强督查考核,并有效落实相关保障,以确保取得预期成效。

1.开展定期督查。区领导小组办公室会同区相关职能部门每个月组织一次实地督查,及时了解面上工作进度和有关机制落实情况。通过督查,指导、协调、帮助基层推进工作和解决问题,并及时向上级反映有关情况。

2.明确考核比重。将无证无照餐饮整治规范工作列为各街道与区政府签订的“食品安全责任书”考核的主要内容,进一步明确责任与工作绩效。

3.做好经费保障。领导小组办公室要根据市、区有关文件统筹协调安排无证无照餐饮整治规范工作经费,一是社会化宣传方面的有关经费,主要包括各类宣传资料的制作费用、短信等电子通信手段的运行费用等;二是涉及智能管理系统需求方面的有关经费,主要包括相关软件的开发、运行、维护等费用;三是对专项行动中疏导规范的部分经营户,需要安排相应的污染物排放检测费用。

五、职责分工

1. 区固定无证无照餐饮场所整治管理领导小组办公室:负责全区专项行动的组织协调、督促检查、考核通报等工作,及时研究新情况和新问题,推动工作顺利开展;围绕整治目标,制定相关方案和机制,确保工作落实;牵头开展有关宣传教育活动,营造舆论氛围。

2.区市场监管局:负责全区无证无照餐饮集中整治行动及日常监管工作;在依法行政的前提下,尽可能降低“准入门槛”,对已达到办证、办照条件的,核发“餐饮服务许可证”和“营业执照”;依法查处和取缔无证无照餐饮经营户;会同街道社区工作人员,对辖区内无证经营进行摸底排查,并做好对新产生无证经营的发现、制止和上报工作。

3.各街道办事处:组织开展对辖区内无证无照餐饮经营户的集中整治规范工作;组织社区工作人员在辖区内进行摸底排查,并做好有关宣传教育工作;按照网格化管理的要求,落实社区对新产生无证经营的发现和通报机制。

4.区公安分局:配合相关部门对无证经营行为予以取缔,依法查处阻扰执法、暴力抗法等违法犯罪行为;配合相关部门对出租房东等自然人进行查处,协助做好有关约谈、取证等工作。

5.区城管局:依照城市管理工作职能,协助各街道做好对无证无照餐饮业的专项整治,查处餐饮店出店占道经营行为和做好门前新三包工作,配合街道和相关职能部门对不能达标无证无照餐饮经营户的取缔工作,对疏导后改变经营业态,导致油烟扰民的行为进行查处。

6.上城环保分局:在依法行政的前提下,尽可能降低“准入门槛”,对已达到相关条件的,核发排污许可证或出具审批意见;做好对餐饮业油烟、噪音等污染源改造达标的指导工作。

7.上城地税分局:对涉及房东出租房屋的租金收益未依法缴纳税费的违法行为进行查处。

8.区民宗局:对涉及少数民族群众的无证无照餐饮经营户,加强与有关外地驻杭办事处、宗教人士等的沟通联系,协助做好劝导说服工作。

9. 区住房和城建局:负责查处违法改变建筑结构、从事无证无照餐饮经营的行为;提供房屋产权人的有关信息,配合相关部门对出租房东进行查处。

10.区发改经信局:按照"智慧城区"建设总体规划,指导和参与有关监管工作数据在食品安全方面的智慧应用,探索建立食品安全实时监管体系,完善城市管理智能管控系统。

11.区信访局:梳理信访工作中的热点、难点问题,为专项行动确定整治重点提供线索;研究分析信访人的诉求,为有关整治举措的策划制定和落实到位提供参考。

12.区效能办:督促、检查各部门的履职到位情况,确保专项行动形成工作合力;指导、规范各部门的依法行政、文明执法情况;参与对专项行动实际效果的考核评估工作。

六、实施时间和步骤

"百日严打促长效"专项行动自2014年9月10日开始,至12月18日结束。分为四个阶段进行:

(一)前期宣传、调查摸底阶段(2014年9月10日~10月9日)。该阶段的主要任务是:按照多渠道、全方位、有特色的要求,编制贯穿专项行动全过程的宣传方案,并在全区范围内启动宣传工作,营造声势和氛围;对全区无证无照餐饮经营户进行全面调查摸底,并在此基础上按照分类治理的原则,逐户拟定整治规范意见;研讨有关智能管控系统的内容设定、程序开发等工作;进一步细化完善各项工作机制,为下一步全面实施整治工作做好准备。

(二)疏导规范、执法查处阶段(2014年10月10日~11月9日)。该阶段的主要任务是:根据"疏堵结合、规范为主"的原则,对无证无照餐饮经营户进行分类治理:对符合发证发照条件的,及时引导其办理相关行政许可手续;对需要通过整改方能达标的,督促其加快整改;对不愿整改或整改达标无望的,责令其限期停业,并对其中逾期不停业者,采取执法取缔举措;启动有关智能管控系统的数据采集和程序开发等工作。

(三)整改验收、重点取缔阶段(2014年11月10~30日)。该阶段的主要任务是:对列入疏导的餐饮经营户,全面完成整改提升工作,通过验收后核发证照;对前期执法取缔过程中遇到的难点,启动《部门联动综合执法机制》《出租房东责任追究机制》等,集中执法资源,确保取缔到位。

(四)总结评估、巩固完善阶段(2014年12月1~18日)。该阶段的主要任务是:对专项行动的成果进行实地评估,总结和通报整体工作情况;完成有关智能管控系统的程序开发和数据录入工作,以此为依托,启动网格化日常巡查机制,及时发现和有效制止"新无证"的产生以及"老无证"的"回潮"现象;在总结经验、查找不足的基础上,进一步修改完善相关工作机制,推动长效管理的落实到位。

七、工作要求

(一)加强领导,强化责任。各街道、各有关部门要将无证无照餐饮整治"百日严打促长效"专项行动列入当前重要议事日程,加强组织领导,加大经费投入,统筹调配力量,落实整治工作任务和责任。各单位要针对工作方案和工作任务,进行细化分解,明确责任部门,落实责任人员,确保完成清理整治任务。

(二)完善措施,构建长效。要加强日常巡查,强化整治后复查和全面检查工作,建立各成员单位协调联动工作机制和信息共享机制,加大打击查处力度,推动清理整治工作顺利开展。

(三)加强督查,责任追究。各街道、各有关部门要根据工作目标和任务,逐级开展督查和评估。对执法不到位,不作为或乱作为的单位和个人,追究相关责任。

杭州市上城区人民政府办公室

2014年9月28日

上城区老居住小区交通综合治理实施办法(试行)

根据市委、市政府关于全面推进治理城市交通拥堵工作要求，我区积极鼓励和引导各街道社区实施老居住小区交通综合治理，最终达到缓解老居住小区停车难、保障消防安全的目的。现结合《杭州市老居住小区交通综合治理指导意见(试行)》,制定本办法。

一、指导思想

以科学发展观为指导,践行群众路线,深化改革创新,转变政府职能,按照《杭州市老居住小区交通综合治理指导意见(试行)》各项规定,以街道及社区为主体,实施老居住小区交通综合治理,为我区打造具有国际水准的高品质中心城区打好坚实基础。

二、适用范围

本办法适用于上城区湖滨街道、清波街道、小营街道、望江街道、南星街道、紫阳街道。

三、建设与管理

(一)建设工作

1.编制计划。由街道负责在充分摸底调查老居住小区现状、分析实施必要性和可行性的基础上确定年度计划，并纳入全区老居住小区交通综合治理工作任务,由街道负责在区发改局进行立项。

2.项目前期。由街道负责委托有相关设计资质的专业机构进行设计方案的编制,并组织公示。在通过项目评审会之后,由街道委托进行施工图设计。对于预算在500万元以下的项目，由街道负责通过区小标办进行施工和监理招投标。

3.建设实施。由街道负责项目开工建设过程中的各项工作。项目竣工后,由街道负责召集相关部门和单位组织竣工验收,相关验收资料报区治堵办备案。

(二)管理工作

1.日常管理。由街道负责治理范围内城市支路的保洁、保序、治安维护等日常管理工作,同时做好与城管、公安、交警等有关部门建立区域共治与联防管理的相关工作。道路及管线的整修、绿化养护等,按照既有规定,分别由城管、绿化等部门负责。

2.停车管理。由街道负责治理范围内的停车管理与收费,应优先保障本小区居民停车需求,可采用包月形式。支路及相关公共空间上的停车泊位应24小时对外开放,按照“先到先停”原则,不得出售或以专属车位形式出租。停车收费按政府价格主管部门规定标准收取,具体我区停车收费管理办法另行制定。

四、保障机制

(一)资金保障

对于治理范围内符合条件的城市支小路（整治后路宽达到6米及以上)以及停车泊位挖潜,其建设资金纳入支小路建设专项,市财政50%出资;利用城市公共空间挖潜建设的公共停车场(库),资金按照《关于进一步加强杭州市停车场(库)建设管理指导意见》《杭州市鼓励社会力量投资停车场(库)建设实施意见》执行;治理涉及其余能列入专项建设资金的内容,按原有渠道列支;剩余资金由区财政、街道各50%出资。其中市级资金按照施工中标价、项目设计费用以及项目监理费三项合计数上浮10%后的50%出资包干,通过财政补助形式拨付给我区。市级财政补助资金拨付时间为两期各50%，第一期为项目正式开工,第二期为项目竣工验收并考核通过,区级财政补助同步拨付。

(二)组织保障

区治堵办作为区级牵头部门，做好资金申请工作,同时按照工作目标和要求做好工作指导、进度督促、综合协调等工作；各相关街道作为项目实施主体，按照工作要求成立老居住小区交通综合治理工作领导小组，确保项目顺利推进，完成年度工作任务,同时做好项目推进过程中综治维稳相关工作;区委宣传部作为对外宣传部门,通过广播、电视、报纸、网络等新闻媒体,做好宣传报导工作,营造良好宣传氛围;区财政局做好资金拨付的相关工作;区审计局做好项目审计的相关工作；其他相关职能部门做好项目推进过程中业务指导、沟通协调、政策保障等相关工作。

(三)民生保障

在老居住小区交通综合治理项目推进过程中，

由街道作为责任主体做好“民主促民生”“四权四问”工作,项目前期中充分征求周边居民意见、建议,建设过程中将环境影响降到最低,后续管理中充分考虑居民切身利益,将民生工程做实、做好。此外,为多渠道最大限度地满足人民群众的需求,街道可鼓励和引导社会力量参与老居住小区交通综合治理项目建设,具体实施方案另行制定。

五、考核与奖励

老居住小区交通综合治理工作作为区政府对街道年度考核工作之一,具体考核办法由区考评办另行制定。

六、本办法自发布之日起施行。

杭州市上城区人民政府办公室

2014年11月4日

上城区关于深化完善社会养老服务体系建设的意见

为积极应对人口老龄化挑战,努力满足全社会不断增长的社会养老服务需求,提高老年人生活品质,建设“具有国际水准的高品质中心城区”,根据《浙江省人民政府关于深化完善社会养老服务体系建设的意见》精神,结合我区实际和养老服务“十二五”规划要求,现就深化完善社会养老服务体系建设提出如下意见:

一、总体要求和工作目标

(一)总体要求。坚持以邓小平理论、“三个代表”重要思想和十八大精神为指导,深入贯彻落实科学发展观,全面落实《中华人民共和国老年人权益保障法》,继续加大工作力度,积极完善体制机制,努力创新发展模式,全面构建与我区人口老龄化进程相适应、与经济社会发展水平相协调,以居家为基础、社区为依托、机构为支撑,资金保障与服务保障相匹配,基本服务与选择性服务相结合,有偿(低偿)服务与政府购买服务相融合,社会化、信息化、标准化为手段的社会养老服务体系,确保老年人老有所养、安享晚年。

(二)工作目标。到“十二五”末,居家养老服务实现全覆盖,政府购买服务占老年人口总数的6%,上门服务内容进一步细化、深化;整合社区养老用房,按照先“示范”,再“以点带面”的方式建设布局合理、功能多样、覆盖全区的社区养老服务照料中心;逐步建立以护理型为重点、助养型为辅助、居养型为补充的机构养老服务模式,培育扶持社会化养老服务产业,通过内外齐抓、政策扶持建设养老床位,力争每百名老年人拥有养老服务床位数达到4张以上,护理型床位占比有明显提高,民办养老服务机构床位占比达到80%以上。到2020年,各类工作目标按照省市要求有新的增长;区养老服务指导中心、街道养老服务中心、社区居家养老服务站三级组织管理系统和服务网络不断健全,养老服务管理实现信息化。

二、全面深化居家养老服务

(一)扎实开展居家养老需求评估。以《杭州市养老服务需求评估办法》和《关于主城区人户分离老年人异地养老的实施意见》为依据,结合区情实际,实行动态管理。一是要明确评估对象。养老服务需求评估对象为本区户籍,年满60周岁以上,且退休金或养老保险金在3000元/月及以下的空巢、独居、孤寡老年人,或市级以上劳模、重点优抚对象、失独、归侨、纯居干等特殊贡献老人或特殊对象。并逐步把90岁以上所有老人纳入评估对象。主城区人户分离老年人的居家养老服务,按照杭州市民政局《关于主城区人户分离老年人异地养老的实施意见》执行。二是要规范评估流程。区、街道、社区三级评估管理机构要细致开展工作,严格按照“申请—初评—评估—公示—审批—二次公示”6个步骤进行,每一个步骤要做到规范有序,确保评估工作公开、公平、公正。申请由老年人向实际居住的社区提出,初评由社区对照评估条件提出意见,评估统一由区民政局引进并委托有资质的第三方开展,审批由区民政局负责,公示由社区按照规定要求进行。三是要规范台账管理。借助居家养老评估系统,通过数字化录入设备,建立全区内容和格式相同的电子台账,实现居家养老评估、服务和报表的有机统一。电子台账的建立,既要规范录入《上城区社区居家养老服务需求评估表》的相关内容,还要将申请人的身份证、户口簿、工资收入证明等扫描上传至该系统。系统数据要做到动态管理,有死亡或迁出的要及时退出,确保政府补贴享受人数与实际享受人数相对应。

(二)鼓励发展居家养老服务组织。通过政府培育扶持、购买服务等方式,鼓励和引导社会力量开展居家养老服务,重点扶持发展一批专业从事居家养老服务的企业和民办非企业单位。鼓励社会组织承接居家养老日间照料中心管理运作,有条件的可开展连锁经营,享受同等的建设和运营补贴。实行居家养老服务招标制度,通过政府招标采购方式,筛选具备资质的各类社会机构进入养老基本公共服务领域。各级居家养老服务管理部门要突出服务质量的监督管理,把购买服务与监督管理有机结合起来,逐步构建服务优质、老人满意的良好服务格局,不断提升居家养老服务社会化水平。

(三)创新完善居家养老服务内容。围绕"东方品质体验区,幸福和谐示范区"战略目标的要求,居家养老的服务内容应根据老年人需求不断充实完善,把老人需求数量多、专业性强的服务内容单独分离出来,以政府购买服务的方式引进专业化的上门服务项目,满足居家养老个性化的服务需求。结合当前老年人养老服务需求的梳理分析,细化的内容确定为两项,即居家养老政府购买服务对象开展水电和家电统筹保修服务和90岁以上空巢、独居老人医疗签约上门服务。

(四)努力提升社区养老服务功能。落实社区养老服务用房,新建小区要按照不低于每百户20平方米建筑面积的标准配建社区居家养老服务用房,并与每百户30平方米的社区配套用房统一规划、统一设计。养老服务设施一般安排在一楼,相对集中地进行配建,并设置无障碍通道。新建小区的养老服务设施要与住宅建设项目同步设计、同步施工、同步交付使用,由所属街道进行验收。居家养老服务用房建成后移交给当地街道使用,产权可归属各街道。

社区养老服务设施建设要坚持因地制宜的原则,各街道要全面梳理社区养老服务用房,在条件具备的社区率先试点建设养老服务设施,到2014年底,每个街道要建设1~2个"示范型"居家养老服务照料中心,到2015年底,各街道有2~3个"示范型"居家养老服务照料中心。对社区居家养老服务设施建设的补助,按照完成建设后由街道申报、区验收合格以行政划拨的方式给予补助。

各街道、社区已建的居家养老服务站、"星光老年之家"要通过资源整合、设施改造、功能提升,转型升级为社区居家养老服务照料中心或小型养老服务机构。尚未建有居家养老服务设施的社区,要加大力度,整合资源,加快建设。到2015年,社区实现居家养老服务照料中心全覆盖。要加大老年食堂建设,到2015年底,每2~3个社区建有老年食堂或配送点。

要积极改进居家养老服务方式,社区居家养老服务设施要依托"智慧养老"服务平台,对接老年人服务需求,为老年人提供便捷的居家养老服务。

三、大力加强养老服务机构建设

养老机构建设既要与当前经济社会发展相适应,也要与老年人的实际需求相适应,按照分布合理、规模适当、档次多样、功能各异的原则加紧建设。

(一)努力建设与需求相适应的机构床位。按照"十二五"规划"区内1000张、区外2000张"的床位建设目标,积极推行养老机构分类建设。一是加强公办养老机构建设。通过挖掘潜力,建设一所拥有150张左右床位的区属公办养老院,发挥其示范辐射作用来带动全区养老机构建设,并满足本区"三无"(无劳动能力,无生活来源,无赡养人和扶养人、或者其赡养人和扶养人确无赡养和扶养能力)、孤寡、高龄、失能、失独的困难老人和优抚对象中的老年人的集中供养需求。二是实施街道养老机构转型升级。现有街道级公办或"公建民营"敬老院,要分阶段制定改造提升的实施计划,通过软、硬件的改造,完善设施、增强功能、提高服务质量,在满足辖区"三无"对象集中供养的同时,积极为有需求的其他老年人提供养老服务。三是按照护理需求定位养老机构。在现有敬老院的改造中,1~2所街道级敬老院定位为具有医护功能,以接收失能、半失能老人为主,提供长期照护的护理型养老服务机构;其他机构定位为以接收半自理老人、自理老人为主,提供适当照护,集中居住式的助养型养老服务机构。重点支持护理型养老机构,在政策上给予一定的倾斜。

(二)大力扶持发展民办养老服务机构。扶持社会力量兴办各类养老服务机构，鼓励境外资本投资养老服务业，鼓励企业、社会组织、个人利用厂房、学校、宾馆及其他可利用的社会资源改造创办养老机构，就近就便为老年人提供集中照护服务。社会力量在取得民政部门关于养老机构设立许可后，营利性养老服务机构到工商行政管理部门进行工商注册登记，非营利性养老服务机构到民政部门进行民办非企业单位登记，取得法人资格。养老服务机构可以实行集团化管理模式、办理法人登记，社区级的养老服务机构也可通过社区服务组织备案进行登记管理。社会力量举办养老机构以本辖区为主，同时也兼顾“非地”发展，社会力量兴办养老机构享受相关优惠政策。

(三)注重提高养老机构医疗康复服务能力。加强养老服务机构与医疗机构的合作，实现资源互补、服务共享。鼓励社会力量举办养老护理院，鼓励街道级卫生服务中心转型升级为养老护理院。养老护理院需同时取得“医疗机构设立许可”和“养老机构设立许可”，享受养老机构相关扶持政策。临终关怀医院纳入养老机构范畴，对设立的老年病床给予适当扶持。现有各类养老院中，100张床位以上的护理型养老服务机构应单独设置医务室；规模较小的护理型养老服务机构和助养型养老服务机构可单独设置医务室，也可与周边医院、社区医疗卫生服务机构合作，促进养医结合，满足在院老年人医疗康复服务的各类需求，提升养老机构医疗康复服务能力。有条件的养老服务机构独立设置的医务室，可向人力社保部门申请纳入医保定点机构。鼓励、引导社会办养老机构延伸发展医疗服务，促进养医融合发展。同时配合开展“福彩助我行”活动，免费为社会困难老人和护理机构的失能、失智老人提供各类康复辅助器具。

四、加强和创新养老服务运行管理

(一)提高养老服务信息化水平。安排专项资金建设上城区“智慧养老”服务平台，通过智能终端、呼叫中心和服务实体三者的有效配合，为老年人提供全方位、多层次、多元化的居家养老上门服务，实现居家养老“服务落地和服务留痕”，对居家养老服务进行跟踪统计，对政府购买服务开展实时监督，为政府决策提供必要的依据。鼓励、引导居家养老服务组织通过信息化设备的开发利用，加强对服务质量的监管。

(二)建立养老服务补贴制度。对城市最低生活保障家庭中的失能、失智老人，政府给予养老服务补贴。养老服务补贴通过向补贴对象提供服务的方式实现。入住养老服务机构接受服务的，其养老服务补贴由民政部门支付给相应的养老服务机构；居家接受服务的，其养老服务补贴由民政部门支付给提供服务的居家养老服务企业或从事居家养老服务的机构。具体参照《杭州市养老服务补贴制度实施意见》和《关于主城区人户分离老人异地养老的实施意见》执行。

(三)加强养老服务队伍建设。一是建立健全养老服务组织机构。区建立社会养老服务指导中心，确保编制、人员、场地、经费“四落实”；街道建立综合性养老服务中心，配备专门的工作人员；社区要建立居家养老服务照料中心，鼓励通过政府购买服务的方式开展养老服务，社区通过政府购买服务的方式落实专职的养老协管服务的，财政给予一定补助。二是加快服务人才队伍建设。鼓励大中专院校护理专业、社会服务与管理、公共事务管理和家政学等相关专业毕业生到养老服务机构和社区就业，从事养老服务工作，并按照政策给予入职奖补。推行养老护理员持证上岗，提高养老护理员工资水平，探索建立养老护理员特殊岗位津贴制度。三是实行养老护理员职业资格评定制度。建立养老护理员专业技术培训制度，按照养老护理员国家职业标准开展养老护理员职业资格考评工作，养老护理员培训鉴定专项经费从养老服务经费中列支。

(四)完善养老服务机构政策性保险制度。坚持政府支持、机构投保、保险公司运作的原则，实施养老服务机构政策性保险制度，降低养老服务机构运营风险。各类养老服务机构投保费用，区财政和各街道按属地原则给予适当补助。

(五)加强养老服务机构安全管理。各相关部门要切实履行业务主管和行政监管职责，依法加强对养老服务从业人员的安全教育和养老服务场所的安全检查，及时督促整改公共卫生和消防安全方面的问题，消除各类安全隐患。严格养老服务机构登记审批和年检年审制度，新建机构申请《养老机构设立许可》，应当依法提交建设、消防、环保、卫生防疫等有关部门的验收报告或审查意见书及其他必备材料；对已经建成运行的养老机构，公安消防部门要加强检查指导，民政部门要督促落实消防安全要求，有条件的要定期开展消防安全演练。

五、加大政策扶持力度

区财政设立社会养老服务体系建设专项资金，重点用于养老服务补贴、养老服务机构建设、居家养老服务设施建设和鼓励发展民办养老服务机构等，省市级政策需区级1:1配套的，我区按不低省市级政策执行，并适当向养老服务负担较重的街道倾斜。

（一）养老机构床位建设补助。对取得《养老机构设立许可》并依法登记的养老机构集中护养型床位给予建设补助。用房自建、床位数达到10张及以上的非营利性社会办养老机构，给予每张床位9000元补助；对租赁用房的非营利性社会办养老机构，给予每张床位7500元补助；纯护理型社会办养老机构的床位补助标准上浮10%。营利性养老机构按上述标准的80%给予补助。从2014年起，符合床位建设补助的养老机构登记运行满一年、入住率达到30%，年检合格，给予50%的补助资金；运营满3年、入住率达到50%，年检合格，再给予50%的补助资金。原社会办养老机构的床位建设补助按原政策执行，辖区外养老机构计入本区床位数的，且由上城区户籍老人入住的，建设补助按照当地补助标准上浮10%执行。

（二）养老机构床位运营补助。依法登记的社会办养老机构接收主城区户籍的老年人入住，可根据养老机构等级评定办法申请养老机构等级评定，结合评定情况给予床位运营补助：五星级养老机构，每人每月补助200元；四星级养老机构，每人每月补助150元；三星级及以下养老机构，每人每月补助100元。其中，接收失能、失智老年人入住的，在以上补助的基础上每人每月再增加50元。床位运营补助按床按月计算，以老年人实际入住的月数为准，本区户籍的老年人由区民政局核定发放，其他主城区户籍老年人入住我区养老机构的，按照户籍所在地运营补助政策执行，其运营补助由市民政局、市财政局协调落实。社会办养老机构接收本区户籍“三无”老人入住的，其费用由区、街道全额保障。

（三）养老机构租金补助。社会力量按照市场价格租用辖区内非公有房产开办养老机构，取得《养老机构设立许可》并依法登记，在享受其他补助的同时，按照房产年租金的35%给予补助。辖区外租用非公有房产举办养老机构计入本区床位数的，且上城区户籍老人入住率达10%~35%及以上的，按照房产年租金的10%~35%给予补助，最高不超过35%。社会力量自有土地或租用土地30年以上，建设养老机构的，参照上述租用补助标准给予资金补助。年租金补助由举办机构提出申请，报区民政局审核，区政府批准，按照一年一补的方式实施，对不足一年的补助，按月计算。具体操作细则由区民政局负责解释。

（四）综合责任险补助。完善养老保险体制，有效规避养老服务风险。推广实施养老机构综合责任险和居家养老服务护理责任险，并积极探索实施老年人意外伤害保险，养老机构综合责任险由养老机构、区财政和市财政各按1/3的比例支付。

（五）居家养老上门服务价格补贴。根据社会经济发展水平和市场规律，从2014年起，居家养老政府购买服务统一采取公开招标的方式引进社会实体，首次招标的服务价格最高为25元，并按照逐年提高的原则进行调整，价格调整由区民政局书面报区政府批准后实施。

（六）居家养老服务设施的补助。新、改、扩建并投入使用的照料中心，应积极参加星级评定，经验收合格的，根据标准给予一次性建设补助和新建老年食堂按照建设面积给予一次性建设补助，对已建成且运行良好的老年食堂给予一定的运营补助，其中纳入居家养老服务照料中心建设的老年食堂不再给予建设及运营补助。积极扶持老年食堂建设，对新增民非登记独立运营的老年食堂，经验收达标后，每年给予水、电、气等适当补贴。

（七）设立养老护理员特殊岗位津贴。鼓励养老护理员持证上岗，对于取得初级、中级、高级、技师等护理员职业资格证书的在本区养老机构工作满两年并持续缴纳劳动保险的非事业编制养老护理员，给予一次性奖励。鼓励养老服务机构对护理员设立持证岗位津贴，建立随社会平均工资浮动的护理员工资自然增长机制。落实浙民福〔2013〕113号文件精神，为符合条件的中职、高职等毕业生入职从事养老服务工作给予一定的入职奖补。

(八)其他税费优惠政策。社会办非营利性养老服务机构的税收优惠和水、电、煤、通信和有线电视等费用优惠参照省市相关政策执行。

六、工作要求

(一)加强组织领导。社会养老服务体系建设是今后一个时期保障和改善民生的一项重点任务,是落实十八大精神的重要实践,社会文明进步的重要标志,建设"具有国际水准的高品质中心城区"的重要体现,事关千家万户的安宁和幸福,事关全社会的和谐稳定。各部门和街道务必高度重视,切实增强责任感和使命感,将其列入重要议事日程,列入政府为民办实事工程,列入年度目标任务考核范围,密切配合、齐抓共管、形成合力,促进我区养老服务事业快速发展。

(二)落实政策保障。打破"民办非企业"的限制,通过完善扶持政策,吸引更多民间资本,培育和扶持养老服务机构和企业发展。积极培育自主经营、自负盈亏的独立市场主体,使其在享受优惠政策的同时,遵循市场规律,获取合理的利润回报,养老服务实行同质同价、优质优价,激发社会养老资源活力,促进养老机构的良性竞争。要贯彻落实省、市文件规定的各类养老服务机构建设和运营的优惠政策,加大财政资金对养老服务事业的投入,优化融资环境,保障社会养老机构的大力发展。同时,加强对各类养老资金的审计监督和运行监管,确保其运营安全和使用效率。

(三)完善监督管理。健全社会养老服务行业规范,形成行业标准体系。进一步完善社区居家养老服务标准、养老机构服务标准和国办养老机构准入评估办法,完善养老服务需求评估体系。加强养老服务质量评价,完善由第三方开展的养老服务质量绩效评估体系,加强养老服务质量监管和满意度调查,建立健全养老服务工作绩效激励机制。强化养老服务监管,严格准入条件和程序,依法核发养老机构设立许可证,把好养老机构准入关;要加强对养老机构依法登记后的监督管理,坚持事前审批与事后监管相结合,形成对养老机构的全过程监督管理。

(四)营造浓厚氛围。要采取多种形式,深入宣传社会养老服务体系建设的重要意义、目标任务和法规政策,引导社会各界积极参与、大力支持社会养老服务体系建设。要大力营造尊老、爱老的良好氛围,通过新闻媒体等广泛宣传尊老、爱老的传统美德,明确家庭养老的责任,强化子女的养老责任和意识。要认真总结经验,树立典型,大力开展养老服务示范活动。要加强照护文化建设,切实提高养老服务从业人员的职业道德水平,广泛开展为老志愿服务,在全社会大力营造敬老、爱老、助老的良好风尚。推崇"自立、自助、互助"的积极养老文化。

本意见由区民政局负责解释。前发文件与本意见规定不一致的,以本意见为准。

杭州市上城区人民政府办公室

2014 年 12 月 1 日

·说　明·

一、本类目设主题索引、表、图和资料4个分目。

二、主题索引采用分析索引方法，按索引条目第一字汉语拼音（同音字按声调）顺序排列；第一字相同，按第二字音序排列。依次类推。

本年鉴的“特载”“大事记”“附录”均未做主题索引。

三、索引条目第一字为数字的，在“0~9”中查找。

四、类目、分目用黑体字标示。标引词后的阿拉伯数字表示内容所在页码。数字后的拉丁字母a、b分别表示从左到右第一、二栏。

五、表、图、资料按序号排列。

主题索引

0 ~ 9

A

B

C

D

F

G

R

S

Z

表

图

资料